WIZARD

フルタイム トレーダー 完全マニュアル

戦略・心理・マネーマネジメント
―― 相場で生計を立てるための全基礎知識

第3版

Mastering the Trade, Third Edition

Proven Techniques for Profiting from Intraday and Swing Trading Setups
by John F. Carter

ジョン・F・カーター[著]

長岡半太郎[監修]　山下恵美子[訳]

Pan Rolling

Mastering the Trade, Third Edition :
Proven Techniques for Profiting from Intraday and Swing Trading Setups
by John F. Carter

Copyright © 2019 by John F. Carter. All rights reserved.

Japanese translation rights arranged with Mcgraw-Hill Global Education Holdings, LLC.
through Japan UNI Agency, Inc., Tokyo

監修者まえがき

　本書はジョン・F・カーターによる "Mastering the Trade, Third Edition : Proven Techniques for Profiting from Intraday and Swing Trading Set" の邦訳である。オリジナルの "Mastering the Trade" は、2007年に『フルタイムトレーダー完全マニュアル　戦略・心理・マネーマネジメント──相場で生計を立てるための全基礎知識』（パンローリング）として翻訳・出版されて好評を博した。これは12年ぶりの大幅改定版にあたる。

　さて、この期間に取引環境の整備が大幅に進んだことや情報量が圧倒的に増えたことで、初心者がトレードを始めることそのものは極めて容易になった。その結果、当時はアメリカにおいてもまだ少なかった専業トレーダーという存在も、現在では日本でもまったく珍しいものではなくなっている。一方で、市場の効率化・機械化のほうも間違いなく進んでおり、個別銘柄の単純なセットアップによって濡れ手で粟の利益を得るという機会が少なくなってきたことも間違いなく事実である（もちろんそうした機会は完全にはなくなっていない。社会制度や市場心理に起因するもののように、永遠に残るアノマリーもなかには存在する）。

　だが、そうした変化とは別に、私たちにとって大きな朗報としては、近年のオプション市場の飛躍的な成長が挙げられるだろう。私が最初にオプションを学んだ1980年代においては、オプションとは理論は存在しても実際にはOTC（店頭取引）が主体で、売買できるのはごく少数の機関投資家に限られていた。また、上場オプションは選択肢も少なく手数料も極めて高かったことから、到底、短期トレードの対象とはなり得ず、このため個人投資家にとってオプション取引は、事実上は机上の空論であり、絵に描いた餅であった。

1

しかし、現在では上場オプションの銘柄数と流動性は大幅に増大した。幸いなことに、これらの市場はまだまだ発展する段階、過渡期にあり、既存の市場ほど成熟・洗練されてはいない。別の言い方をすれば、何らかのゆがみを発見できる機会を多く提供してくれるということだ。今後は、間違いなくオプション市場が賢明なトレーダーにとっての主戦場になっていくことだろう。この改訂版はそうした変化を大いに反映した充実した内容になっている。その意味では、第1版の翻訳書の長尾慎太郎氏の監修者まえがきにもあるとおり、本書が日本のトレーダーにとって一種のアカシックレコードになっているという事実は、今もまったく変わらない。私自身も今後も折に触れ、何度も読み返すことになると思う。なお、オプショントレードのより幅広い知識を得たい方には、本書と親和性が高く、最近刊行されたローレンス・Ａ・コナーズの『「恐怖で買って、強欲で売る」短期売買法——人間の行動学に基づいた永遠に機能する戦略』（パンローリング）を合わせて読まれることをお勧めする。

　最後に、翻訳にあたっては以下の方々にお礼を申し上げたい。山下恵美子氏は正確な翻訳を行っていただいた。そして阿部達郎氏には丁寧な編集・校正を行っていただいた。また、本書が発行される機会を得たのは、パンローリング社の後藤康徳社長のおかげである。

2019年8月

長岡半太郎

生計のためにトレードに挑戦しようとしている
すべての人に本書を捧げる。

重要なのは勇気だ。利益の一部を手元に残しておくために、
負ける勇気を持て。

CONTENTS

監修者まえがき	1
謝辞	13
序文	15
はじめに	19

第1部 基礎編——市場が動くメカニズムを理解し、トレードと投資を成功に導くための最良の心づもり

第1章 市場を動かすものは何なのか 31

市場でお金を失う人はこれら4つのことをやっている人	31
マーケット参加者の痛みを理解すると成功する確率が高くなるのはなぜか	39
ハーバードビジネススクールでも教えてくれないケーススタディ——これはあなたやあなたの伴侶に起こったことはあるか	45
私の妻からの言葉——トレーダー、ジョン・カーターとの結婚生活にどう折り合いをつけてきたか	55
私はどのようにしてトップに上り詰めたのか	62
「フェイクオーガズム」のセットアップでの稼ぎ方	65
市場で重要な唯一の経済原理	68

第2章 トレード心理学入門——学校では絶対に教えてくれないこと 73

感情を出してもよいのは結婚式と葬式だけ——トレードと投資ではなぜ感情を出してはならないのか	73
システムを持っている人はなぜカジノで歓迎されるのか	76
市場の正しい見方——それがないのにコンピューターのスイッチを入れるな	77
ミネソタでやった愚かなこと	80
口座が破産してしまってから初めてそれを実感するのはなぜか	89
トレーダーのマインドセット——ゲームで冷静でいるための最高の方法	94

常に勝利する見通しを立てる最も簡単な方法	98
誠実さはトレードの成功とどんな関係があるのか	98
あなたは今トレードの旅のどの段階にいるのだろうか	101
第1段階　いつも負ける──人生で勝つのに役立つ習性は市場では通用しない	102
第2段階　恐れによるトレード──「私が触れたものはすべてクズに変わる」のはなぜか	108
第3段階　聖杯の探求がトレーダーや投資家としての成功を限定するのはなぜか	109
第1段階～第3段階にはまって身動きできない状態かどうかを見分ける方法	112
つもり売買──イラク・ディナールほどの価値もない	118
第4段階　損をしない方法はどう学べばよいのか	122
プラトー・マネーマネジメント手法はなぜうまくいくのか	123
トレードや投資をするときに銘記すべきこと	127
トレードに対する考え方を正しく維持するうえで役立った書籍	138

第3章　市場が動くのには理由があるのか　　141

市場は動いている──あなたはその流れに乗っているか、それとも逆らっているか	141
市場はなぜ動くのか	145
どのニュースレターがよいか	159
優先順位を決める──市場が開いてから2時間以内に邪魔が入るようであれば、それはすべてあなたの責任	161
午前零時以降はCNBCを見るよりDVDで『ハリーポッター』を見るべし──それはなぜか	163

第4章　市場については理解した──では、何をトレードすればよいのか　　167

正直に言って、私が成功する可能性が最も高い市場は？	167
シンガポールまでのファーストクラスのチケット代にあなたはいくら払うか	171
これらのオプションを義母のトレード口座で買わないのはなぜか	176
ディレクショナルプレー──0.70以上のデルタが優れているわけ	178
インプライドボラティリティクラッシュの重要性──「ママ、見て。みんな、パニックってるよ」	185

CONTENTS

ネイキッドのポジションを保有すべきときとスプレッドにすべき
ときはどう見分ければよいのか　　190

第5章　株式市場のオープンと同時にやるべきこと──市場の次なる動きを最もよく予測するツールは何か　199

音楽家は楽譜の読み方を知っている──トレーダーは市場の
読み方を学べるだろうか　　199

内部要因って何てすごいんだ、読み方を学ぼう　　212

株価の動く気配を最も早く察知するインディケーター　　226

買い圧力と売り圧力を読む最良のツール　　230

ナスダック版TRIN　　237

プット・コール・レシオ──王国へのカギ　　238

日中に市場で起こっていることを知るための最も効果的な方法　　247

その日がちゃぶついた日になるかどうかを知るにはここを見よ　　249

すべてのデータを1つの画面上に置け──オープニングベル
の音とともにその日の市場を感じとれ　　253

トラッキングすべきそのほかの重要なこと　　254

これを無視すればチャンスはつかめない　　259

まとめ　　265

第6章　初心者トレーダーがたどった旅（ダニエル・シェイ・ガム）　267

それはこうして始まった　　267

私の気持ちを変えたもの　　270

5年先送りしよう　　272

私のトレーダーとしての人格　　274

新たな人生の始まり　　275

上がったものは必ず下がる、いや下がらなければならない？　　279

そこからは太陽がさんさんと降り注ぐバラ色の人生が始まった、
だったらよかったのだが……　　280

大きな変化　　284

達人たちから学んだこと　　285

一貫して利益が出せるようになるためのアドバイス　　291

最後に　　292

第2部 先物、株式、オプション、FX、仮想通貨のためのデイトレードとスイングトレードの最高のセットアップ

第7章 オープニングギャップ──なぜこれがその日最初で最大の高勝率プレーなのか　297

第3版の注意点　297

セットアップを考えずにトレードすることはコンパスを持たずにアマゾンをハイキングするようなもの　298

市場によってギャップは異なる　303

ギャッププレーのトレードルール　311

やられるのはだれか　313

ギャッププレーの実例　314

ギャップが埋まらないときの対処法　322

フルタイムでトレードできない人向けの戦略　326

このセットアップのポジションサイズは？　327

ギャップのまとめ　328

第8章 ピボットポイント──トレンド日には小休止するのに良いポイント、ちゃぶついた日には逆張りの絶好のポイントとなるのはなぜか　329

インディケーターベースのトレーダーを打ち負かす最高の方法　329

ピボットはどの市場でも同じというわけではない　331

ピボット設定の具体例　333

ピボットの背景にある心理──やけどをするのはだれか　340

トレンド日におけるピボットプレーの買いのトレードルール（売りはこの逆）　344

ちゃぶついた日におけるピボットプレーの買いのトレードルール（売りはこの逆）　346

ピボットプレーの実例　347

トレーリングストップを置く位置　369

ピボットをうまく利用するための秘訣　371

フィボナッチ数について　373

ピボットを使ったコモディティ市場の最高のトレード方法　377

ピボットのまとめ 378

第9章 TICKフェード──新米トレーダーからお金を奪う最高のプレー 381

アクションの決め手となるナンバーワンアラート 381
TICKフェードの売りのトレードルール（買いはこの逆） 383
TICKフェード・セットアップの具体例 385
TICKフェードのまとめ 400
TICKフェードプレーがうまくいかないときをどうやって知るか 400
TICKに「付いて行く」プレー 401

第10章 平均回帰──「利食いする最良のタイミング」 411

どこでトレンドがなくなりガス欠になるか 411
こんなにすごいプレーなのに、なぜみんなはこれをやらないのか 417

第11章 スクイーズ──市場の大きな動きに対してポジションを建てる最良の方法 429

キャッシュフローのためにトレードすべきか、それとも富を増やすためにトレードすべきか 429
ボラティリティの再定義とそれを有利に使う方法 434
大きな動きの直前に仕掛ける最高の方法 436
買いのトレードルール（売りはこの逆） 436
新米トレーダーが犯す最大の過ち 464
大暴落の前にポジションを持つためには 466
別に仕事を持っているためフルタイムでトレードできない人のための戦略 471
2008年の金融危機以降の例 472
うまくいかないスクイーズを避ける最高の方法 481

第12章 ウエーブをとらえよ──どんな市場でもどんな時間枠でもトレンドの正しい側にいる最も簡単な方法 485

アンカーチャートの概念を理解することが重要なわけ 485
ウエーブとは何か、そしてそのメカニズムは？ 488
スクイーズが発生する前にウエーブを使ってスクイーズを知る 492

第13章	トレードを早く手仕舞いしすぎないようにするための最高のツール	497

仕掛けは二束三文の値打ちしかない──お金をもたらすのは
手仕舞い 497

市場にふるい落とされそうなときに自分を守るにはどうすれ
ばよいか 499

第14章	スキャルパーアラート──トレンドの変化を素早く見つける最高のツール	505

落ちるナイフを拾うな、貨物列車の前に飛び出すな、トレン
ドの変化を早く見つけて儲けよ 505

スキャルピングではティックチャートを使うのがベスト 507

買いのトレードルール（売りはこの逆） 508

スキャルパーアラートの買いと売りのセットアップの実例 509

スキャルパーアラートのまとめ 532

複数のセットアップの組み合わせで勝率を上げよ 533

第15章	ブリックプレー──日中のトレンド反転をとらえる	535

ブリックを使ってミニダウの日中の反転をとらえる 535

買いのトレードルール（売りはこの逆） 536

ブリックのまとめ 546

第16章	15時52分プレー──上等な葉巻でその日を締めくくれ	549

ほかの人はここでパニックに陥る 549

買いのトレードルール（売りはこの逆） 550

15時52分プレーのまとめ 566

第17章	ホープ・アンド・ロープ・プレー──潰されることなくトレンドの転換をとらえよ	569

安いから買う、高いから売るは危険──ただし例外がある 569

売りのトレードルール（買いはこの逆） 571

ホープ・アンド・ロープ・プレーのまとめ 589

第18章 推進プレー——株式、SSF、株式オプションのスイングプレー 591

個別株の大きな動きに備えよ 591
SSF取引のためのトレーダーズガイド 593
個別株オプションの唯一のプレー方法 598
買いのフェードプレーのトレードルール（売りはこの逆） 604
推進プレーの最新チャート 627
推進プレーのまとめ 629

第3部　実践編——トレードの現実世界

第19章 私のトレードの旅と戦略（ヘンリー・ギャンベル） 635

トレーダーになりたいか 635
損切りを置かない 637
成功の探求 640
マインドフルネスと柔軟性 641
ギャンブルとしてのトレード 643
テクニカル分析 645
時間枠 646
週足チャート 647
日足チャート 650
SMAを使うわけ 651
チャートの色 652
8日EMAと21日EMA 653
スイングセットアップをオプションに使う 656
対称性 657
終わりに 660

第20章 私にとっての最高のセットアップ（ダニエル・シェイ・ガム） 663

5つ星のセットアップ 663
あなたのセットアップのランク付け 664
基準はどこからやってくるのか 664

私の好みのセットアップ	665
私の好みのスクイーズ	666
リサーチの公式──どのようにして見つけるか	667
銘柄を絞り込むためのフィルター	669
トレンドのチェックリスト（強気トレンドの場合。弱気トレンドはこの逆）	672
まとめ	686
終わりに	688

第21章　私は市場をどのように見ているか、どのように考えているか、また1回のオプショントレードで140万ドル儲けたとき、私は自分の感情をどうコントロールしたか　691

まず最初に	691
トレーダーとして成功するにはどれくらいのリスクをとる必要があるのか	695
学習曲線はどんなものだったか	697
今のトレード方法	699
手仕舞いを決定するときの思考プロセス	703
新米のオプショントレーダーへのアドバイス	708
あなたの好みのセットアップは？	710
140万ドルのテスラのオプショントレードの話	714
このトレードであなたはどんな風に変わったか	719

第22章　トレードでは正しいテクノロジーが重要（ダレル・ガム）　723

はじめに	723
デスクトップ対モバイル対ノートパソコン	724
コンピューターセキュリティ	729
トレードプラットフォーム	734

第23章　何をやってもうまくいかないときのためのテクニック　737

腹がへったら泣け──感情を味方に付ける	737
フォーシーズンズホテル・トレード	738
ありがとう、もうひとついただいてもいいですか？	738
むやみに動く前にTICKをチェックせよ	739
船長、潜水艦がどんどん沈んでいきます！	739

やった！　ハイファイブだぜ、ベイビー　　　　　　　　　740
自分の性格を見極めよ──あなたは自分を抑えられる性格か　741
性格とトレード──あなたの知らない自分の性格がトレード
　　の障害になる　　　　　　　　　　　　　　　　　　746
トレードはそれほど簡単なものではない──モチベーション
　　を高めるためにやるべきこと　　　　　　　　　　　　750

第24章　トレードの達人になるためには　　　　　　　755

アマチュアは甘い夢を見、プロは盗む　　　　　　　　　755
プロの心のあり方を維持するための40のアドバイス　　　756
トレーダーの長く険しい旅を生き抜くためには　　　　　765
トレードを行う前に　　　　　　　　　　　　　　　　　766
まとめと最終考　　　　　　　　　　　　　　　　　　　768

謝辞

　ものを書くこととトレードは基本的に孤独な職業でありながらも、ひとたび他人の協力を得られたならば打って変わって楽しい作業になるという点では、非常によく似た職業と言えるのではないだろうか。2006年1月に本書の第1版（『**フルタイムトレーダー完全マニュアル**』［パンローリング]）が出版され、2012年に第2版が出版されてから世の中は大きく様変わりした。しかし、変わらないこともまた多い。この間にはいろいろなことがあった。フラッシュクラッシュ、信用バブル、レバレッジ（他人資本を使って自己資本の利益率を高めること）の縮小、地価暴落、不動産ブーム、仮想通貨熱などなど。本書を書くというプロセスを通して、シンプラートレーディングのチームのみんな、妻のマリア、そして子供たちのジェームズ、エイブリー、ディランとこの旅を共有できたことは喜びに耐えない。これはほかの何物にも代えがたい冒険だ。

序文

　2003年初期、私は新商品である証券先物のアクティブトレーダー向けオンライントレード講座を担当していた。この商品が現物、先物、オプション市場における株式トレードの将来的な活性化につながる有望な商品であることを信じて、20年以上携わったファンドビジネスをやめて入ったのがワンシカゴ取引所である。講座で教えるといったようなことはずっと避けてきたが、初めて担当したこの講座で、私は恐ろしいほど頭脳明晰で思慮深い人物の発言に驚くと同時に、喜ばしさも感じた。「こいつ、なかなかできるヤツだ」と独りつぶやいたものだ。これがジョン・カーターと私との出会いだった。

　彼が語ったのは証券先物のことではなく、トレードに対する自分自身の考え方とアプローチについてであった。それはまさに私が深くかかわっている手法そのものだった。私はさっそく自己紹介し、彼の手法が証券先物に応用できるかもしれないこと、トレードで成功することは目的ではなく、ひとつの長い旅であることなど、私たちはさまざまなテーマについて詳細に語り合った。こうしてカーターはワンシカゴ取引所が取引を開始した当初からの会員になった。これもまた彼の斬新さを示すひとつの側面である。その後も彼と意見の交換を続けてきた私にとって、今回本書の序文を依頼されたのは光栄の至りである。

　私がトレード関連の書籍を評価するとき、ひとつの判断基準がある。その本から何か新しいことを学んだか、である。本書は新しい概念の紹介はもちろんのこと、洞察に富んでいるうえ、極めて読みやすい。これほどバランスの取れた本は、トレード関連の書籍にしては珍しいと言えるだろう。さらにカーターは本書で、トレードを成功させるための方法はひとつではないし、答えもひとつではないことを強調している。儲かるトレーダーになるためには、まず自分の性格をしっかりと

把握することが重要だ。1トレードの保有期間から、1トレード当たりのリスク量に至るまで、トレードにかかわる意思決定はすべて、それぞれのトレーダーに固有の選好曲線を反映したものだ。本書は、トレード手法を書く前に、トレードに対する正しいアプローチの重要性について書くことから始めている。

　そしてトレードプロセスの話に議論が及ぶと、本書は再び輝きを放つ。本書は、トレード経験の長短にかかわらず、どのトレーダーにとっても、新しいアプローチや既存のアプローチの改善に役立つ話が満載だ。例えば、極値に達したTICKのカーター独特の応用は極めて新鮮だ。これは株価指数先物のアクティブトレーダーである彼ならではの発想だ。極値に達したTICKを自分のトレードに採用すべきか、さらに詳しく調べてみるべきか、完全に無視すべきかどうかは、読者自身が判断すればよい。トレードの美点は、だれにでも当てはまるただひとつの方法は存在しない点にある。だからカーターは自分の考え方を人に強要しようとはしない。ただ提示し、議論し、実例を示すだけだ。すべてのトレードが勝ちトレードになるわけではない。提示されているセットアップは、その設定に従って長期にわたってトレードし続けていれば、成功する確率が高いというだけにすぎない。彼はこれを重要なメッセージとして繰り返し述べている。悪いトレードはひっきりなしに起こる。こういった悪いトレードにいかに対処するかによって、将来的に成功するトレーダーになれるかどうかが決まるのである。

　本書でもう1点強調していることは、売るべきか買うべきかという問いに対するただひとつの答えは「存在しない」ということである。売りにしても買いにしても、行うべき正当な理由は常に存在する。何らかのヒントは市場が与えてくれるものの、最終的にどちらにするかを決めるのは各人のトレードスタイルである。月足チャートから1分足ピボットまで、カーターがあらゆるツールの使い方を本書で示してい

るのはそのためだ。フルタイムトレーダーと、場が引ける前後にしか相場をチェックできないパートタイムトレーダーとでは、ボラティリティもリスクパラメーターも異なるはずだ。

トレードは感情に左右されやすいビジネスだ。人は昨日のことはどうにでも言える。ウイークリートレーダーは、「1分足チャートに従ってさえいれば、あのポジションにつかまらずにすんだのに」と言い、1分足を使うデイトレーダーは、「あのウイークリーピボットポイントに従ってさえいれば、損切りに引っかからずに大きな利益が得られたのに」と言う。しかしカーターは違う。彼は正しいプロセスを適用し、適切なリスク・リワード・パラメーターを設定したら、あとは市場に任せる。市場はいつも正しい。間違っているのは分析やセットアップであることを忘れてはならない。

本書では、成功するトレーダーがポジションを建てるときに本能的に行っていること——①小さくトレードする、②ゲームにできるだけ長くとどまる、③時間を味方につける——にも注目している。連敗は必ずやってくる。それが必ずやってくることを知っていることと、それを切り抜けることができることとはまったく別物だ。そして市場を分散せよ、とカーターは言う。あるセットアップがある市場でうまくいったとしても、それがずっと続くわけではない。これは市場が変化したわけでも、セットアップが失敗したわけでもない。つまり、市場を分散するということは、トレード機会を増やし、それによって成功するチャンスを増やすということである。しかしトレード量が多すぎれば、連敗後にトレードを続ける余力はなくなる。本書では適正なトレードサイズについても言及している。

読者の皆さんには、本書で推奨された市場のことをよく学び、多くの市場に参加できるように準備することをお勧めする。われわれには自分の偏見で勝手によしとする市場のセットアップを選ぶ傾向がある。本書は、トレードのセットアップはあらゆる感情を廃した客観的なも

のでなければならないことを教えてくれる。例えば、チャートだけ見れば素晴らしいと思えるシングルストックフューチャーズ（SSF。個別株先物）でも、セットアップは売りシグナルを示していることがある。シグナルに従わないことの言い訳を探すような人は、本書を買う必要はない。「こうなるだろうことは分かっている」が、その裏付けとなるようなものがないという人にとっては、本書はトレードをマスターするための現実的でしっかりしたアプローチを学ぶための絶好のスタートラインになるだろう。

ピーター・ボリッシュ（ワンシカゴ取引所会長、ポール・チューダー・ジョーンズの元リサーチ部長）

はじめに

　私が短期トレードについて最大の教訓を得たのは、急流下りツアーに参加したときのことだ。8人を乗せたいかだが岩にぶつかり転覆したため、私たちは宙に投げ出されて氷のように冷たい水の中に真っ逆さまに転落した。こんなときは冷静を保ち、仰向きになって足を下流に向けることを覚えていたのは私を含めて4人だけだった。おかげで私たち4人は岩と岩の間の階段流の流れに沿って何とか無事に岸にたどり着くことができた。残りの4人に起きた出来事を知ったのはそれから1時間後のことだった。彼らはレスキュー隊に救助されたのだ。ある者は足に大ケガを負い、ある者は脳震盪を起こしていた。あわや溺れかけた者もいた。あとで彼らと話して分かったのだが、全員が一種の思考停止状態に陥ったというのだ。自分の身が危険にさらされていることも、ピンチに陥っていることも分かっていた。何かしなければならないことも分かっていた。しかし、何をすればよいのかを判断することがまったくできなかったのである。そうなると彼らに残された選択肢はひとつだけ。ヘッドライトに照らされて身動きできなくなったシカのように、固まるしかない。かくして思考回路が停止して身動きできなくなった彼らを、川はまるで売春婦のヒモが怒り狂って彼女らを意識を失うまで平手打ちするかのように、その大きなうねりで瞬く間にのみ込んでしまったというわけである。

　思考停止に陥ったメンバーの1人が次のように言ったのを覚えている。「あの川は俺をやっつけようと、あそこで待ち構えていたんだ」。これは彼の被害妄想と勝手な言い分以外の何物でもない。川がだれかをやっつけようと待ち構えているはずがないではないか。川は当然すべきこと、つまり海にたどり着くために峡谷を勢いよく流れることをしたまでだ。こうした川の性質をよく理解していた者は心の準備ができ

19

ていたため、あのローラーコースターの旅をうまく切り抜けることができたが、心の準備のなかった者は徹底的に打ち負かされたのである。

　トレードもこのいかだツアーとほぼ同じだ。準備のできていないトレーダー（初心者）は、何の心構えもない急流下りの参加者と同じ状況にある。どちらも極端な状況に直面すると、フリーズしてしまうのだ。運がなければ命を失うこともある。たった一度の悪いトレードで、何カ月、あるいは何年分かの利益が吹っ飛んでしまうことだってあるのだ。

　プロのトレーダーが金儲けできるのは、彼らがいつも正しいことをしているからではなく、俗にいう「フレッシュミート」をうまく利用する方法を知っているからだ。フレッシュミートとは、経験が10年に満たないアマチュア、つまり準備のないトレーダーたちのことを言う。しかし、プロに脱皮できるトレーダーはごくわずかで、ほとんどはトレードキャリアを通して利用される側にとどまることが多い。幾多の苦難に耐え、コンスタントに勝てるトレーダーの仲間入りをする少数派は、次に述べる真実を学んだ人たちだけだ。

●金融市場とはそもそも人間の本質を巧みに利用し食い物にすることで成り立つ世界である。したがって、日中の大きなスイングは、参加するトレーダーがほとんどいなくなったときに起こる。これを理解していないトレーダーは必ず損をする。
●世界中で市場のことを最もよく分かっているのはトレーダーだ。しかしトレードのセットアップに間違った手法を用いれば、必ず損をする。
●世界中でインディケーターのことを最もよく理解しているのはトレーダーだ。しかしインディケーターに間違った手法を用いれば、必ず損をする。
●トレーダーは自分のやっていることを正確に認識することができる

人種だ。しかし、自分の性格に合わない市場でトレードすれば、必ず損をする。

● トレーダーは自分のやっていることを正確に認識することができる人種だ。しかし、トレード以外の分野で成功したときと同じ戦略をトレードに用いれば、必ず失敗する。

　こういった知識のないトレーダーはライオンの群れに囲まれた手負いのアンテロープと同じである。アンテロープがズタズタに引き裂かれてライオンに食われてしまう「かどうか」はもはや問題ではない。問題は「いつ」そうなるかである。トレーダーの場合もまったく同じで、こういった知識のないトレーダーが破産する「かどうか」は問題ではない。「いつ」破産するかが問題なのである。

　にもかかわらず、毎年何万もの準備不足のトレーダーたちが市場に押し寄せる。明らかに不利な立場にあるにもかかわらずに。まるで、増殖しすぎて集団自殺に追いやられるレミングさながらだ。彼らの頭の中は、一獲千金、ファーストクラスのチケット、ボスをたたき出すといった幻想でいっぱいだ。トレードの実態を知るべきだったと気づいたときには、時すでに遅し。断崖はもう目の前にあり、眼下の海めがけて身を投じるしかない。彼らが行った努力の成果はというと、大きなフラストレーションと絶望、そしておそらく怒り心頭の伴侶、そしてプロのトレーダーに身ぐるみはがされた口座が残るだけだ。

　近年では熱狂する仮想通貨市場でも同じようなことが起こった。最初に参入した人は大儲けした。しかし、ビットコインに代表される仮想通貨市場が注目を浴び、仕組みが整うと、彼らはほかの市場と同じように仮想通貨をトレードし始めた。あなたがトレードしているのは仮想通貨やネットフリックスではない。あなたのトレード相手は、あなたは間違っていて自分たちは正しいと思っている他人やほかの機関なのである。このことを忘れてはならない。

トレードは、みんな仲良く手をつないでジョン・レノンの「イマジン」を歌いながらお金儲けをしましょう、といった性質のものではない。金融市場はこの地球上で最も民主的な場所だ。男か女か、白人か黒人か、アメリカ人かイラク人か、共和党支持者か民主党支持者かなどは一切関係ない。物言うのは、スキルのみである。

プロのトレーダーになるための唯一の方法は、大移動する羊の群れから抜け出すための武器を手に入れることである。具体的には、前記の5点を考慮に入れたチャートセットアップとトレード手法に加え、大勢の裏をかくトレーダー心理を身につけて有利な立場に立つことである。こういった武器を持たずに興奮と期待だけで金融市場に入っていけば、捕食者の餌食になるだけだ。回転ドアから入ってくる初心者をプロのトレーダーは舌なめずりして待ち受けているのだから。脳天気な初心者はプロにとっては焼きたての厚切りステーキ、つまりごちそうなのである。

本書の読者対象

本書は、株価変動の根底にある理由に基づいて市場にアプローチする独特の方法について述べたものであり、株式、オプション、先物、外為、仮想通貨のトレードに適用可能だ。株価変動の根底にある理由とは何だろう。市場は動きたいから動くのではなく、必然によって動く。追証（マージンコール）、ストップ注文の狙い撃ち、心理的降伏は、トレーダーたちに成り行き注文を強いる大きな要因だ。こういった状況下では、山のような成り行き注文が短時間のうちに集中的に発注される。その結果、5分から数時間続く日中の大きな動きを生みだし、数日から数週間続く大きなスイングの動きを生みだす。市場のこういったメカニズムを理解していない多くのトレーダーにとって、これが大きな痛手になるのは言うまでもないが、こういった動きの裏で大儲け

している一握りのトレーダーがいるのも事実だ。本書では、こういった動きをうまく利用して伝統的なテクニカル分析とチャートパターンを基に大勢の「裏をかく」方法について解説する。

戦略を書くに当たっては、本書では株式、オプション、ETF（株価指数連動型上場投資信託）、先物やコモディティ市場、FX（外為）市場でのデイトレードのための仕掛け、手仕舞い、損切り水準について解説するとともに、仮想通貨トレードの更新方法やオンラインサイトで見つかった最新の戦略についても説明する。戦略としてはさまざまな市場やアセットクラスをトレードするデイトレード、スイングトレード、ポジショントレードを中心に解説する。

本書で述べた各種市場のあらましと各トレード戦略はいかなるレベルのトレーダーにとっても役立つ内容だが、特に初心者にとっては、市場の仕組みを知り、諸々の概念やトレードセットアップを明確に理解するうえでは欠かせないものだ。本書を読めば、初心者が勝てない理由ははっきりするはずだ。勝つためには、舞台裏で起こっている市場の力学というものを理解しなければならないのである。また、初心者がプロのトレーダーに食い物にされる理由も理解できるようになるだろう。

中級レベルのトレーダーにとって本書はさらなるレベルアップを図るためのツールとなるだろう。また、プロのトレーダーやインサイダーにとっては直感的に正しいと感じていることがなぜ正しいのかがはっきりすると同時に、パフォーマンス向上のための新たなアイデアを得るための手段となるだろう。

デイトレーダーにとっては、なぜインディケーターだけに依存してはならないのかが理解できるようになるだけでなく、早期に仕掛けるための戦術を発見し、見切りをつけるべきときと波に乗り続けるべきときとを見分ける方法も身につくだろう。スイングトレーダーや証券コンサルタントにとっては、市場の満ち引きの読み方や買いと売りの

どちらのサイドに焦点を当てるべきかを知る方法を学ぶことができるだろう。年金口座で投資している投資家は、月次ベースや四半期ベースでタイミングよく投資するアイデアを発見して、投資リターンを向上させることができるだろう。本書は基本的にはフルタイムトレーダーを対象にしたものだが、別の仕事を持つパートタイムトレーダーのためのアドバイスも随所に織り交ぜてある。日々のトレードにぜひ役立てていただきたい。

本書は金融市場に興味をお持ちの方ならどなたでもお読みいただけるが、基本的な知識があることを前提にしている。ただし、仕掛けレベルでの市場概念については第3章で解説している。またオプション売買についての章も設けており、いくつかの基本的なオプション戦略についても詳しく述べているが、すべての方法を説明しているわけではない。つまり、すでに語り尽くされていることや、グーグルで検索すれば情報が得られるような項目については、ここで改めて述べる必要はないと思って割愛した。本書はこれまでに述べられていない新しい概念のみに焦点を絞った。また本書の内容に関連するウエブサイトや参考文献も紹介しているのでぜひご利用いただきたい。

本書では個々のトレードのセットアップに加え、用いるべきハードウエアやソフトウエア、マネーマネジメント、トレーダーの性格に合ったゲームプランの作成といった実用面も紹介している。最後に、翌日のトレードにすぐに利用できる情報については特に重視した。

第3版についての注意点

本書の第1版は2005年に書き、第2版は2012年に書いた。第3版でも第1版で述べたテクニックの多くを使っているが、なかには改訂したものもあれば、削除したものもあり、新たに加えたテクニック、章、実例もある。第3版を出版するにあたっては複雑な心境であったこと

を認めざるを得ない。私がよく受ける質問は次のようなものだ──「これらのトレード戦略があなたにとってうまくいっているのであれば、なぜそれを他人と共有しようとするのですか？　みんながその戦略を使い始めれば、効果はなくなるという不安はないのですか？」。まったくもって的を射た質問だ。

本書の最大の失敗のひとつは「15時52分プレー」だった。これは長い間私の好みのセットアップの1つだったが、多くの人が本書を読んでこのトレードを始めると、次第に効果を失っていったのである。このプレーの問題点は、それが1日の特定の時間における出来高を伴わないセットアップであるという点だった。したがって、このトレードが効果を失うのに出来高の増加は必要ではなかった。そこで、第3版ではこのトレードは市場の内部要因をより重視する「1日の終わりのトレード」に変更した。このプレーはトレードの逆側にいるのがだれなのかをはっきりと把握することができるため、プレー自体は第3版でもそのまま残した。このプレーを理解すれば、ほかの市場での大引け間際の似たような状況を見つけることができるかもしれない。そのほかのセットアップはそのままである。これらのセットアップのほとんどは私がトレードしている流動性の非常に高い市場に関連するものだ。ヘッジファンドは大きすぎて日中ベースではこれらのセットアップは利用できず、これらの市場を動かしてヘッジファンドがやっていることを埋め合わせることができるほど多くの個人トレーダーはいない。さらに、これまで長い間トレーダーにかかわってきたが、彼らに勝てるセットアップを教えても、彼らはパラメーターを自分たちの性格に合わせていじってしまうのである。そのセットアップで2回連続して負けようものなら、パラメーターをすぐにいじりまわす（「ほら、パラメーターをいじったから、もう二度とそんなことは起こらないよ」）。その結果、セットアップが発生してもボタンは押されないのである。

「なぜそれを他人と共有しようとするのか」という言葉に関しては、

私もなぜなのかを完全に分かっているわけではない。私は書くことは好きだが、1冊の本にしようと思えばいろいろな苦労はあるし、多大な時間を要し、集中力と固い決意も必要だ。いつの日にか私と同じように本を書きたいという人々に会う機会も多いが、実際に書く人はいない。彼らを非難しようとは思わないが、本を書くという作業は多大な時間がかかる作業だ。外部からの助けを得たとしても時間がかかる。いろいろな分野で本を出しているほかの著者の話から、本を書くときにはある傾向があることを発見した。自らの手で本を書くためには、あなたの体からそれを絞り出したいという気持ちに駆られなければならないということである。第1版を書くとき私はそれを私の頭の中から押し出したいと思った。そして、6年後（第2版の出版）にも再びこの感情が現れ、そして再び現れた（第3版の出版）。それは、情報の泡が頭の中に現れて、頭をすっきりさせて前進するためには、その泡を頭の中から取り除かなければならないといった感じだ。本を書くことは、短期的には実用的なことだ。「あなたの好みのセットアップはどういうものですか？」と人々に聞かれたら、私は彼らに本書を手渡すだけでよいからだ。そうすれば時間の大幅な節約になる。

　もっと長期的に考えると、いつの日にか私の予想よりもはるかに早く死の女神が私にこっそり近づいて私が死ぬとしよう（10代であったのが昨日のことのように感じるが）。本を書くということは、私が死んだずっとあとにも私の一部が生き続け、次なる冒険に繰り出す1つの手段になるかもしれないということである。私は曽祖父のことは何も知らない。もしかすると本を書くということは、私の子孫が私のことを少しでも知る手掛かりを与えるものになるのかもしれない。そして彼らがトレードをしようと決めたとき、私の本によって彼らの学習曲線が短縮できればそんなうれしいことはない。トレードは痛みを伴うものだ。もし私の子孫が本書を読んで、フラストレーションをためてコンピューターに怒鳴り散らすことなく、成功するトレーダーになる

ための心得をいくつかでも見つけることができたのであれば、それで私は使命を全うしたことになる。

　本書を読んで、本書から何かをつかみ取った人には感謝する。トレーダーズエキスポなどのイベントでは本書の読者にたくさん会う。買ってくれた本にサインをして、彼らからたくさん話を聞く。本書はトレードの聖杯を探している人、あるいはメカニカルにトレードして残りの人生を楽をして生きるためにシンプルなシステムを探している人には向かない。本書は、自らのトレードスキルと性格を試しながらトレード道を歩んでいこうという人たちのためのものだ。それは日々のプロセスであり、生計のためのトレードを面白いものにしてくれるものである。なぜなら１日として同じ日はないのだから。だれかが本書は読む価値があり、学ぶことがある本だと評価してくれれば、あるいは批判してくれてもよいが、そんなうれしいことはなく、光栄の至りである。

　トレードと人生は緊密に絡み合ったものだ。自分自身のことをよく知るほど、あなたの性格にピッタリの市場、戦略、トレード哲学を見つけることができるだろう。さあ、トレードの世界に繰り出そうではないか。

第 *1* 部

基礎編

市場が動くメカニズムを理解し、
トレードと投資を成功に導くための
最良の心づもり

TRADER'S BOOT CAMP —— How Do the Markets Work and What Are the
Best Ways to Get Mentally Prepares for Successful trading and Investing?

「チーズはいらないよ、この罠から出してくれればいい」――スペイン
のことわざ

「執着することで強くなれると考える者もいる。しかし時にはその執着
心を捨てることで強くなれるのだ」――ヘルマン・ヘッセ

第1章

市場を動かすものは何なのか
What Really Causes the Markets to Move?

市場でお金を失う人はこれら４つのことをやっている人

　一般トレーダーは、トレードが与えてくれる最良と最悪の世界の間をふらふらとさまよう不安定な状態に常にある。しかしその一方で、巨大ファンドから見れば、うらやましくなるほど気軽に効率的に市場に出入りできるという強みもある。アップル株を２億株だれにも気づかれずに売るというのはどんな気持ちがするか考えたことがあるだろうか。これは妊娠したことを両親に気づかれないようにするくらい難しい。それはマウスクリックひとつでできることではなく、プロセスが必要になる。一方、あなたはアップル株を1000株、あるいはＥミニＳ＆Ｐ500先物を10枚直ちに売ったり買ったりすることができる。これはその日の市場取引全体においてはほんのささいなことでしかない。つまり、小口トレーダーはだれにも気づかれずに動くことができるということである。これは小口トレーダーの大きな強みだ。ファンドは自分たちの手を見抜かれずに大きなポジションを売ったり買ったりするのには何日も、何週間も、あるいは何カ月もかかることがある。もし彼らが手の内を見せれば、ほかのファンドが先回りして注文を出し彼らを葬り去るだろう。市場ではお金はこのようにして儲けるのだ。つ

31

まり、ほかのトレーダーから奪い取るのである。ちょっと冷酷では、と思うあなたは正しい。これは確かに冷酷なことだ。しかしトレードは、気の合った仲間同士が集まって、香をたいて、人生の意味を祝うようなものではない。トレードは冷酷なものなのだ。

では、なぜ多くの人がこの職業に憧れるのか。エキサイティングだから。確かにそうだ。魅力的だから。まったくそのとおりである。トレードは多くのお金を稼げるチャンスを与えてくれるものだ。しかし、多くの人がこの職業に憧れるのは、一言で言えば、自由だからである。私たちは生活のあらゆる局面で何々をしろと命令される。なかにはこれが嫌いな人もいる。トレーダーにはこの地球上のだれもが成し得ないような、まねできないようなニッチを切り開く自由がある。富豪の多くには自由がない。特に、会社を経営しているような富豪には自由はない。彼らにあるのは義務と要求と日々消さなければならないたくさんの火種だけだ。ファーストクラスで飛ぶことは自由を犠牲にするほどの価値があるのだろうか。定年退職者にはある種の自由はある。しかし、彼らはどんな犠牲を払ってこの自由を手に入れているのだろうか。ダン・サリバンはストラテジック・コーチ社のオーナーで、魅力的でエネルギッシュな75歳だ。彼の定年退職に対する考え方は違う。「定年退職というのは死があなたを見つけてさらいにやってくるGPSシグナルだ。重要なのは楽しい未来を思い描くことだ」。では、専業主婦の仕事はどうだろうか。それはこの地球上で金持ちと結婚するくらい、最も難しい仕事だ。

私の知るかぎり、自由を謳歌できて給料のもらえる唯一の仕事は、ウーバーのドライバーやアップワーク（米国のクラウドソーシング企業。顧客である企業と高度な技能を有するフリーランサーを引き合わせるオンライン・マーケットプレイスを運営）に登録するといった独立した契約タイプの仕事しかない。しかし、給料はそれほど高くないし、月々の支払いを賄うには長時間働かなければならない。一方、トレー

ドは正しく行えば、労働時間は短くてかなりの収入を手にすることができる。トレーダー、少なくとも一貫して利益を出せる技術を学んだトレーダーは、一般人のような日常の煩わしさとは無縁の独立したライフを送ることができる。これほど魅力的な商売がほかにあるだろうか。

トレードをフルタイムでやるかパートタイムでやるかについては、理由はいろいろある。転職したい人、もっと自立したい人、大企業の一事業部における責任者や個人事業の経営者としての立場から逃れたい人、あるいは子供のために在宅勤務を選びたい人などさまざまだ。私が会ったトレーダー志望の人の多くはすでにほかの分野で成功している人が多い。彼らは単に退屈なのだ。私はこういった人たちを「興奮を求める医者」と呼んでいる。彼らには高報酬の仕事をしている人も含まれる。彼らは今の収入と名声には満足しているが、虚しさを感じているのだ。過去に金融市場で大失敗し、将来的な財政状態を安定させたいと思っている人もいる。そして、最も多いのは小金をかき集めて、トレーダーになるという夢に向かってイチかバチかやってみようとする人々だ。この生き証人のような人々が私のオフィスにはいる。ヘンリーのような連中が「トレードというものに目覚めて大興奮」してから、「何てこった！ オプションを権利放棄しなければならないなんて、信じられない」と意気消沈するまでの痛みのサイクルをたどったのを私は見てきた。しかし、何年か浮き沈みを経験したあとリズムに乗り始めると、ヘンリーは一貫して稼げるトレーダーへと変貌を遂げた。こんな姿を見るのは楽しいものだ。トレードとは難しくもあり、簡単でもある仕事なのである。

トレードは良い暮らしができるだけの稼ぎを得る機会を与えてくれる「仕事」であるだけでなく、ほかのどの職業よりもはるかに面白くて楽しいものだ。もちろん、ロックスターにはかなわないが。しかし、U2とステージに立つことがかなわないとなれば、トレードはそれに代

わる職業としては申し分ない。

また、安定したインターネット接続環境があればトレードはどこにいても可能だ。私が2018年にこの第3版をどこにいても書けるように、文字どおりどこにいてもトレードはできる。私は飛行機のなかでトレードしたこともある。これに加えて、フルタイムトレーダーになれば多くの特権を手に入れることができる。自分を今の地位にまで押し上げたシステムのなかでもがきながら、首尾一貫性のないバカげた要求を次から次へと突きつけてくるボスもいない。ある人にとっては会社で働くことは権力を得る手段であり、彼らにとってはこれが経済的独立よりも重要だ。しかし、こういった道化師のために働くことは、企業の鉄格子を打ち破って人生の意味に疑問を投じるには十分である。

さらに、トレードでは従業員を雇う必要もない。ただし、多くの市場や時間枠をトレードするというレベルになれば、従業員の手が必要になる（私は欧州の時間帯をトレードするのが好きだが、睡眠時間は必要だ。そんなとき私の代わりに働いてくれる人を雇えば私は眠ることができる）。企業社会を生き抜いてきたわれわれにとって、冷めた人間たちの管理から解放されることほど自由で素晴らしいことはない。「私はあなたを褒めているふりをしよう。あなたは自分の仕事が好きなふりをしなさい」なんてくそくらえだ。もしあなたがあなたのトレードをサポートしてくれる人を雇うのであれば、あなたと同じくらい情熱的で活気にあふれた人であることが望ましい。

コンピューター価格が低下したおかげで立ち上げコストは最低限で済む。またデルのような会社からコンピューターをリースするのもひとつの手だ。バスローブを着ていようと裸だろうと、文句を言う人はいない。何と言っても、労働時間を自由に決められるのは最高だ。成功している知り合いのトレーダーの年間スケジュールを紹介すると、1人は10月から4月まではトレードに専念して、残りの5カ月はオフ、もう1人は市場が開いてからの最初の2時間だけトレードして、残りは

オフ、また元手の50％稼いだら１年の残りの時間はオフというトレーダーもいる。これらはほんの一例だ。ところで、トレードに関してよくある間違った考え方のひとつは、「もっとお金を稼ぐには、もっとトレードしなければならない」というものだ。これは大きな間違いだ。賢く、低頻度で行うことこそがトレードで生計を立てるための秘訣のひとつなのだ。すべての動きをとらえる必要などない。１週間に２つのよく考え抜かれてよく計画されたトレードがあれば、生計を立てることができることにトレーダーが気づいてくれることを願うばかりだ。そうすれば真の自由を手に入れることができる。

これだけ魅力のある仕事だ。何万という人々が成功を目指して名乗りを上げるのも不思議ではない。これぞまさに世に言われるアメリカンドリームの代表格だ。世界中のトレーダーたちがこれに挑戦している。本書の第１版が出版された2005年以降、私はアメリカだけでなく、中国、台湾、インド、スウェーデン、オーストラリア、イギリス、フランス、シンガポール、アルゼンチンをはじめとする多くの国々のトレーダーたちに講演してきた。これで分かったことは、トレーダーたちはほかのトレーダーと話をするとき、政治的な違いや哲学的な違いを超えたところで話をするということである。世界中のトレーダーたちは、現金を生みだすこと、そしてその現金によって生みだされる成果——自由——を手に入れることに全力を注ぐ、というひとつの考えでつながっている。私はトレーダーたちと彼らのクレイジーさを愛してやまない。

「クレイジー」という言葉が出てきたが、けっして冗談を言っているわけではない。スイスのザンクトガレン大学はある研究を行った。その研究はトレーダーとサイコパスを比較するというものだった。この研究は、ドイツの厳重に警備された病院の24人のサイコパスと27人の「普通」の人で構成されたグループを比較するというすでに行われた研究結果を見直したものだった。興味深いことに、「普通」の人で構成さ

第1部　基礎編

れたグループはもともとトレーダーの人たちであった。株式トレーダー、通貨やコモディティトレーダー、デリバティブトレーダーたちは、警備の厳重な有刺鉄線のなかに閉じ込められたサイコパスと比較される「普通」のグループとして扱われたのである。結果は、と言うと、トレーダーのグループのパフォーマンスはサイコパスのパフォーマンスを下回った。この研究結果から分かったことは、トレーダーたちは「破壊的傾向」があり、「近隣で最も美しい車であるという理由だけで、近隣の高級車を野球のバットでたたき壊す」可能性があるということだった。

　つまり、トレーダーは正しくありたいという欲求と常に戦い続けなければならず、自分たちの世界観が正しいことを常に証明しなければならないということである。しかし、こんなことをしても彼らが常に儲け続けることを手助けしてはくれない。サイコパスの定義を調べてみると、「反社会的な振る舞い、判断できない、経験から学ぶことができない、他人の視点で自分を見ることができない、不可解な衝動性」とある。これは市場でもがき、その理由が分からない典型的なトレーダーそのものだ。

　トレーダーたちがトレードに魅力を感じるのは自由と興奮を手に入れられるからである。トレーダーたちを堕落させるのもまた自由である。これだけの自由を手に入れられるのだから、容赦はない。つまり、市場はトレーダーを守ってはくれないということである。ファンドマネジャーとは違って、一般トレーダーには監視者がいないため、何でも自分の思いのままだ。多くのトレーダーにとって、これはマウスクリックひとつで破滅する生活を送っていることを意味する。市場は彼らを安心させ、勇気づけ、悪習を強要しさえする。損切りを取り消した途端に価格が利益目標に達したという経験はないだろうか。そういうことをしてもまったく構わないよ、たまにはね、と市場は私たちに教えてくれる。これが連続して999回うまくいったとしても、うまくい

36

かないたった１回のトレードで、それまでの利益は吹っ飛び、口座が破産することもあるのだ。その日、あなたは押し目で金を買った。そして損切りを取り消した。すると金は80ドル下落した。「うわー！　こんなに下落するなんて信じられない！」とあなたは叫ぶ。

　これは、暴走する貨物列車のように、ひき殺されるまで私たちに向かって走ってきていることは分からない。市場を追いかける、口座サイズに対して大きすぎるトレードをする、損切りに対するしっかりとした考えがないなどの行為は、私たちに稼がせまいとする市場を後押しする典型的な悪癖にほかならない。サイコパスの特徴を覚えているだろうか。「経験から学ぶことができない」。なぜこうなるのか。なぜトレーダーは自分たちの邪魔になるようなことばかりするのだろうか。結局、お金を失おうと思ってトレードをする人などだれひとりとしていない。そう、だれひとりとして。一言で言えば、これはトレーダーが世界一のセールスマンであることと関係がある。

　中古車のセールスマンはしつこくて不誠実だとよく言われるが、一般トレーダーと比べるとかわいいものだ。トレーダーはいったんポジションを建てるや、自分は正しい、あるいは少なくともこのトレードアイデアは間違っていない、という考えを補強するものならどんなものでも無理やり自分に売りつける（信じ込ませてしまう）という特徴がある。自分が間違っていることを好む人などだれもいない。人は仕事で失敗するとだれかほかの人のせいにする。「あのバカな受け渡し人のせいだ！」「やつらのせいで台無しだ」と彼らは言う。しかし、トレードでは自分以外責める者はいない。人間というものは自分が間違っているかもしれないことをなかなか受け入れられない動物だ。「夫が森の中で１人っきりで自分の考えを述べたとすると、それでも彼は間違っている？　おそらくは」というジョークもある。

　損が出ると、チャートを見て周りの人にだれかれかまわずに言う。「急上昇したよね。これはヘッジファンドのストップ注文の狙い撃ちだ

ね」。彼は訳知り顔でニヤッとしながら、「やつらがストップ注文の狙い撃ちを終えたら、見てるといいよ。もっと上がるから」。彼はポジションを手仕舞うことはない。だから、損失はますますかさむ。逆に利益が出ると、利食いをためらい、ネコに話しかける。「いい調子だ。CNBCでもいいニュースがたくさん出てるし。ここで売るのは早すぎる」と言って利食いすることはない。気がつけば、勝ちトレードは負けトレードに転じている。今言ったような過ちはほとんどのトレーダーに共通する過ちであり、致命的な過ちでもある。市場は彼らが負けるようにプログラムされていることに、彼らは気づかないのだ。そして市場を動かすものが何なのかも知らない。要するに彼らは、「スズメのように食べ、ゾウのように排便する」トレーダーなのだ。これでは口座が持ちこたえられるはずがない。さらに悪いことに、感情の奴隷になるというこの悪循環は、まともにぶつかって気づかされるまで、そして現実に向き合い、トレードがほかのものとは違うことに気づくまで終わることはない。トレードはお金をたくさん儲けようとすることよりも、自分が間違っていることを何度も認めざるを得ない状況に追い込まれることのほうが多い。これに対して、プロのトレーダーはこのことを十分すぎるほど熟知しているため、こういった状況をうまく利用できるように自動化トレードシステム（アルゴ）を設定する。彼らの餌食になるのが、自分の敗因を理解していない一般トレーダーたちだ。あるトレーダーの不幸が別のトレーダーの飯の種になるのである。

　トレーダーたちが損をする4つの要因は以下に示したとおりである。

1．株取引に魅了される人はサイコパスと同じ性格を持っている。
2．人間が生まれながらにして持つ自由は人を破滅させる。結局、私たちは生まれてから最初の18年間、ルールに従ったほうがよいこと、人に言われたことをやったほうがよいことを学んできたのだ。

３．市場は悪癖を持つことを奨励し、悪癖を助長する。

４．トレーダーはあらゆる機会を利用して、自分が正しいことを売り
　込むようにそそのかされる。

　あなたのトレードの反対側には必ずだれかがいる。そういったトレ
ーダーになろう。追いかけるトレーダーではなくて、ほかの人が追い
かけていることを知るトレーダーになろう。損切りを取り消すトレー
ダーではなくて、トレーダーは損切りを取り消す傾向があることを知
るトレーダーになろう。口座サイズに対して大きすぎるトレードをす
るトレーダーではなくて、口座サイズに見合った、あるいは口座サイ
ズよりも小さいトレードをするトレーダーになろう。すべての動きを
とらえなければならないと必死になるトレーダーではなくて、自分の
トレードプランに含まれるセットアップを辛抱強く待つトレーダーに
なろう。その日にトレードしなくてはならないわけではないのだ。長
い目で見れば、無計画に大きくトレードするトレーダーよりも、小さ
く一貫性を持ってトレードするトレーダーのほうが大金を稼ぐ。今、正
しくなければならないと思うトレーダーではなくて、長い時間をかけ
てお金を稼げるトレーダーになろう。

マーケット参加者の痛みを理解すると成功する確率が高くなるのはなぜか

　この問題は単純で、理由は２つある。第一に、トレーダーたちはす
べてのトレードがうまくいくとは限らないことは百も承知だが、仕掛
けた途端に、このトレードだけはうまくいくと思い込んでしまうこと
だ。人間のこの不思議な心理については、２人のカナダ人心理学者に
よる研究結果が報告されている。自分の賭けた馬が勝つという自信は、
賭ける直前よりも賭けた直後のほうが格段に増すらしい。こういった

心の変化は、馬とはまったく無関係で、賭けた人の心に起因する。つまり、いったん馬券を手にするや期待感が一気に膨らむのだ。

これは専門家の難しい説明を聞くまでもなく、一度決めたことを簡単に覆すようでは社会的信用を失いかねないという思いが根底にあることは確かだ。われわれは一度決めると、内外のプレッシャーに対してその決定を正当化するような態度をとる。良い選択をした場合、それを正当化するという行為はポジティブに作用し、その選択に対する自信は強まる。

しかし悪い選択をした場合、それがトレードだろうと仕事だろうと恋人だろうとビジネス上の取引だろうと、自分の過ちを知りながらも自分をだまして正当化するため、事態は悪化する。一度決めたことを覆してはならないという思いが一層強くなり、過ちを素直に認めて前進することができなくなるのだ。

悪い選択を正当化するようなことばかりしていれば、それだけで人生は終わってしまう。悪い選択をしてもなんとかうまく切り抜けようとし、良い人を装い他人を傷つけまいとし、あたかもそれが正しい選択であったかのように見せかける。これは痛みを伴う旅以外の何物でもなく、こんなことをしていれば以前の自分の影に成り下がってしまう。

あなたの選択が正しかったことを証明するために、何かをやったり言ったりすれば、たちまちのうちに自分に対する誠実さを失ってしまう。そして自分に対する誠実さを失えば、それはフラストレーションへとつながる。わけもなく顔中に噴き出してくるニキビのように、フラストレーションがふつふつと湧き上がる。母親に野菜をもっと食べなさいと言われ、腹が立ったことはないだろうか。これはトレードと関係があるのだ。信じられないかもしれないが、これはあなたのトレーダーとしてのパフォーマンスに影響を与えるのだ。実は、あなたは母親に対して腹を立てているのではなくて、自分自身に対して腹を立

第1章　市場を動かすものは何なのか

ているのだ。

　これはあなたの私生活で試してみるとよい。あなたのトレード口座で試すよりも格段に安上がりだ。あなたをイラだたせるものは何だろうか。感情的反応を引き起こさせるものは何だろうか。

　2005年、私は尊敬してやまない義理の姉のローザとしばらくの間、私たちのウェブ制作・管理の仕事をした。私は7歳のときから彼女を知っていたので、私たちは実の姉と弟のように仲が良かった。一緒に働いていると激しい口論になることもあった。そんなとき私は、なぜ私が正しくて彼女が間違っているのかを冷静に論そうとした。特に、深い考えはなかった（だって、私が正しいに決まっているから）。しかし、やがて私たちの関係は双方にとってイライラするものになり、結局、彼女は「ほかの職を探す」ことになった。

　何が間違っていたのだろうか。私たちは仕事以外ではうまくいっていたが、彼女と一緒には働けないということだけははっきりした。これを何人かの友人に話すと、彼らは口をそろえて言った。「『自分がやっていることを常にすべて把握しているように見せなければならない』ことが問題なんだ」と。もっとよく知りたければ、「ランドマーク・フォーラムというワークショップに行ってみるといいよ」と言われた。グーグルで調べてみたが、最初はナンセンスだと思った。カルト教団のように思えたからだ。でも、ランドマークが作成している週末アドベンチャーのトップ10リストを読むと、興味をそそられた。え、冒険？そして、友人のマイケル・パルミエリとトム・タオイーの2人が好ましい変化を遂げたのも目の当たりにした。彼らは仕事効率が上がり、以前よりもハッピーで魅力的になった。ローザに対する不満は、私のなかで起こっている何かを反映したものだと彼らは言った。それが何なのか知りたければ、めそめそするのはやめて、ランドマークのセミナーを受講すべきだと言った。じたばたと抵抗するわけではないが、私はただランドマークを信じられなかった。

41

でも、最終的にはセミナーを受講した。正直言って、受講して本当に良かったと思っている。セミナーを受講するまでは、自分が自分に語る物語になぜそれほど夢中になってしまうのか、理解できなかった。そして、方法さえ分かればそういった物語からはいとも簡単に開放されるということも。セミナーを受講して、大きな鎖からの解放、つまり自分の過去からの解放こそが本当の自由であることを知るに至った。

1年後、妻もセミナーを受講した。そして、私たちの生活は今までかつてないほど充実している。妻は自信を持つようになり、私たちのコミュニケーションはスムーズになり、互いに対してオープンで正直になり、「互いの気持ちを傷つける」のではないかという不安もなくなった。彼女は腹が立ったときは、何日も気持ちを押し殺したりせずに、なぜ腹が立っているのか正直に率直に私に話す。つまり、私たちは互いに信頼し合うことができるということである。このほうが人生はずっと楽で楽しいものになる。トレードに関しては、損をしても感情的にならなくなり、負けトレードはもう少し時間を与えたほうがよいのではないだろうかと思い悩むことなく、すぐに損切りすることができるようになった。それによって自由裁量トレードがスムーズに行えるようになった。早く決断を下し、自己判断に頼ることなく先に進むことができるようになったのだ。

ランドマークセミナーから得たものは、自分にとって役に立つものだけを選び、ほかのものはすべて捨てる、という考えだった。これは健全なトレードプランを立てるのと同じだ。私はローザにもセミナーに参加させた。それによって彼女の生活も変わった。今、私たちはこれまでよりもオープンで正直な関係を築けているし、正しくあろうとすることなく議論もできる。相手の気持ちを傷つけるのではないかと心配することなく、言わなければならないことを言うだけだ。こんな素晴らしいことはない。トレードの旅とはつまり、そういうことなのだ。あなたにとって意味のあるこまごまとした情報を集め、そういっ

た情報をあなたやあなたの性格にとってうまくいくトレードプランに変える。個人的な問題を抱えているトレーダーがたくさんいる。彼らはそんなネガティブな感情を市場で発散し解消しようとしているのだ。ランドマークのセミナーを受講することは、そういった問題をトレード口座に影響を与える前にあなたのシステムから追い出すのに役立つ。

　良いトレーダーになることと良い生活を送ることにはたくさんの共通点があると思う。市場は究極の心理学者だ。ハッピーなトレーダーになるためには、悪いトレードをゴミ箱に捨ててしまわなければならない。役人がその地位にしがみつくように悪いトレードにしがみつくことは、中国のことわざにもあるように、「玉茎を切って、玉門をくじく」ようなものだ。

　第二に、トレードの最中は自分の判断が正しいと思ってしまうトレーダーが多いことだ。つもり売買ではこれもよいだろう。しかし、仕掛ける前は極めて客観的だが、いったん仕掛けてしまうと客観性は失われる。口座サイズに対して仕掛けた株数が多かったり、枚数の比率が高いほどそうだ。これはこういう風に考えると分かりやすい。口座残高が1万ドルのトレーダーがEミニS&P500を10枚買っている場合と、口座残高が10万ドルのトレーダーがEミニS&P500を1枚買っている場合、1ティック動くたびにどちらがヒヤヒヤするかということだ。前者のトレーダーは、「このトレードはきっとうまくいく」と思う一方で、1ティック動くたびに資産の大きな変動を招くポジションを何とか管理しなければならないという新たなプレッシャーに押しつぶされそうになっているはずだ。脳内を激しい感情の渦と化してしまうようなポジションを抱えているときに自分の判断能力を過信するのは、スイスチーズ1切れを持ってボートを上流に向かって漕ぐようなものだ。絶対にうまくいくはずがないのである。信じられないかもしれないが、コンピューター画面で価格チャートに見入る度合いは市場が次に何をするかとは一切関係がないという調査結果が出ている。市場は

第1部　基礎編

あなたの言いなりになんて絶対にならないのだ。

　トレーダーたちのこういった行為は永遠に続く悪循環を生む。その結果、あくどい中古車のセールスマンのように、自分に対して間違った信仰を売り続け、最後には徹底的に打ちのめされるのである。こういった状況に陥ったトレーダーは手仕舞いのためのゲームプランにはけっして従わない。自分の正しさを正当化する（結婚している人は、これが時間のムダであることを知っているはずだ）ことだけに時間を費やし、次のいずれかの理由でポジションを手仕舞う。

　理由その１は、ポジションを保有し続ける痛みに耐えかねて、「投げ出して」しまうというもの。この「痛みの限界」に達すると、彼らは半狂乱になってキーボードをたたき、痛みから抜け出したい一心で「成り行き」で売り（または買い戻し）始める。

　理由その２は、ブローカーが親切そうに電話をかけてきて、手仕舞いしたほうがよいのではとやんわりと伝えてくるというもの。要するに「追証」である。もちろんこの手仕舞いトレードも「成り行き」注文だ。ここまでくると、もうプランもなければ、思考も停止し、客観性のかけらもない。売り注文をまとめて入れさせられる、あるいは今売っているのであれば、買い注文をまとめて入れさせられる（買い戻させられる）といった状況が今の状況だ。ポジションを手仕舞いたいから手仕舞うのではなくて、手仕舞わざるを得ないから手仕舞うというこのギブアップ状態でのトレードは、完全に感情に支配されたトレードであり、これが最高のスイング相場を生みだすのである。継続的な投げ売りによって数カ月にわたって市場が下落し続けることもあるだろうし、やむを得ない買い戻しによって10分間急上昇することもあるだろう。いずれにしても、ギブアップ状態でのトレードが市場を大きく動かす要因になっていることは、どの市場、どの時間枠にも共通する。市場は動きたいから動くのではなく、動く必然があるから動く、という意味はこれでお分かりいただけたことと思う。

44

第1章　市場を動かすものは何なのか

トレードでは、「最初の選択に忠実」であろうとすることに加え、自分の懐具合に見合わない大きな買い物をする（口座サイズに見合わない大きなサイズのトレードをする）ことほど危険なことはない。しかし、危険と隣り合わせにあるのが儲けのチャンスだ。20人のトレーダーが破産すれば、その一方で大儲けするトレーダーがいる。つまり、お金は消えるわけではなく、別の口座——人間の習性を巧みに利用したセットアップを用いる口座——に移動するだけなのである。あるトレーダーをパニックに陥れる追証は、別のトレーダーが利益目標に達したことを意味する。市場の誘いに乗って、自分は正しい、と思ってはならない。

ハーバードビジネススクールでも教えてくれないケーススタディ——これはあなたやあなたの伴侶に起こったことはあるか

私はこの例はこの第3版では新しく書き直そうと思っていたが、これはNFLX（ネットフリックス）やTSLA（テスラ）といったボラティリティが高く、今日活発に取引されているホットな銘柄にも同じように当てはまることが分かってきた。したがって、元の文章に少し手を加えるにとどめた。では、見てみよう。

図1.1は活発にトレードされているある銘柄のチャートを示したものだ。今のところは銘柄名は伏せておく。2004年、この銘柄はトレードの一方のグループによって大きく買われ、別のグループによって精力的に売られた。いずれのグループにも金儲けの機会はたくさんあった。例えば、2004年12月29日には過去52週の最高値を更新し、次の取引日には33.45ドルを付けた。そして、次の5日間で3の支持線（27.62ドル）まで押した。3は1と同様に絶好の買いポイントだ。1に対応するストキャスティックス（2）を見ると売られ過ぎにあり、3に対

45

第1部 基礎編

図1.1

応するストキャスティックス（4）も同じく売られ過ぎにある。

　このチャートは、トレーダーたちが意思決定をしなければならない変曲点を含む典型例だ。ブレイクアウトしたあと最高値を更新した時点で売ったトレーダーが上機嫌なのに対し、買ったトレーダーは苦痛を感じていることだろう。一方、10ドルで買ったトレーダーは興奮して、この押しで増し玉しようかどうか考えているはずだ。ポジションがマルのトレーダーは次の動きを逃すまいとして、支持線まで押したこの時点での買いを検討中だろう。それではこのチャートをじっくり眺めて、あなたならどうするかを考えてみてもらいたい。売りか、あるいは買いか。またリスクはどれくらいとるつもりか。こういったことは、実際に仕掛ける前にきちんと決めておかなければならない。

　ここで仮想トレーダーを例にとって考えてみよう。名前はジョーと

図1.2

しておこう。ジョーはある程度トレード経験があり、リスク・リワード水準や高勝率セットアップが現れるまで辛抱強く待たなければならないことについてはすでに分かっている。彼はこのチャートを見て、絶好の買い機会を見つける。彼の口座サイズは10万ドルだ。彼は引け間際に27.80ドルで2000株買う。これでもまだ口座の現金のバイイングパワーのおよそ半分しか使っていないので、信用取引を使うまでもない。それと同時に、26.20ドルにストップリミットオーダーを置き、現時点の最高値より少し下の32.60ドルにGTC（Good Till Cancelの略。一度、指値注文や逆指値注文を出したら、取り消さないかぎり有効とする注文）の売り注文も入れる。利益4.80ドル（9600ドル）に対するリスクが1.60ドル（3200ドル）、つまりリスク・リワード・レシオは３：１となかなか良い数字だ。損切りに引っかかれば口座資産の3.2%を失うが、

47

第1部　基礎編

予想リターン9.6％に対するリスクとしては許容範囲内にあると考えている。

翌日（2005年1月7日）、前日の終値よりかなり下げた23.78ドルで寄り付いた。これはジョーのストップリミットオーダー価格よりもはるかに安い水準だ（**図1.2**を参照）。

彼が置いたのはストップリミットオーダーなので、株価が26.20ドルに戻るまで執行されない。とりあえずこのまま様子を見る以外に方法はない（26.20ドルに普通の逆指値注文を置いていれば、寄り付きで成り行きで執行されたため、大きな損失を被っただろう）。

しかし、ジョーはあわてる様子はない。前にも経験したことがあるからだ。今のところは含み損になっているが、この世の終わりというわけではない。このトレードは負けトレードになることはすでに分かっている。だから、ナンピンするためにトリプルダウンといったバカなことはするつもりはない。彼はプランに忠実に従い、潔く損切りするつもりだ。手仕舞うときは優雅に手仕舞いたいと思っている。「ここで売るべきか。あるいは少しの戻りを待つべきか」と彼は悩む。株価が下落するときには少し戻してから一気に下落するという特徴も理解している。最初の損切り価格で手仕舞うという手もある。日足チャートをチェックすると、ストキャスティックスは売られ過ぎにあるので、小幅でも若干の上昇は期待できる。この上昇に期待してストップリミットオーダーはとりあえずそのままにし、引け間際で株価がどこまで上昇するか見ることにした。

大引けの15分前、株価をチェックするとストップリミットオーダーの価格には達していないが、その日の安値からは上昇している。彼は、次の取引日にはある程度は上昇するだろうと予測する。彼は冷静で、極めて客観的だ。ポジションはそのまま持ち続けることにする。これは論理的プランのちっぽけな問題にすぎない。

残念ながら、次の取引日は月曜日なので、週末はほとんどその株価

図1.3

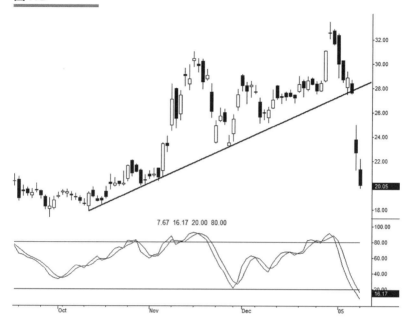

のことしか頭になく、ほかのことは一切考えられない状態だった。日曜日、週末の間ずっと無口でコンピューター画面でチャートばかり見ている夫の様子が妻には気がかりだ。彼を元気づける方法はないものか、そしてセックスライフを活気づける方法はないものかと、コスモポリタンの最新号をパラパラとめくる。だが、ちょうど良い記事を見つけて読み終わるころには、ゲイリーのプロポーズを受け入れていれば生活は違っていたに違いないと思い始める。ベッドに入るころには怒りさえ感じ始める。「あなた、まだ寝ないの？」と怒鳴ってしまう。

　もちろんジョーはまだチャートとにらめっこだ。「まだ調べることがあるんだよ、ハニー」と彼は言う。

　そして、待ちに待った月曜日の朝。眠れない夜を過ごしたジョーは早々にベッドから飛び起きて株価をチェックする。時間外取引で株価

は下落し、通常取引時間開始時にはギャップダウンはおよそ３ドルにも拡大していた（**図1.3**を参照）。彼は首を左右に振る。これは大変なことになったぞ。なぜこんなことになってしまったのだろう。

　彼はぼんやりとコーヒーをすすりながら、チャートを「客観的に」見て、株価は必ず上昇するはずだ、と思い当たる理由を考える。今や株価はわずか７日で過去最高値から40％以上も下落している。この日足チャート上では株価はメジャーな支持線近くまで下がっている。ストキャスティックスは売られ過ぎに深く入り込んでいる。彼は現実的だ。この株は終わったな、と思いながらも、そのうちに少しは戻すはずだから、そこで手仕舞えば損失を最小限に抑えられる、という思いもある。彼は汚い爪を噛み、冷めたコーヒーをすすり、ぬるくなったレッドブルを飲みながら、１日中その株の動きを見つめ続ける。人生のほかのことなど眼中にはない。その日は当初の損切りポイントから６ドル以上下げた地点で引けた。彼はがくぜんとして、ほとんど固まった状態になった。こんなことは起こるはずがないと思っていたことが起こってしまったのだ。今は売れない。損失が大きすぎるから。がっかりしながらも、上昇を信じてもう１日だけ様子を見ようと決心した。

　ガレージの開く音で、クリーニングを頼まれていたことを思い出す。彼は洗濯物をわしづかみにして、彼女に見つからないように玄関のドアを飛び出る。

　１月11日の火曜日、その株（ここで銘柄を明かそう。これはTASRだ）はさらに３ドル下げて17.01ドルで寄り付く（**図1.4**を参照）。彼は深いため息をついて歯ぎしりする。意識はもうろうとしていた。しかし、妙な安心感もある。結局、これは自分のせいではない。全部、市場のせいだ。責められるのは自分ではない。

　昨夜の寝不足がたたって疲労困憊の極致にあるうえ、妻は突然冷たくなった。もしかしたらコンピューター画面上の損益（P&L）を見ら

図1.4

　れたのかもしれないと思ったが、そんなはずはなかった。部屋を出るときは画面は必ず最小化するようにしている。しかも、平静を装っている。何かおかしいんじゃない、なんて彼女が言うはずがない。彼女に話しかけなければならないことは分かっているが、手仕舞ったあとにしようと思う。彼女は彼がトレーダーになるための夢を叶えられるようにまっとうな仕事をしてくれている。彼女をがっかりさせるわけにはいかない。

　再びチャートに集中する。新参者のようにあわててはならない、プロのように振る舞え、と自分に言い聞かせる。こんなことは金輪際ごめんだ、でも今は落ち着いてこの窮状を脱するのが先決だ。彼は神に祈る。でも、これまでの経験からすれば、神様は市場になんてまったく興味を持っていないのではないかと思っている。

第1部　基礎編

この4カ月、彼は毎月平均して5000ドルの利益を上げてきた。TASR
を今17.00ドルで手仕舞えば、このトレードだけで2万1600ドルの損失
だ。これを取り戻すだけでも4カ月以上かかるだろう。ついに彼は意
を決する。「仕掛けたときの価格は忘れろ。ここで仕掛けたと思えばい
いんだ。すると目標値はどこに置けばいいだろうか」。これまでの下げ
幅全体の50％リトレースメント水準を見るために、チャートに一連の
フィボナッチリトレースメントラインを引いてみる。その水準は22.79
ドルであることが分かる。最初の損切り水準よりはるか下だが、株価
がそこまで戻せば1万1580ドルの利益になるので、損失は1万0020ド
ルで済む。うまくいくことを確信した彼は、ここに新規の売り注文を
入れ、動きを見守る。実は彼はダブルダウンも考えた。あと少しでや
りそうになった。でも、それは正しいことではないことを身をもって
学んでいた。待つしかない。

　ところが、株価はその日1日中下げ続ける。彼は画面を食い入るよ
うに見つめ、チャートを凝視する。まばたきするのは30分に1回だけ。
7つの時間枠を同時に広げ、冷静を装いながら、「かなり売られ過ぎた
から、すぐに戻してくるはずだ。我慢しろ。戻りを待て。安値売りな
んてバカなことはするな」と自分に言い聞かせる。

　大引け間際にはTASRはその日の安値をさらに更新し、14ドルを割
り込む。ジョーは体をのけぞらし、吐き捨てるように怒声をあげる。
「こんなバカなことがあるか！」。TASRは8日間で60％近くも下落し
た。彼の怒りは爆発寸前だ。堪忍袋ももはやこれまで。神経は麻痺し、
首には青筋が浮き出ている。引け間際に14.02ドルで売ったので、損失
総額は2万7560ドルだ。TASRがなぜ短期間でこれほどまで急落した
のか、彼はいまだ解せないでいる。どこまで下がり続けるのだろうか。
TASRは倒産するのだろうか。次のエンロンになるのだろうか。

　と、何を思ったのか、彼はいきなり週足チャートを見て支持線を確
認する。支持線は10ドルだ。そしてクロージングベル直前に突如14.04

第1章 市場を動かすものは何なのか

ドルで4000株売る。自己嫌悪を感じながらも、アクションを取ったことで少しは気分が楽になった。少なくとも、10ドルまでの下落の動きに乗り遅れることはない。明日の寄り付きが楽しみだ。もしかすると、金融スキャンダルが発表されるかもしれない。そうなれば1日で損失をすべて取り戻せる。

　この一連の出来事は妻にはけっして話すまいと誓うと同時に、明日クリーニングを取りに行くというメモを画面に忘れずに貼り付ける。一瞬ためらったが、「花を買う」と書き添えた。

　翌日、TASRは前日の終値で寄り付き、何と上昇を始めたのだ（図1.5を参照）。すぐに上げ止まるさ、と思いながら、彼は損切りを前日の高値のすぐ上に入れる。前回はストップリミットオーダーで懲りているので、今回は普通の逆指値注文にした。今度はきっとうまくいく、

53

第1部　基礎編

きっとくる、と彼は確信する。

　1月12日は高値近くで引けるが、前日の高値までは行かなかったので、損切りには引っかからなかった。このトレードは必ずうまくいくとまだ楽観的だが、つくづくツキがないなと思う。翌日はギャップダウンで寄り付くことを期待する。妻が娘たちと出掛けると言いにくる。これでしばらくは自由の身だ。冷蔵庫からグレイグース（ウオツカ）を取り出し、HBOをつけてトニー・ソプラノ（HBOで放映中の人気テレビシリーズ）を見る。世の男たちは同じような悩みを抱えているものだ。何かの参考になるかもしれない。

　そして翌日。TASRは4ドルもギャップアップで寄り付いたため、ジョーの逆指値は寄り付きでいきなり執行される。これは株価が指値（この場合は20.83ドル）を上回ったら成り行き注文になる注文だ。このトレードで6.79ドル×4000株＝2万7160ドルの損失だ。最初のトレードで出した損失とほぼ同じだ。彼の10万ドルの口座はいまや4万5280ドルにまで目減りしていた。ブレイクイーブンに持っていくだけでも121％の儲けが必要だ。彼は怒りのあまり、ついにキーボードを壁に投げつけた。1時間後、妻がカウンセリングを受けたほうがよいみたいだ、と言い出す。彼は大量のジャックダニエル（グレイグースはもうカラ）をグラスに注ぎ、人生の意味を考え始める。そして、吐き捨てるように言った。「一体、何だってこんなことになるんだ？」

　ジョーのプランは悪くはなかった。彼はこのトレードをできるだけうまく処理した。ただし、小さな、しかし重要なひとつの例外を除いて。彼は確かな仕掛け手法に基づいて株を買った。仕掛け時のリスクは小さく、リスク・リワード・レシオも悪くはなかった。リスクはポートフォリオの3％と極めて低かった。同じような状況では追証を受けるトレーダーが多いが、ジョーには追証もなかった。つまり、素晴らしいプランであったにもかかわらず失敗したのである。これはどんなトレーダーにも起こり得ることだ。株が損切りを飛び越えてギャッ

54

プダウンしたのは何もジョーのせいではない。問題は、そうなったときに彼はリスクのことを考えるのをやめて、利益のことだけ考えたことだ。つまり、どうしたら損失を取り戻せるかだけを考えたのである。こんなことでもなければ健全なトレードプランだったものを脱線させ、破産する可能性から目を背けさせたのはこんなささいなことだった。「翌日も戦うために生きる」は市場とダンスしながら最初の10年を生き抜いたすべてのトレーダーのマントラだ。正しい答え？ それは、市場があなたの損切りを通り越してギャップダウンしたら、そしてその損切りがストップリミットオーダーだったら、ぐちゃぐちゃ言わずにすぐに成り行きで手仕舞うことである。

メンターのひとりが、損を取りたがらない私に対して、損失について話してくれたことを私はけっして忘れることができない。私は待っていればブレイクイーブンで終えることができると思っていた。彼は次のように言った。「ジョンよ、トレードというものは口座残高に基づいて管理すべきだよ。含み損も実現損も同じなんだよ」

私の妻からの言葉——トレーダー、ジョン・カーターとの結婚生活にどう折り合いをつけてきたか

「トレーダーと暮らすということ」——マリア・M・カーター

大切な人や愛する人とトレードを始めようとしている人も、大切な人や愛する人とトレードの旅を着々と歩んでいる人も、どうか彼らと一緒に本セクションを読んでもらいたい。

ジョンと私は結婚して20年になるが、一緒に暮らし始めてからは25年になる。デートも結婚生活もジョンのトレード経験レベルを抜きにしては語れない。ジョンがトレードの荒波にもまれている間、「亭主のそばに寄りそう」ことに対して、いつかメダルをもらえるのではない

第1部　基礎編

かと長い間、心待ちにしていた。こうした学習経験を耐え抜くことで、私たちは今ある生活と自由を手に入れることができたと、今実感している。どうか、私たち2人が体験したことから、そしてトレード初心者がトレードで生計を立てようとがむしゃらに頑張ってきた軌跡から学びとり、敏感に感じ取ってほしい。

私たち夫婦のトレードのリトマステスト

どんなトレーダーも悪いトレードをすることはあり、本当に大きな損失を出すことも1回や2回ではない。常に負けトレードにさらされているトレーダーとかかわっている場合、それを無視することは現実から目を背けることであり、正直言って無責任とも言える。こうした荒波を乗り切り、あなたのパートナーがトレードの道を正しく歩んでいるのかどうかを知るには2人で議論する必要がある。腹を立てても痛みが残るだけだ。腹を立てる前に次の「3つのP」について考えてみよう。

パッション（Passion）

どの分野でもプロになるには、あなたのやっていることを愛することが重要だ。借金を返したい、あるいは手っ取り早く儲けたいと思ってトレードをするのであれば、痛い目に遭うだろう。ジョンに初めて出会ったのは私が19歳でまだ大学生だったころだが、出会ったその日から彼は市場にどっぷりはまっていた。そのときでさえ、イオメガという小さな会社に仕送りの一部を投資すれば儲かるよ、なんてことを私に言っていた（おかげで私はイオメガにすっかり夢中になってしまった）。

高い志を持つトレーダーは市場に興味を持ち、市場のことを学ぶプロセスを楽しみ、自分のライフスタイルとトレードしている市場が自分の性格に合うものかどうかを考える必要がある。私はこれまで、ト

56

レードなんてすべきではないと思える多くの顧客や友人たちに出会ってきた。トレードは彼らの性格や望む生活パターンに合わないのだ。トレードするのが怖い、あるいは秘密主義になる、あるいはトレードすることで胃が痛くなったり、健康を害するのは、トレードがあなたには合わない、あるいはこれから長い間情熱を傾けられるものではないことを示す良いインディケーターかもしれない。

広い視野（Perspective）

感情をコントロールすることはトレーダーにとっては極めて重要だ。トレード以外の活動をしたり興味を持ったりすることは、トレーダーにとっては視野を広げると同時に、ストレスの解消にもなる。あなたのパートナーはトレード以外のはけ口を持っているだろうか。彼らはどのようにして憂さ晴らししているのだろうか。ジョンの場合、子供たちと遊んだり、ジムに行ったりジョギングしたり、海外旅行したり、ビジネスネットワークグループ（メンバーのすべてがトレーダーというわけではない）と過ごしたり、もちろん愛すべき妻と一緒に過ごすことでストレスを発散させている。ほかの仕事をしている人と同じように、休みを取ったり休暇に出かけたりしよう。時には、トレードをやっていない人がトレーダーをモニターから無理やり引き離す必要があるかもしれない。うちではこれを「ゴクリ」（ゴラムとも言う。『ロード・オブ・ザ・リング』の登場人物）と呼んでいる。あなたのパートナーがコンピューターの前で覆いかぶさるようにうずくまり、まるで「大切な」何かでもあるように楽しそうにキーボードをたたき始めたら、そろそろ電源を切らせるときだ。私の知る成功したトレーダーで、プロのトレーダーへと飛躍できた人は、トレードを広い視野で見ることができた人だ。トレード以外のことで夢中になれるものを見つけ、トレードを牽制するうえで重要なことに対して大局観を持つことが重要であり、それがトレードを長続きさせる唯一の方法でもある。

第1部　基礎編

プラン（Plan）

　私は市場のテクニカルな面についてはあまりよく知らないが、これまで破綻した多くの人の話を聞いて分かったことは、トレーダーの良し悪しはトレードプランの良し悪しによって決まるということである。だれでもプランから脱線することは時にはあるかもしれないが、プランがなければ命運は尽きたも同然だ。ジョンはトレード日誌を付けている。もう何箱もたまっているが、彼はその日誌にトレードプランだけでなく、プランがうまくいったときとうまくいかなかったときの心の状態も記録している。自分の行動を振り返ることで、それまでのやり方を見直し、同じ過ちを繰り返さないようにするためだ。これは彼に最も合った市場におけるニッチを見つけるのにも役立っているように思える。その日に損失を出しても、私は気にしない。私が気にするのは、そのことを日誌に書かないジョーを見たときである。

基本的なルール

　トレーダーと生活するのは市場のアップダウンを経験するのに非常に似ている。実際、市場の振る舞いはディナーの席でのトレーダーの心の状態のバロメーターになることが多い。トレーダーと生活するうえではいくつかのルールがある。これらのルールは、市場の起伏があなたとパートナーにとって少しでも楽しいものになるように手助けしてくれるはずだ。

25セント硬貨があるのなら、話を聞いてくれるだれかに電話しろ

　トレードの繭から出てきたり階下に降りてきたりして、トレードの成り行きについて人に話したくてたまらないときがトレーダーにはあるものだ。でも、あなたの市場に対する情熱は大切な人には分かってもらえないことがあることを覚えておこう。でも、それは良いことでもある。バランスこそが関係を維持するうえで重要なのだ。あなたが

その日のトレードのことを嫌になるほど細かく話している間、パートナーは上の空のこともある。私がジョンに見てもらいたい新しいカーテンの生地サンプルのことを話しても彼は聞こうともせずに、オプションの権利行使価格やＥミニやフィボナッチクラスターのことを話しだす。もうあきれて話す気もなくなる。夜のデートだというのに、私はピノ・ノワールをちびりちびりやりながらこんな話に付き合うしかない。私たち夫婦の間には、異常なまでの興味があることについてのおしゃべりをやめさせる暗号がある。それは「カーテン」という言葉だ。その日に何があったのかお互いの話を聞くのは楽しいものだが、あまりにも詳細に話すのはトレード仲間だけにしてほしい。でもまぁ、大目に見てあげようではないか。あなたのパートナーはマリア・バーティロモではないかもしれないが、まったく構ってあげないわけではない。

痛みの原理

痛みはトレーダーの経験に反比例する。経験が少ないほど、悪い日だったと分かると、痛みを感じる度合いは大きいようだ。結婚してパートナーのトレード経験がまだ浅いころ、「損をして本当に気の毒に思うわ。大丈夫？」と書いたホールマークのカードがあったらどんなによかっただろうかと思ったものだ。１日で500ドルとか5000ドルの損を出した人にかけてあげられる言葉なんてない。しかし、パートナーが大きな損失を出して痛みを感じているときでも、ドローダウンを出すたびに業火で焼かれたり罵られたりするという恐怖を感じることなく、あなたのところにやってくるような関係を築くことは、トレーダーとしての人格を磨いたり自信を持ったりするうえで非常に重要なことだ。トレードで成功しても失敗しても隠し立てしないようにすれば、自分ひとりでその苦しみを背負う必要はないため、振り出しに戻ることができる。でも損をするたびに責めたてれば、トレーダーは軽率な判断

59

を下し、自分自身や自分の周りの人をなだめるためにその損失をすぐに取り戻そうと愚かなトレードをしてしまう。損失をかみしめながら再びプラン作りに戻るほうがよい。

部屋に入ってはならない時間帯

トレーダーの毎日は浮き沈みが激しい。しかし、1日のうちで極めて重要な時間帯がある。それはおそらくは寄り付きと大引けのときだろう。この時間帯は、トレーダーのトレードスペースはハリー・ポッターの秘密の部屋と化す。けっして入ってはならない。私はこれを苦労の末に学んだ。ジョンのビジネスパートナーは家のなかに防音で鍵のかかった部屋を作ったほどだ。これはちょっと極端だが、このことからトレーダーによっては集中レベルが非常に高い人もいることが分かる。

怒ったトレーダー、あるいは怒りを直接表現せずに行動によって攻撃性を示す怒ったトレーダーを見たければ、この時間帯に彼らが電話に出るまで、あるいはトレードオフィスに駆け込むまで電話をかけ続けてみるとよい。これを毎日やる。すると彼らはイライラを募らせるだけでなく、大変横柄な人間になっているはずだ。あなたのパートナーが心臓切開専門の外科医で、あなたが手術の途中で突然手術室に乱入したとしよう。それはまずい。オープニングベルとクロージングベルの時間帯は、トレーダーの集中力はおそらくは最高潮に達する。手術台の上の患者のように、トレーダーの精神はバラバラになる。やがて市場にずたずたにされるのを待ちながら。

野獣を手なずけよ

家のなかでトレーダーを「飼う」のは、野獣を飼うのに少し似ている。トレードを始めたばかりのころは、彼（あるいは彼女）はまだ粗削りで、損をするたびにカンカンになって怒っていた。長い間トレー

ドに夢中になると精神衛生状態も悪くなる。

　もしあなたのところにいるトレーダーが前述の３つのＰに従っているのであれば、彼（あるいは彼女）は成長し始めたと考えてよい。私の愛する野獣のジョンもこうして進化してきた。

１年から５年——初心者

　発達の段階　トレード初心者は手に入れたあらゆるトレード戦略をうのみにする。彼らが「次の新しいこと」を見つけたと言うのをよく聞くはずだ。この段階では睡眠パターンは非常に不規則になる。イライラや癇癪を起したと思えば、歓喜に酔いしれハイタッチするといった状態はごく普通。壮大な妄想を抱くこともある。

　配偶者が身につけたいスキル——忍耐力。

５年から10年——中級トレーダー

　発達の段階　睡眠パターンはやや規則的になるが、突然不規則になることもたまにある。新たな興味が湧いてくることもある。中級トレーダーはほかのトレーダーとの付き合いも必要かもしれない。勝ったり負けたりするたびに躁鬱病の様相を呈することは少なくなる。書く習慣とホームワークのスキルは上達する。

　配偶者が身につけたいスキル——受容。

10年から15年——成功したプロのトレーダー

　発達の段階　成功したプロのトレーダーは人間らしい表情を取り戻す。公の場や社会的な場所に連れ出してもオーケー。損切りもうまくなる。体も銀行口座も絶好調。

　配偶者が身につけたいスキル——笑顔。

第1部　基礎編

吟味せよ

　トレードとは突き詰めれば、リスクをとることとリスク管理が大きな比率を占める。私たちの場合、私たちが付き合い始めてかなり早い段階で大きなリスクをとり、大儲けした。それは私たちの関係を試すものであり、彼の能力を証明するものでもあった。私たちの失うものが金銭的なものだけのときにジョンはリスクをとった。20代のころはラーメンだけで数週間過ごさなければならないのであれば、それができた。初めての持ち家を持つことを待てと言われれば待つことができた。

　しかし、３人の子供がいて、家賃さえ払えないような仕事をし、大きな借金があれば、危険性の高いゲームをしていることになる。前述の３つのPを持つことなく、あなたの人生やあなたを取り囲む人々の人生を食いつぶすようなトレードをしているのであれば、大変なことになる。あなたとあなたのパートナーがライフスタイルや物質や人生設計についての価値観が大きく異なるのであれば、それはトレーダーとしての生活を追求する前に（あるいは、結婚を考える前に）しっかりと調べておくべきことだ。

　こんな生活を試してみる方法はたくさんある。なかでもトレードは最高の方法だ。でも、しっかり吟味して、トレードが本当に正しい道なのか、あなたにとってそれがふさわしいことなのかを考えてみることが必要だ。どれくらいのリスクをとるのかを決め、それに従ってプランを管理することが重要だ。

私はどのようにしてトップに上り詰めたのか

　さて、ここからまた私の登場だ。私の愛する妻マリアがこれまでずっと私のことをこれほど見ていてくれてたなんて知らなかった。トレードとは要するにチームとして協力し合ってする仕事なのである。チ

ームであることと、一緒にトレードすることとは無関係だ。これは人生というゲームに一丸となって取り組むことを意味する。

彼女のおかげでいろいろなことを知ることができた。彼女の書いたことを読むことで、トレーダーとしての私の人生は突然輝き始めた。私は嗚咽と涙を抑えきれない。マリアはトレードはやらないし、トレードに興味もない。私が生地の色にまったく興味がないように。でも、これが私たちの関係に健全なバランスをもたらしているのだ。私たちには共通の趣味がたくさんある。旅行に読書、探検、子供たち、人生の哲学。とはいえ、私は早くから彼女に「すべてを打ち明け」、ひどいトレード日があったことを彼女に伝えるようにしていた。「ひどい」というのは普通の損失ではない。オプション取引で大穴を開けたようなコントロールの効かない状態を意味する。こうして彼女は私が彼女に対してイラだっているわけではないことを知ることができる。私はただ頭の中で一歩後退し、体のほこりを払い、再びサドルに戻るだけだ。トレードは冒険だ。マリアの考えに興味があれば、彼女のブログ（https://www.thisonelife.com/）を読んでほしい。さまざまなテーマについての話を読むことができる。

マリアが「中級トレーダーの状態」についての話をしたとき、思い当たるふしがあった。それは、ひどい状態に陥ったときはいつでも、だれかが私からすべてのお金を奪って喜んでいるような気がしたことだ。私が完全に見逃したセットアップがどこかにあったのだろうか。

そこで私はジョーが悲惨な状態に陥ったときの状態を詳細に分析してみた。それはだれかほかの人にとっては大きな機会だった。**図1.6**はTASRの別の見方を示したものだ。

これは巨大ファンドがポジションを手仕舞いするときによく見られるセットアップだ。彼らは株価の高値を次々とつり上げ、大衆が食いついてきたところで撤退し始める。彼らは株価が高値を更新するたびに大衆が飛びついてくることを知っているし、大衆は支持線までは安

図1.6

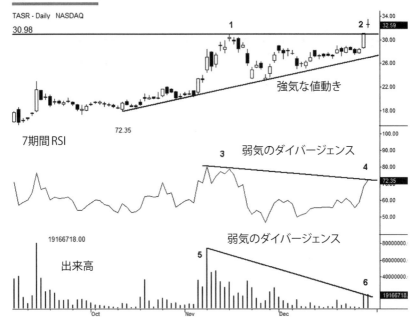

 心して買い続けることも知っている。こうして機関投資家は大衆が買っている間にゆっくりと売り抜けるのである。実際には良くないのに良いように見せかけて、機関投資家は大衆をだますのである。私はこのセットアップを「フェイクオーガズム」と呼んでいる。よく見えるが、実際には興奮する材料など何もないのだ。
 私はこのセットアップを株のスイングトレードのフェードプレーに用いる（フェードプレーとは市場の動きとは逆方向にトレードすること。逆張りトレード）。したがって、このセットアップで株価が上昇しているとき、私は売る。

「フェイクオーガズム」のセットアップでの稼ぎ方

次に示すのは、「フェイクオーガズム」のセットアップで私が用いるトレードルールだ。私はこのセットアップを個別株のトレードに用いる（**図1.6**を参照）。

売りのトレードルール（買いはこの逆）

●過去52週の最高値を更新している株に注目。1で過去52週の最高値を更新したあと、TASRは12月30日にはギャップアップで寄り付き、33.45ドルの過去最高値を記録した（2）。

●最高値を更新している株の場合、7期間RSI（相対力指数）で弱気のダイバージェンスを探す。TASRが12月30日に過去最高値を更新したときのRSIは72.35（4）で、これは11月15日に過去52週の最高値を更新したときの水準（3）を下回っている。価格の高値が切り上がっているときに、RSIの高値が切り下がっているときを弱気のダイバージェンスという。RSIは動きの勢いを測定したものだ。したがって、弱気のダイバージェンスは株価が勢いを失っていることを意味する。

●最高値を更新している株の場合、出来高の大幅な減少がないかどうかをチェックしよう。TASRが過去52週の最高値を更新したときの出来高は、その前に最高値を更新したときのわずか4分の1しか出来ていない。これはガス欠になりそうな車と同じだ。出来高が伴わない動きは継続しない。

●過去52週の最高値を下回って引けた日の翌日は売る。1月3日、TASRは30.98ドルを下回って引けている。これは11月15日に付けた過去52週の最高値と同水準だ。このセットアップを使って、そのトレーダー（ジョアンと呼ぶことにしよう）は1月4日の寄り付きで2000株売り、30.27ドルで執行される。それと同時にジョアンは過去

第1部 基礎編

最高値より25セント高い水準に損切りを置く。過去最高値が33.45ド
ルなので、損切りが置かれたのは33.70ドル。これはジョーが使った
ストップリミットオーダーではなく、普通の逆指値にする。

●手仕舞いについては、株価がメジャーな支持線の上にあるときには、
安い日の高値を上回る終値で手仕舞う。メジャーな支持線がブレイ
クされた場合は、60分足チャート上で安い足の高値を上回って引け
るまではそのままポジションを保持する。このルールについては、の
ちほど詳しく解説する。

●トレーリングストップは使わない。反転のシグナルで手仕舞う。

次にジョアンのトレードを見てみよう。彼女はジョーの反対側にい
た。

ジョアンがTASRを売ったあと、株価は前日の高値を上回って引け
ることはなかった。したがって、彼女はチャート上のメジャーな支持
線（主要な上昇トレンドラインとして引いた線）がブレイクされても
ポジションを持ち続けた。株価がこのメジャーな支持線をブレイクす
ると、激しく売られ始める。

図1.7は60分足チャートを示したものだ。TASRが1でメジャーな
支持線を下にブレイクしたあと、出来高がいきなり増えているのが分
かる。

大きく売られた3日間（2、3、4）の間、前の60分足の高値を上
回って引けた足は1つもない。翌日の5では、TASRは上昇し、よう
やく前の60分足（下落期間における最安値の足）を上回って引けてい
る。こういった引け方は買い戻せという合図だ。したがって、ジョア
ンは次の足の寄り付きですかさず16.17ドルで2000株買い戻して2万
8200ドルの利益を確保した。それと同時に、同じ水準で4000株買い、最
安値に損切りを置く。

そして、前の60分足の安値を下回って引けるまでそのままポジショ

66

図1.7

ンを保持する。これは翌日の６で発生。ジョアンはここで買いポジション（4000株）を20.54ドルで手仕舞い、１万7480ドルの利益を得る。ジョーが自分の愚かな行動を悔やみ、初めてのカウンセリングを受けている間、ジョアンは着々と利益を上げていた。総額４万5680ドルの利益の一部はマウイへの１週間の旅行代として口座から送金する。

　あるトレーダーが損をするとき、その金は消えてしまうわけではない。別のトレーダーの口座に移動するだけだ。2008年の金融危機のときもそうだった。AIG（アメリカン・インターナショナル・グループ）が失ったお金はゴールドマン・サックスの儲けになったのだ。AIGが支払い不能に陥ると、アメリカ政府はAIGを救済した（納税者の税金を貸した）。そして、政府が救済に使ったそのお金はゴールドマン・サックスへと流れた。こんなおいしい話はない。

市場で重要な唯一の経済原理

　TASRが８日間で60％下落したのは、TASRがそのように望んだからではない。この場合、カバードコールを売るためにこの株を大量に買い込んだトレーダーや投資信託が最大の犠牲者だった。カバードコールの売りは2004年には最も稼げる投資スタイルとして注目を浴びた。これは市場に方向感がなかったためだ。この手法があまりにうまくいくので、ウォール街はカバードコール専門の投資信託の設立計画を発表したほどだ。

　市場では確かなことは何１つないが、「ほぼ確実に」言えることが１つだけある。つまり、ウォール街が特定の市場や戦略向けに特定の政策を打ち出してきたら、その市場や戦略はもう終わり、あるいはバブルのように崩壊する運命にあるということである。カバードコール専門のファンドが設立されると、2004年の最後の２カ月間市場は上昇したため、カバードコールはそのときの市場状態をうまく利用した最高の戦略ではもはやなくなった。

　もうひとつ例を挙げよう。ウォール街が自宅ローンを担保にしたCMO（不動産抵当証券担保債券）——これはのちにサブプライムへと変貌する——を打ち出してきたとき、それは住宅市場が破綻する明確な予兆だった。この話の教訓は、ウォール街が何かをパッケージ化し、リボンをつけて大衆に売るときは、その動きはもう終わったも同然だということだ。ちょっと話が脱線してしまったようだ。本題に戻ろう。

　TASRが60％下落したのは、前述のジョーのように、買いサイドにつかまって身動きできなくなってしまったトレーダーが大勢いたからだ。売らなければならないことに気づくトレーダーはほとんどいなかった。彼らは痛みに耐えられなくなるか、追証に応じられないためブローカーが強制的に手仕舞うまでポジションを保有し続けた。14ドル近くで引けたときに売りが殺到したのは、追証に応じられずに投げた

トレーダーが大勢いたためだ。そのためこの辺りには成り行き注文が集中し、執行レートはさらに悪化した。要するに、ジョーのようにストップリミットオーダーで何とか売ろうと考えていたトレーダーが多かったということだ。

こういったトレードの犠牲者たちは自分に嫌気が差し、顔をビートのように紅潮させ、世の不条理に怒りを覚えながら市場を去る。一方、こうした「投げのトレード」の逆サイドにいたトレーダーグループが巨額の利益を得たことは前述のとおりだ。彼らのように勝てる側のトレーダーになるためにはどうすればよいのだろうか。これを理解するためには、まずは市場のメカニズムをしっかり理解すること、そしてトレーダーたちが無意識のうちに自分を負けトレーダーへと追いやるような行為を頻繁に行う理由を理解することが重要だ。

市場のメカニズムを理解するのはそれほど難しいことではない。市場は複雑ではなく、極めて単純だ。今の需要が今の供給を上回っていれば相場は日々上昇する。ただそれだけだ。長期の弱気相場だから、周期的な強気相場だから、PER（株価収益率）が高いから、マリア・バーティロモがどういったネックレスを付けているから、といったこととは一切無関係だ（ドットコムバブル期、アクティブトレーダーたちはバーティロモが真珠のネックレスを付けていれば相場は上昇すると見ていた。まぁ、理にかなった判断ではある）。要するに、特定の市場や株にトレーダーたちが今日どれだけ金を払うか、なのである。

需要はヘッジファンドの「テイキング・ザ・ストリート」戦術（テイキング・ザ・ストリートとは、１銘柄を大量に買うことで、マーケットメーカーで流通している株を不足させ、高値で買い戻させるというヘッジファンドの用いる戦術）による見せかけの需要かもしれない。あるいは、売っているトレーダーに買い戻しを強いるスクイーズ（踏み上げ）によるものかもしれないし、ヘッジファンドの中心的人物が見向きもされなくなった株を買っているという噂によるものかもしれ

ない。しかしどんな需要でも需要は需要であり、相場を押し上げるのがこの需要なのである。

この逆もまた真である。つまり、供給が需要を上回れば相場は下落する。「供給過剰」を生みだす最大の要因が追証であり、多くのトレーリングストップ（影響が連鎖的に伝わるカスケード効果を生みだす）であり、世界中のジョーたちが敗北を認めてポジションを仕切るといった手仕舞いの強制だ。こうして、得た利益はあっという間に市場の闇に消える。つまり、上りは階段だが、下りはエレベーターというわけだ。トレーダーはこのことを肝に銘じておくべきである。株価が上昇し、見通しはかなり良いと思えるときでも、一度に150万株放出されて、買われるのがわずか5万株では相場は必ず暴落する。これはロケットサイエンスでも何でもない。これぞまさに供給と需要のなせるわざなのである。

買うか売るかは、自分の意見を捨て、正しくあろうとすることをやめ、お金を儲けようとすることをやめれば、簡単に判断はつく。しかし、これが意外に難しいのである。市場に関する偏見をすべて捨て、現在の需給関係だけに注目すること。これが重要なのである。市場とダンスするときは、市場にリードを任せるのが一番良い。これが理解できたら、次に、トレードに対する自分なりの展望と、その情報をどのように処理すべきかを考えると同時に、人間の脳は市場で損をするようなことをやらせるようにできている、ということを十分に理解することが重要だ。ジョーのようにたった一度のトレードで巨額の損失を出してしまうこともあれば、1回ごとの損失額は小さくてもそういったトレードを積み重ねることで口座残高をじりじりと目減りさせていくこともあるだろう。小さな傷をたくさん負えば、致命傷でなくても徐々に命は奪われていくのである。いずれにしても、そうさせるのは人間の脳である。トレードで成功するには、あなたの脳はトレーダーになるという夢を打ち砕くようにプログラミングされていることを理

解することである。皮肉にも、脳はあなたを守ろうとしてそうするのである。これを理解すれば人より有利に立てるはずだ。

　次の第2章ではこのことについて詳しく書くことにしよう。

「負けるときはたまには負けるのも気晴らしになるさと思わせるように負け、勝つときはお手のものと思わせるように勝て」——トミー・ヒッチコック（ポロプレーヤー）

「ゾウの後ろ足を捕まえてゾウが逃げ出そうとしたなら、行かせてやるのが一番だ」——エイブラハム・リンカーン

「神々が楽しみのために作ったことを真剣に考えるから、人間は悩むのだ」——アラン・ワッツ

第2章

トレード心理学入門──学校では絶対に教えてくれないこと

Psychology 101 : What Didn'T They Teach About Trading and Investing in School?

> 「愚か者は水深を測るのに飛び込んで測る」──アフリカのことわざ
>
> 「自分の限界を見極めよ。あなたの限界はあなたのことなんか一切考えてはくれない」──スウェーデンのことわざ

感情を出してもよいのは結婚式と葬式だけ──トレードと投資ではなぜ感情を出してはならないのか

　一見やさしそうに見えて実は難しい職業の代表──それがトレーダーだ。例えば、何のトレーニングも受けずにいきなり空港に行き、客を乗せたジャンボ機のコックピットに乗り込んで離陸させる人がいるだろうか。ところがトレードになると、いきなり口座を開いて何のガイダンスも受けずにトレードを始める人がほとんどだ。これもまたジャンボジェットの話と同じくらいクレイジーな話だ。オープニングベルの音を聞いた途端に、感情と脳の働きが自分に逆らった動きをすることを、彼らはまったく分かっていないのである。彼らはトレードの超初心者だ。

　おしゃべりなマッサージ師がリラックスした温泉治療にとって有害であるように、感情はトレードの足かせになる。市場というものは人間の習性を巧みに利用し、それを食い物にすることで成り立っているということを忘れてはならない。市場が激しく動くのは、多くのトレーダーが間違った側につかまって身動きできなくなったときだ。これ

73

によって市場には、恐怖やフラストレーションや怒りが蔓延し、前準備のしっかりできたトレーダーたちに大きなトレード機会をもたらす。人間の感情がいかに市場を動かすのかや、感情がなぜトレードに有害なのかをしっかり理解することなくトレードという冒険に身を投じることは、突然降り出した雨のときにマンハッタンでタクシーをつかまえるようなものだ。要するに、あなたに勝ち目はないのである。

　本章では、のちほど書くトレードのセットアップの基礎を学習していく。この基礎がなければ、トレードにおいて自分の「内なる悪魔」をコントロールするのは不可能だ。トレードを始めた途端にセットアップのパラメーターに従えなくなるのは、自分の心理が生みだす内なる悪魔が邪魔をするからだ。「はじめに」で述べた急流下りの話を覚えているだろうか。第1章のジョーのTASRのトレード例を覚えているだろうか。内なる悪魔は急流下りのときの、そしてジョーがTASRをトレードしたときの思考停止状態とまさに同じだ。また、トレーダーはそれぞれに性格が異なるため、情報を吸収して外界とかかわる方法も一人ひとり異なる。視覚の優れたトレーダーもいれば、聴覚の優れたトレーダーもいるし、感覚の優れたトレーダーもいる。彼らは発生した出来事をどう感じるかで外界とかかわっている。トレーダーのこういった性格は、トレードに大きな影響を及ぼす。

　感覚に優れたトレーダーは、外界に対するかかわり方と、それが自分のトレードにどんな影響を与えるのかが重要であることを悟るまで、成功とは永久に無縁だ。ある株をそれが良いと感じたときに買う人は感覚トレーダーだ。最高の仕掛けポイントだと思って仕掛けても、あなたは不安になる。良いと感じたときに買うとき、価格はおそらくは天井付近にある。

　本書の終盤では、トレードが「うまくいかない」ときのためのテクニックについて1章分を使って説明する。その章では、あなたがどういった性格の持ち主であるかをチェックするための性格テストを紹介

するとともに、それぞれの性格の短所と長所についても解説する。短所は知らず知らずのうちに不利に働くものだ。したがって、自分の短所を知り、それがトレードにどういった影響を与えているのかを理解することが重要になる。

　もうひとつ重要なのは、それぞれのセットアップに向いた手法を用いることが大切であることを認識することだ。なぜなら、それぞれのセットアップは人間の異なる感情を基に組み立てられているからだ。

すべてのセットアップに向く万能なトレードルールはない。

　これは初心者が最も誤解しやすい点だ。例えばＥミニS&P500では、2ポイントのストップはあるセットアップには有効かもしれないが、別のセットアップでは10ポイントのほうがうまくいくこともある。勝率を安定させる最も手っ取り早い方法のひとつは、損切り幅を2倍にし、ポジションサイズを半分にすることだ。リスクにさらしている金額は同じだが、トレードがうまくいくように十分な余地を与えるのである。1つのオプション取引に全資産の20％を投じることは、あるセットアップや戦略にとってはうまくいくかもしれないが、ほかのセットアップや戦略にとっては最悪の結果をもたらすこともあるのだ。トレードの裏にある心理を理解することで、それぞれのセットアップで用いるべき正しいパラメーターや資産配分も理解できるようになるだろう。セットアップにはそれぞれに異なる特徴がある。したがって、それぞれのセットアップはそれに合った方法で実行しなければならない。

　本章の目的は、読者の一人ひとりにプロのトレーダーの心のあり方を身につけてもらうことだ。トレードのセットアップを理解することももちろん大事だが、せっかく始めたトレードを短命で苦痛に満ちたものに終わらせないためにも、まずはトレード心理をしっかり学習することから始めよう。もちろん、純粋にメカニカルなシステムを使って、あなたに代わってコンピューターにトレードをやらせるという選択肢もある。これは良さそうに思えるが、トレード心理を理解してい

ないトレーダーは損をするたびにシステムをいじり回す。これでは自動化システムがあっても無意味だ。トレード脳というものを理解すれば、①トレード脳を理解していない人、②大きなポジションを仕掛け、手仕舞うのに何日も何週間もかかるため、抜き差しならない状態に追い込まれた巨大ファンド──に対して有利に立てるのである。

システムを持っている人はなぜカジノで歓迎されるのか

　これはラスベガスの古いことわざだが、金融市場にもそのまま当てはまる。システムを持つということは、失敗するわけがないという安心感を人に与える。ラスベガスのマンダレー・ベイやベラージオに足を踏み入れるたびに、これらの豪華絢爛たるカジノホテルがブラックジャックテーブルを打ち負かせると思ってやってくる人々の落とす金で成り立っていることをつくづくと思い知らされる。ルクソール（ラスベガスのホテル）のオーナーはホテル建設のために５億5000万ドルを借り入れ、20年かけて返済するつもりだったが、３年以内に全額返済した。ホテルのフロントに行って戦略を持っていることを告げてみるとよい。ホテルはあなたにプレジデンシャルスイートとプライベートテーブルを用意してくれるはずだ。

　ラスベガスではなぜ戦略が通用しないのだろうか。理由は２つある。１つはカジノが最初から何パーセントかのエッジを持っているからだ。そしてもう１つは、人はシステムが２～３回うまくいかないと、それを完全なものにするために微調整しようとするからである。そうなるとすべてのプロセスはめちゃめちゃになる。トレードと同じようにカジノでも、破産するのには愚かな賭けを一度やれば事足りるのだ。カジノのオーナーはこのことをよく分かっている。ホテルやカジノ内のギフトショップに目立つように攻略本を陳列しているのはそういうわ

けだ。客が攻略本を買えば、もうカジノの思うつぼだ。キツネにニワトリ小屋の見張りをさせるというコンセプトはワンランクアップする。

クラップスはトレードのマインドセットを学ぶのに打ってつけのゲームである。テーブルではゲームが進んでいくにつれて「愚かな賭け」をするように客を促す。参加者は確率の高いパスラインやドントパスに賭けるのではなくて、だまされて確率の低いエキサイティングな賭けを始めてしまう。これぞまさに群集心理のケーススタディだ。最後に勝つのはだれだろう。ドリンクが無料なのもうなずけるというものだ。

市場もカジノとまったく同じだ。市場はエッジを持っている。だからトレーダーより有利な立場にある。市場は感情を持たない。海を目指して流れる川のように、市場は何とか波に乗ろうと必死で頑張っている人々の思いなどよそにアップダウンを繰り返す。人間には自分の願望を市場に押し付けようとする傾向があるが、それは大声で叫んで竜巻に進路を変えさせようとしたり、デパートに返品するのとお金を節約するのとは違うことを妻に納得させようとするようなものだ。

市場の正しい見方──それがないのにコンピューターのスイッチを入れるな

「病は隠すと治らない」──エチオピアのことわざ
「昨日成功したからと言って、今日満足しようとは思わない。なぜならそれは失敗への最高のレシピだからだ」──オグ・マンディーノ

トレーダーにとって大切なことは、まずはトレード心理を理解すること。トレード心理を理解して初めて、セットアップを理解するための基礎ができたことになる。新人トレーダーは、最初は心理など気にしない。「なんでもいいから、セットアップを教えてよ」と彼らはしき

りにせがむ。市場がやりたいようにやることを目の当たりにすると、彼らは初めて心理を学習し始める。ただし、もう一度トライするだけの金銭的・精神的余裕があればの話だが。これはパズルの2つのピースのようなものだ。同じ間違いを繰り返すことなくトレードで生計を立てることができるようになるためには、これら2つのピースがしかるべき場所にぴったりと収まっていなければならない。私はこれまでたくさんのトレーダーにうまくいくセットアップを教えてきた。しかし、心理を知らない人は最終的には失敗する。すべてのトレードが失敗するわけではない。むしろ、その逆だ。非常に不快な心理的な負のスパイラルが1回あれば、すべてを放り投げてしまう。これは普通、初めて3連敗を喫したあとに起こる。「MACD（移動平均収束拡散法）フィルターを加えて、この移動平均線の設定を変えたらどうなっただろうか。もしこれをやっていれば、損切りには絶対に引っかからなかったと思う」。ほとんどの人がたどる道――際限なくいじくり回し、存在することのない魔法薬を求め続ける――をたどれば、良いセットアップも早死にしてしまう。

　私はこれまでキャリアを通してトレーダーの心理というものに注目してきた。自分自身で研究するだけでなく、何百人というほかのトレーダーたちともじかに会って一緒に研究してきたし、オンラインやウェビナーを介して何千人というトレーダーたちともともに研究してきた。広いトレードルームでヘッジファンドやプロップトレーダーたちと肩を並べてトレードしていると、恐怖心や高揚感や強欲が疫病のようにトレードルーム中に蔓延するのが分かった。トレーダーグループによって重視するセットアップやパラメーターが異なるため、金はトレードルームの1トレーダーグループの口座から別のグループの口座へと流れる。

　これまで何百人というトレーダーたちが私のオフィスにやってきて、私がトレードするのをそばで見ていたり、私が肩越しに彼らのトレー

ドするのを見る機会があった。私は精神科医ではないが、彼らを観察することで初心者のほとんどがたどるプロセスというものがはっきり見えてきた。みんなそれぞれに個性的だが、お金のことになると個性というものがたちまち消え去るのだ。医者か弁護士かサーファーかエンジニアかは、問題ではない。のどの渇いた動物の群れは虚栄心などかなぐり捨てて一目散に水飲み場に突進する。

　経験は最良の師ということわざのとおり、こういったことの多くはほかのトレーダーたちと働いた経験から学んだ。しかし、最良の師は経験だけではない。そう、市場がわれわれに与えるもの、つまり耐え難い痛みと苦悩からもじかに学んだ。高校3年になるころには、地元のショッピングモールでクッキーの生地やソーダをパチンコで撃ち落とすシューティングゲームの時給4ドルのアルバイトでためた1000ドルを元手に、小さな通信販売ビジネスを始めた。1セント硬貨をまとめて買って、それを新聞広告でコレクターに売る仕事だ。

　義父のランスは私にはお金をため込む能力と起業家精神があることに気づいたようだ。「きみの資金を働かせてみないか？」と彼は言った。

　義父がどんな意味でそういったのかは分からなかった。義父はモルガンスタンレーのブローカーで、日曜日の夜になるとうちに友だちがやってきて、月曜日の朝の買いと売りの戦略を練っていた。インテルのコールオプションを買うつもりなんだけど、きみも買うかい、と聞かれたとき、「コールオプション」が何なのかまったく知らなかったにもかかわらず、私は「もちろん！」と答えた。私はリスクテイカーだった。それから間もなく1000ドルの貯金をはたいてインテルのコールオプションを1ドルで10枚買った。4日後、義父は売れと言った。だから私は売った。1枚1.80ドルで売って手数料を除いて80％の儲け（800ドル）が出た。私はシューティングゲームのアルバイトに戻ることはもう二度となかった。ドーナツの生地をパチンコで撃ち落とさせて、税金を除いて1日に32ドルの仕事になんて戻れるはずがない。私は自分

第1部　基礎編

の資金を働かせることに夢中になった。

　その次の8年間、大学、そして最初の仕事に就いてからも、1万ドルのお金を危険にさらして低位株やオプションの売買を続けた。私のポートフォリオは12万ドルから13万ドルに膨れ上がっていた。その8年間は賢明なことをやっては愚かなことをするということの繰り返しだった。私がやった賢明なことは、口座残高が6桁を超えると、2万ドルから3万ドルを引き出して、戸建て住宅や2世帯住宅に投資して、それを貸し出したことだ。

ミネソタでやった愚かなこと

　私がやった愚かなことは、「うわあ、1万ドルから始めて10万ドルをちょっと超えるところまで来たぞ。この10万ドルを100万ドルにしてやろう。さあ、やるぞ！」と思ったことだった。

　最初の実験は早々に終わった。それは手首にバンドエイドを貼るようなものだった。わずか6週間で10万ドルの資金は1万ドル近くにまで目減りした。これには正直驚いたが、私はそれを不運のせいにした。私は気を引き締めて仕事に戻った。それから1年後、私の口座は再び6桁を超えた。そして、また同じことを繰り返した。まず、そのお金で不動産を買った。次に10万ドルを100万ドルにしてやろうとまたバカなことを考えてしまった。今度は4週間で1万ドルまで減った。次こそは三度目の正直になるか。

　大学を卒業して数年後、私は婚約し、スイングトレードのリズムに乗っていた。このときには口座は1万ドルから再び6桁（15万ドル）になっていた。100万ドルを狙ってもうまくいきそうになかったので、今回は落ち着いて収入を得るためにトレードしようと決めた。そしてその月の終わりにはそこそこの利益を出した。これは安定してきたことの証拠であり、金融アナリストの仕事をやめてフルタイムトレーダ

80

ーになるという夢に近づきつつある証拠でもあった。そのころ、私はフィアンセとテキサス州オースティンに住んでいたが、韓国に行って英語を教え、何か違うことをやろうと考えていた。それが私たちの絆を強めるのに役立つと思っていた。

ちょうどそのころ、私は昇進し、ミネソタ州ミネアポリスへの転勤を命じられた。私はミネソタ行きを決めた。ミネソタはおそらくは寒さが韓国にとても似ているだろう。ミネアポリスに移ったのは1990年代半ばで、史上最も寒い冬のさなかだった。アパートの外の体感温度はマイナス40度で、車のエンジンもかからなかった。私のフィアンセはそれまで雪というものを見たことがなかった。彼女は家のなかでじっとしているしかなく、惨めだった。

仕事の行き帰りにはタクシーを使った。家に帰ると彼女はマスクで鼻まで覆い、リビングの壁を磨いていた。これで二度目だった。彼女は狭い場所に閉じ込められて、気が変になっていた。彼女は最後通告を出してきた。「ガレージのある家を買って！　車のエンジンがかかるようにね。こんなところ一刻も早く出ていきたい！」

そして数カ月後の５月、雪も解けたころ、私たちはヒーター付きのガレージのある家を見つけた。ヒーター付きのガレージ？　こんなものは聞いたこともなかったが、良さそうに思えた。私は３万ドルの手付金を払うことにした。契約の日のおよそ１週間前、私は15万ドルのトレード口座を見つめ、口座が12万ドルになると心理的にどんな影響を及ぼすだろうかと考えてみた。私は心地良いリズムのなかにいた。私が口座から引き出すお金のほとんどは珍しいコインに投資して長年にわたって保有するのが常だった。私にはトレード口座以外に流動資産はほとんどなかった。私はこの口座サイズが気に入っていた。変えたくはなかった。どうすべきか決めるまでには１週間しかなかった。

そこで私は１つのビッグトレードを行うことを決意した。家の頭金３万ドルを支払っても、15万ドルのトレード口座が残るだけの額を稼

ごうと思った。これは論理的で独創的な考えだと思った。セットアップは普通のものを使う。ただ、サイズははるかに大きくする。そしてそのトレードをタカのように見張る。チャートをめくって調べていると、ちょうど良いセットアップがあった。S&P100指数オプション（OEX）が日足チャートで下降トレンドになりそうな雰囲気だった。

　翌日オフィスに行き、ラップトップのスイッチを入れた。コーヒーを入れてチャートを見た（そのころには自分のオフィスを与えられていたため、仕事の最中にスイングトレードをすることは何の問題もなかった）。市場は上昇していたが、今にも下落しそうだった。心臓を打つ音が速くなった。私はブローカーに電話して、OEXのプットを8ドルで100枚買った。すると市場はすぐに下落し、20分で1万ドル儲かった。

　思ったより早くうまくいったじゃないか。そのあと少し戻して高値を更新したあと、7ドルに下がった。これは世紀のトレードになると直感した。8ドルでも悪くないが、7ドルだともっとよい。私はブローカーに電話して7ドルでもう100枚買った。これに15万ドルすべてを投じた。会議は欠席し、ランチにも行かなかった。目はスクリーンにくぎ付けだった。その日の終わりには市場は高値から下落し、含み益は1万2000ドルになっていた。これは弱気のポジションを一晩で仕留めるという私のプランにぴったりだった。これを明日の寄り付きで手仕舞えば、目標は達成し、それからはずっとハッピーに暮らせる、と私は思っていた。

　しかし、翌朝起きてCNBCをつけると、緑色の矢印が付き、ダウ先物が130ポイント上昇したことを示していた。急いでテレビを消して、リモコンを振り、再びテレビをつけ直した。依然として緑色の矢印が付いていた。まずいことになった。これまで長い間トレードしてきて、この時点で認識したことが2つある。

１．このトレードでは３万ドル稼げない。
２．私の今の目標はこれ以上の損失を食い止めること。

　このオープニングギャップはオープンレンジの半分（つまり、ダウ
が65ポイントだけ上昇した地点）にまで押す確率が高いと思った。こ
の価格でプットを売れば、およそ２万ドルの損失になる。

　オフィスに行ってチャートを見た。死ぬほど見て待ったが押すこと
はなかった。私はぼうぜんとして口座を見つめた。翌日もギャップア
ップで寄り付き、上昇した。そしてさらにそのあとの２日間、ギャッ
プアップで寄り付いた。このときのことは何にも覚えていない。覚え
ているのは、それは家の契約の日の前日だったということだけである。
家を買うためにお金を手に入れるにはポジションを売るしかなかった。
オプションの価格がどうなっているのかまったく分からなかった（見
ることができなかったと言ったほうがよいかもしれない）。ブローカー
に電話して売るように頼んだ。ほとぼりが冷めたころ、ようやく口座
残高をチェックすることができた。私の15万ドルの口座は8000ドルほ
どになっていた。ここで私は正常な男がすることをした。つまり、何
があってもフィアンセには秘密にすること。そして、チャートを少し
長く見つめた。きっと夢を見ているに違いない。いつか夢はさめるは
ずだ。

　正気に戻った私は銀行に行き、クレジットカードの最大限度額を使
って頭金を引き出した。そして契約の席で３万ドルの小切手を渡した。
そのときローン担当者は言った。「ちょっと待ってください。これは投
資口座から出金されるはずですが。このお金はどこから手に入れたの
ですか？」

　私は無知をよそおい、「えっ、何のことですか？　お金はそこにある
じゃないですか。あなたの目の前に」ととぼけた。私の不動産ブロー
カーは契約会社に対して怒り始めた（契約会社はどうなっているのか

は知らなかった）。1時間後、ようやく契約会社は契約に応じてくれた。フィアンセに別れのキスをして（彼女は事の次第を理解していなかった）、その先にあるパー3のゴルフコースで9ホールを1ラウンドプレーしようと思った。ロングショット、チップショット、パット。そして、吐いた。これを5ホールでやった。私の精神状態は悪く、最悪の状態だった。落ち着いたあと、「一体、自分はどうしたいんだろうか？」と自問した。トレードの賭け金を増やすことも考えた。しかし、私がやるべきことはただひとつ——所有している不動産を1つ売ること。しかし、自分はこの不確実な道をこのまま進みたいのか？　こんなつまらないことをやっていては、今の仕事をやめてトレードで食べていくなんてできない。

　私は市場を分析するのが好きだったし、今でも大好きだ。トレードするのが好きだし、管理するのも好きだ。これは知的な挑戦だ。精神的な挑戦でもある。感情に腕や指先、そしてキーボードを支配されないようにするのだ。何といっても、市場分析やトレードは私が情熱を注げる場所だ。初めてトレードして以来、私の情熱が冷めることはなかった。

　でも、私は決心した。これまでどんな正しいことをしてきたか、どんな間違ったことをしてきたかを理解するまで、トレードは二度とやるまいと。自分がトレードでお金を稼げることは分かっていた。でも、どうしてそれが続かないのだ？　次の1年間、私は考え、勉強し、成功したトレーダーと話をし、読書にいそしんだ。

　ちょうどこのころに出会ったマーク・ダグラスの『規律とトレーダー——相場心理分析入門』（パンローリング）も私のトレードに大きな影響を及ぼした。ストレスに満ちた日々のトレードを「普通の」成功するトレードに変えるための方法を本書で知った私は、まさに目からウロコが落ちる思いがした。彼の次作である『ゾーン——相場心理学入門』（パンローリング）も素晴らしかった。とにかく彼の著書は私に

大きな影響を与えた。仕事仲間にもぜひ読んでもらいたいものばかりだ。ダグラスの鋭い洞察力と自分自身の長期にわたる研究の結果、私はある結論に達した。結果ではなくセットアップを重視したときは、うまくいった、ということである。逆に、セットアップではなく結果を重視したときは、こてんぱんにやられた。これはなぜなのだろうか。人はそこそこの額の口座を手にすると、「この口座を100万ドルの口座に変えてみせる」、あるいはこちらのほうがまだマシだが、「家の頭金のために手っ取り早く３万ドル稼がなければならない」といったことを考え始めるものだ。

　セットアップには目もくれずに、100万ドル儲けることだけや、３万ドルの頭金を儲けることだけに、頭がいっぱいになるのだ。この考えはすべてのトレーダーを破産へと追いやる悪いトレードスタイルへと私を向かわせた。つまり、１つのトレードにすべてを賭けるわけである。損切りを置くこともない。なぜなら、そのトレードが「うまくいく」ことを信じて疑わないからだ。頭にあるのは100万ドル儲けることだけ。高勝率なトレードのセットアップを待つことなど脳裏をかすめもしない。こうした習慣は長期的には必ずトレードを失敗させる。子供なら、それは母親が以前に私の頭を木のスプーンでたたいたからいけないんだ、と母親を責めることもできるかもしれないが、もう子供ではないのだから自分の行動には自分で責任を持たなければならない。お金儲けにだけ集中すれば、存在しない機会を追うことになるだけだ。

　この驚くべき事実が明らかになるや、私は２つのことを開始した。

　１つは、週末ごとにその週に儲けた利益を口座から引き出して別口座に移すというものだ。これによって、大儲けを狙うのではなく、安定した利益を出すことに集中できるようになった。これはのちに改良して、今では「キャッシュフロートレーディング」と呼んでいる。このトレード手法についてはこのすぐあとでもっと詳しく説明する（トレードには、キャッシュフローを稼ぐためのトレードと富を築くため

のトレードがあり、この2つはまったく異なる）。

　儲けた利益を別口座に移すことは利益を守る良い方法であることも知った。手の届かないところにしっかりしまいこんでおけば、市場に取られることはない。この利益の大部分は土地や金といった長期投資に使った。さらに、幾分かのお金を楽しみやいろんなことを体験するために別に取っておいた。結局、私たちがここにいるのは一度だけで、その日の終わりに心に残るのは買った物ではなくて、記憶なのである。そして、成功したトレーダーから学んだ重要なことは、毎日トレードする必要はない、ということである。そういえば、私もトレードしない日があったことを思い出す。それは、トレードしたくなかったからではなくて、待っているセットアップが現れなかったからだ。それ以来、私はリラックスしてトレードできるようになった。「何かを見逃す恐怖」（FOMO = Fear Of Missing Out）から解放されたからだ。

　もう1つは、用いたセットアップを比較するというものだ。こうすることで私は用いたセットアップのパフォーマンスを毎月末に測定することができる。儲かったセットアップは継続して使い、損をしたセットアップは捨てた。これは私にとっては非常に重要なことだった。なぜなら、各セットアップを比較するためにはトレードのセットアップを毎回同じ方法で用いなければならなかったからだ。これを25回のトレードを1組として行った。これによってどの1つのトレードを重視することもなく、同じように扱うことができた。これは25回のトレードのうちの13番目のトレード。大したことじゃない。標準的なセットアップから逸脱したときは、トレード日誌に「衝動的トレード」と記録した。そして、そのパフォーマンスも記録した。そして衝動的トレード（相場が上がっているぞ！　今すぐ仕掛けなければ）をおよそ6カ月記録した結果分かったことは、これらのトレードは利益をもたらさないばかりか、トレードで生計を立てることを不可能にするという事実だった。楽しいトレードではあったが、金儲けの役には立たなか

figure 2.1

った（**図2.1**を参照）。

　ほかのトレーダーと働いてみると、彼らが衝動的トレードに手を染める共通の理由の１つが見えてくる。要するに、彼らにはプランというものがないのだ。買いがよいと思ったら買い、売りがよいと思ったら売る。あるいは、退屈しのぎにトレードする。私のオフィスには衝動的トレードの常習犯ともいうべきトレーダーがいる。私の目を盗んでこっそりそれをやるのだ。まるで何かに駆り立てられているかのように。まさに麻薬依存症患者さながらだ。しかし、依存症は長い目で見ればけっしてうまくいかない。

　これをいさめる私の方法は、彼らの隣に座ってじっと見張りながら、私は私で彼らがやろうとする逆のことをやるというものだ。毎日の終わりに、あるいは毎週末に、彼らと私の損益計算書を比較する。これですべてが明らかになる。この方法は互いのメリットになる。衝動的トレーダーにとっては、自分たちと逆のことをやって利益を出してい

第1部　基礎編

るトレーダーがいることを知ることが重大な教訓になるし、私にとっても教える手間が省けるので効率的だ。

　衝動的トレードを治すには忍耐力と誠実さを身につけさせるしかない。これについてはこのあと説明する。忍耐力はトレーダーにとって極めて重要な特性だ。どういったセットアップが最高なのかを学ぶことも、そういったセットアップが現れるまで待つことも、忍耐力がなければ達成できないからだ。こういった悪習を持っていることを自覚する衝動的トレーダーは、ラスベガスに行ってみるとよい。結果は同じだ。有り金をすべてすってしまうだろう。ただラスベガスでは飲み物代はすべてタダというのが、トレードとは違うが……。

　人の努力を認めようとせず、夢をしぼませるような人との関係で行き詰まっているのなら、そろそろそんな関係にはピリオドを打ったほうがよいだろう。私が自分の衝動的トレードと「決別」したのもちょうどそんな状態のときだった。衝動的トレードは好きだったし、楽しくもあり、私を良い気分にさせてくれたし、私を生き生きさせてくれた。とにかくエキサイティングだった。しかし結果はどうかというと、衝動的トレードは私の可能性をむしばみ、フルタイムトレーダーになるという私の夢を妨害しただけだった。このことが分かると、私はすぐにこのガン細胞を私の人生から追放すべく手段に出た。用いたのはアメとムチのシステムだ。これについては、ビジネスプランの作成についての章で詳しく説明する。

　非生産的な関係を絶った私は、自分を信じてくれる友だちと手を結んだ。その友だちとは、半分チャンスを与えるとしっかり機能してくれるセットアップだ。自分のセットアップに毎回同じ方法で従うことができるようになったとき、フルタイムトレーダーへの移行に成功した。フルタイムトレーダーに移行するまでの過渡期においては、主として「プロとしての心のあり方」を身につけるという精神面の充実を図った。

88

私がラスベガスで開催されたトレーダーズエキスポで講演を行い、
「ミネソタでの失敗」を思い出話として語ることができるようになった
のはそれから何年もたってからのことだった。実は妻はそのことをそ
こで初めて知ったのだ。彼女は講演会場にいた。私はそのことを妻に
話していないことをすっかり忘れていた。彼女の周りの人は口々に質
問を始めた。「それをどう乗り切ったのですか?」。講演が終わると彼
女はやさしく微笑みながら私の元にやってきた。そして、数回まばた
きをして言った。「ほかに隠していることはもうないの?」

口座が破産してしまってから初めてそれを実感する のはなぜか

トレーダーの心理というものは、本当に問題になるまで問題にはな
らないように思えるものだ。そんなもの問題にはならないよ、そんな
ものは私には当てはまらないよと思うかもしれないし、あるいはそれ
が問題になる瞬間までそのことに気づかないかもしれない。しかし、そ
の瞬間というものは最悪のときに起こるものだ。通常は物事が悪いこ
とから最悪のことに転じるときに起こる。例えば、パンクしたタイヤ
を変えているときや3歳の娘が交通渋滞のさなか「うんち〜!」と叫
びだすときなどがそうだ。娘が車のなかでうんちをすると、新しいゲー
ムの始まりだ。

トレーダー心理という言葉は、トレーダーが市場をうまくトレード
するという目標に近づくと、軽々しく使われることが非常に多くなる。
なぜなら、トレーダーの行動が一貫性を持ってくると、彼(あるいは
彼女)の最大の敵は反対側にいる個人ではなくなるからだ。人生にお
いても同じだが、私たちの最大の敵は、毎朝振り返ると自分を見てい
る鏡のなかの自分なのである。残念ながら、私を含めほとんどのトレー
ダーは口座が破産するまでこのことが分からない。「うわあ、こんな

第1部　基礎編

ことになるなんて思ってもみなかったよ」と彼らは言う。経験豊富な
トレーダーはこれを授業料と呼んでいる。

依存症

　トレーダーたちがぶつかる最初の心理的な問題は依存症状だ。トレ
ーダーが依存症状について話しているのを聞くと、ギャンブルのこと
だと思う人が多い。トレーダーは依存症状にかかると、急いでトレー
ドを仕掛け、そのトレードが思惑どおりにいって莫大な利益を得られ
ることを期待する。彼らはこれにスリルを感じるのだ。しかしこんな
ものは、正しくあろうとすること、もっと悪いことに、間違わないよ
うにすることの依存症に比べるとかわいいものだ。依存症は人間をバ
カげた行動へと駆り立てる。アルコールでも仕事でも何でもよいが、何
かの依存症にかかると感覚が麻痺してしまう。これを認識し、自分が
犯した過ちを認めることが重要だ。それがあなたのためである。

　例えば、市場が一晩で大暴落しないかぎり確実に儲かるトレードを
仕掛けることは、理にかなっていると言えるかもしれない。リスクを
測定して、損切りを置いておけば万全だ。でも、次のようなことが起
こったらどうなるのか。1995年1月17日の早朝、大地震が日本を襲っ
た。これによって日本の株式市場は大暴落した。あるトレーダーの損
失はどんどんかさんでいった。損失を一気に取り戻そうと賭け金を2
倍、3倍にしたが、市場が上昇することはなかった。彼は「ごめんな
さい」というメモを残して逃亡した。この彼とはニック・リーソンで
ある。損失は約1380億円という莫大な額に上り、ベアリングス銀行は
倒産した。これは極端な例だが、こういったことは世界中のもっと小
さな口座で毎日起こっている。これに比べると5000ドルなんて大した
ことはないが、それがあなたの全トレード資金だったら、それを失う
ことは1380億円失うのと同じくらいショックは大きい。まあ、クレジ

90

図2.2

市場に自分の正しさ
を認めさせようとして
もムダさ

@gapingvoid

ットカードのキャッシングでもう5000ドル入手できるので、それほどショックではないかもしれないが、それがどういうことなのかは分かるはずだ（**図2.2**を参照）。

　次の本についてはこれから何度か出てくると思う。この本は私の人生において非常に役立った。それはデビッド・R・ホーキンズの『レッティング・ゴー――ザ・パスウエー・オブ・サレンダー（Letting Go : The Pathway of Surrender）』だ。この本は最初の数章を読むたびにあるいはオーディオブックで聞くたびに、心が軽くなり、自由を感じる1冊である。

　仕事において正しくあることにこだわることは強みとなる。目標を達成するために懸命に働き、目指したことは必ず達成できることを自分自身や他人に対して証明するためにはこだわりが必要だ。大きな挫折も単なる学習経験と考えることができ、前進することができる。落馬してもほこりを払って、また馬に乗ればよいのだ。それは毎トレ

第1部　基礎編

ド日、映画『ロッキー』を地で行くようなものだ。学はないが心優しい高利貸しの取立人が世界ヘビー級タイトルマッチに挑戦するなど、だれが思っただろう。しかし、彼は挑戦し、みんなが間違っていたことを、そして自分が正しかったことを証明した。映画は大ヒットした。この映画は、根気強くなければならないこと、そして夢を追いかけることの重要さを教えてくれた。

　でも、これをトレードでやったらどうなるか。自分が間違っていないことをみんなに認めさせるため、負けトレードが勝ちトレードになるまで負けトレードにしがみつけば、完膚なきまでにたたきのめされるだろう。今のトレードは大丈夫かもしれない。次のトレードも大丈夫かもしれない。でも、たたきのめされる日は必ずやってくる。そのときあなたの口座は破綻する。銀行を倒産させられる人はそれほど多くはないだろうが、それまで貯めてきたお金をすべて失うことは銀行の倒産にも匹敵する。トレードは粘り強さが罰せられる唯一の職業だ。今のこのトレードで自分が正しいことを証明することに粘り強さは必要ない。もっと良いトレーダーになるにはどうすればよいのかを粘り強く学ぶことが重要だ。

正当化

　しかし、トレーダー心理をこれほど複雑なバトルにするのは、人間は正しくあるべきだと思うことだけではなく、人間の心が持つもう1つの大きな力が関与している。それは正当化である。これについてはすでに述べたが、少し違う視点から見てみることにしよう。

　映画『再開の時』ではマイケル（ジェフ・ゴールゴブラム）が正当化というものをどう思っているかを顕著に示すシーンがある。

マイケル　正当化はバカにしたもんじゃないよ。物事を正当化しなき

92

ゃおれたちは生きていけないんだ。１日のうちに２回や３回、物事を正当化しない人なんているかい？　正当化はセックスより大事だよ。

サム　おい、やめてくれよ。セックスより大事なものなんてないよ。

マイケル　おやそうかい？　きみは物事を正当化することなく１週間過ごしたことはあるかい？

　スクリーン上で物事を正当化するということは、実際に起こっていることを自分に都合の良いように書き換えることを意味する。これであなたのポジションはたとえ正しくなくても正しいことになってしまうわけである。「このトレードは長くは逆行することはないだろう」とジョーは思う。「私をふるい落としたりなんてするわけがない」。そしてそれがうまくいくと、ジョーは自分のことを天才だと褒める。このトレードはきっとうまくいく、特にこのトレードは。こう思うことを直感という。このトレードはうまくいったので、彼の分析は正しかったということになる。「ほらね」と彼はつぶやく。「次のトレードではサイズを増やしてみよう」

　人間は人生のほぼすべての局面で現実をごまかす。自分に有利になるように出来事を解釈し直し、自分のきれいなイメージに傷がつかないようにする。コンピューターの前に座ってVITTD（非常に重要なこと）をやっているときは子供は無視してもよいとするのである。つまり、自分のやっていることを正当化するわけである。ひどい親だということを認める人なんていない。

　しかし、トレードでは毎日の終わりに結果は損益計算書として現れる。自分が正しかったとどんなに自分に言い聞かせてみても、自分が正しいことを証明しようとしたときに被った損失は損失なのである。あなたのストーリーは中立的な市場にとっては何の意味もないのだ。損益計算書は平衡装置なのである。あなたという人物がどんな人物なのかを教えてくれるのが損益計算書であり、多くの場合、あなたはけっ

第1部　基礎編

して立派ではない。残念ながら、ほとんどの人は自分自身と向き合う
よりも、理想の自分を演じようとする。それはけっして楽しいもので
はない。私は自分のトレード個性を分析する前は、自分はすぐれた資
質を持っていると思っていた。トレードの失敗率が多いのはそのため
だ。損益計算書はあなたの欠点が映し出される場所だ。欠点は改善し
なければならない。理論的にではなく、トレード日誌のメモを介して
ではなく、トレードごとに実践で改善しなければならない。すべての
トレードで自分のほうが正しいと正当化し、あるいはドラマを創作す
るために負けトレードにしがみついて、自分が望む勝利を追いかける
ことで自分はヒーローになれるなどという考えをやめて、どのトレー
ドでもより良いトレーダーになろうと熱心に取り組めば、おのずとゲー
ムの流れは変わるものなのだ。

トレーダーのマインドセット──ゲームで冷静でいるための最高の方法

　偉大なトレードとは、どんな職業やアートにおける偉大さと同じよ
うに、バランスを取ることによって生まれる。どんなトレードでも2
つのことが重要になる。注意深さと大胆さである。忍耐強くなるよう
に注意することが必要だし、市場に参入する勇気も必要だ。勝ちトレ
ードを持ち続ける信念も必要だし、一度手に入れた利益を守る注意力
も必要だ。ただし、少し動いただけで損切りに引っかかることがない
ように、あまりアグレッシブになりすぎてはならない。なかでも最も
重要なのは、トレードが間違っていたら、それを認め、損切る勇気も
必要である。偉大なトレードはこういったことがすべて満たされたト
レードだ。偉大なトレーダーが少ないのはそのためだ。このバランス
を取るという作業はタイプAの性格型の人が市場で最も苦手とするも
のだ。彼らは大胆さ、勇気、決断力は持っているかもしれないが、注

94

意深さ、忍耐力、最初の印象が間違いであったことを認める能力に欠けている。もっと簡単に言えば、彼らのセットアップはスウェーデン人のオペアのように魅力的だったかもしれないが、彼らの思惑どおりにはいかなかったことを認めることができないということである。セットアップが良かったかどうかなど市場は気にしない。市場はやりたいことをやるだけだ。

トレードの初めには心理的な葛藤が起こる。それは悪魔が一方の肩に乗り、天使がもう一方の肩に乗っているようなものだ。一方は、何としても踏みとどまれ、証拠が何を示していようと最後にはきっとうまくいく、とささやく。そしてもう一方は、手仕舞って小さな利益を手にするか損失を最小限にとどめ、資産を保全せよと耳元で叫ぶ。こんなときは手仕舞うことだ。これはトレード初心者にとってセンセーショナルなことだ。明確なトレード戦略が重要なのはこのためだ。あなたが信用できるトレードプランは、悪魔と天使の声をさえぎる消音器のようなものだ。ゲームプランもなくトレードするのは、生のステーキを腰につけてアマゾン川を泳ぐようなものだ。良い運動にはなるかもしれないが、川に長くいるほど餌食になる可能性は高まる。

恐怖が顔を出すのはあなたがトレードプランを無視しているときだ。そして恐怖が顔を出すと、全体像を見失って早く手仕舞いしすぎ、利益の出る機会を失う。しかし、恐怖はトレーダーに恐怖とまったく正反対のことをやらせてしまうこともある。神経がたかぶり、危険な合図が出ているにもかかわらずトレードに長くとどまるのである。つまり、恐怖は非合理的な大胆さを引き起こすということである。トレードにとどまるには勇気が必要だ。しかし、明らかにうまくいっていないトレードを手仕舞うのにはもっと多くの勇気が必要であることはずっとあとになってからでないと分からない。それでは遅すぎるのだ。神経がたかぶるほど、破産する可能性は高まる。

私はある偉大な将軍の言った言葉をよく思い出す。「撤退することは

まったくもって正当な軍事戦略なのである」。戦争とトレードの共通点のなかで、これほど的を射たものはない。小さな損を取ることはけっして恥ではない。実際、小さな損を取ることで大きな損失から守られたとき、それは勝利とみなすべきである。物事があなたの思惑どおりにいかないときは、資産を保全し明日の戦いのために取っておくことである。仕掛け直してもたかだか1回分の手数料が余計にかかるだけである。ポジションをマルにし、散歩でもして頭をすっきりさせることだ。市場は逃げやしないのだから。

　トレードを始めるとき、手仕舞いを早まらないこと、遅すぎないこと、そして正しいタイミングで勇気を持つことは簡単なことのように思えるが、これはほとんどのトレーダーにとって考え方を大きく変えることを意味する。あとからチャートを見れば、だれもが天才になれる。次に何が起こるのか分からなくてもリアルタイムで判断を下すこと。これが成否を左右するのだ。あとで何をすべきだったかなんてだれにでも言えるのだ。

　市場を見るときには柔軟性が必要だ。偉大なトレーダーには禅の精神が備わっている。高価なスーツを着た真面目なトレーダーが、ブルとベアの日々の熾烈なバトルについて話をしている最中に禅のことわざを持ち出すのだ――「咲かない花に意味などない」。「エゴがなければ痛みはない」のほうが分かりやすいかもしれない。トレードの世界に禅。これはちょっと奇異に感じるかもしれない。しかし、これらの教訓を学んだ人は市場でお金を儲けることができる。なぜなら、市場に関する意見を形成しているとき、あなたが今やっていることは意見の形成であることを学んだからだ。機会には余地を与えなければならない。そして、あなたの意見が間違っていることが分かったら、その意見を捨てて別の真実――機会はもう一度やってくる――を受け入れる勇気を持たなければならない。市場はどこにも行かないのだから。

　トレーダーが市場の絶え間ない流れを理解し、機会は消えてもまた

第2章　トレード心理学入門

再び現れこれがエンドレスに続くことをいったん理解したならば、半分確信した状態で市場に参入する必要などないことを理解するだろう。明確なセットアップが現れるまでじっと座って待てばよいのだ。これほど簡単なことはない。もしそれがうまくいかなかったら？　そんなことは気にする必要はない。セットアップが現れたら、あなたはそれをつかみとることだけだ。うまくいくかどうかなど気にする必要はない。それは損切りの仕事だ。

　時には退屈さと戦い、ポジションを取らないままでいることが必要なこともある。退屈しのぎにポジションを取れば、その月並みなトレードの管理に忙殺されている間に、良いトレードを逃してしまう。月並みなセットアップを取って、良いトレードを逃してしまうことは、大きな機会コストがかかることを意味する。遅すぎたために普通の逆行で損切りに引っかかってしまうということは、あなたのその日のランチをだれかほかの人に食べられたということである。自分のプランに従わなければ、プランに従っているほかのトレーダーの手助けをすることになる。あなたが損切りに引っかかった場所は、考え抜かれた彼らの仕掛けポイントになるのだ。

　市場は日々変化する。注文とトレーダーの行動の組み合わせが1日として同じ日はない。同じセットアップを読み取り、同じ動きを期待するとき、この事実の重大さを理解することはできない。市場は常に変化し、注文とトレーダーの行動の新たな組み合わせは常に生まれている。どんな日でもいつ何時でも無限の可能性が存在する。トランプのカードを切るとき、けっして同じ順番にはならないことをあなたは知っていただろうか。同じ順番になる可能性は天文学的に低いのだ。これを市場と比較すると、変数の数はトランプのカードに比べると途方もなく多い。したがって、毎日を新たな目で見て、可能性を探ることは非常に重要だ。昨日、あるいはおとといにその可能性があったからといって、今日も同じ可能性があるわけではない。今日のその瞬間の

97

第1部　基礎編

可能性を見ることが重要なのだ。先入観や自分の意図は忘れて、常に自問せよ——「今、市場は私に何を見せてくれているのか」

常に勝利する見通しを立てる最も簡単な方法

プロのギャンブラーが連勝や連敗に動じないように、偉大なトレーダーも連勝や連敗などには動じない（なぜなら彼らは連勝や連敗を受け入れるのに慣れているから）。彼らは1日で破産しないようにお金を管理している。

正しい見通しを立てる1つの方法は、お金をお金と考えないようにすることである。10代のときにアルバイトした経験のある人は、1時間働くたびにそれを何に使おうかと考えたのを覚えているはずだ。1時間働くたびに、それはガソリン代になり、夜の映画代になり、彼女とのディナー代になる。トレードでも同じことをやろうと考える。「車のローン代を儲けた」とか「そのトレードで損をしなければ新しい娯楽用の機器を買えたのに」と考えてしまう。お金をお金と考えてはならない。トレードの世界ではお金は単なるゲームのツールでしかない。採点手段にすぎないのだ。

お金そのものの価値から感情を取り除くのは実生活では危険だが、トレード日から感情を取り除くのは素晴らしい習慣だ。お金をゲームのツールとして考えられなくなり、購買力としての考えに逆戻りした瞬間、スキルではなくて感情でトレードすると自分自身に宣告するようなものであり、それはトレーダーにとって有害以外の何物でもない。

誠実さはトレードの成功とどんな関係があるのか

人生というゲームにおいては、時間、お金、関係、社会的地位などあらゆるものが影響を及ぼす。あなたが日々生活するうえでのあらゆ

98

る要素はあなたの手のなかにあり、それぞれのカテゴリーに賢く投資することであなたの毎日を守ってくれる。事実、あなたの生活の質はどのように投資するかで決まってくる。あなたの体に一定の負荷をかけ、適当な運動をするだけで健康に投資していることになる。人と良い関係をはぐくみ、彼らを尊重して敬意を払うことで人との関係に投資していることになる。良い結果を求めて人生に投資する方法は突き詰めればひとつの言葉に行き着く。それは誠実さである。

誠実さとは、人に対してあなたがやると言ったら、必ずやることを意味する。会議に出席すると言ったら、約束の時間に会議の場に現れる。ゴミを出すと約束したら、ゴミ収集車が来る前にゴミを決められた場所に出す。あなたが約束を守るたびに、他人のあなたに対する信頼は高まっていく。約束を守らない人は尊重されない。新しいビジネスチャンスを得て、パートナーを見つけなければならなくなったら、どんな人を選ぶだろうか。小さなことも守れないような人は選ばないだろう。誠実さとは、世界における通貨のようなものだ。誠実さとは、自分が人々の尊敬に値すること、彼らの愛情に値する人間であること、仕事に対する支払いに値する労働をしていることを示すものなのである。

自分自身を同じ誠実さで扱えないとき、問題が生じる。私たちは自己意識というものを持っているが、それはいざというときに頼れるものだ。自分に対する信念の度合いは過去にさまざまな状況に対してどう対処したかによって異なる。トレードでは、プランに従い、資産を保全し、物事がうまくいかないときでも固まってしまわない自分を信じられることが極めて重要になる。

誠実さはどのように身につければよいのだろうか。約束を守る。これに尽きる。15時にジムに行くと決めたら、何が起ころうと15時にジムに行く。今日はデザートは食べないと決めたら、その決定どおりにデザートは食べない。ジムに行かないたびに、チーズケーキを食べるたびに、誠実さは少しずつ失われる。これによって自己認識は少しず

第1部 基礎編

つ崩壊し、自分に対する不信感は募っていく。その結果、トレーダーはトレードをするのが怖くなる。なぜなら、いったんトレードを仕掛けたら、自分がプランに従うかどうかは分からないからだ。トレーダーとして自分自身を信じることができなければ、大失敗するのは目に見えている。

自己認識力を高めたり、自分自身に対する信頼感を高めるには、どうすればよいのだろうか。それは簡単だ。今日から、人との約束、自分との約束を守ることである。最も重要なのは、過度な約束はしないことだ。でも、いったん何かをすると決めたら、だれかと飲みに行くことであっても、決まった時間にジムに行くことであっても、必ずそれを守る。必要なら多少の無理をしても、それを実行することも必要だろう。結局、それは最も重要なトレードツール、つまりトレードプランに従うという自分に対する信頼感を構築することになるのだ。トレードでは、これが約束を守るということなのだ。あなたが約束を守るように監視してくれる人はだれもいない。自分自身を頼り、自分は信用できる人間であることを絶対的な確信を持って信じる以外にない。

トレーダーはルールを破る危険性と常に隣り合わせだ。新しいバーやローソク足が現れるたびに、ルールを破るチャンスが訪れる。その結果が勝ちトレードになろうと負けトレードになろうと、感情的になってルールをいじり回すのは、悪いアイデア以上に悪い。それは自分は信用できない人間であること、誠実にプレーしていないことの証しだ。結局、あなたの誠実さは自分自身さえ信じることができないまでにむしばまれる。「このトレードでまた失敗はしたくない」とジョーは思っている。

誠実さはトレードプランのなかで最も重要な要素だ。誠実さを身につけるのは簡単だ。次のトレードから、自分のプランに従い、自分との約束を守ることである。そうすればあなたのトレードスキルは上達するはずだ。

100

あなたは今トレードの旅のどの段階にいるのだろうか

トレーダーにとって、トレードの旅で今、どの段階に自分がいるのかを知ることは重要だ。これはトレーダーの成長にとって重要なのは言うまでもないが、これを知ることが重要なのにはもう少し違う理由がある。それは、ほかのトレーダーが犯している過ちを知り、そうした過ちを利用して稼ぐ方法を知るのに役立つのである。トレードはこの地球上で最大のポーカーゲームだ。あなたの口座に入ってくるお金は魔法でいきなり入ってくるのではない。いまだに市場のメカニズムを学び、直感に頼り、間違った側につかまる人のお金があなたの口座に流れてくるのである。

信じるかどうかは別にして、今日トレードしている人が次のトレードで儲かる確率はほぼ同じだ。1つのトレードで儲けたとしてもそれはスキルとは無関係だ。60回、100回、1000回と、トレードを重ねるたびに違いは出てくる。トレードを重ねるたびに資産曲線を上昇させることができる人はどんな人だろう。それは次に示す4つの基本的段階を卒業した人である。

●第1段階──いつも負ける（6カ月〜1年）
●第2段階──恐れによるトレード（2カ月〜6カ月）
●第3段階──聖杯の追求（6カ月〜死ぬまで）
●第4段階──損をしないにはどうすればよいかを学ぶ

ほとんどのトレーダーはスタイルこそ違え、これらの段階を経ていることが分かった。残念ながら、第3段階を終えるころには文無しになって、次の段階に進むことができないケースがほとんどだ。

最初の3段階を経て4段階目になって初めて、常に勝てるトレーダーになれるのだ。常に勝てるといっても、トレードで全勝できるとい

う意味ではなく、資産カーブが長い目で見て上昇していることを意味している。それは、市場で一貫して利益を得ることができるように自分の規律を厳格に守ることができるようになったことを意味し、二度と失敗はしないと自信を持つことを意味する。自分のプランに迷いが生じれば、市場は容赦なく攻撃してくる。市場はそういった感情に付け入る隙をうかがい、トレーダーたちを古い悪習へと再びいざなう機会を辛抱強く待っているのだ。トレードはうまくいくときもあるが、そんなときは問題はない。問題となるのは、ルールを破ってうまくいけば、あなたはまたルールを破るということだ。そのうちにこれは習慣となり、あなたとあなたの口座を悩ますことになる。どのトレードでも規律を守り忍耐力を持つことが大事だ。これがバトルの90％を占めるのである。

第1段階　いつも負ける──人生で勝つのに役立つ習性は市場では通用しない

「夢を食べて生きる者は空腹で死ぬ」──ベンジャミン・フランクリン

　地獄への道は善意が敷き詰められていると言われるが、トレードの世界ほどこの言葉が当てはまる場所はないだろう（また親戚を雇ってあなたの仕事を手伝ってもらうときもそうだ。この話はまた別の機会に）。損をするためにトレードを始めたという人はいないはずだ。人々の意図はこれとはまったく逆だ。そして彼らがトレードの世界に入ってきて最初にすることは、過去にうまくいったことを応用するというものだ。出世したい、事業を興したいと考えている人にとって正しい判断を下すことが重要なのは言うまでもないが、「正しい判断」がトレードで通用しないことはTASRのトレードですでに見たとおりだ。この事実から得られるものは、人間の持つ楽観性に対する最も手痛い教

訓だ。

日々の生活で目標や夢を実現するための思考法はトレードでは役立たないばかりか、失敗の主な原因にさえなっている。

人生で勝つために必要な決断力、勇気、楽観的思考、強い意志は、市場では完敗へと導くものでしかない。負けポジションに頑なにしがみつき、ナンピンし、最後には勝ちトレードになることを信じて疑わないような楽観主義のトレーダーがこのタイプのトレーダーだ。エンロンの社員がサクセスコーチであるトニー・ロビンズのテープを何本聴こうと、そんなことは問題ではない。彼のテープを何本聴いても、エンロンの株価が90ドルにまで上昇することはない。こういったことに気づかないトレーダーは最初から失敗する運命にある。

誤解しないでいただきたいのだが、これは、自分には成功するトレーダーになれる資質があることを信じるな、という意味ではない。それとはまったく逆だ。しかし、自分の行うトレードは必ず失敗するものだと考えておいたほうがよい。そうすることで損失をできるだけ減らすように注意し、リスクを最小化しようとするようになるからだ。利益は放っておいても構わない。コントロールが効かなくなるのは損失のほうだ。人生にはプラス思考で、トレードにはマイナス思考で臨むのがよい。

「良い」振る舞いと「悪い」振る舞いに対する世間の評価を気にして「株をやる」トレーダーは、第1日目から負けるだろう。例えば、相場がブレイクイーブンまで持ち直す可能性があるときに「素早く損切り」するのはなかなか難しいものだ。ブレイクイーブンで手仕舞えば、「敗者」のレッテルを貼られずに済むからだ。世間の評価基準に従えば、利益を出して手仕舞うことができれば、そのトレーダーは「勝者」だ。世間の評価を気にする人々は、他人の目に勝者として映りたいあまり、

第1部　基礎編

つまり、ブレイクイーブンで手仕舞えることを期待して、「時には」損切りを取り消してしまうことがある。仮にこれが10回あるいは100回続けて成功したとしても、たった1回の失敗でたちまちノックアウトだ。こんな日、自分の口座を死滅させそうなトレードを手仕舞うために自分のバカさかげんにうんざりしながらキーボードをたたいて、相場の「激しい動き」を生みだすのがこういったトレーダーたちなのだ。

たとえたまたまではあっても、損切りを取り消すというこの悪習は、勝者と敗者とが明確に定義づけられている相場の世界ではより一層悪い結果をもたらす。この悪習ほどトレーダーの口座を短期間で崩壊させるものはない。口座が小さいほど、短期間で破滅する。きつめの損切りを置き、それに忠実に従うことで、小口トレーダーでもトレードで生計を立てられるようになる可能性はある。こんなことさえできないのであれば、トレーダーになるのはあきらめたほうがよい。

トレードを始めたばかりの初心者は、儲かった日は自分を良いトレーダーだと考え、損をした日は自分を悪いトレーダーだと考える傾向がある。社会の一般通念からすれば、これはごく当たり前のことと言えよう。オールＡなら優等生、オールＦなら落第生なのである。

本書で強調したいことがあるとすれば、トレードは一般社会の通念とはまったく関係ないということである。人々が心の中に大切にしまってあるものを彼らを利用するための手段とするのが市場である。一般社会を支配するルールと概念を1つのボールの中に詰め込み、それに火をつけて、新米トレーダーの喉に無理やり押し込むことを生きがいにしているのが市場である。このことに気づかないトレーダーは、オープニングベルの音とともに釣り針にかかった魚も同然である。

損をすれば失敗、利益を得れば成功、と考えるのが一般社会だ。トレーダーは負けた日には無意識にこう思うものだ。「損を出した！　そんなバカな！　あのとき損切りを取り消していれば、相場が戻ってブレイクイーブンで手仕舞いできたかもしれない。そうすればまだ競争

104

第2章　トレード心理学入門

者として残っていられたのに」。すると、このトレーダーは次にどうするかというと、負けトレードで終わらないように損切りを取り消す機会を探し始めるのである。もちろんすべてのトレードでというわけではなく、ときどきだ。そして損切りを取り消すトレードをどうやって決めるのかというと、もうお分かりだろうが、トレードの最中に「裁量で判断する」のである。プロ集団が襲いかかってくるのはまさにこのときだ。

　お金を儲けたか損をしたかによって人を分類するこの一般社会の考え方を気にするトレーダーたちは、自らを破滅へと追いやるこの悪習という名の罠にいとも簡単にはまってしまう。ブレイクイーブンで手仕舞いできることを期待して損切りを取り消すというこの悪習は、トレーダーたちが犯す最も悪い習慣の1つだ。時にはうまくいくこともあるかもしれないが、失敗すればひとたまりもない。口座資金の半分以上が吹き飛ぶという最悪の事態に陥ることになる。トレード以外の世界ではお金を失うのは悪いこととみなされるが、トレードでは小さな損失は成功の前兆である。こういったことはトレード以外の世界では理解されないことが多い。昨日は2000ドルばかり損をしたが、これは自分の成功への道なのだ、などと親戚縁者に言っても時間の無駄だ。もちろんこれはあなたがちゃんと仕事をしている証拠だが、太陽が東から昇るかぎり、世間の人がこれを理解することはないだろう。トレーダーのことを理解できるのはトレーダーだけだ。パーティーに行って職業を聞かれたとき、私はチャリティーの仕事をしていると言うことにしている。そうすれば理解してもらえるし、少なくとも同情はしてもらえる。話をしたくないときは、会計士だと言うことにしている。

　トレード初心者にとっての最大の課題は、トレードでは負けるが勝ち、ということが理解できるように脳をプログラミングし直すことだ。プロのトレーダーとは小さな損を取ることができる人である。大きな儲けが出る日など1カ月にほんの数日しかないことをほとんどのトレ

105

ーダーは理解していない。そのほかの日は、水面から頭を出していられさえすれば良い仕事をしたことになるのだ。つまり、相場が大きく動いても口座資金を減らさないようにするということである。月曜日に小さな損を3回続けて出して、結局その日は損で終わったとしても、きちんと仕事をしたことになり、成功するプロのトレーダーになれるチャンスがある。なぜなら、口座資金はほとんど手つかずのまま残っているので、相場が大きく動く日がやってきたときに勝負に出ることができるからだ。これがトレードというものだ。設定したパラメーターとセットアップに従うことができるトレーダーこそが勝てるトレーダーなのである。直感やCNBCテレビの雑音に従っても勝てるトレーダーにはなれないのだ。こんなことをしていると、破滅へと導かれるだけである。

　2003年の中ごろのことだが、一族の資金を集めて1000万ドルのヘッジファンドを運営する男から電話があった。確か、インターネットの利用法を知っているとかいう話だったと思うが、彼がどうしてこの大役を任されたのか私は理解に苦しんだ。彼はヤフーのデータをeメールで送ってきて、私の意見を聞いてきた。送られてきたチャートを見ると上昇トレンド相場で、出来高も伴っていたので、私が買うとしたらこうするだろうなと思ういくつかのセットアップを提示した。だが彼が欲しかったのはこういう答えではなかった。彼は翌日電話で、私のチャートの読みは間違っていたと言ってきた。ページビュー数とPER（株価収益率）について不満をぶちまける彼の話を聞いているうちに、ピンときた。私は彼の話をさえぎるように質問した。「いくらで売ったんだい？」。一瞬沈黙して咳払いしたあと彼は話し始めた。それで事の顛末がはっきりした。ニュースレターの推奨に従って12ドルで売ったというのだ。株価が上昇しているときに、ニュースレターが売り増ししているのを見て、彼も売り増ししたらしい。このときまでに彼はすでに平均価格16.25ドルで40万株売り、投資総額は650万ドルにもなっ

第2章　トレード心理学入門

ていた。

　ニュースレターはまだ売れと書いているのかどうか尋ねると、彼は
いいやと言った。自分のスクリーンで気配値をチェックすると、ヤフ
ーの株価は22.50ドルで、過去52週の高値を更新したところだった。ブ
レイクイーブンになるほどには下げないだろうから、平均取得価格を
上げるためにさらに売るべきかどうか彼は聞いてきた。要するに、ナ
ンピンしようというわけだ。

　このトレードのこの時点における彼の損失は250万ドルに達していた。
一族はまだこのことを知らなかった。だから今のうちに一族の経済的
リーダーとしての地位を守ることに必死だったのだ。彼の考えにはも
はや理性のかけらもなかった。私は彼に手仕舞いするか、あるいは少
なくともコールオプションを買ってヘッジすることを勧めた。売った
人がみんな痛みの限界に達して買い戻しをするまでヤフーは上がり続
けるだろうとも言った。これもまた彼の望むアドバイスではないこと
は明らかだった。結局、彼はさらに10万株売ったのである。30ドルを
付けたとき彼はようやく白旗を挙げたが、損失は625万ドルにまで膨れ
上がっていた。ちょっと極端な話だったかもしれないが、これは口座
サイズとは無関係にいつでも起こり得る話である。彼は一族に敗者と
見られたくないために、小さな損を取ることを嫌がった。「ポジション
を保有しているかぎり、負けトレードになることはない」というのが
彼のモットーだった。これは、腸から大量に出血しているのに医者に
行かないのと同じだ。「医者に行かないかぎり、死にかけていることは
だれにも分かりはしない」。死んでからようやくみんなが病気だったと
気づくのだ。

　負けポジションのナンピンは沈みかけた船にさらに水を注ぐのと同
じだ。あの一族のファンドマネジャーは、ヤフーが高値を更新するた
びに売り続けるくらいなら、モナリザの絵に釘を打ち続けたほうがま
だマシだったかもしれない。しかし、いずれにしても破壊行為には違

107

第1部　基礎編

いない。ファイナンシャルプランナーたちはよくドルコスト平均法の話をするが、私に言わせればそれはドル損失平均法だ。勝ちトレードに増し玉するのは構わないが、負けトレードに増し玉するのはバカげている（満玉まで増し玉するのがあなたのトレードプランでないかぎり）。あなたから盗みを働こうとしている従業員を捕まえたら、あなたはその従業員を昇給させるだろうか、それともクビにして別の人を雇うだろうか。ヤフーをトレードしたあの男は、間違いなく昇給と住宅手当と多額の年金を与えたことだろう。

　第1段階も終わりに近づくと（ただし、まだ資産は残っているものとする）、だいぶ経験を積んできているはずだ。しかし、自分たちがなぜ市場に打ち負かされるのか、その理由は分かっていない。彼らは毎回負けたわけではなく、時には大きな利益を上げている。しかし残念ながら、徹底的にやられたトレードが多すぎたため、口座は火の車だ。楽観的に始めたトレードだが、今はもう少し慎重にいこうと思っている。これ以上資産を減らしたくないというのが本音だ。さて次は第2段階だ。

第2段階　恐れによるトレード──「私が触れたものはすべてクズに変わる」のはなぜか

　もう少し慎重になればパフォーマンスは向上すると考えているトレーダーが多いが、それは間違いだ。トレーダーがこれ以上資産を減らしたくないと思ったとき、彼らは知らず知らずのうちに「慎重すぎる仕掛け」の達人になる。待って、待って、待って、うまくいきそうなことをダブルチェックしてからようやく仕掛けるのだ。相場はすでに上昇し始めている。そして彼らがこの動きは本物だと確信したとき、動きはもうピーク近くまで達している。彼らはこのピークで仕掛けてしまうのだ。彼らのこの行動は、市場が下落するための燃料を与えてし

108

まうだけだ。なぜか。それはピークのすぐ下には突然多くの損切りが集中するからだ。そして、山火事に吹く風のように、これらの損切りが相場の下落を誘発するのである。慎重に慎重を期して仕掛けた安全なはずのこのトレードはいきなり損失に変わる。

前の例との違いは、慎重なトレーダーはまるで宗教の信者ように損切りを忠実に実行するということだ。問題は、あまりに慎重になりすぎて仕掛けが遅れるため、損切りに引っかかる確率が飛躍的に高まることだ。確かに、小さな損は気にする必要はないとは言った。しかし、小さな損とはいえ毎回のように損を出し続けると、最後には口座は枯渇してしまう。

第2段階は期間的にはそれほど長くはない。この段階まで来ると大きな損失は出さなくなるが、それでもかなりの額の損失を出す。損切りには従えるようになった。しかし、仕掛けに問題があるということに気づいたとき、アルコール依存症患者の言う「覚醒の瞬間」に達したことになる。仕掛けに問題があるということは、使っているインディケーターに問題があることは明らかだ。だから、もっと良いインディケーターを見つけようとする。こうして聖杯探しが始まるのである。

第3段階　聖杯の探求がトレーダーや投資家としての成功を限定するのはなぜか

どのトレードにも使える絶対確実なインディケーター探しは、山のような死体、敗れた夢、あほうどもがゴロゴロところがる迷宮へとトレーダーを誘い込む。残りの人生を聖杯探しに費やすトレーダーは少なくない。皮肉にも、この段階のトレーダーたちは自分がトレーダーとして進歩していると思い込んでいる。しかし実際には彼らのトレーダーとしての進歩は暗礁に乗り上げているのだ。この段階にいるトレーダーは泥沼にはまり、何年も、何十年も、あるいはそれより長く続

くかもしれない負けゲームのなかで身動きできない状態にある。そして結局は、同じ過ちを繰り返しながら——別の過ちを見つけられる幸せなトレーダーもいるが——、長いこの期間を過ごすことになる。

次に最高なものは何かと飽くことなく探し続けるというのがこの段階にいるトレーダーの特徴だ。彼らが探しているのは磁石のようにお金を引き寄せる夢のようなインディケーターやシステムだ。いろいろなトレードシステムやアイデアに見境なく飛びついて、マジックを紡ぎだすまで永遠にいじくり回すのである。典型的な例を挙げれば、ほぼ無リスクでしかも少額の資金で毎年大きな利益を生みだすシンプルでメカニカルなルールを開発するというものだ。これはもちろん秘密にしておく。このルールを厳選したヒストリカルデータに適用すると素晴らしい結果を出すのを見て興奮する。それもそのはず、うまくいかなかったルールは初めから「削除」しているのだから。このタイプのトレーダーは、トレードがうまくいくときのサマリー1ページと、トレードしてはならないときを延々と説明する68ページのサマリーを抱えて死ぬことになる。

この段階のもうひとつのタイプのトレーダーはというと、セミナーにせっせと通ってトレンドを学び、トレンドに逆らわないことの重要性を学ぶ。移動平均線のマジックや、移動平均線の交差がトレンドが変わるシグナルであることを発見する。何という素晴らしい発見か！確かに、これはトレンド相場のときは素晴らしくうまくいくが、75%の時間は横ばい相場であることが分かるとがっかりする。聖杯探求者たちがプロ集団にミンチにされてしまうのが横ばい相場だ。

そして、ここから彼らはオプションの世界へと迷い込む。彼らはリスクを抑えるためのスプレッド取引や、月々の収入を得るためのオプションの売りを始める。これは方向感のない相場ではうまくいくが、再びトレンド相場に戻ったときにトレンドに逆らっていれば、あるいはニュートラルな市場では、負けポジションに早変わりする。

例を挙げればキリがない。この第3段階だけでも彼らはさまざまな
ステップをたどる。数多くのシステムや戦略やインディケーターを一
応研究し終えると、彼らはパーフェクトなインディケーター付きのパ
ーフェクトと思えるチャートを作成し始める。そして、実際に使って
みる。最初の2〜3日、あるいは最初の2〜3週間はうまくいくが、完
璧と思えたセットアップもやがては燃え尽きる。そこでMACD（移動
平均収束拡散法）の設定値を12、26、9から12、17、10に変える。こ
ちらのほうが速いと何かで読んだことがあるからだ。新しい設定値で
チャートを作り直し、次のトレード日を心待ちにする。最初の2〜3
日、あるいは最初の2〜3週間はうまくいくが、いくつかのセットア
ップは機能しなくなる。そして、再びサイバースペースへと舞い戻る。
ここまで来ると、ムキになっているので周りのものは一切目に入らな
い。家族を無視し、応援にいくはずだった娘のソフトボールの試合も
すっぽかし、時間の感覚もなくなる。しかし、すべてが報われるとき
がやってくる。それから7日後の15時45分、探していたものをついに
発見するのだ。そうか、ストキャスティックス（シンプルなモメンタ
ムオシレーター）の設定は14、3、3ではなくて、15、3、1でなき
ゃいけなかったんだ！　さっそくヒストリカルデータに加えて、ヒス
トリカルデータに適用してみると、前よりはるかに良い。そして再び
チャートを作り直し、再び次のトレード日を心待ちにする。

　そしてこれがうまくいかなくなると、今度は15分足チャートから13
分足チャートに鞍替えする。これでもうまくいかないと、取引市場を
EミニS&P500からSPY（S&P500のETF［上場投資信託］）のオプシ
ョンに変更する。これでもうまくいかなければ、オプションを売る。そ
してこれでもうまくいかなければ、金投資に変更する。なぜって？　金
こそが唯一本物のお金だからだ。こうして次から次へと最高なものを
追い求め続けるのだ。この悪循環は彼らがこのローラーコースターゲ
ームにうんざりして次の駅で下車するまで永遠に続く。彼らのほとん

111

第1部　基礎編

どはこれに気づくことなく、残りのトレード人生をこの状態で過ごすことになる。オムツをしていた子供は今や大学の学生寮に入っているが、彼らはそれすら気づかない。次なる最高なもの探しに夢中になっていたからだ。自分たちがどのカジノも手放しで歓迎する戦略を持ったマヌケ人間だということに、彼らはまったく気づいていない。彼らのいる場所は、2月のダルース（ミネソタ州）のように悲惨だ。2月にダルースに行きたい人なんて、まずいないだろう。

　彼らの今の状態を端的に表しているのが、ベン・メズリックの傑作『東京ゴールドラッシュ——ヘッジファンドカウボーイズ日本来襲！3分間で600億円荒稼ぎの全記録』（アスペクト）に登場するヘッジファンドトレーダーのひとりだ。「サヤ取りゲームは要するに間抜けなヤツを見抜くってことさ。間抜けなヤツを見抜けなきゃ、あんたがその間抜けなヤツってことさ」

第１段階～第３段階にはまって身動きできない状態かどうかを見分ける方法

　これまで話してきたトレードの初期段階（第１段階～第３段階）にはまって身動きできない状態にあるかどうかを見分けるための方法を紹介しよう。これから話す内容に当てはまるものがあれば、あなたはまだトレードの初期段階にいる証拠だ。

近づくまで有効な注文

　スイングトレーダーがよく使う注文方法がGTC注文（指値注文や逆指値注文を出したら、注文を取り消すまで有効な注文方法）と呼ばれるものだ。これはその名が示すとおり、「目標価格に到達するまで、または注文を取り消すまで注文をそのまま維持してください」という意

味だ。私も私のパートナーも、そしてブローカーの多くもGTC注文の
ことを「近づくまで有効な注文」と呼んでいる。トレーダーの多くは
「取り消すまで有効」な注文を、値動きが注文価格に近づくまで維持す
る傾向が強いからだ。このとき、彼らの株の価格はぐんぐん上昇し、
GTCの売り注文価格に近づいている。彼らは株価を見ながら、「ワォ
ォ！　この株はすごいぞ。どんどん上がり続けている。今手仕舞うの
は惜しい」と思う。そこで彼らはブローカーに電話してGTCの売り注
文を取り消す。株価は上昇し、彼らの注文価格を通り越す。すると突
然下落し始める。彼らには手仕舞い戦略はなく、株価は下がる一方だ。
そして勝ちトレードだったものは負けトレードへと変わる。強欲から
始まったこの売買は、そのうちに恐怖の売買へと変わる。こういった
ことが頻繁に起こるようになると、お金を失うことを極度に恐れるよ
うになる。

サイズは関係ない

お金を失うことを恐れ、間違わないことだけに集中し始めると、悪
い出来事が次々と起こり始める。最も起こりやすいのは、新たにポジ
ションを建て、ちょっとでも利益が出ると利食いするというものだ。例
えばミニダウを10100ドルで買い、10104ドルに上昇したとする。市場
が買いシグナルをしきりに出し、売りシグナルなどまったく出してい
ないというのに、何と、何と、彼らはそこで利食うのだ。彼らにとっ
ては少しでも利益を市場に返してしまうようなことは断じてあっては
ならないのだ。彼らが得た利益は４ポイント。金額に換算すると１枚
当たり20ドル。手数料を差し引けばおよそ14ドルだ。ダウがさらに40
ポイント上昇しようとそんなことは彼らには関係ない。市場から初め
て売りシグナルが出るのはそんなときだ。

彼らのやっていることは、まず４ポイントの利益を得て、次に３ポ

113

イントの利益を得て、その次に６ポイントの利益を得る。そしてその日の最後のトレードで30ポイント損をする。４回に３回勝って、気分は上々だ。でも、その日の収支はマイナスだ。こういったことが起こりやすいのは、利益の出ているポジションが負けポジションになるという苦痛を味わいたくないという考え方を持ったトレーダーだ。

FXブローカーの多くは、顧客の口座がいつ破産するかを予測するために口座を分析するといったことを実際にやっている。これは実際に損失が出る前に彼らと逆のトレードをやってヘッジするのが目的だ。これはけっしてよいこととは言えないが、これをやったからといって顧客がお金を失う速度が速まるわけではない。トレーダーが破産するサインというものは非常に分かりやすい形で現れる。口座が破産する第一の兆候は、20％のドローダウンを喫し、そのあとトレード回数が増え、指値注文すべきところを成り行き注文する回数が増えるというものだ。ヘッジトレードを行っているブローカーはこういった状況が起こると、舌なめずりをして、顧客のすべてのトレードと逆のトレードを行い始める。

プロのアドバイス　大きな損失を出したときは、それとまったく逆のトレードをやるのがよい。とりあえずひと休みして、市場から離れよう。そして再び市場に戻ったときは、指値注文を使ってよく考え抜かれたトレードを小さいサイズで行う。ヘッジの対象としてブローカーのレーダースクリーンに載るようなトレーダーになってはならない。

サイズは関係ないどころか、大ありなのだ。もちろん大きな損失が小さな損失よりはるかに悪いのは事実だ。しかし、損を出したくないばかりに恐怖心から小利で利食うトレーダーはプランに従っていない証拠である。プランに従うことなく、内なる感情のみに反応するトレーダーは打ち負かされることになる。たぶんではなく、確実に。

強欲は脳の栄養源にはならない

　口座を破産させる方法は無限にあるが、これから述べる方法ほど効果的なものはないだろう。トレーダーたちは自分にとって心地の良いことを日常的にやりがちである。5万ドル口座でミニダウをトレードして1日平均250ドルの利益を目指す、といった具合だ。これは彼らにとってはこの資金で得られると思う妥当な利益目標だ。ある夜、夕食の席で妻にトレードの調子はどうだと聞かれると、すべて順調だと答える。すると妻は喜んで、「トレードが順調なら、私ずっと考えていたんだけど、BMWが欲しいの。買ってもいいかしら?」といったようなことを言う。

　そして、翌日目覚めたときに彼は次のように思う。「BMWを買うとなると、1日の利益目標は750ドルにしなきゃな。それで頭金は出るはずだから、6週間から8週間で車は買える」。この言葉を発した途端に、彼の心の深いところで何かがカチッと音をたて、正しいことを何ひとつやれない期間に無意識のうちに突入する。最初に決めておいたパラメーターには従わず、欲を出し始めるのだ。そこにないものを見始めるのだ。これまではミニダウで20ポイントも利益が出ればパーフェクトだと思えていたのに、今では取るに足らない額に思えてしまう。BMWを買うのにこれでは明らかに足りない。彼は市場がもっと大きな利益を与えてくれるのを待っているのでまだ売らない。こんなとき市場は例外なく反転する。そして、トレーダーは損切りに引っかかって損を出す。こういった考えが脳を支配し始めると、それまでは妥当だと思えていた利益が少なすぎると感じるようになるため、トレードプランなど完全に無視するようになる。

　これとちょうど同じような状態に陥ったトレーダーを思い出す。彼は腕利きのトレーダーだったのだが、そのころちょうど連敗モードにあり、その理由が分からないでいた。大儲けしようと突然考えたりは

115

第1部　基礎編

しなかったかと彼に聞くと、そうだと言った。やはりそうだったか。彼は奥さんに何かプレゼントしようとしていたようだ。私たちは、エドウィン・ルフェーブルが書いたトレーダーたちのバイブルとも言える『欲望と幻想の市場——伝説の投機王リバモア』（東洋経済新報社）に出てくる毛皮のコートの話を含め、この現象についてしばらく語り合った。友人は一瞬沈黙し、あごをさすった。そして言った。「この問題の解決方法が分かった。新しいキッチンは買えないよと妻に言えばいいんだ」。そのあとのことは聞いていない。要するに、今のトレード口座で将来的に買うものを皮算用してはならないということである。市場があなたに与えてくれるものをありがたくいただくだけだ。結果とは切り離して考えよう。お金は口座から引き出して初めて何に使うかを決めることができるのだ。

　まだ稼いでもいない利益で大きな買い物をすることを夢見る。これぞまさに一獲千金のメンタリティーであり、すべてのトレーダーがはまる落とし穴でもある。市場はどこにも逃げやしない。いつもそこにあるのだ。これを忘れてはならない。ラスベガスのビュッフェが常にそこにあるように、市場も消えたりはしない。ビュッフェでは一度にすべての料理を取る必要などない。シュリンプを少しよそってテーブルに戻り、食べ終わったらスープを取りにいけばよい。がっついて皿を山盛りにする必要などまったくない。料理がなくなることはないのだから。1日中そこにいて少しずつ食べればよいのだ。市場には、「ブルはときどき儲ける。ベアもときどき儲ける。だがホッグだけは儲からない」という格言があることを忘れてはならない。

ジェシー・リバモアにあやかりたい

　エドウィン・ルフェーブルの『欲望と幻想の市場』が、1929年の大恐慌で1億ドル（今のお金に換算すれば10億ドル）稼いだことで有名

なトレーダーのジェシー・リバモアを描いた物語であることはトレーダーたちはよく知っている。しかし、1934年３月５日に彼が破産申請し、1940年11月28日にホテルのバスルームで頭を打ち抜いて自殺したことは知られていない。こんなことを言っておいてこう言うのもなんだが、この本は真剣なトレーダーたちにぜひ読んでもらいたい本である。『欲望と幻想の市場』はリバモアに巨億の財をもたらしたトレード戦略に焦点が当てられているが、リチャード・スミッテンの『世紀の相場師——ジェシー・リバモア』（角川書店）は彼が自殺に至るまでの経緯に焦点が当てられている。

　大学で歴史学を専攻した私は、過去に実際は何が起こったのかを考えるとき、まず歴史的データを収集・分析し、事実に基づいて自分の意見をまとめるように訓練された。リバモアの半生と悲劇の死を読んで思うのは、彼は1929年の大暴落で一獲千金を手に入れたあとの高揚感におぼれたのではないか、ということだ。この高揚感が彼を大玉での無謀なトレードへと導き、５年もしないうちに彼を破産に追い込んだのだ。破産しては大金を稼ぐことを３回繰り返したが、破産を招いた大損があまりにも巨額だったため、それは生涯続く精神的ダメージとなった。そして、「すべてを取り戻す」ことが精神的負担となり、彼は破滅した。次は、この高揚感について考えてみよう。

高揚感——愚か者の再定義

　高揚感はトレーダーが屈する最悪の感情だ。これは強欲よりも悪い。高揚感を抱いたトレーダーはすこぶるうまくいった日があると、自分をトレード界のキングやクイーンと言ってはばからない。通常のトレードサイズは10枚か1000株だ。だが「キングやクイーン」と宣言した今、彼らのトレードサイズは50枚や5000株に激増し、増やしたければさらに増やしていく。自分は「世界一のトレーダー」だ、失敗などす

117

第1部　基礎編

るはずがない、と彼らは自分を信じて疑わない。

　この狂気はトレーダーたちを頻繁に襲う。その結果、ルーレットで言えば、賭けるたびに賭け金を倍増させるような行動に出る。赤に賭けて、勝つまで賭け金を倍増させていくのだ。赤に賭け続けて資産を使い尽くしてしまったことに気づくまではうまくいくが、そこで黒が出るとたちまち奈落の底に突き落とされる。自信があるという理由だけでポジションを2倍、3倍にするのは愚か者のやることだ。こういった戦略は、例外なく、彼らを高揚させた巨額の利益をすべて市場に戻すという結末を迎える。そして、とにかくスタート地点に戻らなければというさらなるプレッシャーをトレーダーに与える。こういった心理状態でのトレードがさまざまな悪癖を誘発するのは言うまでもない。

　すこぶる調子が良いと感じるだけでトレードサイズを増やすのは、素晴らしくうまくいっている結婚生活に似ている。ほとばしるような会話、うっとりするような褒め言葉、最高のセックスライフ。しかし、幸福の陰ではスペードの女王がいつも微笑んでいるものだ。幸福度をさらにアップさせるにはどうすればよいか。賭け金を2倍にする！　浮気する！　まぁ、理論的にはよさそうだが、これは必ずある結論に帰着する。とてつもなくひどい苦しみが待っているだけだ。

つもり売買──イラク・ディナールほどの価値もない

　2005年の第1版でこのタイトルを書いたとき、イラク・ディナール（IQD）を投資として推し進める会社の広告の人気がこれほど高まるとは思ってもいなかった。確かに広告は魅力的だ。「わずか数千ドルで100万ドル分のイラク・ディナールが買えますよ。そして、ディナールが米ドルと等価になれば、100万米ドルの価値になりますよ」。もちろん、ディナールを売っているのはその会社だけなので、市場はそこだ

118

けだ。こんなレートはウソだし、イラクにおけるドルの闇市場は広告に載っている何倍もある（つまり、人々は米ドルが欲しいため、イラク・ディナールは広告されているよりもはるかに価値が低いということ）。これは、「話がうますぎると思ったら冷静になれ。なぜならそれは眉唾物だから」というシナリオのひとつだと忠告するのが私が初めてでないことを祈るばかりだ。ディナールはいつかは米ドルとペッグされるかもしれないが、米ドルと等価になることはない。ディナールがどうして米ドルと等価になるだろうか。イラク・ディナールは自由自在に印刷される。これでは希少価値はなくなる。何百万ドルになることを期待して投資するお金が数千ドルあれば、バケーションに行ったり、銀のような実体のある資産に投資したほうがよい。さらに、イラク・ディナールを売りたいと思ったとき、買ってくれる人はいるだろうか。市場など存在しないのだ。あっ、市場はある！　eベイだ。eベイでディナールが米ドルと等価になると思っている人に売ればよい。でも、急いだほうがよい。万事休すとなる前に。少しでも疑いを持っているのなら、このように考えよう。「もしこれが合法的な機会なら、すでにジョージ・ソロスが買い占めているはずだ。あなたや私よりも彼のほうが通貨には詳しいはずだから」

　これは10年ほど前にテキサスで発生した「ダチョウ詐欺」を思い出させた。繁殖用のダチョウがその肉に高い栄養価値があるとして、一羽5万ドルで売られた。しかし、ダチョウの肉を買う人はいなかった。だからブリーダーはダチョウを繁殖したい人全員に行き渡るまでダチョウを売り続けた。不要だからといってダチョウをタダで人にあげることはできない。今でも多くのダチョウはテキサスの平原を走り回っている。これはつもり売買を彷彿させる。

　トレーダーたちがつもり売買をするのにはいくつか理由がある。新しい発注システムを学べるというのも1つの理由である。デモ口座を開いてソフトウエアの使い方に慣れることで、不慣れなシステムで注

文を出すときに犯すような高くつく間違いをしなくて済む。また、実際にお金を投じる前にシステムや戦略が機能するかどうかを事前にチェックしたり、オプション戦略をアップダウンを繰り返す市場で売買するのがいかに大変かを事前に理解できるというメリットもある。

しかし、つもり売買には大きなデメリットがある。実際にお金を投じたときにトレーダーがどんな行動を取るかが勘案されていない点だ。これはトレーダーの成功を左右する重要な要素である。小さなサイズでつもり売買するのは構わないが、本物のお金をリスクにさらすことなく、プレッシャーを受けたときにどう持ちこたえるかを実感することは不可能だろう。つもり売買は、つもり売買と実際のトレードとで自分の心理にどれくらい違いがあるのかをテストする良い方法ではある。つもり売買をしているときでも実際のトレードをしているときでも、同じような心理状態を保つことが重要だ。実際にトレードしているときに極端に感情的になるのであれば、トレードにおける心理を測るものさし上のどの辺りに自分がいるかを知ることができる。つまり、実際のトレードで自分がどれくらい混乱するか、ということである。実際のトレードでパニックに陥るとき、それは口座サイズに対してトレードサイズが大きいことを示す危険信号だ。判断力はゼロになり、破綻するのは時間の問題だ。こういったときは、つもり売買をしているときと同じ感情レベルになるまでトレードサイズは小さくしなければならない。

トレードサイズを上げていくのはウエートトレーニングで筋肉を鍛えるのに似ている。初めてジムに行ったときは135ポンドのベンチプレスを10回やるのがやっとだ。1カ月たつと、筋肉がついてきて大きな負荷にも耐えられるようになるので、160ポンドのベンチプレスが10回もできるようになる。そして1年たつころには、225ポンドのベンチプレスが10回できるようになる。しかし、最初から225ポンドのベンチプレスをやれば死んでしまうだろう。

トレードもこれとまったく同じだ。初めて1000ドルの損失を出したとき、私は吐いた。次に1000ドルの損失を出したとき、肝汁でのどをつまらせただけだった。そして10回目のときは腸が対応できるまでになっていた。その時点までいくと、そろそろトレードサイズを上げても良い時期だと思った。ここまで来ると感情的になりすぎることなく1トレード当たり1500ドルのリスクをとることができた。時間がたつにつれて、スコアボードの金額がスイングするのに感情的にも精神的にも慣れてきて、大きなサイズでトレードできるようになった。お金はスコアボードとして扱わなければならない。利益で何を買えるだろうか、あるいは損をしなければ何を買えただろうかと、お金を購買力として考え始めると、破滅する。この時点では感情に支配されている。そしてその戦略はトレーダーにとって害を及ぼすものでしかない。私が長年かけて学んだことは、スクリーンをどんなに眺めても、市場にあなたが欲することをやらせることはできない、ということだ。これには反論の余地はない。スクリーンに見入っている自分に気づいたら、口座サイズに対して大きくトレードしすぎているという警告と思ったほうがよい。

　私がこれまでに見てきたなかで最も劇的な例を紹介しよう。それはアジア、なかでも特に台北、香港、東京、上海のトレーダーと仕事をしていたときのことだ。アジア人はとかくギャンブルが好きだ。とにかく、とるリスクが大きい。彼らのこの性格はトレードに支障を来すこともある。一度悪いトレードをすれば、それで口座は破産だ。一緒に仕事をしていたある男は、10万ドルの口座で一度に100枚トレードしていた（デイトレードの証拠金を満玉近く張っていたのは明らかだ）。S&P500が1ポイント動けば5000ドルの損益が出る。第1日目、彼は5ポイント（2万5000ドル）の利益を上げたが、2日目には7ポイント（3万5000ドル）の損失を出した。しかし、損益のこれくらいのばらつきは彼にとってはごく普通のことのようだった。彼があまりにも興奮

第1部 基礎編

するので、内臓破裂するのではないかと内心ヒヤヒヤした。私は彼に
トレードサイズを10枚に減らすように指示した。最初は退屈していた
が、実に不思議なことが起こったのだ。興奮することもないので、彼
は客観的にトレードするようになった。そして、利益を上げ始めた。私
たちは彼につもり売買しているときと同じ精神状態でトレードさせた。
それでこれだけの違いが出るのだ。そこから彼はめきめきと腕を上げ
た。これはジムで徐々に重さを上げていくのと同じだ。

　海外のトレーダーと仕事をする機会を得ることは、私にとっては大
きなメリットがある。海外の人々がアメリカ市場をどう見ているかを
知ることができるだけでなく、アメリカのニュースが海外でどのよう
にゆがめられて報道されているかも知ることができるからだ。他人の
視点に立って物事を見ることで、世界がどのように動いているかがよ
り明確に理解できるようになるものだ。これは、次に現れるトレード
のセットアップを受け入れるかどうかの決定には役に立たないかもし
れないが、世界を大局的にとらえることができるという意味では意義
があるし、そのほうが人生も面白くなる。

第4段階　損をしない方法はどう学べばよいのか

　これはトレーダーにとって最も難しい課題だ。損をしない方法はど
う学べばよいのだろうか。トレードでは最初は損をする。その次に損
をしないにはどうすればよいかを学ぶ。ここまで来て初めて一貫して
利益を出せるようになるのだ。これまで話してきたことをまとめると、
「損をしない方法」ということになる。辛抱強く待つこと、損切りの勇
気を持つこと、自分のプランに従う誠実さを持つこと。これらはすべ
て損をしない方法につながるものだ。リスクを制限すること、正しく
あろうとしないこと、損失を制限すること（利益は放っておいてもよ
い）も、損をしない方法だ。これらのことを心の底から理解し、「損を

122

しない方法を学ぶ」ことに慣れてきて初めて、一貫して利益の出せるトレーダーになることができるのである。皮肉なことに、私たちは自分のことをほかの人とは違う個性的な人間だと思っているが、一貫して損を出し続ける人はみんな同じことをしている。

1．オーバートレードする（トレードのやりすぎ）
2．損切りまでの距離を近くしすぎる（損をすることを非常に恐れているので、そのトレードが機能する機会を奪っている）
3．レバレッジをかけすぎる（小さなサイズでトレードしたほうがはるかによい）
4．1回の大きな損失で、口座の大部分が吹き飛ぶ

　損ばかりしているトレーダーは、上のすべてとは言わないが、少なくとも1つはやっている。これまで何百というトレード口座を見てきたが、口座は同じストーリーを持っている。これらの逆をやることでトレードを改善したトレーダーを知っている。

1．アンダートレードする（毎日、あるいは毎週、1つか2つの確実なセットアップを見つけてトレードする）
2．損切りまでの距離を遠くする（市場ノイズの外側にいる）
3．適切なレバレッジを使う（損切りを遠くに置くのはこのため）
4．大きな損失は出さない（これほど簡単なことはない）

プラトー・マネーマネジメント手法はなぜうまくいくのか

　これまでのところマネーマネジメント手法についてはまだ話をしていないが、今話したい手法が1つある。この手法に注目するトレーダ

第1部　基礎編

ーはあまりいないが、これを聞くと、驚くだろう。通常の考え方は、
「セットアップを見つけたら、それに従ってトレードし、お金を稼げ」
である。しかし、心理問題を解決したら、次に解決しなければならな
い問題がマネーマネジメントである。マネーマネジメントに関しては
数え切れないほどの手法や流派があり、その多くはうまくいく。少な
くともある時点までは……。

　多くのマネーマネジメントシステムが無視していることは、利益が
徐々に増えていくと精神的にどうしても超えられない壁が出てくると
いうことだ。例えば、２万5000ドルの口座からスタートし、４万ドル
になったとする。しかし、そこで口座は頭打ちになって次のレベルに
進めない。この頭打ちの水準をトレーダープラトー（プラトーとは一
時的な踊り場状態で、作業や学習の進歩が一時的に停滞し、学習曲線
が伸びなやむ状態）と言い、そこから口座残高はどんどん減っていく。
この４万ドルのプラトーは「目に見えない壁」で、トレーダーを次の
レベルに進めなくするものだ。

　プラトーはいとも簡単につまずきの原因になる。プラトーは今、口
座には「心地良い余裕」があるという考えの下、悪い習慣を誘発する。
これはトレーダーの心のタガを緩め、彼らはルールを破るようになる。
プラトーの水準は人によって異なる。例えば、5000ドルの口座が7500
ドルになるとする。しかし、7500ドルに到達するといきなり大きな連
敗を喫する。あるいは７万5000ドルの口座が10万ドルに達すると、「ハ
ウスマネー」（幸運によって得たお金は努力して得たお金よりも荒い使
い方をする）でトレードを始める。しかも、前よりもアグレッシブに。
そうすると口座はすぐに７万5000ドルに逆戻りする。

　私のプラトーは時間とともに増大していったが、トレードライフの
なかで私はずっとこの問題に悩まされてきた。これはウエートリフティ
ングに似ている。あなたはトレードスキルだけでなく、特定の額の
お金を理解する方法を見つけることにおいても、常に新しいレベルに

124

到達しなければならない。徐々により多くのお金に心地良さを感じるようにならなければならない。

私はこの問題を、デイトレード口座とスイングトレード口座を管理する「プラトー・マネーマネジメント」という方法で解決した。この方法は先物、FX、オプションといった短期的なレバレッジのかかった口座をトレードするのに効果的だ。長期投資にこの方法は使わない。

例えば、1万ドルの口座があったとしよう。あなたの当初の目標は、当初資金を2.5倍に増やすことだ（これは一例で、あなたの目標金額はこれとは違うかもしれない）。つまり、1万ドル口座を2万5000ドル口座にするということになる。この方法を使えば、目標金額（この場合は2万5000ドル）に達したら、当初資金の1万ドルと利益のうち2500ドルを引き出す。したがって、口座には1万2500ドル残る。

ここで目標額を変更する。目標額は新たな当初資金の2.5倍だ。したがって目標額は1万2500ドル×2.5＝3万1250ドルになる。

新たな目標額である3万1250ドルに達したら、その半分（1万5625ドル）を引き出し、新たな目標額を設定する。

新たな目標額は1万5625ドルの2.5倍だ。したがって目標額は3万9062.50ドルになる。この目標額に達したら、半分引き出して同じことを繰り返す。

どれくらいの時間がかかるかは問題ではない。1週間、1カ月、あるいは1四半期のうちに目標に達しなければならないというようなことはない。ただ自分のプランに従い、現れたセットアップを使ってトレードし、そしてプラトーに達したら、お金を引き出して新たな目標額を設定するだけだ。早く達することもあるだろうし、思ったよりも時間がかかることもあるだろう。レバレッジ商品をトレードしているのであれば、1回大きな利益や損失を出せば口座に大きな影響を及ぼす。損失を小さくしなければならないのはそのためだ。

重要なのは、あなたは全資産をトレードするわけではないというこ

第1部　基礎編

とである。トレード資金が5万ドルあったら、手始めに1万ドルだけ投資する。5万ドルのうちの1万ドルだから、大きなリスクをとることができる。1万ドルを失ったら、次の1万ドルを投入する。コツをつかむまでこれを続ける。

　もちろんだれもが当初資金として5万ドル持っているわけではない。5000ドルしかなくても、1万ドルしかなくても構わない。あなたの資産を不相応なリスクで浪費しないようにすることが重要だ。つまり、退屈しのぎでトレードしてはならないということである。「フォード・ピントのセットアップ」は無視して、「ポルシェのセットアップ」を待とう（これらのセットアップについては後述）。そして、高勝率なトレードだけを行うトレードプランを立てよう。そして約束を守り、自分のプランに従う。誠実さを持ってトレードに熱心に取り組む。

　「プラトー・マネーマネジメント手法」は、トレードの旅の最初の数段階を過ぎて、今あなたはあなたのプランでうまくいく最高のセットアップを待っている状態であることを前提とする。どのトレードでも複数の時間枠を見る必要がある。特に、全体像をつかむには長い時間枠で見ることが重要だ。そうすれば利益を最大化することができる（これについては後述）。

　良いセットアップが現れない日もある。そういう日はその日の終わりにチャートを見直し、第2段階でバカどもがはまったくだらないトレードをじっくり観察する。彼らが失ったお金をしっかりつかんだ自分を褒めてあげよう（あなたは損をしない方法を学んだのだから当然だ）。最高のトレードのなかには仕掛けなかったトレードが含まれる。トレードしすぎたり、マネーマネジメントプランを持たずにトレードする人は、不完全なシステムでトレードしているようなものだ。彼らは私たちが是が非でも避けたい範疇の人間だ。つまり彼らは、具体的なマネーマネジメントプランを含むトレードプランを持つ私たちにお金をくれるトレーダーの90％に含まれるということである。

126

小さな額、理想的にはトレード資金のすべてではなくてほんの一部を使って、限られた数の信用できる実績のあるセットアップでトレードすることは、素晴らしい結果を得る機会を得ることになる。「プラトー・マネーマネジメント」を使ってあなたの資金を管理すれば、苦労して手に入れたお金を手放さずに済むという追加的メリットもある。信頼できる手法を持っていれば、次なる勝ちトレード探しをする必要などない。それぞれのトレードが重要なのは言うまでもないが、あなたの壮大なプランというレンズを通して見ると、それぞれのトレードはあなたが築こうとしている富という名の壁の1個のブロックにすぎないのだと分かる。壁から落ちるブロックもあるだろうが、落ちたブロックは別のブロックと交換して壁を作り続けるだけだ。

トレードや投資をするときに銘記すべきこと

トレーダーと市場との関係はダンスに似ている。市場とうまくダンスするには、市場にリードしてもらうのがベストだ。市場に参加するとき、過度に強気の予測を立ててもならないし、過度に弱気の展望を持ってもならない。自分の考えに固執すればするほど、市場の間違った側につかまりやすくなる。このあとの章では市場の内部要因を読み解く方法について説明する。市場で何が起こっているのかを把握するためには市場の内部要因を知ることが大切だ。私は市場に参入するときは、怒り狂ったブルや吠えるベアとして参入するのではなくて、興味を持った観察者として参入する。目の前にある「レーダースクリーン」からは絶え間なく情報が発信され、どの道が最も抵抗の少ない道なのかを示してくれる。ダンスしている相手が市場であるかぎり、いつ何時私をディップ（ダンス用語で、抱きかかえて倒す動作）してくるかは分かったものではない。絶対に油断は禁物だ。

市場はサイクルで動く。私の学んだ歴史学がここでは非常に役立っ

た。近代文明が始まって以来、世界では似たような出来事が何回も繰り返し起こってきた。すべての出来事は人間の意思決定によって起こる。この洞察によって私が重視するものは変化し、市場での機会のとらえ方も変わった。それからは次の偉大なインディケーター探しはやめて、人間の本質に基づいて繰り返される市場パターンを見るようになった。

このテーマについて書かれた偉大な本がある。それはフィリップ・J・アンダーソンの『ザ・シークレット・ライフ・オブ・リアル・エステート・アンド・バンキング（The Secret Life of Real Estate and Banking)』だ。タイトルがドライなのであまり高く評価されていないが、この本は素晴らしく魅力的で、著者は情熱を持って語っている。面白い話や実例を織り交ぜ、アメリカ合衆国が建国されてから18年ごとに繰り返される不動産の価格サイクルについて説明している。サイクルが最後にピークを迎えたのは2008年で、次にピークを迎えるのは2026年だ。さらに面白いのは、不動産価格の値動きに反応する投機家、銀行家、政治家たちの行動は建国以来、22サイクルにわたってほぼ同じだったということである。つまり、今テレビで見ていることはトランプ大統領も含め何も新しいものはないということである。政治家、銀行家、投機家たちは18年のサイクルごとに生き返っては同じ政策を繰り返してきたのである。最新のヘッドラインを正しくとらえなければならないことは言うまでもないが、この知識はファイナンシャルプランニングや不動産投資では千金の値打ちがある。

私がいつも肝に銘じているのは、「ビジョンよりまず規律」という言葉だ。この言葉を初めて聞いたのは、ポール・チューダー・ジョーンズのピーター・ボリッシュ元リサーチ部長からだ。例えば、市場が今日大暴落すると思っていても、私は読みが間違っていたときのために必ず損切りを置く。大暴落のときに売っていることを想像するのは実に気持ちの良いものだ。だが、相場が大きく動くだろうという考えは、

トレードサイズを倍にしたりナンピンしたりするといった愚かな行動にトレーダーを走らせてしまうものだ。規律を持ったトレーダーは生き延びて明日も戦うことができる。2004年から2005年にかけて、「テロはまた必ず起こるはずだから、それに備えてポジションを保持し続けた」多くのトレーダーがいたそうだ。9.11が市場に与えた影響を知っていた彼らは、次のテロが起きたときのためにポジションを保持したいと思っているのだ（これは災害に対する正しい考え方ではないが、これがトレーダーの考え方であることは紛れもない事実だ。フロリダでハリケーンが発生すれば、住宅建材の需要増加が見込めるため彼らは木材を買うだろう）。どういうわけだか、テロが再び起きたときのためにポジションを保有するというこの考え方は、彼らの判断力を鈍らせる。

　市場が一番嫌うものは不確実性である。9.11は予想外の事件だった。だから市場は大暴落した。しかし、テロは今では確実に起こるのである。不確実でないということは、将来的にテロが起こることを市場はすでに織り込み済みであることを意味する。これはバカげた考えだろうか？　2005年7月7日、アメリカはロンドン同時多発テロのニュースで目を覚ました。ダウは時間外取引で一時200ポイント以上下げたため、前述のトレーダーたちはみな大量に売った。しかし、その後市場は持ち直し、結局その日は上げて引けたため、「次の災難を待つ」これらのトレーダーたちは大損した。ビジョンよりまずは規律、である。

　これはまた本章のメーンテーマの1つとも関係がある。あなたは正しくありたいのか、それともお金を稼ぎたいのか、だ。フラッシュクラッシュの日に押しで買い続けたかどうかを考えてみてほしい。押しで買っていれば大きな損失を出したはずだ。このような前触れもなしに起こる動きは見逃しても構わない。規律を持ち、正しいサイズと正しいリスクパラメーターでトレードすることでケガをしないようにしよう。

第1部　基礎編

　ビジョンよりも規律が重要であるもう1つの理由は、株や市場はど
んな理由でも動きたいように動くからである。それは論理や合理性と
は関係ない。世界的な出来事が原因で動くこともあれば、中東での戦
争が原因かもしれない。ヨーロッパ経済の疲弊やともに働くのを拒む
政治家のせいかもしれない。株や市場はマリア・バーティロモさえも
予測できないものであり、答えを見つけられないものなのである。

　以前にこんなことがあった。ある日買い注文を入れようと口座にロ
グインすると、私の現金口座残高がゼロになっていた。私は頭の中で
株やオプションのポジションを監視していたので、口座残高には余裕
があるはずだった。記録をチェックした。コンピューターを見るとカ
ナダのイアムゴールド（IAG。金鉱山会社）の株を6万株買ったこと
になっている。それで残高がゼロになっていたのだ。確認のために電
話すると、確かに買っていますと言われた。でも、私は買った覚えな
んてない。

　そのあと新しい従業員のヘンリー・ギャンベルからインスタントメ
ッセージが来た。ギャンベルは最近デモ口座を開いていた。彼は「デ
モ」口座で彼が買ったIAGの6万株でかなり儲けたと言ってきたのだ。

　まじで？　私は金鉱山会社の株をすべてチェックした。IAG以外す
べて下がっていた。IAGは50セント上がっていた。

　市場を見たが、なぜIAGの株だけが上がっているのか分からなかっ
た。何かニュースがあったのか？　いいや、違う。それで再び1分足
チャートを見ると、寄り付きでの出来高が突出していた。ギャンベル
は私のデモ口座にログインしたと勘違いして、実際には私の実際の口
座にログインして、寄り付き成り行き注文でIAG株を6万株買ってい
たのである。ほかのブラックボックスシステムはこの「出来高の突出」
を見て、これは普通ではないと思って買い始めたに違いないと直感し
た。ほかの金鉱山株はすべて下がっているというのに、デモ口座トレ
ーダーのギャンベルは図らずも単独でIAGの株価を上げてしまったの

130

である。私はギャンベルをオフィスに呼んで、事の顛末を説明した。ギャンベルは顔面蒼白になって、震え始めた。私は彼に、今はこのポジションをしっかり管理する必要があると言った。ギャンベルは成り行きで6万株のすべてを売ろうとしたが、私はやめさせた。ポジションは少しずつ売ったほうがよいと説明した。一度に1000株ずつ、数分おきに売るのだ。彼は1時間にわたって私の指示どおりに行い、最終的には6万株のすべてを売って大きな利益を得た。彼の給料の1年分に相当する利益だった。

　これは私にとって良い教訓になった——デモ口座のログインには常に目を光らせよ。そして、これはギャンベルにとっても良い教訓になった——市場の動きは合理的とは言えない、だからトレードごとにリスクをコントロールせよ。次に市場が理屈に合わないような動きをするのを見たときには、この話を思い出してもらいたい。トレードではこういった過ちは日常茶飯事なのだ。

　その日も終わりに近づくころ、ギャンベルは私に聞いてきた。「それで、利益のいくらかはもらえるんですか？」。「もしこれが損失になっていたら、その損失を取り戻せたと思うかい？」と私は答えた。利益は山分けにした。ギャンベルは年を追って成長した。ギャンベルが成長するのを見るのはうれしかった。これは初期のころに学んだ素晴らしい教訓だった。

　市場の動きは合理的ではない。だから、株価はなぜ上がったり下がったりするのだろうということばかり考えるのではなく、すべてのトレードでリスクを限定することが重要だ。もう1つ覚えておいてもらいたいことは、複雑なセットアップや次なる聖杯を求めて無駄な歳月を送ってはならない、ということである。セットアップはシンプルなもので十分だ。私の知るベストトレーダーのなかには、20年間も同じセットアップ、同じ時間枠、同じ市場でトレードしてきた人もいる。彼らはほかのセットアップのことは気にもしないし、学びたいとすら思

わない。彼らはこのセットアップでうまくいっているし、このセットアップの達人でもある。ほかのセットアップのことは考えることすらない。集中力をとぎれさせるだけだからだ。セットアップが現れない日はトレードをしないだけだ。

私の知る成功したトレーダーのなかには、損切りのルールを破るたびに規律の重要性を学んだ人もいる。あるトレーダーなんかは損切りのルールを破ったら、1月の寒いシカゴで屋外プールに飛び込むと誓った。2回プールに飛び込んだが、それ以降、彼は損切りのルールを破ることはなくなった。別のトレーダーは損切りのルールを破ったら、よく思っていないチャリティーに小切手を送ると誓った。彼の場合、小切手を送ったのはアメリカ自由人権協会だったが、これは人によって違うだろう。

ジェシー・リバモアが富を築いているときに言った言葉の1つが、「買った株が下がったら、私はすぐに売る。私には下がる株を止めることはできないし、なぜ自分の思惑と逆行しているのかなんて分かるはずがないからだ。下がっているから下がっているだけだ。ベテラン投機家がそのトレードを手仕舞うのにこれ以上の理由が必要だろうか」だ。小さな損を取ることこそが成功の秘訣なのだ。だからトレーダーは自分が小さな損を取ったときには自分を褒めてあげてほしい。

トレーダーたちがトレードしているのは株や先物やオプションではない。彼らがトレードしているのはほかのトレーダーたちだ。1つのトレードの反対サイドには別のトレーダーやシステムが必ず存在する。どちらかが正しくて、どちらかが間違っている。優れたトレード心理を持ち、優れたマネーマネジメントシステムを持っているほうが勝者になる。反対サイドにいるトレーダーはアマチュアだろうか、それともプロだろうか。彼らもあなたについて同じことを考えている。強欲に負けて追っかけをやっている自分に気づいたら、世界のどこかにその瞬間を虎視眈々と待ち続け、逆方向に仕掛けてくるプロがいること

を思い出してほしい。

　これまでの経験を通して分かったことは、成功するトレーダーになるための最も重要なことは、怒りやフラストレーションや恥を一切ぬぐい捨てて、損を受け入れるということである。損をするのもトレードの一部なのだ。大したことではない。私は毎日損を出す。しかもいつも大勢の人の前でだ。これこそが成功するトレーダーになるためのプロセスの一部なのだ。今回は損切りに引っかかった。でも次は、映画『プリティ・リーグ』でコーチに扮するトム・ハンクスが言った台詞そのものだ。コーチが1人の女子選手を怒鳴ったところ、彼女が泣く。「泣いてるのか?」と彼は憤慨して言う。「野球というゲームには泣くなんていうプレーはない!」

　トレードにも泣くなんてないし、コーヒーカップを壁に投げつけたり、モニターに向かって怒鳴りつけても無駄だ。損失も見逃したトレードもすべてトレードの一部にすぎない。何をやってもまるでチグハグな日もある。あるセットアップで2回続けて損切りに引っかかったら、私はもうその日はそのセットアップは使わない。理由は分からないが、その日はどうしてもそのセットアップは市場と呼吸が合わないのだ。でも、気にすることはない。MACDをフォーマットし直す必要もない。それはトレードの一部なのだから。

　重要なのは2つのルールを持つことだ。

●**ルールその1**　トレード手法を持たなければならない。例えば、そのセットアップでは一気に仕掛けるのか、それとも分割して徐々に仕掛けるのか。目標値に到達したら一気に手仕舞うのか、それとも分割して徐々に手仕舞うのか。また損切りはトレーリングストップにするのかハードストップにするのか。目標値に対して損切りはどこに置くのか。こういったことはトレードを仕掛ける前にすべて決めておかなければならない。いったん仕掛けたら、もう理性が働く

133

第1部　基礎編

余地などないのだから。またセットアップには毎回同じ方法で従わなければならない。そうしなければ、そのセットアップが自分のトレードにとって有益なのか有害なのかを知ることはできない。こういった情報がなければ、衝動的トレードをしていることになり、ハゲタカたちの餌食になるだけだ。

●ルールその2　マネーマネジメントルールを持たなければならない。そのセットアップでは何株あるいは何枚仕掛けるのか。そのセットアップでは1日のリスク、1週間のリスク、1カ月のリスク、1年のリスクは全資産の何%にするのか。こういったことはあらかじめ決めておかなければならない。こうしたことをしばらく続ければ、ルールに従う習慣がつき、自分を信じられるようになる。自分を信じられるようになれば、心が解放され、恐怖やフラストレーションや疑いを抱くことなく、提供される市場機会に集中できるようになる。

これができるようになって初めて、最初の3段階を通り越して、トレードで生計を立てることができる段階にたどり着いたことになる。ここまでくれば、金儲けよりもトレードスキルを身につけることに専念するようになる。スキルといっても特別なことではない。感情が出ないように注意することと、セットアップに従うように自分を規律づけることだけだ。1000ドル儲けようなどといったことを考えてはならない。これはアマチュアのやることだ。自分のスキルを身につけ、セットアップを毎回同じ方法で実行するのだ。なんだ簡単なことじゃないか、と思うかもしれないが、今まで多くのトレーダーを見てきて分かったのは、長期にわたってこれをやり続けられるトレーダーはほとんどいないということである。次第に忍耐力を失い、このチャンスを逃したくないと思うようになるのだ。その揚げ句、明確なセットアップもないまま飛びつき買いしては追っかけをやる。こうなったらまたアマチュア集団に逆戻りである。

トレードとは待つことと言っても過言ではない。まずはセットアップが現れるのをじっくり待つ。プロのトレーダーはセットアップが現れるまでじっくり待ち、現れたらすかさず仕掛ける。市場がセットアップされるまで待ち、衝動的トレードに走らないのがここでのスキルだ。そしてセットアップをとらえたら、手仕舞いパラメーターに達するのを待つ、しびれを切らして早々と手仕舞うようなことはしない、という規律が必要だ。多くのトレーダーにとって、この待つという行為はかなり難しいことのようだ。しかし、勝者になるか敗者になるかは、待てるかどうかで決まることを忘れてはならない。デイトレードの場合でも、セットアップが現れたり、見ているパラメーターに達するまでに数時間を要することもあり、ここでもまた待てるかどうかで結果が決まってくる。辛抱強く待つこと。これに尽きる。四兎を追うものは一兎も得ることはできない。

プロのトレーダーは動きがあるたびに仕掛けるわけではないことを理解しておくことも重要だ。列車が駅に着いても必ず乗らなければならないわけではない。すべての動きをとらえるのは不可能だ。すべての動きを追っかけようとするのはアマチュアのやることだ。直感だけに頼ってポジションを管理することがないように、仕掛けと手仕舞いのためのルールを持つことが絶対不可欠な理由はこれでお分かりいただけたことと思う。ルールを設け、それに従うように自分を規律づけよ。このルールがあなたを守ってくれるのだ。

私のトレードに大きな変化が現れたのは、自分の考えを無視し、一握りの良いセットアップだけに集中するようになったときだ。セットアップについての知識が身につくと、次は毎回同じ方法でそれに従うように自分を規律づけた。何も考えず、迷うことなく従う。このために、私はすべてのトレードを記録し、いくら稼いだか、あるいは損をしたかではなく、各セットアップをどれだけ忠実に実行したかで自分に点数を付けた。損益ベースのトレードは無意識のうちに多くのトレ

第1部　基礎編

ーダーを苦しめる悪癖を助長してしまう。一方、セットアップベース
のアプローチは、トレーダーを一貫して利益を出せるレベルへと引き
上げる習慣を促進する。

　利益を出せるトレーダーになるための私からの2つのアドバイスは、
まずポジションサイズを半分にし、損切りまでの距離を2倍にするこ
とだ。これで大方の問題は解決する。1日に5つのトレードをやるの
ではなく、1週間で2つの良く考え抜かれ、かつ良く計画されたトレ
ードを実行することである。とても簡単だ。

　プロのトレーダーはリスクを限定し資産を守ることを重視する。一
方、アマチュアは1回のトレードでいくら儲けられるかを重視する。ア
マチュアがプロのトレーダーに身ぐるみはがされないようにするため
には、次なる偉大なテクニカルインディケーター探しをやめ、各トレ
ードのリスク管理をしっかり行うことである。これができて初めてプ
ロへの道が開かれるのだ。

　トレード心理についてもっと詳しく知りたい人は、https://www.
simplertrading.com/traderpsychology/ を参照してもらいたい。トレ
ードにおける正しい心構えについての最新の解説や無料ビデオが満載
だ。

「大きなことは規律づけられず、小さなことは規律づけられるという
ことはない。
　勇敢な者でも規律を持っていなければ、規律と勇気を持った者には
太刀打ちできない。
　わずか数人の警官で大衆を取り締まっているのを見たことがあるだ
ろう？」──ジョージ・S・パットン将軍

ポール・チューダー・ジョーンズの名言

　毎日、私は自分の取るポジションは間違っていると思うことにしている。

　敗者はナンピンする。

　ブル相場の終わりであってもベア相場の終わりであっても、動きの最後の3分の1に備えることを教えてくれる学校はないし、そんなトレーニングもない。

　順応し、進化し、競争せよ。それが嫌なら死ぬだけだ。

　トレードは競争の世界だ。こっぴどくやられたときにどうするかを知っておく必要がある。

　人生において失敗することほど重要なものはない。

　常に主導権を握りたいなら、願うことはやめてトレードせよ。最も重要なことは資産を守ることである。

　1日の終わりに考える最も重要なことは、どれほどうまくリスクコントロールをやったかである。

　ヒーローになろうとするな。うぬぼれるな。自分自身と能力を常に疑え。自分はうまいなどと思うな。そう思った瞬間、あなたは死んだも同然だ。

第1部　基礎編

市場にトレンドが形成されるのは全時間帯のわずか15％でしかない。残りの時間帯は横ばいになる。

仕掛けポイントは常に昨夜の終値だと思え。

世界は資産のフローチャート以外の何物でもない。

私は1日をできるだけハッピーでリラックスしていられるように過ごす。逆行しているポジションがあればすぐに手仕舞い、順行しているポジションがあれば持ち続ける。もし損の出ているポジションを持っていて不快なら、答えは簡単だ。手仕舞うだけだ。市場にはいつでも戻ってこれるのだから。

トレードに対する考え方を正しく維持するうえで役立った書籍

●デビッド・R・ホーキンズ著『レッティング・ゴー——ザ・パスウエー・オブ・サレンダー（Letting Go : The Pathway of Surrender)』。あなたの進歩を阻害する心の障害を素早く見つけ除去するのに役立つ最高の1冊。あなたをパニックに陥らせるようなトレードをしているとき、彼のテクニックは非常に役立つ。

●ドン・ミゲル・ルイス著『四つの約束』（コスモスライブラリー）。この本は簡単で、どういったレベルの人にも目からウロコの本だ。生活のなかで大きな自由を手に入れる方法を示したもので、他人や自分自身とどうかかわればよいのかについても教えてくれる。トレーダーが独り言を言うとき、注意しなければ破滅することもある。本書はこれに対してポジティブに対処する実用的な方法と、これを人生を前進させるものに変換する方法を示してくれる。

138

第2章　トレード心理学入門

● マイケル・A・シンガー著『サレンダー』（風雲舎）。本書は人生に逆らわずにその流れに沿って生きる方法を示してくれる素晴らしい本だ。私が本書のなかで気に入っている箇所は、シンガーがビジネスの世界に飛び込み、森の小屋から大きな会社を設立するに至るまでのプロセスだ。実世界における彼の経験と英知は見習う点が多い。

● マーク・ダグラス著『**ゾーン──相場心理学入門**』（パンローリング）。人間の心が市場にどう反応するのかを理解するうえで役立つトレーダーの必読書。

● ブレンダン・モイニハン著『ホワット・アイ・ラーンド・ルージング・ア・ミリオン・ダラーズ（What I Learned Losing A Million Dollars）』。金融における悪い意思決定の背後にある心理的な要因とそれを防ぐための方法について書かれた良書。

● スティーブン・プレスフィールド著『ターニング・プロ──タップ・ユア・イナー・パワー・アンド・クリエイト・ユア・ライフズ・ワーク（Turning Pro : Tap Your Inner Power and Create Your Life's Work）』。これは非常に短い本で、『やりとげる力』（筑摩書房）の続編だ。『やりとげる力』も秀作だが、本書も素晴らしく、お尻を蹴られたかのような良い意味でのショックを与えてくれた本だ。

139

第3章

市場が動くのには理由があるのか

Is There Rhyme or Reason to How the Markets Move?

「メンタルを鋼のように鍛えれば、どのようにでも事実もゆがめられる。これは確証バイアスによるもので、これはウソで塗り固められた人生を送る最も効果的な方法だ」——クリス・ジャミ著『ヒーロロジー（Healology）』より

市場は動いている——あなたはその流れに乗っているか、それとも逆らっているか

第1章と第2章はトレーダーの心理について書いてきた。精神的な浮き沈みとそれがトレード口座にどんな影響を与えるのかについて見てきた。ところで、市場そのものについてはどうだろう。市場が動くのには理由があるのだろうか。それともまったくランダムに動いているのだろうか。本章ではトレーダー心理から市場心理へと話を進めていく。トレーダー心理と市場心理の間には切っても切れない関係がある。

トレーダー、そして人間として悲観主義者になって、だれも何も信じないようにするのは簡単だ。結局、映画『マネー・ショート——華麗なる大逆転』が嫌いな人はいるだろうか、ということなのである。だからと言って、やる価値のあるトレードはこの世の終わりに賭けるトレードだけというわけでない。市場の暗部について私よりもはるかによく知っている人たちを知っているが、結局、彼らの多くは資産と子供たちの相続財産の大部分を燃料庫、弾丸、金貨、缶詰のスパム（比喩的なものもあれば、実際のものもある）に賭けるように自らに言い聞かせる。この恐怖に基づくモノの見方は多くのメンタル資本を消費

141

第1部 基礎編

し、ほかの考え方をできなくさせる。将来に対する恐怖が心を支配すると、私たちはそのフィルターを通して世界を見るようになる。恐怖に基づく意思決定は恐怖に基づくモノの考え方を強要し、人の一生を左右しかねない無限ループを生みだす。また、私たちは自分たちの世界の見方に一致するテーマに魅了される傾向がある。これは確証バイアスとして知られている。トレーダーとして、また人として、私たちが真実であると「思い込んでいる」その信念は、現実とはまったく関係ないということを知ることは重要だ。

　トレードでは確証バイアスは大きなフラストレーションを生みだすこともある。確証バイアスに陥ると、私たちの考え方を反証する情報は無視し、それを支持する情報ばかりを集める。これは政治・広告・消費主義と私たちの関係を考えるときには非常に危険だ。ことわざにもあるように、「ウソはそれを信じるだまされやすい人と同程度の説得力しかない」のである。トレードでは、私たちは信念という重荷を背負うことなくトレードするマシンの餌食になりやすい。

　個別株であれ、仮想通貨であれ、どんなアセットクラスであれ、市場にはトレーダーが観察できるデータは何千と存在するが、結果を左右するデータは一握りしかない。もっと重要なのは、確証バイアスによって人々の考え方は現実よりも彼らの内部世界を投影する方向にゆがめられることである。ジョン・メイナード・ケインズはこれを身をもって体験した。経済界の頂点に君臨する彼は、多額の通貨トレードの投機に手を出し、間違ったときに正しい考えを持ったために多額の損失を出した。「市場はあなたの支払い能力がついていけないほど長い間、不合理的に動くこともある」という彼の有名な言葉はこの経験から来ている。人が正しくあろうとしても、市場がそれに影響されることはない。

　しかし実際には、市場はケインズが言うように本当に「不合理」ということはない。市場は、いろいろな仕掛け水準、口座サイズ、感情

142

第3章　市場が動くのには理由があるのか

だけでなく、何千という確証バイアスが寄り集まって動く。これは市場にパターンと流れを生みだす。こうした市場のパターンや流れに乗ることができれば、トレードや投資でフラストレーションを感じることは少なくなる。市場は不合理なんかではない。不合理なのは私たちのほうなのである。うまくいかないトレードは不合理につかまって身動きできなくなったトレードだ。私たちは本質的に確証バイアスが大好きだ。だから、自分たちの動機を無視して、無意識のうちに意思決定・感情・歴史を説明する虚構の話を作り上げる。それらはすべて自分自身や世界を私たちがどのように考えているかに一致するものばかりだ。

　トレードではあなた自身について作り上げられた虚構を捨て去ることが重要だ。自分は何者なのかやあなたが真実だと信じていることについて自分に何を語ろうが、トレードはうまくいくかいかないかのいずれかなのだ。うまくいかなければ、そのトレードは間違っている。だから手仕舞うことだ。現実はどうあるべきかについてのあなたの考え方ではなくて、現実に基づいてトレードすることで、虚構による確証など不要だ。そのほうが生きることははるかに簡単で、トレードもはるかにスマートになる。裁量的トレーダーとしてのあなたの主な仕事は、あなたについての虚構の話を無視し、それをあなたの次のシグナルにかかわらせないようにすることである。

　現実と理論は対立することが多い。フラッシュクラッシュが発生する一方で、7年間の上昇相場が存在する。住宅ローン危機が発生する一方で、原油を採掘する新たなテクノロジーが生まれたり、ブロックチェーンのようなこれまで見たことのないような革新的技術が台頭する。不換紙幣はウソの通貨だから、私たちは金（ゴールド）のみを保有すべきなのか。イエス、それは分かったが、ウォルマートはあなたの持っている金（ゴールド）をトイレットペーパーと交換してはくれないだろう。ウォルマートは紙幣だけを受け入れる。フェイスブック

143

第1部　基礎編

の収益は79％上昇したが、株価は翌日下落した。理論的にはそんなことはあり得ない。市場はニュースが知れ渡る前にすでにニュースを織り込んでいる。市場を「起こる可能性のある悪いこと」に基づいて理解しようとするのではなく、「知られていることを基に」理解しようとすることは、あなたがデートしている人がポークチョップをフォークで食べるかどうかをもとに、その人が伴侶になるかどうかを予測しようとするのと同じだ。市場では、個人トレーダーが入手できるデータや理論は実際に何が起こっているのかを知るうえでは役には立たない。データや理論は何が起こっているのかとは関係ないばかりでなく、私たちはそれらを確証バイアスに基づいてフィルターにかける。つまり、情報は二重に役に立たなくなるということである。このような状態では、悪い判断を下す可能性は仰天するくらいに高い。

　市場では次に何が起こるのかは分からないが、市場がなぜ動くのかという基本は理解することができる。この基本がなければ、トレードのすべての試みは、結局はフラストレーションと絶望に帰着する。「どんな間違ったことをしたのだろう？」とトレーダーは考える。「あらゆる本を読んだし、移動平均線もすべてプロットした」。トレーダーは間違ったことは何一つやっていない。ただ、市場はどんな市場状況にあっても本質的に満ちたり引いたりする性質を持っているという基本を理解していないだけである。重要なのは、これらの動きを理解し、自然な流れに沿ってトレードすることである。市場情報にかけてはレイ・ダリオのような人物を打ち負かすことはできないが、打ち寄せる波のなかを歩いてそれをとらえ、それに乗り続けることはできる。それに私たちは個人トレーダーとしてのエッジを利用することができる。それは流動性だ。私たちはどんな銘柄に対しても素早く仕掛けたり、手仕舞ったりすることができる。これが流動性だ。市場はニュースとは関係なく、私たちの信念とは関係なく、そしてメールボックスで読んだばかりの最新の悲観的なニュースレターとも関係なく動くのである。

144

第3章　市場が動くのには理由があるのか

市場はなぜ動くのか

　月の引力が海の潮の満ち引きに影響を与えるように、市場にも常に引力が存在する。人間の感情とアルゴリズムベースの売買プログラムは、個別株だけでなくすべての市場の上げ下げに影響を及ぼす。人間の感情が強ければ強いほど、トレードには人が殺到し、市場のスイングも大きくなる。海と同じように、市場も普通の動きをするときと嵐のときがある。海と同じように、株価チャートにも満ち引きがあり、天井と谷がある。価格が高値を更新すると、利食いする人もいれば、ずっと動きを逃してきたことに耐えかねて飛び乗る人もいる。**図3.1**に示す一連の動きは、絶えず変化する市場の力学を表している。しかし、すべての川がやがては海に至るように、すべての価格はやがては平均（一定期間の平均価格）に戻る。これは非常に重要な概念で、本章でこのあと詳しく説明するが、あとの章にも出てくる。

　横ばい状態では株価は狭いレンジで上下動を繰り返す。これは海に例えれば凪の状態だ。ボートが波の上をゆっくりと揺れている状態を想像しよう。市場は投資家の目から見ると今、公正な価格にある。こういった市場状態では、経験の浅いトレーダーは高値で買い（安全なように感じるため）、通常の押しで損切りに引っかかり、そのあと市場は再び上昇する。こういった状態では、高値で買い・安値で売るのは、トゥインキーをたくさん食べているのに体重が減っているようなものだ。これはうれしいことだが、トレードでは悲惨な結果になる。

　横ばいでは、動きが小さいため感情が大きな役割を演じる。こういった状態では市場と歩調が合わないトレーダーが必ず存在する。彼らは**図3.2**に示したようなローラーコースターのなかで、感情に基づいて高値で仕掛け、安値で手仕舞う。不思議なことに、個人投資家の多くは横ばいではうまくいく。彼らは短期的な動きを好み、抵抗線に向かう上昇で売り、支持線に向かう下落で買う。

145

図3.1

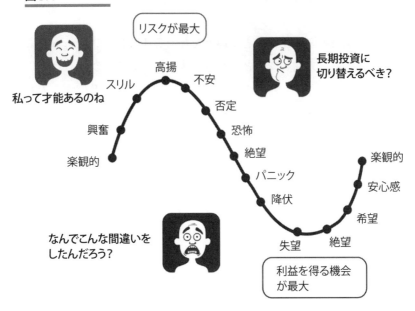

　横ばいでは上下動を見るのは簡単だが、同じ上下動は強い上昇トレンドや下降トレンドでも同じように発生することを理解することは重要だ。上下動という意味では横ばいのときと動きはまったく同じだが、上下動する角度が異なる。これを、地球温暖化によって海水面が徐々に上昇して、丘の高さまで上昇すると考えてみよう。波が上下動するのは同じだが、水の量が増加しているので海水面は高くなる。別の考え方をしてみよう。再び短期の氷河時代に入ったとすると、極冠は凍りつき、海水面は低下する。波は何百メートル、最終的には何百キロと徐々に後退していくだろうが、依然として上下動を繰り返しながら海岸に押し寄せるのは同じだ。
　これが上昇トレンドと下降トレンドのメカニズムだ。上昇トレンドや下降トレンドでも横ばいのときと同じように市場は上下動するが、株の全体的な価値は上昇（上昇トレンドの場合）するか下落（下降トレ

図3.2　横ばい相場

ンドの場合）する（**図3.3**を参照）。

　重要なのは、上昇トレンドでは上下動を繰り返すごとに高値が切り上がる（HH）と同時に、安値も切り上がる（HL）ことだ。下降トレンドでは、上下動を繰り返すごとに安値が切り下がる（LL）と同時に、高値も切り下がる（LH）。厳格なトレンドトレーダーは保ち合い相場から脱して最初に高値が切り上がったところで買い、高値が切り上がり（HH）安値も切り上がる（HL）トレンドが終了するまでポジションを持ち続ける（**図3.4**を参照）。

　常に流動性を探しているアルゴリズムの場合、流動性が見つかるのは通常トレーリングストップが集中しているところだが、そこでは通常以上にダマシの動きが多い。その話に進む前に基本を理解しておこう。

　前にも述べたように、市場は常に満ち引きを繰り返しながら3つのパターンの1つを取る。3つのパターンとは、横ばい、上昇トレンド、下降トレンドだ。3つのパターンは感情の強さがそれぞれに異なる。下降の動きが横ばいや上昇の動きよりも速いのはこのためだ。下降相場では、恐怖が意思決定をコントロールし、失う恐怖が穏やかで論理的な議論のすべてに優先する。一方、上昇相場では動きを見逃してしまうのではないかという恐怖と、お金を稼ぐ高揚感とが共存する。横ば

図3.3　上昇トレンドと下降トレンド

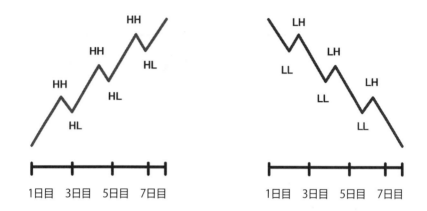

図3.4

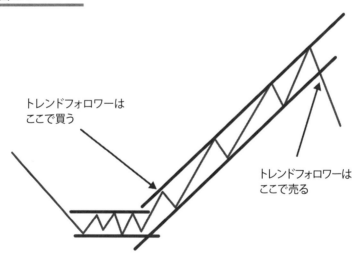

い相場では、すべてにおいて確信が持てず、退屈さが感情に優先する（**図3.5**を参照）。

　これはトレードサイクルと考えるとよい。トレードサイクルは上昇トレンドだろうと、下降トレンドだろうと、横ばいだろうと常に存在

図3.5

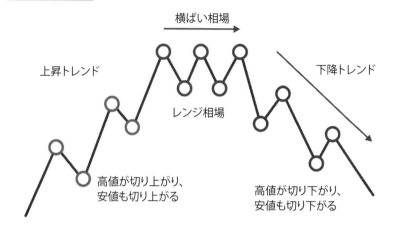

図3.6　トレードサイクル

- ✔ 強力なスマートマネーとダムマネー
- ✔ マーケティングモデル

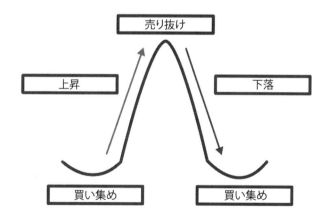

する。それぞれのトレンドにおける唯一の違いは、感情レベルと確信度だ。

　よく考え抜かれた計画を持たない未経験のトレーダーは、**図3.6**に示したようなサイクルで逆をやる。最初のいくつかのトレードはそう

第1部　基礎編

ならないかもしれないが、活発にトレードするようになると、知らず知らずのうちに間違ったリズムに陥ることが多い。高値で買って、損切りに引っかかり、さらに悪いことに、安値でドテンするといったリズムだ。価格スラストのあとで感情的なリアクションが発生するのがこのリズムだ。スラストとはスマートマネーがポジションを取ったあとの最初の強い動きだ。すると感情的な市場の奴隷たちが参入し、スラストが止まった天井で買い始める。そして、スマートマネーはすかさず利食いする。すると、奴隷たちのポジションは逆行し始める。その逆行の動きに対して彼らがどう対処するかを示すのがリアクションフェーズだ。

　彼らが良い位置で仕掛けてトレーリングストップを使っていれば、素早く手仕舞って利益が得られる。高値近くでポジションを取っていれば、普通の水準で損切りに引っかかり損失を出すが、これは許容範囲内だ（避けることができたはずだが）。高値で衝動的に仕掛け、損切りを置いていなかった（考えにも及ばなかった）場合、間違っているという痛みに耐えられなくなって手仕舞う。手仕舞う位置は大概は安値だ。この水準は市場をしっかり観察し、市場の自然なリズムと息が合っていれば素晴らしい仕掛けポイントになる位置だ。これらの売買ポイントを示したものが**図3.7**だ。

　ムチを打たれて感情的になった馬たちが損切りに引っかかっているときに、反対サイドにいるのはだれだろう。本章を読んだあと、それがあなたであることを願うばかりだ。ほかの人たちが損切りに引っかかった場所があなたの仕掛けポイントになるのだ。

　お金を稼げるスラストと感情的なリアクションとによって支持線と抵抗線が生まれる。抵抗線を見たときいつも思うのは「だれがなぜその高値で買ったのか」ということである。そして、支持線を見たときに思うのは「だれがなぜその安値で損切りに引っかかったのか」ということである。どのスラストもリアクションもヒーローと犠牲者でい

150

図3.7

っぱいの映画を見ているようである。あなたはどちらの役をやりたいだろうか。

　この市場の満ち引きは月足チャートだろうと、日足チャートだろうと、5分足チャートだろうと、どんな時間枠にも当てはまることを覚えておこう。安値が切り下がり、高値も切り下がる5分足チャートにおける急激な下降トレンドは、日足チャートでは横ばいになる。私は通常、長い時間枠のパターンに従ってトレードする。つまり、日足チャートが上昇トレンドだとすると、30分足チャートで売りシグナルが出てもそれを受け入れることはないということである。30分足チャート上で日足チャートと一致する次のシグナルが出るのを待つだけだ。このようにして潮の満ち引きと、潮の満ち引きを生みだす大きな流れとともに泳ぐのである。**図3.8**はこうした感情的な反応が上昇トレンド、下降トレンド、横ばいでしっかりとした動きを生みだす様子を示したものだ。

図3.8　トレンドのタイプ

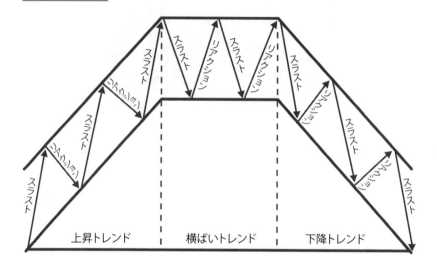

　ポジションを取るのに数日から数週間続く時間枠に注目するオプショントレーダーの場合、こうした市場の満ち引きを理解し、市場の正しい側にいることは極めて重要だ。株式の場合は高値の更新で買って、リアクションの間それを持ち続けることはできるが、上昇トレンドでコールを買ったり、下降トレンドでプットを買ったりしているのであればそれは難しい。現物株にはタイムディケイはないため、価格は価格でしかない。例えば、フェイスブック（FB）を180ドルで買って、175ドルにまで下落したあと株価が再び180ドルまで上昇すれば、そのトレードはイーブンになったということになる。しかし、満期日までが30日のコールを買った場合、話はまったく別だ。株価が180ドルのときに、権利行使価格が175ドルで満期日までが30日のコールを8ドルで買い、それを2週間の横ばい相場の間持ち続けたあと、株価が175ドルに下落し、オプションの満期日まで2週間を残して株価が再び180ドルに上昇した場合、プレミアムはおそらくは6ドル程度になる。したが

って、株価がイーブンになったとしても、オプションは25％下落する。オプションがイーブンになるには、株価はおよそ182ドルにならなければならない。

　ディレクショナルオプションをトレードしている場合、こうしたスラストとリアクションの流れに乗ることが重要だ。大きなフラストレーションを避けるもう1つのアドバイスは、たとえオプションを2日間だけ保有するつもりだとしても、満期日までが60日から90日のオプションを買うことである。こうすればタイムディケイは無視でき、タイミングを間違えても大変なことにはならない。もちろんもっと高度なオプショントレーダーで、オプションの売りを理解し、セータがプラスのポジションを構築できる人は、こうした自然な市場の満ち引きに反してオプションを売ることは有利に働く。これについてはあとの章で詳しく説明する。

　上昇トレンドの押しでコールオプションを買うのではなくて、ネイキッドか、スプレッドでプットを売るオプショントレーダーは専門家の域に達している人だ。まず、このトレードの反対サイドを取る人を考えてみよう。新米のオプショントレーダーは市場が下落するのを見たら、みんなに便乗して今の市場価格でプットを買う。このトレードの逆サイドを取る人はだれだろうか。それはあなただ。あなたは支持線に向けて下落しているときにプットを売れば、相場が失速して横ばいになっても儲けることができるのだ。おそらくは最大の目標額を達成できるはずだ。支持線までの押しでコールを買うのではなくプットを売れば、トレーダーは優位に立つことができる。

　図3.9はこうしたスラストやリアクションによって必然的に支持線や抵抗線が生まれる仕組みを示したものだ。通常、これらの水準はフィボナッチエクステンションの位置に一致する。例えば、127.2％のエクステンションがスラストの位置に一致し、38.2％から61.8％のリトレースメントがリアクションの位置に一致するといった具合だ。フィボ

図3.9　上昇トレンドや下降トレンドにおける支持線と抵抗線

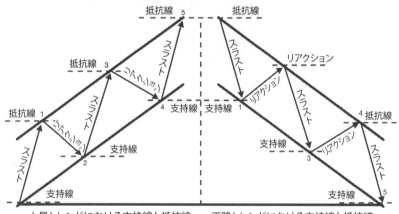

上昇トレンドにおける支持線と抵抗線　　下降トレンドにおける支持線と抵抗線

ナッチ水準についてはのちほど詳しく説明する。これらの水準は市場の自然な満ち引きのなかで自然に発生するものであり、スラストでは以前の水準をどれくらい超えて上昇するかや、リアクションではどれくらい下落するかを教えてくれるものである。

　オプション戦略に関連してこういった状態のときによく聞かれる最大の不満——私の不満でもあった——は、支持線までの押しでコールの買いではなくてプットを売れば、利益が限定されてしまうというものである。これはポジションサイズによって解決することができる。コールオプションを1枚6ドルで10枚買い、翌週の予想される動きのなかで9ドルで売れば、利益は3000ドルになる。しかし、スプレッドが5ドルでアット・ザ・マネーのプットクレジットスプレッドを1枚2ドルで10枚売り、そのあと最大利益の80%（0.40ドル）で買い戻したとすると、利益はわずか1600ドルだ。これに対する答えは簡単だ。プットクレジットスプレッドの枚数を増やすのだ。同じプットクレジットスプレッドを1枚2ドルで19枚売り、0.40ドルで買い戻したとする

と、利益は3040ドルになる。これはコールオプションの買いとほぼ同じ利益だ。10枚から19枚に増やしたときの追加手数料を補って余りある利益になる。

私が講義でこの概念を説明すると、教室のうしろに座っていた「後講釈の先生」が手を挙げて質問してくる。「でも、プットクレジットスプレッドが損失になったらどうなるのですか?」。おいおい、コールの買いは損失なんて出さないって言うのかい? しかし、オプションを考えるときは、リスクを考えなければならない。

コールオプションを6ドルで10枚買えば、価値がゼロになれば最大で6000ドルの損をするリスクがある。「でも」とその先生は言う。「私だったら価値がゼロになる前にうまく手仕舞いしたでしょう」。もちろんそうかもしれない。しかし、確証バイアスに陥って正しくなければならないと考えてしまったときに備えて、とにかく最大リスクについて考えてみよう。

スプレッドが5ドルでアット・ザ・マネーのプットクレジットスプレッドを1枚2ドルで19枚取引すれば、最大リスクは3ドル×19×100＝5700ドルだ。つまり、コールの買いとリスクはほぼ同じで、予想される動きに基づく論理的な利益も同じだ。主な違いは、コールの買いでは、利益目標を達成するためには株価が短期間で大きく上昇しなければならないという点である。一方、プットクレジットスプレッドの場合、株価が横ばいになっても、少し下落しても、利益目標を達成できる。この概念を習得すれば、ひらめきの灯がともり、二度と消えることはない。オプションを売れば、間違う可能性もあるが、それでも儲けることができる。

ただし、「後講釈先生」を除いては。彼のひらめきは自分だけのもので、ほかのだれにも見えない。そして、彼からの次の質問はいつも次のようなものだ。「プットクレジットスプレッドでは5700ドルのリスクをとって、利益はわずか3040ドルですよね。これって本末転倒じゃな

いですか？　でもコールを買えば、利益は無限大ですよ」。まったくもって理論的だ。しかし、私はこれまでコールの買いが「無限大の利益」になったのは見たことがないが、予想された動きの範囲内にとどまり、多くのプレミアムを失ったのは見たことがある。トレードでもっとも難しいのは大きな勝ちトレードを保持することである。これを考え合わせると、あなたにとってこれが問題なら——おそらくはそう——、悪いことは言わないから、「予想された動き」をとらえることに集中して、早めに手仕舞って次のセットアップに進むことだ。それだけでも十分に生活していけるだけの利益が手に入る。トレードでは、「見果てぬ夢」を追うのではなくて、確率を考えることが重要なのだ。

　結局はコールの買いよりも支持線でプットを売るほうが賢明な選択だ。コールの買いではなくてプットを売ることで損益曲線は一貫性を持ち、予想を超えた動きを見逃したときを補って余りある利益を手に入れることができる。さらに、プットクレジットスプレッドを19枚保持した状態で、株価が上昇したときのために何枚かのコールを買うこともできる。

　すでに存在する上昇トレンドのなかで支持線まで押したときは、イン・ザ・マネーのコールを買うか、アット・ザ・マネーのプットを売ればよい（あるいはリスクを低減するためにスプレッドにしてもよい）。もちろん、1標準偏差以上高いプットとプットクレジットスプレッドを売ることもできる。これは確率は高いが、実入りは少ない。もちろん、上記のすべてをやってもよい。タイムディケイが自分に有利に働くようにしよう。

　すでに存在する下降トレンドのなかで抵抗線まで戻したら、イン・ザ・マネーのプットを買うか、アット・ザ・マネーのコールクレジットスプレッドを売る、あるいは両方をやればよい。上昇トレンドでも下降トレンドでも原理は同じだ。

　横ばいのときは、抵抗線までの戻りでコールクレジットスプレッド

を売り、支持線までの押しでプットクレジットスプレッドを売ればよい。私はこれらのすべてを一度にやるよりもアイアンコンドルのほうが好きだ。

最後に重要なことをひとつ言っておきたい。フラストレーションから解放されたければ、トレンドは今のトレードサイクルをブレイクするまで続くと仮定することだ。トレンドはあなたの友だちでなくなるまであなたの友だちなのだ。

基本的にトレンドは終わるまで乗っかるのがよい。ひずみの値が高くなったり、10日間のプット・コール・レシオの平均が低くなったりといった具合に内部要因の明確なシグナルが出ないかぎり、トレンドが終わることはない。またトレンドの終わりを告げるサインもあるので、注意深く観察しよう。

トレンドが終わることを示す最初のサインは、トレンド相場から横ばい相場になることだ。次のスラストは失敗するが、まだ下降トレンドにはなっていない。そんなときはボラティリティの圧力が増加している証拠だ（スクイーズで測定。スクイーズについてはあとの章で詳しく説明する）。このエネルギーは上方に開放されることもあれば、下方に開放されることもある。**図3.10**はトレンドが終わりそうに見える例を示したものだ。しかし、トレードでは「抵抗の最も少ない道」を選ぶのが最も簡単だ。トレンドはそれがあなたを裏切るまであなたの友だちだ。裏切られたら別のトレンドに乗り換えればよい。

さらに、トレンドの変換点ではパターンが形成され始める。これらのパターンでは私たちが今注意深く観察しているスラストやリアクションの動きも考慮される。いつもスクイーズが発生するわけではないが、スクイーズが発生すると、それに対応する上昇の動きや下落の動きは強いのが普通で、これによって「予想を超えた」動きが生みだされる。ここで判断しなければならないのが、トレンドは続くのか、あるいは反転して新たな下降軌道をたどるのか、である。こういったこ

図3.10　トレンドはトレンドでなくなるまであなたの友だち

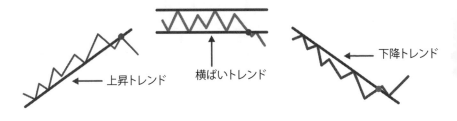

図3.11　スラストとリアクションはパターンに姿を変える

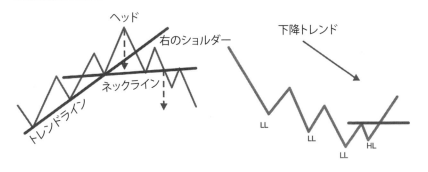

とが起こりそうなサインを見つけよう。**図3.11**の左図は、上昇トレンドがどのようにしてヘッド・アンド・ショルダーズ・パターンに姿を変えるのかを示したもので、パターンはすべて自然なスラストとリアクションからなる。右図は下降トレンドがスラストを失敗させて、そのあと安値が切り上がって反転パターンへと変化する様子を示したものだ。

　これらの動きを細かく見ていくと、トレンドの変化を示すはっきりとした値動きが見てとれる。**図3.12**は安値の切り上がりの部分を拡大したもので、どの地点でトレンドが変化したのかがはっきりと分かる。

　もちろん、ダマシの動きである場合もあるが、これらの動きは通常

図3.12　トレンドが変わる瞬間

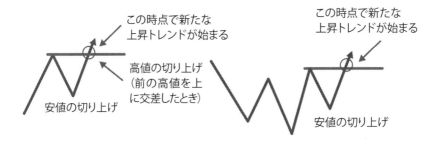

もっと短い日中時間枠で確認することができる。時間枠が長くなるほど、パターンはより一層はっきりする。

どのニュースレターがよいか

　本セクションは金融市場に関する特定の購読サービスを推奨するものではなく、これらをどう扱うべきかについて考えるのが目的である。市場関連のサービスやニュースレター、インターネットのチャットルームはたくさん存在する。これらのサービスは市場に関する意見を提供するものであり、通常は情報提供に対して料金を課される。また市場の方向性についての意見や、時には推奨銘柄を提供することもある。私は昔はニュースレター依存症だったが、今でもその傾向は残っている。

　しかし、最近は個人の意見にはあまり興味はなくなった。今興味があるのは、さまざまなテクニカルデータを使って市場の今の状態の概要をかいつまんで提供するウェブサイトだ。私のモットーは、「時間の節約」だ。そういった意味では、大量のデータから私の欲しい情報を素早く入手することを手助けしてくれるスキャナーやフィルターは重宝する。昔は何時間もかかっていた作業が、今では『インベスターズ・

ビジネス・デイリー』や私たちが作成したスキャナー（https://www.
simplertrading.com/scanner/ を参照）のようなツールを使えば、もの
の数分しかかからない。

　ダウ平均が3000ドルになるという人と、8万ドルになるという人の
意見を読んで比較考量するのも役立つ。どちらも合理的な意見とバカ
バカしい意見が入り混じっているが、こういった意見は希望よりもむ
しろ恐怖をあおりたてる。次の大暴落を予想するeメールを読んだと
きはこのことを思い出してほしい。次の5年間におけるだれかの意見
を読んで、終末の世がやってきたら何もかも売ってすべての資産を金
に換えて、自給自足できる国に逃げなければならないと感じるときも
ある。かたや、楽観的すぎる予想もある。こんなときは両方の意見を
読んで釣り合いを保つようにしている。現実はその中間というのが普
通だ。

　「ニュースレターの推奨に従ってトレードした」ために口座が破産し
たという人の話をよく聞く。これは仮想通貨の世界では本当らしい。
人々はビットコインに熱狂するあまり、住宅ローンを支払うお金で1
万8000のときにビットコインをたくさん買った。普通のセットアップ
であるにもかかわらず、だれかが推奨しているトレードには安心感を
抱くトレーダーが多い。このトレードだけは思惑どおりにうまくいく
といった誤った安心感を抱かないようにすることが重要だ。トレード
とはつまるところ確率とリスクコントロールであると言っても過言で
はない。オンラインで何かを読んだからと言って信じすぎてはならな
い。

優先順位を決める──市場が開いてから２時間以内に邪魔が入るようであれば、それはすべてあなたの責任

　これについては本書の最後のほうに出てくるビジネスプランの章で詳しく述べるが、テクノロジーについてここで簡単に見ておくことにしよう。このビジネスで成功するためには、何よりも集中力が重要だ。株式市場での勝負どころは、市場が開いてから最初の２時間だ。ほとんどのセットアップがこの時間帯に現れる。トレードに集中できるかどうかは、同僚、あるいはホームトレーダーの場合は配偶者と子供たちに、この時間帯だけは邪魔しないでくれと自分の意思をしっかり伝えているかどうかによって決まる。私はトレード中は、ｅメールのチェックもしなければ、電話にも出ない。突然の来客にも応じない。私の妻はジムに車で送ってもらいたいときには、市場が開くどれくらい前に私にその旨を伝えておかなければならないかを心得ている。そのタイムリミットを過ぎていた場合、私の答えはいつも同じだ。「ハニー、愛しているよ。でも、もうトレードの時間なんだ」。いつ何時でも物事を明確に伝えることが重要だ。そうすれば、周りの人も安心できる。人生はあなたが耐えられるものしか得られないようにできているのだ。

　こういったことは直接的には言いにくいものだ。特に、ほかの人はあなたの優先順位とスケジュールを知るべきだ、と考え始めるとなかなか言い出せない。そこで、トレードプランを丹念に書き上げて、それを周りの人に配っておくことをお勧めする。彼らはあなたにとってそれがいかに大切なもので、あなたがいかに真剣かということを理解すれば、その紙にはっきりと示されたいかなる境界線も尊重してくれるはずだ。彼らの立場になって考えることが重要だ。妻が私の「オフィス」にやってきて私を見ても、私があまり忙しそうに見えないことを私は知っている。私は椅子にもたれかけてチャートを見ているだけ

第1部 基礎編

だから。もちろん私は集中しているし、市場イベントが現れるのをじっくり観察しながら待ち続けている。そんなときは、「穴を掘っていないからと言って、仕事をしていないわけじゃないんだよ」と言うことにしている。人生においてこうしたフラストレーションを抱えている人は、すべてを中断して、ドン・ミゲル・ルイスの『四つの約束』（コスモスライブラリー）を読むことをぜひともお勧めする。もちろんオーディオブックで聞いても構わない（本書については前章の最後で紹介した）。短い本だが、なるほど、と思える瞬間がたくさんあるはずだ。

インスタントメッセージを利用していない人は、人とコミュニケーションを取る手段として、ぜひこれを利用することをお勧めする。電話というものはトレードしている最中の絶対にかかってきてほしくない時間帯にかかってくるものだ。しかし、インスタントメッセージを使えば、人からの質問に対する返事は時間が空いたときに返すことができる。そう、インスタントメッセージはまさにトレーダーのために開発されたと言ってもよい。しかし、こういったサービスは時間がたつと変わるものだ。最近ではスカイプ、グーグルトーク（Gチャット）、スラックを使うことが多くなった。

インスタントメッセージを利用するに当たって重要なことは、バディリストには許可した人物以外は入れないことだ。あなたがオンラインにつながっていることをだれもが知れば、いろいろな人がアクセスしてくるのでイライラさせられるからだ。インスタントメッセージのバディリストにはブローカーとトレーダー以外は入れないのが賢明だろう。たとえ家族であっても、仕事の邪魔になるような者は入れないほうがよい。私の場合、妻は例外的にリストに入れているが、これはむしろ市場が開いているときに彼女とコンタクトを取る便利な手段だということが分かったからだ。いちいち電話をかけるよりもはるかに楽なのだ、少なくとも私にとっては。これはあなたの人生なのだ。人生は短い。まず第一歩として、とにかく始めてみようではないか。自

162

第3章 市場が動くのには理由があるのか

分の時間を守るために。

午前零時以降はCNBCを見るよりDVDで『ハリー ポッター』を見るべし——それはなぜか

なぜこんなことを言うのかというと、自分のやるべきことをやらないで「CNBCセットアップ」に頼るトレーダーがあまりにも多いからだ。念願かなってフルタイムトレーダーになったことに彼らは興奮を抑えきれない。iPhoneで気配値を入手し、ミーティングの合間を縫ってこっそり仕掛け、重大ニュースを耳にするのはいつも市場が引けてから、というこれまでの不利な状況を思うと感慨無量だ。それでフルタイムトレーダーになってどうするかというと、テレビをコンピューターの隣に据え、CNBCをつけ、画面に釘付けになってトレード機会を探すのだ。

CNBCはテレビ番組である以上、視聴者がチャンネルを合わせてできるだけ長く見てくれるように十分な娯楽を提供するという使命を負っている。多くの人が見てくれるほど、CM収入が増えるからだ。テレビ番組なんてそんなものだ。

確かにCNBCは見ていて楽しい番組だし、大事件が起これはすぐに報道してくれる。9.11事件もマーク・ヘインズがどこよりも早くライブで伝えた。私はほかのチャンネルも回してみたが、結局はCNBCに戻ってその日はずっとCNBCを見ていた。CNBCの報道は群を抜いて素晴らしかった。最初のビルが崩壊したあと、現場で灰とすすにまみれて事件を報道するマリア・バーティロモの姿が今でも目に焼きついている。見ていて胸が張り裂けそうだった。そんななかをCNBCのリポーターたちは懸命に報道し続けた。

とはいえ、テレビの経済チャンネルで得た「ニュースでトレード」しても生計は立てられないことをトレーダーは認識しなければならな

163

い。テレビで報道されたニュースに反応しても、もう遅いのだ。その
ニュースはすでにトレーディングフロアに流れ、大衆に知れるころに
はフロアトレーダーは、今ニュースを知ったばかりのカモたちが参入
してくるのを待って、ポジションを手仕舞いする準備に取り掛かって
いる。どちらかといえば、CNBCのニュースは逆張り指標と見るのが
よい。つまり、ニュースと反対方向にトレードするのだ。ネタが尽き
て同じ話を繰り返し始めたら、私はボリュームを下げ、CMのない音
楽ラジオ局を聴いたり、YouTubeやhttps://www.focusatwill.com/の
マインド・アメンド・チャンネルで「集中力を高める」音楽を聴く。時
にはネットフリックスやAmazon PrimeでBGMとして古い映画やテ
レビドラマを流すこともある。『グラディエーター』や『ゲーム・オ
ブ・スローンズ』は何度観ても面白い。

　トレードを生業とするトレーダーは、探しているセットアップが現
れるまで来る日も来る日も待ち続ける。しかし、ほとんどのトレーダー
ーが持つ最大の欠点は、どんな動きにも乗らなければならないと思っ
てしまうことだ。だから市場が自分から遠ざかり始めると、何か大き
なものを逃したかもしれないという焦りから、飛びつき売買をしてし
まうのだ。これはトレーダーにとっては致命傷で、この習慣を正さな
いかぎり間違いなく破産に追い込まれる。本書を読む間に頭にたたき
込んでおいてもらいたいことがあるとするならば、動きを逃しても気
にするな、ということである。プロのトレーダーは動きを追っかけよ
うとはしない。どんな動きでも追っかけようとするのがアマチュアだ。
トレーダーたちは探しているセットアップが現れるのを待つ間、音楽
を聴いたり、BGMで映画やドラマを流したりしながら暇つぶしをする。
退屈だからとか、どんな動きも逃したくないからといって衝動的に飛
びつきトレードに走るのを彼らはこうして抑えているのだ。市場のす
べての動きをとらえることが目標ではない。目標は、自分のビジネス
プランに描いたセットアップをとらえることだ。手当たり次第トレー

ドに飛びつくのはガンマンと同じだ。そして、ガンマンは最後には死ぬ運命にある。

私たちのウェブサイト（https://www.simplertrading.com/scanner/）にアクセスすれば、ノイズをかき分けて使えるセットアップを見つけるための方法を知ることができる。これは株式はもちろんのこと、オプションのトレードにも使える。

本章では、市場に影響を与えるものや市場はなぜ動くのかについて見てきた。本章を読み終えた今、当然ながら大きな疑問が生じる。何をトレードすべきか、である。株式、オプション、先物、FX、仮想通貨、それともこれらのすべてをトレードすべきなのだろうか。

「だれがリーダーかを判断するには取り組んでいる問題の大きさを見ればよい。小さな波を見るのはほかの人の仕事だ。リーダーの仕事は潮目を見ることだ」──アントニー・ジェイ

ジェシー・リバモアの最良のトレードについての言葉

お金はトレードで稼ぐものではない、座って稼ぐものだ。

お金を稼ぐのには時間がかかる。

私は考えて大金を稼いだわけではない。座って大金を稼いだのだ。

市場の変動をすべてとらえられる人なんていない。

正しいうえに、じっと座っていられる人はほとんどいない。

市場の状態とは無関係に常にトレードしたいという願望こそがウ

第1部　基礎編

ォール街で損をする大きな要因だ。プロも例外ではない。彼らは普通の仕事をしている人と同じように、幾ばくかのお金を毎日、家に持ち帰りたいと思っているのだ。

第**4**章

市場については理解した——では、何をトレードすればよいのか
Now That I Understand The Markets -- What Do I Trade?

> 「ギャンブル好きな夫に耐えられる妻などいない。ただし、いつも勝ってくるのであれば話は別だが」——トーマス・ドゥーワー

正直に言って、私が成功する可能性が最も高い市場は？

　これまでの章ではトレード心理や市場はなぜ動くのかについて書いてきた。次の問題は、何をトレードすべきか、である。株式、FX、仮想通貨、先物、それともオプションなどだろうか。仮想通貨は今、大流行だが、ほかのトレード商品と違いはない。自分が何をしているのかをしっかり分かったうえでやらないと、頭を引っこ抜かれてしまう。私はビットコイン、イーサリアム、ライトコインをしばらく持っていたが、私が唯一後悔していることは、初めて登場したときになぜもっと買わなかったのかということだ。5000ドルが30万ドルになるのを見て驚いたものだ。バブルにも似た動きをした仮想通貨だが、これもまたほかの市場と同じような満ち引きのパターンを繰り返す。トレードしているものがネットフリックスだろうがビットコインだろうが、市場というものはあらゆる感情を持った人たちからなっていることを忘れてはならない。私は株もトレードするし、先物やFX（外為市場）もトレードする。本章では、出発ゲートを出た直後から、どんな市場状態であっても、あなたにとって一貫して利益を出せる可能性が最大の市場はどこか、について見ていく。これは私のトレード経験と、ト

第1部　基礎編

レードをやろうと市場に参入してきた何千というトレーダーを見てきた経験から言えることだ。あなたには大成功してもらいたい。

　1つだけトレードする商品を選ぶとしたら、私はオプションを選ぶ。オプション取引では方向性のある動きに対して大きなレバレッジ効果を期待することができる。先物やFXとは違って、コールオプションやプットオプションを買えば、リスクは一定額に限定することができる。つまり、口座がマイナスになるようなことはないということである。ただし、スイスフランがユーロから離脱するといった予想外なことが起こったときのような場合を除いて。このときは一晩で23％動くという驚くべきことが起こった。間違った側にいた人は莫大な損失を被り、多くの口座がマイナスになった。これはブローカーに対していきなり借金が発生したことを意味する。けっして楽しいことではない。またこれははっきりと言えることだが、新米トレーダーにとって先物のデイトレードは失敗する確率が非常に高い。あまりにも多くトレードしすぎれば、手数料で利益は吹っ飛んでしまう。それに、もしプランに従ってトレードすることをやめれば、トレードはあなたから離れていく。まずはオプション市場で経験を積むことが先決だ。そのほうが断然よい。

　オプションのトレードで本当に危険なものは「ネイキッド」オプションの売りだ。これは一体何だろう。ひとつだけはっきり言えることは、ネイキッドオプションの売りはやってはならない、ということである。スプレッドとはリスクが限定されているネイキッドの売りのことだ。スプレッドを売ったときに権利行使の割り当てを受けたらどうなるのか。リスクは変わらず、証拠金の額が変わるだけである。証拠金を払えるのならそのトレードは保持したほうがよい。もし払えないのなら手仕舞うだけだ。ところで、権利行使の割り当てを受けることはそれほど頻繁に発生するわけではない。私はスプレッドが満期日を迎えたあと割り当てられた株をそのまま持ち続けたことがあるが、大

168

きな利益になった。スプレッドがまだ有効であれば、株価の変動はスプレッドの一方のオプションによって相殺されるためリスクが変わることはない。

　また、オプション取引はどういった口座サイズでも行うことができる。例えば、数千ドルの口座で原資産が１株1000ドルの株のオプションでも取引できる。オプションの原資産としてはほとんどあらゆるものが可能だ。個別株、セクター、指数、通貨など思いつくかぎりのものがオプションの原資産になる。将来的には仮想通貨のオプションもできるのではないかと思っている。金利の上昇で儲けたいと思ったら、債券先物を売って大きなリスクを抱えるよりも、TLT（ｉシェアーズ米国債20年超ETC）の長期プットを買ったほうがよい。NFLX（ネットフリックス）がしばらく横ばい状態だとすると、そのときはオプションを売る。オプションの知識のあるトレーダーは上昇トレンドだろうと、下降トレンドだろうと、横ばいだろうと、あらゆる市場状態を利用して目標を達成する。適切なオプション戦略を使えば、月々の収入を得ることから富を何倍にもすることまであらゆる目標を達成することができる。彼らはお菓子屋にいる子どものように、目の前に欲しい物がいろいろとあって大はしゃぎだ。あなたは何が一番欲しいのだろうか。オプションの売りを正しい方法（そう、間違った方法もあるのだ）で学べば、原資産の方向性が間違っていても依然として利益を出すことができる。オプションで最も重要なことは何だろう。それは、やってはならないことを知ることである。では、見ていくことにしよう。

　オプション取引はトレードのなかで最も魅力的だ。なぜならオプション取引ではありとあらゆることが可能だからだ。オプションを取引する個人トレーダーには２種類の人がいる。最初のタイプのトレーダーはオプションについて何も知らない人、あるいは何回かトレードしたがうまくいかなかったため、ほかのトレードを始めた人だ。もうひ

第1部　基礎編

とつのタイプのトレーダーはオプション（大概はアウト・オブ・ザ・マネーのコール）を買って損失を出し、そのあとオプションを売ってプレミアムを受け取ることも可能であることを発見した人である。これで彼は（あるいは彼女は）ハイになる。今や彼は（あるいは彼女は）オプションを売るありとあらゆる方法を知り、リスクを被ることなくオプションを売ることに夢中だ。このタイプのトレーダーはオプションポジションを取っては手仕舞うことを何度も繰り返し、毎月わずかな利益を稼ぐ。これは長期的にはうまくいくが、うまくいかなくなると、いきなり醜態をさらすことになる。つまり、このタイプのトレーダーはオプションについては何でも知っているが、オプションのトレードで一貫した利益を上げることができないということである。オプション取引では多くの知識を持つことは必ずしも良いことではない。シンプルであることが重要だ。

　私はオプション取引ではいくつかの基本的な戦略を使う。私はシンプルにやるのが好きだ。ルールその1は、「12歳の子供に説明できなければ、それは複雑すぎる」ということだ。私はディレクショナルプレーとプレミアムを受け取ることを重視する。このあと新米トレーダーのためにオプションを手短に説明する。トレーダーが知っておくべきいくつかの重要なことに焦点を当て、私のお気に入りの戦略についても説明する。

　本章はオプション戦略の基礎を学ぶ場でもある。オプションのセットアップについては本書の第2部で説明する。デルタが何だったか忘れた人、インプライドボラティリティ（IV）クラッシュが何だったか忘れた人は本章に戻って読み返してもらいたい。またオプション取引をするのに「グリークス」（ギリシャ文字指標）の達人である必要はないので安心してもらいたい。ガンマやベガのことを知らなくても非常にうまくいくシンプルな戦略がある。

170

シンガポールまでのファーストクラスのチケット代にあなたはいくら払うか

あなたは今、シカゴからシンガポールへ向かう飛行機のなかだ。退屈な17時間の酸欠の旅だ。幸運にもファーストクラスにアップグレードしてもらえた。やったー！　あなたは席に着き、くつろぐ。この17時間のフライトを思いっきり楽しもう。ところが離陸直前、あるヘッジファンドマネジャーがあなたのところにやってきて、ひそひそと話しかける。「あのう、すみません。実はエコノミー席が狭すぎて、座ると抜け出せなくなるんです。お金を出しますから、席を替わってもらえないでしょうか？　いくらで替わってもらえますか？」。う〜む、これは新たな展開だ。あなたは自分の今の席が気に入っている。替わりたくはない。でも、この人、いくら払ってくれるんだろう。あなたはあれこれ考える。すると彼は、1500ドルでどうでしょうか、と言ってくる。これはオンラインで予約すると2万ドルする席だよ、とあなたは彼に言う。「そのとおりです。でも、あなたはファーストクラスの席を無料で手にいれましたよね。問題はあなたがいくら欲しいかです」。あなたはしばらく考えて、1500ドルは安すぎると彼に言う。そこであなたは提案する。最初の5時間だけ私が座り、残りの12時間はあなたが座る、というのはどうか。「取引成立」と彼は言う。

最初の5時間が過ぎたとき、席を替わるために彼がやってくる。彼は1200ドルをあなたに手渡す。「おい、ちょっと待ってくれ。私は1500ドルで手を打ったと思ったけど？」とあなたは言う。すると彼は珍妙なおもむきで、「はい、それはフライト時間が17時間だったときの話です。今は12時間しかありません。時間は短くなっています」と彼は言う。ちょっと考えさせてほしい、とあなたは彼に言う。彼はむっとして歩き去る。あなたは酔いつぶれて、それから9時間眠ってしまった。熟睡から目覚めると、彼が再びやってくる。「ねえ、相棒さんよ、もう

14時間たつんだけど。もうそろそろ席を替わってくれてもいいんじゃないかな」と彼は言う。「ああ、もちろんだ」。彼が手渡してくれたお金は300ドルだった。「残りのお金は？」。彼は不快そうに説明を始める。「あなたは9時間眠ってしまい、あと3時間しか残っていないから300ドルです」。もう3時間しか残っていないのだから、彼も自分のエコノミー席に座っていればよいものを、あと3時間でもあなたの席に座りたいと思って300ドル支払おうとしている。あなたはしばらく考える。あと3時間で私の席は無価値になるということだ（この男は飛行機が到着したらお金は支払わないから）。でも今、席を替われば300ドルが手に入る。これはアット・ザ・マネー・コールのタイムディケイ（プレミアムの減少）と同じだ。フライトが終わり（満期日）に近づくにつれて、あなたのファーストクラス席をエコノミー席と交換することで得られる代金（プレミアム）は少なくなる。

　私が初めてオプションをトレードしたのは高校生のときだが、そのときに買ったオプションはINTC（インテル）のコールオプションだった。私がこれが何なのか、何を意味するのかつゆほども知らなかった。コールオプションは原資産である株の価格が上がれば、その価値が上昇し、プットオプションは原資産の価格が下落すればその価値が上昇することを知ったのはずっとあとになってからのことだ。つまり、コールの買いはロングで、プットの買いはショートのようなものだ。

　1枚のオプションは100株に相当する。例えば、株式オプションの価格が4.30ドルであったら、それは1株当たりの価格で、1枚のオプションは100株に相当するので、この場合、オプションの価格は4.30ドル×100株＝430ドルということになる。

　次に学んだのは「行使価格」だ。オプションのイン・ザ・マネー、アット・ザ・マネー、アウト・オブ・ザ・マネーについても学んだ。例えば、AAPL（アップル）の今の株価が1株399.26ドルだとすると、コールオプションは390ドルだとイン・ザ・マネー（行使価格が今の原資

産価格よりも安い。略してITMと言う）で、400ドルだとアット・ザ・マネー（行使価格が今の原資産価格と同じかそれに近い価格。略してATMと言う）で、410ドルだとアウト・オブ・ザ・マネー（行使価格が今の原資産価格よりも高い。略してOTMと言う）になる。

コールオプションはオプションの買い手に買う権利を与えるものだ。したがって、390ドルのコールオプションは買い手に390ドルで原資産を買う権利を与えるということになる。今、原資産である株が399.26ドルで取引されているとすると、コールオプションの買いは390ドルでその株を買えるので、行使価格390ドルのコールオプションの価値は9.26ドルということになる。このオプションは株を390ドルで買う権利を私に与えてくれる。今の株価が399.26ドルだとすると、399.26ドルの株を390ドルで取得できるので9.26ドルの利益になる。オプションの行使価格と原資産価格のこの差額分を本質的価値または実質価値と言う。今の株価は399.26ドルなので、これよりも高い400ドルの行使価格や410ドルの行使価格は何の価値もないことになるのだろうか。

そこで重要になるのが時間的価値というものだ。**図4.1**はコールオプションの実際の価格を示したものだ。これらのオプションの満期日までの日数は24日だ。オプションが満期日を迎えると、オプションを株と交換することで得られるのは本質的価値のみである。例えば、満期日にアップルの株価が1株400ドルになれば、それよりも安いコールオプションの価値は実際の株価と権利行使価格の差額分になり、それよりも高いオプションの価値はゼロになる（本質的価値がゼロなので）。したがって、このケースの場合、390ドルのコールの価値は10ドル（アップルが400ドルで引けた場合）になる。また、行使価格が400ドルと410ドルのコールオプションの価値はゼロになる。市場で400ドルで買えるときに、なぜそれを400ドルや410ドルで買う権利を買わなければならないのかということである。オプションをトレードしているとき、あなたは実際にはオプションを株と交換するわけではない。もちろん

173

図4.1

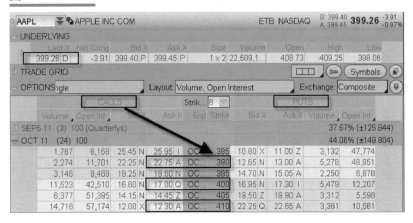

交換はできるが、大概の場合トレーダーはオプションそのものをただ買ったり売ったりしているだけだ。

満期日まで24日のこれらのオプションの価格を見ると、とても奇妙なことに気づくはずだ。390ドルのコールは本質的価値の10ドルで取引されているわけではない。10ドルよりもはるかに高い22.75ドルで取引されている。また、410ドルのコールは、満期日に株価が410ドルで引ければ価値はゼロになるが、12.30ドルで取引されている（オプション1枚は1230ドル）。また、400ドルのコールは、満期日に株価が400ドルで引ければ価値はゼロになるが、17ドルで取引されている（オプション1枚は1700ドル）。一体、どういうことなのだろうか。

ファーストクラス席と同じように、たとえそのオプションがアウト・オブ・ザ・マネーでも、オプションを買うのにプレミアムを払おうという人々がいるのである。それはなぜなのだろう。株価が大きく上昇し、将来的にはオプションが大きな価値を持つこともあるからだ。満期日までの期間が長い（フライト時間が長い）ほど、彼らが支払うプレミアムは大きくなる。株を買えばよいものを、と思うかもしれない

が、それは実際の株を買うのに大金を払いたくないからだ。だから、彼らは株を「買う権利」をプレミアムを支払ってまで買うことで、リスクを限定し、レバレッジ効果を狙っているのである。390ドルのオプションには本質的価値が内在しているが、400ドルのオプションと410ドルのオプションは純粋に時間的価値だけだ。イン・ザ・マネーのコールオプションは本質的価値と時間的価値を合わせたものがその価値になる。

　一方、株を持っている人も同じような意思決定が必要になる。株の保有者はオプションを売って、プレミアムを手にするのだろうか。株の保有者は株を持っていたい。だから、目指すところは、その株を原資産とするオプションを売って、オプションが満期日に権利放棄されることである。つまり、株価が満期日に権利執行価格を上回らないことを願っているということである。

　オプションの買い手は、あなたのファーストクラス席に座る権利を買いたがっていた男のように、もっと良い経験ができることを期待してオプションを買う。アップルの株を1株400ドルで100株買うのに4万ドル支払うよりも、400ドルのコールオプションを買えば1700ドル支払うだけでよい。1日1日過ぎるたびに、そのオプションのプレミアムは少しずつ減少する。そしてオプションが満期日に近づく（飛行機が目的地に近づく）につれて、プレミアムは急激に減少していく。このケースの場合、あなたはアップルの株価が上昇、おそらくは450ドル位までに上昇することに賭ける。もし満期日に株価が450ドルにまで上昇したら、400ドルのオプションの価格は50ドルなので、利益は3300ドル（販売価格が5000ドルで、購入価格が1700ドル）になる。つまり、株を買う丸代金を支払うことなくアップル株の上昇に参加できたということになる。トレードでは、株を保有するのは、エコノミー席に座ることに相当する。

　一方、オプションの売り手はアップルの株価が450ドルに上昇するこ

第1部 基礎編

とは望まない。株価が400ドル近くで推移し、あなたが1700ドルで買っ
たオプションが満期日に権利放棄されることを望んでいる。あなたの
支払った1700ドルはどこに行ったのだろう。それはオプションを売っ
た人が手に入れたのだ。これはオプションの売り手が保有しているア
ップル株が不動産だとすると、あなたは月々の賃貸料として1700ドル
支払うことに相当する。

　これまでの話は「コール」オプションについてだが、プットオプシ
ョンについても同じである。**図4.1**を見てみよう。アップルは今399.26
ドルで取引されている。390ドルのアウト・オブ・ザ・マネーのプット
オプションの価格は12.65ドルで、400ドルのアット・ザ・マネーのプ
ットオプションの価格は16.95ドルで、410ドルのイン・ザ・マネーの
プットオプションの価格は22.25ドルだ。

これらのオプションを義母のトレード口座で買わないのはなぜか

　これまでオプションとは何かとその仕組みについて見てきた。ここ
では、オプション取引でなぜ人々は損をするのか、その主な理由につ
いて考えてみたい。答えは簡単だ。安いアウト・オブ・ザ・マネーの
コールオプションを買うからである。**図4.1**を見ると、410ドルのアッ
プルのコールオプションは12.30ドルで取引されている。これはすべて
時間的価値で、本質的価値はない。このケースでは、トレーダーは390
ドルのコールオプションを買いたかったが、22.75ドルでは「高すぎ
る」と思った。アップルの今の株価は399.26ドルだ。アップルが満期
日に向けて上昇したとしよう。10ドルを超える上昇で、409.75ドルで
引けた。アップルの株価は上昇すると思ったので、トレーダーは410ド
ルのコールオプションを買った。トレーダーの予想どおり、アップル
の株価は上昇した。このオプションは満期日にどれくらいの価値を持

176

つのだろうか。答えはゼロだ。このトレーダーがこのトレードで利益を出すためには、株価は422.30ドルを超えて引ける必要があった。株価が422.30ドルにまで上昇すれば、410ドルのコールオプションは満期日に12.30ドルの価値を持つ。この金額はオプションを買うのに支払った額と同額だ。このトレードではトレーダーは損をすることもないが、利益もない。つまり、アウト・オブ・ザ・マネーのコールオプションを買うということは、トレーダーの読みが正しくなければならないだけでなく、それも大々的に正しくなければならないのである。株価が少しだけ上昇するくらいではダメなのだ。爆発的に上昇する必要がある。

　一方、もしそのトレーダーが「高い」390ドルのコールオプションを22.75ドルで買ったとすると、株価が422.30ドルに上昇すると、そのコールオプションは満期日で32.30ドルの価値を持ち、そのトレードでは9.55ドルの利益（955.00ドル）が出る。あなたはオプションを2275ドルで買って、955ドル儲けたいだろうか、それともオプションを1230ドルで買って、儲けゼロのほうがよいだろうか。「安いから」という理由だけでオプションを買うのは愚かな行為だ。オプションの世界でよくあるシナリオは、①個人トレーダー（フェアバリューやインプライドボラティリティは無視する。これについてはのちほど詳しく説明する）はアウト・オブ・ザ・マネーのコールオプションを買う、②プロのトレーダーはこれらのコールを１日中喜んで彼らに売る。「もっと欲しくはないかい？　売るものはまだたくさんあるんだけど」と彼らは熱心に言ってくる。

　20年以上もフロアでオプション取引をやってきた男たちを知っている。彼らはアウト・オブ・ザ・マネーのコールは絶対に買わない、だれ一人として。彼らにとってこの地球上でアウト・オブ・ザ・マネーのコールを買うことほど価値のないものはないからだ。

　だからと言って、アウト・オブ・ザ・マネー・オプションに居場所

第1部　基礎編

がないというわけではない。信じられないかもしれないが、アウト・オブ・ザ・マネーを買うことにも意味がある場合があるのだ。ただし、これはルールというよりも例外だが。私の最初のオプション戦略はこれがベースになっている。

ディレクショナルプレー——0.70以上のデルタが優れているわけ

　価格の安いアウト・オブ・ザ・マネー・オプションの買いは魅力的だ。もしうまくいけば、大きな利益を手に入れることができるからだ。だれもがオプションを1ドルで買って、15ドルで売りたいと思っている。思惑どおりにいけば、それは「仕事を辞めて世界一周旅行に出かける」トレードになる。ポーカーで最強の手であるロイヤルフラッシュが出る可能性があるのと同じように、アウト・オブ・ザ・マネー・オプションではこういうことがあるのだ。確率はけっして高くはないが、そういうトレードになる可能性はある。私は個人的には、祈りながらホームランを狙って大胆にバットを振るよりも、安定した収益の流れが得られる確率を上げることのほうに興味がある。

　図4.2はデルタ、ガンマ、セータ、ベガといった「グリークス」（ギリシャ文字指標）を含むオプションの一覧表を示したものだ。と言っても、トレーダーはこれらのすべてを知る必要はない。ここで話をするのはデルタについてだけである。デルタは非常に重要だ。デルタとは、原資産の株が1ドル動くと、オプション価格がどれだけ動くかを示すものだ。デルタが1ということは、オプション価格は株価と連動して上下動することを意味する。つまり、原資産価格が1ドル上昇すれば、オプション価格も1ドル上昇するということである。デルタが0.1というのは、株価が1ドル上昇すると、オプション価格はわずか10セントしか上昇しない。ちなみに、デルタが10のとき、マーケットメ

178

図4.2

Delta	Gam.	Theta	Vega	Bid X	Ask X	Exp	Strike	Bid X	Ask X	Delta
						CALLS		Strikes: 12	PUTS	
SEP 5 11 (2) 100 (Weeklys)										
.95	.01	-25	03	25.40 A	25.75 B	SEP	375	.20 X	.24 N	-.04
.93	.01	-32	05	20.55 I	20.90 A	SEP	380	.33 X	.37 X	-.06
.89	.01	-41	07	15.80 C	16.15 B	SEP	385	.59 Z	.63 X	-.10
.81	.02	-53	10	11.40 X	11.60 Z	SEP	390	1.15 Z	1.19 C	-.18
.69	.03	-66	13	7.50 W	7.65 Z	SEP	395	2.24 A	2.28 X	-.31
.52	.04	-72	14	4.40 X	4.55 A	SEP	400	4.10 Z	4.15 X	-.48
.33	.03	-64	13	2.25 X	2.33 A	SEP	405	6.90 N	7.00 X	-.37
.18	.03	-45	10	.97 X	1.02 Q	SEP	410	10.65 Q	10.75 X	-.92
.08	.01	-26	06	.37 Z	.40 Z	SEP	415	14.85 B	15.20 A	-.92
.04	.01	-15	03	.15 N	.18 Q	SEP	420	19.70 Q	20.00 X	-.94
.02	.00	-09	02	.06 Q	.11 X	SEP	425	24.55 X	24.80 X	-1.00
.01	.00	-06	01	.04 C	.05 X	SEP	430	29.50 A	29.85 X	-1.00
OCT 11 (28) 100										
.73	.01	-32	34	33.15 A	33.30 A	OCT	375	7.75 N	7.80 N	-.26
.70	.01	-33	36	29.50 I	29.65 Z	OCT	380	9.10 A	9.20 X	-.30
.66	.01	-34	38	26.10 A	26.25 Z	OCT	385	10.70 N	10.80 X	-.34
.62	.01	-35	39	22.90 X	23.05 N	OCT	390	12.45 A	12.55 X	-.38
.57	.01	-36	40	19.90 Q	20.00 Q	OCT	395	14.45 A	14.55 C	-.43
.52	.01	-36	41	17.10 X	17.25 A	OCT	400	16.70 N	16.80 N	-.48

AAPL ▼ APPLE INC COM　　ETB NASDAQ
UNDERLYING
Last X 400.27 P　Net Chng +1.01　Bid X 400.27 P　Ask X 400.40 J　Size 1 x 3　Volume 12,902,404　Open 400.19
TRADE GRID
OPTIONS　Spread: Single　Layout: Delta, Gamma, Theta, Vega

ーカーは株価が権利行使価格に達する（あるいはそれを上回る）可能
性は10％しかないと考える。ディープ・イン・ザ・マネーのコールオ
プションはデルタが高いものを言い、ファー・アウト・オブ・ザ・マ
ネーはデルタが低いものを言う。

　このオプション価格付けモデルには欠陥があり、私たちはそれを利
用することができる。マーケットメーカーはこれらのアウト・オブ・
ザ・マネー・オプションをボラティリティを一定と仮定して価格付け
する。これは間違った仮定だ。私たちはスクイーズのようなセットア
ップを探す。スクイーズでは、オプション市場で価格付けされるより
も予想以上に大きな変動が発生する確率が高い。これは非常に貴重な
状態だ。ほとんどの場合、アウト・オブ・ザ・マネー・オプションは

第1部　基礎編

満期日に権利放棄されるが、時には価値が大きく上昇する場合もある。そのときに原資産である株の価格が大きく上昇する確率が上昇する時点を正確に示すセットアップを見つけるのだ。私がオプション戦略のトレードバスケットでいくつかのアウト・オブ・ザ・マネーのコールオプションを利用するのはそのときだけだ。例えば、セットアップに基づいて、イン・ザ・マネーのコールオプションを買い、プットクレジッドスプレッドを売り、同じ原資産のアウト・オブ・ザ・マネーのコールオプションを買うといった具合だ。これによって私はタイムディケイだけでなく、株価が爆発的な動きをする可能性を利用できるため、エッジを得ることができる。

　純粋なディレクショナルプレーの場合、私はオプションを原資産の値動きに参加できる安価な方法として使う。あとで書くプレーの1つ（スクイーズプレー）は、私の好みのオプションプレーだ。このセットアップは、株価が予想よりも大きな動きをする可能性があることを示すものだ。この場合、私は単に実際の株を買うのに要求される大金を支払うことなく、株価の動きに参加したいだけである。これらのトレードでは、私はデルタが0.70以上のイン・ザ・マネー・オプションを買うだけだ。もし株価が私の思惑どおりに動けば、オプションは株価とほぼ連動して動く（株価が1ドル動くとオプションは70セント動く）。おまけに、株価が私の思惑どおりに動き、オプションがディープ・イン・ザ・マネーになると、デルタも上昇する。最初の2ポイントの動きに対してはオプションは1.40ドル動き（1ドルに対して70セント）、次の2ポイントの動きに対してはデルタは0.70から0.80に上昇するので、オプションは1.60ドル動く。一方、ファー・アウト・オブ・ザ・マネー・オプションはしばらくの間はデルタは低いままだ。ファー・アウト・オブ・ザ・マネー・オプションの買いは爆発的な動きをする高勝率のセットアップを見つけるか、ベアー・スターンズが倒産するといったインサイダー情報を得ないかぎり、何のメリットもない。ベアー・

180

スターンズが倒産する数週間前にファー・アウト・オブ・ザ・マネーのプットオプションを140万ドル分買った人がいたが、彼は何が起こるか知っていたのだ。彼は大儲けした。

図4.2の左側の欄には、アップルのコールオプションの権利行使価格が375ドルから430ドルまでのデルタの値が示されている。番号1の権利行使価格ではデルタは0.70を上回る（権利行使が395ドルのコールのデルタは0.69だが、0.70に非常に近い）。これらのオプションは最近取引が開始された9月限のウイークリーオプションで、満期日までの期間は2日だ。

ちなみに、最近まですべての株式オプションはマンスリーで取引され、毎月の第3金曜日が満期日だった。しかし今では「ウイークリーオプション」も取引されるようになった。ウイークリーオプションはいくつかの有名な銘柄から始まったが、今では活発に取引されている（特に決算発表の前後）多くの銘柄にも拡大している。ウイークリーオプションはプレミアムが非常に高い。なぜなら個人トレーダーたちが「安い」オプションだと言って大挙して買うからだ。私はこういうオプションは絶対に買わない。しかし、割安だと思っている人には喜んで売りたい。これがオプションの良い点の1つだ。権利放棄されると思っているため絶対に買うことはないが、いつでも売って買いトレードの反対側に付くことができる。これをスプレッドでやればリスクを限定することができる。ネイキッドコールの売りはやってはならない。

番号4の部分はマンスリーオプションのデルタを示している。これは満期日までの日数は23日だ。デルタの値は権利行使価格ごとに異なることに注意しよう。満期日までの日数が長いほど、デルタの値として0.70を得るためのイン・ザ・マネーオプションはディープでなければならない。番号3の部分はアウト・オブ・ザ・マネー・オプションのデルタで、権利行使価格が現在価格から大きく離れるほどデルタは急激に減少する。つまり、430ドルのコールオプションは5セントで買

第1部　基礎編

えるということである。もしアップルの株価が翌日10ドル動いても、オプション価格はほとんど動かない。プットについても同じで、逆になるだけだ。プットのデルタは−0.70より小さい（番号5の部分を参照）。

　純粋なディレクショナルプレーはセクシーではないことはこの私が真っ先に認める。これらのプレーはシンプルで、原資産の株における高勝率なテクニカルセットアップと組み合わせれば非常にうまくいく。**図4.3**を見てみよう。これは私の好みのオプションの「短期スイングトレード戦略」の1つを示したものだ。これは期間が通常1〜3日のトレードだ。こうしたトレードをするときには1時間足を見る。1時間足で私の好きなセットアップの1つが「スクイーズ」だ。

1. ゴールドマン・サックス（GS）の1時間足では1でスクイーズのセットアップが発生している（枠内の黒い点）。点がグレーに変わったとき、ヒストグラムがゼロを上回っていれば買い、下回っていれば売り（空売り）だ。この場合は買いだ（スクイーズについては詳しくはあとの章で説明する）。

2. 2ではゴールドマン・サックスは159ドル近くで取引されている。スクイーズが買いシグナルを示しているので、コールを買いたいと思っている。もちろん買うのはデルタが0.70のコールだ。このケースの場合、権利執行価格は155ドルだ。次の1時間かけて、7.25ドル、7.35ドル、7.40ドルで買う。リスクは2ドルで、原資産価格が2ドル逆行したらそのときの価格で手仕舞う。デルタが0.70なので、原資産が2ドル下落すると、オプションは1.40ドル下落する。

3. 動きが勢いを失い始めた3でスクイーズインディケーターは売りシグナルを出してきた。これを示すのが黒いヒストグラムだ。そこで4でポジションの手仕舞いを始める。

4. **図4.4**を見ると分かるように、このトレードでは300枚を7.25ドル、

182

図4.3

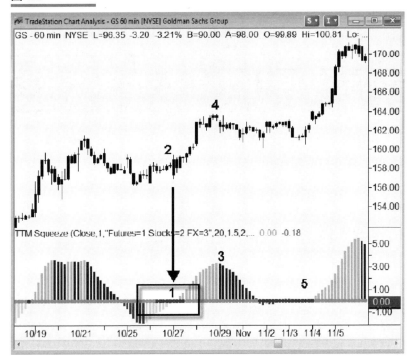

7.35ドル、7.40ドルで分割して買い、9.05ドルと9.25ドルで分割して手仕舞った。1枚当たり平均1.85ドルの利益になった（185ドルの利益）。このトレードは四半期ごとに行われるライブトレード指導プログラムで行ったので、トレードの展開に伴ってスクリーンショットを撮ることができた。

ここで言いたいのは、株価が数ドル動いたら、オプションもそれとできるだけ歩調を合わせて動いてほしい、ということだ。デルタが0.70なので、ゴールドマン・サックスの株価が2.60ドル動いたら、オプション価格は1.82ドル動く。火曜日にオプション（ゴールドマン・サッ

第1部　基礎編

図4.4

クスの10月限で権利執行価格155ドルのコールオプション)を7.30ドルで買って、金曜日に9.20ドルで売れれば万々歳だ。「どうなるのか」見るために、あるいはオプションの価値が4倍になることを期待して、満期日まで持つ必要はない。私は原資産のシグナルに基づいて買って売るだけだ。

　オプションについて書かれたほとんどの本は、オプションを買うか売るかして、それを「満期日まで保有せよ」と書いてある。私は満期日まで保有することはほとんどない。合理的な価格で買って売る。これを私はBASAARP (buying and selling at a reasonable price) と呼んでいる。これぞまさにオプションで生計を立てるための秘訣だ。

　もっと高度なオプショントレーダーになると、このゴールドマン・サックスのトレードシグナルをプレーする方法はいろいろある。このシグナルは「株価がもう1ポイントまたは2ポイント上昇する」確率が非常に高いことを示している。オプション戦略に詳しいトレーダーはさまざまなスプレッドをプレーすることも可能だ。これについては

このあとで説明する。

　これはほんの一例だ。できれば、あなた自身でアイデアを着想してもらいたい。ポイントは、まず原資産で明確なシグナルを得て、次に、その動きからレバレッジ効果を得るためにオプション戦略を使うことだ。ほとんどの場合、方向性のある動きをとらえられれば十分で、その場合、私はデルタが0.70のオプションを買って、原資産の動きに基づいてそれを手仕舞う。非常にシンプルだ。もしタイムディケイを有利に使いたければ、プットクレジットスプレッドを売ってもよい。私は両方をやる。

インプライドボラティリティクラッシュの重要性──「ママ、見て。みんな、パニクってるよ」

　新米のオプショントレーダーが犯す最大の過ちは、インプライドボラティリティの役割とそれがオプション価格にどんな影響を及ぼすのかを理解していないことだ。オプション価格は原資産価格に基づく部分とインプライドボラティリティに基づく部分があるが、重要なのは後者だ。決算発表の前にアップルのコールオプションを買って、株価が一晩で20ドルも上昇したのを見て、寄り付きで得られる利益を皮算用して夜も眠れなくなる。しかし、翌朝、オプション価格が買った価格よりも下がっていて、結局、損をしてしまう。こんな経験はないだろうか。何てこった。それではインプライドボラティリティを見ていくことにしよう。

　このケースの場合、マーケットメーカーは決算発表が高ボラティリティイベントであることを知っている。だから、彼らは予想されるボラティリティを考慮してオプションを高く価格付けする。つまり、彼らは株価の予想される動きに基づいてオプションを価格付けしているわけである。決算発表の前日、トレーダーがアップルのコールを買う。

185

第1部　基礎編

そして決算発表が行われ、アップルは翌日、前日の引けとほぼ同じ価格で寄り付く。株価は前日とほとんど変わっていないにもかかわらず、オプション価格ははるかに安い価格で寄り付く。なぜこうなるのだろうか。それは株価を上昇させたイベントはすでに消滅してしまっているからだ。したがって、オプション価格は下落する。これがインプライドボラティリティクラッシュと呼ばれるのはそのためだ。

　インプライドボラティリティはパニックが発生したり、不確実性が高まったり、大きな出来事が迫りくると上昇し、こうしたイベントの直後には低下し、心配するようなことがないときには低く維持される。例えば、アップルのオプションのインプライドボラティリティは今はおよそ35％（オプショントレードプラットフォームのほとんどはこの数値を使っている）だ。決算発表の直前は100％に跳ね上がることもあり、その場合、オプション価格の時間的価値は３倍になる。一般にトレーダーがオプションを買うのはインプライドボラティリティが低いときだ。インプライドボラティリティが高くなると、オプションを買っても採算は取れないが、オプションの売りは魅力が増す（このすぐあとで説明する）。

　インプライドボラティリティはどれくらい重要なのだろうか。1987年の株価大暴落では株式市場は20％も下落した（これは2018年にたった１日でダウが5000ポイントも下落してパニックになったときに似ている）。コールオプションを保有していたフロアトレーダーのなかには利益を出した者もいた。え、もう一度言ってもらえる？　コールは市場が上昇したときにしか儲からないのではなかったっけ？　まったくそのとおりなのだが、インプライドボラティリティが爆発的に上昇すると、すべてのオプションの価格は上昇するのである。その日、インプライドボラティリティは空前絶後の水準にまで上昇した……崩壊してもおかしくないコールオプションでも利益を出すほどに上昇したのである。

186

図4.5

　この知識を有利に使える方法が１つある。**図4.5**はゴールドマン・サックスの１時間足を示したものだ。2011年８月18日、株価は３ドルもギャップダウンして寄り付いた。「ギャップダウン」は寄り付きでパニックが発生する状況だ。ゴールドマン・サックス株を持っている人は自分たちを保護するためにプットをパニック買いする。ギャップそのものは市場に不確実性を生みだす。そのため、寄り付きではプットオプションの価格が人工的に高くなるおよそ５分から10分間の窓が空く。つまり、インプライドボラティリティが上昇したということである。寄り付きでインプライドボラティリティが上昇するため、オプション価格はそれに伴って爆発的に上昇する。

　ギャップダウンの場合、寄り付きではニュースのほとんどは価格に織り込み済みだ。ギャップダウンのあとでは混乱が生じるが、そのあ

とその日の大半は方向感のないレンジ相場に終始する。落ち着いてくると、インプライドボラティリティは下落する……そしてオプション価格も下落する。これをインプライドボラティリティクラッシュと言う。しかし、これを利用する方法があるのだ。

このトレードでは私たちはプットは買わない。パニックに陥っている人にプットを売るのである。そのトレーダーはパニックに陥っているので、プットを買うためならいくらでも払うはずだ。私たちはプットを喜んでそのトレーダーに売り、市場が落ち着いたら買い戻す。このトレードの仕組みは次のとおりである。

1. 9時30分に現物市場が開く30分前にギャップダウンしている銘柄を探す。これはほとんどの場合その銘柄に関するニュースイベントによるものだ。ゴールドマン・サックスのチャートを見ると前日の引けからギャップダウンして寄り付いているのが分かる（**図4.5の1**）。

2. 寄り付きから数分後、1ストライク・アウト・オブ・ザ・マネーのプットを売る（イン・ザ・マネーのオプションは買うが、アウト・オブ・ザ・マネーのオプションは売ることを覚えておこう）。このケースの場合、ゴールドマン・サックスは114.07ドルで寄り付き、そのあとすぐに下落。1ストライク・アウト・オブ・ザ・マネーのプットは行使価格が110ドルで、これらのプットを2で現在の市場価格で売る。

3. このトレードの目標は、その日のうちに手仕舞うことだ。引けに近づく（3）と、株価は再び114ドル水準にまで上昇する。この時点で不確実性は消え、インプライドボラティリティはその前の日の水準まで下がる。株価は寄り付きからほとんど動いていないのに、私が1.20ドルで売ったオプションは引けには0.60ドルにまで下落する。

第4章　市場については理解した——では、何をトレードすればよいのか

4．損切りはリスク・リワード・レシオが１：１のところにしようと
　思っている。つまり、１ドルの利益に対して１ドルのリスクをと
　るということである。株価は下がり続けることもあるので、損切
　りを置くことは重要だ。そういった意味ではネイキッドオプショ
　ンの売りは危険だ。このケースの場合、ゴールドマン・サックス
　の株価が下がり続け、10ドル下がったとすると、私が1.50ドルで
　売ったオプションは５ドル以上になるはずだ（もちろん、この状
　況から身を守るために、次のストライクのアウト・オブ・ザ・マ
　ネーのプットを買うこともできる）。このケースの場合、1.50ドル
　以上で売れば損失になる。こういった損失に引きずられないよう
　にしよう。

　ネイキッドコールを売ってそれを一晩保持することほど、危険なこ
とはない。これは最も危険なオプション戦略だ。例えば、ネイキッド
コールを１枚５ドルで20枚売った（したがって、１万ドルを手に入れ
た）とする。翌朝目覚めると、その会社は買収されて株価は80ドル上
昇している。その時点でそのトレーダーはアウトだ。そのオプション
の価値は今や16万ドルで、そのオプションの売り手は15万ドルの損失
を出した。「バーティカルスプレッド」や「クレジットスプレッド」が
役に立つのはこんなときだ。これらのオプションはこうした不快な驚
きからオプションの売り手を守ってくれるからだ。
　まとめると、オプションはインプライドボラティリティが高いとき
には買わないこと。特に大きな動きの直後（わぉ、アップルは10ドル
も上昇している。アウト・オブ・ザ・マネーのコールを買ったほうが
よいかも）や、決算報告の直前はインプライドボラティリティが高く
なるので、決算報告の前に上昇する傾向のある銘柄を対象とする戦略
でないかぎり、買わないほうがよい。オプションを買うのは、保ち合
い相場のときに発生するスクイーズプレーのように「市場が静か」に

189

第1部　基礎編

なってからのほうがよい。しかし、高いインプライドボラティリティ
はオプションの売りの機会を提供してくれる。例えば、その昔、数年
間にわたってIBMが280ドルに近づくたびに下落するという時期があ
った。したがって、IBMがこの水準に近づくたびに、フロアトレーダ
ーたちは権利行使価格が280ドルのネイキッドコールを売って、高いプ
レミアムを手にした。もちろん、IBMが280ドルを突破することを期
待して、これらのコールを買った個人トレーダーは彼らに思いきり利
用されたわけである。「1980年代は売ってベンツを買え」は当時よく言
われた言葉だ。やがて彼らの時代も終わり、IBMはついに280ドルを
突破して上昇し続けた。

　ゴールドマン・サックスの例では私はインプライドボラティリティ
が高いときにネイキッドプット（原資産の株による裏付けのないオプ
ション）を売り、インプライドボラティリティが落ち着いてきたら買
い戻した。リスクを限定したければ、これらのプットはスプレッドで
売ることもできる。私はネイキッドを売るときは、小さいサイズで売
る。

ネイキッドのポジションを保有すべきときとスプレッドにすべきときはどう見分ければよいのか

　オプションをトレードするときには2つの選択肢がある。イン・ザ・
マネー・オプションを買うか、またはディレクショナルプレーとして
インプライドボラティリティが低いときにクレジットスプレッドを売
る、もしくはインプライドボラティリティが高いときにインプライド
ボラティリティが低下することを期待してオプションを売るか、のい
ずれかだ。すでに見てきたように、ネイキッドオプションの売りは、あ
なたの思惑どおりにいく確率は高いが、オプションの買いよりも危険
だ。このリスクは、リスクの限定されたネイキッドオプションをスプ

レッドで売ることで標準レベルにすることができる。オプションを買うときは、損失はプレミアムに限定される。ネイキッドコールを売ったときの損失は、株価が無限大に上昇する可能性があるため理論的には無限大だ。もちろん、株価が無限大に上昇するのを私は見たことはないが。しかし、ネイキッドコールをリスクが一定のスプレッドにしたいのなら、格付けの上昇や買収による大きなギャップアップでの寄り付きには手を出さないほうが身のためだ。

インプライドボラティリティクラッシュ以外でオプション（特に、アウト・オブ・ザ・マネー）を売る主な理由は、プレミアム（この場合、時間的価値のみ）が日々減少していくからだ。オプションの時間的価値をアリが群がったみずみずしいモモと考えてみよう。これらのアリは毎日モモを少しずつ食べていく。果肉がなくなり真ん中の種だけが残るまでアリはモモを食べ続ける。これは、オプションの時間的価値が満期日に向けて徐々に減少し、満期日にはゼロになるのに似ている。残った種がオプションの本質的価値である。もしこのオプションがアウト・オブ・ザ・マネーなら、満期日には無価値になる（権利放棄される）。

ところで、オプションの売り手が犯す過ちが1つある。それは、オプションが満期日に権利放棄されることを期待することだ。もちろんそうなれば満足だ。しかし、5ドルのスプレッドを1ドルで売り、満期日の週に手仕舞って20セント手に入れることができるとしたら、安全なのはその利益を得て、次に進むことだ。結局、20セント稼ぐのに4.80ドルのリスクをとったことになる。満期日の最後の週に何もかもがおじゃんになることもあるのだ。スプレッドを売るときは、最大潜在利益の80％に到達したら、それ以上そのトレードを保持する理由などない。すぐに手仕舞って、前進し、売るための別のジューシーなクレジットを見つけよ。

このプレミアムの減少率はセータで測定することができる。セータ

第1部　基礎編

はグリークスの1つで、ほとんどのオプションプラットフォームに備わっている。例えば、コールオプションが11.50ドル（トータル価値は1150ドル）でトレードされていて、セータが53.80だとすると、このオプションのプレミアムは毎日53.80セントだけ減少することになる。つまり、11.50ドルのオプションは毎日プレミアムが50セント以上減少するということである。これをもっと大局的に考えてみよう。例えば、原資産の株が3日間横ばい状態になり、価格の変化がなかったとすると、これのオプションの価格は10ドルに下落し、1枚当たり150ドルの損失になる。株価は変わらないのにオプションは損失になるわけである。もしこのオプションのデルタが0.50なら、オプションの価格が変化しないためには株価は1日に1ドル上昇しなければならない。もう少し不快な例を見てみよう。例えば、株価が今日2ドル下落して、翌日3ドル上昇したとすると、オプションはブレイクイーブンに戻るだけである。オプションは満期日が近づくにつれ、セータは上昇する——つまり、プレミアムの減少速度が速くなるということ。ぜひとも心に留めておいてもらいたいことは、満期日まで数週間のファー・アウト・オブ・ザ・マネーのコールオプションの買いは低勝率のイベントであるということである。

　これはまたオプションの売りがなぜ魅力的なのかの理由にもなる。オプションは毎日価値が減少していく。減少していく価値はどこに行くかというと、売り手であるあなたのところだ。オプションの売りの唯一の問題点は、原資産があなたに逆行して大きく動けば、損失が大きくなる点だ。15連勝したとしても、次のトレードで失敗すれば利益はすべて吹っ飛んでしまう。このリスクを回避するにはクロース・トゥ・ザ・マネーのバーティカルスプレッドを使うとよい。1～2標準偏差のスプレッドはうまくいく可能性が高いが、多くの場合、1を稼ぐのに10または20のリスクをとることになる。これはうまくいかなくなるまで素晴らしくうまくいく。アット・ザ・マネーの場合、同じタイム

192

ディケイで、1を稼ぐのに1.5のリスクをとるのが普通だ。スプレッド
は非常に魅力的だ。なぜなら、トレーダーは完璧に正しくなくてもお
金を稼ぐことができるからだ。この概念については、これについて書
かれた本があるので、それほど長くは時間を費やすつもりはないが、こ
こでも十分に学ぶことができる。

図4.3のゴールドマン・サックスのトレードをもう一度見てみよう。
このトレードではリスクを減らすためにブリッシュバーティカルスプ
レッドにしたほうがよかったかもしれない。また、155ドルのコールを
7.30ドルで買ってもよいだろう。その場合、原資産の動きに基づいて
2ドルの損切りを置くよりも、同じだけの160ドルのコールをそのとき
の価格3.80ドルで同時に売ったほうがよい。このアウト・オブ・ザ・
マネーのコールは時間的価値がすべてで、アリはそのジューシーなモ
モを毎日少しずつ食いつぶしていくということを忘れてはならない。つ
まり、毎日少しずつ価値が減少していくということである。したがっ
て、ゴールドマン・サックスが数日間横ばい状態を続けていたら、ポ
ジションを手仕舞って小利を得るのがよい。また次のような選択肢も
ある。

1. イン・ザ・マネーのコールの買いとアウト・オブ・ザ・マネーの
   コールの売りを一斉に行うのではなくて、前に述べたスプレッド
   にする。つまり、まずイン・ザ・マネーのコールを買って、翌日
   にスクイーズシグナルが出たら、アウト・オブ・ザ・マネーのコ
   ールを売って、リスク一定のデビットスプレッドを作成する。シ
   グナルが出たあとは、株価は通常数日間は横ばい状態になる。価
   格が小さく上昇すればインプライドボラティリティは上昇し、ア
   ウト・オブ・ザ・マネーのコール価格は上昇する。つまり、ここ
   が売り時ということだ。理想的にはそのあと価格が数日間横ばい
   状態を続けることだ。そうすれば両方のトレードを手仕舞って利

第1部　基礎編

益を得ることができる。

2. アット・ザ・マネーのネイキッドプットまたは1ストライク・ア
ウト・オブ・ザ・マネーのプットを売って、スクイーズシグナル
が出たら買い戻す。このトレードのリスクは、もしゴールドマン・
サックスに悪い材料（例えば、SEC［証券取引委員会］の調査）
が出て、株価が20ドル急落したとすると、このトレードは急速に
最悪な状態になることだ。迷っているのなら、このトレードはス
プレッドにすることだ。そうすれば夜少しは安眠できる。これに
ついてはあとで書くことにしよう。

3. バーティカル・ブル・プット・クレジット・スプレッド。スクイ
ーズが買いシグナルを出してきたら、まずアット・ザ・マネーの
プットを売り、そのあとアウト・オブ・ザ・マネーのプットを買
う。これは戦略2に似ているが、災難に見舞われたときに備えて
下方リスクをヘッジすることができる点が異なる。

　これらはほんの一例だ。オプション戦略についての知識が増えれば、
こういったことができるようになる。でも、それほど複雑にする必要
はない。

　活発に取引されているほとんどの銘柄でウイークリーオプションが
導入されたことで、素晴らしい機会が生まれた。私は個人的には、イ
ン・ザ・マネーのマンスリーオプションを買い、そのあと毎週、アウ
ト・オブ・ザ・マネーのウイークリーオプションを売ることでバーテ
ィカルスプレッドを作成するのが好きだ。これをダイアゴナルと言う。
時には、ウイークリーオプションを3〜4週間にわたって毎週売り、毎
週ごとの満期日に無価値になることもあるだろう。しかし、この間、マ
ンスリーオプションは保有し続けているため、最終的にはそれを手仕
舞って利益を得ることができる。これは両方の世界のうまい部分をも
らうようなものだ。ディープ・イン・ザ・マネーのオプションを保有

第4章　市場については理解した――では、何をトレードすればよいのか

するということは、不動産を所有するのに似ている。ウイークリーオプションを売るのはあなたの所有している不動産に対して毎週賃貸料を受け取るようなものだ。これで食べていける。オプションを買うときは、たとえ保有期間が数日だとしても、時間という贈り物を自分に与えるようにしよう。私の保有期間が2～3日間のトレードのほとんどは満期日までが30日以上のオプションだ。なぜって、それはプレミアムの減少が最も少ないからだ。

　最後にコモディティオプションについて少し話をしておこう。コモディティオプションに慣れていない人は理解するまでに少し時間がかかるだろう。株式オプション1枚は100株からなり、コモディティオプション1枚は1枚の先物からなる。

　価格については、現在価格に原資産である先物の乗数を掛ける。例えば、Eミニ S&P500のアット・ザ・マネーのコールオプションが52.25で取引されているとすると、52.25に50ドル（1ポイント当たりの価格）を掛けた2612.50ドルがオプション価格になる。つまり、コールオプションを1枚（これは先物1枚からなる）買うのにこれだけのお金がかかるということである。もちろん、同じ代金で先物を買うこともできる。是が非でも先物オプションを買おうとは思わないのはこのためだ。単に先物を買ったほうがよい場合もある。

　しかし、先物オプションには重要な役割がある。先物ポジションのヘッジに使えるし、大きな値動きが予想されるとき（例えば、ウイークリースクイーズ。これについては第11章を参照）はアウト・オブ・ザ・マネー・オプションを買う。そのほかのときは単に先物を買う。

　さて、先物市場やオプション市場の仕組みと、これらの市場が生みだすトレード機会を理解できたところで、次の第5章は市場の内部要因について見ていくことにしよう。株式市場の通常取引時間のオープニングベルが鳴ると同時に私が見始めるものは何だろう。それは市場の状態を刻一刻と表示する指標や統計量からなる内部要因と呼ばれる

195

第1部　基礎編

ものである。

　オプションについてもっとよく知りたい人は、https://www.
simplertrading.com/options101/ を参照してもらいたい。このサイト
からは市場の基礎を教える講座に無料で参加することができるため、基
礎力を磨くのに役立つはずだ。同サイトでは、いろいろな概念や戦略
についての無料チュートリアルや市場の要点をまとめた無料ビデオ（毎
晩）だけでなく、リアルタイムの市場解説といったプレミアムサービ
スも提供している。さらにマーケットアラートやトレードアラートに
サインアップすれば、Simpler Tradingアプリを介して携帯電話にこ
れらのアラートを送付するサービスも提供している。私たちの顧客の
多くは仕事中でも携帯電話とヘッドセットを使って市場解説を聞いて
いる。また新たなトレードが出現したら携帯電話に通知するサービス
もある。トレードは教育目的のためだけに提供しているもので、私た
ちが何を見て、何をしているのかを感じ取ってもらうことが目的だ。実
際のトレードの意思決定は自分自身で行ってほしい。

　私が企業でフルタイムで働いていたときに、私たちのサイトで提供
されているようなものがあったらよかったのにと思う。そうすれば、ト
レードと自分の仕事とをうまく両立できたはずだ。私が会議に出てい
て身動きできない今のこの瞬間、ほかのトレーダーは何を見て、何を
しているのだろうか。この急落は買いなのだろうか、それともほかの
トレーダーは売っているのだろうか。こういった状況ではひとりっき
りで考えてもらちはあかない。同僚トレーダーからアラートやフィー
ドバックが得られる場所があれば効果的だろう。

　私たちのプレミアムオプションアラートサービスに興味のある人は、
https://www.simplertrading.com/optiontradealerts/ にアクセスして
もらいたい。仮購読してどういったサービスが受けられるのかチェッ
クするとよいだろう。また、手数料無料のトレードプログラムも提供
しているのでぜひご利用いただきたい。これはコストの大きな節約に

なる。これは次のように考えてもらうとよいだろう。例えば、今あなたは手数料として１日に75ドル払っている。これは年間換算すると１万8000ドルになる。年間でこれだけのお金がポケットから出ていくわけである。このお金を使わなくてよいとすればどうなるだろうか。新しいテクノロジーが台頭している今、それが可能なのである。

とにかく私たちのサービスを一度仮購読してもらいたい。30日の仮購読期間中に情報を搾り取るだけ搾り取ってもらいたい。そのあとは本購読するか、中止するかは自由だ。私たちの市場解説、アラート、シンプラーコミュニティーの一員になること、そして手数料無料のトレードプログラムを気に入ってもらえれば、トレードライフは大いに改善されるはずだ。私がトレードを始めたときにこういったサービスがなかったことが残念でたまらない。

「勝利の女神があなたに微笑みますように」──スーザン・コリンズ（『ハンガー・ゲーム』より）

第5章

株式市場のオープンと同時にやるべきこと──市場の次なる動きを最もよく予測するツールは何か

The Stock Market Is Now Open - What Tools Best Predict the Market's Next Move?

「虎穴に入らずんば虎子を得ず」──日本のことわざ

音楽家は楽譜の読み方を知っている──トレーダーは市場の読み方を学べるだろうか

　第1版では本章は株価指数先物やETF（上場投資信託）のデイトレードをする人を対象として書いたが、本章で紹介しているツールは私の株式やオプションのスイングトレードでも必要不可欠なものになった。これらのツールは、私の内なる声が完全に間違っているんだから早めに手仕舞って、マーケットから去れとささやいてくるときでもポジション保持のシグナルを出し続けてくれるし、一方で損失がかさばるときには保護もしてくれる。人間であれば時には慢心することもあるが、これらのツールはそういったことも戒めてくれる。「それはきっと好転する。だから持ち続けよ」は、「ビール持ってて。これからアホなことしますから〜」と言うのと同じだ。

　市場の雰囲気をつかみたい人、絶えず移り変わる市場状態を理解したい人、次に何が起こるのかを知りたい人。本章はそんな人たちのために書かれたものだ。この急落は心配すべきことなのか。買いポジションは見捨てて手仕舞うべきか、それとも増し玉すべきか。市場は大暴落するのだろうか。買い戻しによる激しい上昇が始まるのだろうか。

199

第1部　基礎編

それは1日中「チョッピーフェスティバル」（ちゃぶついて方向感のない相場）になるのだろうか。内部要因はこういった質問に答えてくれるものだ。内部要因はデイトレーダーにとっても長期投資家にとっても重要なものなのだろうか。デイトレーダーの場合、長期アプローチは使わないので内部要因はそれほど重要ではない。しかし彼らにとっても、極端な数値やそれが意味するものを知ることは役に立つ。本書を書いているのは2018年2月で、レバレッジを使ったいくつかのショート・ボラティリティ・ファンドが破綻して、極端な数値が連続的に発生したのがこの時期だった。私たちは内部要因を見ていたおかげで、このメルトダウンが発生するずっと前に市場から脱出することに成功し、その結果発生したボラティリティの大きな上方や下方の動きをいくつかとらえることもできた。この週の例はこのあとすぐ登場する。

　内部要因は市場の言語と言ってよいだろう。2005年、私は初めてアジアに行った。シカゴ商品取引所（CBOT）のコンサルタントとして同行したのだ。台北、香港のあと、東京に行った。アジアってなんて素敵なんだろう。東京ってなんて素晴らしいんだろう。私はこのアメージングな街を探検するのを待ちきれない思いでいた。ある朝、5時に起きて築地市場を探索した。ここではマグロの競りが行われ、480種類の海産物が売られている。海産物の1日の平均売上高は1500万ドルだ。これをぜひとも自分の目で見てみたかった。ホテルからタクシーに飛び乗り、数時間かけて市場を探索した。ホテルに帰るタクシーを捕まえる前に、近くの露店でものすごくおいしい寿司を大急ぎで食べた。ホテルでは会議が控えていて、数時間後には大勢の前で講演することになっていた。

　タクシーに乗り込むと、「Imperial Hotel, please（インペリアルホテルまで）」と英語で言った。ドライバーは頭を振って日本語で答えた。このやりとりが何回か続いた。私はドライバーが私の言ったことを理解していなかったことに初めて気づいた。さらに悪いことに、私も「あ

200

りがとう」「こんにちは」以外の日本語が分からなかった。私たちは2頭の羊がまるで頭突きでもするかのように数分間お互いをにらみあった。そのときはウーバーどころかiPhoneもグーグルマップもない時代だった。会議に遅れてしまうかも、と不安がよぎった。太陽で皮膚がジリジリと焼かれるような焦燥感を感じ始めていた。この会議に遅れれば、二度と招待されることはないだろう。

ドライバーは車から降りるように身ぶりした。車から降りたところでどうにかなるわけではない。私は車にとどまり考えた。幸運にも、数年前に読んだジェームズ・クラベルの『将軍』(ティビーエス・ブリタニカ)を思い出した。そのなかで帝国の支配者として「太閤」が出てきた。そこで私は、「タイコウ・ホテル」と言ってみた。ドライバーはすぐに微笑んでホテルへと向かった。こうしてようやくホテルに戻ることができた。

私はこの出来事から2つのことを学んだ。1つは、高校時代に日本語の授業を受けていればよかったということ。もう1つは、たった2つの日本語しか知らずに大事な講演の前に外国の魚河岸を探索するという自分の考えの浅はかさ。

●ひとつ。言語を理解できなくても何とかやっていけるかもしれないが、不利になるということ。これはトレードでは、スクリーン上で繰り広げられる動きを理解できなければ、ちゃぶつきにひっかかるだけということを意味する。香港や台北ではタクシードライバーの多くは多少の英語は理解できたが、日本ではそうではなかった。

●ひとつ。家に帰るための手段を持たずに冒険してはならないということ。これはトレードでは、事前に決めた手仕舞い手段を持たないことを意味する。言葉を理解できない外国の地を歩き回るときは、その国の言語で書かれた住所を記載したホテルの名刺を持っていくことだ。このことが分かったため、次の訪問国ではトラブルに巻き込

第1部　基礎編

まれることはなかった。

　トレードや投資でもまったく同じことが言える。少し時間をかけて市場の言語を理解することで、市場という迷宮のなかでしっかりと舵取りし、家に帰ってくることができる。内部要因の唯一の欠点は、多くの内部要因が存在するため、分析マヒを起こしてしまったり、ノイズに忙殺されてしまうことである。内部要因については覚えておくべきことが2つある。

●第一に、より多くのデータがあるからといってより良い意思決定ができるわけではない。これは多くの研究で証明されている。より多くのデータを手にすると、私たちは自分の思い込みに合ったデータだけを受け入れ、それを否定するようなデータは見ないということが起こる。つまり、知らず知らずのうちに自分の世界観を市場に押し付けるため、パフォーマンスは低下するということである。頭を振って「市場が間違っている」と言い始めたら、この現象の犠牲者になってしまった証拠だ。市場は常に正しいのだ。市場に合っていないのは自分たちの世界観のほうである。これで自尊心が傷つけられるのは確かだが、市場は常に正しいということ、そして私たちは次に何が起こるのかを知ることはできないことを認識することは、トレードで一貫して勝つための公式なのである。

●第二に、市場は行きつ戻りつを繰り返しながら曲がりくねって動く時間帯が多い。トレーダーとして私たちは、おぼろげながら確信を持つことができるのはいつなのかを知りたいと思っている。なぜなら、それこそが持続する大きな動きを生みだすからだ。内部要因はそれを教えてくれるものだ。内部要因はその確信の強さを測ることを可能にしてくれるだけでなく、警告も与えてくれる。重要なのは、多くの内部要因があるなか、いくつかの重要な内部要因だけに注目

202

第5章　株式市場のオープンと同時にやるべきこと

し、その極値をトラッキングすることである。

　本章の内容を理解することなく、株価指数のデイトレードを始めるのは、泳ぎ方も知らずに夏季オリンピックの100メートルの背泳ぎ競技に出ようとするようなものである。私はあらゆるものをスイングトレードするが、デイトレードの大部分は内部要因の数値を反映するものだけに限定している。これには理由がある。取引日の最中には山ほどのデータが入手可能だが、トレーダーはそういったデータによって株式市場の背景で何が起こっているかを知ることができるからだ。

　ユーロの場合、ほかのアセットクラスのように市場の状況を測定する内部要因は存在しない。しかし、一般的には内部要因の読み方や解釈方法を理解することで、市場圧力が買いサイドにあるのか売りサイドにあるのかの感触をもっとよくつかむことができ、それに応じて意思決定することができる。内部要因の読み方をあまりよく知らないトレーダーが多く、新米トレーダーに至っては内部要因の存在すら知らない人がたくさんいる。内部要因は摘み取り時期に来ている大きなキャッシュプールを意味する。内部要因の知識を持つことで、キャッシュ配布列の最前列に並ぶことができる。

　内部要因を理解しなければならない理由はまだある。どんな日でも、必ず買いサイドと売りサイドのセットアップが現れる。内部要因を正しく解釈する方法を理解することで、次のようなことを知るのにも役立つ。

●売りのセットアップを完全に無視すべき日はどんな日か
●買いのセットアップを完全に無視すべき日はどんな日か
●ちゃぶつき相場で最もうまくいくセットアップに集中すべき日はどんな日か
●潜在的な大きな反転（上への反転と下への反転）に集中すべき日は

203

第1部　基礎編

どんな日か

　こういった知識は極めて重要であり、その日を勝者として終わるのか敗者として終わるのかを左右するだけでなく、時間がたつにつれて資産曲線にも大きな差が出てくる（右肩上がりの資産曲線か、配偶者にとってはあまり面白くない右肩下がりの資産曲線か）。それでは始めよう。

　それぞれの内部要因を見ていく前に、大きな反転がどんなものなのかを見てみよう。極端な動きを引き起こすものが何なのかを理解すれば、普通の日と普通の数値をもっとよく理解できるようになる。私にとって最高のトレード日がやってきたのは、最初の１つか２つのトレードが損切りに引っかかったあとだった。その日は売りサイドに集中して損切りに引っかかった。内部要因の強さを見れば、ドテンして「流れに付いていく」べきだったと思っている。

　図5.1は2018年２月９日（金曜日）のデータで、その日の中ごろ、空売りの買い戻しによって大きく上昇している。空売りの買い戻しによる上昇は上昇の動きをとらえる絶好の機会なので、こういった日は私の大好きな日だ。売り手は動揺すると、どんな価格でもよいから手仕舞おうとするものだ。売り手の手仕舞いの動きと新しい買いポジションを建てようとするトレーダーたちの動きとによって、「悪いニュース」に反して、市場は瞬く間に上昇する。すべての内部要因が追加されたこの小さなチャートでは、どこまで上昇するのかは分からないが、12時40分（米中部標準時＝CST）に始まって55分間続いた動きに関する統計がある──S&P500は79ポイントの上昇、ナスダックは230ポイントの上昇、ダウは736ポイントの上昇、アマゾンは77ポイントの上昇。静かな市場では通常は何カ月も要するような動きだ。こういった動きが発生し、それは長続きしそうだということが分かれば、フルタイムトレーダーにとって非常に有利になる。その日、どんな動きがあった

204

第5章　株式市場のオープンと同時にやるべきこと

図5.1

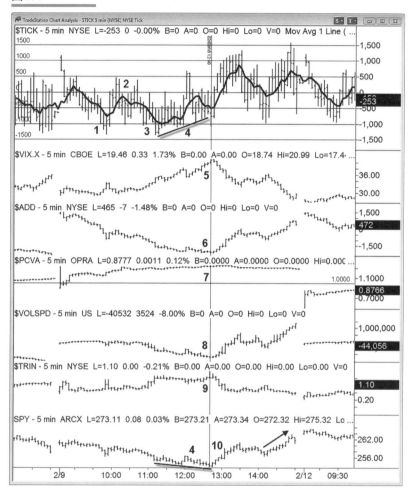

かを見てみよう。

1. その日は強い売りで始まった。取引時間が始まってすぐにS&P500は30ポイント下落し、TICKは－1336を記録した。これは非常に極端な数値だ。

205

第1部　基礎編

2．市場は反騰を試みる。TICKは500水準を試すが、5期間単純移動平均線はゼロを下回ったままだ。これは弱気相場で、買いサイドに熱意がないことを示している。

3．TICKはその日の安値を更新するが、今回はその辺りの水準にとどまる。これは、売り圧力が高まっていることを意味する。5期間単純移動平均線は安値を更新し、−1000に到達する。こんなことはめったにない。市場は下落し続け、この時点でS&P500はその日だけで60ポイントも下落。

4．市場が安値を更新するなか、4のところで面白いことが起こる。S&P500は安値を切り下げているが、TICKは安値を切り上げている。これは強力な強気のダイバージェンスで、市場が反転することを示すサインだ。

5．重要な反転ポイントを示すためにチャートに垂直線を追加した。5では、VIX（CBOEボラティリティ指数）は反転して下落し始めるが、TICKはその日の高値を更新して、＋1000に達した。これは一時的なものなのだろうか。TICKは高値を更新してはゼロを試すといった展開だ。こういったことが起こるのは、持続的な大きな買い圧力があるときだけだ。売り手はこれに恐れおののく。ここで私たちは活発に買い始める。押しを待っている人は取り残されるだけだ。

6．ADD（上昇銘柄数−下落銘柄数）は1日中下がり続けていたが、6で反転して上昇し始める。

7．PCVA（株式と指数を合わせたプット・コール・レシオ）は1日中1.0を上回る。これは空売りの買い戻しによる上昇に向けての準備が整ったことを示している。このインディケーターについてはこのあと説明するが、このインディケーターが1.0を上回っているということは、空売りしている人がたくさんいることを示しており、彼らは罠にはまる可能性が高い。

206

8．VOLSPD（S&P500のうち上昇した銘柄の出来高と下降した銘柄の出来高の差）はADDによく似ているが、このインディケーターも8から大きく上昇し始める。

9．TRIN（短期トレード指数またはアームズ指数）は9でいきなり下落し始める。

10．SPY（スパイダー。S&P500のETF）は10から急上昇し、小休止したあと引けにかけて高値を更新している。

　この簡単なチャートでは動きは正確には評価できないが、その日の大きな上方への反転を予測するには何を見ればよいのかを示す模範例と言えよう。通常、否定的なニュースばかりだともはや上昇するとは思わないはずだ。おまけに、小休止のあと空売りの買い戻しによる上昇が発生すると、引けにかけてさらに上昇するのが一般的で、この日もこの期待を裏切ることなく、TICKは高値を更新し、VIXは下落し続けた。この例のようにトレードを持ち続けることはトレードで最も難しいことだ。勝者がだれなのかを見極めて、悲鳴がやむまで彼らに便乗するのが得策だ。

　5分足TICK上の移動平均線は5期間単純移動平均線だ。私は移動平均線をいつも使うわけではないが、移動平均線は新米トレーダーにとって役立つだけでなく、市場が速く激しく動く日にも役立つ。これはTICKがどの辺りをうろついているのかを視覚的にとらえるのに役立つ。TICKの移動平均線が＋1000を超えていきなり急上昇するのと、この水準近くにとどまるのとではまったく異なる。移動平均線が＋500や−500水準を交差することはめったにないが、こうなったときは、市場に持続的な圧力があることを示している。例えば、2ではTICKは＋600に達しているが、移動平均線はゼロを下回っている。しかし、垂直線の右側では移動平均線は＋500を上回り、その水準に30分もとどまっている。こういったことが起こるのは非常に珍しいことで、これは

第1部　基礎編

買いサイドの強い確信を示し、ほとんどの場合、慌ててポジションを解消しようとする売り手のパニックという形で現れる。一方、垂直線の左側では売りサイドの確信が強く、移動平均線はほとんどの時間帯で−500水準を下回る。こういった状況では、私は押しても絶対に買わない。

　こういった時期こそ「トレーダーの仕事」というものが重要になる。トレーダーの仕事とは、「弾丸を込めた銃を持って木陰に隠れて、次の餌食が通るのを待つ」ことである。退屈しのぎに月並みな機会を追いかけていれば、弾丸――実質的および心理的資本――を無駄遣いしてしまうことになる。そして、疑うことを知らない餌食がやってきたときは、弾丸はなく機会を逃してしまう。これはトレードではトレード資金が底を突いたことを意味する。精神的に疲れ果てて集中できなくなる。だから、サインを見落とし、動きも見落とし、起こったことは事後にしか認識できない状態になってしまう。

　図5.2は逆の極値を示した例で、数日前の2018年2月5日、市場は急落する。このチャートでは内部要因のいくつかは省き、私が最も重要だと思う2つのインディケーター（TICK と VIX）のみを示している。2月5日の高値と安値とから次の統計量を得ることができた――S&P500は168ポイントの下落、ナスダックは426ポイントの下落、ダウは1786ポイントの下落、アマゾンは139ポイントの下落。これは非常に大きな動きで、2015年8月末に発生したミニフラッシュクラッシュ以来の動きだ。

1.　このチャートではパニックに陥った日の典型的な動きがすべて見られる。まず、この日は月曜日で、極端な動きが起こりやすい曜日だ。第二に、金曜日に市場は急落し、S&P500は65ポイント下げて引け（取引時間内での最安値）、複数のメジャーな支持線をブレイクしている。これによってトレーダーは週末を不安な気持ちで

図5.2

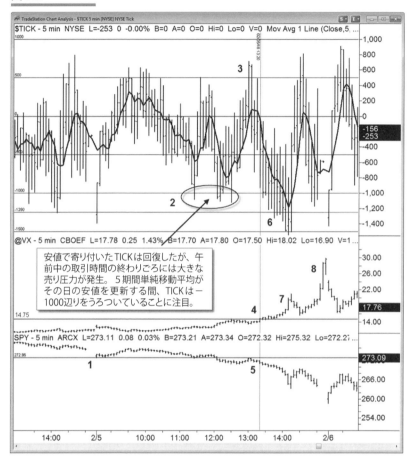

過ごすことになる。そして月曜日は大きなギャップダウンで寄り付いた（1）。SPYで示されるS&P500は25ポイント下落して寄り付いている。

2. そのあと市場は持ち直し、オープニングギャップは埋まる。週末に売った人々はこれにだまされ、手仕舞いへと駆り立てられた（市場は、ブルとベアの夢を均等に潰すドリームキラーということを

忘れてはならない)。しかし、TICKはたちまちのうちに勢いを失い、本物の買いを示す+500水準に到達しないばかりか、反転して-1000水準に達した(2)。そのあとTICKは+500まで急上昇するが、5期間移動平均線はゼロを上回ることはできなかった。そのあとの反転は、水面下で大きな売り圧力が発生していることを示している。TICKはその低水準にとどまり、5期間移動平均線はその日の安値を更新した。

3. 3ではTICKはもう一度上昇を試みて、再び+500を上回るが、市場は次第に勢いを失っていく。

4. パニックが発生してトレーダーたちがヘッジのために買うときに最初に動くのがVIXだ。4ではVIXはその日の高値を更新する。これは、「お菓子の家」(『ヘンデルとグレーテル』に出てくるお菓子の家は、子供をとらえる罠)は何もかもが最悪の状態になっていることを示す大きな危険信号だ。これを見たとき、私はすぐに残っている買いポジションを手仕舞って、売りサイドにのみ集中することにした。

5. VIXが高値を更新すると、市場は反転してその日の安値を更新。TICKとSPYの間には強気のダイバージェンスはない。これは物事がさらに悪い状態に向かっていることを示している。

6. そのあとの6ではTICKはその日の安値を更新し、その辺りにとどまる。TICKが長期にわたって-1250辺りをうろつき、-1500にまで下落したのを初めて見たのは、パニックや大暴落がまさに発生しようとしているときだった。「~しようとしている」と言ったのは、市場はこのときすでに大幅に下げてはいたが、本物の売りはまだ始まっていなかったからである。こんな日の押しで買ってはならないのはそのためだ。これはまさに内部要因が、「これは普通の日ではない。市場は大暴落するぞ!」と叫んでいる状態だ。

7. VIXが急上昇してパニックが始まる。

第5章　株式市場のオープンと同時にやるべきこと

8．TICKの売り圧力とVIXの急上昇とで市場ではミニフラッシュタ
　　イプの大暴落が発生する。そしてものの数分でアマゾンは80ドル
　　下落し、ほかの銘柄も似たような下落を見せた。市場はその日の
　　安値近くで引け、翌朝は大きなギャップダウンで寄り付いた。

　この日、VIXは12辺りから始まった。1月は記録的な低ボラティリ
ティ期間で、VIXは10と11の間の数値だった。12時（CST）にはVIX
は15まで上昇し、上昇はさらに加速していった。TICKがずっとマイ
ナスの値の間、VIXが高値を更新し続けるとき、何かが暴落する。ニ
ュースは気にする必要はない。なぜならニュースを見ても何が起こっ
ているのかは分からないからだ。
　フタを開けてみると、ショートボラティリティ（VIXが低い数値で
推移することに賭ける）でお金を儲けてきた人はみんなお金を失った。
SVXY（プロシェアーズ・ショートVIX短期先物ETF）やXIV（ベロ
シティシェアーズデイリーインバースVIX短期ETN）といったインバ
ースETFは一晩で大暴落し、価値の95％を失い、これまでショートボ
ラティリティでお金を稼いできたトレーダーやヘッジファンドは破綻
した。**図5.3**から分からないのは、これらのトレーダーがはまった罠
がどの程度のものだったかである。月曜日、SVXYは大幅に下げ、
105.60から71.82に下落した。そして翌日は11.70で寄り付いた。これは
損切りでは対応できないオーバーナイトのギャップダウンの動きだ。こ
の戦略を使っていた人はみんな破滅した（**図5.3**を参照）。
　ここで重要なのは、この動きは取引日の最中はほとんどのトレーダ
ーには分からなかったということである。態勢が判明したのは市場が
引けてからだった。何が起こっているのか、次に何が起こるのかを事
実に基づいて教えてくれるのが内部要因なのである。内部要因は理由
など気にしない。市場の振る舞いを見て、「何か悪いことが起こってい
る。それが何なのかは分からないが、だれかが破滅している」と大声

211

図5.3

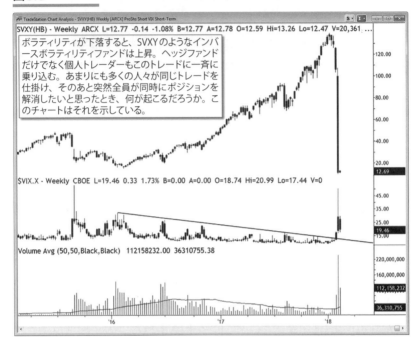

で教えてくれるだけである。タイタニックが大西洋の底へと消えるとき、ニュースはエンターテインメントとして私たちを楽しませてくれるだけである。

内部要因って何てすごいんだ、読み方を学ぼう

極端な動きを生みだす極端な日のサインを理解することも重要だが、内部要因は動きが静かな日にも役立つ。次に示すのは私がよく見るインディケーター（内部要因）だ。

第5章　株式市場のオープンと同時にやるべきこと

1. **TICK**　NYSE（ニューヨーク証券取引所）の買い圧力と売り圧力の累計と、NYSEとほかの株式市場に対する確信度を測定したもの。このほかにもTICK関連のツールを紹介するが、これが私が見る主要なTICKだ。

2. **ADD**　上昇銘柄数から下落銘柄数を差し引いたもの。

3. **VIX**　30日間のボラティリティの市場予測を示したもの。「恐怖指数」とも呼ばれる。

4. **PCVA**　指数と株式を合わせたプット・コール・レシオ。

5. **VOLSPD**　S&P500のうち上昇した銘柄の出来高と下降した銘柄の出来高の差。

6. **TRIN**　「アームズ指数」とも呼ばれる。上昇銘柄数と下落銘柄数の比率。

　これらの内部要因のなかで、私の好みのインディケーターはNYSEのTICKだ。市場がパーティーだとすると、これは参加者のムードを直ちに正確に映し出すDJ（ディスクジョッキー）だ。TICKはNYSEで価格が前の気配値から上昇した銘柄数から下落した銘柄数を差し引いたものだ。もちろん、ナスダック、S&P500、ラッセル2000などのTICKもあり、私はこれらのすべてを観察してきた。その結果、これらは基本的に同じ動きをするため、6つのTICKを見なくても1つのTICKだけ見れば十分だということが分かった。DJの例えで言えば、このインディケーターはパーティーが熱狂しているのか、みんながカクテルを飲みながらリラックスしているのか、ビルに火災が発生しているのかを教えてくれるものだ。このインディケーターのアラートはすぐに分かるので、インディケーターをじっと見つめている必要はない。

　TICKインディケーターを見るときの第1のルールは以下のとおりである。

第1部 基礎編

● TICKの値が−400と＋400の間にあるときは、単なるノイズなので無視すること。

　これは市場に対する確信が持てないことを意味する。これはランチタイムや重要な経済報告が発表される前日に発生する。こういったときはだれもがサイドラインに立って何か出来事が起こるのを待っている状態だ。市場が動くには、買い手や売り手からの確信が必要だ。私がTICKに注目し始めるのは、＋600を上回るか−600を下回る値を示したときだ。数値がこの水準を超えてこれらのゾーンの上や下でうろつくとき、確信がそろそろ固まる時期に来ている。TICKの数値が大きいほど、市場にはより大きな圧力がかかっている。こうした数値は持続的な動きが進行中であることを示している。＋800の数値が持続し、すでに買っているのであれば一安心だ。一方、売っているときは自分が市場の間違った側にいることを認識し始める。この数値が持続するときは損切りに引っかかる前に手仕舞ったほうが無難だ。

　TICKの数値をどう扱うかは、そのときに仕掛けているトレードやこれから仕掛けようと思っているトレードによって異なる。週足チャートに基づいて長期トレードを仕掛けているときは、１日の動きがこれらのポジションに影響を与えないようにする。しかし、数日間保有の短期スイングトレードを仕掛けているときは、このインディケーターには注意する。ここで重要なのは、価格の急上昇と確信との関係だ。価格の急上昇はよく発生する。静かだった市場がにわかに活気づくと、TICKは極端な数値になり、それが数分間続き、そのあと再びゼロに戻る。どうってことはないが、急上昇してそれが数分間続き、少し下落したあと高値を更新したとき、確信が強まったことを意味する。

　例えば、フェイスブック（FB）のコールオプションを持っていて、TICKが−1000に達し、そこで数分とどまったあと−500になり、そのあと−1200に達したらどうだろう。こんなときは、たとえ事前に決め

214

た損切りに達していなくても私はポジションを手仕舞う。DJはパーティーの雰囲気が悪くなったので、そろそろ去り時であることを教えてくれているのだ。

このインディケーターは、SPYやQQQ ETFの先物やオプション、それらを構成する銘柄などを含めた株価指数のデイトレードでも役立つ。TICKを使ってデイトレードするときのルール（第2のTICKルール）は以下のとおりである。

●デイトレードで買っていて、損切りにはまだ引っかかっていないが、TICKは－1000から－500になり、そのあとTICKが安値を更新した場合、私は成り行きで手仕舞う。
●同様に、デイトレードで売っていて、TICKが＋1000から＋500になり、そのあと高値を更新し、損切りにはまだ引っかかっていない場合、私は成り行きで手仕舞う。

押しや戻りがほとんどなく、TICKがこういった高水準を示した場合、日中ベースではポジションによって正しいか間違っているかは分からない。例えば、売っているときにTICKが＋1000になったとすると、私の相場観は完全に間違っていたわけだから、ただちにポジションを手仕舞う。これは感情が表面化する局面でもある。「くそっ！　このいまいましい市場め！　股間に膝蹴りするみたいに私に逆らいやがって！」と私は叫ぶ。自分の信念に従って上昇相場で売った日のことを思い出す――「市場がずっと上がり続けるはずはない。これはバブルに違いない」。そのうちに、私は自分の確信など捨ててしまったほうがよいことを学んだ。人生とはこういうものだ。TICKは、自尊心が出てきて口座が破綻する前に、損切りしたほうがよいことを学ぶ機会を与えてくれた。パーティーの雰囲気に逆らってはならない。みんながダンスをしているときは、テーブルに飛び乗って金切り声で叫んで

第1部　基礎編

もよいが、交霊術をやっていてローソクの火が消えたとき、大声で叫べばケガをする可能性だってある。TICKがこういった高水準を示した場合、損切りに引っかかって大きな損失を出す前に手仕舞いできるケースが多いため、リスク・リワード・レシオは自然に良くなるというメリットもある。

　次に進む前に1つだけはっきり言っておきたいことがある。それは、私は「自分が間違っていると単に思うだけで」トレードを早めに手仕舞いすることはないということだ。自分が最初に決めたパラメーターに従うという習慣は、長年の苦闘の末に身につけたものだ。自分が何を思うかということは、次に何が起こるかとはまったく無関係なのだ。私がトレードを早めに手仕舞うのは、TICKの値がそうしろと警告してくるときだけだ。TICKの値が+1000や-1000になるのはこういった警告の1つだ。トレードを早めに手仕舞う決定をするとき、直感や勝手な解釈は介入させない。第2章でも言ったように、人が犯しやすい過ちはトレードの最中に意思決定することだ。幸いにも、+1000や-1000といった高水準のTICKの値は、イベントとしては非常に分かりやすい。市場がその水準に達してその水準を維持しているかいないか、私たちが市場の正しい側にいるかいないかだけだ。もし正しい側にいないのなら、だまってドテンし、つまずいた石は振り返らないことだ。ここに感情の入り込む余地はない。

　私のオフィスにやってきて私の隣でトレードする多くのトレーダーを見てきた私は、この点の重要さを痛感している。私たちはまるまる1週間、席を並べてトレードする。最初の2日間、彼らはまだ素直で本性を現さない。私は私のトレードをやり、彼らは彼らのトレードをやる。ゆっくりくつろいでいるように見えるかもしれないが、こうするのには私なりの理由がある。5年間いろいろな会話をするよりも、たった1日、自分のお金で実際にトレードさせてみたほうが、彼らのことがよく分かるのだ。彼らは会話では自分の良い面しか出さないもの

だ。自分の考える自分のあるべきイメージをけっして崩さない。しかし自分のお金がかかっているとなると、うわべだけの表情は12分しかもたない。突然、内面にある本当の性格が現れるのだ。あまり良くない性格の場合もたまにある。

多くのトレーダーと肩を突き合わせて一緒にやってみることで、彼らがトレードをビジネスとして成功させることができない理由がはっきり分かった。一言で言えば、手仕舞い管理がずさんなのだ。これはすべて彼らのせいというわけではない。彼らの心のなかは長年の間抑えられていた感情で満杯状態だ。抑えられていた感情はいつも出口を探している。トレードは感情が話を聞いてもらえる唯一の機会であることが多いため、結果に介入してくる。これについてはお勧めの本がある。本書では何度か出てくると思うが、デビッド・R・ホーキンズの『レッティング・ゴー——ザ・パスウエー・オブ・サレンダー（Letting Go : The Pathway of Surrender）』だ。最初のいくつかの章は目からウロコもので、人生を変えるほどパワフルだ。

これは間違いなく、大勢の人がトレードで生計を立てられない理由の１つだ。要するに、自分のフィーリングで手仕舞いを管理するトレーダーが多すぎるのだ。さらに悪いことに、損失が出ると、利益が出たときとまったく違った方法でトレードを管理する（なぜなら、正しくありたいし、その日は利益を出して終わりたいから）。しかも、彼らはそのことにまったく気づいていない。このことを気づかせるために、私は自分が仕掛けたら彼らにも同じように仕掛けさせる。つまり同じトレードを同じ時間に仕掛けさせるわけだ。すると５分後、彼らはポジションの半分を売り始める。「JC、次のこのトレードではあなたと同じようにやるから」と言った直後にこれだから、開いた口がふさがらない。そのときの会話はこうだ。

私 スティーブ、このトレードは私と同じようにやるって言ったよね？

第1部 基礎編

でも今ポジションの半分を売っちゃったよね。

スティーブ あのぉー、そのー、私はただ……。

私 発注ソフトが「売れ」と言った。そう？

スティーブ そう、まったくそのとおりなんです。利益を確定するためにここで少し売ったんです。

私 理由は？　株価はまだ20セントしか上がっていないよね。私たちの目標は2ドルだよね。

スティーブ （私を責めるような口ぶりで）思惑どおりにいってるときには徐々に手仕舞うのがいいって、言いませんでした？

私 確かに言ったよ。私たちが今いるところから2ドルっていうのが最初の目標値で、そこに到達したら、ポジションの半分を手仕舞って損切りを切り上げる。これってたった15分前に話し合ったことだよね。

スティーブ ええーっと、でもTICKが下がったんです。つまり私たちは間違った側にいるってTICKが教えてくれたんです。

私 TICKはまだ－350だよ。早めに手仕舞うにはTICKは－1000、つまり極値を取ったあと、少し戻してそのあとさらに低い値を取らなければならないんだよ。

スティーブ でも－650にまで下がったんです。この利益を失いたくなかったんです。

私 やれやれ、君に食べさせるスープはないね。

　彼らは自分のやったことを正当化しようと必死にいろいろなことを言う。とりあえず聞いておくことにしているが、自分のやっていることを正直に認めてもらいたいというのが私の本音だ。彼らが売るのは、イライラしたり、恐怖を感じたり、興奮したりするからだ。こういった感情が彼らにボタンを押させるのだということを分かってもらいたいのだ。要するに正当な理由でアクションを起こしたのではないとい

218

うことを分かってもらいたいのである。しかし、話を聞いてもらいたいと叫ぶ抑圧された多くの感情が存在していたのは確かだ。

トレードはほとんどの人にとっては完璧に孤独の世界だ。彼らが毎日感じ、経験する感情の起伏を、彼らは友人や伴侶にはおくびにも出さない。トレーダーに彼らの心の内で起こっていることを認めさせるのは、クルミを指でこじあけるようなものだ。なぜなら、彼らは自分の感情を隠す達人だからだ。彼らが2万5000ドル儲けているのか損をしているのかは、外部からはまったく分からない。私にもその経験があるから彼らの気持ちはよく分かる。

こういったことを念頭に置いたうえで、私は彼らを「フレンドリーに攻撃」し、最後には彼らに何もかも正直に白状させる。私は畳み掛けるように彼らに話す。君たちのたどっている苦しい旅路は、トレーダーにしか理解できないものだ。何もかも話して楽になったらどうだい。それともいつまでも暗い洞穴に閉じ込もっていたいかい。このやり方はかなり効果がある。大概のトレーダーは心を開き、自分たちの心に潜む悪魔と正面からぶつかる気になる。これが私のトレーディングセラピーの基本だ。抑圧された感情に加え、トレーダーが経験する多くの感情は未知のリスクを重視するよりも、未知の恐怖を重んじることによって発生する。リスクはコントロールできるが、恐怖は人を崩壊させる。

TICKを読むときに次にチェックするのが、＋1000や－1000に達したかどうかである。これは1日のTICKをチェックするときの最も重要な水準だ。理由は2つある。

1. これらのTICK水準は市場が耐え得る買いや売り圧力の最大レベルだからだ。これは陸上競技に例えれば、走者が100メートルをフィニッシュラインまで一気にダッシュしたあと、息を切らせるのに似ている。

第1部　基礎編

2. これらの水準は新たなトレード機会を示す水準だからだ。TICK
がこういった極端な水準に達したとき、「フェード（逆張り）」プ
レーをせよという合図になる。したがって、TICKが＋1000に達
したらデイトレードの売りをセットアップし、－1000に達したら
デイトレードの買いをセットアップする。この逆張りプレーにつ
いては第9章で詳しく説明する。これは素早く行うスキャルピン
グタイプのプレーだ。

　特に市場が静かなとき、いきなり買いや売りのプログラムが発動す
ることがあるが、これによってTICKはこうした極値に達し、そのあ
と押したり戻したりする。これは短期トレードの絶好の機会だ。しか
し、注意してもらいたいのは、TICKがこれらの極値を上回り、数分
以上そこにとどまったら、もっと大きなことが進行中であることを示
すサインとなるということである。
　第3のTICKルールは以下のとおりだ。

●**静かだった市場でTICKがいきなり＋1000に達したら、私はこれ
をフェードプレー（売り）の合図とみなす。**
●**静かだった市場でTICKがいきなり－1000に達したら、私はこれ
をフェードプレー（買い）の合図とみなす。これらの水準が初めて
試されるとき、それはダマシであることが多いからだ。**

　これは今話したことと矛盾するように思えるかもしれない。「TICK
が－1000を下回りそこにとどまったら、買いポジションを手仕舞え、っ
て言いませんでした？」ほとんどの場合、TICKは高い値を長く維持
することはないため、それはトレード機会になる。重要なのは、それ
よりも高い値か低い値に達し、そのあと少し押すか戻すかして、その
あと再び高値や安値を更新してその水準に「とどまり」、5期間移動平

220

第5章 株式市場のオープンと同時にやるべきこと

図5.4

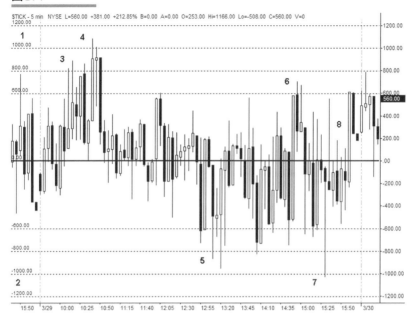

均線が500を交差するのがいつなのかを認識することである。

　図5.4はトレードステーションで2005年3月29日のチャート上にTICK水準を引いたものだ。本書は第3版だが、これらの例のなかには時代を超越して生き残ったものもある。使っているのは5分足チャートだが、時間枠は問題ではない。その日1日分のデータをフルに見ることができればどんな時間枠でも構わない。

　本書のチャートはすべて背景が白になっているが、これは印刷上の都合だ。画面上では背景色は黒、チャートの色は上昇なら緑、下落なら赤で示される。本書の電子版ではチャートはこういった色になっている。

　チャートを見ると、1の領域には＋1200、＋1000、＋800、＋600TICKの水平線が引かれ、2の領域には－1200、－1000、－800、－600TICK

221

第1部　基礎編

の水平線が引かれている。これらの水平線には非常に重要な意味がある。第4のTICKルールは以下のとおり。

●TICKがこれらのキー水準に達したら警告音が鳴るように設定する。こうしておけば、チャートをずっと見ていなくてもTICKの動きを見逃すことはない。

　警告音を鳴らすという設定は、私のトレーディングプランの重要な要素の1つだ。昔は600水準から始めていたが、それだと警告音が多く出すぎるので、今は1000水準から始めている。電話に出ていても、廊下にいても、トイレにいても、TICKに動きがあったかどうかは音で確認できる。特に1000水準は私がアクションを起こす水準なので、何をしていても見逃したくない。パンツがくるぶしの辺りにあるときに新たなトレードを仕掛けなければならなかったことも何度かあり、そんなときはトイレからよろめきながら戻ったものだ。これらの警告音は昔は半分楽しみのためでもあったが、最近は自動化した。昔はTICKが+1000に達したときの警告音は、ダフィー・ダックが「私は金持ちだ！　私は金持ちだ！」と叫ぶ声、-1000に達したときの警告音はオズの魔法使いの西の国の魔女が「私は溶けていく！　私は溶けていく！」と泣き叫ぶ声に設定していた。今の警告音はブザー音になった。若かりし青年も大人になったということだ。

　警告音はバーチャートやローソク足チャート上に設定しなければならないことを強調しておきたい。よく使われる別のチャートに「終値の折れ線グラフ」というものがあるが、このグラフからは相場の反転（ラインが「かぎ爪」状になっている箇所）を知ることができるため、これもまたTICKを見るのに適している。しかし、終値の折れ線グラフはその名のとおり終値だけを結んだ線なので、高値や安値の変動は無視される。したがって、警告音が出るべき位置で出ない場合が多い。

222

第5章　株式市場のオープンと同時にやるべきこと

　図5.4を見ると、この日はいわゆるチョッピー（値動きが不安定で、激しく上下動する相場）な日だ。TICKはほとんどの時間帯で＋400と－400の間の数値を取っているが、3ではいきなり＋800にまで上昇し、そのあとゼロラインに戻り、そのあと＋1000まで上昇している。これはダマシのブレイクアウトが発生したあと、いきなりゼロラインまで下げるという典型的なパターンだ。トレーダーとしては、今何が起こっているのかを認識し、確信の持てない値動きを追いかけることのないようにしたい。

　10時から12時30分の間は何も起こらなかった。TICKは釣り上げられたばかりのマグロが船のデッキでピクピクするように行ったり来たりを繰り返した。13時30分ごろ、TICKは大きく動き始めた。まず、－800に達し、そのあと－1000に達した。午前中にプラス領域で起きたことが今度はマイナス領域で繰り返された。同じチャートに実際の市場の動きを加えたものを見てみよう（**図5.5**）。

1．TICKは寄り付き直後は静かで、市場がどちらの方向に動くのかは確信が持てない。1の辺りではTICKは1時間弱にわたって上下動を繰り返している。この間、市場もほとんど動かない。

2．10時25分になってTICKにようやく目立った動きが見られ、＋800に達する。それにつられるように市場も上昇し、最終的にはTICKは＋1000に達する（これは売る絶好のチャンス。詳細についてはのちほど説明する）。このあとTICKは少し押したあと高値を更新し＋1200に達している。これはこの先さらに大きな動きがある可能性を示している。しかし、予想に反し、TICKはゼロラインまで下落し、しばらくそこにとどまる。これはTICKはこれ以上上昇する意思はないことを示している。

3．TICKが＋1000を上回るとミニダウ先物は10542ドルに達した。これはその日の最高値だった。TICKが再び下落すると、市場の上

223

図5.5

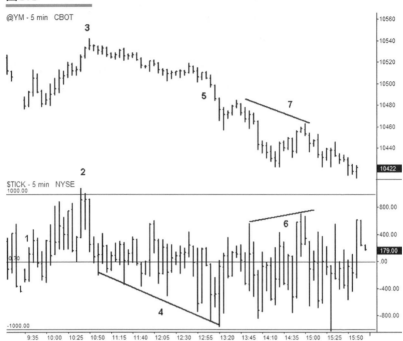

昇を追いかけて買った人たちからの損切り注文が入り、市場は最も抵抗の少ない方向に動く。

4．TICKが高値や安値を更新しながら階段状に動くときの市場の反応を見てみよう。正午ごろ、TICKは＋600まで上昇するが市場は上昇しない。しかし、TICKが安値を切り下げ始めると、市場も安値を切り下げ始める。ここが重要なポイントなのだが、TICKが＋600を上回っても市場が上昇しないということは、売り圧力が強いという証拠だ。

5．この一連のTICKの安値の切り下げに伴って、市場は大きく売られている。一般に市場は「突然」上昇したり売られたりするものだ。こういった市場の「唐突な」動きがどちらの向きに起こるの

かを予測するヒントを与えてくれるのがTICKだ。これは圧力鍋のようなもので、フタが爆発して飛んでいく前に蒸気を逃がす必要がある。

6．TICKは高値を切り上げ、上昇トレンドを形成する。
7．TICKは高値を切り上げているが、ミニダウ先物（YM）は高値を切り下げている。これは弱気のダイバージェンスが発生したことを示している。これは、市場には物事を反転させるような「元気」はなく、売られる可能性が高いことを示すサインだ。

　市場が高値を更新しながら続伸したり、下落して売られ続けるといったように、一方の方向にだけ動き続ける日はほとんどないが、上昇や下落が続くような日はTICKは1200〜1400といった極端に高い値を1日中示すことが多い。TICKがこういった極端に高い値を1日中示す日はほとんどないが、もしこういった現象が発生したら、私はそれに逆らうようなことはしない。さて、いよいよ最後のTICKルールだ（これは10時30分から終日にかけてウオッチするルール）。

● TICKが90％の時間帯でゼロを上回り、極端に高い値を繰り返し示すとき、売りのセットアップはすべて無視し、買いに集中せよ。
● TICKが90％の時間帯でゼロを下回り、極端に低い値を繰り返し示すとき、買いのセットアップはすべて無視し、売りに集中せよ。

　TICKは、値動きの「背後」で何が起こっているのかを知るうえで極めて貴重なツールであることがお分かりいただけただろうか。チャートを見れば価格が上昇しているのか下落しているのかは分かるが、買い圧力や売り圧力が強まっているのか弱まっているのかまでは分からない。それを教えてくれるのがTICKだ。私はこのインディケーターをスイングトレードではますます頻繁に使うようになった。TICKが

225

第1部 基礎編

繰り返し＋1000に達するような日は、ゼロラインにまで戻ったときを
買いの仕掛け機会として使い、新たに買いを仕掛けるか、すでに持っ
ている買いポジションの増し玉をする。例えば、アリババ（BABA）
のコールオプションを持っていて、特定の水準で買い増ししようと思
っているとしよう。しかし、TICKのこうした動きが市場の上昇を示
しているのなら、TICKがゼロラインにまで押したら、特定の水準ま
で待つことなく買い増しする。

　逆もまた真なりで、売りが活発でTICKが繰り返し－1000に達した
ら、TICKがゼロラインにまで戻したら、それを売り機会ととらえる。
さらに良いことに、これらのTICKの値はトレンドに乗り続けるのに
も役立つ。例えば、今売っているとすると、TICKがゼロラインまで
上昇して再び下落するたびに、＋600までは売りポジションを保持する。
もちろん逆も可能だ。これはS&P500が30ポイント以上上昇したり下
落したりするような日には絶対不可欠なプレーだ。こういった日はそ
れほど多くは発生しないが、TICKはこれらの機会を見つけ最大限に
利用することを可能にしてくれるものだ。

株価の動く気配を最も早く察知するインディケーター

　TIKI（トレードステーションでのシンボル名は$TIKI）はTICKに
似ているが、これはNYSEの全銘柄ではなくダウの30銘柄におけるア
ップティックとダウンティックの差を測定したものだ。30銘柄のみを
フォローしているため、買いプログラムや売りプログラムが発動する
といち早く反応する（**図5.6**を参照）。

　TIKIチャートはノイズグラフに似ているため、一見何の役に立つの
だろうという印象を持つかもしれない。これはTICKと同じようにト
レーダーに警戒を促すものだ。私は＋26、＋28、＋30と、－26、－28、
－30にアラートを設定する。買いプログラムや売りプログラムが発動

図5.6

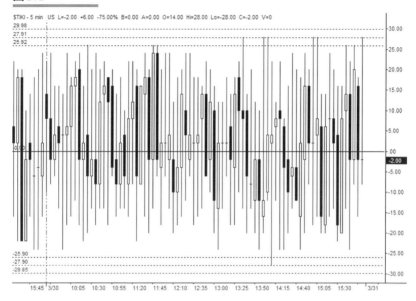

するとすぐに警告音が鳴る。一般に、小規模のプログラムの発動では26の警告音が鳴り、中規模のプログラムが発動すると28の警告音が鳴り、大規模のプログラムが発動すると30の警告音が鳴る。30の警告音が鳴るということは、ダウの全30銘柄がすべて同じ向きに動いていることを意味する。TIKIが30の水準に達することはめったにないが、30の警告音が鳴った場合、買いや売りが長期間にわたって続く可能性が高い。

　意外かもしれないが、私はこれらのシグナルを手仕舞い戦略には用いない。例えば、売っているときにTIKIが+28をヒットしたとすると、間違った側にいる可能性は高いが、TICKが+800になるまでは手仕舞いをしない。これは、瞬間的な買いプログラムや売りプログラムにTIKIが反応した可能性があるからだ。TIKIの第1ルールは以下のとおりである。

第1部　基礎編

●**手仕舞いでは、TIKIは警告シグナルとしてのみ使い、最終確認は
TICKで行うこと。**

　図5.7は2005年3月29のTIKIを示したものだ。TICKと比べると、ゴ
タゴタしているため読みにくいというのが第一印象かもしれない。し
かし、よく見てみると重要な数字が読み取れることが分かる。

1．私がまず注目するのは、買いプログラムと売りプログラムのどち
　らが最初に発動するかである。これはその日みんなが「どちらの
　サイドから仕掛けようとしているか」を示すものであり、それが
　どう展開していくかを見る。この日に最初に発動したのは買いプ
　ログラムで、10時25分に発生している。
2．これによってダウは高値を更新。
3．次も買いプログラムが発動（11時30分）。
4．しかしこのときダウは高値を更新せず、下落している。これは、買
　いプログラムが発動しても市場を押し上げないことがあるという
　ことを示している。
5．12時45分に再び買いプログラムが発動。これは売りプログラムが
　初めて発動したあとで発動した最初の買いプログラム。
6．この買いプログラムで市場は一時的に上昇するが、買いプログラ
　ムは急激にしぼんでいく。
7．7、8、9、10で売りプログラムが次々と発動。売りプログラム
　が発動するたびに、市場は安値を更新。これは、このあと発生す
　る反対シグナルは逆張り指標ととらえよというサイン。
8．11では買いプログラムの発動で反対シグナルが発生。したがって、
　ここは売る絶好のチャンス。

　第2と第3のTIKIルールは以下のとおりだ。

228

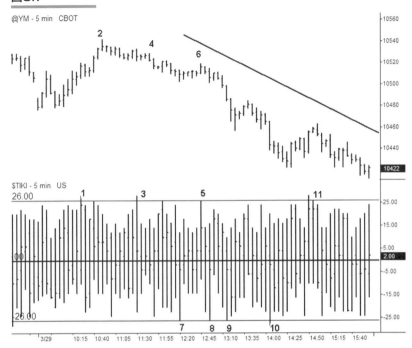

図5.7

- 買いプログラムの発動によって市場が高値を更新しているとき、偶発的に売りプログラムが発動したら買いの絶好のチャンス。
- 売りプログラムの発動によって市場が安値を更新しているとき、偶発的に買いプログラムが発動したら売りの絶好のチャンス。

　市場で発動するプログラムを読み取ることは重要だ。発動しているプログラムは買いプログラムだろうか、それとも売りプログラムだろうか。これは重要だ。なぜなら市場はほとんどの時間帯は動かない、つまりちゃぶついた状態にあるからだ。もしその日に発動したプログラムのほとんどが買いプログラムで、これによって市場が高値を更新しているときに一時的に売りプログラムが発動したら、私はこれを買い

第1部 基礎編

の機会ととらえる。こうすれば市場を追っかけることなく、次に上昇する前の一時的に静まったときに仕掛けることができる。こういった状況でうまく機能するセットアップの良い例がピボットプレーだ。これについては第8章で詳しく述べる。

買い圧力と売り圧力を読む最良のツール

TRIN（トレードステーションでのシンボル名は$TRIN）は、開発者であるリチャード・A・アームズにちなんでアームズ指数とも呼ばれている。これは、NYSEにおいて値上がり銘柄と値下がり銘柄に流れ込む出来高の相対速度を測定したものだ。TRINの計算式は、（値上がり銘柄÷値下がり銘柄）÷（値上がり銘柄の出来高÷値下がり銘柄の出来高）である。

●値下がり銘柄よりも値上がり銘柄の出来高のほうが多い場合、アームズ指数は1.0を下回る。
●値上がり銘柄よりも値下がり銘柄の出来高のほうが多い場合、アームズ指数は1.0を上回る。

「TRINの使い方」について書かれた書籍では、「アームズ指数が1.0を上回ったら弱気相場なので売れ、逆に1.0を下回ったら強気相場なので買え」と書かれているのがほとんどだ。これは誤解を与えかねない説明だ。私のTRINの第1ルールは以下のとおりである。

●TRINの現在の値は気にするな。
●重要なのはそれまでの値との関係である。

つまり、重要なのはTRINの値そのものではなく、TRINのトレンド

230

第5章 株式市場のオープンと同時にやるべきこと

図5.8

ということである。TRINの値が1.50だと弱気相場だと考えがちだが、その日のTRINが2.00からスタートし、取引が始まって１時間後に1.50になったのであれば強気相場を示していることになる。つまり、出来高は値上がり銘柄に流れ、買い圧力が優勢であるということだ。逆にTRINの値が0.85だと強気相場のように思えるかもしれないが、その日のTRINが0.45からスタートし、取引が始まって２時間後に0.85になったのであれば、弱気相場を示している。つまり、出来高は値下がり銘柄に流れ、売り圧力が優勢であるということになる。図5.8を見てみよう。

1．図5.8はTICKとTIKIの説明をしたのと同じ日、つまり2005年３

231

月29日のミニダウのチャートとTRINを示したものだ。1を見ると分かるように、この日のTRINは1.40近くからスタートしている。NYSEの上場銘柄の寄り付きが遅かったため、最初の15〜20分はボラティリティが高い。そのため最初の5分足は無視し、2番目の5分足を寄り付き水準として注目する。

2. TRINは落ち着いているが、10時40分にはその日の最安値近くの0.81に下落。

3. TRINが最安値をマークしたとき、ミニダウはその日の最高値を付ける。

4. その後、TRINは一定のペースで上昇を続け、正午にはその日の最高値に到達（最初の5分足は無視）。

5. その間ミニダウは静かなちゃぶつき相場で、日中レンジの真ん中辺りで取引されている。市場には大きな動きはないが、TRINは依然として上昇を続けている。私はTRINがどの向きにトレンドを形成しているのかを探しているわけだから、この動きは重要だ。TRINが上昇トレンドにあるとき、出来高が値下がり銘柄に流れていることを示している。つまり、市場がブレイクするとしたら下方にブレイクする可能性が高いということである。チャートを見ると分かるように、そのあと市場は下方にブレイクしている。

6. ミニダウはここで上昇を試みるが、TRINが上昇トレンドにあるため、再び反転して下落しながら引けを迎える。

私のTRINの第2のルールは以下のとおりである。

● TRINが上昇トレンドにあり、高値を切り上げているときは、買いのセットアップはすべて無視せよ。

● TRINが下降トレンドにあり、安値を切り下げているときは、売りのセットアップはすべて無視せよ。

第5章　株式市場のオープンと同時にやるべきこと

図5.9

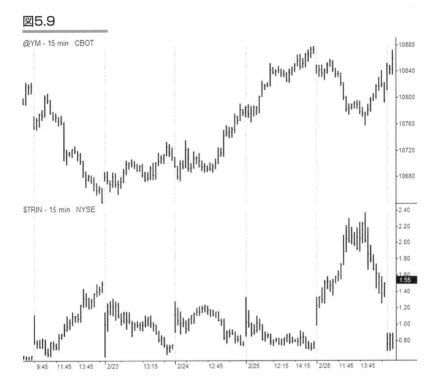

次に、**図5.9**で数日間にわたるチャートとTRINの動きを見てみよう。

図5.9はいろいろなTRINパターンが含まれているため、TRINと市場との関係を見るのに打ってつけだ。第１日目（2005年２月22日）、TRINは低い値からスタートした。これを強気相場ととらえる人もいるが、その後、終日にわたってTRINは上昇し続けた。一方、ダウは120ポイントを上回る下げを記録した。「こういった日は買うな」のルールどおりである。逆に、今売っていてTRINが高値を更新している場合は、市場は私の思惑どおりの向きにブレイクする可能性が高いため買い戻しはしない。

２日目の2005年２月23日、TRINは最初勢いよく上昇したものの、そ

第1部　基礎編

の後は終日にわたって下落し続けた。前日の市場が大きく下落したことを受けて、最初のTRINの上昇を売りの絶好のチャンスととらえるトレーダーが多いが、TRINのトレンドに従うべきであることが分かっていれば、それが愚かな行為であることに気づくはずだ。TRINが下落している間、市場は最初は安定していたが、そのあとやや上昇した。その日のTRINは安値を次々と切り下げていたので、私は買いのセットアップのみに集中した。

　3日目の2005年2月24日、前日同様、TRINは高い値からスタートしたが、そのあとは終日にわたって下落し続けた。したがって、この日は売りのセットアップはすべて無視した。一方、ミニダウはその日の後半はかなり上昇した。

　4日目の2005年2月25日、TRINはまたもや高い値からスタートしたものの、その後は終日にわたって下落し続けた。

　そして最終日の2005年2月28日、いつものようにTRINは高く始まった。しかし、この日はそのまま上昇し続けた。TRINは高値を更新していたので、私は買いのセットアップは無視して売りのセットアップのみに集中した。その日、市場が閉まる2時間前、TRINは反転し市場は上昇してその日を終えた。強気相場になるような日は、市場はギャップアップで寄り付き、一方、TRINは安い値からスタートし（例えば、0.50辺り）、終日にわたってその水準にとどまる。そういった日は、TRINは低い値にはなるがゼロになることはないため、下降トレンドにはならない。安値で推移しているTRINはチャートの保ち合いパターンに似ており、こんな日は極端に強気相場になる。こういった日は私は売りのセットアップはすべて無視し、市場が上にブレイクアウトした時点で買う。

　TRINを読むときのポイントは、その日に高値を更新しているか安値を更新しているかを見ることである。高値や安値を更新している日は、私は逆のセットアップはすべて無視する。何かで読んだのだが、

234

TRINが1.50に到達したら「売られ過ぎ」なので、その後の市場は上昇すると考え、0.50に到達したら「買われ過ぎ」なので、その後の市場は売られると考えている人がいる。私は売られ過ぎや買われ過ぎという概念は好きではなく、ほとんどのインディケーターではこの概念は無視するが、日中のTRINも例外ではない。市場が高騰するのは、TRINが終日にわたって0.50辺りをうろついている日だ。何かが買われ過ぎているからといって反転するわけではない。反転するかどうかは、私は値動きでしか判断しない。このタイプのセットアップについてはあとの章で書くことにする。

前にも言ったように私は買われ過ぎや売られ過ぎといった概念はあまり好きではなく、日中のTRINの買われ過ぎや売られ過ぎ水準といったことも気にしないが、1日の最後の数値には注目する。というのは、1日の最後の数値は極端な買われ過ぎや売られ過ぎを判断するのに有効だからだ。TRINが極端な買われ過ぎや売られ過ぎの値を示すことはめったになく、あっても年に数回程度だ。私のTRINの第3のルールは以下のとおりである。

● TRINの終値が2.0を上回っているとき、市場が翌日上昇する確率は80%。
● TRINの終値が0.60を下回っているとき、市場が翌日下落する確率は80%。

翌日の動きは大きな動きになるとは限らないが、通常は逆の動きになる。翌日のトレードのセットアップを考えるとき、私はこの点に注意する。例えば、TRINの前日の終値が2.0を上回っていたら、翌日は買いのセットアップに専念し、売りのセットアップは無視する。また、前日の終値が2.0を上回っていたにもかかわらず翌日市場が上昇しない場合、それは市場が大きなトラブルを抱えている証拠であり、急落の

図5.10

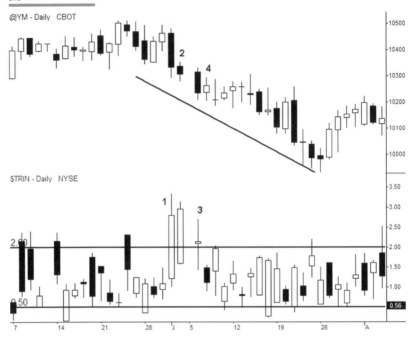

可能性がある。これが発生したのが2004年7月の第1週目だ（**図5.10**を参照）。

図5.10はTRINとミニダウの日足チャートを示したものだが、このチャートでは2004年7月1日のTRINの終値は2.80（1）になっている。翌日、市場は取引が始まった直後は上昇の兆しを見せたものの、結局は下落してその日は下げて引けた。これは良くないことが起こるサインであり、実際ダウはその後も下落を続け、結局8月6日に底を付けるまで673ポイントも下落した。2004年7月6日、TRINの終値は2.12（3）で、翌日ダウは若干上昇した（4）ものの、強気の栄光の瞬間は短命に終わった。これと同じ現象は2005年の取引第2日目である1月4日に発生している。この日のTRINの終値は2.53だった。その翌日、

図5.11

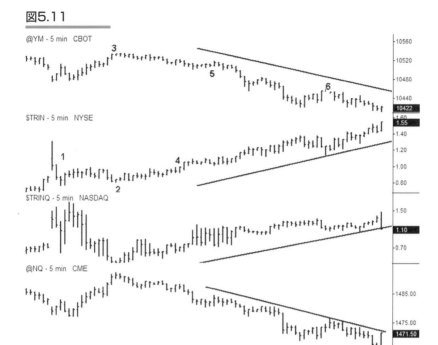

市場は上昇せず、月末には下落幅は410ポイントにも拡大していた。

ナスダック版TRIN

　TRINQ（トレードステーションでのシンボル名は$TRINQ）はナスダック版TRINだ。TRINQにはTRINと同じルールが適用できる。私が最も関心があるのはTRIN同様、TRINQのトレンドだ。

　図5.11は2005年3月29日に見ていたチャート（図5.8）と同じものだが、TRINQとナスダックのチャートを加えた。チャートを見ると分かるように、TRINQが上昇している一方で、ナスダックは下落している。私は通常はTRINのほうを重視するが、ナスダックの動向も気に

なるのでTRINQも見る。TRINQがTRINより早く高値や安値を更新し、TRINに先行することもあるが、TRINQが横ばいでTRINがトレンドを形成している日は、TRINQよりTRINのほうに注目する。市場が大きく動くのは、TRINとTRINQが程度の違いはあっても連動して動いているときだ。

プット・コール・レシオ──王国へのカギ

ほかの市場参加者が任意の時点で何をしているのかを知ることができるとしたら、その代償としてあなたは何を払うだろうか。もしブローカーがその情報を毎日与えてくれると言ったら、私はEミニ先物1枚の往復手数料として25ドルを喜んで支払うだろう。秘密のリポートはあなたの受信箱に魔法のように現れることはないが、プット・コール・レシオ（トレードステーションでのシンボル名は$PCVA）はこの情報を知る最も良い手段だ。

プット・コール・レシオはコールオプションの出来高に対するプットオプションの出来高の比率を算出したものだ。計算は簡単で、プットオプションの出来高をコールオプションの出来高で割ればよい（オプションに詳しくない人のために簡単に説明しておくと、市場が下落すると思った場合はプットを買い、市場が上昇すると思った場合はコールを買う、と覚えておけばよいだろう）。例えば、プットが5万枚買われ、コールが10万枚買われたとすると、プット・コール・レシオは5万÷10万＝0.5となる。プットが12万5000枚売られ、コールが8万5000枚売られた場合は1.47（12万5000÷8万5000）である。

日々の主要なプット・コール・レシオには、株式のプット・コール・レシオ、指数のプット・コール・レシオ、および株式と指数を合わせたプット・コール・レシオの3つある。一般に、株式のプット・コール・レシオは低いが、これは一般トレーダーは買いを好む傾向が強い

（つまりコールの買いが多い）ことを示している。指数のプット・コール・レシオは非常に高い（プットの買いが多い）のが普通で、これは機関投資家が指数の予想外の下落に対するヘッジ目的としてプットを買う傾向が強いことを示している。株式と指数を合わせたプット・コール・レシオは一般投資家と機関投資家の両方の行動を反映しているため、市場参加者が何を考えているのか、さらに重要なのは、彼らがどこに賭けているのかを読み解くうえで極めて重要な比率だ。私がトレード日の最中にウオッチするのはこの両方を合わせたプット・コール・レシオだ。

　それでは、私がこのインディケーターをどのように利用しているかについて見ていくことにしよう。市場参加者の数が100人で、彼らの全員が市場に対して弱気な見方をしており、そのため株式、ETF、指数先物で売りポジションを建てると同時に、プットを買ったものと仮定する。市場参加者全員が弱気で売っているため、面白いことが起こる。つまり、売る側にはだれもいないということだ。売る人がだれもいないので、市場には下落圧力がない。したがって、市場は上昇するしかない。そして、売った100人の市場参加者が最初に置いた損切り注文が順次ヒットする。100人の市場参加者が置いた損切りは、相場に近いものもあれば、少し離れたものもあり、かなり離れたものもある。最初にヒットするのは相場に近い位置に置いた損切り注文だ。損切りがヒットしたトレーダーは買い戻すため、買い圧力が起こる。これによって市場は上昇し、次の損切り注文がヒットする。ここでも買い戻しが起こるため、市場はまた上昇し、次の損切り注文がヒットし……といった具合に、すべての損切り注文がヒットするまで市場の上昇は続く。

　この時点で100人の市場参加者は強気になり、株、指数先物、コールオプションを買い始める。彼らの全員がポジションを建て終わると、またまた面白いことが起こる。今度は買う側にだれもいないということだ。買う人がだれもいないため、市場は下落し始め、相場に近い位置

第1部　基礎編

に置いた損切り注文がヒットし、これによって市場には大きな売り圧力が発生し、次の損切り注文がヒットし、市場はさらに下落し、その次の損切り注文がヒットする。これはまさに悪循環だ。

これは極端に単純化したシナリオで、現実には市場参加者が同じ時期に全員強気になったり、全員弱気になったりすることはない。しかし強気のバイアスと弱気のバイアスの量と強さは常に変動し、この態度の変化によって今述べた「極端に単純化したシナリオ」に似た現象が起こる。プット・コール・レシオに関する私の第1ルールは以下のとおりである。

●**株式と指数を合わせた日中のプット・コール・レシオが1.0を上回ったら、売りのセットアップはすべて無視し、買いのセットアップにのみ注目せよ。**

1.0を上回るプット・コール・レシオは極端な弱気相場と極端なプットの買いを意味し、前述のシナリオのように市場は底を付ける。と言っても、いきなり底を付けるわけではない。プット・コール・レシオが1.0になっても、市場は突然下落をやめていきなり上昇し始めることはない。行きつ戻りつといったプロセスを経て、次第に底に近づく。弱気筋が多すぎるため、明確な支持線が形成され、上方には逆指値買い注文が多数置かれ、ヒットされるのを待っている、というのがこのときの状況だ。プット・コール・レシオが1.0になるのは、市場が何日も続けて下落したり、企業の決算報告や経済指標が芳しくなかった場合が多く、市場参加者の多くは弱気になる。このような場合、市場はプット・コール・レシオが1.0を上回るまで下げ続けることが多い。逆もまた真である。プット・コール・レシオの第2のルールは以下のとおりである。

第5章　株式市場のオープンと同時にやるべきこと

●株式と指数を合わせた日中のプット・コール・レシオが0.60を下回
　ったら、買いのセットアップはすべて無視し、売りのセットアップ
　にのみ注目せよ。

　0.60を下回るプット・コール・レシオはコールの買いが極端に多い
ことを意味し、そのため市場は天井を打つ。これは、強気筋が多く、買
う人がほとんどいない状態を表している。このとき、市場の現在値の
下には逆指値の売り注文がひしめき合い、ヒットされるのを待ってい
る。このような状況になるのは、市場が何日間にもわたって上昇を続
けたり、一見良さそうな決算報告や経済指標が発表されたあとだ。動
きに乗り損なった人々が遅れをとるまいと追っかけをやり始めるのも
こんなときだ。市場はプット・コール・レシオが0.60を下回るまで上
昇し続けることが多い。

　図5.12はミニダウの15分足チャートに株式と指数を合わせたプッ
ト・コール・レシオを追加したものだ。2005年2月22日、プット・コ
ール・レシオは終日にわたって低水準のまま推移し、最低値は0.60を
下回る。これは強気筋が多く、株式、指数先物、コールが買われてい
ることを示している。市場の現在値の下には多くの損切り注文が入れ
られている。その後、ダウは一気に120ポイント以上下落し、損切り注
文はすべてヒットした。

　2005年2月23日、プット・コール・レシオは一時1.0を上回った。こ
れは、弱気筋が多く、売りポジションが建てられ、プットの買いが増
え、市場の現在値の上に多くの損切り注文が置かれたことを意味する。
これらの損切り注文による上昇エネルギーによって市場は引けまで少
しずつ上昇し続けた。

　2月24日、プット・コール・レシオは急上昇して極めて高い値に達
した。市場はギャップダウンで寄り付いたあと、その日の早い時間帯
はほとんど動かなかった。弱気筋が多く、市場の上には多くの逆指値

241

図5.12

　買い注文が置かれたため、市場は上昇するしかない。2月25日、プット・コール・レシオはその日の安値からスタートしたものの、その後上昇して終日にわたって0.80付近にとどまった。

　2月28日、プット・コール・レシオはまたもや低い値でスタートし、およそ1時間にわたって0.60を下回る水準で推移した。これは、2月25日の市場の急騰ぶりを見て市場参加者がコールを買ったためだ。買いポジションが新たに建てられたため、市場には多くの逆指値売り注文が置かれた状態だ。これらの注文が次々にヒットし、市場は下落に転じた。

　繰り返すが、私がプット・コール・レシオで最も注目する点は、値が極値レンジにあるかどうかである。このインディケーターは極値レ

ンジに長くとどまることはないが、極値に達すると市場に大きな影響を及ぼす。それではプット・コール・レシオが極値にならない場合はどうなのだろうか。

プット・コール・レシオは「ニュートラル」領域（と私は呼んでいる）にとどまる時間帯が多い。数値で言えば、0.70と0.90の間だ。通常、プット・コール・レシオがニュートラル領域にある場合、私はこのインディケーターを投資判断には使わない。私がプット・コール・レシオを見るときのポイントはもう1つある。それはプット・コール・レシオの「トレンド」だ。プット・コール・レシオの第3のルールは以下のとおりである。

● **市場が上昇しているとき、プット・コール・レシオも上昇していれば市場の動きは本物。**
● **市場が下落しているとき、プット・コール・レシオも下落していれば市場の動きは本物。**

プット・コール・レシオが上昇しているということは、ほとんどの人が弱気になっていることを意味する。したがって、彼らは株や指数を売り、プットを買う。つまり彼らは市場の上昇を本物とは見ておらず、下落を見込んで売りポジションを建てているわけである。彼らには自分たちが建てた売りポジションと、それと同時に市場の上方に置かれた損切り注文が市場を押し上げる原動力になることがほとんど分かっていないのだ。

しかし、市場が上昇しているときにプット・コール・レシオが下落している場合、これは人々が市場の上昇を本物と考え、追っかけをしているからだ。この場合、市場はそのまま上昇を続ける。当然ながら逆も成り立つ。市場が下落し、プット・コール・レシオも下落している場合、これは強気筋が増え、市場の下落を利用して株やコールを買

図5.13

っていることを示している。彼らは自分たちが市場の下方に置いた逆指値売り注文が市場をますます押し下げる原動力になっていることにまったく気づいていないわけである。また、市場が下落しているときにプット・コール・レシオが上昇している場合、これは人々が恐怖心から下落する市場を追っかけていることを意味する。これは市場が下げ止まるサインだ（**図5.13**を参照）。

1．2005年3月29日、ミニダウ先物はギャップダウンで寄り付き、さらに下げる。
2．市場の下落を見込んだ人々が売りポジションを建て、プットを買ったため、プット・コール・レシオは上昇する。

第5章　株式市場のオープンと同時にやるべきこと

3．プット・コール・レシオの上昇によってプットの買いがさらに増える。プット・コール・レシオは1.0を上回ってはいないものの、市場を反転させ、損切り注文を次々とヒットさせるには十分な高さだ。

4．人々はプット・コール・レシオのこの上昇をポジティブなものととらえ、押したところでコールを買い始める。コールの買いが急激に増えたため、プット・コール・レシオは0.65を下回るまでに下落する。

5．コールの積極的な買いによってミニダウは数時間にわたって下落し続け、下落幅は120ポイントを上回る。

6．ミニダウが下落するのを見て、動きに乗り損ねるのではないかと不安になった人々は株を売り、プットを買い始める。これによってプット・コール・レシオはその日の高値へとかけ上がる。

7．市場は引けにかけて上昇することなく安定。プット・コール・レシオの上昇によって市場は底値圏を形成し始める。

　図5.14は翌日の市場の動きを示したものだ。前日の３月29日、市場は安値近くで引けたため、翌朝、人々は弱気になる。ギャップアップで寄り付いたところで積極的に売り始めると同時に、プットを買い始める。相場は「必ず」下がると思ったからだ。人々が競うように売りポジションを建てたため、プット・コール・レシオは急上昇する。これに対して市場はどう反応するだろうか。その日、結局、市場は前日の終値を140ポイント以上上回って引けた。

　10時を過ぎるまでは私はプット・コール・レシオはほとんど無視する。上場株のなかには取引がスタートするまでに時間がかかるものが多く、オーバーナイトしたオプション注文が執行されるまでにも時間がかかるため、10時までのプット・コール・レシオは正しくない動きをすることが多いからだ。私はまたオプションの満期日のプット・コ

245

第1部 基礎編

図5.14

ール・レシオも無視する。オプションの満期日におけるオプション関連の動きによってプット・コール・レシオが正しい動きをしないからだ。

　デイトレードにとってプット・コール・レシオは欠かせないツールだ。本書執筆の時点では、このインディケーターを提供しているデータフィードベンダーは少ない。トレードステーションでプット・コール・レシオを入手しようと思えば、「opra（Options Price Reporting Authority）」への会員登録が必要になる。またプット・コール・レシオはトレードステーションでは入手可能だが、eシグナルでは今のところは入手不可能だ。顧客からの要望が増えればプット・コール・レシオ値を提供する気配値ベンダーも増えることだろう。プット・コー

ル・レシオ値は、http://www.cboe.com/data/current-market-statistics
でも入手可能だ。このサイトの数値は30分ごとに更新されている。

日中に市場で起こっていることを知るための最も効果的な方法

セクター別パフォーマンスリスト（sector sorter list = SSL）は「指数の背後」で何が起こっているかを知るのに使っているものだ。まず主要セクターをリストにする。このリストは正味変動率に基づいて数秒ごとに終日にわたって自動的に並び替えられる。これがSSLだ。どのセクターが上方や下方への牽引役になっているかがひと目で分かるのがこのリストの特徴だ。SSLに関する私の第1ルールは以下のとおりである。

●銀行セクター（BKX）、証券セクター（XBD）、半導体セクター（SOX）の動きを伴わない動きは本物ではなく、長続きしないことが多い。

2005年4月1日、ほぼ終日にわたって上がり続けたのはエネルギー、住宅、金セクターだけだった（**図5.15**を参照）。その日最悪だったのは半導体セクターで、証券セクターと銀行セクターも同じく悪かった。これらの3つのセクター（銀行、証券、半導体）が重要なのは以下のとおり。

●第一に、時価総額が最大の（株価の現在価格に基づいてほぼ最大の）セクターを代表するのが巨大銀行（マネーセンターバンク）だからだ。この指数からの市場参加がなければ市場は上昇しない。
●第二に、証券会社は重要なマーケットプロキシー（市場の代理変数）

第1部　基礎編

図5.15

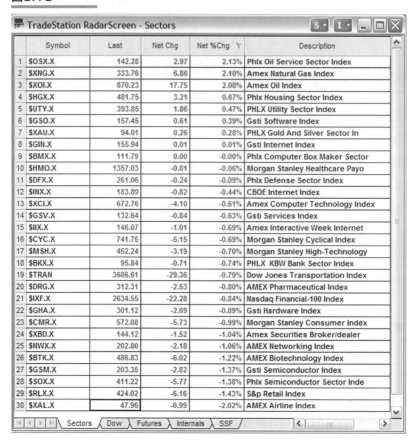

であることが挙げられる。証券セクターの行くところに市場も行く。
●第三に、半導体株はだれもが買う株である。つまり、半導体株は個人投資家と機関投資家の双方による強い支持があるということだ。これらのセクターが下落すれば、市場は確実に、しかも長期にわたって下落する。当然ながらこの逆も成り立つ。

　このリストは、市場が静かなちゃぶつき相場のときにも使える。市

場が静かなときは、表面に表れない動きがあることが多い。指数全体は狭いレンジ相場だが、水面下ではいくつかの主要セクターが下落していたり堅調な動きをしていたりする。こういった動きは指数そのものには現れない。SSLに関する第2のルールは以下のとおりである。

●**市場が静かなとき、下落しているセクターが多いほど、市場がブレイクするときは下方にブレイクする可能性が高い。逆に、上昇しているセクターが多いほど、市場がブレイクするときは上方にブレイクする可能性が高い。**

SSLはいわば医者が見るカルテのようなもので、現在の市場環境の全体的な健康状態を見るのに役立つ。ETFもSSLに利用することができる。私がフォローしているのは次の9つのセクターだ——XLY（一般消費財）、XLF（金融）、XLB（素材）、XLP（生活必需品）、XLV（ヘルスケア）、XLK（情報技術）、XLE（エネルギー）、XKI（資本財）、XLU（公益事業）。

その日がちゃぶついた日になるかどうかを知るにはここを見よ

トレーダーを最も悩ます問題の1つが、株価指数のレンジが狭くちゃぶついた日にはどうすればよいか、である。ちゃぶついた状態のとき、株価指数の動きは緩慢でレンジが狭く、ボラティリティも低い。ほとんどのトレーダーは半日が過ぎるころに、その日がようやくちゃぶついた日であることに気づく。チャートを見たり、負けトレードの額を計算して、ようやく気づくのだ。ちゃぶついた日には、ちゃぶついたときに最も機能するトレードのセットアップを使わなければならない。トレンド相場で最も機能するセットアップをむやみに使っても失

図5.16

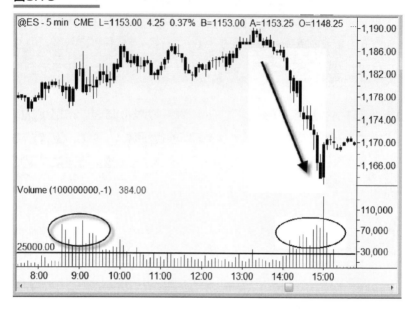

敗するだけだ。ちゃぶついた日に私がよく使う2つの戦略（ピボットとTICKフェード）については、第8章と第9章で説明する。

　私はその日が始まったらその日の市場がどんな市場になるのかをできるだけ早くつかむようにしている。そのためにまず、EミニS&P500先物の5分足チャートに、インディケーターとして出来高だけを加えたものを用意する。次に、出来高が2万5000枚レベルの位置（あるいはそれにできるだけ近い位置）に水平線を引く。

　これを示したものが**図5.16**だ。チャートを見ると分かるように、2011年9月27日の取引開始から最初の1時間は出来高が2万5000枚を超える足が大半だ。取引開始から最初の1時間は取引が多いため、これは普通だ。つまり、最初の1時間は2万5000枚を超える取引が5分ごとに何回も行われたということである。市場はその日の大半、静かに上昇し、最後の1時間にかけて下落している。出来高が2万5000枚を超

図5.17

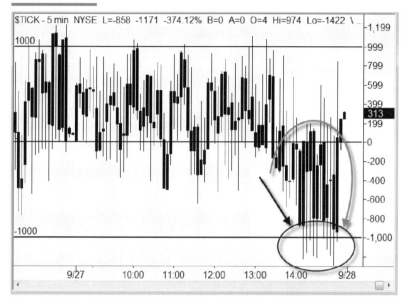

えてそこにとどまれば、それは弱気派が市場に大挙して押し寄せていることを意味する。彼らの大虐殺によって、S&P500は引けにかけて30ポイントも下落している。

　出来高は動きの確信度を測定するのに非常に役立つ。市場が出来高を伴わずに下落し始めたら、それは確信度の低い動きだと私は判断する。こういった場合の出来高は単なる探りを入れる程度の役割しか果たさず、その探りは失敗することが多い。出来高を伴わずに下落するということは、引けにかけての上昇で買い機会を狙っていると見るのがよいだろう。しかし、出来高を伴う動きは、その動きが継続することを示しており、それと戦う必要はなく、ただその動きについていくだけだ。**図5.17**は同じ日のTICKを示したものだ。

　その日はほとんどの時間帯でTICKはゼロを上回り、+1000水準に何度も達している。この間、ゼロラインへの下落は買い機会になり、+

第1部　基礎編

1000水準への上昇は売りの機会になる。しかし、引けにかけて出来高がスパイク状に上昇し、TICKが初めて−1000水準に達すると市場の性質が変化した。チャートを見ると分かるように、ゼロラインへの上昇はすべて拒否されている（売り機会を与えている）。これは弱気派が強気派を支配していることを示している。事実、TICKは−1200まで下落している。これは極端な売りが発生していることを示している。このように、出来高とTICKの両方を見ることで水面下で何が起こっているのかをつかむことができる。出来高チャートを見るときのルールは以下のとおりである。

● EミニS&P500の5分足チャートで最初の6本の足の出来高のほとんどが2万5000枚を下回る場合、その日はレンジの狭いちゃぶついた日になることが予想される。
● EミニS&P500の5分足チャートで最初の6本の足の出来高のほとんどが2万5000枚を上回る場合、その日はボラティリティの高いトレンド相場になることが予想される。

　これは、その日がちゃぶついた日になるのかボラティリティの高い日になるのかどうかをいち早く見極めるための簡単な方法だ。その日の相場をいち早く予測できれば、用いるセットアップも市場のタイプに応じて選ぶことができる。一言でいえば、ちゃぶついた日は、TICKの極値のフェードプレーがベストで、トレンド日は、ゼロラインへの上昇や下落でフェードプレーがベストということである（TICKプレーについては第9章を参照）。

252

第5章　株式市場のオープンと同時にやるべきこと

すべてのデータを1つの画面上に置け——オープニングベルの音とともにその日の市場を感じとれ

データが多すぎるとそれだけで圧倒されてしまうものだ。こういったデータを読むためのコツは、脳が情報をできるだけ速く、そして効率的に取り込むことができるような方法でやることだ。そのために私はデータをある順序で見ることにしている。2列ずつ、上から下、左から右という順序で見るのだ。

図5.18はこれらの情報を1つの画面上にまとめたものだ。画面左側の一番上にあるのがTRINとTRINQで、まずこれらのデータから見る。次に見るのがその下にあるプット・コール・レシオで、次が画面左側の一番下にあるTICKだ。ここまで見終えたら画面右側の一番上にあるSSLに目を移す。そして最後がその下にあるTIKIだ。市場がその日ずっと売られ続けたことは、価格チャートを見なくてもこれらのデータから判断できる。

図5.19は強気市場の内部要因インディケーターを示したものだ。TRINとTRINQは下降トレンドにあることがひと目で分かり、プット・コール・レシオの始値は1.0を大幅に上回り、TICKはほとんどゼロを上回り、セクターも大部分がプラス、TIKIは売りプログラムより買いプログラムのほうがはるかに強いことを示している。こんな日は、私は買いのセットアップだけに集中し、売りのセットアップは無視する。

これは市場には上方圧力があるのか下方圧力があるのかを感じ取るのに役立つだけでなく、市場がちゃぶつきモードになるときを知るのにも役立つ。ちゃぶつきモードになるのは、これらのインディケーターが対立するときだ。例えば、TRINは高値を更新（弱気）しているのに、TICKはほとんどの時間帯でゼロを上回る（強気）といったようなときがそうだ。

253

図5.18

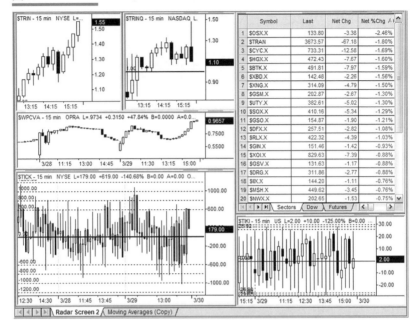

　ちゃぶつきを判断する私の好みの方法の1つは非常に簡単だ。SSLを見て、セクターのおよそ半分が緑で、半分が赤の場合、ニュートラルと見る。

　EミニS&P500の5分足出来高チャートを加えないのは単なるスペースの問題だ。これは別画面で見る。

トラッキングすべきそのほかの重要なこと

　2005年に本章を書いたときからすべてが変わったわけではない。本章の変更点は非常に少なく、EミニS&P500の出来高が1万枚から2万5000枚に変わったのと、TICKの使い方が少し変わり、市場が強い日はゼロラインを仕掛けの機会とした程度だ。市場が強い日は2011年

図5.19

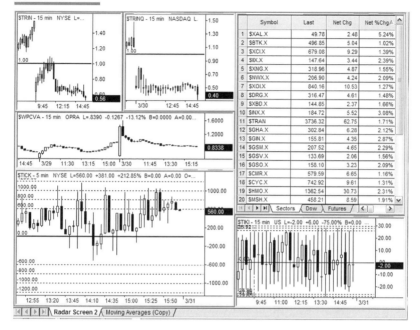

の8月と9月に多かった。

TRINは依然として有効だ。ただ、リバースETFが導入されてからTRINの影響力は弱まってきた。リバースETFが盛んに取引されるようになったからで、TRINの数値にひずみが生じている。大きなひずみではないが、若干のひずみが生じている。

これを補うために最近では2つ「新たな」内部要因インディケーターに注目し始めた。「新たな」と言ったが、実際には新しいわけではない。しかし、これら2つのインディケーターは私のなかでは数年前に比べると重要性が高まっている。2つのインディケーターとはVOLSPD（S&P500のうち上昇した銘柄の出来高と下降した銘柄の出来高の差）とVIX（CBOEボラティリティ指数）だ。

VOLSPDはその日の始まりでは役に立たないが、引け前の1時間に

255

第1部 基礎編

図5.20

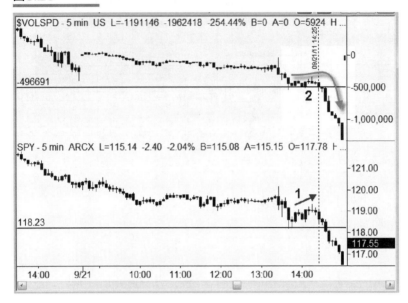

おいては極めて重要になる。このインディケーターを見るときは売り圧力と買い圧力を見る。最後の1時間にかけて売り圧力が持続しているときは、引けにかけて下落しているかどうかを見る。また買い圧力が持続しているときは、引けにかけて上昇しているかどうかを見る。あまりにも単純に思えるかもしれないが、引け前の30分はダマシが発生しやすい。株式市場が急落していて、VOLSPDが上昇し続けているときはどうなるか。株式市場は反転して引けにかけて上昇する。逆の場合も同じだ。

図5.20はVOLSPDとSPYの5分足チャートを示したものだ。13時45分（CST）の1の辺りから株式市場は上昇し始め、この上昇は30分ほど続いている。これは本当の買いなのか、それともダマシなのか。

VOLSPDを見ると、これはダマシであるだけでなく、市場は引けにかけて下落する可能性が高いことが分かる。VOLSPDからは株式市場

図5.21

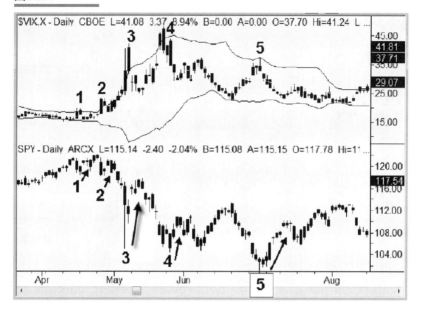

の上昇を裏付けることができないだけでなく、その日の安値を更新し始めている。これは強気筋にとっては死を告げる鐘だ。市場も引けにかけて下落している。

VIXは昔からあったもので、市場ボラティリティの上昇に伴ってその重要性は増している。これはパニックを測定するインディケーターなので「恐怖指数」とも呼ばれている。パニックは極端に走ることもあるため、あまりにも大きなパニックは買いシグナルになる。

図5.21の上の図はVIXの日足チャートを示したもので、標準的なボリンジャーバンド（設定値は20と2）を重ねて描いている。下の図はSPYのチャートを示している。VIXが上のボリンジャーバンドまで上昇するとき、特にボリンジャーバンドを上回って引けるとき、市場は底を付けたあと大きく上昇する。

3はかの有名な「フラッシュクラッシュ」が発生した日である。こ

第1部 基礎編

図5.22

の日に市場は底を打っていることが分かる。そしてVIXは急上昇している。人々は不安におののいていた。その次に何が起こったかというと、市場は数日間にわたって急騰し、フラッシュクラッシュの前に付けた高値を上回った。チャートを見ると分かるように、VIXが極値を付けると、市場には極度の恐怖が広がり、売りは体力を使い尽くしてしまう。これから得られる教訓は、VIXが急伸していても、市場の下落にはそれほど興奮する必要はないということである。

私はVIXの5分間チャートも見る（**図5.22**）。その目的は、上や下へのブレイクアウトの動きがないかどうかを確認するためだ。VIXの動きは速く、市場に先行してブレイクすることが多い。

図5.22の1を見ると、VIXがまず上昇し、その直後に市場が下にブレイクアウトしている。このケースの場合、VIXが上昇トレンドにあるかぎり、市場は下がり続けるだろう。

私はVIXの5分足チャートを使って、VIXが上昇した「直後の恐怖」を測定する。日足チャートは、恐怖が拡大したあと、恐怖が消え去って安堵感が広がり市場が再び上昇するのがいつなのかを見るのに使う。

これを無視すればチャンスはつかめない

この数年にわたってマスコミでは「キャリートレード」が頻繁に話題に上るようになった。しかし、トレーダーや投資家の間でキャリートレードが話題に上ることはあまりない。「ヘッジファンドはまた何やら奇妙なものをやってるなぁ」というのが彼らの認識だ。「それはこっちには関係ない」。でも、それが彼らの間違いなのだ。彼らは完璧に間違っている。

今日の市場で、キャリートレードほど影響を及ぼすものはない。キャリートレードを簡単に説明すると、ヘッジファンドは日本円や米ドルといった金利の安い通貨で資金を調達し、借り入れた資金を豪ドルなどの金利の高いほかの通貨に交換し、その国の株、金、銀、穀物、原油など価格が上昇している資産で運用して、その金利差収入を稼ぐ。これをキャリートレードと言う。彼らはなぜこんな面倒なことをするのだろうか。多額の手数料を稼げるように大きなリターンを上げるためだ。

これがなぜそれほど重要なのだろうか。それは、ファンドがキャリートレードを行う（「リスクオン」ともいう）と、ほとんどのアセットクラスの価値が上昇するからだ。なぜなら彼らがそういったアセットクラスをどんどん買っているからだ。しかし、最も重要なのは、ファンドが「リスクオフ」に転じたときだ。つまり、キャリートレードの一部を解消するということである。そのためには、彼らは、①買った資産を売る、②今持っている高利回りの通貨を売る、③金利の安い通

第1部　基礎編

貨で借り入れた資金を返済する——必要がある。これら3つの操作は
ほぼ同時に行われる。

　これがなぜそれほど重要かというと、ヘッジファンドが「リスクオ
フ」に転じると、ほぼすべてのアセットクラスは売られるため下落す
るからだ。これは、ニュースとは一切関係ない。

　しかし、ヘッジファンドがいつ「リスクオン」に転じ、いつ「リス
クオフ」に転じるのかをトレーダーはどのようにして知ることができ
るのだろうか。CNBCを見てか、いやノーだ。ニュースを見ても、彼
らは事が起こったあとになって初めて何が起こったのか知ることにな
る。ヘッジファンドは足跡や行動を表に出すことはない。でも、驚い
たことに、この情報は簡単に入手できる。必要なのはデータフィード
だけだ。

　図5.23はAUD/JPYのチャートを示したものだ。今のレートは
73.739である。これは1豪ドル＝73.74円であることを意味する。信じ
られないかもしれないが、このチャートはヘッジファンドがリアルタ
イムで行っていることを表している。AUD/JPYのレートは問題では
ない。重要なのはチャートが上昇しているか下降しているかである。

　AUD/JPYがすべてのキャリートレードの実態を表しているわけで
はないが、これはよく行われるキャリートレードの1つである（日本
円で資金調達して豪ドルで運用する）。日本円による借入金が多ければ
多いほど、買う豪ドルも多くなり、AUD/JPYのレートは上昇する（リ
スクオンになれば、1豪ドルで買える日本円は増える）。したがって、
キャリートレードが行われると、AUD/JPYのレートは上昇する。キ
ャリートレードが解消されると、AUD/JPYのレートは下がる。なぜ
なら、日本円で借り入れた資金を返済するのに豪ドルが売られるから
である。ちょっと複雑だっただろうか。あなたが覚えておくべきこと
は次の2点だ。

260

図5.23

- AUD/JPYレートの上昇(円安)=リスクオン=アセット価格は上昇
- AUD/JPYレートの下落(円高)=リスクオフ=アセット価格は下落

　図5.23は上にはAUD/JPYのチャートがプロットされ、下には株式市場(SPY)のチャートがプロットされている。期間は2010年10月から2011年10月までである。1と2はAUD/JPYも株式市場も上昇していることを示している。3と4はAUD/JPYも株式市場も下落してい

第1部　基礎編

ることを示している。とても簡単だ。

　このチャートの面白い点は、AUD/JPYが先行指数になっていると
いう点だ。これを示しているのが5である。2011年3月29日、AUD/
JPYは上にブレイクアウトして高値を更新した。このとき株式市場は
どう動いたかというと、あまり動かなかった。ヨーロッパの1カ国が
破綻の危機にあるというニュースで株式市場は混乱していた。その一
方でAUD/JPYは上昇を続けていた。つまり、ファンドがアグレッシ
ブにリスクオン状態になっていたということである。

　驚いたことに、およそ1カ月後の2011年4月26日、株式市場が上に
ブレイクアウトして高値を更新したのである。金融番組の一字一句に
耳を傾けていたトレーダーは、市場の下落を報道し続ける金融番組と
ヨーロッパの債務危機に不安を感じて株を売った。一方、キャリート
レードの重要性を認識するトレーダーは、株式市場はヘッジファンド
が取っている実際のリスクに必ず追いつくはずだと信じて、株や株の
コールオプションを買った。簡単に言うと、ファンドが借り入れてい
る資金に仕事をさせる必要があるということである。

　図5.24はAUD/JPYとEミニS&P500の5分足チャートを示したも
のだ。私はEミニS&P500の売られ度を見るために日中は5分足チャ
ートを見る。2011年10月5日の1の時間帯にEミニS&P500は激しく
売られている。このときAUD/JPYは少し「押し」ただけだった（2）
ので、このあとEミニS&P500が反転して上昇する可能性は非常に高
い（実際にこうなっている）。EミニS&P500が下落し、AUD/JPYも
下落すれば、株式市場の下落は本物ということになる。

　キャリートレードを理解することが重要な最後の理由は、キャリー
トレードは人々が説明できないことを説明してくれるからである。例
えば、2008年の金融危機のとき、だれもが母親と話していたのは、米
ドルはもうダメだ、金や金関連株に投資しなきゃ、ということだった。
ところが、2008年10月の金融危機の最中に何が起こったかというと、金

262

図5.24

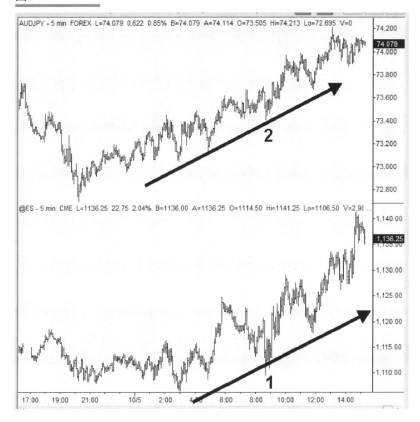

は大幅に売られ、１オンス1080ドルから707ドルに下落したのである。金関連株はもっと悲惨だった。人気の高い貴金属関連会社であるゴールドコープ（GG）の株価は52.65ドルから13.84ドルにまで下落した。2008年４月から10月までの金融危機では、金関連株は軒並み大暴落した。自分は賢くて「うまいこと」やったと思っていた人は後ろからズドーンだ。何が起こったのか？

　図5.25は「何が起こったのか」を示したものだ。一番上のチャートはAUD/JPYを示している。AUD/JPYは100.00を上回っていたのが

図5.25

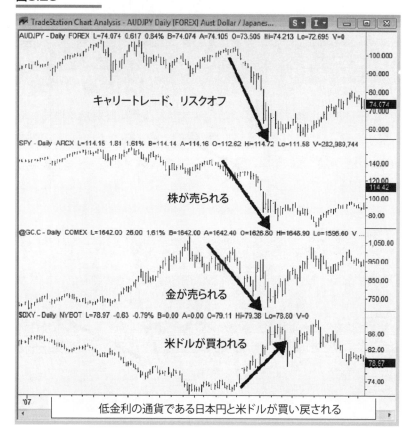

60.00に下落した。これはファンドがリスク資産を手放して、安全資産へと向かっていることを示している。市場は動きたいから動くのではなくて、動かなければならないから動く、と言ったのを覚えているだろうか。これは実質的に世界最大の追証だった。ファンドは資産と名の付くすべてのものを売らざるを得なかった。そのなかには金も入っていた。どんな資産かは問題ではなく、本質的価値があるのかどうかも問題ではない。彼らは借りたお金で買った資産はすべて売り払い、借

りたお金を返さなければならなかったのだ。この時期、米ドルが上昇したのもそのためだ。日本円同様、米ドルもキャリートレードに使われている。なぜなら日本円も米ドルも低金利の通貨だからだ（少なくとも過去数年間はそうだった）。キャリートレードが打ち切られ、日本円や米ドルが払い戻されると何が起こるだろうか。米ドルは上昇した。なぜなら、お金を借りるということはそれを売ることを意味し、お金を払い戻すということはそれを買うことを意味するからだ。だから、米ドルを払い戻すことで米ドルに上方圧力がかかったのである。多くの評論家の予測に反し、米ドルが暴落しなかったのはこのためなのである。米ドルはいつかは暴落するかもしれないが、米ドルが低金利の通貨であり、ヘッジファンドがリスクオフを行っているかぎり暴落することはない。

　すべてのアセットが売られたあと、残ったキャッシュはどこにいくのだろうか。それは米国債へと流れる。このようなときには米10年物国債先物やそのほかの債券先物が急騰するのはこのためだ。

●キャリートレードがオン？　よろしい、あらゆるものを買え。
●キャリートレードがオフ？　逃げろ！

まとめ

　市場は、ほとんどの日──ほとんどの週も──は保ち合いになるか、一休みするか、後退するか、暇つぶしをする。つまり、何もしていないということである。このことを覚えておくことは重要である。動きを待ち、動き出したらそれを追いかけざるを得ないトレーダーは、動きが発生する前に市場に参入するトレーダーに比べると不利な立場にある。動き出してから追いかけるトレーダーがやるべきことは、こうした内部要因を見て、抵抗の最も少ない道を見つけることである。市

場が動いていないときは、次の動きが起こったときに抵抗の最も少ない方向に動けるように態勢を整えることが重要だ。そして動きが起こったら、アマチュアはそれを追いかけ、あなたは彼らに自分のポジションを売りつけるのだ。

　内部要因については、https://www.simplertrading.com/marketinternals というサイトを立ち上げたので、ぜひ活用してもらいたい。本章のアップデートも入手できるし、市場状態のライブビデオも見ることができる。ライブビデオでは市場の展開に沿って内部要因がどのように機能するのかを見ることができる。また、私たちが使っている内部要因や移動平均線のアップデートも入手可能だ。本のなかにチャートをコピー＆ペーストするよりも、「私が内部要因インディケーターをどのように使っているのかをライブ」で示したほうが簡単な場合もある。

　そろそろ第１部も終了に近いが、第２部の実際のトレードセットアップに入る前に、最近トレードを始めたばかりのトレーダーが体験した驚くべき苦難の道を見てみることにしよう。彼女はこうした曲がりくねった道を体験してようやく利益を出せるトレーダーに成長した。あなた方がダニエル・シェイ（もうすぐダニエル・ガムになる）のことをご存知かどうかは知らないが、彼女のトレードの旅は非常に興味深く、読んでいて愉快でもある。次の第６章は彼女にバトンタッチする。

第6章

初心者トレーダーがたどった旅

A Beginner's Journey

ダニエル・シェイ・ガム

ジョン・カーターの言葉──「ダニエルが私たちのライブイベントによく参加していたのを覚えている。彼女は想像を絶する学習曲線をたどったが、これは何も彼女に限った話ではない。トレーダー初心者なら当然のことだろう。そんな学習曲線を体験した彼女はあるイベントで、刺激的で時として厳しい質問をし始めた。それは素晴らしい質問だった。『だれだ、あの子は？』。彼女は聡明で面白く、すごく分析的で、臆せずに自分の意見を述べる女性だった。また彼女は根気強さも持ち合わせていた。あるときイベントで彼女と話をしていた私は彼女に言った。『オースティンに来て私たちと一緒に働かないかい？ 新入りトレーダーが早く仕事に慣れるように手助けしてもらいたいんだ』。それから彼女はだれの許可を待つでもなくリーダーシップを発揮し、新しい未来を築いていった。見ていてとても楽しかった。それではダニエル、どうぞ」

それはこうして始まった

私が大学生のとき──あるいは人生のある時期に──、私が金融市場で成功するだろうとあなたに言われたとすると、私は笑ってその場を立ち去っただろう。私がそこにたどり着くまでの道は驚きに満ちた

第1部　基礎編

ものだった。でも最終的には、今、私は自分が好きなことをやっている。そう、私の好きなこと——、それは自分のやり方でお金を儲け、そして人にもその人のやり方でお金を儲ける方法を教えること。

　なぜ私は自分が金融のことについて教える人物になると思わなかったのだろうか。小さいころは弁護士になるのが夢で、語学を学んだり、小説を書いたりもした。でも、私は昔から型に収まるような人間ではなかった。自分の運命は自分で何とかしたいといつも思っていたし、人とは違う自分だけの道を切り開きたいと思っていた。人権にかかわる仕事や起業、あるいは発明家になることも考えた。何か1つのことだけをやるのは嫌だった。何かに没頭し始めると、興味は失せ、次にやる大きなことを考える。この繰り返しだった。私の自立心は、自分が本当に情熱を傾けられる、生き生きと感じられるもの以外に落ち着くことを許さなかった。いろんなことをやりたいというこの終わりのない熱病にかかった私は、大学を卒業すると海外に出た。やがて私は中米の小学校の教師になった。私は変わったことをやりたかった。夜が明けるころに眠りにつき、自分は世界で良いことをやっているのだと思いたかった。それが教師という仕事だった。

　海辺の小さな町で6年生を教えるようになった経緯は次のとおりだ。子供が大好きで、授業を組み立てるのが好きで、重要な概念を彼らが理解できるようにかみ砕いて教えるのが好きだった。私が教えたのは英語、数学、科学だった。大学では難民に英語を第二外国語として教えていたが、子供に教えるのは次のステップのように思えた。私は大好きな教えるという仕事をすることができるうえ、ほかの国や文化にどっぷりとつかることもできた。私は子供たちに教えると同時に、彼らからも毎日学ぶことがあった。毎日が冒険だった。私はこの冒険を心から愛した。

　さて次は、私がどのようにして熱心なオプショントレーダーを教えることになったかについて話そう。私はアメリカの企業で働いたら死

268

んでしまうといつも感じていた。厳しいルールに時間厳守。それにド
レスコード。文句を言ったらきりがないほどだ。ミレニアム世代と呼
んでもらってもよいが、アメリカの企業で働くなんてことは天地がひ
っくり返っても嫌だった。

オプショントレーダーになることも何だかピンとこなかった。これ
が素晴らしいキャリアになるというひらめきのようなものでもあれば
よかったのだが、それはなかった。ちょっとやばいんじゃない？　そ
れまで3年間をコスタリカで過ごし、自分の未来はそこにあると思っ
てきた。教えるのが好きで、家も気に入っていたし、これから築くこ
とになる家族のことも愛していた。私はこれからの一生をともにする
と思える男性と巡り会い、恋に落ち、妊娠した。妊娠して間もなく、フ
ィアンセが本性を現してきた。細かいことは言おうとは思わないが、そ
れは私が抱いていた人生とは違っていた。何かが変わるような気配は
なかった。若気の至りとでもいおうか、私はなんて愚かなんだろう、と
裏切られた気分だった。選択肢は2つ。そこにとどまり絶望の日々を
過ごすか、遅すぎる前にそこを飛び出すか。当然、私は去ることを選
んだ。

「ひとつの決断で、あなたはいつでも別の人生を歩んでいける」

フィアンセの元を去るということは、まったく新しい人生を生きる
ことを意味した。教師としてのキャリアは突然終わりを迎え、それま
で持っていたすべての物とも別れを告げた。身重の体で、運べるだけ
のものを2つのスーツケースに詰めて彼の元を去った。帰れる場所は
両親のところしかなかった。当座口座と普通口座を合わせて、持ち金
は800ドル（これは今では叶わなくなった結婚式のためにとっておいた
もの）。2カ月後、綿密に計画を立てていた人生を離れ、私は一家の厄
介者になった。もうじき私は25歳のシングルマザーになる。そして両

269

第1部 基礎編

親の厄介になる。完全に人生の敗北者になった気分だった。

私は頭脳明晰で学校では成績はいつもトップクラスだった。そして、アメリカの有名大学を卒業した。なぜこんなことになってしまったのだろうか。これまでの人生で何度も感じてきたことは、人生で最悪なことはきっといつか良い結果として花開くときがやってくる、ということだった。

しかし、この時点で私に選択肢はほとんどなかった。残念ながら、米国の小学校で教えても、シングルマザーが子供を育てていくのに十分な給料はもらえなかった。私は途方にくれ、どこで巻き返しを図ればよいのか分からなかった。

2013年9月、息子が生まれた。名前はレオ。彼の誕生で私のなかにはこれまで経験したことがないような活力が生まれた。よくは分からなかったが、私が息子を愛していることだけははっきりしていた。息子にはできるかぎり最高な人生を与えてあげたいと思った。自転車操業的な家計のなかで彼を育てるのだけは嫌だった。逼迫した経済状況から逃れられるのなら、どういった仕事でもやろうと思った。私はこの混乱状態から抜け出せるとは思えないと父に泣きついたりもした。自分は正しいことをやっているのだという自負はあったものの、自分の子供の面倒さえみれないという状況はどうしても受け入れられないでいた。私が失敗した人生計画を嘆いているのを見た父は、「ジョン・カーターを訪ねてみてはどうか」と言ってくれた。

私の気持ちを変えたもの

私の父は20年以上にわたって投資やトレードに心血を注いできた。でも、それまで父とはトレードの話をしたことはなかった。「ジョン・カーター?」と私は聞き返した。このジョン・カーターという男が私をこの混乱状態から救ってくれるというのだろうか? これが私の人生

270

を変えた瞬間だった。

父が私にオプショントレードの話をしてくれたのはそのときだった。当然ながら、私にはオプショントレードが何なのか、それでどうやってお金を稼ぐのかなんてまったく分からなかった。「強気」や「弱気」といった簡単な言葉さえ私にはちんぷんかんぷんだった。父が話してくれたのは、これまで投資やトレードをやってきて、カーターほどお金を儲けている人は見たことがないということだった。カーターはオプションを教えているので、一緒に授業に出ようと父は私に言った。オプションでお金を儲ける方法を学べば、レオも私も食べていける。しかも家でできるので、レオを人に預けて外で働く必要はない。でもこんなものは眉唾物に違いない、と私は思っていた。

私はいろんな条件を設定してみて、その条件に沿って考えてみた。生後1カ月の赤ん坊を抱えての新しい職探しは現実的ではないように思えた。新生児を抱えた初めてのお母さんというものは、子供のそばを離れるくらいなら死んだほうがマシと思うものだ。また、たとえアメリカで教師の職に就いたとしても、シアトル（全米一不動産が高い都市のひとつ）でシングルマザーとして暮らす私にとって教師の給料だけではやっていけない。教師の給料では子供の託児所の費用を払うだけで精いっぱいだ。赤ちゃん用品だけでなく、家賃も食料品も買わなければならない。今の時点で私が心に描くことができる未来は、貧困家庭そのものだ。貧しい生活だけは送りたくない。

苦しい立場に立たされた私は父に言った。「父さん、そのジョン・カーターって人はどんな人なの？」。こう言いながらも、私は心のなかでは違うことを考えていた。

数学ですって？　うえっ！　数学なんて大嫌い。数字？　金融？　私には無縁のものばかり。大学ではかろうじて数学の授業を避けて通ったのに。経済入門なんて大学の4年間で最悪の成績だった

第1部　基礎編

し。私にトレードをやれですって？　そんなことできるわけがな
いでしょ。

　私は家でできる仕事を探していた。子供の託児所代だけでもバカに
ならないので、外で働くことは最初から選択肢からは外した。執筆業、
オンラインでの英語教師、筆写、翻訳なども考えた。自分の手で息子
の面倒をみたい。私の条件はそれだけだった。すると、また父が言っ
てきた。「今週末、ジョンの授業を受けるんだけど、一緒に行かない
か？」。私は赤ん坊を抱えてしぶしぶ父について行き、カーターの授業
を聞いた。彼はオプション戦略でお金を何倍にもした話をした。彼の
見せるチャートが何なのかまるで見当もつかなかった。プラットフォ
ームの使い方も知らないし、とにかく彼が話していることの10％くら
いしか理解できなかった。しかし、彼には教師としてのカリスマ性が
あったし、父は、私には絶対にできる、と言い続けた。それでやって
みようという気になった。失うものなど何もなかった。私はTDアメ
リトレードにペーパートレード口座（つもり売買口座）を開いた。私
のオプショントレードの旅はこうして始まった。

5年先送りしよう

「懸命に働くほど、運が開けてくる」──ベン・フランクリン

　まずは、現在に早送りしよう。私は今、カーターの会社であるシン
プラートレーディングで主要なテクニカルアナリスト兼トレーダー兼
コンテンツクリエーターの１人として働いている。ライブ・トレーデ
ィング・チャットルームでは私の分析結果と私の個人口座で使ってい
るトレードアイデアを発表する。私のモットーは「トレード・イット・
シンプル」で、小口口座ではディレクショナル戦略を中心にトレード

する。会社での私の主な仕事は、私たちのところにやって来る新米ト
レーダーを指導し、アイデアをかみ砕いて理解させることだ。つまり、
彼らが経済的自由を手に入れられるように手助けするのが私の主な仕
事だ。

　トレードルームで分析を発表する以外にも、「ホワット・ジャスト・
ハプンド（今、何が起こったのか）」シリーズという、毎週時間外にメ
ンバーウェビナーで教える仕事もしている。このウェビナーの目的は、
新しいメンバーが私たちのシンプラー戦略を学び、理解し、最も重要
なのはそれを実行できるようにし、「今、何が起こったのか」を認識す
る手助けをすることである。私はいろいろなブログも書いている。こ
れらのブログでは市場分析とトレードと戦略の分析を提供し、メンバ
ーが私たちのトレーダーや戦略をよりよく理解できるようになること
を目指している。私の戦略はどんなレベルのトレーダーにも有効だが、
主として新米トレーダーと中級トレーダーが対象だ。私がかつて直面
した同じような問題を抱えている人々が、そのような問題を解決でき
るように導いてあげたいと思っている。

　私のメンターであるカーターのように、私もテクニカルパターンの
驚くべき組み合わせが大好きで、こうしたパターンの組み合わせを見
つけたらレバレッジをかけて口座を大きく成長させることができる。私
のトレードプランはオプション戦略と先物戦略とからなっているが、こ
れらの戦略は私たちのチームのいろいろな人から教わった。カーター
は私の最初のメンターだが、そのすぐあとヘンリー・ギャンベルやキ
ャロリン・ボロディンのやり方も勉強するようになった。この間、私
の戦略の検証を重ね、私にとってうまくいくように磨きをかけてきた。
このプロセスをほかのトレーダーたちにも学んでもらいたいと思って
いる。

私のトレーダーとしての人格

「あなたはどんなトレーダーですか？」と聞かれれば、私はカーターやシンプラートレーディング・チームのほかのメンバーの下で学習とトレードしてきた5年間の間に学んだすべてが私という人物を作り上げたと答えるだろう。私はいくつかの市場とさまざまなセクターを皮切りにカーターのディレクショナル・トップダウン・アプローチを取り入れて、高勝率のディレクショナルトレードを割り出し、これに加え、ボロディンのフィボナッチ分析トレーニングで学んだことやギャンベルのテクニカル分析テクニックも取り入れて、これらのすべてが私の小口口座で機能するように手を加えた。その結果、私のオリジナルとも呼べる、非常に独特なリスク回避型のトレード戦略を構築した。5年前だったら、こんなことができるなんて想像すらしなかっただろう。

シンプラートレーディングで学んだことにはいくら感謝してもしきれない。シンプラートレーディングで学ぶ機会を得たことで、今持っているお金からお金を稼ぎ出す能力だけでなく、どこにいてもいつでもお金を稼ぎ出す能力を身につけた。しかし、何と言っても、私をこの世界に導いてくれた父には感謝の言葉もないくらいだ。

トレードは私にとってこれまでやってきたなかで最も難しいことの1つだった。しかし、私は性格上、困難なことがあったらもっと努力すればよい、と考えるたちだ。「ドアが開かなければ、窓を壊せばいい」というのが私の考え方の根底にある。私がこれまでに経験してきたフラストレーション、取得したもの、挫折は私をさらにそれにのめり込ませた。

多くの人に聞かれるのは、「どうやってそれをやったのですか？　そんなに短い間に、どのようにして利益を出せるようになったのですか？」という質問だ。それは簡単だ。トレーダーになろうといったん

決心した以上、私はトレーダーになるためにあらゆることをやった。でも、それはけっして楽ではなかった。

私の人生は2013年の秋から劇的に変わったが、私を今の私にしてくれた辛い時期を常に振り返ることにしている。そこからここにどうやってたどり着いたのだろうか。私が成功した最大の要因を挙げるとすれば、その辛い時期に努力を惜しまなかったことだろう。それではその辛い時期を振り返ることにしよう。すべてはそこから始まった。

新たな人生の始まり

私は「初心者」としてトレードを学び始めた、というのはちょっと控えめな表現といったほうがよいだろう。トレードを学び始めたとき、私はほとんど何も知らなかった。カーターの下で働き始めた当初はオプションの意味さえ知らなかった。テクニカル分析？　なんぞや、という感じだった。スクリーン上で見る色の違いやラインの違いさえ知らなかった。とにかく私は最初は超、超、超初心者だったのである。

私の人生はあらゆるものがフリースタイルだった。何かをやろうとするとき、私にとっての最善の策は、できるかぎりの手を尽くしてそれをやろうとすることだ（これも父から学んだことだ）。何かをやろうとするときは、持てるものすべてを使ってやる。

ちょっとクレイジーに思えるかもしれないが、これはカーターが新米トレーダーの教育係として私を雇った理由の１つでもある。私にとって非常に複雑に思えたことが何だったのか今でもはっきりと覚えている。だから、私は私たちのところにやってくる新人トレーダーたちにそれをかみ砕いて教えることを目指した。

2013年9月

　私はトレードの世界に飛び込んだ。さっそく、カーターの授業とトレードルームセッションを聞き始めた。最初は複数のトレーダーたちの言うことを聞くのはとても大変だった。彼らはそれぞれにスタイルも違えば言葉も違う。彼らのなかの1人の声を聞くのが精いっぱいだった。カーターからトレードを学ぶのは大学で学ぶのに匹敵するくらいの価値があった。彼のスライドのすべてを印刷し、細かいことまで漏らさず書き取り、たくさんの質問をした。最も重要なのは、必要なときは助けを求めたことだ。

　最も基本的な言葉が分かるようになるのにも大変な時間がかかり、プラットフォームの使い方に習熟するのにも時間がかかった。私はカーターのトレードをそっくりそのまままねて、なぜそれらのトレードがうまくいくのかに注目し、最終的に私はどれくらいの損失を出し、そして利益を出したのかを記録した。いろいろなトレード戦略を試してみたが、チャットルームの助けなしには自分自身でトレードを見つけ、仕掛けることはできなかった。しかし、私は自分の目標は分かっていた。私の目標は経済的自由を手に入れることだった。私は全力をあげて取り組んだ。

　基本的なことを教えてくれたのは父だった。カーターの授業は高度すぎて付いていけないところがあったので、空白を埋めてくれるだれかが必要だった。私はこのときのことを今でもはっきりと覚えている。そんな私が今はシンプラートレーディングでトレードを教える立場にあるとは何とも驚きである。新米トレーダーたちの空白を埋めるのが私の仕事だ。

超初心者からフルタイムトレーダーへ

時間がたつにつれて、さまざまなオプション戦略やトレードのセットアップの背後にある基本的な概念を徐々に理解するようになった。特定のチャートパターンが、あるイベントが発生する確率の高いことを意味することには今でも驚くばかりだ。

市場は実際に「読める」、ということを私は知らなかった。でも、カーターが私に教えてくれていたのはまさにこのことだったのだ。私は値動きの読み方を教わった。カーターの授業で勧められたツールを使い、これらのツールがどのように機能するのかを記録した。値動きを学ぶのは新しい言語を学ぶような感覚だった(まったく知らない言語を学ぶようなもの)。トレードが上達するにつれて、同じようなパターンが現れることに気づき始め、何をすればよいのかも分かるようになった(おそらくだが)。

物事が本当に分かったと感じたのはおよそ1年半後のことだった。しかし、それはトレードの旅のほんの始まりにすぎないことを私は知る由もなかった。つもり売買をやめ、本物のお金でトレードするようになったのはこの時期だった。

ついに結果が現れる

私がよく覚えているのはトレードを初めて2年たったころのことだ。私は悩んでいた。このとき本物のお金でトレードし始めてまだ6カ月しかたっていなかった。最初の数カ月はうまくいった。片っ端から利益を出した。もちろん、そんなことが続くはずがなかった(少なくとも最初は)。

今にしてみれば、最初の数カ月うまくいくことで私の闘争心がかき立てられたのだと思う。1年半勉強して、その間つもり売買を行って

きた私は、機は熟した、もうそろそろ本物のお金でトレードしてもよいころだと感じたのだ。技を磨き、お金を失うことなんて絶対にないと確信するまで、私はお金を貯め続けた。しかし、よく言われるように、人生に絶対なんてあり得ないのだ。

トレードを初めて最初の数年は主にクレジットスプレッドをトレードした。クレジットスプレッドは私にとって理想のトレードだった。なぜなら、リスクをうまくコントロールすることができたからだ。失うのはスプレッドだけだった。もっとリスクの高いトレードに乗り出して、コールやプットを買うのはほんのときたまだけだった。

ある7月の午後、私はギャンベルがシンプラー・オプションズ・チャットルームで注文を出すのを見た。彼は1枚4ドルのコールを買おうとしていた。銘柄名は覚えていない。それから1日あるいは2日もたたないうちに、私の買ったコールは2倍に値上がりした。私の26歳の心は大きな衝撃を受けた。このとき、私は9カ月の息子を預けて、時給12ドルの写真撮影の契約社員の仕事で1日9時間から10時間働いていた。でも、オプションは眠っている間にお金を儲けることができた。このトレードに投じた400ドルは一晩で800ドルになった。儲けたお金でトレードを断続的に行うために、新しいiPhoneを買った。

本物のお金でトレードし始めて最初の2カ月、お金は本当によく働いてくれた。一晩で大金持ちになるのも夢ではないかもしれないと私は思った。カーターとギャンベルの勧めに従ってトレードすることで2015年7月と8月は口座はおよそ5％増えた。8月の終わりごろになるとカーターは指数の空売りについての話を始めた。そのとき私はトレードのセットアップの見つけ方についてはまだ知らなかった。トレーダーたちが言っていることは70％ほど理解でき、彼らのトレードをまねすることもできた。しかし、自分の意見ということになると……私の意見は、「ジョンとヘンリーに従え！」だけだった。

2015年8月24日と25日の「フラッシュクラッシュ」の直前、カータ

ーの勧めに従って、SPY（S&P500のETF［上場投資信託］）のプット
を買おうと決めたときもまだそういう状態だった。私は彼の言ってい
ることがよく理解できなかった。彼はフラッシュクラッシュが起こる
ことを知っていたのだろうか？　いまだに分からないが、いろいろな
内部要因インディケーターを見て、カーターはSPYのプットを買い増
ししていた。彼はこれらの内部要因インディケーターについて話し続
けた。VIX？　SKEW？　これって、一体、何？　私は毎日新しいこ
とをカーターから学んでいた。

　私の誕生日は8月25日だ。その年、素晴らしい誕生日プレゼントを
もらった。そのトレードだけでノートパソコンを買えるだけの十分な
お金が儲かったのだ。その直前に授業を受け、チャットルームの話を
聞いていたのだ。当時は週20時間ほどトレードしていた。しかし、そ
のトレード以降、私は本格的にトレードにはまってしまった。トレー
ドについて学ぶべきことはすべて学び、それを習得するというのが私
の目標になった。

　本物のお金を使ってトレードを始めてからの数カ月は驚くべき成果
を上げた。稼いだお金の額に驚いた。これはラスベガスのギャンブラ
ーによくあるビギナーズラックのようだった。それは全宇宙が私の成
功を後押ししてくれている証拠だと私は思った。

上がったものは必ず下がる、いや下がらなければならない？

　本物のお金を使ったトレードを始めて最初の数カ月は信じられない
くらいうまくいった。私は物事を反省することなく、いきなりプロに
なってしまったのだ。しかし、それは真実からは程遠かった。2015年
のフラッシュクラッシュから今まで、私は想像を絶するほどの血と汗
と涙を流した。

冬（敗者）の時代がやってきたのは、夏（勝者）から間もないころだった。

カーターの会社がラスベガスで開催したイベントで、私がカーターとそのチームに会ったのはちょうどそのころ（2015年11月）だった。チームの人々に会う前は、彼らはマイクの前で生き生きと話をするスーパースター軍団なのだろうと思っていた。彼らがやっていたこと（プロとしてフルタイムでトレードする）は、私にとってはまるで雲の上の話に思えた。私はトレードチームに畏怖の念を覚えた。彼らに会うのが怖かったというのは、私の気持ちを完全に表現しているとは言えない。

私の考え方が変わったのはいつか、とよく質問を受ける。「トレードしたいのはやまやまだが、損失ばかり出している今、本当に稼げるトレーダーになれるのかどうかは分からない」という気持ちから、「これは私が生涯をかけてやるべき仕事だ」と思えるようになったのはいつだったのだろう。それは、私の給料支払い小切手がトレード利益（これで私はiPhoneとノートパソコンを買った）に比べて紙屑のように思えたときではないかと思うが、私のなかで何かがカチッと音をたてたのは、トレードチームにじかに会い、彼らがトレードという仕事を生計のために本気でやっている人々なのだと分かったときである。チームの人々に会って、彼らはトレードを一生の仕事にしているごく普通の人たちなのだと分かってから、私はトレードでやっていくことを決心した。けっしてあきらめたりはしないと。

そこからは太陽がさんさんと降り注ぐバラ色の人生が始まった、だったらよかったのだが……

そこからは太陽がさんさんと降り注ぐ虹色人生だったのだろうとあなたは思うかもしれないが、そうではなかった。トレードチームにじ

かに会えたのは素晴らしかったのだが、2015年9月から2016年1月までは損ばかりして口座資産の35％も減らした。私は完全に打ちのめされた。2015年12月ごろ、彼らの次のライブトレードイベントは1月であることを思い出した。私は人と直接会って、差し向かいで話をしたり、したくてたまらない質問をしたりするほうが学習効率が上がるタイプだ。でも、そんな余裕などないことは分かっていた。特に、ひどい連敗を喫したあとだからなおさらだった。しかし、私はそのイベントに出席する言い訳として、「これは最後の賭けだ。これをかぎりに最後にするから。残ったお金はもう二度とトレードには使わない。そして新しい仕事を探す」と自分に言い聞かせた。そして、私はテキサス州オースティンへと向かった。2016年1月のことだった。

2015年9月から今日までに体験した試練と苦難をすべて書こうと思ったが、それよりもこの時期に各メンターから学んだ貴重な教訓を書いたほうがベストだと思ったのでそうすることにする。このときまで私はカーターとギャンベルのやり方だけを懸命に勉強した。私はオプション戦略とセットアップは持っていた。しかし、それでも私は負け続けていた。この出血はどうすれば止められるのか。

今にしてみれば、私が出血していたのは当然のことだった。トレードプランもなければ、トレード日誌を付けるわけでもなく、トレードルームのトレードを、理由ややり方を理解することもなく、やみくもにまねていただけだったのだ。だれかに叱ってもらいたい気分だった。そして、規律の重要性に気づいた。規律が重要なのは今の私には当たり前すぎるほどだ。あまりうまくいっていないわが社のトレーダーと話をするとき、彼らに何をやらせ、どこに導けばよいのかは今の私なら分かる。でも、私はあのときの苦悶の日々を忘れることはない。

2016年1月は私のトレードキャリアにとって重要な瞬間だった。イベントの行われたホテルのバーでボロディンに心のうちを打ち明けた（そして、そこにいるためにクレジットカードで借金しまくったことも

話した）あと、彼女は私に言った。彼女が言うには私に必要なのは彼女のフィボナッチを学ぶことだということだった。彼女のフィボナッチを学べば、私自身のトレードを構築できるだけでなく、仕掛けポイントや手仕舞いポイントも自分で見つけることができるようになると彼女は言った。何てクレイジーなことを言うのだろうかとそのときは思った。「スイングを測定する？　私にはどの動きがスイングなのかさえ分からないというのに。スクイーズですって？　これとカーターのセットアップをどう組み合わせればいいの？」と私は思った。彼女は矢継ぎ早にいろいろなことを言った。そんなことできるわけない。疑念が疑念を呼んで私の頭を曇らせた。でも、選択肢は、私の２年間のトレードを完全なる失敗であることを認め、振り出しに戻って新しい仕事を探すか、このフィボナッチとやらをやってみるかしかなかった。私はフィボナッチのほうを選んだ。私はボロディンの本を買って、彼女のフィボナッチ分析を勉強し始めた。

　彼女の本は私にとって大きな転機となった。彼女の本を勉強することで、市場が波によって構成されていることが理解できるようになり、チャートの読み方や分析方法が分かってきたのだ。フィボナッチ分析を加えてからというもの、年がら年中、損をすることはなくなった。数カ月のうちに、常に損を出す状態から常にブレイクイーブンになる状態にまで改善された。これは私のトレードに光を照らすものでもあったが、同時にフラストレーションも感じた。次に何をやればよいのか？

　このころから指数先物の分析も取り入れた。これは先物デイトレードアナリストのニール・イェーガーから学んだものだ。この分析を取り入れてから、私のトレードの多くがなぜ失敗したのかが明らかになった。それは、オプショントレードに関連付けた市場分析を行わなかったからである。新米トレーダーの私は長い間、トレーダーたちがS&P500、ナスダック、ダウ先物で行う分析を怠ってきたのだ。カーターやギャンベルがナスダックやS&P500のことを話しても、私は聞く

耳を持たなかったし、「私には先物なんてムリ」と思っていた。「なんで彼らはナスダックのことなんて話して時間をムダにするのだろう？私がトレードしているのはMSFT（マイクロソフト）なのよ。なんでナスダックのことなんて気にしなきゃいけないの？」

これは私が新米トレーダーのときに犯した恥ずべき最大の過ちの1つだ。思い出すだけでも腹が立ってくる。でも、今教える立場になって、これがほかのトレーダーたちの役に立つのなら、私は喜んで教えよう。私のオプショントレードにとってこれがいかに重要なことであるかを教えてくれたのはイェーガーだった。イェーガーはなぜそれが大事なのかを教えてくれただけでなく、S&P500の読み方や分析方法、そしてそのトレード方法を学ぶことも重要であることを教えてくれた。最終的にこの分析を取り入れ、オプションのセットアップに使うようになって、私の成功のレシピはほぼ完成した。

カーターは次の言葉で私を励ましてくれた。

> トレードというものは次の3つのステップを通るものなんだ。最初は損ばかりする。これは避けて通ることはできない。次に、損を出さないようにするにはどうすればよいかが分かってくる。第1ステップと第2ステップを抜け出すまでにどれだけ時間がかかるかは、あなたがどれだけ努力するかによる。そして最後によやくお金を稼げるようになる。まさに胸のすく勝利だ。それまでの苦しみもこれでようやく報われる。

そのあとも私は努力し続けた。私は寸暇を惜しんでトレードルームにこもって勉強し、私よりもはるかに物事をよく知る人々の話に耳を傾け、スキルを磨き、できるかぎり最高なトレーダーになる努力を続けた。

大きな変化

この短い助言コーナーは非常に重要であると同時に、私がどんな間違いをしていたのかを理解するまでの道のりを示すものである。損ばかりするトレーダーは、なぜ自分が損ばかりするのかについて魔法の回答を得たがるものだ。損ばかりする理由は1つだけではない。私は何を変えて勝てるトレーダーになったのかをこれから話していこう。

まずは規律だ。規律というと大げさに聞こえるかもしれないが、それほど大げさなことではない。私が規律を身につけたのは、フィボナッチを学び、トレードプランを立て、トレード日誌を付けるようになってからだ。カーターは授業のたびごとに規律の重要性を話していた。でも、私にはそれがものすごい大変なことのように思えて、規律を身につけようとしなかった。絶望のどん底に突き落とされ、もうトレードなんてやめよう、と思うまで、自分の心理に向き合い、トレードプランを立て、トレード日誌を付けようとはしなかった。もっと早くにやっていればどんなに良かったことだろう。

トレード日誌を付けるだけでなく、チャートパターンの学習にも没頭した。これらは、毎回同じ方法でトレードし、焦点を絞り込み、自分は何が得意なのかを知るうえで非常に役立った。特にトレード日誌は、焦点を絞り込み、損をする理由を知り、負けトレードを出さないようにすることに役立った。もちろん負けトレードをまったく出さないようにすることはできないが、その何割かでも防げるようになれば、エッジを自分にとって有利になるように持っていけるはずだ。

自分のやったことを見直し、私の顔を見つめている負けトレードを見ることで、負けトレードが小さくなるようにする（負けトレードの比率を下げる）にはどうすればよいのかを考えた。負けトレードを減らし、勝ちトレードを増やす必要があった。これはトレード日誌を付けていなければできなかったことだ。

284

達人たちから学んだこと

「アマチュアは万全の準備をしなければ成功しないと思っているが、プロは違う。彼らは根気強くやり続けるだけだ」──スティーブン・プレスフィールドの『ターニング・プロ（Turning Pro)』より

2016年1月から今日までの期間は、私がトレーダーとして大きく成長した時期である。ある日突然、すべてがのみ込めたのだ。苦悶の日々から成功を手に入れるまでの道のりに、たった1つの成功への秘訣や教訓はない。それは洞察力を磨いてきた賜物であり、物事の本質を見る目を養うことで自分のトレードプランが立てられるようになり、教訓に満ちた旅をすることができるようになるのだ。私は苦労してこれを学んだ。これを読んでいるあなたは、初めは失敗の連続でもまったく構わないことが分かってくるはずだ。失敗しても立ち直ることが重要だ。私が今日の私になれたのも、次につながる失敗を重ねてきたおかげだ。私の偉大なメンターから学んだ重要なことを、ほかの新米トレーダーにも伝えていきたいと思っている。

これから紹介するのは私が長年にわたって偉大なメンター（もっと重要なのは、私の大好きな人々）から学んだ重要な教訓だ。

ジョン・カーター

「お金を稼ぐのに市場についてすべてのことを知る必要はない。うまくいく高勝率なセットアップが1つあれば十分だ」──ジョン・F・カーター

カーターから学んだ教訓を1つだけに絞り込むのは難しい。でも強いて1つだけに絞るとするならば、彼の考え方がトレードを学ぶ私の

第1部　基礎編

能力に与えたインパクト、ということになるだろうか。トレードを始めた当初は、学ぶことが多すぎて圧倒された。ほとんどの人はオプションのトレード方法を学ぶには金融の達人にならなければならないと思っているのではないだろうか。これはカーターが繰り返し話していたことだ。

　　重要なのはゲームを理解し、勝算を見込める状況に徐々に持ち込んでいくことだ。トレードで重要なのはスキルであって、勝者になるのは知識が最も多い人物なのではない。

　カーターのこの言葉を聞いて、元教師の私でもトレードは学ぶことができるものなのだという自信がついた。

　言うまでもなく、カーターはスクイーズプレーの創始者であり、アグレッシブなディレクショナルオプションをプレーする達人でもある。これはいくら強調しても強調しすぎることはない。私のトレード戦略のほとんどはカーターから学んだものだ。私のトレードプランの基本は、5年にわたってカーターが授業で教えてきた彼のセットアップをまとめたものだ。これがすべての基本であり、私がやっているほかのことはすべてこれが基本になっている。

　私の好みのセットアップはスクイーズ、ネステッドスクイーズ、ポップスクイーズ、トリプルスクイーズだ。これらが私のトレードの基本だ。ディレクショナルトレーダーとしての私の目標は、市場が動きそうな高勝率な瞬間をとらえて、それに飛び乗ることだ。前述のセットアップはまさにこのためのものだ。カーターは私よりももう少しアグレッシブにやっていたが、私はこれらのセットアップをほかのメンターからの助言と組み合わせて私独自のスタイルを編み出した。もちろん、その間も退屈な株取引は細々と続けていた。私は自分が、カーターが通常トレードするよりもゆっくりと動く銘柄に彼とまったく同

286

じセットアップを使っていることに気づいた。これはカーターのセットアップとほかのメンターからの助言の完璧な組み合わせだった。

彼が最初のころに与えてくれた激励の言葉、心理面からトレードの壁を打ち破ることについての話、特殊なセットアップについての話、そして英知の共有がなければ、今の私はない。私がよく思うのは、もしカーター以外のメンターであったならば、私のトレードはどうなっていただろうということだ。そもそも、トレードを続けていられたかどうかさえ分からない。私がオプションに興味を持った最大の理由は、カーターがオプショントレードはだれにでもできると思わせてくれたからだ。もちろん私もオプションに大きな成長の可能性を感じたし、興奮も感じた。カーターが醸し出していたそんな雰囲気を私はキャッチしたのだ。

ヘンリー・ギャンベル

カーターは私の最初のそして第一のメンターだが、第二のメンターはギャンベルだった。カーターの弟子であるギャンベルは、私がカーターの英知を学び、自分自身の方法を編み出したのとまったく同じステップをたどった。ギャンベルは几帳面なテクニカルアナリストで、ディレクショナルトレードとフィボナッチ分析を多用していた彼には強く共鳴するものを感じた。またギャンベルはカーターよりもはるかに保守的で、損失を減らしたり、トレードを持続する秘訣やコツは私のトレードの基礎となった。彼は仕掛けや手仕舞いのタイミングを計ることでリスクを制限する方法を教えてくれた。これは小口口座では非常に重要なことだ。

私のトレードのテクニカルな側面はすべてギャンベルから学んだ。毎朝、トレードルームでの話に耳を傾け、ギャンベルが毎日明確な法則にのっとり保守的な目を輝かせながら同じルールとセットアップを繰

第1部　基礎編

り返すのを見ることで、私は今使っている秩序だった手順を覚えた。カーターは驚くべき直感の持ち主だが、時として彼の直感による動きからは「私は何をすべきか」を探り出すのは恐ろしく困難であることに気づいた。そう、彼は天才なのだ。初心者の私はとても彼にはついていけなかった。

そんなときに現れたのがギャンベルだ。彼はこれらのセットアップ、仕掛け、手仕舞いを私が分かりやすいようにかみ砕いて説明し、最後まで徹底的に教えてくれた。

ギャンベルはまた禅に精通していた。私は常に心穏やかでいようと心がけてはいるが、なかなかできるものではない。でも、彼はどんな市場状態のときでも忍の一字だ。そんな彼の態度が私を良い方向に導いてくれた。私たちは日々不確実性に直面するが、そんなとき私はできるだけ心穏やかでいるように努めている。ギャンベルの訓練を受けたおかげで、それができるようになった。

カーターからはセットアップと戦略を学んだ。しかし、そんな戦略を私が納得のいくような方法でコピーして、お金を儲けることができるまでに適用するにはどうすればよいかを教えてくれたのはギャンベルである。

キャロリン・ボロディン

トレードの旅を続ける私にとって、もっともフラストレーションのたまることの1つは、いつ、どこで利食いし、損切りするかを決めることである。私がフィボナッチ価格分析をトレードに取り入れ始めたのはトレードを始めて2年たったときだった。この学習曲線を手短に話していこう。

感情をコントロールできないのが私の悩みだった。今でもときどき感情をコントロールできないときはあるが、フィボナッチ分析を使う

ことで秩序だったやり方で利食いと損切りができるようになり、結果を出せるようになった。ボロディンがいつも言っているのは、「動きは前のスイングの延長線上（エクステンション）で終わることが多い」ということだ。彼女のこの言葉は私のトレードプランに加えられた重要な要素だ。フィボナッチ分析を使うことを勧めてくれたギャンベルとボロディンにはいつも感謝している。

今でもフィボナッチ分析は私のトレードの最も重要な要素１つだ。トレードするときにまずやることはチャートにフィボナッチ水準を引くことだ。これをやらなければトレードなんてできない。私の買いのセットアップが失敗したのは、動きがすでにフィボナッチエクステンションの域にあったからであり、利益が損失に転じたのはフィボナッチエクステンションの目標値をないがしろにしたからである。私がトレードで成功することができたのは、左右対称になるラインを引き、市場の「個性」を理解する方法を学んだからである。

ニール・イェーガー

指数先物——というよりも、市場の個性と言ったほうがよいかもしれない——の読み方を教えてくれたのはイェーガーだった。オプショントレードを始めた最初のころは、これがそれほど重要なものだとは思わなかった。何という間違いをしでかしていたのだろう。

イェーガーの手法に従い、私のスイングオプションセットアップを市場全体の動きと一致させる方法を学習することで、私のトレードは大幅に向上した。また、先物のトレード方法を教えてくれたのもイェーガーだった。先物トレードができるようになったことで私のツールボックスのツールが１つ増えた。特に、ボラティリティの高い日やヘッジが必要な日は先物が役立った。今ではカーター、イェーガー、ボロディンから学んだいろいろなことを組み合わせたトレードのセット

第1部　基礎編

アップを使って先物をデイトレードするのが大好きになった。そして、独自のセットアップも作った。

　彼から教わった市場の大局観の見方に加え、彼のトレンドフォローアプローチから学んだヒントから、私のスイングオプション戦略をブラッシュアップすることができた。イェーガーの手法は厳密なテクニカル分析なのだが、これを学んだおかげで私のスイングトレードは完璧なものになった。特に彼のローソク足パターンと市場観察は抜群の効果があった。彼は几帳面な性格で、リスク回避型でもあり、自分のエッジを見つけることに熱心だ。彼は自分のリスク許容量を超えたものは何であろうと見送る。これは成長過程にあるトレーダーが学ぶべき非常に重要なスキルだ。

ライー・ホーナー

　私が先物トレードに没頭していたとき、それを極める方法を教えてくれたのがホーナーである。彼女は市場のマクロ的視点を重視する。これは私の苦手な分野だ。私は基本的にはテクニカルトレーダーだが、彼女の持つこの広い視点からはグローバルマーケットを広い視野で見ることの重要性を教えられた。広い視野を持つことの重要性を教えてくれたのがホーナーである。

　さらに、彼女から教わったトレンド相場と、ちゃぶつき相場と、保ち合い相場の違いが私のトレードプランに新たに加えられた。基本的にトレンドフォロワーの私にとって、トレンドが形成されているとき、トレンドが変わったとき、これといったトレンドがないときを認識するのは非常に重要だ。これは私のオプションスイングプレーだけでなく、先物のデイトレードにも大いに役立った。キャリアを積んでいくなかでの私の目標は、先物トレードを今の状態から進化させることである。今は指数先物のデイトレードを中心にトレードしているが、い

290

第6章　初心者トレーダーがたどった旅

ろいろな先物を簡単にスイングトレードできるようになりたいと思っている。私がそこに行きつけるようにホーナーは今でも手を差し伸べてくれている。

一貫して利益が出せるようになるためのアドバイス

次のアドバイスはトレーダーたちから得たものだ。これらのアドバイスのおかげで、私のトレードは利益を出せるものへと変わった。一貫して利益が出せるようになるために、私はいろいろな点を変更した。次の項目は私の変更点のトップ9を示したものだ。

1．失ってもよいと思える以上のリスクをとるな。市場では何でも起こり得るのだ。
2．仕掛けポイントは慎重に選べ。仕掛ける前に、必ず損切りを置く位置を決めておけ。仕掛けポイントが損切り水準から離れすぎているときは、そのトレードは見送れ。価格がすでにフィボナッチエクステンションの域にあるときは仕掛けるな。
3．あなたのセットアップの確率を考えよ。最も確率の高いセットアップで、最高のトレードができるセットアップはどれなのかを見極めよ。お金が稼げるようなセットアップに集中せよ。トレードを仕掛けるときは最低3つの理由がなければならない。
4．すべてのトレードに同じ額だけ投資するのはやめよ。最高のセットアップは大量に増し玉し、一塁打や二塁打には低勝率のセットアップを使え。
5．小利をむさぼるのはやめよ。フィボナッチエクステンションターゲットに到達するか、それに近い水準に到達するまで待て。でなければ利益が限られてしまう。そんなことする理由って、ある？
6．ふるい落としに引っかかるな。リラックスしてセットアップを信

291

第1部　基礎編

じよ。ほとんどの人がふるい落としに引っかかるのは、短かすぎる時間枠でチャートを見て、ポジションに不安が生じるからだ。この部類に入る人は、トレードを仕掛ける前に目標と損切りを決めておけ。そして、この水準に達したらアラートが出るように設定しておけ。アラートを設定したら、トレードを見るな。あとのことはトレードに任せ、何か別のことをやれ。こうしておけば手仕舞いポイントを信じることができるようになる。

7．ポジションは分割して仕掛け、分割して手仕舞え。そうすれば、間違っていても痛手は少ない。利食いは事前に決めた水準で行え。

8．心理学の本を読め。心理学の本はトレードの向上に役立つだけでなく、人生を向上させるのにも役立つ。カーターのお勧めの本が何冊かあるが、これらの本は私には大いに役立った。私が特に好きなのは、マーク・ダグラスの『ゾーン──相場心理学入門』（パンローリング）とスティーブン・プレスフィールドの『ターニング・プロ（Turning Pro)』の2冊だ、

9．正しい戦略をタイミングよく使え。強いトレンド相場でうまくいく戦略は、ちゃぶつき始めるとうまくいかなくなる。市場状態を見極める方法を学べ。

最後に

　本章では私が得た教訓について話してきたが、得た教訓はまだまだたくさんある。これらの教訓のおかげで、私は新米トレーダーから、損ばかり出すトレーダーを経て、口座を前年の最低額から2倍にすることができる勝てるトレーダーへと転身することができた。私が自慢できるのはこれだけではない。私は口座を破産させかかったことすらない。これまで晴れの日も雨の日もあったが、まず重視したのはリスクで、利益は二の次だった。正直言って、雨の日は1日や2日ではなか

292

った。

　トレードのことを何一つ知らない人間から、わずか5年で、今日あなた方に話をすることができる人間になれたわけだが、これは血と汗と涙の結晶だ。最もうれしいのは、私が愛してやまないトレードを毎日教えることができることだ。小学校の教師をしているときは、オプションと先物のトレードを何百人という人に家にいながらオンラインで教える日が来るなど夢にも思わなかった。今日、この場にいることに感謝する。それもこれも父のおかげであり、本章で紹介したメンターのおかげだ。カーターには特に感謝している。

　私は今はトレードを教える立場にあるが、私は今でも自分のことを学生だと思っている。これからもトレードチームのさまざまなメンターたちから学び続け、トレーダーとしてのスキルを磨いていきたいと思っている。

　本書の第20章では、私が毎日のトレードに使っている戦略を紹介する。でも、まずは基礎を身につけるために基本的なセットアップから学ぶことが重要である。基本的なセットアップを学んでいるからこそ、うまくいくベストトレードを見つけるのにこれらの基本的なセットアップをどう組み合わせればよいかが分かってくるのだ。

293

第 **2** 部

先物、株式、オプション、FX、仮想通貨のためのデイトレードとスイングトレードの最高のセットアップ

WHAT ARE THE BEST INTRADAY AND SWING-TRADING SETUPS FOR FUTURES, STOCKS, OPTIONS, FOREX, AND CRYPTOCURRENCIES?

「ゆっくり進むということを恐れるな、ただ立ち止まることを恐れよ」
——中国のことわざ

「この世界の栄光を望む者もいれば、予言者の楽園がやって来ることを望む者もいる。ああ、今この瞬間の喜びに満足し、未来に喜びを求めることはやめよ……」——ウマル・ハイヤームの『ルバイヤート』より

第7章

オープニングギャップ ── なぜこれが その日最初で最大の高勝率プレーなの か

The Opening Gap : Why Is This the First and Highest-Probability Play of the Day?

第3版の注意点

　第3版の第2部は第2版とほぼ同じだが、セットアップが詳細に説明されている点が異なる。章末には最新のリンク先が提示されており、このリンク先にアクセスすることで、仮想通貨を含め、新しい例やテクニックを含む無料ビデオやチュートリアルが入手できる。第2部の目的は、あなたのトレードですぐに使える基礎を身につけてもらうことだ。基礎さえ身につけば、そこから発展させていくことができる。セットアップの多くは例として先物を使っているが、これらのシグナルは個別株や仮想通貨にも応用することができる。例えば、1の地点で株式の買いシグナルが出ていたとすると、あなたがオプショントレーダーならば、そこでコールの買いやプットクレジットスプレッドの売りもできるだろう。章末で紹介するビデオチュートリアルには、本では説明しにくいもっと高度な戦略についての話が含まれている。例えば、買いシグナルを確認するために複数の時間枠を使っているとき、本ではページを行ったり来たりして各チャートを参照する必要があるが、ビデオではコンピューター画面上でその部分を指すだけでよいので簡単に説明できる。私が使っている新しいセットアップについては本書では説明していないので、https://www.simplertrading.com/newsetups/　を

参照してもらいたい。これらのセットアップは第2部で説明しているセットアップをベースとするものだ。これらのセットアップは第3部では、私、ギャンベル、ダニエルの実際の使い方を示している。

セットアップを考えずにトレードすることはコンパスを持たずにアマゾンをハイキングするようなもの

「あなたのセットアップのなかでいつでも最高にうまくいくセットアップを1つ挙げるとするならば、それは何ですか？」とだれかが私に質問するたびに1ドルもらえたとすると、子供の大学の授業料も大学院の授業料も結婚費用もすべて賄えて、大勢いる親族の面倒も見られるだけの額のお金が手に入っていただろう。しかし、これはそれほど単純な話ではない。それぞれの市場状態ごとにうまくいくセットアップは違うのだ。私がよく聞かれるもう1つの質問は、「そのセットアップの勝率は？」である。経験豊富なトレーダーはこんな質問はしない。こんな質問をするのは初心者だけだ。セットアップと勝率は無関係で、勝率と関係があるのはそのセットアップに使われているパラメーターである。99％の勝率を持つセットアップに興味があるのなら、TICKが-1000になるたびに、EミニS&P500を1枚買い、目標値を1ポイントに設定し、100ポイントの位置に損切りを置けばよい。そうすれば、そのセットアップの勝率は常に99％だ。「素晴らしい！」とあなたは思うかもしれないが、損切りに引っかかったら、その前の連勝で得た利益はすべて吹っ飛んでしまう。私は勝率が50％のトレーダーをたくさん知っているが、彼らは大金を儲けている。どうやって？　彼らの勝ちトレードの平均利益は負けトレードの損失の3倍だ。そう、これは結局は、早めに損切りし、利は伸ばすというトレード心理の問題なのである。

最初のセットアップである「オープニングギャッププレー」を説明

する前に、このビジネスにおける絶対不変の真理について簡単におさらいしておこう。その真理とは、生計を立てるためのトレードを始めたトレーダーは次の3種類に分類される、というものだ。

1．日々のトレードの拠り所となるシステムを持っている人
2．システムを開発しながら、聖杯探しをする人
3．システムに懐疑的で直感のみに基づいてトレードする人——彼らは自分がトレードで失った資産のことを伴侶に説明し続ける日々から抜け出すことができない

　ここで私が言いたいのは、日々のトレードの前にゲームプランを立てることと、3つの要素からなるアプローチを基にトレードのセットアップを設定することの重要性である。セットアップはただ設定するだけではダメだ。それを成功させるためには、3つの基本的な要素が不可欠である。その3つの基本的な要素とは、①トレード手法、②マネーマネジメントテクニック、③そのセットアップに最も向く市場を知ること——である。つまり、「どこで仕掛けるべきか」だけを考えていればよいわけではないということである。分割して仕掛けるべきか、一気に仕掛けるべきか、分割して手仕舞うべきか、一気に手仕舞うべきか、損切りの置く位置を近くしてトレードサイズを大きくしたほうがよいのか、あるいは損切りの置く位置を遠くしてトレードサイズを小さくしたほうがよいのか、そのセットアップはミニダウとユーロ通貨とFB（フェイスブック）のような個別株のどれでうまくいくのか、といったことも考えなければならない。市場はそれぞれに異なり、セットアップもそれぞれに異なり、時間枠もそれぞれに異なるからだ。こういった細かいデータがなければ失敗は目に見えており、トレードで生計を立てることなど夢のまた夢だ。最初の数カ月、あるいは1年はうまくいくかもしれないし、ビッグトレードで大きな利益を上げられ

第2部　先物、株式、オプション、FX、仮想通貨のためのデイトレードとスイングトレードの最高のセットアップ

るかもしれない。しかし、そんなことは長続きしない。金儲けをするときは素早く行動するが、自分の持っているものを守るときには遅く行動するトレーダーがこういう部類に入る。長続きさせるためには、トレードで生計を立てることができるような状況を作らなければならない、しかも毎日欠かさずに。

　本章はアクティブトレーダーのためのセットアップを中心に説明し、私が現在トレードに使っている戦略についても説明する。特定市場における具体的な仕掛け水準、手仕舞い水準、損切り水準を例に取りながら、主としてデイトレードのセットアップについて話を進めるが、時折スイングトレードのセットアップも出てくるので注意していただきたい。一般に、株価指数先物に用いるセットアップは個別株にも使える。SPY（SPDR。S&P500のETF［上場投資信託］）の500口はEミニS&P500先物1枚に相当するが、先物トレードを模倣するためにSPYのオプションを買うのであれば、デルタが0.7のSPYのコールオプションを70枚買えば、損益の観点から言えば、EミニS&P500先物1枚を買うのにほぼ等しい。しかし、例外もあるので注意が必要だ。私はデイトレード戦略とスイングトレード戦略に用いる口座を使い分けている。こうしておけば混同することがなく、トラッキングもしやすいからだ。手仕舞いの管理方法を示すために、ここでは手仕舞いを首尾よく行えたセットアップのみに焦点を絞った。損切りに引っかかる場合もあり、時には頻繁に引っかかる場合もあるが、そのときの手仕舞いは簡単だ。損切りに引っかかったのだからそれでおしまい、ということだ。トレーダーとして肝に銘じておかなければならないのは、すべてのトレードがうまくいくわけではないという事実だ。良い動きをとらえる前に立て続けに2～3回損切りに引っかかることなど珍しいことではない。これはトレードではごく普通のことなので、フラストレーションをためないことが重要だ。「損失はできるだけ小さく抑え、利は伸ばす」ことが重要なのはこのためだ。たとえ勝率が80％であって

300

も、５回トレードするたびに負けが１回というわけではない。なぜなら結果はどのような順序で起こるかは分からないからだ。したがって、100回トレードを行った場合、５回続けて負けトレードになることもあるわけである。トレードをブロックに分けて、ブロックごとにトラッキングするのが重要なのはこのためだ。25回分のトレードのブロックではうまくいったのか、いかなかったのか。100回分のトレードのブロックではうまくいったのか、いかなかったのか。それぞれのブロックで利益が出るようになれば、定収入への階段を上っていることになる。

　トレーダーによく見られるのは、ある１つのセットアップが損切りに引っかかると、次に同じセットアップをやろうとしないことだ。もちろん、そのトレードは勝ちトレードになる。あるいは、あるセットアップが損切りに引っかかると、次に同じセットアップが現れたら早く利食いしすぎることもよく見られる。あるいは、最後に行ったトレードが勝ちトレード（あるいは負けトレード）だったら、次のトレードはサイズを倍にする。重要なのは、セットアップにはマシンのように機械的に従う、ということである。「直近のトレードをどう感じたか」で次のトレードをしてはならない。例えばどんな日でも、デイトレードのセットアップは５つだけに絞ると決めたとする。こんなとき、私は最初の３つのトレードが勝ちトレードになった時点でその日のトレードは打ち切り、利益の保護に努める。もし最初の３つのトレードが損切りに引っかかったら、その日はもうトレードはやめろというサインだと思って、ジムにでも行く。

　日々のトレードでは私はさまざまなセットアップを用いる。株式と株式オプションのトレードから始めた関係上、取引対象が個別株かミニの株価指数先物かの違いはあるものの、セットアップは株式市場を対象とするものが中心となるが、金、銀、通貨といったほかの市場のセットアップについても書いていく。セットアップは私自身が開発したものもあれば、トレードパートナーによるものもある。本章の目的

は、読者の皆さんが翌日からさっそく使えるようなセットアップを紹介することにあるが、自分でセットアップを開発・カスタマイズするための方法も提示する。私のトレードに大きな転機が訪れたのは、自分の裁量を無視し、いくつかの良質なセットアップに集中し始めてからである。しかし、セットアップを理解することと、毎回同じ方法でそれに従うことができるかどうかは別問題だ。私はこれを自分に規律づけるために、１年にわたって自分のトレードを記録し、各セットアップの結果に注目した。セットアップを逸脱したり、セットアップを出し抜こうと早く手仕舞いすぎたり、遅く仕掛けすぎたりしたときは、その旨を記録し「衝動的プレー」として印をつけた。しばらくすると、衝動的プレーはまったく利益を生みださないことに気づいた。いわゆる目からウロコが落ちるというやつだ。私のトレードが変わったのはそれからだ。それまでのようにトレードごとの潜在的利益にこだわったり、動きに乗り損なうことを恐れたりすることは一切忘れて、完璧なセットアップを実行することに集中するようになった。これは、トレードで生計を立てられるようになるか、フラストレーションを内にため込んだ人生を送るかの分かれ道だ。これだけははっきり言っておこう。毎日の、毎週の、あるいは毎月の損益があなたの思考に影響を与えないでセットアップに従うことは非常に難しい。でも、これができるかどうかで生きるか死ぬかが決まるのだ。

　これは禁煙に似ていると言えるかもしれない。もう１本に火をつけるか、やめるかが生死を分ける。禁煙する人は１日１日、目の前の問題に着実に取り組む。今日もタバコに火をつけない、明日もタバコに火をつけない……とタバコに火をつけない日を繰り返すことで、最終的には完全に禁煙するのだ。これはトレードでも同じである。毎日セットアップにプランどおりに従うように自分を規律づけることで、このビジネスで身を立てることができるようになるのだ。その間には当然ながら、サイドラインから市場の動きを黙って見ていることを強い

られることもあるだろう。スリルが欲しければ、ディズニーランドに行けばよい。

私はあなたのトレードを肩越しに監視して、あなたが規律を身につけるようになるのを手助けすることはできないが、私が生計を立てるのに使っているセットアップは紹介することができる。これから紹介するセットアップは、私が毎日のトレードで用いる順におおまかにまとめたものだ。1つひとつ自分で試していくうちに、自然と引き寄せられるセットアップが見つかるはずだ。それがあなたの性格に合ったセットアップであり、市場ということになるので、それらに焦点を絞ってトレードしてもらいたい。それではさっそく最初のセットアップである「オープニングギャッププレー」から見ていくことにしよう。これは私の好みのセットアップの1つだ。

市場によってギャップは異なる

ギャップは本書の第1版が出版されたころからほとんど変わっていない。日々のトレードはまずギャッププレーから始めるのがベストだと私は思っている。ギャッププレーは株式市場の取引が始まってから最初に行うトレードであるばかりでなく、その日の市場がどうなるかについて多くのことを教えてくれるものでもある。したがって、このセットアップについては時間をかけてじっくりと解説する。

ギャッププレーは逆張りプレー、つまり「フェードプレー」だ。オープニングギャップは市場参加者の興奮と感情をかきたてる。だから私はそういった感情と逆サイドのトレードを行う。つまり、人々とまったく逆の方向から仕掛けるわけである。これは私の好みのスタイルであり、最もリスクの少ないトレードの1つでもある。ここで、ギャップの意味について説明しておこう。ギャップとは、現物市場の通常の取引時間の始値が前日の現物市場の通常の取引時間の終値よりも高

いか安いときに発生する、チャート上の価格水準の間にできる「窓」のことをいう。毎晩、テレビのトーク番組に登場するデビッド・レターマンの2本の前歯の隙間のようなものだ。注意しなければならないのは、ギャップは「ギャップ」が見られるように設定したチャートでなければ見ることはできないということだ。したがって、24時間のチャートではギャップは見られない。これについてはのちほど詳しく説明する。

ギャップはすべての市場で同じというわけではない。「シングルアイテム」市場におけるギャップは、「マルチアイテム」市場におけるギャップとは異なる。シングルアイテム市場には債券、通貨、穀物、個別株市場などが含まれるが、こういった市場のギャップは、必ずしもその日というわけではないが、いずれは埋まることが多い。ギャッププレーでは、私は特にその日に埋まる可能性の高いギャップに注目する。シングルアイテム市場では、1つのニュースは全指数の一部に影響を与えるのではなく、その日のすべてのオーダーフローに影響を与える。

この傾向は個別株市場で特に顕著だ。個別株は、ことわざの引き出しから毎日新しい筋書きを作り出す政治家のようなものだ。決算発表、企業スキャンダル、インサイダー取引は埋まることのないギャップを生みだす。ケン・レイ（前エンロンCEO［最高経営責任者］）やバーニー・エバース（前ワールドコムCEO）はエンロン株やワールドコム株の大きく空いたギャップが埋まることを願ったが、残念ながら、このギャップが埋まる確率は共和党と民主党が国家のためにともに手を取り合う確率と同じくらい低い。つまり、そんなことは起こり得ないということだ。個別株は予測不可能という性格上、ギャッププレーには向かない。ただしこれには例外があり、ギャップがニュース関連のギャップではなく、市場関連のギャップの場合は話は別だ。ニュース関連のギャップと市場関連のギャップはどう見分ければよいのだろうか。例えば、ある銘柄が市場全体と同じ比率のギャップを生みだし、そ

の銘柄自体のニュースがない場合、その銘柄はギャッププレーができる可能性が高い。具体例を挙げよう。例えば、アップル（AAPL）が1.00％のギャップアップで寄り付き、S&P500も1.00％のギャップアップで寄り付き、アップル関連のニュースがない場合、アップルはギャッププレーを行うことができる。なぜなら、アップルは市場全体と連動して動いているからだ。

　シングルアイテム市場に対して、EミニS&P500やミニダウ先物やそれらをベースとするETF（代表例はスパイダー＝SPYやダイアモンズ＝DIA）などのマルチアイテム市場はギャッププレーに向く市場だ。なぜなら、これらの指数に含まれる個別株はさまざまなニュースに別々に反応するからだ。石油会社にとって良いニュースは運送業者にとっては悪いニュースになり、防衛関連銘柄にとって良いニュースは旅行関連銘柄にとっては悪いニュースになる、といった具合だ。つまり、市場があるニュース発表を受けて全体的にギャップアップで寄り付いたとしても、指数のなかにはニュースとは無関係に売られる銘柄もあるということである。こういった銘柄に加え、ギャップアップで寄り付いた強い銘柄が下落して、指数全体を押し下げれば、ギャップが埋まる可能性は高まる。オープニングギャップにはファンドマネジャーも注目する。この道で長い経験を持つ彼らは、市場がオープニングギャップという形で「チャートに乱れ」を残すことを嫌がることをよく知っている。したがって、市場がギャップアップで寄り付いた場合、市場が下落してギャップが埋まるまで買いサイドからの仕掛けは控える。市場はギャップを空けたら、それが埋まるのを望むため、最終的には、それが実際に埋まるという自己達成予言を持っていると言えよう。

　ナスダックやラッセルはどうだろうか。これらの市場もずっと観察してきたが、ほとんどの場合、ギャップは埋まる。しかし、ダウやS&P500に比べるとギャップが埋まる確率は低いようだ。私が好んでギャッププレーを行う市場はダウやS&P500といったミニ先物やETFだ。

305

取引時間前出来高の持つ不思議な力

　ギャップは開いた窓のようなもので、いずれは閉じられる。これがギャップの素晴らしい点だ。ギャッププレーが成功するかどうかのポイントは、その日のギャップがいつ埋まるか（閉じられるか）を予測できるかどうかである。ギャップそのものの分析も大事だが、それを生みだす市場状態を分析することも重要だ。ギャップは非物質的な要因で発生する。ギャップを生みだす要因として挙げられるのが、ポジティブアーニングサプライズ、テロの脅威、企業買収の発表、経済報告などだ。市場は毎朝こういったニュースにさらされる。重要なのは、ニュースそのものではなく、そのニュースに対して市場がどう反応するかである。ニュースに対する市場の反応を知るためには、取引時間前出来高を見ることが重要だ。ギャップには、情報の探り入れであるニュースギャップのほかに、プロフェッショナルギャップと呼ばれるものが存在する。これは個人投資家を市場から締め出すために意図的に作り出されるギャップだ。例えば、ダウが100ポイントのギャップアップで寄り付いたあと、終日にわたって狭いレンジでトレードされているときは、プロフェッショナルギャップと考えてよいだろう。市場は基本的に開く前に動く。その動きに備えてポジションを持ったプロたちは利益を得て、一般の個人投資家はその動きに参加する機会さえ与えられない。前述したように、取引時間前出来高は、プロによるブレイクアウエーギャップ（埋まらないギャップ）になるのか、その日のうちに値動きが起こって埋められる可能性の高いギャップになるのかを教えてくれるものだ。取引時間前出来高を伴うプロフェッショナルギャップは埋まるまでに数週間かかることもある。ギャップのなかで最もよく発生するギャップがニュースに反応して起こるギャップ、つまり情報の探り入れによって起こるギャップだ。このギャップは小さくて、それほど大きな取引時間前出来高は伴わず、すぐに埋められて、

フェードプレーに用いられる。

そこで質問だ。ギャップを生みだす要因を無視するとするならば、そのセットアップを受け入れるかどうかを決めるのに私は何を見ているのだろうか。もう少しヒントを与えると、何の取引時間前出来高を私は見るのか、ということである。私が注目するのは、特定の現物株の取引時間前出来高である。特に、その日大きく動きそうなビッグな銘柄の取引時間前出来高だ。2005年に第1版を書いたとき、私がよく注目していたのはKLAテンコール（KLAC）、マキシム・インテグレーテッド・プロダクツ（MXIM）、ノベラス・システムズ（NVLS）、アプライド・マテリアルズ（AMAT）だ。私がこれらの株を好んだのは、時間前取引が活発に行われていただけでなく、個人投資家とファンドマネジャーの双方が積極的にトレードしていたからだ。今ではこれらの銘柄はアップル（AAPL）、グーグル（GOOGL）、フェイスブック（FB）、バイドゥ（BIDU）、アマゾン（AMZN）、ネットフリックス（NFLX）に置き換わった。これらの銘柄は今日の市場を先導する銘柄だ。今から10年後にはこれらの銘柄はまた別の銘柄に置き換わっているかもしれないが、アップルやアマゾンがこのリストから外れることはないだろう。

これらの銘柄は指数内でのウエートは異なるが、これらの株の出来高を見れば、その日に発表されたニュースを市場がどう受け止めているかがはっきり分かる。これらの株の出来高が多ければ、市場がニュースを真剣に受け止めている証拠だ。逆に、出来高が少なければ——こちらのほうが多い——、市場は発表されたニュースに無関心か、あるいは、こちらのほうが確率が高いが、すでに織り込み済みであることを示している。こういった日は、発生したギャップがその日のうちに埋まる確率は極めて高い。

私がこれらの株の取引時間前出来高を見るのは、現物の通常取引が開始される10分前の9時20分だ。時間前取引が開始されるのが8時な

ので、このデータが有効なのはわずか1時間20分だ。この時点でこれらの株のそれぞれの出来高が3万株を下回っていれば、ギャップ（ギャップアップまたはギャップダウン）はほぼ85％の確率でその日に埋まる。しかし、出来高が5万株を上回っていれば、ギャップがその日に埋まる確率はおよそ60％だ。こういった日でもギャップの半分は85％の確率で埋まるので、これを考慮して私は目標値を設定し直す。具体例で考えてみよう。例えば、ダウが50ポイントのギャップで寄り付き、取引時間前出来高が中程度であった場合、目標値は仕掛けから50ポイント（ギャップの大きさ）の位置ではなく、25ポイントの位置に設定し直す。そして、出来高がそれぞれの銘柄で7万株を上回っていれば、ギャップがその日のうちに埋まる確率は30％に激減する。こういった日のギャップは、プロによるブレイクアウエーギャップである場合が多い。私はこういった日はフェードプレーは行わない。サイドラインに立ち、別のセットアップが現れるのを待つ。

　これらの出来高の数値は「普通」の市場状態のときの数値だ。本書執筆の時点（2011年9月）では市場ボラティリティが極端に高かったので、これらの数値は2倍にする必要があった。特にアップルはそうだ。これらの数値を導きだすヒントとなるのがVIXである。数カ月前、VIXはおよそ20.00だった。これは「通常」の数値であり、ここで提示している出来高はこの数値に基づく。しかし、VIXの今の数値は40.00で、ボラティリティは2倍に上昇している。したがって、出来高も2倍にする必要があった。このようにVIXの数値を見れば、出来高のおおよその値は分かる。VIXが60.00であれば、ここに提示している出来高の数値は3倍にする必要があり、10.00であれば半分にするといった具合だ。

　取引時間前出来高はなぜインディケーターとして使えるのだろうか。これを、車が上り坂をガス欠状態で上る場合と満タンで上る場合との対比で考えてみよう。市場が動くエネルギーを本当に蓄えているので

第7章　オープニングギャップ

表7.1

主要銘柄の取引 時間前出来高	ポジションサイズ	トレード目標
３万株未満	フルサイズ	ギャップが埋まった時点で全ポジショ ンを手仕舞う
３〜７万株	３分の２サイズ	ギャップが半分埋まった時点で半分 手仕舞い、全部埋まった時点で残り の半分を手仕舞う
７万株以上	フェードプレーはしない	フェードプレーはしない

あれば、現物市場の出来高は多くなり、車は「一気に」坂を上ってい
く。市場の勢いが見せかけなら、動きに確信が持てないため出来高は
多くない。こういった場合は、ニュースは無視して、お金の流れる向
きに従うことが重要だ。**表7.1**は私がこの情報をトレードにどう生か
しているかをまとめたものだ。

　主要銘柄のうち３つの銘柄の出来高が３万株未満で、別の１つの銘
柄の出来高が９万5000株といった場合も往々にしてあるが、このよう
な場合、私はまずその銘柄関連のニュースがないかどうかをチェック
する。ニュースがあった場合はその銘柄はトレード対象から外す。な
い場合は出来高の平均を取り、「中程度の」ギャップとしてそれに見合
ったトレードを行う。つまり、ギャップが完全に埋まるまで全ポジシ
ョンを保有し続けるのではなく、ギャップが半分埋まった時点でポジ
ションの半分を手仕舞うということだ。ギャップが中程度の場合のギ
ャッププレーでは、ポジションの半分を手仕舞った場合でも、最初に
置いた損切りの位置を下げることはしない。

309

第2部　先物、株式、オプション、FX、仮想通貨のためのデイトレードとスイングトレードの最高のセットアップ

表7.2

曜日	当日にギャップが埋まった割合
月曜日	65%
火曜日	77%
水曜日	79%
木曜日	82%
金曜日	78%

ギャッププレーが最も効果的な曜日

　ギャップがどんなに大きかろうと、取引時間前出来高が多かろうと、私たちは生のギャップデータに注目する。つまり、ギャップが埋まる確率である。これは「ありのまま」の生データだ。**表7.2**はオープニングギャップが同日に埋まった割合を曜日別にまとめたものだ。

　表7.2を見ると明らかなように、ギャップはその日に埋まる確率が極めて高い。もしブラックジャックのテーブルでこの確率を出せるギャンブラーがいれば、ラスベガスは3カ月で廃業に追い込まれるだろう。それでは**表7.2**を詳しく見てみよう。1週間のうちでギャップがその日に埋まる確率が最も低いのは月曜日だ。これは、ブレイクアウエーギャップのほとんどが月曜日に発生することを考えると理解できるはずだ。物事の新たな進展は週末にかけて起こるものだ。したがって、月曜日はギャッププレーはパスする。市場が開くときはサイドラインに立って傍観し、市場が落ち着いてきたらセットアップを探す。

　最終的に分かったことは、オプションの満期日（毎月第3金曜日）と各月の最初の取引日は、その日のうちにギャップが埋まる確率は55〜60%と低いということだ。私はこの2日間は、ギャップのフェードプレーは行わないことにしている。唯一の例外は、取引時間前出来高

310

が非常に少ないときだ。こういった場合は取引時間前出来高のルール
が当てはまらないので、勝算ありとみてトレードする。

ギャッププレーのトレードルール

ギャップダウンで買うときのルール（ギャップアップで売るときのルールはこれの逆）

ギャップダウンで買うときのトレードルールは、取引時間前出来高
を伴わないギャップが基本になる。出来高が中程度の場合、ギャップ
が半分埋まる価格水準に達した時点でポジションの半分を手仕舞う以
外は、出来高を伴わない場合のギャッププレーとまったく同じだ。大
きな取引時間前出来高を伴う場合、このトレードのセットアップは見
送る。注意したいのは、これはフェードプレーであるという点だ。つ
まり、ギャップダウンなら買い、ギャップアップなら売る。それでは
ギャップダウンの買いに関するルールを見ていくことにしよう。

1. まず最初に、9時30分に始まり16時15分に終了する日中ギャップ
   チャートを作成する。これはもちろんギャップを見るためだ。ギ
   ャップは、24時間チャートや先物の「通常取引時間」のチャート
   では見ることはできない。
2. ギャッププレーの対象となるギャップの大きさは、ミニダウの場
   合は10ポイント、ＥミニS&P500の場合は1ポイント。それ以外
   のギャップはパスする。
3. ミニダウで70ポイント、ＥミニS&P500で7ポイントを上回るギ
   ャップの場合、取引時間前出来高に注目する。大きいギャップは
   ブレイクアウエーギャップである可能性が高い。取引時間前出来
   高が少ないか中程度であればトレードを行う。

第2部　先物、株式、オプション、FX、仮想通貨のためのデイトレードとスイングトレードの最高のセットアップ

4．現物の通常取引が9時30分にギャップダウンで寄り付いた場合、ミニダウまたはEミニS&P500を成り行きで買う。DIAやSPYでもよい。トレードする市場は特にこだわる必要はないが、例外が2つある。1つは、ダウ銘柄の1つに「動きのおかしい」ものがあった場合で、このときはS&P500でギャッププレーをする。一例を挙げるならば、例えばIBMが決算発表で10ポイント上昇しているとすると、ダウはほかの市場とは「異なる動きをする」可能性が高いのでダウではギャッププレーはしない。もう1つの例外は、ダウを別のセットアップ、例えばスクイーズやピボットプレー（これらのセットアップについてはあとの章で説明する）などで使っている場合だ。このときもS&P500でギャッププレーをする。次のセットアップが現れてもまだS&P500のギャッププレーが継続している場合は、ギャッププレーはそのまま維持して、ダウでそのセットアップをプレーする。

5．注文が執行されたら、次のパラメーターで逆指値の売り注文（プロテクティブストップ）を置く。

● ギャップがミニダウで40ポイント、EミニS&P500で4ポイントを下回る場合、1.5：1のリスク・リワード・レシオを用いる（例えば、ギャップが20ポイントだとすると、30ポイントの位置に損切りを置く）。

● ギャップがミニダウで40ポイント、EミニS&P500で4ポイントを上回る場合、1：1のリスク・リワード・レシオを用いる（例えば、ギャップが45ポイントだとすると、45ポイントの位置に損切りを置く）。

6．目標値はギャップが埋まる位置。例えば、前日のS&P500の終値が1058.50だったとすると、ギャップが埋まって1058.50にまで上昇した地点が目標値となる。出来高が中程度のギャップの場合、注文を2つに分けて、ギャップの50％が埋まった時点でポジション

の半分を手仕舞い、残りの半分のポジションはギャップが完全に
埋まった時点で手仕舞う。

7．このセットアップではトレーリングストップは使わない。

8．損切りに引っかかったら、その日のギャッププレーはそれで終了。

9．クロージングベルが鳴るまでに目標値にも損切りにも達しない場
合は、成り行きで手仕舞う。

10．ギャッププレーで用いるセットアップは１日に１つのみ。

やられるのはだれか

トレーダーにとって最も重要なことの１つは、勝ちトレードがなぜ
勝ちにつながったのかを理解することである。これは裏を返せば、逆
サイドで損をしているのがだれかを理解することでもある。やられて
いるのはだれなのか、そしてそれはなぜなのか。

ギャップダウンが発生すると、一般に傷つくグループは２つある。１
つは、前日から買っている人々だ。この場合、損切りに引っかかるか
パニック売りに走るかのいずれかだ。そしてもう１つは、ポジション
がマルの人々だ。彼らはギャップダウンが発生すると、この世の終わ
りででもあるかのように売り始める。両グループとも市場に対する感
情的反応が強く、その感情が彼らをトレードへと走らせるのだ。した
がって、こういったセットアップでは、私はこれらのグループの逆サ
イドを取ることにしている。つまり、彼らが売れば買い、買えば売る。
第１グループは前に被った損失を取り戻そうとパニック買いに走り、第
２グループは売りを仕掛けたときに置いた損切りに引っかかって買い
戻されるため、市場に上昇エネルギーを与える。それでは実例を見て
いくことにしよう。チャート上に付された番号は、値動きが発生した
時点を示しており、各説明文の行頭の番号に対応している。

313

図7.1

ギャッププレーの実例

ミニダウ——2003年12月限（2003年10月15日）

1. 10月14日、ミニダウは9717ドルで引ける（**図7.1**を参照）。
2. 10月15日、9時30分に9762ドルで寄り付いたため、+45ポイントのオープニングギャップが発生。寄り付きと同時に「フェードプレー」を行うべく、ミニダウを成り行きで売る。それと同時に、仕掛け価格から45ポイント離れた9807ドルの位置にプロテクティブストップを置き、目標値はギャップが埋まる位置、つまり前日の

図7.2

終値である9717ドルに置く。

3．オープニングベルから35分後、価格が前日の終値まで下落してギャップが埋まったため、比較的スムーズなトレードになった。このように比較的スムーズにかつ素早くストレスを感じさせずに埋まるギャップのことを、私は「バハマギャップ」と呼んでいる。このトレードで1枚当たり225ドルの利益。

ミニダウ──2003年12月限（2003年10月16日）

1．10月15日、ミニダウは9704ドルで引ける（**図7.2**を参照）。

図7.3

2. 10月16日、9時30分に9645ドルで寄り付いたため、-59ポイントのオープニングギャップが発生。寄り付きで買い、9586ドルに損切りを置く。
3. ギャッププレーヤーたちの多くは、利益を保護するため損切りをブレイクイーブンまで上げていくので、3で損切りに引っかかったはず。彼らのギャッププレーはその時点で終了。
4. しかし私はこのプレー用に設定したパラメーターに従ってプレーを続行することで、ふるい落とされたほかのトレーダーたちを尻目に利益を上げる(図7.3を参照)。彼らが失敗した原因は、各プレーに応じたパラメーターを設定しないで、すべてのプレーで同

じパラメーターを使っているからだ。オープニングベルから１時間以内に埋まるギャップが多いとはいえ、ギャップが埋まるまでに２～３時間かそれ以上かかる場合も少なくない。市場が「好きなようにやっている」ときは、私はパラメーターを設定したらあとはトレードにすべてを任せ、何か別のことをやることにしている。埋まるまでに時間がかかるギャップのことを私は「ソマリアギャップ」と呼んでいる。ソマリアギャップはバハマギャップと違って、見ている人に大きなストレスを与える。ストレスを感じることは別に悪いことではない。事実、プロのトレーダーでもストレスは感じている。しかし、彼らはストレスを感じてもそれに反応することはなく、設定したパラメーターに従うだけだ。このトレードでは１枚当たり295ドルの利益。

どのトレードでも近くに置いた損切りと、３：１のリスク・リワード・レシオを用いるトレーダーはアマチュアトレーダーの証拠だ。初心者の多くは、損切りを近くに置き、３ポイントの利益に対してリスクは１ポイントにせよとブローカーに言われる。市場が反転する前になぜいつも損切りに引っかかるのだろうと彼らが頭をかしげている裏で、ブローカーたちはその日の手数料収入の勘定をしているというわけだ。一般に、損切りまでの距離は遠くしたほうが勝ちトレードになることが多い。ただし、遠くに置く損切りを用いるときは、勝率が80％を超えるセットアップのみを用いることが重要なのは言うまでもない。私が説明しているギャッププレーは、私が使っているパラメーターとリスク・リワード・レシオを使えば勝率は80％を上回る。ギャッププレーで損切りの位置を近くすれば、勝ちトレードになる確率は大幅に低下し30％未満に落ち込む。多くのトレーダーがこのビジネスでやっている間違いの１つは、損切りまでの距離を近くしすぎることにある。これには反論もあるかもしれないが、トレードするたびに損切

りに引っかかっていたのでは稼げるはずがない。

　ギャッププレーでもうひとつ大事なのは、トレーリングストップを使うと、勝率が落ちるということである。いったんパラメーターを設定したら、その場を離れて、あとはトレード自身に任せるのが一番だ。カーエンジンのチューンアップには微調整が必要だが、ギャッププレーにおけるパラメーターの微調整は百害あって一利なし、ということを覚えておこう。

ミニダウ──2004年9月限（2004年8月2日）

　トレーダーはギャップが発生する理由を考えすぎるのではないだろうか。理由など考えても意味はない。オープニングベルの音とともにトレーダーたちの感情が乱れる。その結果として発生するのがギャップだ。ギャップが埋まるかどうかは、トレーダーの感情とはほとんど関係ない。2004年8月1日の日曜日、アメリカ政府は巨大金融機関を爆破する計画を電波でキャッチしたとしてテロ警告を出した。それを受けて市場は混乱し、翌月曜日（8月2日）には大幅なギャップダウンで寄り付いた（**図7.4**を参照）。

1．2004年7月30日（金曜日）、ミニダウ先物は10142ドルで引ける。

2．2004年8月2日（月曜日）、市場は前日の終値より51ポイント下げて10091ドルで寄り付く。私は9時30分のオープンと同時に買い、10040ドルの位置に損切りを置く。その日の市場はちゃぶつき相場だった。テロのニュースに神経をとがらせているトレーダーたちと話をして私は迷った。この「緊張感」をトレードに取り込むべきかどうか。ギャップの理由に耳を傾けるべきかどうか。

3．その日の後半になって市場は上昇。私はギャップが埋まった時点で利食いした（**図7.5**を参照）。ギャッププレーは究極の逆張りト

318

図7.4

レードだ。けっして大衆に巻き込まれてはならない。結局、このトレードでは1枚当たり255ドルの利益が出た。

Eミニ S&P500──2004年9月限（2004年8月24日）

1. 8月23日、EミニS&P500は1097.00で引ける（**図7.6**を参照）。
2. 翌日の9時30分、前日の終値を4ポイント上回る1101.00で寄り付いた。私は寄り付きで売り、1105.00の位置に損切りを置いた。
3. 1時間少したった時点でギャップが埋まり、目標値に到達。このトレードでは1枚当たり200ドルの利益が出た。

図7.5

Ｅミニ S&P500――2004年９月限（2004年８月４日）

1. ８月３日、Ｅミニ S&P500は1097.50で引ける（**図7.7**を参照)。
2. 翌日、市場はギャップダウンして1094.25で寄り付く。ギャップは3.25ポイントだったので、1.5：１のリスク・リワード・レシオを使い、1089.25の位置に損切りを置く。
3. 寄り付きで買ったあと、市場はしばらくちゃぶつき、そのあと安値を更新。それから１時間ちょっと過ぎた時点で市場は上昇し、ギャップが埋まった時点でポジションを利食いした。その日は上下に不規則な動きをする幅の狭いレンジで推移し、取引時間終了前

図7.6

の30分で上昇した。ギャッププレーが最も確実なプレーであるだけでなく、行うべき唯一のプレーでもある日は多い。ちゃぶつき相場（チョッピー）とは、薄商いで狭いレンジで推移する相場のことを言う。初心者トレーダーをチョップ（ぶった切り）するというのがその名の由来だ。このトレードでは１枚当たり162.50ドルの利益が出た。

Ｅミニ S&P500──2004年９月限（2004年７月14日）

１．７月13日、ＥミニS&P500は1114.75で引ける（**図7.8**を参照）。

図7.7

2．翌日は5.75ポイント下げて1109.00で寄り付く。
3．寄り付きで買い、1103.25の位置に損切りを置く。
4．ギャップは1時間もしないうちに埋まる。ダマシの動きもほとんどなく、非常にリラックスした気持ちでトレードできた。これもまた「バハマギャップ」の一例だ。このトレードでは1枚当たり287.50ドルの利益が出た。

ギャップが埋まらないときの対処法

ギャッププレーについて忘れてはならないのは、勝率が80％という

図7.8

ことは、20％は負けになるということである。私が負けトレードを許容できる唯一のケースは、「ギャップが埋まらない（オープンギャップ）」ときだけだ。オープンギャップはブラックホール、あるいはトラクタービームのようなもので、価格は最終的にはオープニングギャップ水準に吸い寄せられていく。オープンギャップが発生したとき、私は必ずポストイットにその水準を書き付けて、コンピューターに貼り付けておく。具体例を見てみよう（**図7.9**を参照）。

　ここではこのプレーについてもう少し詳しく見ていこう。10万ドル口座で、満玉張ったとして9枚（1万1100ドルごとに1枚）トレードする場合を考えてみよう。もちろんこれ以上の枚数も可能で、多くの

図7.9

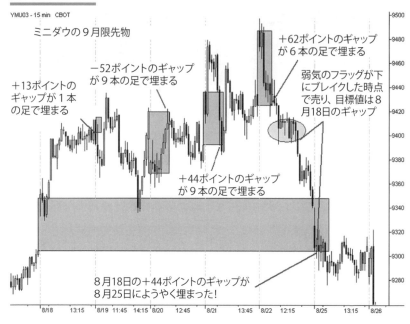

ブローカーはトレードサイズを増やせと言ってくるだろう。ブローカーによっては10万ドル口座で100枚買えるほどのレバレッジが与えられる場合もあるが、これは正気の沙汰ではない。可能だからと言って、必ずしもそうしなければならない理由はない。10万ドル口座で100枚では明らかにレバレッジをかけすぎである。例えば、S&P500を100枚トレードして、損切りを2ポイントと近い位置に置いた場合、4回続けて損切りに引っかかることもあり得る。この場合、どうなるかというと、2ポイント×50ドル×100枚＝1万ドル、これが4回続くわけだから合計で4万ドルの損失だ。これをやる人はかなり多く、私は由々しき問題だと思っている。普段の生活のなかではいろいろな選択肢がある。グラス1杯のワインを飲んでもよければ、ボトル1本空けてもよい。カップ1杯のコーヒーを飲んでもよいし、ポットまるまる1杯分のコー

ヒーを飲みほすこともできる。毎日ジムに通ってもよければ、家でテレビを見ていてもよい。要するに、何を選択するかである。何かができるということと、それが良いことであることとは別問題だ。自分に最も利益をもたらすものを選ぶようにしよう。それでは話を元に戻そう。

　８月18日、経済指標の発表をいくつか控えていたため、ダウは44ポイントのギャップアップで寄り付いた。私は寄り付きで売った。ダウはいったんは上昇したものの経済指標発表前に売られ、発表後は再び上昇した。44ポイントの位置に損切りを置いていたが、市場がその水準を通り越して上昇したため、１枚当たり220ドル、合計で1980ドルの損失が出た。

　下方に「ブラックホール」ギャップが空いたまま翌日を迎える。このとき本当に物が吸い込まれるような音が聞こえた。その日（８月19日）は出来高を伴わずに13ポイントのギャップアップで寄り付いたが、すぐに埋まったので１枚当たり65ドル（合計で585ドル）の利益が出た。その翌日（８月20日）、52ポイントもギャップダウンして寄り付き、ギャップが埋まるまでに数時間かかったが、心配には及ばず、結局、ギャップは埋まり１枚当たり260ドル（合計で2340ドル）の利益が出た。翌日（８月21日）は中程度の出来高を伴い44ポイントのギャップアップで寄り付いた。損切り水準に近づいたが、結局はギャップが埋まった。最初の５枚はギャップが50％埋まった時点（つまり、22ポイント下げた時点）で利食いし、５枚×22ポイント×５ドル＝550ドルの利益、そしてギャップが完全に埋まった時点で残りの４枚を手仕舞い、４枚×44ポイント×５ドル＝880ドルの利益が出たので、このプレーで得た利益は合計で1430ドルということになる。そして８月22日、インテルが「慎重な業績上方修正」を発表したため、「サッカー（吸い込み）ギャップ」が発生。市場は暴騰し、62ポイントのギャップアップで寄り付き、一気にメジャーな抵抗線水準まで跳ね上がった。このときの取

325

第2部　先物、株式、オプション、FX、仮想通貨のためのデイトレードとスイングトレードの最高のセットアップ

引時間前出来高は少なかった。

　私は寄り付きで売った。6本の足のあと、目標値に到達して1枚につき62ポイント（310ドルに相当。合計で2790ドル）の利益を確保した。下方にあるブラックホールの物を吸い込む音はますます大きくなっていく。午後の立ち会いは弱気のフラッグの保ち合い相場になる。そこでフラッグの保ち合い相場が下にブレイクしたときに備え、9392の地点に逆指値の売り注文を置いておいた。執行と同時に、損切りを日中の抵抗線の上（9455）に置いた。目標値は8月18日のブラックホール・オープニングギャップが埋まる9304に設定。その後、市場は内部圧力を抑え込むかのように、ひざまずいて空吐き状態が続いた。抑え込まれた圧力は相当強かったと見えて、まるで親元を離れて1年目の大学の新入生のように、市場は転倒して嘔吐した。ここでようやくギャップが埋まり、1枚当たり88ポイント（440ドルに相当。合計で3960ドル）の利益を得た。

　オープニングギャップが埋まらずに残っているとき、私は必ず紙に書いておくととともに、チャートに印をつけておく。なかなか埋まらないギャップでも大概は5〜10日のうちには埋まるものだ。

フルタイムでトレードできない人向けの戦略

　フルタイムの仕事を別に抱えている人にとっての最高な戦略の1つが、このギャッププレーだ。米国西海岸は、オフィスに出掛ける前に市場がオープンするので、パートタイムトレーダーにとっては格好の地と言えるだろう。ただしパートタイムトレーダーには、目標値に到達したら損切り注文を自動的に取り消してくれるシステムが絶対不可欠だ。あるいは、これは見落とされがちだが、電話1本でパラメーターを指示できるブローカーを利用するという手もある。こういったブローカーは手数料は若干高めだが、トレードをウオッチしてくれるの

第7章　オープニングギャップ

表7.3

枚数 （株数）	市場	7/23 の 終値	7/24 の 始値	ギャップ （ポイント）	損切り	利益 （ドル）
9	ミニダウ	9169.00	9233.00	64	9329	2700
9	Eミニ S&P	987.00	993.50	6.50	1003.25	2925
20	DIA 先物	91.96	92.58	0.62	93.51	1240
500	DIA	91.91	92.50	0.59	93.38	295
500	SPY	99.29	99.99	0.70	101.04	350

だから高い手数料を支払うだけの価値はある。ギャッププレーをパートタイムトレーダーとして行う最大のメリットは、フルタイムトレーダーがトレードの進捗状態を見ているときに犯しやすい過ちを犯さなくて済むことだ。自分でトレードを監視していると、そわそわして落ち着きがなくなり、結局は早めに手仕舞いすることが多くなる。むしろ、オフィスにいてトレードを監視する時間がない人のほうが、自分の感情をコントロールできないフルタイムトレーダーよりも有利な立場にあると言えるかもしれない。

このセットアップのポジションサイズは？

私がよく聞かれる質問の１つが、「この戦略であなたは何枚、あるいは何株トレードしているのですか」というものだ。これらのプレーは５つの異なる市場で実行可能である。ミニダウとEミニS&P500先物、SPYとDIAのETF、それにワンシカゴ経由のDIA先物の５つだ。**表7.3**は、このセットアップを使って10万ドル口座でトレードするときの枚数（株数）を市場別にまとめたものだ。小口口座サイズの人にお勧めなのがDIA先物だ。これは、大きなレバレッジ効果のあるミニダ

327

ウやＥミニS&P500先物とレバレッジ効果のないDIAやSPYのちょうど中間に位置する。**表7.3**に示している例は、７月24日に発生したギャップをプレーしたものだ。

ギャップのまとめ

　ギャップは、取引日に一度だけ発生する、すべてのプレーヤーがポーカーの持ち札を見せなければならない瞬間で、短期トレーダーにとってその日最初で最後の大きなトレード機会が与えられる瞬間でもある。毎日のようにギャッププレーをするトレーダーにとって重要なのは、ギャップの背景にある心理を理解することだ。ギャッププレーの効果は絶大で、このセットアップによるトレードだけで生計を立てている大勢のトレーダーがいるほどだ。ギャッププレーを成功させるためのカギは、ギャップのメカニズムを理解し、しっかりとした手法とルールを確立することである。ギャッププレーをしているときに注意しなければならないのは、50％のリトレースメント水準である。本章の初めに、取引時間前出来高が中程度の場合、ポジションの半分を手仕舞う、と言ったのを覚えているだろうか。50％のリトレースメント水準は、どういったギャップであっても最高勝率の手仕舞い水準なのだ。取引時間前出来高が中程度だろうが少なかろうが、ギャップが50％のリトレースメント水準に達したら半分利食いするというようにトレードプランを変更しても構わない。

　本書でこのセットアップについてしっかりと学び、その背景にあるものを理解した真面目なトレーダーは、フルタイムトレーダーに向けてのより確実な基礎が身についたことになる。本章で学んだ実績のあるセットアップ、このセットアップに適した市場、このプレーを最大限に活用するための行動プランは、どのトレーダーにとってもこの偉大なビジネスを生き抜くために不可欠な要素である。

第8章

ピボットポイント──トレンド日には小休止するのに良いポイント、ちゃぶついた日には逆張りの絶好のポイントとなるのはなぜか

Pivot Points : Why Are These Good Pausing Points for Trending Days and Great Fading Points for Choppy Days?

インディケーターベースのトレーダーを打ち負かす最高の方法

　私が使っているなかで最も簡単で最も効果的な仕掛けと手仕舞いテクニックの１つが、マルチピボット水準（と私は呼んでいる）をベースにしたものだ。マルチピボット水準は、デイリー、ウイークリー、マンスリーのピボットポイントと、デイリー水準の中間点からなる。このセットアップは私は主として株価指数先物で使っているが、個別株（有名銘柄）でも使えるし、株価指数に連動したETF（上場投資信託）のDIA（ダウ平均のETF）、SPY（S&P500のETF）、QQQ（ナスダックのETF）、IWM（ラッセル2000のETF）でも使える。ウイークリーピボットは金、通貨、原油などそのほかの先物で使う。ウイークリーピボットはビットコインやイーサリアムなど活発に取引されている暗号通貨でも使えることが分かっている。こうした商品ではデイリーピボットを使ってもよいが、ウイークリーピボットのほうがはるかに効果的であることが分かった。ギャッププレー同様、ピボットプレーも本書の第１版とほとんど同じだ。したがって、例は第１版で使った例をそのまま使う。今でも十分有効だ。

329

第2部　先物、株式、オプション、FX、仮想通貨のためのデイトレードとスイングトレードの最高のセットアップ

　このシステムの最大のメリットは、インディケーターベースではなく価格ベースであるという点だ。ほとんどのインディケーターが買いシグナルや売りシグナルを出してくるころには、動きはすでに始まっている。この価格ベースの手法を使えば、インディケーターベースのトレーダーよりも先に仕掛けることができる。そして、ストキャスティックスをはじめとするオシレータータイプのシステムが買いシグナルや売りシグナルを出してきたら、私はすぐにポジションを手仕舞う。これはちゃぶついた日に特に効果的だ。出遅れたトレーダーたちが市場に参加するや否や、私はポジションを手仕舞い、次のセットアップを探すというわけだ。ちゃぶついた日には、インディケーターベースのトレーダーたちはまったく利益を上げられない。買いシグナルが出るのは天井、売りシグナルが出るのは底。これではフラストレーションがたまるばかりで、当然ながら、損益はマイナスだ。彼らのミスを巧みに利用し、彼らの口座から金を吸い上げてわれわれの口座に流し込む手法がピボットだ。

　ピボットは、1日中チャートを見ていられないトレーダーや、追っかけをやる悪い癖のあるトレーダーたちにも向いている。このピボットプレーでは、仕掛けも手仕舞いもトレード日の前に設定されるため、トレーダーは無意識のうちに規律を身につけることができる。

　ピボットの利点はほかにもある。それは、その日の市場がどういったタイプの市場になるのかを素早く見極めるためのツールとして使える点だ。トレンド日には、市場はピボットまで動いたら15〜20分保ち合ったあと、再び元のトレンドの方向に動き始める。こういった日は、私はまず市場がピボットをブレイクするのを待ち、その後、この水準まで最初に押した時点で買う。しかしちゃぶついた日は、市場はピボットまで動いたあと、しばらくその辺りをうろつき、今度は逆方向に動く。こういった日は、「ズタズタにやられる（チョップアップされる）」トレーダーが多く、大損をする。得をするのはブローカーだけだ。

330

こういった日は、ピボットプレーではフェードプレー（逆張り）を行うのが普通で、出来高が少なくレンジが狭いちゃぶついた相場で利益を出すための有効なトレード手法の１つと言えるだろう。

　トレンド日とちゃぶついた日を見分ける非常に簡単な方法を２つ紹介しよう。１つは、ピボット水準に達したあとの市場の反応を見る。もう１つは、ＥミニS&P500の５分足チャートを作成し、10時以降の出来高を見る（第５章を参照）。それぞれの足の出来高が２万5000枚を超えていれば、市場はパワーを蓄えているためボラティリティが高いことを意味する。一般にこういった日のレンジは広く、強いトレンドが形成されることが多い。一方、10時以降のそれぞれの足の出来高が５分足で２万5000枚を下回っている場合は、市場には野獣を動かすほどのパワーはなく、緩慢なちゃぶついた日になることが多い。前者のようなトレンド日には、私は市場がピボットをブレイクするまで待ち、最初の押しや戻りで仕掛ける。また後者のようなちゃぶついた日には、ピボットとは逆向きに買いと売りのオープンオーダー（取り消しまたは執行されるまで有効な注文）を入れ、これらの動きを逆張りするために継続する注文を入れる。こんな日はほかにやることがないので、トレードに仕事を任せ、貴重な空き時間を利用してゴルフの練習に励む。おまけのプレーを１つ紹介しよう。ちゃぶついた日には市場がキーピボットまで上昇し、上昇する間にTICKが極値（＋1000）に達し、買い圧力を出し尽くす。つまり、こんな日は売れということだ。

ピボットはどの市場でも同じというわけではない

　ところで、ピボットとは一体何なのだろうか。ピボットは魔法でも何でもない。おそらく読者の多くは、ピボットのことを聞いたことがあるはずだし、トレードでも使ったことがあるはずだ。初心者のためにピボットの設定の仕方と仕組みを簡単に説明したあと、私が使って

第2部　先物、株式、オプション、FX、仮想通貨のためのデイトレードとスイングトレードの最高のセットアップ

いるセットアップへと話を進めていくことにしよう。

　ピボットは簡単に計算できるため、昔から使われてきた。フロアトレーダーが簡単な公式を使って計算した支持線と抵抗線からなるシステムを開発したのがそもそもの始まりだ。その後、フロア以外でも使われるようになり、広く普及していった。今では多くのトレーダーたちに利用されるようになったピボットだが、どうも間違った使い方をされているようだ。それだけならまだしも、さまざまな公式が存在し、ピボットを計算するときに用いられる時間枠もまちまちだ。したがってまず最初に、私が使っている標準的な公式の1つから見ていくことにしよう。

　　R3 ＝ R1 ＋（高値 － 安値）
　　R2 ＝ ピボット ＋（高値 － 安値）
　　R1 ＝ 2 × ピボット － 安値
　　ピボット ＝（高値 ＋ 安値 ＋ 終値）÷ 3
　　S1 ＝ 2 × ピボット － 高値
　　S2 ＝ ピボット －（高値 － 安値）
　　S3 ＝ S1 －（高値 － 安値）

　この公式と前日の高値、安値、終値の数値があればピボットは簡単に計算できる。私の場合、ピボットの計算に用いる高値と安値は24時間分のデータから取る。しかし、終値については、唯一重要な終値である日中の取引時間の終値を用いなければならないことに注意しよう。通常、チャート上で24時間と言えば「深夜から深夜まで」を意味するが、この時間枠を使えばデータの有効性は失われるので時間範囲の変更が必要だ。これについてはのちほど説明する。

　高値、安値、終値のデータが得られたら、これらの値と上の公式をエクセルのスプレッドシートに入力する。すると、翌日の7つの重要

な価格水準——上に示した中心ピボットと、R1、R2、R3の値と、S1、S2、S3の値——が算出される。このなかで最も重要なのが中心ピボットだ。私はこれらのデイリー水準に加え、各水準の中間点と、ウイークリーとマンスリー水準も計算する。ウイークリー水準は前週の週足の高値、安値、終値を使って計算し、マンスリー水準は前月の月足の高値、安値、終値を使って計算する。デイリーピボットは毎日更新し、ウイークリーピボットは1週間ごとに、マンスリーピボットは1カ月ごとに更新する。ちなみに、インディケーターもこれらの公式を使ってプログラミングできるので、ピボットは手動でやらなくても自動的にチャートにプロットされる。ただし、手動でやればこれらのピボットがどこにあるのかを明確に記憶にとどめることができる。

　注意しなければならないのは、株価指数がデイリーのR3やS3水準に達することはめったにないということだ。この事実は重要だ。なぜなら、市場がR2まで上昇したり、S2まで下落した場合、R2やS2がその日の最高値や最安値になることが多いからだ。このことが分かっていれば、感情に支配されることなく安心してこのシステムに従うことができる。もちろんこれは普通の市場状態のときだ。この第3版を書いている2011年9月の時点では、VIXは40.00で、ボラティリティが非常に高い状態にあり、市場は絶えずR3とS3の水準を試している。VIXが低いほど、市場の変動レンジは小さくなる。

ピボット設定の具体例

　それでは、私がチャート上で毎日行っているピボットの更新プロセスを見ていくことにしよう。これは2017年9月現在の取引所の取引時間を基にしたものだ。デイリーピボットの計算に用いる高値、安値、終値の数字は次に示したデータから取り出したものだ。

333

第2部　先物、株式、オプション、FX、仮想通貨のためのデイトレードとスイングトレードの最高のセットアップ

●ミニダウ（YM）──水曜日16時30分〜木曜日16時15分のデータ

●EミニS&P500（ES）──水曜日16時30分〜木曜日16時15分のデータ

●Eミニナスダック（NQ）──水曜日16時30分〜木曜日16時15分のデータ

●Eミニラッセル2000（TF）──水曜日20時〜木曜日18時のデータ

　この範囲のデータを使えば、夜間取引と日中の取引を含むほぼ24時間にわたる値動きが含まれることになる。市場によって時間が若干異なるが、これはそれぞれの市場の取引時間が異なるからだ。前述したように、終値のなかで最も重要なのは日中の終値だ。日中の終値が分からない場合は、YM、ES、NQについては、https://www.cmegroup.com/ から入手でき、TFの場合は、https://www.theice.com/index から入手できる。CME（シカゴ・マーカンタイル取引所）は最近、ラッセル2000の先物の権利を取得し、CMEではラッセル2000はRTYとして取引されることになった。

　正確な高値、安値、終値を得るには、前述した時間枠の日足チャートを作成するのが最も手っ取り早い。これはトレードステーションを使うと簡単だ。@YMや@ESなどのつなぎ足のシンボル名を入力し、日足チャート上に表示するように設定すればよい。トレードステーションではデータは上記の「日中取引時間」のものが表示されるように初期設定されている。ほかのチャート作成ソフトは、初期設定が9時30分から16時の株式市場の日中取引時間になっているため、手動で設定し直さなければならないものが多い。チャートを作成したら、ES、NQ、YMについては16時15分まで、TFについては18時まで待つ。その日の日足が完成してから高値、安値、終値の正確な数字を読み取る。これらの時間後はすぐに新たな日足がスタートする。この終値はほぼ確実に日中の終値に一致するが、私は毎回必ず確認することにしている。月

334

図8.1

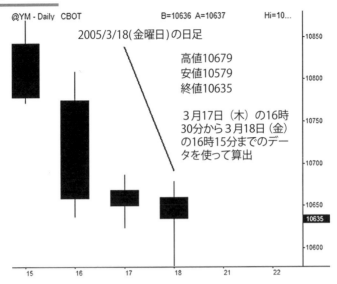

　曜日のピボットを計算するのに必要なのは、金曜日の高値、安値、終値だ。これを示したものが**図8.1**である。
　2005年3月18日（金曜日）の高値、安値、終値を取得するのに用いるYMの日足データは、3月17日（木曜日）の16時30分から3月18日（金曜日）の16時15分までのデータだ。したがって、金曜日の高値、安値、終値は次のようになる。

- ●高値　　10679ポイント
- ●安値　　10579ポイント
- ●終値　　10635ポイント

　チャートを週足チャートに変えれば、週足の高値、安値、終値の値を取得できるので、ウイークリーピボットを計算するときにはこれらの値を使う。

第2部　先物、株式、オプション、FX、仮想通貨のためのデイトレードとスイングトレードの最高のセットアップ

●高値　　10870ポイント
●安値　　10579ポイント
●終値　　10635ポイント

　日足チャートと週足チャートの月曜日に使う終値は、いずれも金曜日の日中の終値がベースになっているため、同じ値になるはずだ。この例では安値も同じ値になっているが、これは金曜日の安値がその週の安値にたまたま一致したからだ。マンスリーピボットの場合もやり方は同じだが、4月の最初の取引日まではマンスリーデータは更新する必要はない。

　すべての数値が出そろったので、これらのデータを使って2005年3月21日（月曜日）のデイリーピボットを計算してみることにしよう。まずこれらの数値を公式に代入する。まず、高値＋安値＋終値を計算して、得られた値を3で割って中心ピボットを算出する。この例の中心ピボットは、(10679 + 10579 + 10635) ÷ 3 = 31893 ÷ 3 = 10631となる。次にR1（ピボットの1つ上の水準）を計算する。これはピボットに2を掛けて、安値を引けばよいので、10631 × 2 − 10579 = 21262 − 10579 = 10683となる。そのほかの値も同じように計算すると、次の数値が得られる。

●R3 = 10783
●R2 = 10731
●R1 = 10683
●ピボットポイント = 10631
●S1 = 10583
●S2 = 10531
●S3 = 10483

336

第8章　ピボットポイント

　すべてのピボット水準の数値を計算し終えたら、各ピボット水準線
をチャート上にプロットする。これらの水準線に加え、各水準線の中
間点もプロットする。中間点の計算は簡単だ。例えば、中心ピボット
とR1の中間点は、差が52なのでその2分の1の26を中心ピボットに加
えると、10657となる。これもエクセルに公式を設定しておけば簡単に
計算できる。ウイークリーピボットとマンスリーピボットについては
中間点は計算しない。

　ピボット水準線を加えたチャートが出来上がったら、中心ピボット
と終値との関係に注目する。このケースでは、中心ピボットは10631で、
終値は10635だ。次に、月曜日の9時30分における価格と、それが中心
ピボットからどれくらい離れているかを見る。これはギャッププレー
で役立つ。市場は90％の確率でその日の中心ピボット水準を試す。市
場が中心ピボットまで動く最初の動きで、私は必ずフェードプレーを
行う。例えば、中心ピボットを上回っていた市場が、売られて中心ピ
ボットまで下落したとすると、その動きを「逆指標」ととらえて中心
ピボットに達した時点で買う、といった具合だ。仕掛ける方法につい
てはこのすぐあと説明する。

　ミニダウ、EミニS&P500、Eミニナスダック、Eミニラッセル2000
のそれぞれキーとなる水準の計算には、エクセルのテンプレートがお
勧めだ。テンプレートに公式を設定しておけば、あとは毎日、高値、安
値、終値を入力するだけで、自動的にキー水準の数字がはじき出され
る。高値、安値、終値の値を取り出して、スプレッドシートに入力す
るのにかかる時間はわずか数分だ。出てきた数字が翌日のキー水準だ。
もちろん、ウイークリーピボットの場合は1週間に1回、マンスリー
ピボットは1カ月に1回更新する。この例で使っているチャートのキ
ー水準を算出するのに用いるスプレッドシートを示したものが**図8.2**
だ。

　株価指数がめったに達しないR3やS3といった極値にも私は注目する。

337

第2部　先物、株式、オプション、FX、仮想通貨のためのデイトレードとスイングトレードの最高のセットアップ

図8.2

Daily Futures Pivots & Midpoints					
	S&P	DOW	NASDAQ	RUSSELL	
High	1197.00	10679	1503.50	626.60	High
Low	1186.50	10579	1483.00	619.90	Low
Close	1190.75	10635	1491.00	622.00	Close
R3	1206.83	10783.00	1522.50	632.47	R3
Mid	1204.38	10757.00	1517.75	631.00	Mid
R2	1201.92	10731.00	1513.00	629.53	R2
Mid	1199.13	10707.00	1507.50	627.65	Mid
R1	1196.33	10683.00	1502.00	625.77	R1
Mid	1193.88	10657.00	1497.25	624.30	Mid
Pivot	1191.42	10631.00	1492.50	622.83	Pivot
Mid	1188.63	10607.00	1487.00	620.95	Mid
S1	1185.83	10583.00	1481.50	619.07	S1
Mid	1183.38	10557.00	1476.75	617.60	Mid
S2	1180.92	10531.00	1472.00	616.13	S2
Mid	1178.13	10507.00	1466.50	614.25	Mid
S3	1175.33	10483.00	1461.00	612.37	S3
Weekly Pivots					
	S&P	DOW	NASDAQ	RUSSELL	
High	1216.25	10870	1532.00	637.70	High
Low	1186.50	10579	1483.00	619.90	Low
Close	1190.75	10635	1491.00	622.00	Close
R3	1238.92	11101.33	1570.00	650.97	R3
R2	1227.58	10985.67	1551.00	644.33	R2
R1	1209.17	10810.33	1521.00	633.17	R1
Pivot	1197.83	10694.67	1502.00	626.53	Pivot
S1	1179.42	10519.33	1472.00	615.37	S1
S2	1168.08	10403.67	1453.00	608.73	S2
S3	1149.67	10228.33	1423.00	597.57	S3
Monthly Pivots					
	S&P	DOW	NASDAQ	RUSSELL	
High	1214.75	10864	1565.00	641.50	High
Low	1179.50	10467	1490.50	615.90	Low
Close	1204.00	10778	1513.00	634.70	Close
R3	1254.58	11336.00	1629.67	671.10	R3
R2	1234.67	11100.00	1597.33	656.30	R2
R1	1219.33	10939.00	1555.17	645.50	R1
Pivot	1199.42	10703.00	1522.83	630.70	Pivot
S1	1184.08	10542.00	1480.67	619.90	S1
S2	1164.17	10306.00	1448.33	605.10	S2
S3	1148.83	10145.00	1406.17	594.30	S3

これを知っておくことは重要だ。なぜなら、市場がR2まで買われるかS2まで売られると、それがその日の最高値や最安値になる可能性が高いからだ。こういったことが分かっていれば、トレーダーは不必要に感情をたかぶらせることはない。市場が上昇していると、永遠に上昇し続けるのではないかという気持ちになるものだ。同様に、市場が急落すると、この世の終わりのような気がするものだ。強欲もまたアドレナリンの大量分泌を促すため、強欲に負けた人は悲惨な思いをすることになる。市場がこういった極値をブレイクする確率を知っていれば、客観的でいられるため、パニックに陥った人々のお金をわが物にすることができる。

　ピボットはトレーダーが浮き足立つのを防ぐ役割を果たす。ピボットトレーダーはどんな日でも市場がR2を上回って引けたり、S2を下回って引けることは90％の確率であり得ないことが分かっているため、過度に興奮して大暴落を期待するようなことはない。市場がR2やS2に達したら、それは利食いを促す合図だ。間違っても増し玉して自滅するようなことをしてはならない。

　それでは、さきほど計算した2005年3月21日（月曜日）のピボット水準を5分足チャート上にプロットしたものを見てみよう（**図8.3**を参照）。

　図8.3のチャートはいろいろなピボット水準がプロットされているので、少し見づらいかもしれないが、左側にデイリーピボット、真ん中にデイリーピボットの中間点、右側にウイークリーピボットの名前を表記してある。スペースの関係上、マンスリーピボットは省略した。月曜日の極値水準がどこにあるのかをチェックするために、まずはこの全体像を見る。その位置を確認したら、チャートを拡大してみる（**図8.4**を参照）。

　図8.4は、月曜日の重要な水準を中心とした拡大図だ。

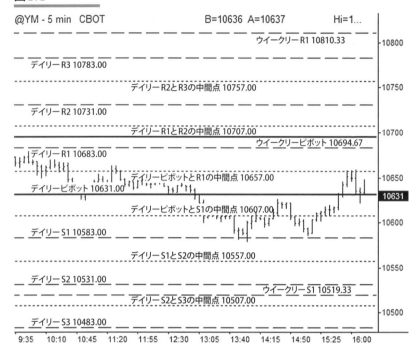

ピボットの背景にある心理——やけどをするのはだれか

　私がピボットプレーで使っているルールとセットアップの話に進む前に、ピボットがなぜ機能するのかについて簡単に説明しておこう。第一に、日次のこれらの水準は多くのトレーダーが見ている水準であるということが挙げられる。これは今さら言うまでもないことかもしれない。したがって、ピボットは自己達成予言的性質を持つ。フィボナッチ水準についても同じことが言えるが、フィボナッチ水準はピボットほど継続時間が長くない。理由は以下のとおりだ。

　フロアトレーダー（ローカルズ）は小さな動きをとらえてトレード

図8.4

するのが一般的だ。通常、S&P500では２ポイント、ダウでは20ポイント、またピットのなかの状況によってはこれよりも小さい場合もある。フロアトレーダーたちがトレードする場所は、大きな円形をしたピットと呼ばれる場所だ。ピットを取り囲む第１ステップに立つのがブローカーたちだ。この位置に立つブローカーたちはローカルズたちの動きが手に取るように分かるため、顧客にベストプライスを提供できる。トレードする相手はできるだけ近くにいたほうがやりやすいため、ローカルズたちの立つ最高の位置は、第１ステップに立つブローカーたちとローカルズたちを仕切る上部手すりのすぐ内側ということになる。ここに立てるローカルズは、経験と政治力（だれを知っているか）、１枚だけではなくあらゆるサイズの注文を処理できる能力を持つ人々だ。

第2部　先物、株式、オプション、FX、仮想通貨のためのデイトレードとスイングトレードの最高のセットアップ

ここに立てるかどうかはローカルズが「その位置を確保してきた」期間とマーケットメークを続けることができる能力によって決まる。新参者のローカルズは空いたスペースを探すしかない。大概はブローカーから最も離れた位置、つまりピットの中央だ。この配置によって、同時に複数のシナリオが進行する。ピットの一方にいるローカルズはそちら側にいるブローカーからの注文に基づいてマーケットメークする。ピットの一方にいるブローカーがビッグサイズのポジションを売っており、一方で反対側にいるブローカーが買っていたとすると、互いの声は聞こえないし、相手が何をしているのかさえも分からない。相手のニーズに合うことが分かっていれば、そこで売り買いは簡単に成立するはずだがそうはならない。代わりに、買っているブローカーの近くにいるローカルズたちは、その近くにいる別のブローカーたちから買うことで買っているブローカーを「焦らせ」、ころ合いを見計らって今度はそのブローカーに売りつけるのだ。ローカルズたちのこの行動によって価格は1日中上下動を続ける。その結果として、ローカルズたちのこうした行動は、一般トレーダーが損切りに引っかかって退場するまで終わることはない。そう、つまりはこういうことだ。まず外部の一般トレーダーが、例えば買ったとすると、次には、第1ステップで何が起こっているのか分からないピットの中央にいるフロアトレーダーにそれを売ることになる。ピットの中央にいるフロアトレーダーが市場が動いていることに気づいたときには、ブローカーの近くにいるほかのトレーダーたちはすでに動きに乗っている。つまり、一般トレーダーのトレード相手は動きに乗り遅れたフロアトレーダーということである。中央のフロアトレーダーも運が良ければ、一般トレーダーに売りつけることができることもあるだろう。彼らが一般トレーダーに売ってポジションを手仕舞いしている間に、外側のフロアトレーダーも一般トレーダーに売っているが、それと同時に売りポジションを新たに建て、追っかけをしている一般トレーダーたちの逆を行く

342

のだ。そして、1日中このサイクルでトレードが続く。これによって
市場には特殊な力学が発生し、勢いよく動いたかと思えば動きが止ま
るといったサイクルを日中ベース（5分間隔、15分間隔、1時間間隔
など）で繰り返すのである。ピボットトレーダーたちは仕掛けるタイ
ミングを計り、市場の動きを予測する手段としてピボット水準を用い
る。ピボット水準が間隔を空けて現れるのは、こうした「断片的に現
れるモメンタム」をとらえるためだ。ダウのピボット水準は通常30〜
50ポイント間隔で現れ、前述のサイクルをこの間隔で永久に繰り返す。
ピットの真ん中にいるフロアトレーダーはこの動きの半分しかとらえ
られないため、その動きは見送り、次のピボット水準に達するまで待
つしかない。成功するためのカギは、市場が静かなときに参入して、次
の動きに向けてポジションを建てることだ。

　ピボットが機能する最大の理由の1つは、トレーダーたちの多くが
初心者であることと関係がある。フロアトレーダーたちがトレードを
スタートさせ、未経験の初心者トレーダーたちがトレードを終わらせ
るモメンタムを発生させる。一般トレーダーたちは異なる多くの「イ
ンディケーター」に依存しているため、仕掛けも手仕舞いもフロアト
レーダーより大幅に遅れる。これによって彼らのトレードは負けトレ
ードになり、それと同時に市場は彼らの設定した損切りの方向にゆっ
くりと、しかし着実に勢いを増す。これが市場にモメンタムのサイク
ルが発生するメカニズムだ。インディケーターは、市場の動きを示す
「目安」でしかない。だれかがあなたの頬をひっぱたいたら、あなたは
それをその人があなたに対して怒っている「サイン」と取るはずだ。
「平手打ち」されて初めてその人の怒りが認識できたとすると、それは
あなたが間違ったインディケーターに従っている証拠だ。ところで、市
場インディケーターは市場に遅行するという意味ではすべて間違って
いる。信じられるのは値動きだけだ。つまり、ピボットシステムが機
能するのは、大部分のトレーダーがインディケーターに依存しすぎて

343

いるからである。一般トレーダーがインディケーターからの買いシグ
ナルを得るころには、ピボットプレーヤーたちはその行動をすでに終
え、自分たちのポジションをインディケーターベースのトレーダーに
売り始めている。そして、一般トレーダーが置いた大量の損切りによ
って市場は反転する。マスが日光浴しようと湖面に顔を出した途端に、
上空を舞うタカに襲われる。タカにとってはこれ以上好都合なことは
ないだろう。市場は小休止したあと、一瞬だけ押してエネルギーを蓄
えて再び上昇して一気に損切りをめった切りにし、これが終わると動
きをやめる。このときの小休止の水準がピボット水準だ。フロアトレ
ーダーたちはここで次のサイクルに向けて新たなポジションを建て始
める。

それではピボットプレーのトレードルールとセットアップを見てい
くことにしよう。

トレンド日におけるピボットプレーの買いのトレードルール（売りはこの逆）

1. ギャップチャートとは違って、夜間取引の高値と安値を見ること
   ができるように24時間分のデータを含むチャートを用いる。デイ
   リーピボットは前日のデータを使って毎日計算し直し、チャート
   上にプロットする。毎月曜日にはウイークリーピボットも更新し、
   毎月の最初の取引日にはマンスリーピボットも更新する。

2. 最初のピボットプレーはギャップとの連係で行う（ギャップが発
   生した場合のみ行う）。ギャップダウンした場合は、最も近いピボ
   ット水準まで下落したら買う。ギャップがプレーに適した大きさ
   （ミニダウでは10ポイントを上回るギャップ、Ｅミニ S&P500 では
   1ポイントを上回るギャップ）ではない場合、9時45分まで待っ
   てから最初のプレーを行う。

第8章　ピボットポイント

3．Eミニ S&P500の 5 分足の出来高が 2 万5000枚を上回る場合、市場がピボット水準をブレイクしたら、次のピボット水準までの距離の少なくとも 4 分の 1 だけ動くまで待ち、その後ブレイクされたピボット水準まで押した時点で買う。

4．注文は指値注文でのみ行う。指値を置く位置はピボットの直前。ミニダウでは 3 ポイント、Eミニ S&P500では0.25ポイント、Eミニナスダックでは0.50ポイント、Eミニラッセル2000では0.20ポイント、個別株では 5 セント。例えば、ミニダウの場合、ピボット水準が10000ドルだとすると、市場が10003ドルまで下落すれば買い、9997ドルまで上昇すれば売る。ピボット水準は端数になる場合がある（例えば、Eミニ S&P500で1117.38）が、このような場合はピボット水準をトレードする方向に丸める（買いなら上、売りなら下）。したがって例えば買いの場合、ピボット水準は1117.38なので、これを1117.50に丸める。したがって、買いの指値は1117.75になる。一方、売りの場合はピボット水準は1117.38から1117.25に丸め、売り指値を1117.00にする。損切りと目標値はそれぞれ買いと売りの指値の「直前」に置く。

5．注文が執行されたら、次のピボット水準でポジションの半分を手仕舞い、その次のピボット水準で残りの半分を手仕舞う注文を入れる。このときもパラメーターは指値の「直前」の値を用いる。

6．損切りの位置は、ミニダウは20ポイント、Eミニ S&P500は 2 ポイント、Eミニナスダックは 4 ポイント、Eミニラッセル2000は1.50ポイント。個別株の場合は株価水準によって異なる。例えば、株価が10ドルを下回る場合、損切りは20セントで、株価が10〜20ドルの場合は30セント、20〜30ドルの場合は40セントといった具合に、株価が10ドル上がるごとに損切り価格を10セントずつ上昇させる（したがって、株価が75ドルの場合の損切りは80セント）。

7．最初の目標値に達したら、損切り注文を仕掛けたときのピボット

345

水準からルール３で述べた「直前」値を引いた位置に動かす。例えばミニダウの場合、10003ドルで買い、ピボット水準が10000ドルだとすると、最初の目標値に到達したら損切りを9997ドルに移動させる。

8. 市場が引けるまでの間に損切りにも目標値にも達しなかった場合、先物の場合は16時10分、個別株の場合は15時58分に成り行き注文でポジションを手仕舞う。

9. 15時30分以降は新たなポジションは建てないが、既存ポジションは大引けまでには必ず手仕舞う。

10. 市場がR3を上回ったり、S3を下回ることはめったにないが、価格がこの水準に達した場合は、必ずフェードプレーを行う。

11. ２回連続して負けたら、その日のピボットプレーはやめる。

ちゃぶついた日におけるピボットプレーの買いのトレードルール（売りはこの逆）

ちゃぶついた日におけるピボットプレーの買いのトレードルールは、目標値を除いてすべてトレンド日の場合と同じだ。ちゃぶついた日は、私はミニダウとＥミニS&P500しかトレードしない。最初の（つまりポジションの半分に対する）目標値は、ミニダウの場合は10ポイント、ＥミニS&P500の場合は１ポイントと決めている。価格がこの水準に達したら、トレンド日のときと同じ要領で損切りを移動させる。２番目の（つまり、残りの半分のポジションに対する）目標値は、次のピボット水準の「直前」の位置に置く。ほかのトレーダーと一緒に仕事をして思ったのは、彼らにとって「ちゃぶついた日」におけるセットアップを理解することはたやすいが、「トレンド日」におけるセットアップを理解するのは難しいということだ。したがって、セットアップについては、主としてトレンド日における実例を使って説明すること

図8.5

ピボットプレーの実例

Ｅミニ S&P500──2004年９月限（2004年９月10日）

1. S&P500はギャップダウンで寄り付き、デイリーS1に向けて下落（図8.5を参照）。デイリーS1のすぐ上の1114.00に買いの指値注文

を入れる。買い指値にかなり近づいたものの、達しなかったために注文は執行されず、市場は私を置き去りにしたまま反転して上昇し始める。市場が中心ピボットとS1の中間点を超えて上昇したら、次にこの中間点まで押した時点で買えるように買い指値を移動させる。中間点は1115.88だが、買い指値はそれよりも少し高めの1116.25に入れる。この指値注文はすぐに執行される。執行と同時に、最初の2ポイントの損切りを1114.25に置き、目標値を次のピボット水準（中心ピボット）の「直前」に置く。ピボットが1118.00なので、この最初の目標値の位置は1117.75になる。

2. 最初の目標値に到達したので、損切りを1115.50（仕掛け水準である中間点の少し下）に引き上げる。その直後、次の目標値の1119.75に到達したので、ポジションの最初の半分を手仕舞う。

3. 次に、1118.25まで押したときに買い注文を入れる。これは執行された。執行と同時に、2ポイントの損切りを1116.25に置く。損切りに引っかかる。その後、市場は中心ピボットをブレイクして上昇。そこで、1118.25まで押したときに買う別の注文を入れる。執行と同時に、同じく2ポイントの損切りを1116.25に置く。

4. その後、次のピボット水準の「直前」で最初の目標値の1119.75に到達する。

5. ポジションの残りの半分に対する損切りを、仕掛けた位置であるピボット水準の下の1117.75に引き上げる。

6. ポジションの残りの半分は、次のピボット水準直前の1122.00で手仕舞う。その後、市場はこのピボット水準をあっさりとブレイクしたので、R1の少し上の1122.50に買いの指値注文を入れる。注文は執行されず、市場は上昇して高値を更新。すでに15時30分を回っていたため、この日のピボットプレーは終了。

348

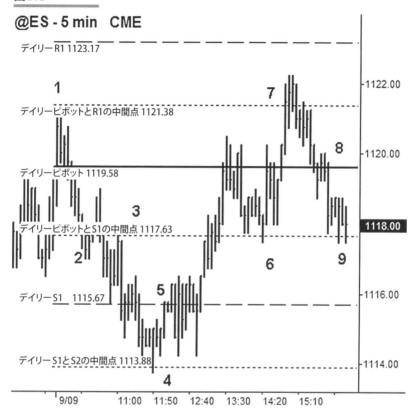

Eミニ S&P500――2004年9月限(2004年9月9日)

1. S&P500はギャップアップで寄り付いたため、中心ピボットとR1の中間点の少し下の1121.00に売り注文を入れる(**図8.6**を参照)。これは執行される。執行と同時に、2ポイントの損切りを1123.00に置き、ポジションの最初の半分の目標値を次のピボット水準直前の1120.00に置く。最初の目標値に達したので、ポジションの最初の半分を手仕舞う。そしてポジションの残りの半分に対して、損

切りを仕掛けに使ったピボット水準より少し上の1121.75に引き下げ、残りの半分のポジションの目標値を次のピボット水準直前の1118.00にする。

2．残りの半分のポジションの目標値に到達。その後、市場はデイリーピボットまで上昇したので、売り注文を1119.25に入れる。相場は反転してS1まで下落したため、この注文は執行されず。

3．売り注文を次のピボット水準近くの1117.25に変更。これは執行される。執行と同時に、損切りを1119.25に置き、ポジションの最初の半分の目標値を1116.00にする。この目標値に到達したのでポジションの最初の半分を手仕舞い、残りの半分に対する損切りを1118.00に引き下げる。

4．残りの半分に対する目標値の1114.25に到達したので手仕舞う。その後、相場はS1に向けて上昇したので、売り注文を1115.25に入れる。

5．これは執行される。執行と同時に、2ポイントの損切りを1117.25に置く。その後、市場が大きく上昇したため、損切りに引っかかる。

6．買い注文を入れ、1118.00で執行されたので、損切りを1116.00に置く。

7．その後、市場は次のピボット水準まで上昇。1119.25でポジションの半分を手仕舞い、損切りを1117.25に引き上げる。その直後、ポジションの残り半分の目標値の1121.00に到達。

8．いつもなら1120.00まで下落した時点で買い注文を入れるところだが、入れない。なぜなら、ここで新たに注文を入れるのはルールに反するからだ。時計はすでに15時30分を回っていたため、新たな仕掛けはやらないのがルール。

9．もし新たに仕掛けていれば損切りに引っかかっていただろう。

図8.7

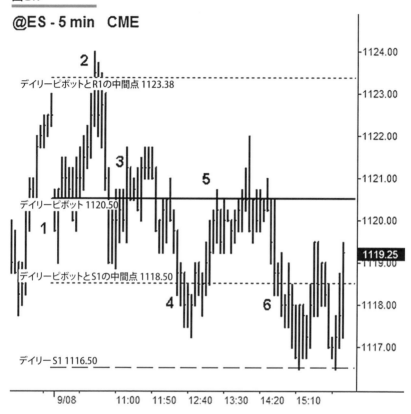

EミニS&P500──2004年9月限（2004年9月8日）

1. ギャップダウンで寄り付いたので、買い注文を1118.75に入れる（図8.7を参照）。この注文は執行されず。市場がデイリーピボットをブレイクして上昇したあと、指値を1120.75に引き上げる。この注文は執行され、それと同時に損切りを1118.75に置き、ポジションの最初の半分の目標値を1123.00に設定。
2. 最初の目標値に到達したので手仕舞って、ポジションの残りの半

分の損切りを1120.25に引き上げる。

3．ポジションの残りの半分は損切りに引っかかったため、次のセットアップが現れるのを待つ。

4．市場は下落し続けているので、その上のピボットまで上昇したら売ることにする。

5．市場が上昇に転じたので、1120.25で売る。それと同時に損切りを1122.25に置き、ポジションの最初の半分の目標値を1118.75に設定。

6．最初の目標値に到達したので手仕舞って、ポジションの残り半分の損切りを1120.75に引き下げる。その直後、2番目の目標値の1116.75に到達する。市場がその上のピボットまで上昇したので売り注文を入れる。1118.25で執行されると同時に、損切りを1120.25に置く。最初の目標値の1116.75に到達したので手仕舞って、ポジションの残り半分の損切りを1118.75に引き下げる。その後、市場は引けに向けて上昇したため、ポジションの残り半分は損切りに引っかかる。

Ｅミニラッセル2000──2004年９月限（2004年９月10日）

1．ラッセル2000先物はギャップダウンで寄り付いたので、561.90に買いの指値注文を入れる（**図8.8**を参照）。注文が執行されると同時に、損切りを560.40に置き、ポジションの最初の半分の目標値を563.80にする。この目標値にはすぐに達したので手仕舞う。そしてポジションの残り半分の損切りを561.50に引き上げる。

2．ポジションの残り半分の目標値の566.50に達したあと、市場はデイリーピボットとR1の中間点を抜けて上昇し続ける。

3．市場が中間点を抜けた時点で、その下のピボット水準の少し上の564.20に買いの指値注文を入れる。市場はこの水準まで下落するどころか、高値を更新。そこで買い指値を次のピボット水準より

図8.8

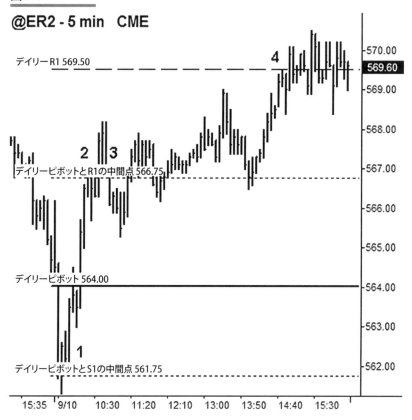

少し低い566.90に引き上げる。この注文は14時近くでようやく執行される。執行されるまで実に３時間半もかかった。ピボットプレーでは忍耐力も大事！

4．執行と同時に、損切りを566.40に置き、ポジションの最初の半分の目標値を569.30に設定。この目標値に達したので手仕舞い、ポジションの残り半分の損切りを566.50に引き上げる。その後、市場は損切り水準辺りをうろつきながら引ける。損切りにも目標値にも達しなかったので、16時10分に成り行き注文で手仕舞い、

第2部　先物、株式、オプション、FX、仮想通貨のためのデイトレードとスイングトレードの最高のセットアップ

569.40で執行された。

Ｅミニラッセル2000──2004年９月限（2004年９月２日）

1. ラッセル2000はオープニングギャップを伴わずに寄り付いたあと、R1に向けて上昇（**図8.9**を参照）。デイリーピボットとR1の中間点への押しで買おうと554.90に買いの指値注文を入れる。執行と同時に、損切りを543.40に置き、ポジションの最初の半分の目標値を次のピボット水準の557.20に設定。目標値に達したので手仕舞い、ポジションの残り半分の損切りを554.40に引き上げる。

2. 市場はそれ以降４時間保ち合いが続いたあとようやく上昇を始め、２番目の目標値に到達する。ピボットプレーでは忍耐力が重要であることを改めて認識。

3. 市場はデイリーR1とR2の中間点を抜けたあと下落し始める。そこで560.10に買い注文を入れる。指値近くまで下落したものの、反転してR2を上抜いたため、執行されなかった。指値を562.60に変更。この注文は執行されたので、損切りを561.10に置き、ポジションの最初の半分の目標値を564.90に設定。

4. 最初の目標値に達したので手仕舞い、ポジションの残り半分の損切りを562.10に引き上げる。損切りにも目標値にも達しないまま、大引けに向かう。16時10分に成り行き注文を入れる。ポジションの残りの半分の執行価格は566.30。

Ｅミニナスダック──2004年９月限（2004年９月３日）

1. ナスダックはギャップダウンで寄り付いたので、S1水準の1380.50に買いの指値注文を入れる（**図8.10**を参照）。この注文は執行されなかった。市場がデイリーピボットとS1の中間点を抜けて上昇

第8章 ピボットポイント

図8.9

し始めたので、指値を1386.50に引き上げる。執行と同時に、損切りを1382.50に置き、ポジションの最初の半分の目標値を1391.00に設定。最初の目標値に達したので手仕舞って、ポジションの残りの半分の損切りを1385.50に引き上げる。

2．ポジションの残り半分は損切りに引っかかる。市場は下落を続け安値を更新したので、1385.50に売りの指値注文を入れる。これは執行されなかった。

3．市場は依然として下げ続け、次のピボット水準（S1）をブレイク。

図8.10

4. 売りの指値を次のピボット水準（S1）の1379.50に引き下げる。これも執行されなかった。この日はほかにセットアップが見つからず、トレードはこれにて終了。こんな日は、ソックスの引き出しを整理する絶好の日だ。

Ｅミニナスダック──2004年９月限（2004年８月５日）

1. ナスダックはややギャップアップで寄り付き、デイリーピボット

図8.11

　とR1の中間点をブレイクしたので、1383.50で売る（**図8.11**を参照）。損切りを1387.50に置き、ポジションの最初の半分の目標値を1379.50に設定。

2．最初の目標値に達したので手仕舞って、ポジションの残り半分の損切りを1384.50に引き下げる。その後市場は上昇し、ポジションの残り半分は損切りに引っかかる。

3．市場は売られ、次のピボット水準をブレイク。

4．ピボット水準をブレイクすると、市場がこの水準まで戻すことを

期待して1373.50に売りの指値注文を入れる。執行と同時に、損切りを1377.50に置き、ポジションの最初の半分の目標値を1369.50に設定。最初の目標値にはすぐに達したので手仕舞って、ポジションの残り半分の損切りを1369.50に引き下げる。ポジションの残り半分の目標値は1364.50に設定。

5．2番目の目標値に達したので手仕舞う。今、ポジションはマルの状態。

6．その上のピボット水準に向けて上昇し始めたので、1368.50に売りの指値注文を入れる。執行と同時に、損切りを1372.50に置き、ポジションの最初の半分の目標値をその下のピボット水準の1364.50に設定。この目標値に達したので手仕舞って、ポジションの残り半分の損切りを1369.50に引き下げる。

7．2番目の目標値の1359.50に達したので手仕舞う。その後、市場はその上のピボット水準に向けて上昇し始めたので、1364.00に売りの指値注文を入れる。この水準近くまで上昇したものの、執行されず。この日のピボットプレーはこれで打ち切り。

ミニダウ──2004年9月限（2004年8月5日）

1．ミニダウ先物はオープニングギャップを伴わずに寄り付いたあと、早い時間に売られ始める（**図8.12**を参照）。デイリーピボットとR1の中間点に向けて上昇し始めたので、すかさず10118ドルに売りの指値注文を入れるが執行されず。デイリーピボットを下にブレイクした時点で、売りの指値を10091ドルに引き下げる。この注文は執行されたので、損切りを10111ドルに置き、ポジションの半分を買い戻す注文を10069ドルに入れる。この注文は執行されたので、ポジションの残り半分の損切りを10097ドルに引き下げ、目標値を10041ドルに設定。

第8章 ピボットポイント

図8.12

2. 目標値に達したので手仕舞う。今、ポジションはマルの状態。
3. 市場は下げ続け、次のピボット水準を試す。その上のピボット水準で売る注文を10035ドルに入れる。市場の動きが鈍いので、注文を入れたままランチに出掛ける。ランチから戻ってもまだ執行されていない。出来高の少ない8月のトレードはこんなものだ。2時間たって、午後遅くにようやく執行される。執行と同時に、損切りを10055ドルに置き、ポジションの最初の半分の目標値を10015ドルに設定。目標値にはすぐに達したので手仕舞う。ポジション

の残り半分の損切りを10041ドルに引き下げる。

4. 2番目の目標値の9988ドルに達したので手仕舞う。ポジションは再びマルに。市場は依然として下げ続けているため、その上のピボット水準まで戻した時点で売る指値注文を10008ドルに入れる。

5. 市場はこの水準近くまで戻したものの、執行されず。その後市場は暴落。指値を9982ドルまで引き下げたが、やはり執行されなかった。

ミニダウ——2004年9月限（2004年9月2日）

1. オープニングギャップを伴わずに寄り付いたあと、デイリーピボットとR1の中間点の10189ドルまで上昇（**図8.13**を参照）。最初の押しで買おうと、10163ドルに買い注文を入れる。この近くまで押したものの、その水準には到達せず、執行されず。市場は反転し次のピボット水準をブレイクしたので、指値を10192ドルに引き上げる。市場には下落する気配はなく、そのまま上昇してその次のピボット水準をブレイク。

2. 再び指値を10221ドルに引き上げる。この注文は執行されたので、損切りを10201ドルに置き、ポジションの最初の半分の目標値を10238ドルに設定。この目標値にはすぐに達したので手仕舞う。ポジションの残り半分の損切りを10215ドルに引き上げる。

3. 2番目の目標値の10261ドルに達したのでポジションの残り半分を手仕舞う。今、ポジションはマルの状態。

4. 市場は依然として上昇を続ける。10267ドルに買い注文を入れるが執行されなかった。市場は高値近くで引ける。

図8.13

ミニダウ──2004年9月限（2004年8月25日）

1. ダウはギャップダウンで寄り付いたので、10077ドルに買いの指値注文を入れる（**図8.14**を参照）。執行と同時に、損切りを10057ドルに置き、ポジションの最初の半分の目標値を10090ドルに設定。最初の目標値に達したので手仕舞う。ポジションの残り半分の損切りを10071ドルに引き上げる。
2. ダウは依然として上昇を続け、2番目の目標値の10104ドルに達し

図8.14

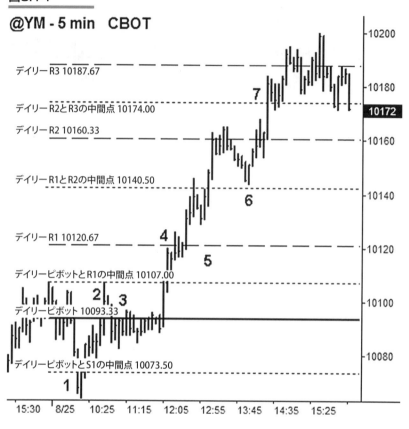

たのでポジションの残り半分を手仕舞う。

3. 次の押しで買うべく10096ドルに指値注文を入れる。執行と同時に、損切りを10076ドルに置く。それ以降、1時間にわたって市場は動かず。そのあと勢いよく上昇し始める。ポジションの最初の半分を10104ドルで手仕舞う。ポジションの残り半分の損切りを10090ドルに引き上げる。

4. 2番目の目標値の10118ドルに達したのでポジションの残り半分を手仕舞う。

第8章　ピボットポイント

5．ダウは上昇を続け、次のピボット水準に到達。押しで買おうと
　　10124ドルに指値注文を入れるが、執行されず。

6．ダウが次のピボット水準まで上昇したので、指値を10144ドルに変
　　更。執行と同時に、損切りを10124ドルに置き、ポジションの最初
　　の半分の目標値を10157ドルに設定。最初の目標値にはすぐに達し
　　たので手仕舞う。ポジションの残り半分の損切りを10138ドルに引
　　き上げる。

7．2番目の目標値の10171ドルに達したのでポジションの残り半分を
　　手仕舞う。今、ポジションはマルの状態。市場はそのままR3まで
　　上昇。これは極めて珍しいケースだ。市場がR3をブレイクするこ
　　とはほとんどないので、こんな場合はこの水準に向かって動き始
　　めた時点で必ずフェードプレーを行う。したがって、10185ドルに
　　売りの指値注文を入れる。執行と同時に、損切りを10205ドルに置
　　く。市場は10200ドルまで上昇したあと、下落に転じて引ける。損
　　切りにも目標値にも達しなかったので、16時10分に10176ドルで買
　　い戻す。

KLAテンコール（KLAC）──2004年9月10日

1．この日、KLAテンコールはギャップダウンで寄り付いたので、38.48
　　ドルに買いの指値注文を入れる（図8.15を参照）。執行と同時に、
　　損切りを37.93ドルに置く。ポジションの最初の半分の目標値の
　　38.89ドルに到達したので手仕舞う。ポジションの残り半分の損切
　　りを38.38ドルに引き上げる。

2．株価は上昇を続け、2番目の目標値の39.39ドルに達したのでポジ
　　ションの残り半分を手仕舞う。

3．最初の押しで買おうと38.99ドルに指値注文を入れるが、これは執
　　行されず。株価は暴騰する。

363

第2部　先物、株式、オプション、FX、仮想通貨のためのデイトレードとスイングトレードの最高のセットアップ

図8.15

4．株価が次のピボット水準をブレイクしたので、指値を39.49ドルに引き上げる。時間はかかったもののようやく執行される。損切りを38.99ドルに置く。

5．ポジションの最初の半分の目標値の39.72ドルに達したので手仕舞う。ポジションの残り半分の損切りを39.39ドルに引き上げる。

6．大引けに近づいても損切りにも目標値にも達せず、結局、16時に成り行き注文を出し、39.78ドルで執行される。

図8.16

トレンド日とちゃぶついた日

これまで見てきたセットアップはほとんどがトレンド日でのセットアップだ。そこで今度は、ちゃぶついた日でもピボットが使えることを見ていくことにしよう。**図8.16**はほぼ終日にわたって狭いレンジで推移した日のミニダウのチャートを示したものだ。市場が下落し始めるのはほとんどの場合、現物市場が開く９時30分前だ。チャート上には基本的なインディケーターをいくつか表示している。いずれのインディケーターもちゃぶついた日には純粋な価格ベースのセットアップに対して遅行していることが分かるはずだ。ここで用いたインディケーターは指数移動平均線（EMA）とRSI（相対力指数）だが、遅行指

第2部　先物、株式、オプション、FX、仮想通貨のためのデイトレードとスイングトレードの最高のセットアップ

標だからと言ってまったく役に立たないわけではない。ただ、インディケーターのみに基づくトレーディングアプローチはほとんどの場合が遅行アプローチになること、そして特にちゃぶついた日にはそれが顕著であることを覚えておいてもらいたい。

1. 市場はちゃぶつき、出来高は2万5000枚を下回っている。市場がこういった状態のときは、チョッピーな動きを最大限に利用して、ピボットプレーをやるのに打ってつけだ（**図8.16**を参照）。1では動きがほとんどないので、最も近いピボット水準に向けて動いたらフェードプレーをしようと考えている。しかし、動きのない市場をただ黙って見ているのはつまらないので、現在価格の下の最も近い位置にあるピボット水準＋3ポイント、つまりピボットの直前の位置に買いの指値注文を入れ、現在価格の上の最も近い位置にあるピボット水準に売りの指値注文を入れる。

2. 最初に売りの指値注文が通る。買いの指値は近くまでは行ったもののヒットせず。売りの指値注文の執行と同時に、20ポイントの位置に損切りを置く。ポジションの最初の半分の目標値は仕掛け価格から10ポイント離れた位置に機械的に設定し、ポジションの残り半分の目標値は下方にある次のピボット水準に設定する。2番目の目標値を設定した位置はウイークリーピボット水準の10532ドルなので、売ったポジションの残り半分を利食いするため買い戻しの指値注文を10535ドルに入れる。

3. 目標値はいずれもヒットしたので、ポジションはすべて手仕舞う。移動平均線が交差したとき、市場はすでに2番目の目標値近くまで来ていたことに注目しよう。移動平均線のようなインディケーターはトレンド日には実にうまく機能するが、ちゃぶついた日にはまったく機能しない。ちゃぶついた日に頼りになるのは値動きだけであることを覚えておこう。

図8.17

　この実例からは、このシステムでトレードする場合の特徴が浮かび上がる。つまり、同じ日に同じ水準で何回もトレードするということである。例えば、下落しているときに買う水準と、売っていて買い戻す水準とは同じということだ（あるいはその逆も同じ）。

　図8.17を見てみよう。これは図8.16と同じだが、今回はその日に発生したすべてのセットアップを見ていく。

1. 1ではミニダウはウイークリーピボットの1つに向かって下落しているが、その水準までは行かない。買いの指値をそのウイークリーピボット＋3ポイントに入れていたので、かろうじて買うこ

とができた。そのウイークリーピボットが10532ドルなので、買い
の指値は10535ドルということになる。そのすぐあとでポジション
の半分を＋10ポイントで手仕舞うと同時に、ポジションの残り半
分の損切りを「ピボット－3」、つまりブレイクイーブン－6に引
き上げる。

2. 市場は2で上昇して中間点をブレイク。買いポジションの残りの
半分は、このピボットに設定した指値で手仕舞う。移動平均線は
市場が目標値に到達した時点でかろうじて上に交差していること
に注意しよう。実は売りにドテンしようとしたのだが、動きが速
すぎて売り損なってしまった。このような事態を避ける1つの方
法として、執行待ちの注文はそのままにしておいて、新たにポジ
ションを建てるという方法がある。例えば10枚買っていて、手仕
舞うと同時にドテン売りにしたい場合、売りの指値注文を20枚入
れておけばよい。こうすれば、買いを手仕舞うと同時に、売りポ
ジションを建てることができる。

3. 3では、ウイークリーピボット＋3ポイントまで下落した位置に
買いの指値注文を入れる。ウイークリーピボットが10532ドルだか
ら、買いの指値価格は10532ドル＋3ポイント＝10535ドルになる。
2つのピボット水準が近接している場合（10ポイント以内。この
ケースの場合、近接しているのはウイークリーピボットとデイリ
ーピボット）、指値注文は現在価格に近いほうの水準に入れる。こ
の買い注文は執行される。市場はこの水準を上にブレイクすると、
およそ30分にわたってこの辺りをうろつく。損切りに近づきはし
たものの引っかからず、ポジションの最初の「半分に対する10ポ
イントの目標値」にはすぐに達したので手仕舞う。ポジションの
残り半分の損切りを移動させる。2番目の目標値が中間点に達す
るまでにかかった時間は実に数時間。これは重要なポイントだ。ピ
ボットプレーは10分で完了するものもあれば、数時間かかるもの

もあるのだ。成功の秘訣は、ピボットに到達するまで辛抱強く待つことだ。不安や退屈だからといって、焦って手仕舞ってはならない。人間関係を築くうえでは感情が必要なこともあるが、トレードに感情は無用だ。

4. 買いポジションの残り半分は3時間以上たってから中間点でようやく手仕舞いすることができた。この日はちゃぶついた日なので、すぐにドテン売りにして、ポジションの最初の半分の目標値を仕掛けから10ポイントの位置に設定し、残り半分の目標値を下方の次のピボット水準＋3ポイントの位置に設定する。

5. 市場の動きは速く、仕掛けてから15分後にポジションの半分を、それから15分後に残り半分も手仕舞うことができた。今度はドテン買いにし、目標値は前回同様、最初の半分については仕掛け価格＋10ポイントの位置に、残り半分については上のピボットの位置に設定。

6. ポジションの最初の半分はすぐに手仕舞いができ、10ポイントの利益を得る。その後、市場は引けにかけて上昇を続けるが、2番目の目標値には達せず。結局、16時10分に成り行き注文で目標値を数ポイント下回る位置で手仕舞った。ここで再び注目してもらいたいのは、移動平均線が上に交差するころには、ポジションの最初の半分はすでに手仕舞っていたという点だ。

トレーリングストップを置く位置

私はアグレッシブなトレーリングストップはあまり好みではない。例えば、ミニダウが思惑どおりの方向に1ポイント上昇したとしても、損切りの位置を1ポイント引き上げることはなく、そのままの位置に置いておくということだ。こういった自動トレーリングストップ戦略を使えば、大概は最初の押しや戻りで損切りに引っかかる。このような

図8.18

動きのときはじっとしているに限る。ただし、例外的にトレーリングストップを使う場合が1つだけある。それは複数の目標値を設定し、最初の目標値に到達したときだ。このときだけは、そのトレード全体の利益を保護するために損切りを移動させる。ピボットプレーでは、トレンド日でもちゃぶついた日でも損切りの扱い方は同じだ。最初の目標値に到達するのを待ち、そこに達したら損切りを移動させる。

1．ウイークリーピボット＋3ポイントまで下落した時点で買いを仕掛け、仕掛けから20ポイントの位置に損切りを置く（**図8.18**を参照）。
2．トレンド日なら、最初の目標値（次のピボット水準）に達するま

370

で待ち、この目標値に到達した時点で損切りを引き上げる。ちゃぶついた日なら、ミニダウでは最初の目標値は仕掛け＋10ポイントの位置になるため、この例では、損切りを引き上げるタイミングはトレンド日より早くなる。この場合も、最初の目標値に到達したらすぐに損切りを引き上げる。

ピボットをうまく利用するための秘訣

　ピボットプレーだけでなく私が使っているどのセットアップについても言えることだが、成功するためのカギは、市場がオープンする前にチャート上にすべてのデータをそろえておくことである。データをすべて設定し終えたら、あとはチャートを見ながらそのセットアップを待つだけだ。セットアップが現れつつあることを教えてくれる警告音を出すように設定しておけばなおよい。ピボットプレーでは、目標値、仕掛け、損切りの位置がトレードを仕掛ける前に分かっているので、注文を事前に出すことができる。注文を出してしまえばチャートを見ている必要はなく、ほかのことに集中できる。そして警告音が出たら、チャートに戻って何が起こっているのかを見ればよい。したがって、追っかけをやる必要もない。出した注文が執行されるか否かだけである。私が使っているほかのシステム同様、このピボットシステムもプロのトレーダーの心のあり方が自然に身につくような仕組みになっている。生き馬の目を抜くマーケットで勝ち続けるためには、プロのトレーダーの心のあり方を身につける以外に方法はない。

　中間点については、必ずしも用いる必要はないことを知っておくことが重要だ。私が中間点を用いるのは、ミニダウ市場で2つのデイリーピボット水準の距離が40ポイントを上回るような日のみである。もちろんこれはルールではないので、2つのピボット水準の距離が30ポイントしかないときに中間点を使っても構わない。ただし、2つのピ

ボット水準がこれ以上近接している場合は、市場はすぐに次のピボット水準に達することが多いので中間点はあまり役に立たない。

　本書ではチャートの背景色は印刷の関係上白だが、実際のスクリーン上ではチャートの背景色は黒にしている。そしてデイリーピボットはイエロー、ウイークリーピボットはライトブルー（シアン）、マンスリーピボットはパープル、中間点はホワイトで表示することにしている。また、中心ピボットは実線、そのほかのRやSは点線（破線）にしている。こうしておけば、市場がどのピボット水準に近接しているかがひと目で分かる。

　ピボットは、経験を積めば積むほどうまく使えるようになるものだ。私はピボットを最初は計算機を使って手動で計算していたが、あまりの面倒くささにたまりかねてエクセルを使うようになった。エクセルを使えば、高値、安値、終値を入力するだけで、あとはすべてスプレッドシートが計算してくれる。こうして計算は楽になったが、チャートへの水平線のプロットは依然として手動で行わなければならなかった。これには優に30分はかかった。ピボットを自動的に計算してくれるソフトもあるにはあるが、用いる時間枠が間違っているためエラーが発生することがある。こういうことに関しては妙に潔癖症な私としては、ピボット水準は毎日手動でチャートに描く。確実に自分で正しいことを確認しなければ、気が済まないたちなのだ。こんな窮状を救ってくれたのがあるプログラマーだった。彼はデイリー、ウイークリー、マンスリーのピボット水準を正確に、しかも自動的に計算し、それらのピボット水準をまたもや自動的にいろいろなチャートにプロットしてくれるソフトを作成してくれたのだ。手動でやるのも悪くはないが、ソフトを使えば時間が節約できる。子供がいる今となっては時間はとても貴重だ。

フィボナッチ数について

　ピボットについてよく聞かれる質問の１つが、ピボット水準とフィボナッチリトレースメント水準との関係についてだ。初心者のために簡単に説明しておくと、フィボナッチ数とはトレーダーが支持線や抵抗線の位置を決めるのに用いる数値で、最もよく使われるリトレースメント（押しや戻り）水準が0.382、0.50、0.618だ。私の経験から言えば、フィボナッチリトレースメント水準は非常にうまく機能することもあるが、市場に完全に無視されてブレイクされることもある。とはいえ、私はフィボナッチクラスターはチャート上で必ず確認することにしている。フィボナッチクラスターは、普通のフィボナッチ数よりも計算に用いるデータポイントが多く、フィボナッチ比率の計算方法も洗練されているため、より正確だ。フィボナッチクラスターの計算には時間がかかるが、私はしばらくは自分で計算していた。この煩わしい仕事から解放されたのは、この道の専門家であるキャロリン・ボロディンのサイト（https://www.fibonacciqueen.com/）を知ってからだ。私はすぐに彼女のサービスの定期購読者になった。彼女はフィボナッチ比率の集中箇所を利用して市場を時間軸と価格軸の双方から分析する専門家だ。彼女のサイトでは、前の価格スイングの38.2％、50％、61.8％、78.6％のリトレースメント水準だけでなく、価格スイングの100％を超えるリトレースメント水準（価格エクステンション）の各データを見ることもできる。価格エクステンションには1.272と1.618の比率を使っている。また、同じ向きの価格スイングの比較による価格プロジェクションも見ることができる。価格プロジェクションで使われているのは100％と161.8％だ。鍵となる価格スイングの天井と底から予想されるすべてのリトレースメント水準を計算し、リトレースメント水準の集中箇所を探す。これがフィボナッチクラスターで、この集中箇所が買いや売りの重要な水準になる。

図8.19

　私がよく用いるのは60分足チャートと日足チャートで見られる大きな水準だ。これは主にスイングトレードで使う。時として、リトレースメント水準の集中箇所とデイリーピボット水準が一致する日があるが、こういった日はこの集中箇所はより重要になる。このフィボナッチクラスターはすべての市場について提供されているので、とても便利だ。それでは、ボロディンの分析結果をいくつか見ていくことにしよう。

ミニダウ──2005年6月限（2005年4月6日）

　図8.19はミニダウ先物の15分足チャートを示したものだ。ミニダウ先物は4月4日に最安値を付けてから上昇トレンドに転じていること

図8.20

がはっきり見てとれる。そのため、買いサイドのセットアップにのみ集中した。10489ドルから10492ドルの間でクラスターが発生している。チャートを見ると分かるように、このゾーンには161.8％の価格エクステンション、別のスイングの50％のリトレースメント、また別のスイングの38.2％のリトレースメント、以前の下落調整の100％の価格プロジェクションが集中している。このゾーンの範囲内の10489ドルで最初に底を付け、そこから10578ドル（89ポイント）まで上昇している。

ユーロFX──2005年６月限（2005年４月27日）

次に図8.20を見てみよう。これはユーロの５分足チャートを示したものだ。チャートを見ると分かるように、1.2970から1.2971のゾーンに

第2部　先物、株式、オプション、FX、仮想通貨のためのデイトレードとスイングトレードの最高のセットアップ

3つの主要リトレースメント水準が集中している。1.2961の安値から1.2988の高値の値幅の0.618リトレースメント、1.2966の安値から1.2988の高値の値幅の0.786リトレースメント、1.2984の高値から1.2966のスイングローの100％の価格プロジェクションの3つだ。実際に安値を付けたのは1.2972で、そこから1.2990まで上昇している。

ミニダウ──2005年6月限（2005年4月4日）

　仕掛けポイントを探す場合、トレードしている時間枠におけるトレンドの向きに「価格クラスター」の場所を見つけるのが理想的だ。時として、手仕舞いポイントの位置を決めたり、損切りを近づけるのに「カウンタートレンド」クラスターを使うこともある。**図8.21**はミニダウ先物のチャートを示したものだ。このチャートでは、10132ドルから10141ドルのゾーンに少なくとも5つのリトレースメントが集中しているのが分かる。特に集中しているのが10132ドルから10136ドルのゾーンだ。このケースの場合、実際に安値を付けたのは10140ドルだ。このゾーンを使って仕掛ける場合、前の足の高値で仕掛けるのがよい。その場合、最初の損切りの位置は仕掛ける前に付けた安値（10140ドル）の下か、クラスターゾーンの下端（10135ドル）の下になる。このクラスターゾーンから価格は一気に58ポイント上昇している。

　ボロディンの分析結果を示したこれらの例からは、フィボナッチクラスターが市場の支持線や抵抗線になっていることが分かる。私はフィボナッチクラスターをピボット水準同様にデイトレードで使っている。また、フィボナッチクラスターは3分足チャートから週足チャート、あるいは月足チャートといった具合にいかなる時間枠でも使えるため、もっと長い時間枠でのスイングトレードの仕掛けのポイントを探すのにも利用できる。

　ボロディンは『**フィボナッチトレーディング**』（パンローリング）と

376

図8.21

いう素晴らしい本も出版している。トレーダーズショップ（http://www.tradersshop.com/bin/showprod?c=9784775971307）から入手できる。

ピボットを使ったコモディティ市場の最高のトレード方法

　本章の初めに、私はそのほかのコモディティではウイークリーピボットを使うのが好みだと述べた。これは通貨、金、原油など文字どおり株価指数を除くすべてのコモディティが含まれる。これには理由が２つある。１つは、株価指数の場合、小さな動きをトレードするのが好きだが、そのほかのコモディティは数分ではなくて数時間以上続く

図8.22

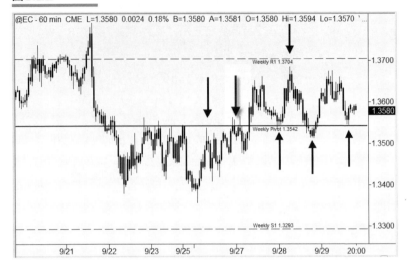

大きな動きをトレードするのが好きだからだ。そういった意味で、私はそのほかのコモディティについては１時間チャートとウイークリーピボットを使い、これらのキー水準と現在の値動きとの関係を見る。

図8.22は2011年９月21日からのユーロ先物のチャートだ。ほかのコモディティ先物の１時間チャートでも同じだが、このチャートで特に注目するのは中心ピボットの位置である。このチャートでは中心ピボットの位置は1.3542だ。この週全体にわたって、ユーロはこの水準にマグネットのように引き付けられているが、これはごく一般的だ。今週の「中心ピボット」は仕掛けと利食いのキー水準になる。

ピボットのまとめ

ピボットシステムが有効なトレードツールとして機能するのは、日々の市場に永続的に発生する人々の心理サイクル（痛みと喜び）による

ところが大きい。インディケーターのみに依存するトレーダーは市場がすでにピボット水準から半分～４分の３離れているのに追っかけを始める。これによって大量のストップロスが発生し、市場は次のサイクル、そしてまた次のサイクルへと永遠にサイクル運動を続けるのである。仕掛けをするときにインディケーターのみに頼って、ピボットを使わなければ、常に市場のサイクルに乗り遅れ、金儲けとは無縁の人になるだろう。

　ピボットシステムの良い点は、いったんポジションを建てれば市場をずっと監視している必要がないことだ。私はトレーリングストップはあまり使わない。ポジションを建てたら、損切りや目標値を設定し、あとはほかのことに集中する。トレード環境によっては、これはオフィスで働きながらでもできる。特にオフィスが西海岸にあり、自動一括トレードが可能な発注システムがあれば、トレードはよりスムーズにいくだろう。こういったトレード環境であれば、損切りや目標値を設定したらあとはシステムが自動的にトレードしてくれるので、会議に出ることもできるし、約束をしていた人と会うこともできる。つまり、パラメーターにポジションを管理させよ、というわけだ。これは感情の入る余地がないので、人間が管理するよりむしろうまくいく。

　https://www.simplertrading.com/pivots/ にアクセスすれば、ピボットプレーのアップデートバージョンやピボットプレーのトレード例をライブで見ることができるので、ぜひとも活用してもらいたい。

第9章

TICKフェード──新米トレーダーから
お金を奪う最高のプレー

Tick Fades : Are They Really the Best Way to Take Money Away from
Newbies?

アクションの決め手となるナンバーワンアラート

　株式市場というものは行きつ戻りつを繰り返しながら動くものだ。抵
抗線まで上昇すると、反転して支持線まで下落する。この動作を繰り
返すわけであり、そこに大きな意味はない。この間、トレーダーがで
きるのは待つことだけだ。これには忍耐力が必要である。ところが、こ
れができないトレーダーが多すぎる。トレーダーである以上、何もし
ないでいるわけにはいかない。トレードするかトレードを管理するか
していなければ、トレーダーとは言えないではないか。これが彼らの
考え方だ。トレードにおける最大の問題がここにある。つまり、四六
時中トレードしていなければならないという間違った考え方が問題な
のである。トレーダーが取れるポジションは買い、売り、マルの３つ
しかない。デイトレードの場合、マルはトレードしていない状態を意
味し、全トレード時間の60％はマルでいるのが理想だ。ネコは鳥を見
ていきなり襲いかかることはない。身をかがめてじっくり観察し、タ
イミングを見計らって飛びかかる。観察時間は何時間にも及ぶことも
ある。アクティブトレーダーにもまったく同じことが言える。買いや
売りのプログラムの発動といったイベントが市場で起こったとき、ス
キャルピング機会をとらえることができるのは注意深いトレーダーだ。

381

第2部　先物、株式、オプション、FX、仮想通貨のためのデイトレードとスイングトレードの最高のセットアップ

　成功するためのカギは、こういった瞬間が訪れるのを注意深く、辛抱強く待つことである。アクティブにトレードするということは、アクティブに待つことなのである。トレードのしすぎはデイトレーダーのほとんどが失敗する最大の要因だ。

　そのためにはTICKをじっくり観察する以外に方法はない。つまりTICKの音に「耳を澄ます」のである。TICKが＋1000を上回るか、－1000を下回ったとき、極端な買いや売りが入った証拠だ。この段階ではすでに弾丸は放たれている。アマチュアトレーダーの多くは興奮して、大きな動きに乗り遅れまいと動きの方向に飛びつきトレードする。それが反転の直前であるとも知らずに。彼らはまさに市場の反転でふるい落とされるバッグホルダー（ゴミ袋の持ち主）だ。私はこういった局面では、けっして動きには乗らず、TICKが極値に達するまで待ってからフェードプレーをする。先ほど、TICKの音に耳を澄ます、と言ったが、これは具体的にはTICKが極値に到達したら警告音を出すように設定することを意味する。こうしておけば、チャートをずっと見ている必要はなく、注意していなくても動きを見逃すことはない。廊下に出ていても警告音が鳴ればすぐに戻って動きを確認することができる。

　それでは具体的に見ていこう。TICKが＋1000や－1000といった極値に達したら、私は成り行き注文でフェードプレーをする。例えば、TICKが＋1000に達したとき、ポジションがマルであれば成り行きで売る。また、別のシグナルですでに買いポジションを持っているときは、そのポジションを手仕舞って新たに売りポジションを建てる。逆に、市場が売られ、TICKが－1000に向けて下落してトレーダーたちが飛びつきトレードを始めたら、私は買う。追っかけをするアマチュアトレーダーに向かうのに、これほど簡単な方法はないだろう。このセットアップの解釈の仕方はトレーダーによって異なるようだが、長い歴史を持つTICKによるトレードを何十年も続けてきたトレーダー

382

第9章　TICKフェード

は、今でもトレードの一部はTICKの動きをベースに行っている。

　本章ではまずフェード戦略について説明する。本章の終わりのほうではTICKの極値と付き合う方法について説明する。つまり、TICKが+1000に達したら、実際に買うのにゼロラインまで押すのを待ったほうがよいのはどういうときなのか、ということである。トレードしているとき、だれかに「TICKが高い」と言うことはあっても、「ドルマークの付いたTICKが高い」とは言わない。

TICKフェードの売りのトレードルール（買いはこの逆）

1. これはほかのトレーダーから教わった3つのセットアップを自分のトレードプランとスタイルにフィットするように改良したものだ。それでは私が使っているこの「極端な感情」プレーのパラメーターを見てみよう。トレードする時間帯は10時〜15時30分のみ。市場が開いてからの最初と最後の30分は動きは不安定だ。だから、市場が落ち着いてから仕掛ける。

2. 私がTICKフェードに使う市場はEミニS&P500とミニダウの2市場だ。このプレーはこのほかにも、SPY（S&P500のETF）、DIA（ダウ平均のETF）、Eミニラッセル2000、EミニナスダックやこれらのETFに連動する個別株にも使える。オプショントレーダーはSPYのオプションを使ってTICKフェードしても構わない。ただし、TICKフェードするときは若干イン・ザ・マネーのオプションを選んだほうがよい。私の好みのオプションはデルタが0.70以上のオプションだ。

3. TICKが+1000になれば、成り行きで売る。TICKが+1000や-1000に達したら警告音が鳴るように設定しておく。こうすればチャートをずっと見ている必要はない。TICKが+988に達したあ

383

第2部　先物、株式、オプション、FX、仮想通貨のためのデイトレードとスイングトレードの最高のセットアップ

と下落した場合、警告音は鳴らないのでトレードはしない。これ
ほどはっきりしたものはない。ここにトレーダーの解釈が入る余
地はない。

4．ミニダウの場合、30ポイントの損切りと20ポイントの目標値を使
う。また、35分のタイムリミットも設定する。つまり、トレード
を開始して35分以内に損切りにも目標値にも達しなければ、成り
行きで手仕舞うということである。35分のタイムリミットについ
ては、タイマー（ブザー音）を設定する。トレーダーはいったん
トレードし始めると時間の感覚がなくなる人が多い。

5．ＥミニＳ＆Ｐ500の場合は、3ポイントの損切りと2ポイントの目
標値を使う。タイムリミットはミニダウと同じく35分だ。

6．TICKフェードで2回続けて損切りに引っかかったら、その日の
TICKフェードは打ち切る。「損切り」は、タイムリミットではな
く、実際に置いた損切りに引っかかることを意味する。本章でこ
のあと説明する「動きに付いて行く」戦略に切り替えるのはこん
な日だ。

7．TICKが12時までの時間帯の85％でゼロを上回っていた場合、そ
の日のそのほかのTICKプレーはすべて見送る。これは買い圧力
が非常に高いことを示しているからだ。つまりファンドが株を買
い集めているということだ。こういった「パワーデー」はめった
にないが、4～6週間に1回程度は発生する。こういった日の
TICKは極値である1000を上回ることが多く、1200～1400という
のが一般的だ。さらに、10時を回った時点でTICKがずっと一方
向に偏っていた（例えば、ずっとゼロを上回っていた）場合、TICK
がいったん逆方向に向かい、再び元の方向に戻るまでは最初の
TICKフェードは控える。これはTICKに「付いて行け」という合
図だ。

図9.1

TICKフェード・セットアップの具体例

ミニダウ──2004年9月限（2004年9月1日）

1. 2004年9月1日、10時少し過ぎに、TICKが＋1000をブレイク（図9.1を参照）。成り行きで売り、10192ドルで執行される。10222ドルに損切りを置き、10172ドルに目標値を設定。そしてタイマーを35分に設定。

2. その後、市場は下落するが、35分たっても損切りにも目標値にも達しなかったので、成り行きで手仕舞う。10182ドルで執行され、

第2部　先物、株式、オプション、FX、仮想通貨のためのデイトレードとスイングトレードの最高のセットアップ

　　　10ポイントの利益を得る。

3．3でTICKが再び＋1000に達したので、成り行きで売る。執行価
　　格は10194ドル。30ポイントの位置に損切りを置き、20ポイントの
　　目標値を設定。

4．市場は反転し、20分後に10174ドルで目標値に到達し、20ポイント
　　の利益を得る。

5．その後、市場は大きく売られ、TICKは－1000まで下落。成り行
　　きで買い、10118ドルで執行される。仕掛けから30ポイント下の
　　10088ドルに損切りを置き、20ポイント上の10138ドルに目標値を
　　設定。

6．それから8分後に目標値に達し、20ポイントの利益を確保。

7．TICKが反転し、＋1000に到達。成り行きで売り、10168ドルで執
　　行される。

8．その直後に市場が反転し、10148ドルで手仕舞って20ポイントの利
　　益を確保。

9．TICKは再び＋1000に達するが、時計はすでに15時50分を回って
　　いた。したがって、新たなトレードは行わない。15時30分以降は
　　新たなTICKフェードは行わないのが私のトレードルールだ。

ミニダウ──2004年9月限（2004年9月10日）

1．2004年9月10日、10時を少し回った時点でTICKが＋1000に到達
　　（図9.2を参照）。成り行きで売り、10252ドルで執行される。30ポ
　　イントの位置に損切りを置き、20ポイントの目標値を設定。タイ
　　マーも設定。

2．35分後にタイマーが鳴ったので、成り行きで買い戻す。10257ドル
　　で執行され、5ポイントの損失。

3．TICKが再び＋1000に達したので、成り行きで売る。10262ドルで

図9.2

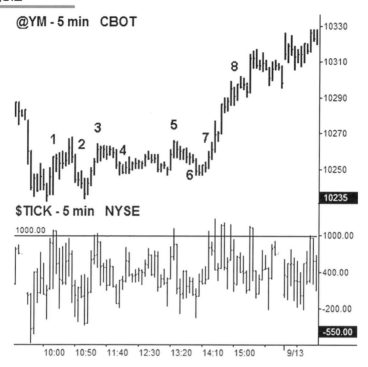

執行される。

4. 楽しい時間は瞬く間に過ぎるもので、あっという間に35分経過しタイマーが鳴る。成り行きで買い戻し、10252ドルで執行される。このトレードでは10ポイントの利益を確保。

5. その日の昼過ぎ、TICKはまた+1000の大台をブレイク。これを教えてくれたのは警告音だ。ちょうどそのとき電話に出ていたが、すぐに受話器を脇に置いてコンピューターの元に走った。成り行きで売り、10264ドルで執行される。損切りを置き、目標値を設定し、タイマーを設定してから再び電話に戻る。

6. タイマーが鳴ったので、急いでコンピューターの元に戻る。まだ

図9.3

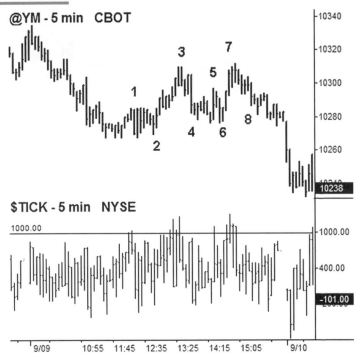

トレードは有効（つまり、損切りにも目標値にも達していない）。成り行きで買い戻す。執行価格は10255ドルで、9ポイントの利益を得る。私はタイマーが鳴ってもそのままズルズルとトレードを続けるようなことはしない。タイマーが鳴ったら直ちに手仕舞う。

7．TICKがまた＋1000をブレイクしたので、成り行きで売る。10257ドルで執行される。損切りを置き、目標値を設定。

8．TICKは依然として上昇を続け、それに伴って市場も上昇。損切りに引っかかり、30ポイントの損失。

ミニダウ──2004年9月限（2004年9月9日）

1. 2004年9月9日正午近くになって、TICKが＋1000に達する。成り行きで売り（**図9.3**を参照）、10283ドルで執行される。損切り、目標値、タイマーを設定。

2. 35分後、タイマーが鳴ったので成り行きで買い戻し、10272ドルで執行される。11ポイントの利益を得る。

3. TICKが再び＋1000をブレイクしたので、成り行きで売る。執行価格は10306ドル。損切りを置き、目標値を設定。

4. その後、市場は下落。仕掛けから25分後、目標値の10386ドルに達し、20ポイントの利益を確保。

5. TICKが再び上昇したので、成り行きで売る。執行価格は10297ドル。

6. 15分後、目標値の10277ドルに達し、20ポイントの利益を得る。

7. TICKが＋1000をブレイクすると同時に市場も上昇。成り行きで売り、10308ドルで執行される。

8. 市場は反転し、目標値の10288ドルに達し、20ポイントの利益を得る。この日はすべて勝ちトレードに終わった。毎日がこうだとよいのだが。

ミニダウ──2004年9月限（2004年9月8日）

1. 2004年9月8日、10時直後にTICKが＋1000に到達。成り行きで売り、10355ドルで執行される（**図9.4**を参照）。損切りを置き、目標値を設定したあとはリラックス。いったん仕掛けてしまえば、あとは待つのみ。

2. その直後に市場が反転し、10分後に目標値の10335ドルに達して20ポイントの利益を得る。

図9.4

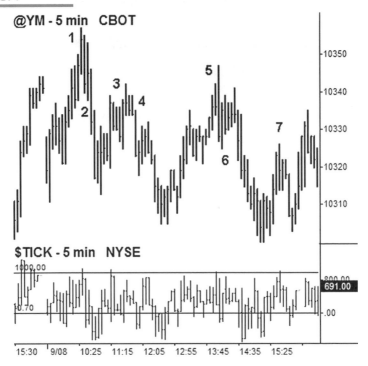

3．それからおよそ40分後、TICKが再び上昇し、＋1000に達したので、成り行きで売る。執行価格は10337ドル。
4．その後、市場はちゃぶつき、仕掛けてから35分後、タイマーが鳴ったので成り行きで手仕舞う。執行価格が10335ドルなので、かろうじて2ポイントの利益。
5．数時間後、TICKが「いい調子で」上昇し始める。成り行きで売って、10346ドルで執行される。
6．仕掛けてからおよそ15分後、目標値の10226ドルに達し、20ポイントの利益を確保。
7．TICKが再び上昇するも、15時30分をすでに回っていたので新規

図9.5

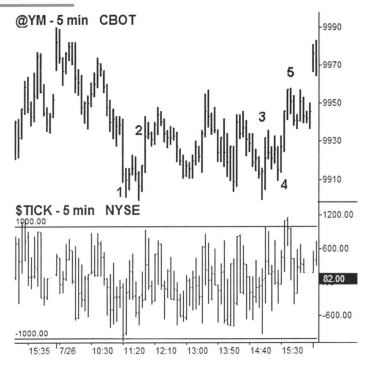

のトレードは仕掛けない。ここで仕掛けていれば20ポイントの利益になっていただろうが、経験から言えば、引け前30分のTICKプレーは危険だ。

ミニダウ──2004年9月限（2004年7月26日）

1. 2004年7月26日、市場は弱含みでスタートするが、TICKは極値を示さない。11時過ぎになってTICKはようやく−1000に達する（**図9.5**を参照）。成り行きで買って、9912ドルで執行される。損切りを置き、目標値とタイマーを設定。

2．仕掛けてからおよそ30分後、市場が上昇して目標値の9932ドルに達し、20ポイントの利益を確保。

3．その後は静かに過ぎ、15時前にTICKが＋1000に達する。成り行きで売って、9932ドルで執行される。

4．仕掛けからおよそ20分後、目標値の9912ドルに達し、20ポイントの利益を得る。

5．その後もTICKは極値に達したが、すでに15時30分を回っていたので、その日のトレードはこれにて終了。

Eミニ S&P500──2004年9月限（2004年9月7日）

1．2004年9月7日、市場がオープンして早々にTICKが＋1000に到達（**図9.6**を参照）。ここで売りたい気持ちに駆られるが、時計を見るとまだ9時50分だ。これは10時前にはトレードしないというルールに反するので、このトレードは見送る。こうしてあとから見ると、このトレードはうまくいったことが分かるが、市場がオープンしてから最初の30分のTICKプレーはうまくいかないことが多いことが経験則で分かっているので、けっしてやらない。

2．次のセットアップを待つ。それが現れたのは11時30分近くになってからのこと。TICKが＋1000に達したので、成り行きで売り、1119.75で執行される。1122.75に3ポイントの損切りを置き、目標値を1117.75に設定。もちろん35分のタイマーを設定するのも忘れない。

3．35分は瞬く間に経過。この間起こった面白いことと言えば、体長60センチのアロワナ（巨大魚ターポンに似たアマゾン原産の熱帯魚）が水槽から飛び出し、それを見た私がまるで牛追い棒でぶったたかれたように驚いて飛び上がったことくらいだ。それでも警告音は聞き逃さない。損切りにも目標値にも達しなかったので、成

図9.6

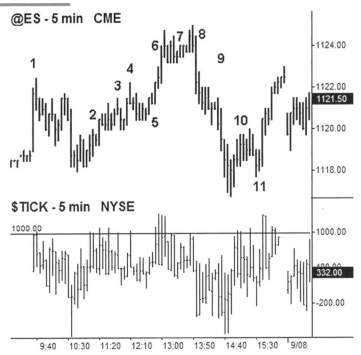

り行きで手仕舞う。執行価格が1121.25なので、1.50ポイントの損失だ。

4. その後、TICKは「乱れた」が、再び+1000に到達。成り行きで売り、1122.00で執行される。損切り注文を置き、目標値とタイマーを設定。

5. パネラブレッドのターキーサンドをパクついているときに、タイマーが鳴る。成り行きで買い戻し、1121.50で執行されたので0.50ポイントの損失。

6. TICKが+1000をブレイクするのに伴って、市場も上昇。成り行きで売り、1123.50で執行される。パラメーターを設定したあとはリラックスして市場の動きをウオッチ。

図9.7

7. 瞬く間に35分経過し、タイマーのブザー音と同時に成り行きで買い戻す。1123.50で執行されたので、ブレイクイーブン。
8. TICKが再び＋1000に達したので、成り行きで売る。執行価格は1124.75。
9. 今回はこのあと市場が反転し、目標値の1122.75に達したので2.00ポイントの利益が出た。
10. 引けまで1時間の時点で、TICKが再び＋1000に到達。成り行きで売って、1119.75で執行される。
11. その後、市場は反転し、目標値の1117.75に達したので、2.00ポイントの利益を確保。

Ｅミニ S&P500──2004年９月限（2004年９月３日）

1. 2004年９月３日、目指すセットアップがなかなか現れない。TICK
は＋1000や−1000の近くまでは行くが、到達はしない（**図9.7**を
参照）。こんなとき、私は余計なことはしない。TICK が1000に到
達するかしないか、それだけが行動の決め手だ。この日、TICK
が初めて＋1000に到達したのは、引けまで１時間を切ってからの
ことだった。この機会を逃すまいと、成り行きで売る。執行価格
は1117.25。損切り注文を置き、目標値とタイマーを設定したあと
は、リラックスして市場をウオッチ。

2. 仕掛けからおよそ30分で目標値の1115.25に達し、2.00ポイントの
利益を得る。好都合なことに市場は引け間近なので、あとは食料
品室のスープの缶詰をアルファベット順に並べるといったもっと
エキサイティングなことでもやろう。特定のセットアップを待つ
ことの重要性が、この例からよくお分かりいただけたことと思う。
目指すセットアップが現れないこんな日は、トレードしすぎてズ
タズタに切り刻まれることにもなりかねない。退屈しのぎについ
トレードしたくなるようなことは時にあるものだ。そんなときは、
トレードをやるのは「退屈しのぎ」が目的なのか、金儲けが目的
なのかを自問自答してみることだ。

Ｅミニ S&P500──2004年９月限（2004年８月26日）

1. TICK は早い時間に極値近くまで行くが到達せず、＋978で上げ止
まる（**図9.8**を参照）。これは手榴弾投げゲームや蹄鉄投げゲーム
ではない。TICK が＋1000に到達するまでひたすら待つ。

2. TICK は再び1000近くまで行くが、またもや期待はずれに終わる。
サイドラインで辛抱強く待つしかない。といっても、TICK チャ

図9.8

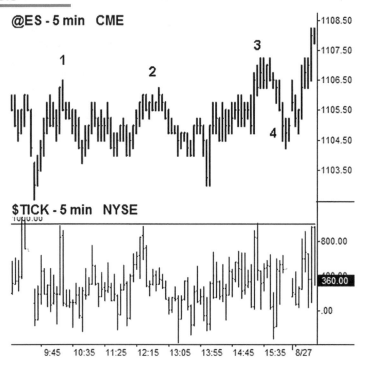

ートをずっと見ているわけではないので、それほど苦痛は感じない。警告音が鳴るのを待つだけだ。

3．TICKがようやく＋1000をブレイク。成り行きで売って、1106.75で執行される。パラメーターを設定して市場の動きを待つ。この日、このセットアップに関してはこの時点まで行動する機会がまったくなかった。

4．およそ30分後、目標値の1104.75に到達し、2.00ポイントの利益を確保。

図9.9

EミニS&P500──2004年6月限（2004年5月24日）

1. 2004年5月24日、市場は大きなギャップアップで寄り付く。取引開始からすぐにTICKが＋1000をブレイク（図9.9を参照）。時計を見るとまだ10時前だ。これは携帯のディスプレーに「圏外」と表示されるようなもの。したがって、このTICKは無視する。10時30分近くになって、TICKが再び＋1000に達したので成り行きで売る。執行価格は1098.50。執行と同時にパラメーターを設定。
2. およそ20分後、目標値の1096.50に達し、2.00ポイントの利益を確保。

3. その後、市場はしばらく小康状態を続ける。引けまで数時間の時点でTICKが極値に達したので、1096.50で売る。

4. およそ25分後、目標値に達し、2.00ポイントの利益を確保。

5. TICKが再び勢いを増して＋1000に達したので、成り行きで売り、1096.00で執行される。

6. 市場はちゃぶついて、タイマーのブザーが鳴る。成り行きで買い戻し、1095.50で執行されたので、0.50ポイントの利益。

7. 市場は再び上昇し、TICKが極値に到達。しかし、すでに15時30分を回っていたので、その日のトレードは終了。

Ｅミニ S&P500──2004年6月限（2004年6月7日）

1. 市場はギャップアップで寄り付く。その日のTICKはほとんどの時間帯でゼロを上回る水準で推移（図9.10を参照）。12時の時点で、それまでの85％を上回る時間帯でTICKがゼロを上回っていたときは、その日のTICKフェードは断念する。こういった日は、買い圧力が強まっていることに注意しよう。TICKが終日にわたってゼロを上回っているのは、ファンドがコンスタントに買い続けていることを示している。まだこの状態は発生していないが、常に警戒が必要だ。

2. 11時ごろ、TICKが極値に達したので、成り行きで売り、1134.25で執行される。執行と同時にパラメーターを設定。ここで売ったのは、まだ12時のデッドラインを過ぎていなかったからだ。ルールにもあるように、TICKが10時までの時間帯のほとんどでゼロを上回っているときは、TICKが少なくとも1回ゼロを下回らなければトレードは仕掛けない。このケースの場合、TICKが何回かゼロを下回ったので、行動に移した。けっして理想的な状態とは言えないが、ルールには違反していない。

図9.10

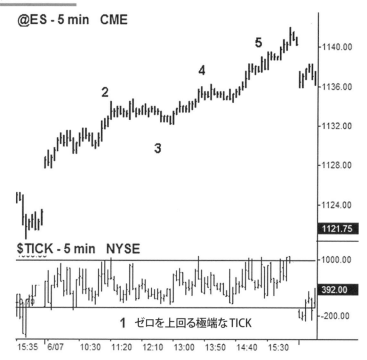

3. 瞬く間に35分経過し、タイマーが鳴ったので成り行きで手仕舞う。1133.00で執行され、1.25ポイントの利益。

4. 13時を少し回った時点で、TICKは再び+1000に到達。しかし、TICKが85％を超える時間帯でゼロを上回っていたので、このTICKは無視する。先ほども言ったように、これはファンドによる買い圧力が強まっている証拠だ。

5. 15時30分近くでも同じ現象が発生。このシグナルも前回と同じ理由で無視。ほとんどゼロを下回らず1日中高い値で推移したTICKの値が示すように、この日の市場は「燎原の火」のごとく白熱。したがって、TICKが極値に到達してもフェードプレーはしない。こんな日はめったにないが、「TICKフェード」から除外すべき日が

第2部　先物、株式、オプション、FX、仮想通貨のためのデイトレードとスイングトレードの最高のセットアップ

どういった状態の日なのかを知っておくことは重要だ。

TICKフェードのまとめ

本書の「はじめに」で述べたように、金融市場とはそもそも人間の本質を巧みに利用し食い物にすることで成立する世界である。市場の動きに取り残されたトレーダーたちは、すぐに仕掛けてその波に乗ろうとする本能を持つ。つもり売買ではよいかもしれないが、この「動きに乗り遅れた」という焦りほど間違いを誘発するものはない。この激しい焦りが、アマチュアトレーダーを儲け損なうのではないかという恐れだけで飛びつきトレードに走らせてしまうのだ。これは、自分で設定した特定のセットアップが発生するまで辛抱強く待ってから仕掛けるという方法の対極にあるものだ。彼らが極端なパニック買いやパニック売りに走ったかどうかは、TICKの値を見れば一目瞭然だ。TICKが極値に到達していれば、アマチュアトレーダーたちは間違いなくパニックトレードに走ったはずだ。ここで彼らは貴重な、しかし苦い教訓を得ることになる。

TICKフェードプレーがうまくいかないときをどうやって知るか

本書の第1版では「フェードプレー」のセットアップにのみ焦点を当てた。2004年と2005年の大半（第1版を書いていたとき）は株価指数には動きがなく、大きな動きがあったのは通貨市場だった。セットアップに基づくトレーダーになるうえでこれは極めて重要だ。つまり、トレードする市場は無関係ということである。市場をトレードするのではなくて、セットアップとパターンをトレードするのである。セットアップが株式市場で起ころうが、原油市場や金市場で起ころうが関

400

係ない。動きが起こりそうな市場に注目するのだ。

しかし、2008年の金融危機以降、かつては異常とみなされた株式市場の大きな動きは、ありふれた常態（ニューノーマル）となった。株式市場は大きな上下動を繰り返すようになったのだ。急騰しようが急落しようが私にとってはどちらでも構わない。こういった市場状態のときでもTICKは重要な役目を果たしてくれる。つまり、もし今日市場が暴落したら、−1000のTICKではけっして買わないということである。私たちが売り機会に利用するのは、TICKの極端な値ではなくて、TICKの適度な値である。

結局、問題は、逆張り（フェードプレー）をすべきなのか、動きに付いて行くべきなのかに尽きる。そして、動きに付いていくのなら、どのようにプレーすればよいのか。

それではこの問題を考えてみよう。

TICKに「付いて行く」プレー

本章は内部要因の章と深い関係がある。取引が開始されてからの30分は、その日がどんな日になるのかを見極めるうえで極めて重要だ。これは、朝起きて妻のその日の気分を推し量るようなものだ。彼女がハッピーな夢を見たのなら、その日はハッピーにスタートし、夕方にかけてもその傾向が続くことを学んだ。一方、彼女が私とうちに滞在しているスウェーデン人オペア（外国の家庭で滞在させてもらう代わりに手伝いをしながら語学を学ぶ人）の夢を見たのなら、その日の最初の30分は良くても危険を伴い、私がその30分をどう立ち回るかでその日の残りの命運は決まる。その間、私は正真正銘のトレーダーなんだから、オペアとのクイッキー（ちょっとしたアバンチュール）で財産の半分が消えることはないよ、と彼女を安心させるよう努める。この論理が通用するときもある。ほんのときたまだが。

401

第2部　先物、株式、オプション、FX、仮想通貨のためのデイトレードとスイングトレードの最高のセットアップ

一言で言えば、TICKとはゾウたちが何をしているのか、どこに向かっているのかを知るための道しるべである。2010年7月、私はサッカーのワールドカップ観戦のために2週間にわたって南アフリカ共和国を訪れた。それは素晴らしい旅だった。最初の週はクルーガー国立公園内のリチャード・ブランソンの動物保護区のあるウルサバに滞在した。地形はテキサスに似ていたが、自然な状態で生息している「ビッグ5」（ライオン、アフリカゾウ、バッファロー、ヒョウ、サイ）をまじかに見ることができたのには感動した。ビッグ5のなかでアフリカゾウは最も簡単に見つけることができた。彼らが通った跡だけでなく、倒された木々や大きなふんの塊も見ることができる。ゾウが簡単に見つかるのは、彼らは巨体のため隠れることができないからだ（これに対してジャガーは見つけるのが難しい。トレードではゾウのあとを密かに付いていくジャガーになろう）。

機関投資家による組織的な大規模な買いや売りもゾウと同じだ。あなたがどこを見れば彼らの買いや売りが分かるのかを知っているかぎり、彼らが買いや売りを隠すことはできない。TICKは茂みのなかの彼らの足跡や放たれたばかりのふんの塊がどこにあるのかを教えてくれる。トレーダーとしてわれわれがやるべきことはただひとつ。彼らのあとから付いていき、動きに乗ることである。

図9.11は2011年9月30日（金曜日）のTICKとSPYのチャートを示したものだ。この日、最初の数時間は静かだった。この日は大きなギャップダウン（EミニS&P500は15ポイント、ダウは150ポイント、SPYは1.50ドル）で寄り付いた。トレーダーがこの動きを消化するには時間がかかる。最初の数時間はちゃぶつき、TICKが初めて＋1000に達したのは10時20分だった。これはフェードプレーの絶好のチャンスだ。これは最初の試しであり、試しは失敗するのが普通だ。このケースの場合、TICKが極値に達したあと、市場はおよそ20分にわたってちゃぶつき、そのあといきなり下げた。

402

図9.11

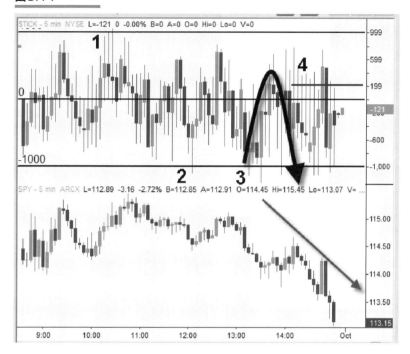

　そのあとTICKは再び静かになり、およそ２時間後、今度は－1000に達した。市場は15ポイント（ＥミニS&P500）のギャップダウンで寄り付いたものの、依然としてちゃぶついている。トレンドはない。市場は大きく下落したので、TICKが－1000に達したからと言って買うのはちょっと危険かもしれない。しかし、実際にはこれは現物取引時間帯でのダウンサイドの最初の本物の試しだった（このあと下落したのは夜間取引時間帯だった）。これは試してみるだけの価値はある。TICKが－1000の極値に達したあと、市場は上昇。したがって、－1000の極値でフェードプレーをしていればうまくいったはずだ。

　３で市場の力学が変化する。何よりもまず注目したいのは、市場はもはやちゃぶついてはいないということである。市場はその日の安値

第2部　先物、株式、オプション、FX、仮想通貨のためのデイトレードとスイングトレードの最高のセットアップ

を更新しようとしている。つまり、トレンドが形成されつつあるということだ。ここからが面白いところだ。どんなに頑張っても、TICKは＋200以上にはならず、たとえ＋200以上になったとしてもすぐにまた下落する。TICKは今やほとんどの時間帯でゼロを下回っているだけでなく、－1000水準辺りに探りを入れ、それさえブレイクしている。ここが重要なところだが、市場が－1000水準を試すが、そこから上昇すれば、市場が探りを入れているということである。一方、市場が－1000水準を試し、そのままその辺りにとどまるか、さらにその下の水準を試せば、本当の売り圧力が発生したということになる。そして、ゼロラインに向けてのすべての動きがただちに拒否されれば、それがとどめの一撃になる。それはゾウたちが激しく売っている証拠だ。

　こういった状況で使える戦略が2つある。1つは、ゼロラインへの動きを売り機会ととらえるというものだ。1分間以上＋600を上回るか、EミニS&P500が4～6ポイント上昇したら（いずれか早いほう）、損切りする。目標値は－1000に設定する。とにかく激しく売られているので、途中で買い戻して、次にTICKがゼロラインまで上昇したら、仕掛け直しても構わない。

　極端な例を見てみよう。これは人生においても言えることだが、普通のことをうまく処理できるようにするために、時には極端な状態を見てみることが役立つこともある。**図9.12**は2010年5月6日に発生したかの有名なフラッシュクラッシュの日のTICKの動きを示したものだ。これは1分足で、TICKに重ねて8期間EMA（指数移動平均線）もプロットしている。移動平均線は日中のTICKのトレンドを見るのに役立つ。前にも述べたように、移動平均線は遅行インディケーターなので、トレンドの変化を素早く見つけるのには役立たないが、トレンドが「変わった」ことは移動平均線からはっきりと読み取ることができる。自分が正しいことを証明しようとして口座を破産させるトレーダーは多い。移動平均線は、敗北を認め、戦略を変更するときが来

図9.12

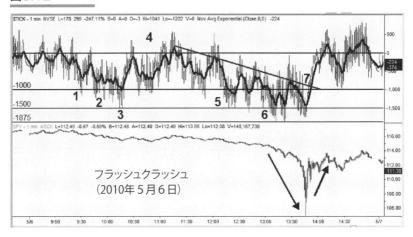

たことを教えてくれる道路標識のようなものだ。移動平均線が交差して上昇に転じたのにまだ売っている？　神の御加護がありますように。

　この日はごく普通にスタートした。1でこの日初めての極値（－1000）に達した。これはごく普通だ。3で－1000をブレイク。これはこの日が「動きに付いて行く日」になりそうなことを示す最初のサインだ。この時点ではこれからどうなるのかは分からない。3ではこの日初めて－1500に達する。これは異常だ。市場にはかなりの売り圧力がかかっているようだ。しかし、そのあとTICKは急上昇。これは売りの機会になりそうだ。それから数時間、TICKはちゃぶつきモードに入る。ゼロラインへの上昇（4）で売って、TICKが－1000になったら買い戻す。簡単だ。

　しかし、そのあと珍しいことが起こる。5からTICKは－1500水準のままなのだ。これはかなり大きな売り圧力がかかっている証拠だ。－1500というのはめったにない数値だ。何かよからぬことが起こっている。市場は大暴落するかもしれない。大暴落が起こるのはTICKが－1200から－1500のレンジで推移しているときだ。このままTICKがこ

第2部　先物、株式、オプション、FX、仮想通貨のためのデイトレードとスイングトレードの最高のセットアップ

のレンジにとどまれば、売り圧力によって市場は大暴落する。そのあと最悪なことに、TICKは−1875に達する（6）。そして−1700から−1800の水準を何回も試す。それから市場はおよそ15分にわたって下落し続け、ダウは300ポイントを超える下落。そのあと地獄の門が解き放たれ、ダウは5分のうちにさらに600ポイント下落。しかし、そのあとの5分で回復する。「ついに世界の終わりか」と言う人もいた。「気にするな。そんなことはないよ」

　この日、フラッシュクラッシュが発生することを予測する方法はなかったのだろうか。もちろん、なかった。売り圧力が高まる兆候はなかったのだろうか。だから買ってはならないと。それはもちろんあった。そして、売り圧力が収まったことを知る方法はなかったのだろうか。それもあった。

　7で下降トレンドにあった8期間移動平均線が上にブレイクしている。これは私たちが付いていこうとしているゾウたちの考え方が変わった瞬間だ。しばらくの間、彼らは南へ向かっていたから、私たちはそれに付いていった。そして今彼らは方向転換して北へ向かっている。私たちとしては彼らについて北へ向かうしかない。これは私たちが動きの底をとらえられないという意味ではない。ゾウたちが方向転換したら、私たちも方向転換しなければならないという意味である。TICKが方向転換したのだから、買いのセットアップに集中するときだ。しかし、合理的な考えの人はだれもがこれに反対した。

　図9.13は**図9.12**のフラッシュクラッシュの部分の拡大図だ。1と2ではTICKは−1500という超極値を記録し、−1800という箇所も何カ所かある。市場がこの状態から抜け出すのは困難だ。これは売り圧力が高まっていることを示している。こんな日は、上昇しても再び売られ、安値がどんどん更新されていく。このタイプの売りの裏にある強さを侮ってはならない。

　2を過ぎた直後、8期間EMAは上昇に転じるが、そのあと少し下

図9.13

落している。私たちがここで探しているのはトレンドの変化だ。これが発生したのは3で、ここでトレンドラインを上にブレイクしている（図9.12の7）。ここは流れに付いていく局面で、画面上で繰り広げられる動きに逆らってはならない。

　図9.14は図9.12よりも若干普通に近い状態を示している。これは2011年10月3日のチャートだ。取引時間の最初はややちゃぶつき気味だが、そのあと一気に下落している。私が役に立つと思ったのは、「TICKの流れを見る」とき、1分足チャート上に8期間EMAと21期間EMAを重ねてプロットすることだ。このチャートでは太い線が8期間EMAで、細い線が21期間EMAだ。私はTICKを見ている時間が長いが、これらのEMAは、1日を通して値動きを先導するTICKの

図9.14

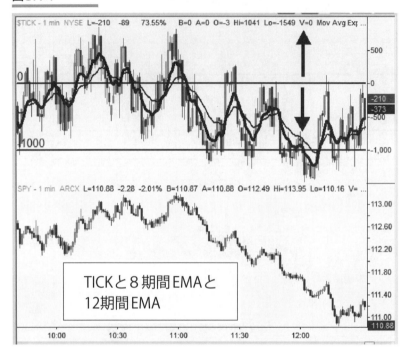

　「トレンド」を見るのに役立つ。これらのEMAがゼロラインを上回っていれば、買いに集中し、ゼロラインを下回っていれば、売りに集中する。EMAの交差もまた役立つ。TICKがゼロを下回り、8期間EMAが21期間EMAを下に交差したら、それは売り圧力が大きいことを示している。8期間EMAが21期間EMAを上に交差したら（いずれもゼロを下回る）、売り圧力が小休止したことを示している。TICKがゼロを上回っているときはこの逆だ。

　図9.15は図9.14の続きを示したものだ。1に引いた垂直線は図9.14の右端になる。

　図9.15を見るとTICKもSPYも2に向かって上昇しているが、この上昇はすぐに反転し、この高値は日中のスイングハイにすぎない。こ

図9.15

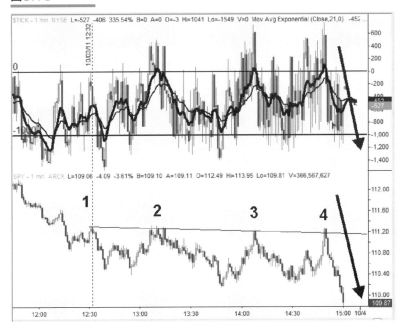

のスイングハイは、引けにかけて売りの買い戻しによる上昇が発生するうえでTICKがブレイクしなければならない重要な水準になる。3でTICKはゼロを上回り、市場は急上昇するが、これもまたすぐ下落する。最後に4は反転が最も起こりそうな箇所だ。TICKはゼロを上回り、SPYも上昇するが、これもまた反転する。引けにかけて市場は下落した。こうしたカギとなる上昇の共通点は何だろう。それは、TICKはゼロを上回り、市場も上昇しているが、8期間EMAと21期間EMAはいずれもゼロを下回っているということである。これらのEMAがゼロを下回っているかぎり、下方圧力が働いているのだ。

あまり動きのない相場では、TICKによる逆張りとときどき起こるTICKの上昇は生計を立てる堅実な方法だ。しかし、ゾウが動き出したら注意が必要だ。ゾウが動き出したら、彼らに付いていくのが最も

賢明だ。

TICKによる情報なしに株式や株価指数をデイトレードすることは私には想像もつかない。このインディケーターを学ぶ最良の方法は、とにかく使ってみることだ。私は2万時間分のTICKデータを記録している。https://www.simplertrading.com/ticks/ ではこのセットアップのアップデートバージョンとライブトレードの例を見ることができる。このセットアップをライブのトレード例と併せて見ることが、TICKフェードを最大限に活用する方法を学ぶ最良の方法だ。

第 **10** 章

平均回帰──「利食いする最良のタイミング」

Reverting Back to the Mean, or, "When Is the Best Time to Take a Profit?"

どこでトレンドがなくなりガス欠になるか

　自分の仕事のことをあれこれ考えながら通りを歩いていると、突然強盗に襲われる。何とか無事だったが、今後のことを考えると、何らかの行動が必要だと考えるはずだ。例えば、①警察に知らせる、②こん棒やスタンガンを買う、③これからはその通りは通らないようにする、④ひとりで長々と散歩をするのはやめる──など。こういったことが二度と起こらないようにありとあらゆる手段を講じるはずだ。しかし、市場の自然な満ち引きを理解しないということは、強盗に襲われた通りをスタンガンも持たずにひとりでまた何度も通るのと同じだ。これでは強盗を喜ばせるだけである。「やつはきっと強盗されるのが好きなんだな」と強盗は思うだろう。

　５分足チャートでは、暗い路地を歩くときのように、ありとあらゆる残虐なことが日常的に起きている。トレーダーはもっと多くの残虐なイベントを経験するために市場に戻ってくる。「次は強盗なんてやっつけてやる」と彼らは思う。コンピューターが生成するトレードプログラム（アルゴ）はあなたに情け容赦なく現金を要求するターミネーターのようなものだ。彼らに向かっていこうとするすべての人間から喜びを奪い去る。良いニュース？　それは、こういったコンピュータ

411

第2部　先物、株式、オプション、FX、仮想通貨のためのデイトレードとスイングトレードの最高のセットアップ

ープログラムの多くは株式のATR（真の値幅の平均）内の動きだけに
注目することが多いということだ。株価や市場が上昇トレンドにあろ
うが、下降トレンドにあろうが、横ばい状態にあろうが、アルゴは大
部分の時間帯でATRに忠実だ。ところで、このとらえにくいATRと
は一体何なのだろう。

　これはJ・ウエルズ・ワイルダー・ジュニアが日足チャートとコモ
ディティ市場のために考案したツールだ。これは日足チャートはもち
ろんのこと、個別株でも使える。株価は21期間EMA（指数移動平均）
からどれくらい離れれば再び21期間EMAに戻る可能性があるのかを
考えてみよう。ピボットは日中のレンジを見極めるのには素晴らしい
ツールだ。しかし、日足や週足といった具合にもっと時間枠が長くな
るとどうなのだろうか。スイングベース（数分や数時間ではなくて数
日や数週間保持できるポジション）では平均からどれくらい離れたら
買いや売りを行うタイミングと考えればよいのだろうか。本章はピボ
ットは無関係だが、考え方は同じだ。デイリーピボット水準は前日の
「平均価格」だ。翌日、価格がその水準に引き寄せられるのはそのため
だ。平均価格は試してみて、その水準が維持されるかどうか確かめる
しかない。

　「平均価格」という概念は重要だ。どの市場もどんなときでも、平均
価格から離れるかそれに戻っていくか（平均回帰とも言う）のいずれ
かだ。

　図10.1は金の日足チャートで、チャート上には13日EMAと21日
EMAも示している。13日EMAと21日EMAはそれぞれ過去13日間と
21日間の平均価格を表したもので、市場に合わせて常に変化する。市
場はこれらのEMA水準から遠ざかるか回帰するかのいずれかだ。重
要なのは、「市場はこれらの水準からどれくらい離れれば再びその水準
に戻っていくのか」ということである。

　これは良い質問だ。

412

第10章　平均回帰

図10.1

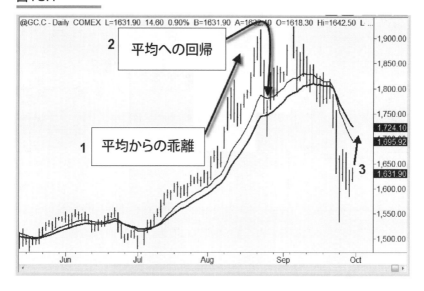

　ここで登場するのがATRという概念だ。ATRは文字どおり、前の14期間の平均の価格レンジを示したものだ。

　図10.2は図10.1と同じ金の日足チャートだが、今回はチャートの下にATRを示している。1でのATRはおよそ20で、これは金1オンスが20ドルであることを意味する。なぜこれが重要なのだろうか。これは価格が平均（13日EMAと21日EMAによって表されるゾーン）から20ドル離れたら、平均に回帰する可能性が高いことを意味する。1では、価格はこれらの平均から1オンスにつき20ドルだけ上回っているが、平均に戻ろうとしている。2では価格はこれらの平均から1オンスにつき20ドルだけ下回っていたが、すぐに平均に戻っている。その年の後半、ATRは1オンスにつき60ドルにまで上昇（3）する。これはつまり、価格がこれだけ平均から離れなければ、平均には戻らないことを意味する。

　図10.3はスイスフランの日足チャートを示したものだ。このチャー

図10.2

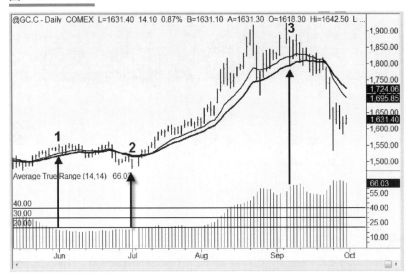

トにはケルトナーチャネルの改良バージョンをプロットしている。ケルトナーチャネルは移動平均線にATRを増減したバンドとして表される。ここでは、平均価格（中央の点線）は13日EMAで、上のバンドと下のバンドはそれにATRの1.5倍を増減したものだ。つまり、上のバンドと下のバンドは中央のバンドから現在のATRの値の1.5倍離れているということである。

例えば、1ではATRの値は0.0100だ。これは100ティックを意味する。これを1.5倍すると150ティックだ。2では下のバンドは中央のバンドから150ティック下方にあり、3では上のバンドは中央のバンドから150ティック上方にある。なぜ1.5倍するのだろうか。それはATRは遅行インディケーターだからだ。1.5倍することで現在価格に順応する余裕を与えることができるのだ。

このチャートでこのセットアップをトレードするために理解しなければならないカギとなる概念がいくつかある。

図10.3

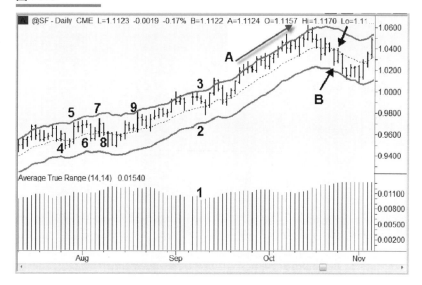

1. バンドは上方に傾斜している。これは上昇トレンドを意味する。したがって、私が興味があるのは買いだけである。上のバンドで売ることもできるが、上のバンドは上昇し続けている。したがって、上のバンドでの売りは買いよりも確率の低いトレードになる。例えば、Aで売りを仕掛ければ、市場は上昇し続けているので損切りに引っかかってしまうだろう。市場は依然としてATRの範囲内にあり、急上昇中だ。

2. 4では平均まで押している。だからここで買う。そして5で上のバンドまで戻ったら手仕舞う。そのあと6で再び平均まで押している。だからここで再び買い、7で売る。そのあと8の押したところで買い、9で売る。これの繰り返しだ。

3. **アドバイス**——これらの動きのすべてティック単位で細かくとらえる必要はない。上下のバンドはATRの1.5倍に設定されていると言ったのを覚えているだろうか。1ATRの動きや若干それを下

回る動きをとらえられればそれで十分だ。7ではバンドに達していないが、私は7で手仕舞う。なぜなら、1.5ATR（およそ150ティック）の動きではなく、1ATR（およそ100ティック）の動きをとらえられればそれでよいからだ。つまり、私はいつも早めに手仕舞うということである。ブタのようにそんなに欲張る必要はない。

4．損切りについてはどうだろう。このケースの場合、下のバンドの下に損切りを置くのがベストだ。これで迷う余地はなくなる。損切りに達したらすぐに手仕舞うだけだ。損切りに引っかかるのは真にトレンドが変化したときだけである。このセットアップでは、損切りが近すぎるとトレードに悪影響を与える。小さいサイズでトレードし、あとはトレードに任せよう。

5．**ボーナス**──市場が下のバンドに近づいたら、Bで見られるようにトレンドが変化する可能性があることを示している。こんなときは平均まで戻ったら手仕舞うという選択肢もある。つまり、ブレイクイーブンか小さな損失で手仕舞うということである。

ダブルボーナス──半分のサイズでスタートし、下のバンドに達したらあと半分を仕掛け、平均まで戻ったら手仕舞って利益を確保する。これは負けトレードを小さな勝ちトレードに変える私の好みの方法の1つだ。重要なのはもちろんマネーマネジメントと、仕掛けるサイズがあなたの口座にとってどれくらいの大きさなのかを理解することである。あと半分のポジションを仕掛けたときに、あなたの口座にとってそれが大きすぎるときは仕掛けるサイズそのものを再考しなければならない。このようなトレードにおいても、損切りを置いておくことは不可欠だ。

6．**もう1つのアドバイス**──私がよく聞かれる質問は、「スイスフランの1時間チャートではどこに損切りを置くのですか？」や「アマゾンの日足チャートではどこに損切りを置くのですか？」とい

ったものだ。「原油の512ティックチャートではどこに損切りを置くのですか？」や「EミニS&P500の15分足チャートではどこに損切りを置くのですか？」、あるいは「ユーロの5分足チャートではどこに損切りを置くのですか？」といった質問さえある（数分間で矢継ぎ早にこんなことを聞かれると、10回目には左目がチックしてくる）。こういった質問に対する答えは、「どんな市場であろうと、どんな時間枠であろうと、チャート上に14期間ATRインディケーターをプロットせよ」だ。その値がどんな値であっても、それを2倍にしたところに損切りを置く。

7．Aでは市場は上昇している。こういった動きのときは、何日間も、時には何週間も、平均への回帰で注文が執行されることはない。このセットアップは静かなトレンドにある市場、あるいは静かな横ばい状態にある市場をとらえることを目指しているのであって、モメンタムをとらえることを目指しているわけではない。

8．**重要なポイント**——このセットアップの最大の欠点は、大きな動きを見逃す可能性があるということだ。大きな動きはATRバンドを超えることが多い。そんなときに役立つのがスクイーズだ。これは次の第11章で見ていく。

こんなにすごいプレーなのに、なぜみんなはこれをやらないのか

あなたは今おそらくはこう思っているはずだ。「そんなに簡単なら、なぜみんなこのセットアップをプレーしないのだろうか」と。実は多くの人がトライしているのだ。平均回帰の概念はどう考えても私のオリジナルではない。これまで見てきてこのセットアップでトレーダーたちが挫折する要因は2つある。1つは、はっきりとした上昇トレンドであるにもかかわらず上のバンドで売りたい誘惑に打ち勝つことが

第2部　先物、株式、オプション、FX、仮想通貨のためのデイトレードとスイングトレードの最高のセットアップ

できないことである。もちろん上のバンドで売ってもうまくいくこともたまにあるが、Aで見られるように、これは本質的には危険だ。トレンドに逆らわずにトレンドに付いていくことが重要だ。これは下降トレンドでも言えることだ。平均への戻りで売ることができるときに、下のバンドで買う必要があるだろうか。これがルール1だ（大きな口座と分割して仕掛ける戦略を持つ高度なトレーダーは、上のバンドへの上昇トレンドで売り、下のバンドへの下降トレンドで買ってもうまくいく。しかし、新米トレーダーがこれをやると大失敗する。しかし、オプションのバーティカルクレジットスプレッドであればこういった水準で安全に仕掛けることができる。これについてはこのあとすぐに説明する）。ルール2は、このトレードはスクイーズが始まると無意味になるというものだ。

　図10.4はスイスフランの日足チャートで、チャートの下にはスクイーズがプロットされている。スクイーズのセットアップとメカニズムについては次の第11章で詳しく説明する。本章では簡単に説明する。1の黒いドットはボラティリティが圧縮されていることを示している。圧縮されたボラティリティはそのあと解放される。このケースの場合、ボラティリティの圧縮は13本の足が続いている。一連の黒いドットが続いたあと、最初に出てくるグレーのドット（2）はこのエネルギーが解放されつつあることを示している。トレーダーが引き金を引くのはこのときだ。ここで示されているように、ヒストグラムがゼロを上回れば、買いトレードが行われたことを示し、ヒストグラムがゼロを下回れば、売りトレードが行われたことを示している

　このスクイーズはヒストグラムが上昇し続けているかぎり有効だ。3の黒いヒストグラムで示されているように、ヒストグラムが勢いを失ったら、スクイーズはもう機能していない。

　平均回帰トレードに関連することでスクイーズについて知っておかなければならない重要な点がいくつかある。また、このセットアップの

418

図10.4

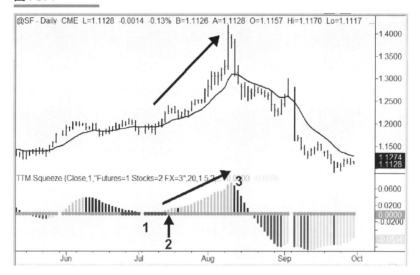

使い方についてのアドバイスもいくつかある。

1. 平均回帰（RTM）プレーを使うのは日足チャートのみ。平均回帰プレーは日中足チャートでは使わない。長いプレーの場合は週足チャートを使うこともある。
2. このセットアップは、株価指数先物をはじめとするさまざまなコモディティと個別株に使う。個別株の場合、この平均回帰セットアップはオプション戦略に使う。例えば、上のバンド（上昇トレンドの場合）まで戻る動きをとらえるためにデルタが0.70のオプションを買う、といった具合だ。
3. 平均回帰プレーは、スクイーズが発生したときを除いていつでも使える。
4. スクイーズが発生したら、バンドは完全に無視する。スクイーズが発生したら、バンドは無意味でしかないからだ。スクイーズが

発生したら、バンドはもはや価格を抑制することはできない。ス
クイーズが発生（**図10.4の2**のようにグレーのドットが発生）し
たら、チャートからバンドを消す。スクイーズが終了したら、バ
ンドをチャートに戻す。

5．スクイーズプレーでは、勢いが増す方向に仕掛ける。ここからが
面白いところだ。

6．スクイーズが発生するとATRは拡大する。スクイーズのときに平
均回帰プレーを行うのが無駄なのはこのためだ。人々はスクイー
ズのことを知らないで、あるいは理解することなく平均回帰プレ
ーを行う。したがって、70％の確率で得た利益をすべて市場に戻
すことになり、100％の確率で戻す人もいる。こういったことが起
こるのはスクイーズが発生しているときだ。彼らはスクイーズに
ついて何一つ知らない

7．スクイーズが発生しているとき、ATRが拡大しているという事実
に基づいて分割して手仕舞うことにしている。例えば、そのトレ
ードが1ATR（スイスフランの場合は120ティック）上昇したら、
まずポジションの4分の1を手仕舞い、2ATR（スイスフランの
場合は240ティック）上昇したら、次の4分の1を手仕舞い、損切
りを仕掛けた位置に置く。そして3ATR上昇したら、次の4分の
1を手仕舞う。最後の4分の1は、**図10.4の3**で示されているよ
うに、勢いが反転するまで保持する。もちろん、そのトレードの
間のいつかはスクイーズは勢いを失う。それはスクイーズが終了
したことを意味する。そのときは1ATRの目標に達していなくて
もポジションをすべて手仕舞う。

図10.5はアマゾン（AMZN）の日足チャートを示したもので、平
均回帰バンドとスクイーズもプロットしている。1と2ではスクイー
ズが買いシグナルを出している。スクイーズが発生している間に私は

図10.5

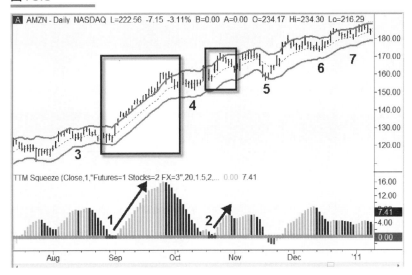

　アマゾンのイン・ザ・マネー（デルタが0.70以上）のオプションを買い、ポジションの最初の部分は各ATR水準に到達したら分割して手仕舞い、残りのポジションは動きに乗る（スクイーズが終了するまで持ち続ける）。このケースの場合、最初のスクイーズ（1のスクイーズ）は非常に大きい。これはオプションが500％以上上昇する動きだ。アマゾンは1カ月で125.00ドルから160.00ドルまで着実に上昇している。注意しなければならないのは、日足スクイーズでオプションプレーをする場合、1週間から3週間トレードを保持することが重要ということだ。したがって、満期日の1週間前に、次の限月のオプションを買う。もちろんスクイーズの間は平均回帰バンドは完全に無視する。スクイーズが勢いを失うのは1のグレーのバーが終わったあとの2本の黒いモメンタムバーのところだ。このときスクイーズは終了するので、再び平均回帰トレードに戻る。2でも再びスクイーズが発生し、株価は上昇しているが、これは短命に終わる。

第2部　先物、株式、オプション、FX、仮想通貨のためのデイトレードとスイングトレードの最高のセットアップ

　平均回帰トレードの例は3、4、5、6、7である。中央のバンドと上のバンドの距離はおよそ6ドルだ。このような場合、私は中央のバンドまで押したところでイン・ザ・マネーのコールを買い、株価が4.50ドル上昇したら手仕舞う。バンドの幅はATRの1.5倍であることは覚えているだろうか。でも私は1ATRの動きをとらえることにしか興味はない。デルタが0.70のオプションの場合、プレミアムが3.15ドル上昇することを意味する。この典型的なシナリオは、コールオプションを9.00ドルで買い、数日後に12.15ドルで売るというものだ。トレンドに付いて行く平均回帰トレードの良い点は、素早いプレーが可能なことだ。プレミアムの減少速度の速さを考えると、これはオプショントレードに打ってつけだ。

　5でこのトレードは損切りに引っかかる。平均まで押した地点でコールを買ったのだが、そのあと株価は下落したからだ。もちろん、数日後には株価は上のバンドまで戻った。これがトレードというものだ。市場で次に何が起こるのかを確実に知ることが重要なのではない。

　これまで上昇トレンドの例をたくさん見てきたので、今度は下降トレンドの例を見てみよう。**図10.6**はゴールドマン・サックス（GS）の日足チャートを示したものだ。この銘柄については原則として私は売りしかやらない。もうこのセットアップには慣れてきたと思うので、手早く説明しよう。1、2、3、4ではイン・ザ・マネーのプット（デルタは0.70）を売って、下のバンドまで下落したら買い戻す。トレード4は目標値に達するまで9日もかかったが、ほかのトレードは目標値には1〜3日で達した。5でスクイーズが売りシグナルを出してきたが、これは静かなトレードだった。つまり、普通の平均回帰トレードということである。スクイーズではこういったことがときたま起こる。すべてのスクイーズトレードがビッグトレードになるわけではないが、ビッグトレードの多くはスクイーズトレードであることが多い。6ではスクイーズが勢いを失ってきたので、平均回帰トレードに戻る。

422

第10章 平均回帰

図10.6

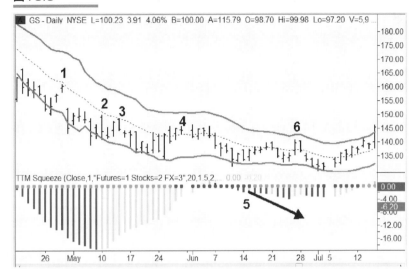

このセットアップはあらゆるものに使うが、日中足チャートでは使わない。私の好みは日足チャートだが、長期のプレーでは週足チャートも使う。このセットアップをオプションに使うほかの方法はないだろうか。もちろんある。

図10.7はアマゾン（AMZN）の日足チャートを示したものだ。2011年10月12日、上のバンドに達し、241.84ドルで高値を更新している。10月11日に https://www.simpleroptions.com/ のオプショントレードアラートサービスを介して、2.30ドルでバーティカルクレジットスプレッドのウイークリーオプションの売り注文を出した。これは、アマゾンが高値水準に到達したら、このオプションがヒットする価格だ。予想どおり株価は上昇し、執行された。

「バーティカルクレジットスプレッドの売り」の意味が分からない人のために、少しだけ説明しておこう。このトレードの目的はオプションを売り、満期日までの急激なプレミアムディケイを利用することだ。

423

図10.7

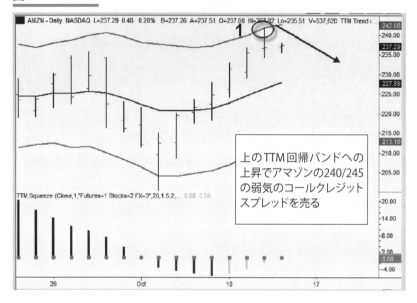

これは株価がTTM（Trade The Markets）回帰バンドまで上昇するか下落したときに特に魅力を発揮する。またオプションの満期日までの期間が数日しかないときに株価がTTM回帰バンドまで上昇するか下落したときには、さらに魅力が増す。ウイークリーオプションが導入されてから、このタイプのセットアップが発生する頻度は増加した。このセットアップの目的はアット・ザ・マネー・オプション（価格の高いオプション）を売って、次にネクスト・ストライク・アウト（価格の安いオプション）を買ってリスクをヘッジすることだ。

図10.8は実際のポジションを示したものだ。1で私は240のコールオプションを100枚売る（TDアメリトレードのシンクオアスイム・プラットフォームでは－100と表示される）。これは、240のコールオプションを100枚だれかに売り、そのオプションが権利放棄されて、最初に受け取ったプレミアムが利益になればよいな、と思うことを意味する。

図10.8

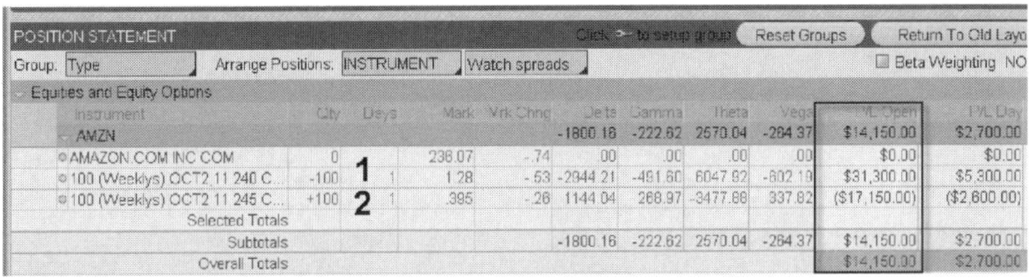

POSITION STATEMENT　Click to setup group　Reset Groups　Return To Old Layo

Group: Type　Arrange Positions: INSTRUMENT　Watch spreads　Beta Weighting NO

Equities and Equity Options

Instrument	Qty		Days	Mark	Mrk Chng	Delta	Gamma	Theta	Vega	P/L Open	P/L Day
AMZN						-1800.16	-222.62	2570.04	-264.37	$14,150.00	$2,700.00
AMAZON.COM INC COM	0			238.07	-.74	.00	.00	.00	.00	$0.00	$0.00
100 (Weeklys) OCT2 11 240 C...	-100	1	1	1.28	-.53	-2944.21	-481.60	6047.92	-602.19	$31,300.00	$5,300.00
100 (Weeklys) OCT2 11 245 C...	+100	2	1	.385	-.26	1144.04	268.97	-3477.88	337.82	($17,150.00)	($2,600.00)
Selected Totals											
Subtotals						-1800.16	-222.62	2570.04	-264.37	$14,150.00	$2,700.00
Overall Totals										$14,150.00	$2,700.00

しかし、私はイクスポージャーを完全にオープン状態にしたくもなかった。アマゾンが翌日、びっくりするようなニュースで50ドルギャップアップして寄り付いたらどうなるのだ？　それではまずいことになる。たとえそんなことが発生する確率がどんなに低くても、これはリスクをとるには値しない。そこで私は自分を保護し損失を限定するために、２で245のコールも100枚買った。こうしておけば、たとえアマゾンが急上昇しても、245のコールの価値が上がるため私の損失は２つの行使価格間のスプレッドに限定される。この図を見ると、オプションの売りで利益を上げたことが分かるはずだ。３万1300ドルの利益だ。しかし、オプションの買いでは損失が出ている。１万7150ドルの損失だ。したがって、このトレードの損益は＋１万4150ドルということになる。このスプレッドは2.30ドルで売ったので、アマゾンが240ドル以下で引ければ、最大利益は１枚当たり230ドル（100枚当たりでは２万3000ドル）で、最大損失は245ドル－240ドル＝５ドル、５ドル－2.30ドル＝2.70ドル（１枚当たり270ドル）になる。もちろん、満期日まで持っている必要はない。もしスプレッドがイン・ザ・マネーになれば、満期日前に割り当てを受けるリスクがある。これはめったにあることではないが、あることはある。でも、大したことはない。割り当てを受けたら、ポジションを閉じればよいだけの話だ、私が https://www.simpleroptions.com/ を始めたのはこのためだ。オプショントレードは

第2部　先物、株式、オプション、FX、仮想通貨のためのデイトレードとスイングトレードの最高のセットアップ

図10.9

AMZN ▼ AMAZON.COM INC.COM					
UNDERLYING					
Last X	Net Chng		Bid X	Ask X	Size
238.36 P	+1.55		238.28 P	238.53 C	5×1

TRADE GRID

OPTIONS　　　　　　　　　　　Spread: Vertical

		CALLS				Strikes: 12 ▽
Delta	Gamma	Theta	Vega	Bid X	Ask X	Strike
OCT2 11 (1) 100 (Weeklys) POS						
.01	.00	.04	.00	4.45	5.45	210 / 215
.01	.00	.01	.00	4.55	5.40	215 / 220
.03	-.01	.09	-.01	4.45	5.25	220 / 225
.08	-.01	.16	-.02	4.20	5.00	225 / 230
.16	-.02	.16	-.02	3.70	4.40	230 / 235
.25	-.01	.00	-.01	2.71	3.13	235 / 240
POS .23	.02	-.24	.02	1.39	1.56	240 / 245
POS .12	.02	-.24	.02	.45	.56	245 / 250
.05	.01	-.15	.01	.09	.21	250 / 255
.01	.00	-.01	.00	-.05	.08	255 / 260
.00	.00	.02	.00	-.10	.07	260 / 265
-.01	.00	.12	.00	-.26	.10	265 / 270

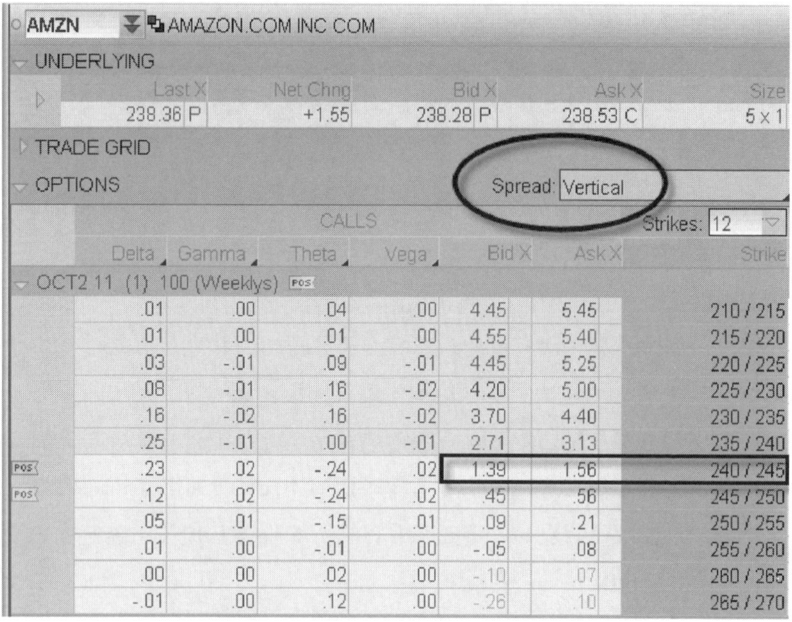

いくらでも複雑にすることができる。このサイトは、新米トレーダーでも上級トレーダーでも、私たちのトレードをステップバイステップでトレードし、その間に質問があれば質問をして学習することができるように工夫されている。

　2つのオプションの価格の差は継続的に計算されるので、簡単にトラッキングできる。**図10.9**は240/245のバーティカルクレジットスプレッドの実際の価格を示したものだ。売り価格が2.30で、今現在ビッドが1.39、アスクが1.56でトレードされているので、利益が出ている。損切りは3.50に置いた。このバーティカルがこの水準に達したら、損切りに引っかかることになる。この概念の威力を理解すれば、あとは満期日直前にバンドの1つに達するといった良い仕掛け機会を辛抱強く待つだけだ。

第10章　平均回帰

　平均回帰のことは理解してもらえたと思うので、次はいよいよスクイーズの説明に入る。このセットアップがいろいろな市場でも機能する例は、https://www.simplertrading.com/meanreversion/ を参照してもらいたい。

第11章

スクイーズ──市場の大きな動きに対してポジションを建てる最良の方法

The Squeeze : What Is the Best Way to Get Positioned for the Big Market Moves?

キャッシュフローのためにトレードすべきか、それとも富を増やすためにトレードすべきか

　前章では平均回帰（RTM）トレードについて見てきた。平均回帰プレーは「スクイーズが存在しないとき」の最高のプレーだ。簡単に言えば、平均回帰プレーとは、ピボットやTICKの極値、あるいは上の回帰バンドへの試しなどを経て、平均に回帰したところをトレードするというものだ。あるいは、株価が平均（21期間EMAのようなカギとなる移動平均線）の近辺で取引されていて、スクイーズ──平均から大きく動く可能性があるというサイン──が発生しようとしている銘柄を探して、動きに乗る。平均回帰トレードは高勝率なトレードだが、うまくいくまでに時間がかかり、突然、頓挫する可能性も高い。平均から遠ざかるところを狙うスクイーズトレードは平均回帰トレードよりも勝率は若干低いが、比較的短時間で成功し、逆行が長引く確率は平均回帰トレードよりもはるかに低い。いずれにしても忍耐力が必要だ。どちらを選ぶかはあなたの自由だ。私の好み？　私はどちらも好きだが、どちらかというとスクイーズのほうが好きだ。

　スクイーズはどういったトレードにも使えるセットアップだ。私はデイトレード、スイングトレード、ポジショントレードといった具合

429

にあらゆるトレードで使う。これは特に日足、週足、月足といった長い時間枠における長期の動きをとらえるのに最高のインディケーターだ。このインディケーターのないチャートでは何も分からないと言っても過言ではない。ビットコインやイーサリアムといった新しい市場でもうまく機能している。スクイーズはちょっと見ただけで、現在の市場の性質がすぐに分かるほどの情報量を持つ。これは買われ過ぎや売られ過ぎといったようなものではない。買われ過ぎや売られ過ぎはツイッターの更新と同じように、大した意味はない。これは市場が自然なサイクルのどの位置にいるのかという話だ。これについては第3章でも述べた。市場は平均から遠ざかり、自然なサイクルの天井近くにいるのだろうか？　そんなときは平均回帰トレードに集中せよ。あるいは、市場は平均近くにいてエネルギーを蓄えていて（つまり、買い集めや売り抜けにあるということ）、そのエネルギーを上や下に解放しようとしているのか？　そんなときは平均から離れる大きな動き、つまりスクイーズに集中せよ、だ。

　スクイーズは、トレード資産をいつどこに配分すべきかを決め、その資産でどんなトレード戦略を実行するかを決めるうえで非常に役立つ情報を与えてくれる。簡単な例を見てみよう。あなたはマーケットがガス欠になると、それはポジションを手仕舞えというシグナルだと思うはずだ。もちろんそうなのだが、実はもっと多くの意味があるのだ。スクイーズがガス欠になるとき、アイアンコンドルのようなオプションの売りを開始し、市場がエネルギーを失い横ばい状態に戻るときに利益が得られるほかのオプション戦略をたくさん組み込む絶好のタイミングでもある。ちょっと本題からそれたようだ。そもそもスクイーズとは何なのだろう。何を意味するのだろう。スクイーズのタイミングの取り方と動きをマネジメントする方法を知ることも大事だ。

　一言で言えば、私は収入を得る（口座から利益分を引き出す）のには平均回帰トレードを使い、富を築く（口座資産を徐々に増やしてい

く）のには長い時間枠でのスクイーズタイプのモメンタムトレードを行う。スクイーズはデイトレードのための短い時間枠（例えば、5分足）でも使えるのだろうか。もちろんだ。このあとデイトレードのための短い時間枠を使った例を紹介する。しかし、このセットアップが最も輝くのは長い時間枠でだ。1時間足、2時間足、日足、週足、月足といった長い時間枠でこのセットアップは大きな効果を発揮する。まずは長い時間枠で何が起こっているのかを知ることが重要だ。そして、長い時間枠でスクイーズが発生したら、短い時間枠を使ってスクイーズに逆らう必要はない。例えば、S&P500の60分足で買いのスクイーズが発生したら、知識不足の人はそのときの5分足の売りシグナルで売るだろう。「なんてこった！　市場は上がり続けてるんだぞ！」。そうなのだ。市場は上がり続けているのだ。

　あなたのトレードプランにとって週足スクイーズは時間枠としてはちょっと長すぎると思ったとしても、それは少なくとも短い時間枠で週足スクイーズに「逆らうな」という合図にはなる。例えば、アップル（AAPL）の週足でショートスクイーズが出た場合、日足の押しで買って時間をムダにする必要はないということだ。スクイーズはそのときの最も抵抗の小さな道を教えてくれているのだ。なぜそれに逆らう必要があるのか。この場合の買いトレードは、週足のショートスクイーズシグナルが終わるまで、損切りに引っかかる可能性が非常に高い。これは、ある人はハンバーガーをひっくり返す仕事に対してあなたに時給8ドル支払うと言い、別の人は同じ仕事に対して時給100ドル支払ってくれると言うようなものだ。あなたはどちらのオファーを受け入れるだろうか。週足スクイーズに付いていけば時給100ドルもらえるときに、それに逆らうことは、時給8ドルの仕事を受け入れるようなものだ。長い時間枠に付いていくことで、抵抗の最も小さな道を歩むことができる。長い時間枠に従え。知識は力なり。

　スクイーズシグナルは平均すると、足で見て、おおよそ6本は続く。

時には8本から10本も続くこともある。これはつまり、月足のシグナルは6カ月続き、1分足チャートのシグナルは6分続くという意味である。時間枠が違ってもシグナルは同じなのだ。違うのは、トレードを保持する時間だけである。

スイングトレードやオーバーナイトでのリスクをとるメリットは何だろう。オーバーナイトでのリスクをとると興奮するトレーダーもいるが、それはそれで構わない。しかし私は、こういったチャンスにオーバーナイトのイクスポージャーをとっていないと落ち着いて寝られないたちだ。こういったスイングトレードのメリットは、市場が動いたときにすでに市場に「参入」している状態にあることだ。デイトレーダーはあちこちで数ポイントとらえることに夢中になるが、数日あるいは数週間にわたる大きな動きをとらえられるのはスイングトレーダーだ。オーバーナイトポジションがマルであれば、翌朝の悪いニュースで殺されることはない。しかし、正しいポジションサイズを取り、リスク限定のオプション戦略を使えば、こういったことが起こっても大したことにはならない。逆にオーバーナイトポジションを取ることでオーバーナイトの大きな動きに参加できるという利点もある。人によって好みのトレードスタイルは異なる。トレードで重要なのは、あなたがハッピーで利益を得ることができるようなニッチを見つけることである。

市場は長い時間をレンジで推移しながら、次の大きな動きに向けてエネルギーを蓄えている。そして、大きな動きのほとんどは突然起こるため、デイトレーダーは動きに乗り遅れることになる。オープニングギャップで始まり、終日にわたって狭いレンジで推移するときなどがそうだ。こんな日は、デイトレーダーは完全に置き去りにされる。こういった動きを私たちは「ギャップ・アンド・ゴー」と呼ぶ。私はスイングトレードのポジションを多少は建てておくことにしている。こうすることで、デイトレーダーたちを尻目に大きな動きに乗れること

が多い。スイングトレードで勝つための秘訣は、「ポジションを建てる」ことは戦いを半分終えたにすぎないと認識し、すぐに効果の出ないポジションにいつまでもしがみついてイライラしないことである。市場はブレイクしそうだと思えるときにはブレイクしないものだ。機が熟して初めてブレイクする。たいていは多くのトレーダーが準備ができていないときにブレイクする。ポジションを建てることは時として動きが現れるまで数週間待つことを意味することもある。これには忍耐力とサイドラインに立つ勇気と１日中とりつかれたようにチャートを眺めないでいられることが必要だ。ほとんどのトレーダーはこれが苦手だ。椅子にへばりついてチャートを凝視し、感情的になり、ダマシに遭ってポジションを手仕舞う、というのが彼らのお決まりのコースだ。通常、市場はできるだけ多くのトレーダーをダマシに引っかけてから動き出す。だれもが市場が動くと思ったとすると、だれもがその動きに備えてポジションを建てる。例えば、だれもが市場が下落すると思ったとすると、だれもがすでに売っている状態にあるため、売る人はもうだれもいなくなる。これほどはっきりしたシステムはないだろう。これが過去から未来永劫まで変わることのない市場のメカニズムだ。セットアップに従い、それに任せることだ。

　「スイングトレーダーの不安」をマネジメントする方法について書かれた本で最高傑作の１冊が、ニコラス・ダーバスの『**私は株で200万ドル儲けた**』（パンローリング）である。数十年前に書かれた本だが、今でも私のお気に入りの本だ。読みやすいので一気に読めるうえ、内容も面白い。スイングポジションにしがみつく癖のある人、早く手仕舞いしすぎる癖のある人には必読の書である。

　スイングトレードでは正しいポジションサイズでトレードすることが重要だ。一般に、オーバーナイトポジションが気になって眠れないという人は、たいていは口座サイズに対して大きすぎるポジションを建てている。スイングトレードは損切り幅が大きい。したがって、ポ

第2部　先物、株式、オプション、FX、仮想通貨のためのデイトレードとスイングトレードの最高のセットアップ

ジションサイズはそれに応じて小さくしなければならない。このための簡単な方法は、まず金額による損切りを決め、そこから逆算してポジションサイズをはじきだす方法だ。例えば、1トレード当たりの最大許容損失額が500ドルなら、ミニダウ先物のデイトレードで20ポイントの損切りを置く場合、ポジションサイズは5枚ということになり、損切りが100ポイントなら1枚ということになる。ポジションサイズが小さくなるので、損切りに遭っても金銭的にはまったく同じだ。

ボラティリティの再定義とそれを有利に使う方法

スクイーズは、ボラティリティが大幅に低下して市場の動きが止まり、市場が次の大きな上昇や下落に備えてエネルギーを蓄えている期間を利用するものだ。私たちには3人の子供がいる。最近、妻は日曜日には家で子供たちの面倒を見てほしいと言うようになった。彼女が出かけると、私は外とベッドルームへと続くすべてのドアを閉め、鍵をかける。すぐに気づいたことがある。彼らが騒いでいる間は大丈夫だ。でも、突然静かになったら何かが起こる兆候だ。私はそっと彼らに近づき様子をうかがう。すると、上の2人が末っ子を冷蔵庫に閉じ込めているではないか。それは蓄えられたエネルギーが解放される瞬間だ。

ボリンジャーバンドの研究家は、バンドの幅が狭い期間をボラティリティの低い期間とみなす。これは子供たちが静かになったときに相当する。市場は「静か」になって蓄えたエネルギーを吐き出す準備をしているのだ。

これはあとからチャートを見るとなるほどと思えるが、バンドの幅がどれくらい狭まったらボラティリティが低く、大量のエネルギーを発散させる直前であると言えるのかをリアルタイムで判断するにはどうすればよいのだろうか。これを知るには、ボリンジャーバンドだけ

434

では不十分で、チャートにケルトナーチャネルとモメンタムオシレーターも加える必要がある。

これらのインディケーターを知らない人のために、簡単に説明しておこう。ボリンジャーバンドは、移動平均線とその上と下に引かれた標準偏差からなる線によるインディケーターで、バンドの幅が広ければボラティリティが高く、狭ければボラティリティが低いことを示している。横ばい相場のようにボラティリティが低い期間は、バンドは移線平均線に近づく。一方、ケルトナーチャネルは移動平均線とその上下にATR（真の値幅の平均）の値を加減した2本の線からなる。ボリンジャーバンドがボラティリティの高低によってバンド幅が広がったり狭まったりするのに対し、ケルトナーチャネルは比較的安定した幅で推移する。モメンタムオシレーターは市場の方向性、速度、転換点を予測するのに用いられる。これでおおよそはお分かりいただけただろうか。あまりピンと来ないという人も、心配の必要はない。私だって電気の仕組みは知らないが、コンピューターのプラグをコンセントに差し込めば、電源が入ることは知っている。このあとこれらのインディケーターをセットアップでどう使うかを実例で見ていく。

私が探しているのは市場に動きがない期間だ。そのときボリンジャーバンドの幅は狭まってケルトナーチャネルの内側にすっぽりと収まる。これはボラティリティが低下し、市場が小休止して次の動きに向けてエネルギーをため込んでいることを示している。ケルトナーチャネルの内側にあったボリンジャーバンドがケルトナーチャネルの外側に出たときがトレードせよという合図だ。買うべきか売るべきかは、12期間モメンタムオシレーターで決める。ボリンジャーバンドがケルトナーチャネルの外側に出て、モメンタムオシレーターがゼロを上回っているときは買い、下回っているときは売りだ。これらはすべて古くから使われているインディケーターで、ほとんどのチャートソフトには含まれている。パラメーターについては、トレードステーションで

は初期設定値を使う。ケルトナーチャネルの初期設定値は20と1.5、ボリンジャーバンドの初期設定値は20と2だ。これらのインディケーターを1つのインディケーター（これがスクイーズ）にまとめて、チャート上で見やすいようにする。詳しくはこのあと説明する。

大きな動きの直前に仕掛ける最高の方法

　私はスクイーズをデイトレードとスイングトレードの両方に使うので、いろいろな時間枠で用いる。例えばミニダウの場合、2分足チャートや377ティックチャートではスクイーズシグナルが出ると、市場は10〜20ポイント動き、15分足チャートでは30〜50ポイント、日足チャートでは数百ポイント動く。当然ながら時間枠が短いほど、シグナルは頻繁に出る。例えば、2分足チャートの場合、シグナルは1日に3〜5回出て、日足チャートの場合は1年に6〜7回だ。

　私が売買する市場は主として株価指数だが、スクイーズはどんな市場でも機能する。指数がドナルド・トランプの政治的野望よりも狭いレンジで動いている日（この文を書いたのは2012年だが、今にしてみればなかなか面白い）は、次のセットアップには通貨、金、債券、原油や個別株を考える。それと、もちろんビットコイン、イーサリアム、ライトコインなどの新しい商品も考える。通貨の場合、私は最近ではFXEやFXY（それぞれユーロと日本円のETF［上場投資信託］）などの通貨ETFのイン・ザ・マネー・オプションを買うことが多い。先物トレードやFXトレードよりもこうしたオプショントレードを保持することのほうが簡単だからだ。

買いのトレードルール（売りはこの逆）

1．オーバーナイトの値動きが含まれるように、24時間分のデータを

含むチャートを作成する。

2. このインディケーターの「警告」は黒いドットだが、これはトレードシグナルではなく、トレードシグナルが出つつあることを示すアラートにすぎない。これはボリンジャーバンドがケルトナーチャネルの内側に入りつつあることを示している。

3. 一連の黒いドットのあとに発生する最初のグレーのドットがこのインディケーターのシグナルになる。これはボリンジャーバンドがケルトナーチャネルの外側に出たことを示している（詳しくはこのあとのチャートで）。

4. 一連の黒いドットのあとで初めてグレーのドットが発生し、そのときヒストグラムがゼロを上回っている場合は買う。これは成り行き注文で行う。これはモメンタムプレーであり、指値注文だと執行されないおそれがあるからだ。注意したいのは、これはまれではあるが、シグナルが出てもモメンタムがゼロを下回っているときがある。こんなときはモメンタムが上昇していれば買いシグナルとみなす。

5. デイトレード（5分足か、それよりも短い時間枠）の場合、次に示す最小の損切りを用いる。損切りがメジャーな支持線に近い場合は、その位置に応じて調整する。例えば、S&P500の仕掛け価格が1104.00でデイリーピボットが1101.75だとすると、損切りの位置はそのピボット水準より少し下の1101.50に置く、といった具合だ。つまり、2.00ポイントの損切りの代わりに、2.50ポイントの損切りを使うというわけだ。しかしこういったケースは少なく、10回のうち9回はここに提示した数値で間に合う。どういった損切りを使えばよいか分からないときは、チャートに14期間ATRをプロットして、その現在値を2倍してそれを損切りとして使えばよい。

● YM（ダウ平均）　　　　20ポイント

● ES（S&P500）　　　　　2ポイント

- NQ（ナスダック）　　　4ポイント
- TF（ラッセル2000）　1.50ポイント
- EC（ユーロ先物）　　20ティック
- EUR/USD　　　　　20ピップス
- US（米長期国債先物）　7ティック
- 金　　　　　　　　　1.50ポイント
- 株　　　　　　　　　50セント

6. スイングトレードとポジショントレード（日足チャートを使用）
の場合の損切りは以下のようになる。項目5のキー水準も考慮に
入れる。また日足チャート上での14期間ATRも役立つ。なぜなら、
日足チャートではレンジはボラティリティの上昇・下落に応じて
拡大したり縮小したりするからだ。ここで重要なのは、Eミニ
S&P500の大きな動きをとらえようとしている場合、2ポイントに
損切りを置いても無意味だということだ。なぜなら、損切りに引
っかかる可能性が高いからだ。

- YM（ダウ平均）　　　150ポイント
- ES（S&P500）　　　15ポイント
- NQ（ナスダック）　　25ポイント
- TF（ラッセル2000）　8ポイント
- EC（ユーロ先物）　　100ティック
- EUR/USD　　　　　100ピップス
- US（米長期国債先物）　35ティック
- 金　　　　　　　　　20.00ポイント
- 株　　　　　　　　　2.50ドル

7. 目標値はそのトレードのモメンタムによって決める。モメンタム
シグナルが弱まれば、成り行きで手仕舞う。

8. トレーリングストップは使わない。

第11章　スクイーズ

まず第１版からの例を見てみることにしよう。そのあと最新例をいくつか見ていく。

ミニダウ──2004年９月限（2004年８月18日）

1. **図11.1**はこのプレーの各要素の設定方法を示したものだ。この方法はどんな時間枠にも共通する。私はデイトレードでは５分足チャートを用いる。スキャルピングには１分足チャートと２分足チャートを用いるとよいだろう。ただしこの場合、出るシグナルはトレードできるが、その効果は５分足チャートのシグナルほど高くはない。２本の太線で示したのがケルトナーチャネルで、パラメーターにはトレードステーションにおける初期値である20と1.5を使っている。グレーで示した細い線がボリンジャーバンドで、初期値の20と２で設定している。チャートの下に表示したのが、12期間（終値を使用）モメンタムオシレーターだ。１でボリンジャーバンドはケルトナーチャネルの内側に入った。つまり、市場が動きのない期間に入りつつあることを示している。これはシグナルではなく、単なるアラートであることに注意しよう。ボリンジャーバンドが再びケルトナーチャネルの外側に出たときがトレードシグナルになる。

2. ２でボリンジャーバンドはケルトナーチャネルの外側に出た。したがって、ここが仕掛けポイントになる。

3. ２ではモメンタムオシレーターはゼロを上回っている。したがって、ここは買いだ。ゼロを下回っていれば売る。この場合、指値注文では執行されないおそれがあるので、成り行き注文を出す。この例は、仕掛けと手仕舞いをトリガーするものが何であるかを示しただけにすぎない。具体例についてはこのあと見ていく。

439

図11.1

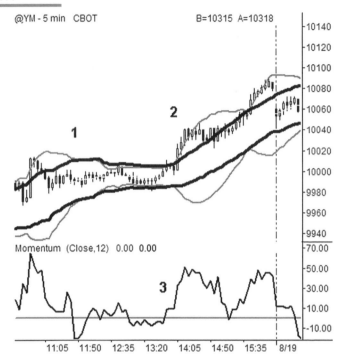

ミニダウ──2004年9月限（2004年8月18日）

1. 前述したように、私たちは最初のチャートのすべての要素をひと目で分かる1つのインディケーターにまとめた。今私が自分のチャートで使っているのがそのインディケーターだ（**図11.2**を参照）。私たちはこのインディケーターをトレードステーション用、eシグナル用、シンクオアスイム用、インフィニティフューチャーズ用、ニンジャトレーダー用などいろいろなプラットフォーム用に開発した。ボリンジャーバンドがケルトナーチャネルの内側に入ったとき、ドットは黒色に変わる。これは市場が動きのない期間に入ったことを示すアラートだ。

図11.2

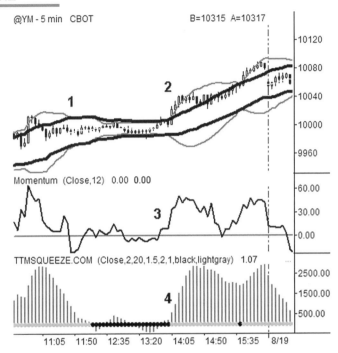

2. 2でボリンジャーバンドは再びケルトナーチャネルの外側に出る。
3. 3ではモメンタムオシレーターがゼロを上回っているので、これは買いシグナルだ。
4. チャート下のインディケーターでは、ドットが黒から再びグレーになったときが、ボリンジャーバンドがケルトナーチャネルの外側に出たことを示す合図だ。これが発生しているのが4だ。黒のドットは市場が静かになり、蓄えていたエネルギーがこれから放出されることを予告するアラートだ。それまで黒だったドットが初めてグレーに転じたら、そこが仕掛けポイントになる。このときヒストグラムがゼロを上回っていれば買い、ゼロを下回っていれば売る。この例も先ほどの例同様、このシステムの仕組みを示

第2部　先物、株式、オプション、FX、仮想通貨のためのデイトレードとスイングトレードの最高のセットアップ

したにすぎない。この次の例からが実例だ。実例では価格チャート上の煩雑なラインはすべて取り除き、スクイーズインディケーターのみを使うので、インディケーターの仕組みはこの例でしっかり理解しておいていただきたい。

ミニダウ——2004年9月限（2004年8月20日）

1. このミニダウの2分足チャートでは、10時を少し回ったところで黒のドットが発生（**図11.3**を参照）。これは、ボリンジャーバンドが狭まってケルトナーチャネルの内側に入ったことを示している。次に発生するグレーのドットがトレードシグナルだ。このケースの場合、黒いドットは1個発生しただけで、その後すぐにグレーのドットに変わっている。通常、黒いドットは2個以上発生するのが一般的だが、時には1つしか発生しない場合もある。でも、問題はない。黒いドットの発生数が多いほど、大きな値動きになると考えられがちだが、私の経験から言えば、必ずしもそうとは限らない。黒いドットが1個のときのほうが20個発生したときよりも大きな値動きになることは何回もあった。黒いドットが1個だろうがたくさんあろうが、シグナルが出たときにはそれに素直に従うのが一番だ。ポジションの裏をかこうとすると、失敗することが多い。黒いドットのあとで初めてグレーのドットが発生したとき、ヒストグラムがゼロを上回っているので、成り行きで買う。執行価格は10164ドル。執行と同時に、10144ドルに20ポイントの損切りを置く。モメンタムが衰えたときを手仕舞いシグナルとするので、目標値は設定しない。

2. 市場は上昇している。ヒストグラムを見る。ヒストグラムが高値を切り上げている間は、トレードは保持する。高値が初めて切り下がったところで手仕舞う。10時30分、ヒストグラムの高値が切

442

図11.3

り下がったので、成り行きで手仕舞う。執行価格は10198ドルで、34ポイントの利益を得る。

ミニダウ——2004年９月限（2004年６月28日）

1. 2004年６月28日、市場は午前中いっぱい狭いレンジで推移したため、５分足チャートでは黒いドットが連続して発生している（**図11.4**を参照）。５分足チャートで黒いドットが発生している期間は、ボリンジャーバンドがケルトナーチャネルの内側にあり、ボラティリティが極めて低いことを示していることに注意しよう。13時30分を少し回った時点で、グレーのドットが連続して発生。こ

図11.4

のときヒストグラムはゼロを下回っているので、成り行きで売る。執行価格は10426ドル。20ポイントの損切りを10446ドルに置く。

2．ヒストグラムが安値を切り下げている間はトレードを続行（買った場合は高値を切り上げている間）。ヒストグラムが初めて安値を切り上げたのは、おおよそ２時間後。この時点で成り行きで手仕舞う（モメンタムインディケーターを見ている人は、上昇に転じた時点で手仕舞うだろう）。10325ドルで執行されて、101ポイントの利益を得る（１枚当たり505ドルの利益に相当）。極めてスムーズで、ストレスのない良いトレードになった。これは、明確な手仕舞いシグナルが出るまで辛抱強く待つことが奏功する良い例だ。

第11章　スクイーズ

私は自分を褒めるとき、いくらの利益を上げたかよりも、仕掛け
から手仕舞いまで一貫してセットアップに忠実に従ったかどうか
を重視する。トレーダーは自分を褒めるこういったリワードシス
テムを持つべきだ。儲けることではなく、辛抱強くセットアップ
に従うこと、つまり明確な手仕舞いシグナルが出るまでポジショ
ンを保持する。これこそが成功の秘訣だ。小利を得るのは簡単だ。
ほとんどのトレーダーがこうする。ほとんどのトレーダーが失敗
する原因はここにある。彼らはいつも楽な道を選ぶ。これは市場
が歓迎する悪癖だ。トレードがあなたの思惑どおりに進んでいる
ときは、手をお尻の下から出してはならない。

ミニダウ──2004年９月限（2004年９月10日）

1．2004年９月10日、ミニダウの５分足でスクイーズが発生（**図11.5**
を参照）。これよりも１時間ほど前に、グレーのドットが１個発生
したので買ったが、次のドットは再び黒になった。これはつまり、
ボリンジャーバンドが一瞬ケルトナーチャネルの外側に出たが、す
ぐに内側に戻ったことを意味する。こういったケースは珍しいが、
こんなときは私はすぐに手仕舞って確かなシグナルが出るのを待
つことにしている。このケースの場合、仕掛けてすぐに手仕舞っ
たので６ポイントの損失を出した。最初のグレーのドットが出て
からおおよそ50分後、再びセットアップが発生し、ドットはグレ
ーに変わる。ヒストグラムがゼロを上回っているので買い、20ポ
イントの位置に損切りを置く。執行価格は10263ドル、損切りの位
置は10243ドル。

2．その後ヒストグラムは高値を更新し続けたが、15時30分から勢い
を失い始める。10309ドルでポジションを手仕舞いし、46ポイント
の利益を得る。

445

第2部　先物、株式、オプション、FX、仮想通貨のためのデイトレードとスイングトレードの最高のセットアップ

図11.5

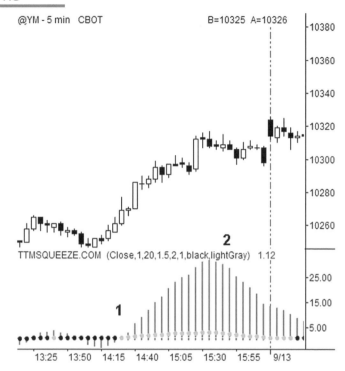

ミニダウ──2004年9月限（2004年7月1日）

1．2004年7月1日、10時を少し回った時点で、ミニダウの5分足チャートで最初のグレーのドットが発生（**図11.6**を参照）。ヒストグラムがゼロを下回っているので、成り行きで売る。執行価格は10402ドル。

2．その後、市場は下落し、ヒストグラムが平行線をたどり始める。市場は依然として安値を更新し続けるが、突然売りが加速し、ヒストグラムがレンジの底まで急降下。11時20分ごろ、市場、ヒストグラムともに底を付いたので、成り行きで買い戻す。10312ドルで執行されて、90ポイントの利益を得る。

図11.6

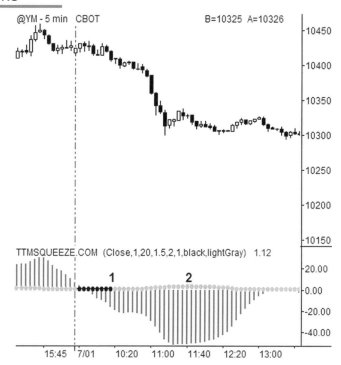

ミニダウ──2004年9月限(2004年9月2日)

1. 2004年9月2日の13時15分ごろ、ミニダウの5分足チャートはアラート領域に入る(図11.7を参照)。黒いドットが6個発生。これはボリンジャーバンドがケルトナーチャネルの内側にあることを示している。そして13時50分、グレーのドットが発生し、ヒストグラムがゼロを上回っていたので、成り行きで買う。執行価格は10183ドル。20ポイントの損切りを10163ドルに置く。

2. 15時30分、市場が高値を更新し続ける一方で、ヒストグラムは下落し始める。この時点で成り行きで手仕舞う。10278ドルで執行されて95ポイントの利益を得る。5分足でスクイーズが発生しても、

図11.7

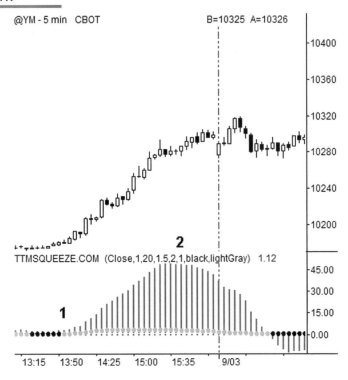

このケースのように常に大きな値動きがあるわけではないが、大きな値動きがあるときは、5分足チャートのスクイーズによってスタートするというのが一般的だ。「5分足でのスクイーズの方向には逆らうな」が私のモットーだ。このルールは、ほかのデイトレードルールやセットアップのすべてに優先する。これらのプレーはすべて連係していると言ったのを覚えているだろうか。したがって、例えば5分足で買いのスクイーズが発生し、市場があるピボット水準に向かって上昇している場合、そのピボット水準では売らない。もう一度言うが、5分足のスクイーズには逆らうべからず。

図11.8

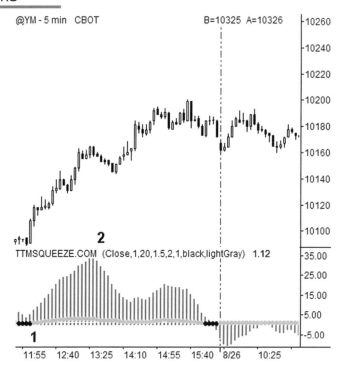

ミニダウ──2004年９月限（2004年８月25日）

1. 2004年８月25日の11時45分ごろに黒いドットが発生し、５分足でのスクイーズはアラート領域に入る（**図11.8**を参照）。それからおおよそ20分後、ドットは黒からグレーに変わる。ヒストグラムがゼロを上回っているので、成り行きで買う。執行価格は10113ドル。執行と同時に、10093ドルに損切りを置く。目標値は設定せず。
2. おおよそ１時間半後、ヒストグラムが高値を切り下げ始めたので成り行きで手仕舞う。10149ドルで執行されて、36ポイントの利益を得る。

図11.9

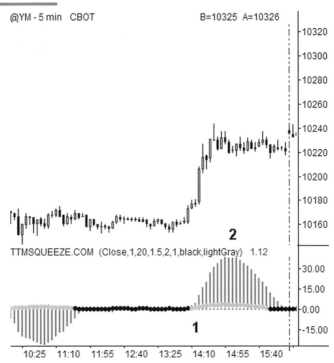

ミニダウ――2004年9月限（2004年8月20日）

1. この例は、日中の保ち合い相場のパワーを示す格好の例だ（図11.9を参照）。このチャートは、映画『テルマ＆ルイーズ』のなかのジーナ・デイビス扮する若い主婦の生活そのものだ。平凡な主婦テルマのなかに鬱積されていたエネルギーが、ある日突然爆発。自己を解放したテルマを抑えることはもはやできなかった。ありのままの自分をさらけ出すことで、彼女は生きていることを初めて実感する。これぞまさにスクイーズだ。グレーのドットが発生したのが14時。このときヒストグラムがゼロを上回っていたの

図11.10

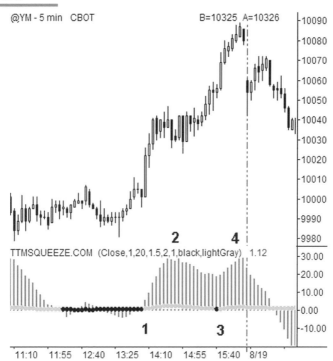

で、成り行きで買う。執行価格は10172ドル。執行と同時に20ポイントの位置に損切りを置く。

2．市場は急上昇し、1時間弱後、モメンタムが弱まり始める。10221ドルで手仕舞って、49ポイントの利益を得る。

ミニダウ──2004年9月限（2004年8月18日）

1．2004年8月18日、午前中はほとんど保ち合い状態で推移。ボラティリティの低下とともに、ボリンジャーバンドは狭まりケルトナーチャネルの内側に入り始める（**図11.10**を参照）。黒のドット

が連続発生している部分がこの期間に相当する。黒のドットのあと初めてグレーのドットが発生したとき、ヒストグラムがゼロを上回っていたので、成り行きで買う。10003ドルで執行されると同時に、20ポイントの位置の9983ドルに損切りを置く。

2．市場は上昇するが、勢いを失い始めたので、10034ドルで手仕舞って、31ポイントの利益を得る。

3．数時間後、黒いドットが1個だけ発生し、そのあと再びグレーに戻る。私はこのシグナルを受け入れる。ヒストグラムがゼロを上回っていたので、成り行きで買う。執行価格は10056ドル。執行と同時に、20ポイントの位置に損切りを置く。

4．ヒストグラムは引けに向けてそのまま強気で推移していたので、そのままトレードを続行。16時10分に成り行きで手仕舞う。10082ドルで執行されて、26ポイントの利益を得る。

ミニダウ——2004年9月限（2004年7月28日）

1．2004年7月28日、ミニダウはほぼ終日にわたって上昇を続ける。14時を少し回ったところで、黒のドットが2個発生（**図11.11**を参照）。その直後、ドットはグレーに戻る。ヒストグラムがゼロを上回っていたので、成り行きで買う。執行価格は10028ドル。執行と同時に、20ポイントの位置の10008ドルに損切りを置く。目標値は定めない。

2．それから1時間ちょっとたった時点で、ヒストグラムが高値を引き下げ始めたので、成り行きで手仕舞う。10103ドルで執行されて、75ポイントの利益を得る。

図11.11

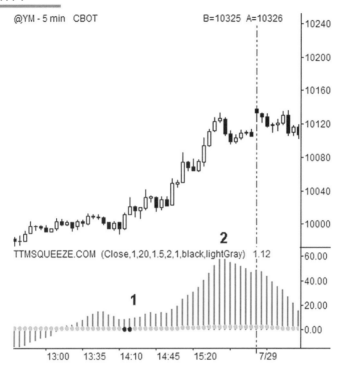

30年物Tボンド──2004年9月限(2004年8月18日)

1. ミニダウでは通常5分足のスクイーズを用いるが、これはほかの市場でもうまくいく。**図11.12**はTボンドのチャートを示したものだ。11時30分ごろ、ドットが黒に変わり、ボラティリティの極めて低い期間に入る。それからおおよそ90分後、1でドットがグレーに変わる。ヒストグラムがゼロを上回っていたので、成り行きで買う。執行価格は111 9/32。執行と同時に7ティックの位置の111 2/32に損切りを置く(ボンドに詳しくない人のために説明しておくと、ボンド市場における1ティックは31.25ドルに相当する。したがって、7ティックの損失は218.75ドルの損失に相当し、

図11.12

ミニダウではおおよそ44ポイントに相当する)。

2．おおよそ40分後、モメンタムは勢いを失い始める。2でヒストグラムが高値を切り下げ始めたので、成り行きで手仕舞う。執行価格は111 11/32で、2ティックの利益を得る。一時は10ティック（＝63ミニダウポイント）の含み益があったが、市場がいきなり反転。こんなこともある。トレードは魚釣りのようなもの。いつも魚が釣れるとは限らない。トレードで成功するためのカギは、シグナルが持続している間はそれに従うことだ。そうすれば大きな動きが起こったときにその波に乗って利を伸ばすことができる。損益にだけ気を取られることなく、成功する習慣を身につけることが重要だ。

図11.13

30年物Tボンド——2004年9月限（2004年8月10日）

1. このTボンドの5分足チャートでは、10時45分ごろ、黒いドット領域に入る。ドットが黒からグレーに変わるのを待つ（**図11.13**を参照）。ドットが黒からグレーに変わったのは、12時を少し回った1のところ。ヒストグラムがゼロを下回っているので、成り行きで売る。執行価格は110 30/32。執行と同時に損切りを111 5/32に置く。Tボンドの1ポイントは32ティックに相当する。つまり、32/32＝1ポイントということだ。例えば、Tボンド価格が110 31/32から1ティック上昇すると110 32/32になるが、これは111のことを意味する。

2．下降のモメンタムが勢いを増し、価格は下落。ヒストグラムが2で安値を切り上げ始めたので、成り行きで買い戻す。110 26/32で執行されて、4ティックの利益を得る。

3．13時30分ごろ、ドットが再び黒に変わったので、次のトレードに備える。おおよそ45分後、3でドットがグレーに変わる。ヒストグラムがゼロを下回っているので、成り行きで売る。執行価格は110 21/32。損切りを110 28/32に置く。

4．Tボンドは依然として下落し、そのまま引けに向かう。初めて安値を切り上げた4で手仕舞う。110 16/32で執行され、5ティックの利益を得る。市場はその後再び反転し、その日の最安値で引ける。

30年物Tボンド──2003年6月限（2003年4月30日）

1．このTボンドの日足チャートから分かるように、Tボンド市場は2003年4月のほぼ1カ月にわたって保ち合い相場が続いた（**図11.14**を参照）。保ち合い相場を抜けた1でドットがグレーに変わったので、成り行きで買う。執行価格は113 13/32。これは日足チャートなので、トレードが機能する余地を与えるために35ティックの損切りを112 10/32に置いた。市場は5月の1カ月は上昇相場で、6月に入って勢いを失う。

2．経済ニュースを受けて大暴落する2の前には、市場は122近くまで上昇。市場の大暴落を期に、ヒストグラムが下落し始めたので、その日の引けで成り行きで手仕舞う。119 31/32で執行され、6 18/32の利益（価格では1枚当たり6562.50ドル）を得る。これはミニダウでは1320ポイントに相当。

図11.14

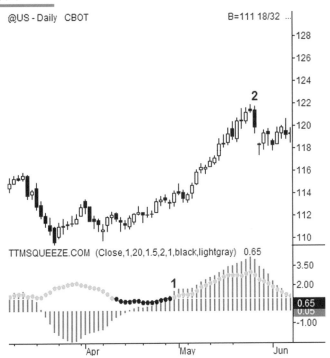

EミニS&P500──2003年12月限（2003年12月2日）

1. このEミニS&P500の日足チャートでは、2004年11月の終わりごろから市場は保ち合い相場になる（**図11.15**を参照）。12月1日、ドットが黒からグレーに変わる。ヒストグラムがゼロを上回っていたので、翌日買う。仕掛けに極意はない。朝起きて、チャートを見て、チャートがアクションを起こせと言えばアクションを起こすだけだ。このケースの場合、寄り付き近くで成り行きで仕掛ける。執行価格は1062.50（3）。15ポイントの損切りを1047.50に置く。

図11.15

2. 1月の第1週、ヒストグラムはピークを迎え、安値を切り下げ始める。1月9日に1129.50で手仕舞い（4）、67ポイントの利益（1枚当たり3350ドル）を得る。その後、市場はさらに30ポイント上昇する。大きな動きに備えてポジションを建てよ、とはまさにこのことだ。この先物は12月の第3週に納会を迎えたので、12月限のポジションを手仕舞って、期近になった2004年3月限のポジションを建てた。具体的には、12月限を手仕舞って、このプレーを続行するために3月限を買ったということだ。これをポジションの「ロールオーバー（乗り換え）」と言う。

第11章　スクイーズ

図11.16

ＥミニS&P500──2004年９月限（2004年７月８日）

1. このＥミニS&P500の日足チャートでは、市場は2004年６月末に保ち合いになり、７月の最初の数日間はそのまま保ち合い状態が続く（図11.16を参照）。７月８日、ドットがグレーに変わる。ヒストグラムがゼロを下回っているので、日中取引開始からおおよそ15分後に売る。執行価格は1118.25（３から右側に２番目の足）。15ポイントの位置の1133.25に損切りを置く。
2. その後、市場は下落し、７月末に向けて勢いを失い始める。寄り付き近くで1092.25で手仕舞って（２）、26ポイントの利益を得る（４）。

図11.17

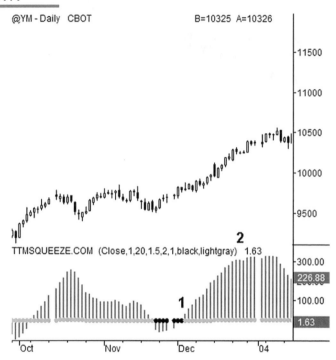

ミニダウ──2003年12月限(2003年12月1日)

1. ミニダウの5分足のスクイーズの実例についてはたくさん見てきたので、この例では日足のスクイーズについて見ていくことにしよう。2003年11月末、ドットが黒に変わったので、グレーに変わるのを待つ(**図11.17**を参照)。ドットが黒からグレーに変わったのは12月1日。ヒストグラムがゼロを上回っているので、寄り付いてからすぐに買う。執行価格は9804ドル。ここから150ポイント下の9654ドルに損切りを置く。

2. 1月の初めまでは市場は上昇するが、第2週目から勢いを失い始

図11.18

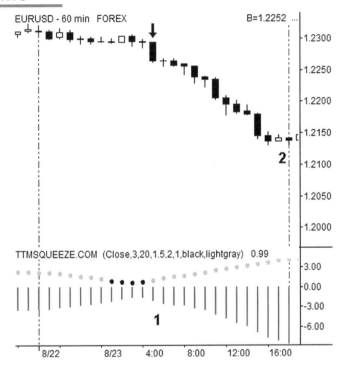

める。1月9日の寄り付き直後に10506ドルで手仕舞って、702ポイントの利益（1枚当たり3510ドル）を得る。

FX市場――EUR/USD（2004年8月23日）

1. 私はスクイーズをFX市場のいろいろな通貨ペアの売買にもよく使う。よく使うチャートは60分足チャートと5分足チャートだが、日足チャートでもうまくいく。2004年8月23日、朝起きて60分足チャートをチェックすると、ユーロでショートスクイーズが発生したばかりだった（図11.18を参照）。すぐに成り行きで売る。執

第2部　先物、株式、オプション、FX、仮想通貨のためのデイトレードとスイングトレードの最高のセットアップ

行価格は1.2252ドル。20ピップスの位置の1.2272ドルに損切りを置く（この通貨ペアの1ピップスは1/100セントに相当するので、価格が1ピップス動くと10ドルの損益が出る）。

2．市場は大きく売られ、ヒストグラムの勢いは依然として弱い。終日にわたってポジションを保持し、米株式市場が引ける16時（2）に手仕舞う。なぜこうしたのかというと、このプレーはデイトレードとして始めたものだからだ。私は通常、株式市場が引けるとリフレッシュするために、オフィスの外に出ることにしている。成り行きで買い戻し、1.2146で執行されたので106ピップス（1枚につき1060ドル）の利益を得る。これはミニダウでは212ポイントに相当する。

FX市場──EUR/USD（2004年9月8日）

1．このユーロの5分足チャートでは、2004年9月8日の10時少し前にドットが黒に変わる。それから25分後、1でドットがグレーに変わる（**図11.19**を参照）。ヒストグラムがゼロを上回っているので、成り行きで買い、1.2054ドルで執行される。1.2034ドルに損切りを置く。

2．その後90分間にわたって市場は上昇を続け、12時直前（2）から勢いを失い始める。成り行きで手仕舞い、1.2153ドルで執行されたので、99ピップスの利益を得る。

グーグル（2004年9月9日）

1．私の株取引のほとんどはスイングトレードを含むので、いろいろな株式の、特に日足チャートのスクイーズも常にウオッチしている。個別銘柄の日足のスクイーズは、イン・ザ・マネー・オプシ

462

図11.19

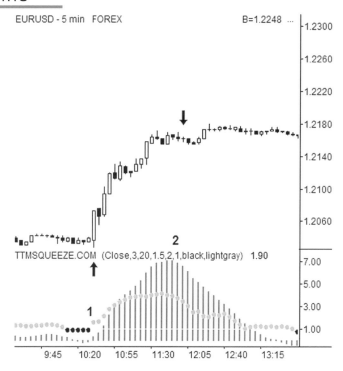

ョンのトレードにも使っている。オプションプレーについては「スイングのための8日EMAと21日EMA」のセットアップの章で詳しく説明する。一方、5分足のスクイーズはボラティリティの高い銘柄のデイトレードに用いる。図11.20はグーグル（GOOG）の5分足チャートを示したものだ。株価はIPO（新規株式公開）直後から動き出している。2004年9月9日の終わりにスクイーズのセットアップが発生。これは翌日の初めまで続いている。寄り付き直後にドットがグレーに変わる。ヒストグラムがゼロを上回っているので、成り行きで買う。執行価格は102.33ドル。101.83ドルに損切りを置く。

図11.20

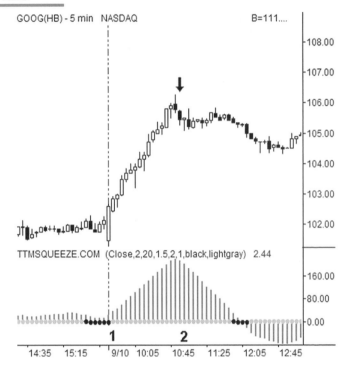

2. 市場は勢いを増し、11時辺りから勢いを失い始める。105.45ドルで手仕舞って、3.12ドルの利益を得る。正午を少し回ったところで、別のスクイーズのセットアップが発生する。ヒストグラムがゼロを下回っているので、通常は売るところだが、新規公開株なので一般大衆はまだ株式を取得することはできないため売ることはできない。したがってこのトレードは見送る。

新米トレーダーが犯す最大の過ち

スクイーズは市場に動きがなくなったことを知らせてくれるインデ

ィケーターだ。市場に動きがなくなる理由はただひとつ。次の大きな動きに向けてエネルギーを蓄えるためだ。新米トレーダーの多くは、朝起きて、どの市場が動いているかを探すという典型的な過ちを犯す。アップルが5ポイント上昇しているのを見ると、彼らは買う。もっと悪いことにアウト・オブ・ザ・マネーのコールを買う。あるいはユーロが40ティック下落しているのを見ると、彼らは売る。彼らは市場の追っかけをやっているのだ。ほとんどの場合、彼らは動きに乗り遅れ、私のように勢いがなくなったためにスクイーズプレーを手仕舞っている人々から買うことが多い。犬が猫を追いかけるように、市場を追いかけるトレーダーは、結局はひき殺される運命にある。

　私はまだだれも何が起こっているのかに気づかない市場が静かなうちに市場に忍び込む。スクイーズを使えば、明確な仕掛け時が分かる。いったん仕掛けたら、余計なことは考えない。市場が勢いを失い始めたときが手仕舞えという合図だ。

　デイトレーダーと話をすると、彼らの多くはスイングトレードの秘訣を聞いてくる。最もよく聞かれるのは、オーバーナイトポジションのリスクについてである。とりわけ、「またテロが起こったら、どうすればいいのか」という質問が最も多い。20年近くトレードにかかわってきて、1つだけはっきり言えるのは、これから起こる市場の動きを知っている人が必ずいて、その人はそれに対するポジションをすでに建てている、ということである。9.11同時多発テロ事件のあと、政府はテロのアジトを探すひとつの方法として、ブローカーの全口座をしらみつぶしに当たって、事件から数週間前の期間に売りを大量に仕掛けた口座を調べた。このテロ事件のことを事前に知る人は保険会社と航空会社の株を大量に売っていたため、複数人の逮捕につながった。大暴落は突然起こるのだろうか。市場大暴落の実例をいくつか見てみることで、大暴落は「突然」やってくることを証明したいと思う。

465

第2部　先物、株式、オプション、FX、仮想通貨のためのデイトレードとスイングトレードの最高のセットアップ

大暴落の前にポジションを持つためには

　最初に断っておくが、私は9.11同時多発テロ事件を単なる「トレードのセットアップ」と見ることで軽んじているわけではない。あの事件で亡くなった友人もいるし、友人や愛する人を失った人も多く知っている。重要なのは、こういったイベントに恐れをなして委縮してはならないということである。こういった事件のあとでは、飛行機に乗ったり、外国に行ったり、違う文化を持つ民族をリスペクトしたり、あるいはオーバーナイトポジションを抱えることが怖くなるものだ。しかし、リスクをとることを恐れてはならない。何かを恐れながら生きていては、本当に生きているとは言えない。

ダウ平均（2001年9月11日）

1. 図11.21は、2001年9月11日にワールド・トレード・センターがテロ攻撃されるまでのダウ平均の日足チャートを示したものだ。8月30日の1で、日足のスクイーズが売りシグナルを出している。これはこの市場で静かな大量の売りが進行していることを示す最初のサインだ。ここで買うのはお門違いだ。株に投資している年金口座や401kを持っている人は、ここは100％現金に変えるか、債券への投資にシフトする好機だ。「アドバイザー」に電話すると、彼らはそんなことはやめろと言うだろう。なぜか。彼らとしてはあなたが株に投資しているほうが多くの手数料を稼ぐことができるからだ。スクイーズが下降の勢いを失ったら、再び株に戻ればよい。

2. 翌日、市場は下降ウエッジパターンで支持線をブレイク。確実な売りシグナルが2カ所で見られる。

3. 6日後の9月10日、市場は日中の最安値を更新。スクイーズの勢

図11.21

いは依然として強い。私たちはテロ攻撃が起こることや、市場が大暴落することを知っていただろうか。そんなことはない。世界中の99.99％の人々も知らなかったはずだ。しかし、トレーダーかつ投資家として、私は、①今の市場で買う理由はなく、今の市場では株式をすべて売り、得た現金を年金口座に入れておくという選択肢があるだけ、②たくさんの売りシグナルが出ていて、売るための時間は腐るほどあること――は分かっていた。こういった状況では、満期日まで最低６週間のSPYとDIAの若干イン・ザ・マネーのプットを買い、スクイーズが発生している間はこれらのオプションを保持し続ける。

　９月11日以降、市場は閉鎖され、再開したのは９月17日だった。９

第2部　先物、株式、オプション、FX、仮想通貨のためのデイトレードとスイングトレードの最高のセットアップ

月10日のダウの終値は9605ドルで、翌日の9月11日は前日の終値から
おおよそ700ポイント下げた8920.70ドルで引ける。こんな市場で買う
理由などない。何が起ころうとしているのか、われわれが知る由はな
かったが、これを知っている人はいた。チャートはそれをはっきり物
語っている。ニュースに耳を傾けても無意味な理由がこれで分かった
はずだ。ニュースはすでに起こったことを報道するだけで、次に何が
起こるのかは分からない。すでに起こったことを報道しながら、コマ
ーシャルを使って人々に売らせようとする。それでは次の例を見てみ
よう。

ダウ平均（1987年10月19日）

1. 図11.22は1987年10月19日に発生したダウのまた別の大暴落を示
   したものだ。この年は私が高校を卒業した年であり、トレード人
   生のなかで最も記憶に残る素晴らしい日でもあった——この大暴
   落の最中にIBMのプットを買ったのだ。大暴落を予感していた、
   と言いたいところだが、これは単に運が良かっただけだ。私はコ
   ールを持っていたのだが、ヘッジのことを何かで読んで、そのヘ
   ッジとしてプットを買ったまでだ。インプライドボラティリティ
   が上昇したため、コールもそれほどひどいことにはならなかった
   が、このプットの購入のおかげで危うく難を逃れた。このときも
   プットやコールが何なのか知らなかった（第4章を参照）。もしこ
   のときスクイーズがあれば、大暴落の10日前の10月9日に、日足
   でショートスクイーズが発生していたはずだから、コールを買う
   ことなどなかったはずだ。私は動きをそのままトレードしただけ
   だ。つまり、買いのヘッジとして売るのではなくて、ただ売った
   だけ。後講釈をするだけなら、だれでも天才になれるのだ。
2. そして10月14日、市場は下降ウエッジパターンを抜けて暴落した。

468

図11.22

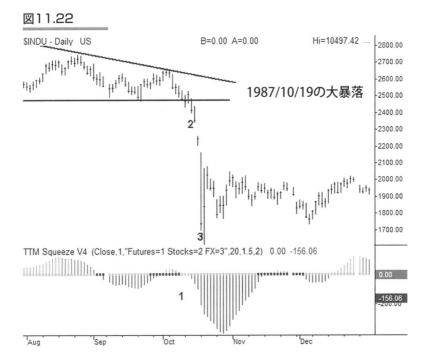

買ってはならない例を2つ見てきた。市場には押しで買うべきときと、押しを無視すべきときがある。スクイーズがショートシグナルを出したときは、押しは無視せよ。

10月19日、市場は大暴落した。この動きを予測してすでにポジションを持っていた人にとってこの日は最高の日になったはずだ。一方、スクイーズを使っていない人にとっては、新しい痛みを経験する日になったことだろう。

ダウ平均（1929年の大暴落）

1929年の大暴落も愉快なものではなかった。そのとき現場にいたト

レーダーと話をしたことがある。彼は94歳になるまでトレードに携わってきた。彼にとっては暴落の前もいつもと何も変わりがなく、予兆らしきものは何もなかった。第1章で述べたことを覚えているだろうか。市場は動きたいから動くのではなく、動く必要があるから動くのだ。そこではTASRを例にとって説明した。ここで1929年の大暴落について簡単に振り返っておこう。

1929年10月21日月曜日の夜、追証が大量に発生し、火曜日の市場オープンに向けてオーバーナイトの売りがオランダとドイツからなだれ込んできた（**図11.23**を参照）。火曜日の朝方、市外金融機関が1億5000万ドルのコールローンを融資。ウォール街はNYSE（ニューヨーク証券取引所）が開く前からパニックに陥り、売り一色になったものの、キャッシュの投入により大暴落はかろうじて食い止められた。

1929年10月24日木曜日、不運なことに、さらなる追証が発生。人々はわれ先に株を売り始めた。取引所には売り注文があふれ、ティッカーには1時間遅れで気配値が表示されるほどだった。市場は激しく売られたものの、まだ大暴落と呼ぶには至らなかった。追証と売り注文は夜通し続いたため、取引所は全従業員にフロアにそのまま居残るように命じた。フロアの周りのメンバーズボックスには電話スタッフも補充された。その日のダウ工業株平均の終値は299ドルだった。

1929年10月29日火曜日、ついに暴落が始まった。最初の数時間で前年に稼ぎ出した儲けがすべて吹き飛ぶほどの大暴落だ。ダウ平均のその日の終値は230ドルだった。つまり、その日1日だけで2400ポイントの下落だ。10月29日から11月13日までで、300億ドルというお金がアメリカ経済から消えた——この金額は当然ながら1929年当時での金額だ。この大暴落から株式市場が回復するまでには、実に25年の歳月を要した。

ダウが底を付けたのは1932年7月で、そのときの価格は40ドルだった。2005年の相場で言えば、10000ドルから1100ドルに下落したのと同

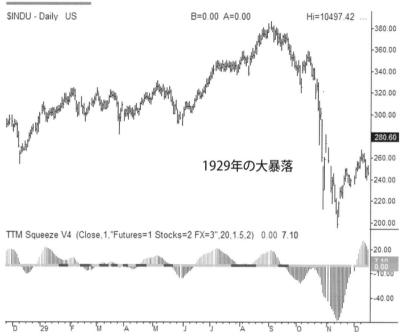

じである。

　話は元に戻るが、日足チャートでは1929年の大暴落の前にショートスクイーズが発生していたことに注目したい。テロも大暴落も恐るべきことではある。しかし、スクイーズは市場がどの方向にブレイクするのかを事前に警告してくれるシステムだ。したがって、スクイーズをウオッチしていれば不意をつかれることはない。

別に仕事を持っているためフルタイムでトレードできない人のための戦略

　日足チャートや週足チャートのスクイーズは、パートタイムトレー

ダーにとって打ってつけと言えるだろう。個別株に使えるうえ、何千というチャートをスキャンする必要もない。インベスターズ・ビジネス・デイリーはアクティブに取引されている「健全な銘柄」をIBD50として提供している。私はこれらの銘柄を調べ、スクイーズが発生している銘柄があったら、注文を出す（個別株か、デルタが0.07のオプションで）。このタイプのトレードは日中の監視は不要だ。市場をフルタイムでウオッチしている私でも、スイングトレードを日中に監視することはない。そんなことをしても意味がないからだ。パラメーターを設定したらもうやることはない。やることと言えば、ポジションが市場を出し抜こうとしていないかどうかを見張ることくらいだ。これは長い目で見れば、けっしてうまくはいかない。この方法は個別株だけでなく、セクターやETF、そしてコモディティでも使える。ほかに仕事を持っているため、日中に市場を見ることができない人は有利な立場にあると言えるかもしれない。こういった状況にある人は、第2章で書いた心理的な問題が現れる可能性は極めて低い。トレードを仕掛けたら、パラメーターを設定して、仕事に行き、仕事から帰ったら何が起こったのかをチェックするだけだ。これはなかなか賢いやり方だ。

2008年の金融危機以降の例

　2008年の金融危機以降、不確実性が高まるなか、スクイーズのようなインディケーターはかつてないほど重要性が高まっている。スクイーズがあれば、トレーダーや投資家は落ち着いて意思決定することができ、牛のふんのように拡大する虚偽情報に引き込まれることもない。スクイーズがどのように機能するのかを示す例をいくつか見てみることにしよう。また第5章で書いたAUD/JPYの例も思い出そう。これは今日の金融市場で「何が起こっている」のかを理解するうえで極め

図11.24

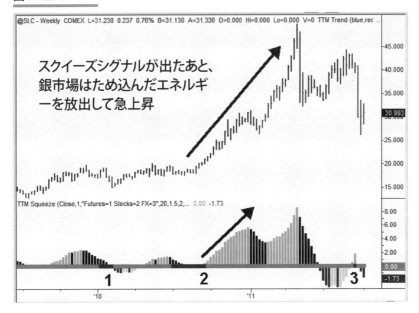

　て重要だ。またヘッジファンドが買っているとき、売り始めたときを知るのも重要だ。彼らの動きを知ることで、貨物列車が向かってやってきたときに避けることができる。

　図11.24は銀の週足チャートである。これは典型的なスクイーズの例だ。2までは銀は1年以上にわたって15ドルから20ドルのレンジの保ち合い相場だった。20ドルで買った人は不安だったが、15ドルで買った人は20ドルで買った人ほどの不安はなかった。銀を永遠に保有したい長期トレーダーにとってこれは大した問題ではない。しかし、「資本をいつどこに投資すべきか」を知りたいトレーダーにとってはこれは大きな問題だ。1年半早く銀を20ドルで買うこともできただろうが、トレードの観点で言えばそれは「死に金」となる。なぜならそのお金を別のところに投資すれば有効活用できたはずだからだ。

　2からスクイーズが数週間にわたって発生している。これは銀市場

第2部　先物、株式、オプション、FX、仮想通貨のためのデイトレードとスイングトレードの最高のセットアップ

がこれまでにため込んできたエネルギーを発散しようとしていること
を意味する。このケースの場合、銀は50ドルまで上昇した。トレーダ
ーが銀のポジションを取りたいのはスクイーズが発生しているこの時
期である。銀のポジションの取り方はいろいろある。銀ETF（SLV）
を買う、SLVのコールオプションを買う、銀先物を買う、銀先物のコ
ールオプションを買う、銀鉱山株を買う、銀地金そのものを買う。さ
らに一歩進めてSLVが上昇したら利益になるSLVのオプションを買う
こともできる。例えば、ネイキッドのプット売りなどだ。重要なのは
シグナル（このケースの場合、銀価格が上昇する可能性があること）
を理解し、あなたの性格とトレード目標に最も合ったトレード戦略を
選ぶことだ。

　1ではショートスクイーズが発生しているが、チャートを見ると分
かるように、銀は20ドルから15ドルに下落したものの、これは長続き
しなかった。次の第12章では、こういったセットアップ——確信が持
てないセットアップ——を避けるフィルターについて説明する。

　図11.25はS&P500先物の週足である。1ではスクイーズが発生し、
数カ月にわたって価格は20％上昇した。これはユーロ危機を受けてEU
（欧州連合）とIMF（国際通貨基金）が救済に乗り出したために市場
に極端な弱気のセンチメントが広がったときだ。しかし、市場はこの
ニュースを無視して上昇した。そのあと欧州の状況は悪化の一途をた
どり、株価市場は大きく売られ1200から950にまで下落した。人々は神
経質になっていた。しかし、2でロングスクイーズが発生し、35％と
いう近年まれに見る上昇を果たした。この間、売り筋はこの上昇に逆
らっていたため、じりじりと上がり続ける市場にこっぴどくやられた。
毎日悪材料ばかりが出ていたのに、なぜ売ってはならないのか。スク
イーズに従った人々はこの上昇の動きに乗っていた。メディアからは
ネガティブなコメントばかり出ていたが、彼らは買って、手仕舞いの
シグナルを待っていた。2011年7月、3で市場はショートスクイーズ

474

図11.25

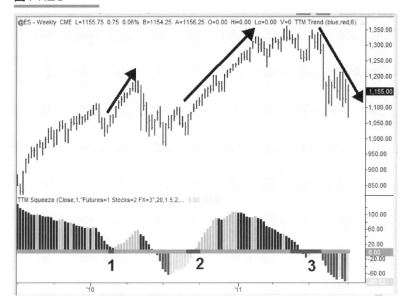

を出してきた。ショートスクイーズが出たら、ニュースが何を言おうと、もはや買う理由はない。アグレッシブなトレーダーは一歩先を行って売る。毎日何時間もニュースをウオッチし、次に何が起こるのかを予測しようとするよりも、こちらのほうがはるかに簡単ではないだろうか。S&P500でスクイーズが発生すれば、個別株もそれに従うのは言うまでもない。S&P500でシグナルが出れば、私はアップル（AAPL）、バイドゥ（BIDU）、プライスライン（PCLN）といったS&P500の動きから利益を稼げる主要銘柄でもポジションを取る。

　スクイーズチャートの王様は月足チャートだ。月足チャートではスクイーズシグナルはそれほど頻繁には出ない。数年に１回程度だ。しかし、いったんシグナルが出るとそれは非常に強力なシグナルになる。図11.26は金の月足チャートだ。金は堅実な動きをし、そのあと12カ月から18カ月保ち合いに入り、そのあと再び堅実な動きに戻っている。

図11.26

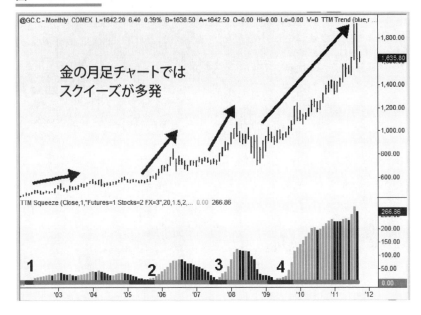

こうした動きはすべてスクイーズでとらえることができる。2002年の中ごろ、1でロングスクイーズが発生している。2005年末にも2でロングスクイーズが発生している。そのあとでスクイーズが発生したのはそれから2年後の2007年末の3である。そして、それから2年後の2009年末にもスクイーズが発生している。このとき金価格は1オンス900ドルから1800ドルに上昇した。本書執筆の2011年10月の時点では、金市場は再び静かな時期に入り、これは次のスクイーズシグナルが出るまで12カ月から18カ月続く。銀のトレードと同じように、この情報を使えば株式、オプション、先物などいろいろな商品をトレードすることができる。

　もうひとつ必ず見ておきたいチャートは米ドルインデックス（シンボルはDXY。ディキシーとも呼ばれる）の週足チャートだ。米ドルの今のファンダメンタルズはよく知られ、私たちの愛すべき通貨は常に

第11章　スクイーズ

下がり気味だ（皮肉を込めて）。とはいえ、どんな市場でも一直線に上昇したり下落することはない。ディキシーの話は聞くも涙の物語だが、光り輝く時期も時にはある。古き良き時代、ほかの経済大国に比べてアメリカ経済が強かったために米ドルは上昇したものだ。最近では米ドルが上昇するのは世界経済が不安定なときだけだ。米ドル価格は世界中のほぼすべてのアセットにある程度の影響は与えることを理解しておくことは重要だ。米ドルが上昇するときはどんなときだろうか。原油、金、穀物など多くのコモディティ、そして株式が下落するときだ。なぜなら、これらの商品は米ドルで価格付けされているからだ（米ドルが上昇すれば、これらのコモディティを同じ量だけ買うのに必要なドルは減少する）。

QE（量的金融緩和）はどうだろう。これはボタン１つで通貨供給量を増やすため、理論的にはドルの価値は下がる。不動産のデフレ圧力によってドル供給量が減らなければそうなる。例えば、2009年、QEによって米ドルの供給量は１兆1000億ドル増えた。その一方で、不動産価格の下落によって米ドル供給量は１兆6000億ドル減少した。つまり、2009年はQEが行われたにもかかわらず、米ドル供給量は5000億ドル減少したということである。したがって、米ドルの価値は上昇した。幸いにも私たちはこんなことを知らなくても、チャートを見てスクイーズシグナルに従うだけでよい。

近年、米ドルが上昇している背景には２つの大きな要因がある。１つは、キャリートレードの解消（第５章のAUD/JPYについてを参照）、もう１つは、世界的な景気後退だ。世界中が景気後退にあってあらゆるものの成長速度が減退しているなか、米ドルはほかの法定通貨に比べて上昇し始めた。これは表面に出ている最小限の臭いものにすぎない。

図11.27は米ドルインデックス（$DXY）の週足チャートだ。2010年の初めからロングスクイーズが発生し、米ドルは急上昇している。こ

477

図11.27

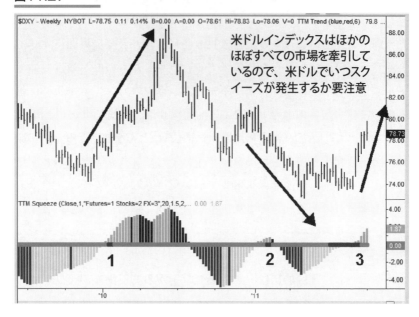

の間、金は1200ドルから1000ドルに、S&P500は1215から1000に、1ユーロは1.50ドルから1.19ドルに下落した。例を挙げればきりがないほどだ。原油のように強い市場でもこの時期はかろうじて横ばい状況を保っていた。弱いドルがあらゆるものに影響を及ぼすように、強いドルもあらゆるものに影響を及ぼす。重要なのは、現実を無視して、米ドルが一直線に弱まり続けることを信じないことである。2ではショートスクイーズが発生し、この間、米ドルが下落する一方で、ほかのほぼすべてのものが上昇した。株、金、原油、ユーロなどあらゆるものが上昇した。これを書いている2011年10月8日の時点では、米ドルではまたロングスクイーズが発生（世界的景気後退を恐れて。しかし理由など重要ではない。ただシグナルに従え）し、米ドルは上昇した。この強力なシグナルが出ている間、金、銀、株などの価格は下落し続けた。

図11.28

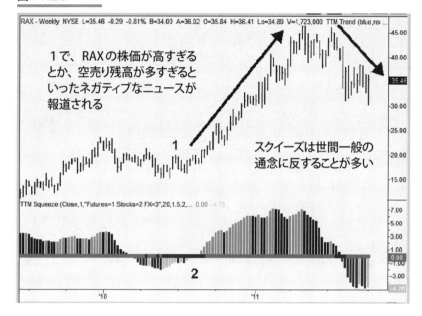

　週足チャートはノイズをカットするのにも役立つ。ノイズは混乱を生み、厄介なものでしかない。2010年9月、クラウド・ホスティング・サービス・プロバイダーのラックスペース（RAX）は悪材料が続出していた。株価が高すぎるうえ、PER（株価収益率）も高すぎる。そして急落を期待してヘッジファンドが売ったため、空売り残高は上昇の一途をたどった。

　図11.28はラックスペースの週足チャートだ。「この銘柄は過大評価されすぎている」というメディアの否定的なニュースが報道されている間、スクイーズはゆっくりと静かにその発動の日を待っていた。2でスクイーズが発生すると、株価は2倍にまで上昇した。週足スクイーズでは、株式をすぐに買ってもよいし、満期日まで数カ月のイン・ザ・マネーのコールオプションを買ってもよい。否定的なニュースに耳を傾けた人は買っていたものを売った。さらに悪いことに空売りし

図11.29

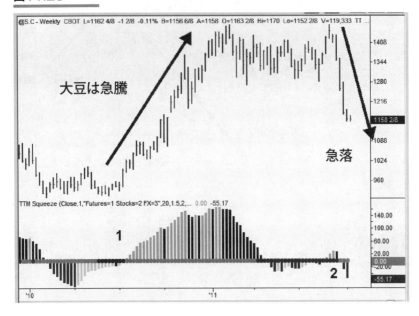

た。その一方で、週足スクイーズをウオッチしていた人はシグナルに愚直に従った。株価は大きく上昇して大きな利益を得ることができた。

　スクイーズについて1つ言えることは、市場を選ばないということだ。**図11.29**は大豆の週足チャートだ。1で大豆先物を買えば信じられないほどの利益が得られたはずだ。スクイーズには別の使用方法もある。農家が穀物を10ドルでヘッジ（大豆先物を売る）すべきかどうかを判断するのにも使えるのだ。「まだヘッジは早すぎる」とチャートは教えてくれている。「少なくともスクイーズが終了するまで待て」。スクイーズが終了したとき、大豆価格はおおよそ13.50ドルだった。農家がヘッジして利益を固定するのはこのときだ。これは金地金や銀地金でもできる。金地金を物理的に売るのは困難だが、スクイーズの読み方を知っていれば、物理的な所有物をヘッジするのは非常に簡単だ。

第11章　スクイーズ

うまくいかないスクイーズを避ける最高の方法

　図11.24の週足チャートでは1でスクイーズシグナルが出ていたが、それは形式的なスクイーズにすぎなかった。うまくいくことはいっただろうが、最高にうまくいったとは言えない。また、まったくうまくいかないスクイーズもある。これは週足チャートや月足チャートではめったにあることではないが、5分足チャートやもう少し長い39分足チャート（現物株式市場の日中取引時間は6時間30分、つまり390分なので、39分足チャートだと足が10本になるため、私は39分足チャートが大好きだ）のような日中足チャートではよくあることだ。悪いトレードを避けるにはどうしたら一番よいだろうか。

　本章で前述したように、たとえ長い時間枠でトレードする予定がなくても、長い時間枠で何が起こっているかを知ることは重要だ。**図11.30**はEミニS&P500先物の週足チャートを示したものだ。このチャートでは2010年9月末にロングスクイーズが発生し、指数はほぼ直線上に300ポイント上昇している。こういった大きな動きに逆らうのはけっして得策とは言えない。

　図11.31は2010年11月末にかけてのEミニS&P500先物の1時間足チャートを示したものだ。**図11.30**の週足チャートではEミニS&P500先物は依然として強い上昇スクイーズが発生している。こういった場合のトレードプロセスはいたって簡単だ。1時間足チャートで週足チャートとは逆方向のショートスクイーズが発生している、1で？　こんなときは1時間足チャートのシグナルは無視して、トレードは見送る。なぜなら、このシグナルはメジャートレンドに逆らう低勝率なトレードになるからだ。1時間足の次のスクイーズは2と3でロングスクイーズだ。これは週足チャートのスクイーズと同じ方向である。こんなときはこれらのトレードは実行する。なぜなら、これらのシグナルは週足のトレンドと同じ方向の素晴らしいシグナルだからだ。長い

481

図11.30

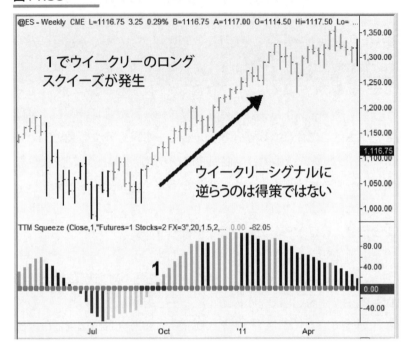

　時間枠の動きを理解することが重要なのはこのためだ。長い時間枠の動きは短い時間枠の動きに対するフィルターの役割をするのだ。

　フィルターはほかにもある。**図11.32**はアップル（AAPL）の39分足チャートを示したものだ。1でショートスクイーズが発生している。つまり、ここでアップルを売れという合図だ。しかし、アップルは下落しているわけではなく、実際には上昇し始めている。2における次のシグナルは素晴らしいシグナルだが、最初の1のシグナルはダマシだ。日足や週足のような長い時間枠を見ていないとき、こうしたダマシのシグナルに引っかからない方法はあるのだろうか。

　ある。チャートの一番下に描いているのはいわゆる「TTMウエーブC」と言うもので、これは方向性フィルターとしての機能を持つ。

図11.31

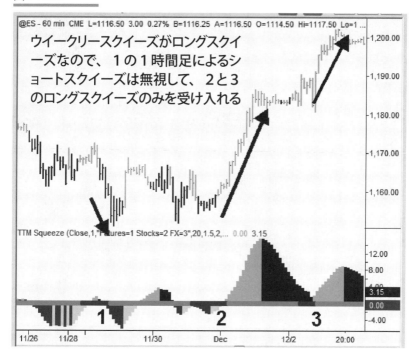

　TTMは「Trade The Markets」の略だ。このチャートに見られるように、これがゼロを上回っていれば、ショートスクイーズは無視せよ、という意味になる。逆に、TTMウエーブCがゼロを下回っていれば、ロングスクイーズは無視せよ、という意味になる。多くのチャートを見ていて、長い時間枠のチャートのトラッキングが難しいとき、これは便利なツールだ。次の第12章ではこのツールについて説明する。

　仮想通貨を含むスクイーズセットアップの最新情報と例については、https://www.simplertrading.com/squeeze/ を参照してもらいたい。ビデオやチャートを見ることができる。

図11.32

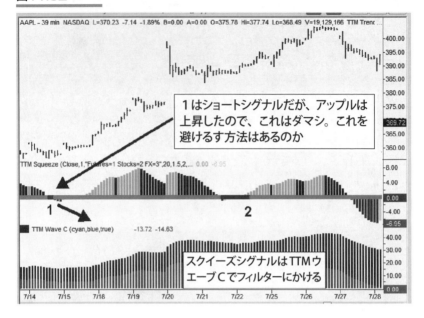

第**12**章

ウエーブをとらえよ ── どんな市場でもどんな時間枠でもトレンドの正しい側にいる最も簡単な方法

Catching the Wave : What Is the Easiest Way to Stay on the Right Side of the Trend on Any Market, on Any Time Frame?

アンカーチャートの概念を理解することが重要なわけ

　私はこれまで長い間、フィルターを使わずにスクイーズを見てきた。リスク・リワード・レシオには満足していたし、すべてのシグナルがうまくいくとは限らないことも知っていた。しかし、時としてスクイーズには一貫性がないときがあった。特に日中足チャートではよくあった。一貫性の欠如はランダムに発生するのではなく、集中して発生する。時には２～３回連続的に発生するときもあり、そのあと本当に良いスクイーズが発生する。これはどういうことなのだろうか。これらに共通するものは何なのだろうか。こんなときは「アンカーチャート」を見るのがよい。アンカーチャートとは長い時間枠のチャートを意味する。短い時間枠でトレードを仕掛ける前に、長い時間枠のチャートを見るのだ。例えば、アンカーチャートとして１時間足チャートを使っていて、そのチャートは弱気で、価格は下落しているとすると、５分足チャートで買う必要があるだろうか？　このような場合は、５分足チャートでアンカーチャートと同じ方向の売りシグナルが出るのを辛抱強く待ったほうがよい。

　図12.1は２つのチャートを示している。左側がＥミニS&P500の１時間足チャートで、右側が５分足チャートだ。１時間足チャートの１

485

図12.1

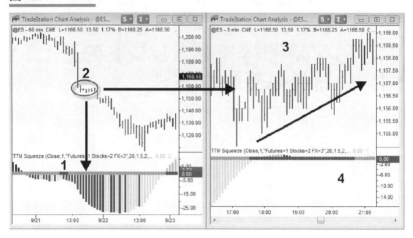

ではショートスクイーズが発生している。このシグナルが出ている間、市場は保ち合い状態になる（2）。この保ち合い状態を５分足チャートで見ると、やや強気に見える。そして、スクイーズが発生している。これは買いなのだろうか。数ティックでもつかんだほうがよいのだろうか。興奮しているときには、これは素晴らしいアイデアに思えるかもしれない。ちょっとだけひと儲けしてもよいのではないか、と。

　しかし、１時間足を見ると保ち合いを抜けた次の足からいきなり50ポイント（１枚当たり2500ドル）も下落している。つまり、５分足チャートの上昇はダマシだったということになる。１時間足を見るとヒストグラムは依然としてマイナスなので、買う理由などない。しかし、５分足チャートを見ると上昇しているように見える。アンカーチャートが重要な理由はお分かりいただけただろうか。アンカーチャートでは、市場の動きを大局的に見ることができる。もっと重要なのは、アンカーチャートはトレーダーが悪いトレードにしがみつき、目の前で展開する良いトレードをみすみす見逃すといった状況から救ってくれるという点だ。負けトレードにしがみつくのが危険な理由の１つは、ス

図12.2

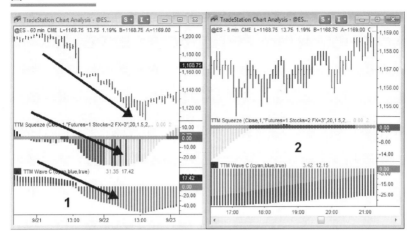

クリーン上で崩壊する損益を見ることだけに集中するあまり、あなたの目の前に現れている素晴らしい機会が見えなくなってしまうということである。私のトレードの元メンターの１人は、「数ポイントの利益を稼げるときに、なぜ数ティックの利益にこだわって時間をムダにしているんだ？」と何回も言ったものだ。見送ることが最良のトレードになることもあるのだ。

図12.2は図12.1の一番下に「TTMウエーブC」（本章ではこれ以降、単に「Cウエーブ」と呼ぶ）を加えたものだ。図12.1からも分かるように、１時間足チャートでは売りシグナルが出ている。スクイーズが売りシグナルを出しているとき、Cウエーブはゼロを下方に交差することで売りシグナルを裏付けている。アンカーチャートの弱点は、見忘れること。特にたくさん市場を見ているとき、そして興奮しているときに見忘れることが多い。そんなときこそCウエーブの出番だ。５分足チャートの２ではCウエーブはゼロを下回っている。これはこの市場のこの時間枠における長期トレンドは下降トレンドであることを示している。つまり、買う理由はないということである。これを「ウ

エーブ（波）に乗る」と言う。

ウエーブとは何か、そしてそのメカニズムは？

ウエーブのことを教えてくれたのは仲間のトレーダーであるロドニー・ジュリアンだ。私は数時間かけてアンカーチャートの概念を彼に説明した。説明し終わると彼は私を見て言った。「ジョン、これは簡単な数学問題だよ。ウエーブを使うべきだよ」。「ほら、見てごらん」と彼は私に過去10年にわたって彼が開発してきた一連のインディケーターを見せた。インディケーターは３つあり、彼はそれらをウエーブと呼んだ。その３つのインディケーターは以下のとおりだ。

●短期トレンド──Ａウエーブ
●中期トレンド──Ｂウエーブ
●長期トレンド──Ｃウエーブ

これらのウエーブは、トレーダーが見ている市場が何であれ、時間枠がどうであれ、そのトレンドを測定したものだ。どんな市場だろうと、どんな時間枠だろうとウエーブは存在する。Ａウエーブは直近の６本程度の足のトレンドを測定したもので、Ｂウエーブは直近の15本程度の足のトレンドを測定したもので、Ｃウエーブは直近の30本程度の足のトレンドを測定したものだ（ジュリアンは詳しくは話さなかったが、おそらくこんなものだと思う）。

図12.3はゴールドマン・サックス（GS）の日足チャートで、チャートの下にはＣウエーブがプロットされている。ジュリアンはウエーブの満ち引きを見るのが好きだが、私はウエーブがゼロを上回っているか、下回っているかと、それらのウエーブが今のスクイーズに一致しているかどうかだけに注目する。

488

図12.3

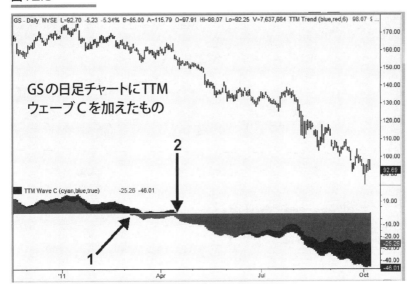

1からCウエーブはゼロを下回り始める。これは私にとっては、ゴールドマン・サックスの上昇トレンドがそろそろ終わりを迎えるという警告になる。2からCウエーブはさらに深くゼロを下回り、ゴールドマン・サックスの長期トレンドは下方に転換した。

図12.4はCウエーブだけでなく、スクイーズ、そしてAウエーブとBウエーブもプロットしたものだ。1でスクイーズは売りシグナルを出している。このときAウエーブ、Bウエーブ、Cウエーブはすべてゼロを下に交差している。これは売りシグナルを示すサインだ。スクイーズは6本の足のあとにガス欠状態になる。ここで利食いして、次のトレードに進むこともできる。もう1つの戦略は、ポジションの半分を手仕舞い、損切りを仕掛けた位置に移動させ、残りはCウエーブ（一番下）がゼロを下回っている間は保持する。Cウエーブはこの市場の長期トレンドを測定したものだ。それに逆らう理由なんてない。

図12.5はバイドゥ（BIDU）の39分足チャートだ。1は私が「ポル

図12.4

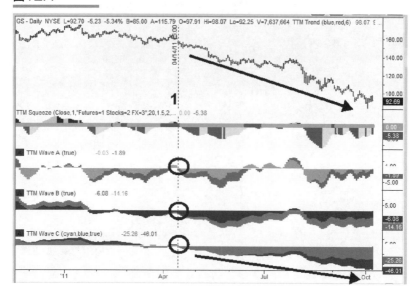

シェセットアップ」と呼んでいるものである。ここではあらゆるものが良いトレードに向けて集まっている。スクイーズは買いシグナルを出しているし、Cウエーブはゼロを上回り、Bウエーブもゼロを上回っている。Aウエーブは一時ゼロを下回ったが、すぐにゼロを上回る。つまり、このチャートの短期、中期、長期トレンドはすべてこの買いシグナルに一致しているということだ。バイドゥは10ポイント上昇したので、このシグナルは本物だ。

　2では黒いドットが1個発生し、スクイーズは売りシグナルを出している。このシグナルは受け入れるべきだろうか。ノーだ。Cウエーブを見るとまだゼロを上回っている。したがって、売って小利を得ることで長期トレンド（上昇トレンド）に逆らう必要などない。3でもスクイーズが発生し、Cウエーブはゼロを上回っている。これは良いシグナルだろうか。ウエーブを理解することが重要になるのはこんなときだ。このケースの場合、Aウエーブはゼロを下回り、ゼロから上

図12.5

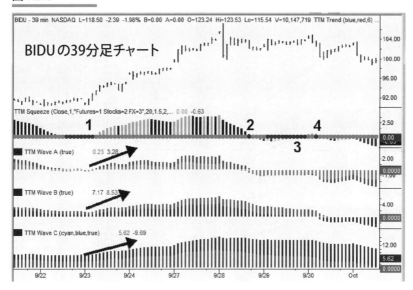

には交差しそうもない。これは、この市場の短期モメンタムは上昇する準備ができていないという警告だ。スクイーズは買いシグナルを出しているが、価格は急落する。4でも黒いドットが1個発生している。しかし、Cウエーブがゼロを上回っているのでこのトレードは見送る。

　これは「すべてが一致する」セットアップ（ポルシェセットアップ）が出るまで辛抱強く待たなければならないことを示す良い例だ。セットアップの2、3、4はすべてが一致しているわけではない（ピントセットアップ）。もしポルシェを運転するか、引火するおそれのある車を運転するか選べと言われたら、どちらを選ぶだろうか。

　図12.6はユーロの2時間足チャートである。1でショートスクイーズが発生している。Aウエーブ、Bウエーブ、Cウエーブはすべて一致している。2ではロングスクイーズが発生している。AウエーブとBウエーブはゼロを上回っているが、Cウエーブはゼロを下回っている。市場は一時的に上昇するも、短命に終わる。ウエーブを使う最大

図12.6

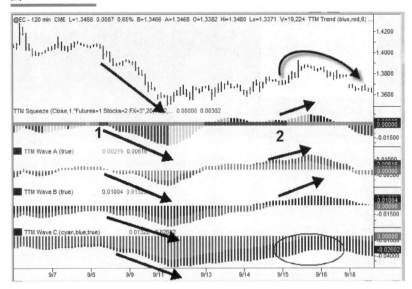

のメリットがここにある。ウエーブはトレンドシグナルとカウンタートレンドシグナルを区別するのだ。例えば、2でスクイーズが発生しているのを見て、トレードを仕掛ける。私は1ATR（真の値幅の平均）の動きをとらえようとするが、すぐに手仕舞う。なぜならそれはカウンタートレンドトレードだからだ。これは事前に知ることができる。私は大きな動きを見つけようとしているわけではない。一方、1では私は長く続くトレンドを探している。なぜなら、待っていればそういったトレンドが現れるのが分かっているからだ。

スクイーズが発生する前にウエーブを使ってスクイーズを知る

長年にわたってスクイーズを見てきて分かったことは、スクイーズは日足、週足、月足といった長い時間枠では一貫性があり、こうした

図12.7

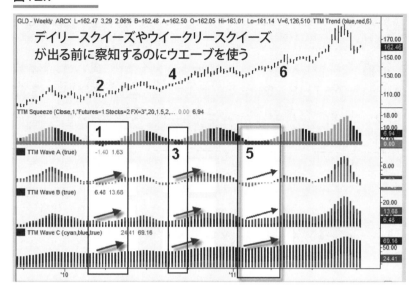

長い時間枠ではウエーブフィルターは不要だということである。しかし、今この瞬間にトレンドの正しい側にいることが重要になる短い時間枠でのデイトレードではフィルターは役立つだけでなく、重要になる。とはいえ、私の好みのウエーブの使い方は、長い時間枠でスクイーズを事前に察知することである。

図12.7は金ETF（上場投資信託。GLD）の週足チャートを示したものだ。このチャートでは3つの明確なスクイーズが確認できる。シグナルが出るたびにGLDは上昇している。ウエーブを使う前は、スクイーズが出るのを辛抱強く待ち、スクイーズが出たら仕掛けていた。しかし、ウエーブを見ればスクイーズが発生する前にそれを知ることができることを発見した。これについて見ていこう。

1、3、5では黒いドットが発生しているが、これはスクイーズが発生するという合図だ。スクイーズが現れるまでにどれくらい時間がかかるかは分からないが、市場は大きな動きに向けてセットアップを

493

整えている時期に入ったことは分かる。でも、どちらの方向に動くのだろうか。スクイーズは買いシグナルを出してくるのか、それとも売りシグナルを出してくるのか。

分かったことは以下のとおりである。スクイーズで黒いドットが発生（**図12.7の1、3、5**）したときにウエーブがゼロを上回り、上昇トレンドになっていれば、スクイーズは90％の確率でロングシグナルを出してくる。ウエーブがゼロを下回り、下降トレンドになっているときはこの逆だ。

このことを知っていれば、早めにスケールインする（分割して仕掛ける）ことができ、スクイーズが発生するころには分割での仕掛けが終わっているはずだ。例えば、5で黒いドットが出始め、Aウエーブ、Bウエーブ、Cウエーブはすべて上昇トレンドにある（BウエーブとCウエーブはゼロを上回っていることが重要。Aウエーブはゼロを下回っていてもよいが、そのうちに上昇トレンドになるはず）。このセットアップでスクイーズを事前に察知することができる。1で初めて黒いドットが発生したとき、GLDの価格は131.00ドルだ。私の目標はGLDのコールオプション20枚を分割して仕掛けて、仕掛け終わっていることだ。スクイーズを事前に察知するための条件を満たさないときは、いつもどおりスクイーズが発生するのを待つだけだ。

5で初めて黒いドットが発生したのは2011年2月4日だ。これは週足チャートなので、このプレーは何カ月も続くことが予想される。したがって、満期日まで数カ月のオプションを仕掛けたいと思っている。このケースの場合、2011年5月20日（その月の第3金曜日）に満期日を迎える5月限のコールを考えている。第4章で述べたように、私はイン・ザ・マネーのオプションを買うのが好きだ。したがって、行使価格128ドルの5月限のコールオプションということになる。まず現在価格でポジションの5分の1（4枚）だけ買う。翌週、GLDは132ドルに上昇したので、次の4枚を買う。その翌週GLDは135ドルに上昇

したので次の4枚を買う。その翌週GLDは137ドルに上昇したので、次の4枚を買う。そして、その翌週にはGLDは139ドルに上昇し、最後の4枚を買う。行使価格が異なるオプションを買っても構わない。このケースの場合、GLD価格は上昇し続けたので、少しずつ高い行使価格のオプションを買っていった。もちろん、すべてイン・ザ・マネーだ。

5個目の黒いドットでポジションが完成する。黒いドットが形成されているときに、市場は数ドル押す。黒いドットは最終的には8個出た。つまり、シグナルは8週間にわたって続いたということである。最終的にスクイーズシグナルが出るころにはGLDは139ドル近くまで上昇していた。平均購入価格はこれよりも低く、良いポジションを建てることができた。市場は150ドルまで上昇したあと、勢いを失い始める。この時点でポジションの半分を手仕舞う。しかし、Cウエーブは依然として上昇トレンドにあるので、残りの半分のポジションは持ち続け、GLDが上昇するたびに分割して手仕舞うことにする。

この仕掛けの手法の良い点は、分割して仕掛けることができる点で、その結果、スクイーズシグナルが出るまで待つよりも平均購入価格は安くなる。このケースの場合、スクイーズシグナルが出るころにはGLDは139ドルまで上昇していた。この戦略は日足チャートでも使う。

ウエーブの使い方はほかにもある。例えば、ジュリアンはいろいろな時間枠でウエーブの満ち引きをウオッチし、反転したら仕掛ける。https://www.simplertrading.com/waves/ ではこのほかの例やこれを使ううえでのアドバイスなどをフリービデオで見ることができるので、ぜひ活用してもらいたい。

第13章

トレードを早く手仕舞いしすぎないようにするための最高のツール

What Is the Best Tool for Staying in a Trade and Not Jumping Out Too Early?

仕掛けは二束三文の値打ちしかない──お金をもたらすのは手仕舞い

　本章は非常に短い章だ。まずは**図13.1**を見てみよう。これは金先物（GC）の同じ１時間足チャートを２つ並べたものだ。左側のチャートAはローソク足チャートで、右側のチャートBはTTM（Trade The Markets）トレンドバーチャートだ。これ以外はこれら２つのチャートはまったく同じもので、2011年８月14日から８月17日までの３日間の値動きを示している。

　トレーダーからよく聞かれる最大の問題は、「勝ちポジションを保持するにはどうすればよいのでしょう。いつも利食いが早すぎるんです。自分を抑えられないんです。何をやってもだめなんです」というものだ。どのトレーダーも早く利食いしたいという誘惑に負けてしまう。市場は私たちに早く利食いするように誘惑する。市場で生計を立てられない主な理由の１つがこれである。簡単に言えば、これは悪い習慣以外の何物でもない。勝ちトレードをしっかりつかまえておくにはどうすればよいのだろうか。

　私の知るトレーダーはローソク足から始める人が圧倒的に多い。ローソク足は値動きを判断するのには優れている。私がローソク足で嫌

図13.1

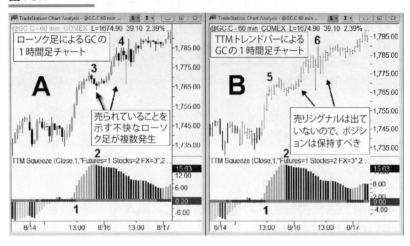

いなのは、トレーダーたちが現在の足にとらわれすぎるという点だ。特に、新米トレーダーはそうだ。ローソク足は視野を狭くし、「今」何が起こっているのかを重視しすぎる。値動きは直近の6本の足との関連で考えなければならないのだ。弱気の包み足を見るとほとんどのトレーダーはロングポジションを手仕舞ってしまうし、逆に強気の包み足を見るとショートポジションをすぐに手仕舞ってしまう。これらのローソク足はトレーダーをイライラさせる。しかし、ほとんどの場合はその直後に市場はあなたが直前に持っていたポジションどおりの方向に動き続ける。さらに悪いことに、市場はまだ動いているので、多くのトレーダーは仕掛け直して「市場を追いかける」。「マジかよ、まだ動きは終わってないじゃないか」。これもまた市場で生計を立てることを困難にする悪癖の1つだ。これはまさに悪循環だ。彼らは完璧に良いトレードから「ふるい落とされて」しまうのだ。なぜなら、彼らは1本の足の動きにのみとらわれるからだ。これは解決しなければならない問題である。

私はTTMトレンド足（平均足）を見ることにしている。強気なのか弱気なのかを判断する前に、直近の6本の足を見るということである。これは文字どおり、直近の6本の足の価格の平均を見ることを意味する。直近の6本の足の平均価格がトレードレンジの上半分にあれば、今の足は青色だ。つまり、市場には強気バイアスがかかっており、買い圧力が優勢であるということだ。逆に、直近の6本の足の平均価格がトレードレンジの下半分にあるときは、今の足は赤色で、市場には弱気のバイアスがかかっており、売り圧力が優勢であることを意味する。図13.1の右側のチャートBでは、グレーの足は「強気の青」を表し、黒の足は「弱気の赤」を表している。スクイーズインディケーターが一致していることに注目しよう。

図13.1にはロングシグナルを出したスクイーズが示されている。スクイーズの章で学習したように、これらの動きは勢いがなくなると終了する。これが2である。2は手仕舞いポイントだ。しかし、この手仕舞いシグナルのあとで市場は再び上昇し続けることが多いことに私は気づいた。私は何をすべきか。私は2で勢いがなくなったときにポジションの半分を手仕舞い、損切りを仕掛けた位置に移動させる。そのあとはTTMトレンド足の色が2本連続して変わるのを待つだけだ。色が変わったら残りのポジションを手仕舞う。

市場にふるい落とされそうなときに自分を守るにはどうすればよいか

図13.1の左側のチャートAでは3と4で「不快な」ローソク足が出現している。これは本当の売りが発生しそうで怖い。これはすぐに手仕舞えという合図なのだろうか。市場に利益を持ち去られる前にポジションをすべて手仕舞えという合図なのだろうか。それとも、ダマシなのだろうか。これら2本の「短く不快な」売り足が出たあと、市場

第2部　先物、株式、オプション、FX、仮想通貨のためのデイトレードとスイングトレードの最高のセットアップ

は再び上昇している。はっきり言って、これはダマシだ。これはトレーダーをふるい落とすためのダマシにすぎない。ゴールドマン・サックスのだれかが私たちをふるい落として、価格が安くなったら戻ってこようとしているわけではない。

　これに対抗するにはどうすればよいだろうか。**図13.1**のチャートＢを見てみよう。５と６ではチャートＡと同じ地点に印が付いている。チャートＡでは不快な売りの足に見えたものが、チャートＢでは「何でもない」。チャートＢでは売りシグナルは出ていない。私たちは今買っているので、２本の黒い足（カラーチャートでは赤）が出るのを待っている。これが出たら手仕舞う。２本の黒い足が出たら、それは本当の売りであり、この時間枠では市場が反転する可能性もある。チャートＢでは手仕舞いシグナルは出ていない。市場が天井にある今でもまだ買いポジションを保持している。このときの金先物価格は1795.00ドルだ。新米トレーダーの多くはチャートＡの３や４でふるい落とされてしまったのだ。

　トレードは簡単ではない。それは常に人々をだまそうとするはかりごとからなっている。だれもあなたがポジションを簡単に保持できるようにしてくれるわけではない。あなたから安値であなたのポジションを盗み取ろうと脅しをかけてくる者もいる。流動性や出来高はどこからやってくると、あなたは思っているだろうか。早く売りすぎたり、パニックに陥って早く手仕舞おうとすれば、流動性を提供しているのはあなただ。恐ろし気なローソク足でいとも簡単にダマシに引っかかる人がいる一方で、現在の値動きを考慮する人は、多くのトレーダーをふるい落とす小さなカウンタートレンドを耐え抜くことができる。

　それでは別のトレードを見てみよう。**図13.2**はよこしまなＥミニS&P500の２分足チャートだ。ＥミニS&P500は次の動きに入る前にトレーダーをふるい落とすことで有名だ。８時30分にスクイーズが発生し、トレーダーは1171.00で買う。価格はおおよそ10分間にわたって上

500

図13.2

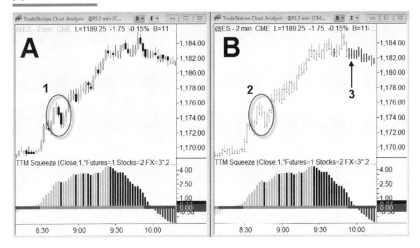

昇するが、いきなり1176.25から1172.75に急落している。これはチャートAの1だ。多くのトレーダーはトレーリングストップを仕掛け価格の近すぎる位置に置いていたため、損切りに引っかかる。不快な足を見て、おそらくは安値近くで手仕舞う人もいる。それでもこのトレードで儲けることはできたのだろうか。イエスだ。彼らは1.75ポイント（7ティック。金額で言えば1枚87.50ドル）儲けている。

しかし、チャートBを見ると、2に不快な「2本の黒い売り足」は出ていない。したがって、ここでは何もしないで、売り足が出るまでポジションを保持した。おおよそ1時間半後の3で売り足が発生している。ここ（1182.50近く）で手仕舞って、11.50（46ティック。金額で言えば1枚575.00ドル）の利益を手にした。これが、早く売りすぎることと、動きが終わるまでトレードを保持することの違いだ。

私はTTMトレンド足を手仕舞い管理に用いる。私は仕掛けるときはスクイーズなどを使って仕掛けるか、本書で書かれているほかの仕掛け手法で仕掛け、TTMトレンド足は使わない。しかし、TTMトレ

図13.3

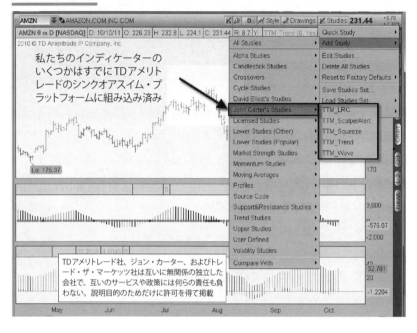

ンド足は手仕舞いの管理に使えるツールだ。

これまで書いてきたインディケーターは、プログラミングしたり、私たちのサイト（https://www.simplertrading.com/）からダウンロードしたり、ほかのプラットフォームで見つけることができる「アイデア」である。**図13.3**はTDアメリトレードのシンクオアスイム・プラットフォームだ。このプラットフォームには私たちのインディケーターのいくつかがすでに組み込まれている。トレードステーション、eシグナル、ニンジャトレーダー、インフィニティフューチャーズといったほかのプラットフォームでもこれらのインディケーターは私たちのサイトからダウンロードすることができる。無料のものもあれば、有料のものもあり、手に入れた手数料はこれらのインディケーターを設計したプログラマーと分ける。プログラミングの得意な人は自分で改造

第13章　トレードを早く手仕舞いしすぎないようにするための最高のツール

することも簡単にできるはずだ。

　私たちのサイト（https://www.simplertrading.com/trendbars/）ではTTMトレンドだけでなく、これまで数年もかけて開発してきた「足をベースにした」トレード管理ツールのビデオを見ることができるのでぜひとも活用してもらいたい。このインディケーターの最新の使い方も見ることができる。

503

第 **14** 章

スキャルパーアラート──トレンドの変化を素早く見つける最高のツール

Scalper Alerts : Is This the Best Tool for Quick Price Trend Change Confirmation?

落ちるナイフを拾うな、貨物列車の前に飛び出すな、トレンドの変化を早く見つけて儲けよ

　長年にわたって市場を見てきて気づいたのは、トレンドの転換は3回連続して終値が切り上げたり、3回連続して切り下げたりしたあとに起こることが多く、しかもこの傾向はどんな時間枠でも同じということである。このセットアップのポイントは、1つひとつの日中足や日足の高値と安値がどうなっているかを見るのではなくて、連続する終値がどうなっているかを見ることである。つまり、高値や安値は重要ではないということである。といっても、ただ単に3回連続して高値を切り上げたり、3回連続して安値を切り下げたりすればよいというわけではない。肝心なのは、終値である。これが重要なのである。

　このプレーのやり方としては、特にデイトレードの場合、3回連続して終値が切り上がるか、3回連続して終値が切り下がるまでチャートとにらめっこするという方法もある。しかし、これはかなりのハードワークだ。目は疲れるし、精神衛生的にも良くない。「くだらないこと」にスリルを感じる人にはお勧めかもしれないが、1日中チャートとにらめっこするのは私の性には合わないし、これを裸眼でやればメンタルクリニック行きは間違いないだろう。これに代わる方法として

505

第2部　先物、株式、オプション、FX、仮想通貨のためのデイトレードとスイングトレードの最高のセットアップ

私は簡単なインディケーターを作成した。これは3番目の足が基準を満たしたら最初の足を「ペイント」するというものだ。そして、ペイントされた足を見たら成り行き注文を出す。さらに、廊下にいるときでもペイントされた足が発生したらすぐにコンピューターのところに行って仕掛けられるように、警告音が鳴るようにも設定した。これは妻と電話で話しているときにも役立つ。もっとも妻のほうは、この警告音の重要性はあまり分かっていないようで、これが鳴ったら電話の途中でもすぐに切らなければならないことはあまりよく理解してくれてはいない。トレーダーの人生とはこういうものだ。

インディケーターにはカギとなるフィルターを1つ加えた。時にはふるい落とされることもある。それは保ち合い相場（ブルフラッグ）のときだ。価格が保ち合い相場のレンジ内で終値を連続して切り下げたときはふるい落とされる。したがって、3回連続して終値を切り下げても、価格がシグナル足を下回らないときは、このシグナルは無視する。買いシグナルのときは、前の足よりも安値が切り上がった最初の足がトリガーになる。このトリガー足の高値を上回って引ける次の足が出現したら、スイングローとなる最初の足がペイントされる。ほとんどの場合、「終値が3回連続して切り上がった」ときにこうなるが、あまり明確でないときもあり、こんなときに重要なのが価格を見ることだ。

私はこのシグナルをいろいろな時間枠で用いる。例えば、EミニS&P500のスキャルピングでは233ティックチャートを使うが、これはシグナルの動きが速いからだ。またミニダウの場合、スキャルピングには144ティックチャートを使い、任意の日における1〜2回の反転をとらえるのには5分足チャートを使う。スイングトレードの場合は60分足チャートと日足チャートを使う。私の場合、このシグナルを用いるのは主として株価指数先物と主要な通貨ペアだが、これはどんな市場や時間枠にも使える。なぜなら、このシグナルは値動きだけをベー

506

スにしたとてもシンプルなシステムだからだ。このシグナルは株価指数先物と主要な通貨のトレード以外では、個別株のトレードにも使っている。

スキャルピングではティックチャートを使うのがベスト

ティックチャート（前に書いたNYSE［ニューヨーク証券取引所］のTICKプレーと混同しないように）では、私はフィボナッチ数を使う。グーグルで検索すると、5、8、13、21、34、55、89、144、233、377、610、987、1597、2584、4181……といった数列が出てくるはずだ。リストはこの先も続くが、すべての数列が必要なわけではない。144ティックチャートと143ティックチャートのどちらが良いかをテストする必要もない。でも、なぜティックチャートなのだろうか。例えば、377ティックチャートは377取引ごとに新しい足が形成される。オーバーナイトのときのように出来高が少ないとき、チャートは横ばいになる。取引が活発に行われ、出来高が多いと、チャートの形成速度は速くなる。つまり、市場に動きがないときはチャートの動きもないということである。出来高がどうであれ2分ごと（2分足チャートの場合）に新しい足を形成しなければならないと圧力をかけられれば、出来高が少ないときにはダマシのシグナルが発生するが、ティックチャートではこんなこともない。ティックチャートでは取引が速ければ、シグナルも速くなる。ティックチャートは市場に順応するため、特にデイトレードでは役立つと私は思っている。では、どんなティックチャートを使えばよいのだろうか。特にルールはないが、出来高が多いときは大きなティックチャートを使うのがよい。私の場合、EミニS&P500には987ティックチャートを使い、YM（ミニダウ）には144ティックチャートを使う。違いは出来高だけである。一般的にはコモディティや出

507

第2部　先物、株式、オプション、FX、仮想通貨のためのデイトレードとスイングトレードの最高のセットアップ

来高の多い個別株のデイトレードには377ティックチャートがお勧めだ。

　ティックチャートを使ったことがない人のために、233ティックチャートを簡単に説明しておこう。233ティックチャートとは、売買が233回約定するごとに足が１本ずつ生成されるチャートのことをいう。トレードサイズとは無関係で、とにかく売買が233回成立すれば足が１本生成される。私はティックチャートはスキャルピングに使うことが多い。理由は２つある。１つは、売買頻度が増すにつれて、通常の時間枠より足の生成速度が速くなるからだ。例えば、２分足チャートでは、売買頻度にかかわらず２分ごとに足が１本生成される。これに対してティックチャートでは、売買頻度が減ればシグナルの発生速度も減少する。したがって、市場に動きがないときにはトレーダーの足は自然に市場から遠のくことになる。もう１つは、ピットのトレーダーたちには２分足チャートや５分足チャートといった時間に対する概念がないからだ。彼らが注目するのは実際の売買頻度であって、２分足チャートにおけるブレイクアウトなど彼らには何の意味もない。私はＥミニS&P500の日中のスイングトレードには987ティックチャートを使うことにしている。これは30分おき程度にトレードを仕掛けることを意味する。しかし、もっと速いスキャルピングでは233ティックチャートを使うこともある。ティックチャートを使ったトレードの実例はこのあと見ていく。

買いのトレードルール（売りはこの逆）

1. 夜間取引を含む24時間の日中足チャートを作成する。これは日中足チャートだけでなく、どんな時間枠についても同じ。時間枠が長くなるほど、パラメーターと値動きは大きくなる。ただし日足チャートについては、私は日中取引時間帯のチャートを使用する。

2. 終値が３回連続して高く引けたら、３本目の足の終値で成り行き

第14章　スキャルパーアラート

で買う。

3．終値が3回連続して安く引けるまでトレードを維持する。終値が
　　3回連続して安く引けたら、手仕舞う。デイトレードの場合、市
　　場がまだ開いているときは手仕舞いと同時に、売りポジションを
　　新たに建てる。このとき、損切りは置かない。なぜなら、損益に
　　かかわらず反転シグナルで手仕舞うのが私の手仕舞い戦略だから
　　だ。一方、日足でトレードする場合は、シグナル発生の大本にな
　　った足、つまり終値が3回連続して高く引けたときの最初の足の
　　安値に損切りを置く。

4．デイトレード（15分足以下の時間枠のチャート）の場合、手仕舞
　　いシグナルが出る前に市場が引けたら、16時10分に成り行きで手
　　仕舞う。

5．60分足以上の時間枠の場合は、オーバーナイトして次のシグナル
　　が出た時点で手仕舞う。次のシグナルが出るのは、60分足チャー
　　トの場合は翌日になることもあり、日足チャートの場合は1カ月
　　後ということもある。

スキャルパーアラートの買いと売りのセットアップ の実例

ＥミニS&P500——2004年12月限（2004年10月3日）

1．**図14.1**はＥミニS&P500の233ティックチャートを示したものだ。
　　これはスキャルピングで私が好んで用いる時間枠の1つだ。1は
　　ペイントされた足より少し右側にある。この「ペイントされた足」
　　はトレードステーションで加えられたもので、太線が足の上にオ
　　ーバーラップされる形で付け加えられる。この足がペイントされ
　　るのは、終値が3回連続して高値を更新したときの最初の足だか

509

第2部 先物、株式、オプション、FX、仮想通貨のためのデイトレードとスイングトレードの最高のセットアップ

図14.1

らだ。

2. ペイントされた足が発生したら、成り行きで買う。終値が3回連続して高値を更新した3番目の足の終値が2で、この買いは2の1133.25で執行される（少しずつ理解できてきたのではないだろうか？）。

3. 市場の反転を示すシグナルが出るまでポジションを保持。次にペイント足が発生したのは、通常取引時間も遅くになってから。終値が3回連続して安値を更新したときの最初の足がペイント足になる。ここで買いポジションの売り注文を成り行きで出す。次のシグナルは市場が反転しなければ出ないことに注意しよう。この

間の上昇局面では、終値が何回も続けて高く引けている箇所はほかにもあるが、市場の反転を形成する足はない。最初のシグナルはすでに出ているので、これらはすべて無視される。

4．終値が3回連続して安値を更新したときの最後の足の終値（4）の1138.50で手仕舞う。このトレードの損益は＋5.25ポイント、つまり1枚につき262ドルの利益が出た。興味深いのは、このトレードの間、オシレーターはすべて1135.00近辺で買われ過ぎを示していたことだ。オシレーターに従ったトレーダーはこの辺りで手仕舞うか売っていたはずだ。しかし、このセットアップでは価格のみに注目する。トレードでは価格こそが最も重要な要素なのである。

Eミニ S&P500──2004年12月限（2004年10月5日）

1．2004年10月5日、EミニS&P500の15分足チャートで13時ごろ、売りの反転シグナルが出たので、直ちに成り行きで売る（**図14.2**を参照）。

2．1137.00で執行される。この後、反転シグナルが出たら、買い戻してドテン買いにする。

3．次のシグナルが出たのは15時ごろ。ここで買い戻しをすると同時に買う。

4．執行価格は1134.00で、3.00ポイントの利益が出る。今は買いポジションが新たに建っている状態。

5．次の反転シグナルは20時近くまで出ていないが、これでは日中足チャート（15分足以下のチャート）の枠を超えるので、この買いポジションは16時10分に成り行きで手仕舞う。執行価格は1133.75で、0.25ポイントの損失。

6．知り合いのトレーダーのなかには市場を1日24時間見ている人も

511

図14.2

　いる。彼らなら6を過ぎてもポジションを保持するだろうから、1136.50で手仕舞って2.50ポイントの利益になっていただろう。しかし、この方法はお勧めできない。株価指数先物市場の動きは日中取引時間以降はゆっくりでイライラするため、自分の時間をもっと有効に使ったほうがよいと思うからだ。16時以降もアクティブにトレードしたいのであれば、今のところ、流動性と機会の双方から考えると、通貨をトレードするのが一番だろう。個人的にはFX現物市場のほうがよいと思う。各通貨ペアは16時以降のほうが流動性が高まるからだ。要するに、取引が活発で流動性の高い市場ならどの市場でも構わないということだ。動きの少ない市

第14章　スキャルパーアラート

図14.3

場にはかかわらないほうが無難だ。

Ｅミニ S&P500──2004年12月限（2004年９月30日）

1. 2004年９月30日の12時30分、ＥミニS&P500の60分足チャートで反転シグナルをキャッチ（**図14.3**を参照）。ペイント足は10時30分の足。注意してもらいたいのは、ペイント足は10時30分の足だが、シグナルは12時30分の３番目の足の終値まで出ていないという点だ（10時30分の足が１本目の足、11時30分の足が２本目の足、そして12時30分の足が３本目の足）。

第2部　先物、株式、オプション、FX、仮想通貨のためのデイトレードとスイングトレードの最高のセットアップ

2．12時30分に成り行きで買う。執行価格は1114.75。この後、このポジションを手仕舞うための次の反転シグナルを待つ。

3．次のシグナルが出たのは数日後の10月4日。

4．1136.50で手仕舞って、21.75ポイントの利益（1枚当たり1087.50ドル）を得る。2～5日続くスイングをとらえるには、60分足チャートが最適だ。このセットアップは、フルタイムの仕事を抱えているため1日中市場を見ている暇のない人には特に打ってつけだ。また、デイトレードで損失を出している人にもお勧めだ。というのは、この60分足のセットアップでは規律を守らざるを得ないため、オーバートレードの防止につながるからだ。トレードで損ばかりしている人の最大の理由がオーバートレードなのだから。

Ｅミニ S&P500──2004年9月限（2004年6月28日）

1．このS&P500の日足チャートでは、2004年6月28日にシグナルが出た。ペイント足は6月24日の足（**図14.4**を参照。6月26日と27日は週末）。

2．3本目の足（これがシグナル足）の終値で売る。執行価格は1132.50。このポジションは次の反転シグナルが出るまで保持。損切りは6月24日の足の高値である1153.50に置く。私の経験から言えば、通常は市場がこの損切り水準に達する前に反転シグナルが出るため、損切りに引っかかることはめったにない。

3．1カ月後の7月28日、7月24日の足がペイントされてようやく反転シグナルが出る。

4．7月28日の終値で成り行きで手仕舞う。執行価格は1096.00で、36.50ポイント（1枚当たり1825ドル）の利益を得る。前例同様、このセットアップもまたフルタイムの仕事を抱え1日中相場を見ている時間のない人に打ってつけだ。フルタイムトレーダーは口

514

第14章　スキャルパーアラート

図14.4

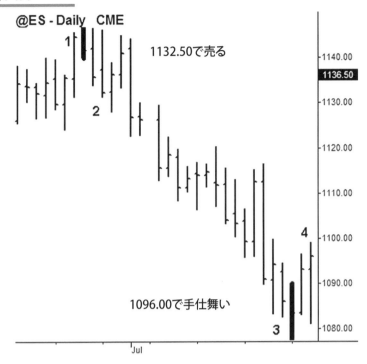

座を２つ持つことをぜひお勧めする。１つはデイトレード用、もう１つはスイングトレード用だ。デイトレードがうまくいかないときでも、ここで用いたようなセットアップを使えばスイングトレードで大きな動きをとらえられる可能性もある。

ミニダウ──2004年９月限（2004年８月10日）

1. このミニダウ先物の日足チャートでは、８月６日の足がペイントされて2004年８月10日に買いシグナルが出た（**図14.5**を参照）。
2. ８月10日の終値で買う。執行価格は9916ドル。今はこのポジショ

図14.5

ンを手仕舞うための次の反転シグナルが出るのを待っている状態。損切りは8月6日の安値である9809ドルに置く。
3．次のシグナルが出たのは、おおよそ1カ月後の9月7日。
4．10278ドルで手仕舞って、362ポイント（1枚当たり1810ドル）の利益を得る。スイングトレードの良い点は、手がほとんどかからないことだ。アクティブで、時にはすさまじいほどの頻度でトレードするデイトレードに比べると、スイングトレードは賃貸不動産を買って、メンテナンスを管理会社に一任するようなものだ。トレードスタイルは、まさにその人の性格を反映したものと言えるだろう。だから根っからのスイングトレーダーはデイトレードで

図14.6

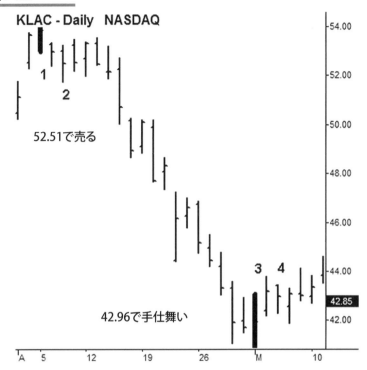

KLAテンコール（KLAC）──2004年4月5日

1．このKLAテンコールの日足チャートでは、2004年4月5日に反転シグナルが出た（**図14.6**を参照）。
2．3本目の足の終値で売る。執行価格は52.51ドル。ポジションは次の反転シグナルが出るまで保持。損切りはシグナル足の高値である53.97ドルに置く。
3．おおよそ1カ月後の5月3日、ようやく反転シグナルが出る。

図14.7

4．42.96ドルで買い戻して、9.55ドルの利益を得る。株のトレードだけをやっている人には、日足チャートで反転シグナルを見つけるのにはこのセットアップがお勧めだ。

原油（クルードオイル）――2004年9月限（2004年9月9日）

1．このセットアップは純粋に値動きだけをベースにしたものだ。したがって、どの市場でも使える（図14.7を参照）。2004年9月9日に反転の最初の足がペイントされる。

2．買いを仕掛けて、43.60ドルで執行される。

3．9月28日、次の反転シグナルが出る。

4．49.50ドルで手仕舞って、5.90ポイントの利益を得る。注意しても
らいたいのは、この足は手仕舞い足であると同時に、再び買いを
仕掛けるためのシグナルにもなっているという点だ。この足を境
に市場が反転すると同時に、終値が3回連続して高値を更新して
いる。原油取引に詳しくない人のために説明しておくと、原油価
格が1ドル動くとラージサイズの場合で1枚につき1000ドルの損
益が出る。ミニの場合は1枚につき500ドルの損益だ。このケース
の場合、原油価格が5.90ポイント動いたので、ラージサイズ（シ
ンボルはCL）では1枚につき5900ドルの利益、ミニ（シンボルは
QM）では1枚当たり2950ドルの利益が出ることになる。原油取
引に必要な気配値はNYMEX（ニューヨーク商業取引所）のもの
だ。これはeシグナルやトレードステーションで取り出せるだけ
でなく、信頼のおける気配値ベンダーからも入手できる。

ミニダウ──2004年12月限（2004年10月6日）

1．この例を使って、デイトレードを買いと売りの両方から見ていく
ことにしよう（**図14.8**を参照）。デイトレードでは、5分足チャ
ートやティックチャート（例えば、233ティックチャート）といっ
た短い時間枠のチャートを使うのが最も効果的だ。2004年10月6
日、反転の最初の足が10時35分にペイントされる。

2．したがって、終値が3回連続して安値を更新した最後の足の終値
10176ドルで売る。

3．次の反転シグナルが出たのが4だ。

4．このシグナルを受けて、10169ドルで買い戻すと同時に、ドテン買
いにする。これは簡単で、手仕舞い注文の枚数を倍にすればよい。

図14.8

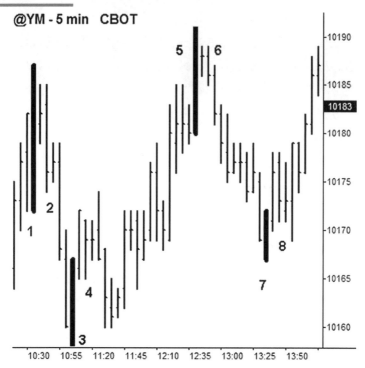

したがって、例えば今10枚買っているとすると、20枚売る注文を入れればよい。そうすれば、10枚の買いポジションを手仕舞い、それと同時に売りポジションを10枚新たに建てることができる。

5．次のシグナルは6で発生。
6．10186ドルで買いを手仕舞うと同時に、同じ価格で売りポジションも建てる。
7．次のシグナルは8で発生。
8．10173ドルで買い戻すと同時に、同じ価格で買いポジションも建てる。

図14.9

　同じセットアップの実例を、補足説明も交えながら今度はFX市場で見ていくことにしよう。それではトレーダーたちの間で最も馴染みのあるユーロ/米ドルから見ていくことにしよう。

FX市場——EUR/USD（2004年10月15日）

1．EUR/USDの日足チャートでは、2004年10月15日に買いシグナルが出た（**図14.9**を参照）。1で1.2469ドルで買う。損切りはシグナル足の安値になることに注意。
2．この水準から市場は上昇を続け、11月初旬に1週間保ち合う。しかしこの間、反転シグナルは出ず、そのままポジションを保持。市

第2部　先物、株式、オプション、FX、仮想通貨のためのデイトレードとスイングトレードの最高のセットアップ

場はその後も上昇を続け、12月末には急上昇する。そこで市場が反転し、多くのトレーダーが利食いを始める。しかし、このセットアップでは売りシグナルは出ていない。売りシグナルが出たのは買いシグナル発生からおおよそ2カ月半後の2005年1月3日のこと（2）。ここで1.3467ドルで手仕舞って、998ピップスの利益を得る。1ピップス当たり10ドルに相当するので、1枚当たり9980ドルの利益だ。必要証拠金は1枚当たり1000ドルだ。これはFX取引の大きな魅力の1つでもある。つまり、損切りを置いて損失を最小限に食い止めながら、大きなレバレッジ効果が期待できるということである。FXトレーダーはトレードをドル換算で考えることが多い。1枚が10万ドル、10枚が100万ドル、といった具合だ。10枚のことを「バック（buck）」（つまり、ドル）と言う。したがって、例えばEUR/USDを35枚買っていて、ブローカーに注文の変更を伝えなければならない場合、このポジションの参照には「スリー・アンド・ア・ハーフ・バックス（three and a half bucks）」という言葉を使う。同様に1フルセント（＝100ピップス）のことは「ワンラージ（one large）」と言う。したがって、このプレーで得た利益998ピップスはおおよそ「10ラージ」ということになる。言うまでもなくビッグプレーだ。機関投資家や巨大ファンドの通貨取引市場である銀行間取引市場では、最小トレードサイズは100万ドルで、これはFXブローカーを通して売買する場合の10枚に相当する。

FX市場──GBP/USD（2005年5月9日）

1．このGBP/USDの日足チャート（**図14.10**を参照）では、2005年5月9日（1）に売りシグナルが出た。1.8837ドルで売る。

2．その後市場は売られ続ける。2005年6月3日（2）に反転シグナ

図14.10

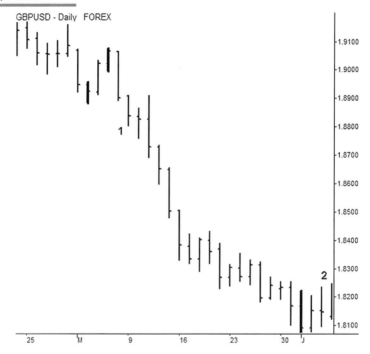

ルが出たので、1.8148ドルで買い戻して689ピップス(1枚当たり6890ドル)の利益を得る。FX用語ではおおよそ7ラージの利益だ。

FX市場——GBP/USD(2005年8月2日)

1. このシグナルはFX市場の日足チャートで機能するのはもちろんのこと、デイトレード用の日中足チャートでも機能する。GBP/USDのこの5分足チャート(**図14.11**を参照)では、2005年8月2日(1)に買いシグナルが出た。1.7696ドルで仕掛ける。
2. おおよそ1時間後、2で反転シグナルが発生。これはポジション

図14.11

を手仕舞えという合図だ。1.7724ドルで手仕舞って、28ピップス（1枚当たり280ドル）の利益を得る。

FX市場──AUD/USD（2005年7月31日）

1. 2005年7月31日（**図14.12**を参照）、AUD/USDの60分足チャートで買いシグナルが出た（1）。0.7560ドルで買う。
2. 翌日の2005年8月1日、2で反転シグナルが出る。0.7604ドルで手仕舞って、44ピップスの利益を得る。「対USD」のどの通貨ペアも1ピップス当たり10ドルであることに注意。したがって、このプレーでは1枚当たり440ドルの利益を得たことになる。私がよ

第14章 スキャルパーアラート

図14.12

く売買する対USD通貨ペアは、ユーロ（EUR/USD）、ポンド（GBP/USD）、豪ドル（AUD/USD）の３つだ。「対USD」通貨は、一般に米ドルインデックスと逆方向に動く。したがって、米ドル相場が上昇している場合、ユーロ、ポンド、豪ドルは下落しているということになる。これら３つの通貨のなかで特に米ドルと高い相関を持つものがユーロとポンドだ。オーストラリアは世界有数のコモディティ輸出国なので、豪ドルはコモディティ価格との相関が高い。そのため、豪ドルは米ドルと相関して動かない場合もある。では、そのほかの主要な通貨ペアについて見ていくことにしよう。

FX市場──USD/CHF（2005年7月21日）

1. 2005年7月21日（**図14.13**を参照）、USD/CHFの60分足チャートで買いシグナルが出た（1）。1.2855スイスフランで買う。
2. 数日後の7月24日、2で反転シグナルが出たので、1.2971スイスフランで手仕舞い、116ピップスの利益を得る。この通貨ペアは「対USD」ではないので、ピップスのドル換算は前の例とは若干異なる。このような通貨ペアでは、1ピップスはおおよそ7ドルに相当する。したがって、このプレーにおける116ピップスの利益は1枚当たりおおよそ812ドルの利益に相当する。ここで売買しているスイスフランは米ドルとの相関が高い通貨だ。つまり、米ド

図14.14

ルが上昇すれば、スイスフランも上昇する。

FX市場――USD/JPY（2005年7月20日）

1. 2005年7月20日（**図14.14**を参照）、USD/JPYの120分足チャートで売りシグナルが出た（1）。112.85円で売る。
2. 翌日の7月21日、反転シグナルが出た（2）のを受けて、110.40円で手仕舞って、245ピップスの利益を確保。本書執筆時点におけるUSD/JPYの1ピップスはおおよそ8ドル。したがって、1枚当たり1960ドル（2.5ラージ）の利益になる。日本円も米ドルとの相関が高い通貨のひとつだ。

図14.15

FX市場──USD/JPY（2005年7月22日）

1. 2005年7月22日（**図14.15**を参照）、USD/JPYチャートでは111.12円で買いシグナルが出た（1）。その後、しばらく小康状態を続けたあと、市場は一気に上昇。
2. 1週間後の7月28日、2で反転シグナルが出たので、112.10円で手仕舞って、95ピップス（1枚当たり784ドル）の利益を得る。FXトレードで言う「1枚」とは、ブローカーの「標準」ロットをベースにしたもので、10万ドルを意味する。これに対して「ミニ」は1枚当たり1万ドルだ。

第14章 スキャルパーアラート

図14.16

FX市場――USD/CAD（2005年7月21日）

1. 2005年7月21日（**図14.16**を参照）、USD/CADチャートでは1で買いシグナルが出た。1.2169カナダドルで買う。その後、市場は数日にわたって保ち合いを続け、損切りに引っかかりそうになったが、売りシグナルは出ていない。こういった状況では、手仕舞いシグナルが出るのを待つしかない。感情をむき出しにすれば、不本意な位置で手仕舞いするはめになるので、ここは我慢のしどころだ。

2. おおよそ1週間後の7月27日、2でようやく反転シグナルが出たので、1.2360カナダドルで手仕舞って191ピップスの利益を得る。

529

図14.17

おおよそ2ラージの利益だ。このプレー期間中のこの通貨ペアのピップスレートはおおよそ6ドル、したがって1枚当たり1146ドルの利益になった。

ここまではよく売買される6つの主要な通貨ペアについて説明してきた。このほかにもトレードに向く通貨ペアはあるが、そのなかから私の好みの2つの通貨ペアについて説明して本章を終わることにしたい。

第14章　スキャルパーアラート

図14.18

FX市場──EUR/JPY（2005年8月2日）

1. 2005年8月2日（**図14.17**を参照）、EUR/JPY（ユーロ/日本円）の15分足チャートでは、136.66円（1）で売りシグナルが出た。市場はそれから1時間ほど横ばいを続けたあと、売られ始める。
2. おおよそ2時間後、反転シグナルが2で発生。136.18円で手仕舞って、48ピップスの利益を得る。このプレー期間中のこの通貨ペアのピップスレートはおおよそ8ドルなので、1枚当たり384ドルの利益。

第2部　先物、株式、オプション、FX、仮想通貨のためのデイトレードとスイングトレードの最高のセットアップ

FX市場──EUR/GBP（2005年7月19日）

1．2005年7月19日（**図14.18**を参照）、EUR/GBP（ユーロ/ポンド）の240分足チャートでは0.6912ポンドで買いシグナルが出た（1）。その後市場は上昇。

2．2日後、終値が3日続けて安値を更新したため、2でシグナルが発生。0.6970ポンドで手仕舞って、58ピップスの利益を得る。この通貨ペアのピップスレートはおおよそ18ドルなので、ドル換算では1枚当たり1044ドルの利益になる。あまり動きのない通貨ペアだが、いったん動き出すと、何物にも付け入る隙を与えないほどの動きを見せる。こういった特徴を持つため、この通貨ペアは関係者の間では「ザ・タンク（戦車）」と呼ばれている。

スキャルパーアラートのまとめ

　スキャルパーアラートは、底で買って天井で売りたいトレーダーにとって特に有効な売買法だ。「高すぎる」からといって売ったり、「安すぎる」からといって買うのは愚かな行為だが、このシグナルでは反転が確認できれば、値上がり株を売ったり、値下がり株を買ってもよい。といっても、これは、そこが本当に天井や底であるという意味ではなく、一時的にパワーがシフトしたため、適切な仕掛けポイントを示す有効なシグナルであることを意味するだけである。5分足チャート上で発生する日中の小さな反転であろうと、日足チャート上で発生する大きな反転であろうと、この考え方はまったく同じである。再三言うようだが、このプレーは純粋に値動きだけをベースにしたものだ。シンプルさと高い効果が持ち味のこのプレーは、私のお気に入りのプレーの1つだ。

532

複数のセットアップの組み合わせで勝率を上げよ

これまでいろいろなセットアップを学習してきて、セットアップは自由に組み合わせることが可能であることに気づいたはずだ。スキャルピング（年をとるにつれて使用頻度は減ってきた）をするときに私がよく用いるのは、Ｅミニ S&P500 ではピボットと233ティックチャートを使ったスキャルパープレーの組み合わせ、ミニダウではピボットと144ティックチャートを使ったスキャルパープレーの組み合わせだ。市場がどうなるか分からないような日は、ピボット水準をスキャルパーシグナルで確認する。なぜなら、これは勝率の非常に高いプレーになるからだ。ピボットプレーで仕掛け、その直後にトレードした方向にスキャルパーのシグナルが出ればなおよい。さらに、スキャルパーの反転の売りシグナルを、ピボットプレーの買いの手仕舞いに用いるという方法もある。これについてはビジネスプランの章で詳しく解説する。組み合わせと言っても難しく考えることはない。要するに、自分が理解でき、自分の性格に合ったセットアップを組み合わせればよいのである。

このインディケーターで使えるツールはほかにもある。例えば、価格チャネルだが、これは高勝率な反転を正確にとらえるのに有効だ。このインディケーターの最新情報やこのインディケーターで使える無料のツール、および追加的実例については、https://www.simplertrading.com/scalper/ を参照してもらいたい。

533

第15章

ブリックプレー──日中のトレンド反転をとらえる

Brick Plays : How Can I Tell When a Market Is Going to Reverse Its Trend in the Middle of the Day?

ブリックを使ってミニダウの日中の反転をとらえる

　デイトレードが最もうまくいくのは、日中の反転をとらえたときだ。日中の反転をとらえるのに最も効果的なのが、ブリックと呼ばれる価格パターンだ。これをブリックと呼ぶのは、その価格パターンが通常のバーチャートの上に形成されたブリック（れんが）の塊のような形をしているからだ。ブリックはチャートの値動きに沿って形成される。例えば、終値が3回連続して高値を更新すると「上昇」ブリックが形成されるし、終値が3回連続して安値を更新すると「下降」ブリックが形成される、といった具合だ。

　引き金をなかなか引けないという人は、このプレーで買いと売りの逆指値注文を使うとよい。具体例についてはこのあと見ていく。引き金をうまく引ける人は、シグナルを待って成り行きで仕掛ければよい。このプレーもまた、説明するよりも実例で見ていったほうが分かりやすいプレーの1つだ。百聞は一見にしかずだ。それではさっそくトレードルールと実例を見ていくことにしよう。

535

第2部 先物、株式、オプション、FX、仮想通貨のためのデイトレードとスイングトレードの最高のセットアップ

買いのトレードルール（売りはこの逆）

このプレーのポイントは、モメンタムの反転をいかにしてつかむかである。

1. 夜間取引も含む24時間の日中足チャートを作成する。このプレーに用いる時間枠は短いほうがよく、通常は5分足以下のチャートを用いる。しかし、このプレーは日足チャートによるスイングトレードにも用いることができる。
2. 市場が反転してブリックの色が変わったら、そのブリックを1個目としてブリックを3個前にさかのぼる。
3. 3個さかのぼったブリックの上端に沿って水平線を引く。
4. 価格がこの水平線をブレイクしたら買う。
5. 短い時間枠でのスキャルピングでは、このセットアップはミニダウの売買に使っている。損切りは仕掛けから10ポイントの位置に置く。仕掛けから10ポイント上昇したらポジションの半分を売り、損切りをブレイクイーブン－3ポイントの位置に移動させる（したがって、例えば仕掛け価格が10545ドルだとすると、新しい損切りの位置は10542ドルになる）。価格がさらに10ポイント上昇したら、残りのポジションの半分（全ポジションの4分の1）を売り、損切りを6ポイント上げて、ブレイクイーブン＋3ポイントの位置に移動させる（したがって、例えば最初の仕掛け価格が10545ドルだとすると、2番目の目標値に達したあとの新しい損切りの位置は10548ドルになる）。残りのポジション、つまり全ポジションの4分の1は裁量で手仕舞うか、TTM（Trade The Markets）トレンドやスキャルパーアラートのような手仕舞いシグナルで手仕舞う。あるいは、ブリックが反対の売りシグナルを出してきたら手仕舞う。

536

第15章　ブリックプレー

6. 私の場合、20ポイントの位置に損切りを置く。そして、15ポイント上昇した時点でポジションの半分を手仕舞い、残りのポジションは反対方向のブリック（つまり、反対の売りシグナル）が形成されるまで保持する。トレーリングストップは使わない。どちらの方法もうまくいく。つまり、同じセットアップでも、手仕舞い戦略は自分の性格に合ったものを使えばよいということである。

それでは実例を見ていくことにしよう。

ミニダウ──2005年３月限（2005年２月25日）

1. 2005年２月25日、このミニダウ先物の５分足チャートでは10時ごろ、買いシグナルが出た（**図15.1**を参照）。市場が反転し、３個前のブリックの上端に引かれた水平線を上にブレイクしたときに買いシグナルが出る。最初のブリックは１の黒いブリック、２個前にさかのぼったブリックは２の番号のブリック、３個前にさかのぼったブリックは３を付けたブリックだ。仕掛け価格は10696ドル。この水平線は手で引く。最初の水平線は今の水平線が引かれている３の上方に引かれていた。おおよそ10710ドル辺りだ。しかし市場が下落し続け、下降ブリックが新たに形成された。今の水平線は新たに形成された下降ブリックから数えて３個前にさかのぼったブリックに引かれたので、今の位置にあるというわけである。買いの仕掛けの位置を表すこの水平線の引かれる位置は、下降ブリックが形成されるたびに低くなる。トレードシグナルが出るのは、市場が３個前にさかのぼったブリックに引かれた水平線を上にブレイクしたときだけだ。カラーチャートでは、上昇ブリックは青、下落ブリックは赤で表示されるが、このチャートでは上昇ブリックはグレー、下降ブリックは黒で表示している。

537

図15.1

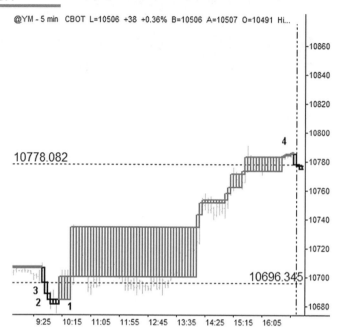

2．この例では、仕掛けたあとミニダウは10790ドル近くまで上昇し、そのあと反転している。反転シグナルが出たのはその直後の10778ドルの4で、上昇し始めてからここまで82ポイント動いたことになる。

　ここで、このセットアップの3つの異なるプレー方法について説明しておこう。最も簡単な方法は、仕掛けから手仕舞いまでポジションを保持することで動き全体をとらえるというものだ。この方法では、まず20ポイントの位置に損切りを置き、反転シグナルが出るまでポジションを保持する。この方法の欠点は、例えば市場が18ポイント上昇したあとに反転すると損切りに引っかかってしまうという点だ。

　2番目の方法は、機械的に設定した目標値でポジションの半分を手

仕舞うというものだ。これは私が使っている方法だ。ポジションの最初の半分に対して設定したメカニカルな目標値でポジションの半分を手仕舞うことで、とりあえずいくばくかの利益は確定できる。これが負けトレードとスクラッチトレード（ブレイクイーブントレード）との違いだ。したがって、この2番目の方法では、20ポイントの位置に損切りを置き、例えば15ポイントといった具合に機械的に決めた水準でポジションの最初の半分を手仕舞い、残りのポジションは反転したら手仕舞う。これは私が通常行っているブリックプレーだ。

　3番目の方法では、10ポイントの位置に損切りを置き、すぐにポジションを少しずつ手仕舞っていく。この例では、10ポイント上昇した時点でポジションの半分を手仕舞い、20ポイント上昇した時点で残りのポジションの半分（最初のポジションの4分の1）を手仕舞い、反転した時点で残りのポジションを手仕舞う。この手仕舞い戦略は、本書に出てくるどのデイトレードにも使えることを覚えておこう。

　このセットアップに対しては、ここで述べたどの手仕舞い戦略を使ってもよい。どのセットアップもいろいろなプレー方法があるので、自分の性格に最も合った方法を選ぶことが重要だ。このあとの例では、仕掛けや手仕舞いのポイントとして反転ポイントに焦点を当てる。

ミニダウ──2005年3月限（2005年3月3日）

1. 2005年3月3日、このミニダウの3分足チャートでは、3個前のブリックの水平線を市場が上にブレイクした13時ごろ、買いの反転シグナルが出る（**図15.2**を参照）。10817ドルに逆指値の買い注文を入れる。

2. 手仕舞いでは、まず下降（黒色）ブリックが形成されるのを待つ。下降ブリックが形成されたら、その前の上昇ブリックの3個前の位置に損切りを移動させる。10871ドルで手仕舞って、54ポイント

図15.2

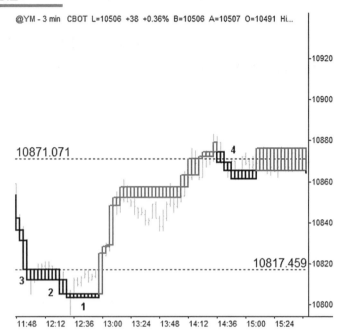

の利益を確保。

ミニダウ──2005年３月限（2005年３月９日）

1. 2005年３月９日、このミニダウの５分足チャートでは、12時少し前に売りシグナルが出る（**図15.3**を参照）。10916ドルに逆指値の売り注文を入れる。
2. 手仕舞いでは、上昇ブリックの形成を待ち、上昇ブリックが形成されたら、その前の下降ブリックの３個前の位置に損切りを移動させる。10830ドルで手仕舞って、86ポイントの利益を得る。この方法のメリットは、13時から15時の間に発生している横ばいノイズやダマシの上昇に引っかかることなくポジションを保持できる

図15.3

点だ。つまり、明確な手仕舞い戦略——明確な手仕舞い戦略でなければ役には立たない——を持つことがいかに重要であるかということだ。手仕舞うのは手仕舞い戦略で設定した水準に達したときのみだ。

ミニダウ——2005年3月限（2005年3月10日）

1. 2005年3月10日、このミニダウの3分足チャートでは正午少し前に10829ドルで買いシグナルが出る（**図15.4**を参照）。
2. 数時間後、市場が反転。10880ドルで手仕舞いシグナルが出たので手仕舞って、51ポイントの利益を得る。

図15.4

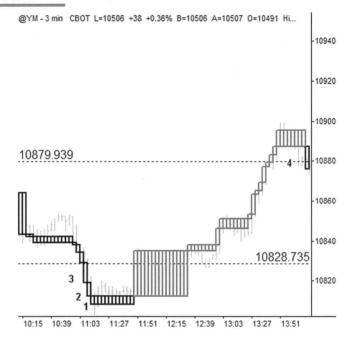

ミニダウ──2005年3月限(2005年3月11日)

1. 2005年3月11日、このミニダウの2分足チャートでは、11時ごろ、反転して10864ドルで売りシグナルが出る(**図15.5**を参照)。

2. 取引時間終了1時間前まで下降ブリックが続くが、ようやく手仕舞いシグナルが出る。10806ドルで手仕舞って、58ポイントの利益を得る。以前の例にもあったように、11時30分から14時近くまでノイズが発生しているが、このノイズでどれだけのトレーダーが八つ裂きにされ、どれだけのトレーダーが上値追いをしたことだろう。また、どれだけの弱気筋がパニックに陥って買い戻したことだろう。このようにトレードの最中の「裁量だけに頼ってトレードする」人々がいる一方で、明確なセットアップ、つまり明確

図15.5

なパラメーターに従うトレーダーがいる。有利な立場に立って勝者になれるのは、間違いなく明確なセットアップに従うトレーダーである。

ミニダウ――2005年3月限（2005年3月16日）

1． 2005年3月16日、このミニダウの2分足チャートでは、13時少しあとに10699ドルで反転して売りシグナルが出る（**図15.6**を参照）。
2． 市場は売られ続け、ブリックもずっと売りモードにあったが、大引けの20分前に反転シグナルが出る。10657ドルで手仕舞って、42ポイントの利益を得る。

図15.6

ミニダウ──2005年3月限（2005年3月22日）

1. 2005年3月22日、このミニダウの2分足チャートでは、大引け間際になって売りシグナルが出る。売りの逆指値注文が10622ドルで通る（**図15.7**を参照）。
2. 市場はそのまま下げ続け、結局、大引けまでには手仕舞いの反転シグナルは出なかった。こういった場合は、EミニS&P500の取引終了時間である16時15分にポジションを手仕舞う。ミニダウは17時まで取引が続くが、日中取引が引けたあとは流動性が低下するからだ。このケースの場合、取引終了時間に10469ドルで手仕舞って、153ポイントの利益を得た。しかし、この日なぜミニダウはこうも売られ続けたのだろうか。それはこの日、FOMC（連邦公

図15.7

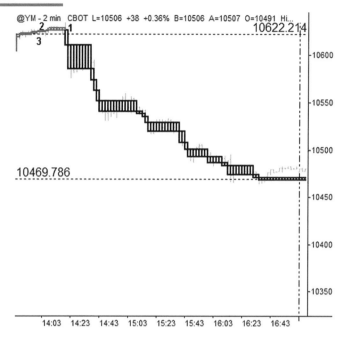

開市場委員会）が開かれ、0.25ポイントの利上げが発表されたからである。このニュース発表後、市場は全体的に下落した。これはトレードにおける私の最大の信条の１つ——経済報告は物事の仕組みにはほとんど影響を及ぼさない——を裏付けるものだ。市場は自分のやりたいことをやるだけだ。重要なのは、セットアップに集中し、ノイズに惑わされないことである。

ミニダウ——2004年12月限（2004年10月27日）

1．このミニダウの日足チャートでは、2004年10月の終わりにブリックのスイングプレーが発生（図15.8を参照）。仕掛け価格は9927ドル。

図15.8

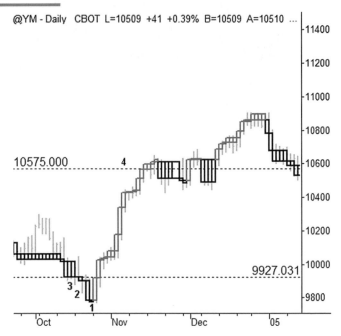

2．ブリックは11月末まで買いモードにあったが、10575ドルで売りシグナルが出たので、ここで手仕舞って648ポイントの利益を確保。10月末に市場が反転したときには弱気筋が大勢いた。前にも言ったように、人々の市場に対する考え方や市場に対する「予想」など、市場の動きにはまったく関係ないのだ。重要なのは、市場が何をしているか、である。ブリックのようなトレードセットアップは人間の感情の付け入る隙を与えない。これがこのセットアップのメリットだ。

ブリックのまとめ

ブリックのセットアップは日中の反転をとらえるのに極めて効果的

である。日中の反転をとらえようとするトレーダーは多いが、多くは失敗に終わる。売ったあと市場が上昇し続けるか、買ったあと横ばいになるかのいずれかだ。正確な天井や底を当てる必要などない。これには多くのリスクが伴ううえ、成功する確率は低い。ブリックによる確認シグナルは、市場が勢いを失い反転する時期を警告してくれるものだ。たとえ正確な天井や底をとらえることができなくても、「動きの重要な部分」はとらえることができる。

このプレーの最新情報や市場の反転をとらえるほかの方法については、https://www.simplertrading.com/reversals/ を参照してもらいたい。無料ビデオが視聴できる。

第16章

15時52分プレー —— 上等な葉巻でその日を締めくくれ

The 3:52 Play : Capping Off the Day with a Fine Cigar

ほかの人はここでパニックに陥る

　市場が乱高下している最中にトレーディングルームにいる100人のトレーダーたちを観察していて、偶然発見したセットアップがこの15時52分プレーだ。15時30分が市場の重要な反転ポイントというのは、トレーダーたちの間では常識だ。トレーディングルームのトレーダーたちは15時30分に市場が買われ始める（または売られ始める）と、まばたきもせずにそれを凝視し、待って、待って、待ち続ける。動きが確信できるのを待っているのか、インディケーターによる買いや売りのシグナルが出るのを持っているのか、はたまた母親が今がトレードのチャンスだと電話してくれるのを待っているのか——。理由はよく分からないが、とにかく「一触即発」で飛びつきトレードする状態にあることは確かだ。そして、最後には彼らはプレッシャーに負けて市場に参入する。しかしそのころには、市場はすでに失速状態にある。市場が思惑と反対方向に動くのを見て、彼らはコンピューターに向かって腰をくねらせ、罵声を浴びせる。大引けまでの短時間、私はこれを興味津々と見ている。多くの場合、彼らはS&P500先物を手仕舞いできるぎりぎりの時間である16時15分まで待つ。市場が彼らの思惑どおりの方向に動くのを願いながら、トレードがうまくいくことを祈りな

がら、この時間まで待つのだ。これはたまにはうまくいくこともあるが、同じ罠にはまり、同じ動きを待っているトレーダーが多すぎるため、ほとんどはうまくいかない。そして16時15分が近づくにつれ、選択の余地はなくなる。つまり、ポジションを手仕舞いせざるを得ないのだ。沈みゆく船上のネズミのように、全員が出口めがけて走り出すというわけだ。買っている人は全員が売りに走り、売っている人は全員が買い戻しに走る。

　ここで注意しなければならないのは、16時以降は流動性が極端に低下するという点だ。16時から16時15分の流動性が極端に低下する時間帯に彼らがワッと押し寄せるわけだから、クロージングベル直前の数分間、市場は異常に大きく動く。もちろん彼らの思惑とは反対方向に。毎日同じことを繰り返す彼らを見ながら、いつかは気づくだろうと思っていた。ところが一向に気づく様子はない。しばらくして、私は彼らのそばに座って彼らと逆のことをやってみた。彼らがわめいている横で、私は利益を上げていた。このとき私が使ったセットアップは今でも有効であり、私はほぼ毎日このセットアップを使っている。フィレミニヨンのあとで飲むシングルモルトウイスキーは格別な味だが、このセットアップはその日のトレードを締めくくる最高の方法だ。

買いのトレードルール（売りはこの逆）

　これはフェードプレー（逆張り）だ。15時30分に市場が反転したら、22分後の15時52分にその動きと反対方向に仕掛ける。

1．私はこのセットアップはＥミニS&P500先物とミニダウ先物で使う。
2．インディケーターなど一切ない１分足チャートを見る。
3．15時30分に先物の動きをチェック。この例では、先物市場は15時

30分から上昇し始めている。

4. 15時52分に成り行きで売る。具体的には、15時52分の１分足の始値で売る。これは、15時30分の時点の価格からＥミニS&P500の場合は１ポイント以上、ミニダウの場合は10ポイント以上上昇していることが条件となる。この条件を満たしていない場合はトレードは見送る。

5. ＥミニS&P500の場合は２ポイント、ミニダウの場合は20ポイントの位置に損切りを置く。トレーリングストップは使わない。

6. 16時13分までポジションを保持し、この時点で成り行きで手仕舞う。厳密に言えば16時15分まで保持できるが、オーバーナイトしたくないので２分の余裕を持ってポジションを手仕舞う。２分の余裕を持つことでたとえパソコンに支障が生じた場合でも、ブローカーに電話してポジションを手仕舞うことができる（そのため、私は電話がすぐにつながるブローカーを使っている）。

7. ミニダウの場合、取引終了時間は17時だが、ＥミニS&P500先物の取引終了時間に合わせて16時13分にポジションを手仕舞う。したがって、16時15分にはその日のトレードは終了し、もう休憩に入っている。

ＥミニS&P500──2004年12月限（2004年10月14日）

1. 2004年10月14日、15時30分にS&P500は上昇し始める。15時30分から上昇しているので、15時52分に売る予定だ（**図16.1**を参照）。１分足を見ると、15時51分の足が1104.75で引けて、15時52分の足が1104.50で寄り付いている。動きの方向とは反対の成り行きで売る。執行価格は1104.50。1106.50に２ポイントの損切りを置く。

2. 15時30分の上昇で飛びつきトレードしたトレーダーは今ごろは水面下に沈み始めていることだろう。ポジションの保有期間が長く

図16.1

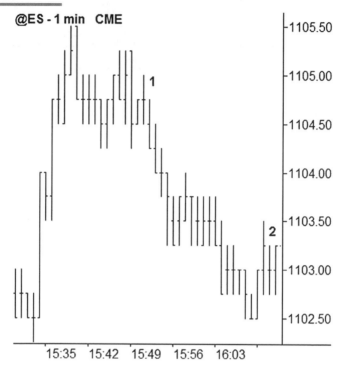

なるほど神経質になるため、損切りに引っかかるか、成り行きで投げてきたりする。これによって、市場はさらに下落する。16時13分、1分足は1103.00で寄り付く。16時13分は私のタイムストップ発動の時間なので、ここで成り行きで買い戻して、1.50ポイントの利益を確保。このプレーの良い点の1つは、時間制限があることだ。つまり、仕掛けてから21分後に手仕舞うことが最初から決まっているということである。また大きな動きを狙わなくても良い点も気に入っている。最初から小利しか狙っていないので、市場が思惑と反対方向に動いた場合でも損切りに引っかかることはまずないため、ごくわずかな損失で食い止めることができる。

図16.2

Eミニ S&P500──2004年12月限（2004年10月4日）

1. 2004年10月4日、市場は15時30分から15時52分にかけて売られる（**図16.2**を参照）。市場がこの反転ポイント（15時30分）から売られ始めているので、この動きの反対である買いを行う予定。あとは仕掛け予定時間の15時52分を待つばかりだ。15時52分、1136.00で成り行きで買って、1134.00に損切りを置く。このフェードプレーのためになぜ15時52分まで待つのかというと、長期にわたって試行錯誤を重ねた結果、この時間が仕掛けるベストタイムであることが分かったからだ。15時50分より15時52分に仕掛けたほうが

第2部　先物、株式、オプション、FX、仮想通貨のためのデイトレードとスイングトレードの最高のセットアップ

良いことを数学的に証明することはできない。それはブロンドと
ブルネットのどちらが好きかを問うようなものだ。人によって好
みは異なるが、問題は選んだものが自分にフィットして、それで
うまくいくかどうかである。

2．その後、市場は横ばい状態になる。16時13分、1135.50で成り行き
で手仕舞って、0.50の損失を出す。このプレーでは損切りに引っ
かかることがめったにないことに注目したい。このセットアップ
では損失を出したが、損失額は小さい。

Ｅミニ S&P500──2004年９月限（2004年７月27日）

1．2004年7月27日、市場は15時30分から15時52分にかけて上昇（図
16.3を参照）。15時51分の足は1094.75で引けた。次の足の始値で
成り行きで売る。執行価格は1094.75。1096.75の2ポイントの位置
に損切りを置く。

2．その後、市場は下落。16時13分の足は1093.25で寄り付く。成り行
きで買い戻して、1.50ポイントの利益を得る。

Ｅミニ S&P500──2004年９月限（2004年７月28日）

1．2004年7月28日、15時30分から市場は上昇。15時52分に1096.75で
売る（図**16.4**を参照）。1098.75の2ポイントの位置に損切りを置
く。

2．その後、市場は1094.75まで下落し、そのあと再び上昇を始める。
16時13分、1096.50で買い戻して0.25ポイントの利益を得る。

554

第16章 15時52分プレー

図16.3

Eミニ S&P500──2004年9月限（2004年7月29日）

1．2004年7月29日、市場は15時30分から15時52分にかけて売られる（**図16.5**を参照）。15時52分、成り行きで買う。執行価格は1099.00。1097.00に損切りを置く。
2．16時以降、市場は上昇し始める。16時13分、成り行きで売る。1100.50で執行されて、1.50ポイントの利益を得る。

555

図16.4

ミニダウ——2004年9月限（2004年7月1日）

1．このプレーはミニダウにも使える。特にどちらの市場が好みというわけではない。ミニダウの出来高はＥミニS&P500より少ないため、ミニダウ市場の16時から16時15分の間の動きはＥミニS&P500より若干大きくなる場合があり、それがこのトレードセットアップには有利に働く。2004年7月1日、ミニダウは15時52分に向けて売られているので、買う。執行価格は10311ドル（**図16.6**を参照）。10291ドルの20ポイントの位置に損切りを置く。

2．16時以降、市場は買い戻しによって上昇し始める。16時13分、

図16.5

10322ドルで売って、11ポイントの利益を得る。

ミニダウ──2004年12月限（2004年9月13日）

1．2004年9月13日、ミニダウは15時30分から売られ始めたので、15時52分に成り行きで買う。執行価格は10309ドル（**図16.7**を参照）。10289ドルに損切りを置く。市場が下落したあと安定して、15時40分辺りで上昇し始めるという状況は、このプレーを説明するのに打ってつけの状況だ。15時52分に向けて上昇しているので、売るべきではないのかと思う人がいるかもしれないが、それはノーだ。

図16.6

注目しなければならないのは15時30分からの動きである。トレーディングルームの友人たちの話を覚えているだろうか。彼らは15時30分からの動きを見て、待った揚げ句にようやく仕掛けた。この例で言えば、彼らが売ったのは動きの底だ。そして取引時間終了まで買い戻しを続けて損失を出す。このプレーにおける私の経験則は、はっきりしない場合はトレードはしない、だ。例えば、取引時間終了1時間前まで動きがなく、15時30分の時点でリアクションがないような場合はトレードはしない。このセットアップは明確でないかぎり存在しないものとみなさなければならない。通常、5日のうち4日ははっきりとしたセットアップが現れる。

図16.7

2．彼らの買い戻しは取引終了時間まで続く。一方、私のほうは16時13分に10321ドルで手仕舞って12ポイントの利益を得る。このトレードは2004年9月限でやってもよかったのだが、9月限は9月17日の金曜日に納会を迎える。ロールオーバー（乗り換え）の週には次の限月が最も盛んに取引される。納会は9月17日の金曜日なので、9月9日木曜日に最も盛んに取引される期先は12月限になる。ロールオーバーの週は、どちらの限月も盛んにトレードされるが、出来高は次の限月のほうが多くなるため、トレーダーとしては納会前の週の木曜日には次の限月の取引をしたくなるのが普通だ。

図16.8

ミニダウ──2004年12月限（2004年9月14日）

1. 2004年9月14日、15時30分辺りから市場は売られ始める（**図16.8**を参照）。15時30分の時点で売られているので、予定の仕掛け時間でのトレードは買いだ。15時52分の予定仕掛け時間に成り行きで買う。執行価格は10318ドル。10298ドルの20ポイントの位置に損切りを置く。
2. 16時13分、10324ドルで売って6ポイントの利益を確保。このトレードはスキャルピングとスイングトレードとの大きな違いを浮き彫りにするものだ。この種のトレードでは住宅ローンは賄えない

図16.9

が、次にスターバックスに行ったときにはエスプレッソのお代わりくらいはできる。つまり、スキャルピングは月々の収入を稼ぐためのトレードで、スイングトレードは財産を築くためのトレードということである。

ミニダウ──2004年12月限（2004年9月24日）

1. 2004年9月24日、ミニダウは15時30分に売られ始める（**図16.9**を参照）。15時52分まで待ってから成り行きで買う。執行価格は10037ドル。10017ドルに損切りを置く。

図16.10

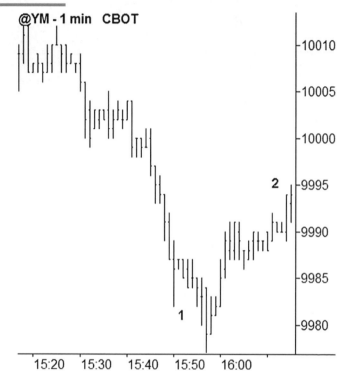

2. その後、市場は上昇。16時13分、10044ドルで手仕舞って7ポイントの利益を得る。

ミニダウ――2004年12月限（2004年9月27日）

1. 2004年9月27日、市場は15時30分に売られ始める（**図16.10**を参照）。追っかけをしている連中は全員売るだろうなぁ、と思いながら、予定の仕掛け時間が来るのを待つ。15時52分、成り行きで買う。執行価格は9988ドル。市場は依然として売りが続き、20ポイントの損切りの地点である9968ドルに近づく。

第16章　15時52分プレー

2．きっと今ごろは市場を追っかけて売った連中はこぞって買い戻し
始めていることだろう。その後、市場は上昇したものの、ブレイ
クイーブンまで戻すのがやっとだった。16時13分に売る。9990ド
ルで執行されて、２ポイントの利益を得る。スターバックスでは
あまり贅沢はできないものの、オフィスへは宙返りでもしながら
帰りたい気分だった。

ミニダウ──2004年12月限（2004年10月６日）

1．2004年10月６日、市場は15時30分に売られ始め、おおよそ10分後、
横ばいに入ったが、その後、急上昇し始める（**図16.11**を参照）。
15時30分からの動きが下落だったので、その逆をとってここは買
いだ。15時52分、成り行きで買い、10220ドルで執行される。10200
ドルの20ポイントの位置に損切りを置く。

2．15時30分時点の下落を追っかけたトレーダーは今ごろはみんなズ
タズタだろう。彼らの窮状が私に利益をもたらすというわけだ。16
時13分に売る。10239ドルで執行されて19ポイントの利益を得る。
今日のこの最後のトレードでは、オフィスの全員にスターバック
スでおごってあげられるほどの利益を上げた。いや、これはけっ
して冗談なんかじゃない。こんな日にスターバックスに行くと、そ
この従業員たちはこうささやき合う。「親分のお出ましだぜ」って
ね。いまどき５人で行って香りのついた水をたった20ドルで飲め
るコーヒーショップがほかにあるだろうか。株を買っておくべき
だったか。といっても、また身ぐるみはがされようってわけじゃ
ない。ただ、自分の投資価値を高めたいだけだ。だれかの言葉が
あったなぁ。そうそう、「否定（ディナイアル）ばかりがエジプト
の川ではない」だ（最近では私はハーブティーを注文する。これ
が間違いの元なんだが）。

563

図16.11

ミニダウ──2004年12月限（2004年10月8日）

1. 2004年10月8日、市場は15時30分から15時52分にかけて上昇。15時52分の時点で成り行きで売り、執行価格は10049ドル（**図16.12**を参照）。10069ドルに損切りを置く。損切りまであと8ポイントの位置まで上昇するが、そこで反転。
2. 16時13分、買い戻す。10037ドルで執行されて、12ポイントの利益を得る。

図16.12

ミニダウ──2004年12月限(2004年10月13日)

1. 2004年10月13日、15時30分から市場は急上昇。15時52分になるや否や、ボストン・レッドソックスが7回裏に3-0からヤンキースを逆転したあともう勝った気分でビールを飲む気の早いレッドソックスファンよりも早く、売る(**図16.13**を参照。余談だが、10月18日、私はホームベースから6つ後ろの席でこの試合を観戦した。試合は4回に入っていた。結局、この日の試合は延長14回まで行き、人生で最も忘れがたい試合になった)。執行価格は9994ドル。10014ドルに損切りを置いた。

図16.13

2．その直後から市場は下落。16時13分に9984ドルで買い戻し、10ポイントの利益を得る。

15時52分プレーのまとめ

　15時52分プレーはシンプルで効果的なのが持ち味だ。これは、15時30分の反転からの動きを追う大衆に向かうプレーだ。好きかどうかは別にして、先物取引はゼロサムゲームだ。だれかが勝ち、だれかが負ける。15時52分プレーはいわばトレーダーの感情をうまく利用したプレーと言ってもよいだろう。勝者と敗者が明確に分かれるプレーでも

ある。

　本章は第1版以降、ほとんど変更されていない。本章は私にとって非常に重要な章だ。なぜならこのセットアップはトレードの現実を示していると言えるからだ。つまり、トレードでお金を儲けようと思ったら、ほかの人から奪うしかない、ということである。このセットアップは、他人からお金を奪えるのはなぜか、を明確に示している。これを否定しても始まらない。私たちはトレーダーであって、聖人ではない。私たちは自分たちが習得したスキルでほかの戦士と戦っているのだ。

　このセットアップには若干の変更が必要だ。今、私の日々のニュースレタービデオではこのセットアップは「その日の終わりのプレー（end-of-day play）」と呼んでいる。理論は同じだが、内部要因が含まれるように若干微調整している。なぜ微調整が必要なのか。実はこのセットアップは本のなかで説明するようなものではない。これは出来高を伴わないセットアップで、多くの人が出来高を伴わないセットアップにこぞって参入すれば、その効果は希釈される。この点がこのセットアップと本書に出てくるほかのセットアップとの違いだ。ほかのセットアップは出来高を伴うものだ。しかし、このセットアップは少ない出来高を利用して、トレーダーをパニックに陥れポジションを手仕舞うように仕向ける。私はたとえこのトレードの負ける側にいたとしても、このセットアップのシンプルさを尊重する。だれかが利益を得れば、だれかが痛みを感じる。何事もきれいごとでは済まされないのだ。

　この最新情報については、https://www.simplertrading.com/ を参照してもらいたい。https://www.simplertrading.com/tradingtheclose/では無料ビデオを視聴することができる。私がこのセットアップをどうプレーしてきたかを知ることができるだけでなく、アップデートバージョンも提供しているのでぜひ利用してもらいたい。

第**17**章

ホープ・アンド・ロープ・プレー──潰されることなくトレンドの転換をとらえよ

HOLP and LOHP -- Catching Trend Reversals Without Getting Smashed

安いから買う、高いから売るは危険──ただし例外がある

　金融市場で何より重要なのは、今の値動きはただ１つの事柄によって決まるという事実である。その１つの事柄とは、人々が今進んで支払おうとする価格である。ストキャスティックスが買われ過ぎを示している、MACD（移動平均収束拡散法）が反転して売りサインを示している、市場が移動平均線をブレイクして行きすぎている、といった具合に、反転を示すサインはいろいろあるが、どういったインディケーターであれ、サインが出たからといって市場は必ずしも反転するわけではない。確かに反転する可能性は高いが、必ず反転するとは限らない。極端な買われ過ぎや売られ過ぎを示す数値が出ているときでも、上昇トレンドや下降トレンドが長く長く続く場合もある。1999年、買われ過ぎ期間が何カ月も続き、2000年と2001年には売られ過ぎ期間がそれこそ永久に続くのではないかと思われるくらいに続いた。2008年の金融危機のとき、株式（例えば、リーマンブラザーズ）のなかには極端に売られ過ぎが続いたため、消滅したものもある。下落途中で、「これは割安だ！」と叫んだ人は、痛みの意味をイヤというほど学んだはずだ。

569

第2部　先物、株式、オプション、FX、仮想通貨のためのデイトレードとスイングトレードの最高のセットアップ

「割安に思えたから」株を買ったが、日に日に下落し続けるばかりだという人々の体験談は、ほぼ毎日のように聞かされる。なかでもエクソダス・コミュニケーションズ（EXDS）やワールドコム（WCOM）は短期間で大暴落した株の代表格だ。下落途中でこういった株を買った人々はフラストレーションに耐えかねて売らざるを得ないはめに追い込まれたか、あるいはこちらのケースのほうが多いのだが、この惑星で最も確実な売りシグナル——つまり、企業が破産宣告して株価がゼロになる——でトレードに終止符を打ったかのいずれかだ。この逆のケースももちろんある。つまり、「高すぎるように思えたから」という理由で売った人の体験談もよく聞く。彼らが売った株はその直後から暴騰を始め、結局は破産に追い込まれるというショッキングな経験を彼らは味わったわけである。

　売りに関して言えば、「無限大」の損失の可能性を理由に、ブローカーが口をそろえて売りは危険だと言うのは妙な話だ。株価がゼロになるのは何度も見たことがあるが、無限に上昇した例はいまだかつて見たことがない。ブローカーやトレード会社は一般投資家の反対サイドのポジションを取ることで生計を立てているのだ。

　トレードでは、「安すぎる」とか「高すぎる」という理由だけで、落ちるナイフをつかもうとしたり（激しく売られているときに買う）、貨物列車の前に飛び出したり（急騰しているときに売る）といった行為は賢い行為とは言えない。では、生命や手足切断の危険を冒すことなく、市場の反転をつかむにはどうすればよいのだろうか。

　そこで出番となるのがこのセットアップだ。天井や底を当てるためのこの方法は、トレードで最も重要な唯一無二の要素——つまり価格——をベースにしたものだ。

第17章　ホープ・アンド・ロープ・プレー

売りのトレードルール（買いはこの逆）

　これは反転プレーだ。このプレーでは、このセットアップが確認できたときのみに高値で売って、安値で買う。私の場合、このプレーは主としてスイングトレードで用いるが、デイトレードのような短い時間枠を含め、どういった時間枠でも使える。HOLPとLOHPはそれぞれ、「High Of the Low Period」と「Low Of the High Period」の頭文字をとったもので、「ホープ（HOPE）」および「ロープ（LOPE）」と読む。

1．直近20日（または20期間）の最高値を付けたトレンドのある銘柄を見つける。経験から言えば、直近17日または直近18日（17期間または18期間）の最高値でもオーケーだ。要するに、トレンドが形成されていることが確認できればよいのであって、そういう市場を見つけたら、トレンドの反転で仕掛ける、というのがこのプレーの特徴だ。

2．上昇トレンドの場合、高値の足を見つける。通常は現在の足が高値の足になることが多いが、2〜3本前の足が高値になることもある。ここで言う「高値の足」とは、価格が全体的に上昇しているなかで、日中の価格が最も高い足のことを意味する。

3．高値の足を見つけたら、価格がこの高値の足の安値を下回ったら売る（「高値の足の安値」を3回早口で言ってみよう）。

4．最初の損切りは高値の足の高値の位置に置く。高値の足から3日（3期間）目にまだポジションを保持していれば、2バートレーリングストップ（直近2本の足の高値や安値に損切りを移動させる）をスタートする。現在の足が2バートレーリングストップの価格水準を上回って引けたら手仕舞う。

5．プレーの最中に押しや戻りが発生した場合、2バートレーリング

571

第2部　先物、株式、オプション、FX、仮想通貨のためのデイトレードとスイングトレードの最高のセットアップ

ストップは市場が再び元のトレンドに戻るまで移動させないで現在の「損切り足」の位置にそのまま止め置かなければならない。再び元のトレンドに戻ったら、2バートレーリングストップを再開する。こういったケースはそれほど頻繁に発生することはない。この説明文だけで、あとは自分で判断しなさいとは言わないので心配は無用だ。こういった例は実例を使って説明するのが一番だ。特に一番最後の例（**図17.13**）では詳しく説明する。

このセットアップはどんな市場、どんな時間枠でも使える。私は個別株とその株式オプションと株価指数先物、FX市場の60分足チャートと日足チャートでこのプレーをよく使う。

Ｅミニ S&P500──2004年12月限（2004年10月７日）

1. **図17.1**はＥミニ S&P500 先物の日足チャートを示したものだ。このチャートでは仕掛け方について説明する。まずは仕掛け方をしっかり理解し、手仕舞い方についてはそのあとで説明する。このトレードの仕掛け方を理解するのは重要だ。1の陽線が上昇トレンドにおける「高値の足」だ。この高値の足の安値は1133.50で、高値は直近20日の最高値である。S&P500が最後にこの水準を付けたのは2004年７月１日だった。

2. 2の陰線が高値の足の安値を下回っているので、この日の終値で仕掛ける。執行価格は1131.50。このトレードではチャートで示されている期間中に手仕舞いシグナルが発生しなかったため、手仕舞いについてはここでは説明しない。ここでたいていは質問が飛んでくる。その１つは、「高値の足の安値を下回ったら、その足が引けるのを待たずにすぐに仕掛けてもいいのか」という質問だ。答えはイエスだが、トレードするに値するかどうかは足が引けるま

572

図17.1

で分からないので、できれば引けまで待って仕掛けたほうが無難だ。実は私自身、引けるまで待たないで仕掛けることがよくあるのだが、ほとんどは高値の足の安値を上回って引ける。それではトレードは台無しだ。つまり、引けまで待つことで、反転が本物であるという確証が得られるのだ。よく聞かれるもう1つの質問は、仕掛けポイントと高値の足の見つけ方についてである。当然ながら、どの足がトレンド反転の高値の足になるかについては、価格が実際に高値の足の安値を下回るまで分からない。この足が高値の足になるのだろうか。あるいは、次の足が高値の足になるのだろうか。それはだれにも分からない。とにかく新しく形成される足をずっと監視しているしかない。高値の足を見つけたら、次

第2部 先物、株式、オプション、FX、仮想通貨のためのデイトレードとスイングトレードの最高のセットアップ

の足の終値が高値の足の安値を下回るかどうかに注意する。次の足が高値の足を上回ったら、この上回った新しい足が高値の足になる。要するに、売りの逆指値注文を仮想的に移動させているわけである。価格が上昇し続けている間は、仕掛けの候補の価格も上昇し、価格が高値の足の安値を下回ったら初めて、その足の終値が実際の仕掛け価格になるというわけだ。考え方としては実に簡単だが、このセットアップに馴染みのない人々にとって、この概念を本当に理解するには実例がいくつか必要なようだ。それでは別の例を見てみることにしよう。

Ｅミニ S&P500——2004年12月限（2004年10月７日）

1. このＥミニS&P500の日足チャート（**図17.2**）は**図17.1**と同じものだが、今回は安値からの反転でトレードする例だ。１の足は９月末に付け、この値動きのなかで最安値を記録している。これは直近20日の安値ではなく直近18日の安値だが、まったく問題はない。終値が安値の足の高値を上回った時点で買おうと思っている。この日の高値は1112.50だ。

2. 翌日の足はこの安値の足の高値を上回って引けたので、現物の日中取引終了時間である16時直後に仕掛ける。執行価格は1115.25。最初の損切りを1100.00を少し上回る足１の安値の位置に置く。

3. このトレードを始めて７日たった。３で前の２本の足の安値を下回って引けたので、16時直後に1132.25で手仕舞い、17.00ポイント（１枚当たり850ドル）の利益を得る。注意してもらいたいのは、この買いポジションの手仕舞いと同時に、新たに売りを仕掛けていることだ（**図17.1**）。毎回、こうとは限らないが、時にはこういうこともある。

574

図17.2

ミニダウ──2004年9月限（2004年8月6日）

1. 2004年8月6日、ミニダウは今のトレンドにおける安値を更新したあと、上昇に転じる（**図17.3**を参照）。これは安値の足なので、価格がこの足の高値をブレイクした時点で買おうと思っている。
2. 7日後の8月17日、ついにこの安値の足の高値を上回って引けたので、引け後に仕掛ける。執行価格は9974ドル。最初の損切りをこのトレードを仕掛ける引き金になった足の安値の位置に置く（おおよそ9770ドルの位置）。2日経過してから、2バートレーリングストップをスタート。
3. 8月26日、2バートレーリングストップを置いた足の終値を下回

図17.3

って引けたので、10121ドルで手仕舞って、147ポイント（1枚当たり735ドル）の利益を得る。

ミニダウ──2004年9月限（2004年6月23日）

1．2004年6月23日、ミニダウ先物で高値の足が発生（図17.4を参照）。この高値の足の安値は10343ドル。
2．6月28日の2で、ミニダウは高値の足の安値を下回って引ける。この日の終値で売る。10329ドルで執行される。高値の足の高値に最初の損切りを置く。2日経過してから、2バートレーリングスト

図17.4

ップをスタート。このトレードの手仕舞いシグナルは、終値が2
バートレーリングストップ水準を上回ってからであることに注意。
3．7月27日の3の終値で手仕舞う。10061ドルで執行されて、268ポ
イント（1枚当たり1340ドル）の利益を得る。

Eミニナスダック——2004年9月限（2004年8月13日）

1．2004年8月13日、Eミニナスダックで安値の足が発生。その高値
は1317.50（**図17.5**を参照）。
2．8月16日、2で安値の足の高値をブレイクしたので、この日の終

図17.5

　　値で仕掛ける。執行価格は1322.00。
3．8月30日、3の終値で手仕舞う。1367.00で執行されて、45ポイント（1枚当たり900ドル）の利益を得る。

Eミニナスダック──2004年9月限（2004年6月30日）

1．2004年6月30日、Eミニナスダックの日足チャートで高値の足が発生。その安値は1506.00（**図17.6**を参照）。
2．7月1日、2で高値の足の安値をブレイクしたので、この日の終値で仕掛ける。執行価格は1494.00。

図17.6

3．Eミニナスダックが売られ続けているので、2バートレーリングストップをスタート。7月29日、トレーリングストップを上回って引けたので、3の終値で手仕舞う。1401.50で執行されて、92.50ポイント（1枚当たり1850ドル）の利益を得る。

30年物Tボンド──2004年9月限（2004年7月28日）

1．2004年7月28日、Tボンドで安値の足が発生。その高値は106 26/32。1が安値の足（**図17.7**を参照）。

2．7月29日、2で安値の足の高値をブレイクしたので、この日の終

図17.7

値で仕掛ける。執行価格は106 31/32。

3．トレーリングストップを開始。8月23日、3の終値で手仕舞う。執行価格は110 16/32。Tボンドは1ポイントが1000ドルに相当する。したがって、3 17/32ポイントは1枚当たり3531.25ドルに相当する。

FX市場──EUR/USD（2004年12月31日）

1．2004年12月31日、EUR/USDは高値の足の安値を下回って引ける

図17.8

（**図17.8**を参照）。売りを仕掛けて、1.3553ドルで執行される。
2．その後、市場は5日続けて下落を続け、底を付ける。1月12日、損切り注文に引っかかったので1.3254ドルで手仕舞って、299ピップス（1枚当たり2999ドル）の利益を得る。
3．2月4日、おおよそ直近20日の安値を更新し、このセットアップの候補として有望な足が発生。2月9日、この安値の足の高値を上回って引けたので買う。執行価格は1.2803ドル。
4．その後、市場は上昇を続け、3月1日に2バートレーリングストップに達する。1.3186ドルで手仕舞って383ピップス（1枚当たり3860ドル）の利益を得る。

図17.9

グーグル（GOOG）──2004年9月2日

1. 2004年9月2日、1で安値の足が発生。その高値は102.37ドル（図17.9を参照）。この安値の足の安値は直近20日の安値ではないが、グーグルは11日前の2004年8月19日に上場したばかりなので、この足を安値の足とする。
2. 9月10日、2で安値の足の高値をブレイクしたので、この日の終値で仕掛ける。執行価格は105.33ドル。
3. トレーリングストップを開始。10月12日、3の終値で手仕舞う。136.55ドルで執行されて、30ポイントをわずかに上回る利益を得

図17.10

トラベルズー（TZOO）──2004年8月30日

1. 2004年8月30日、1で安値の足が発生。その高値は42.37ドル（図17.10を参照）。
2. 8月31日、2で安値の足の高値をブレイクしたので、その日の終値で仕掛ける。執行価格は45.00ドル。
3. 9月28日、3の終値で手仕舞う。執行価格は56.42。これは振り返ってみれば、日中に2バートレーリングストップをブレイクした

時点で手仕舞っていたほうが「賢明」だったと思えるトレード例だ。そうすれば70ドル付近で手仕舞いできていただろう。しかし、このプレーを両方の方法でやってみたのだが、日中の損切りで手仕舞えばまだ動く余地のあるポジションを早々に手仕舞ってしまうことになる場合が多いことが分かった。これは終値で手仕舞ったのだが、それでも12ポイント近い利益が出た。

エクセル・マリタイム・キャリアーズ（EXM）──2004年9月2日

1. 2004年9月2日、1で安値の足が発生。この高値は23.50ドル（**図17.11**を参照）。
2. 9月3日、2で安値の足の高値をブレイクしたので、この日の終値で仕掛ける。執行価格は24.21ドル。
3. 9月15日、トレーリングストップに達したので3の終値で手仕舞う。38.00ドルで執行されて、14ポイント近い利益を得る。ストップに達した直後、市場は急騰し、わずか3日でさらに30ポイント上昇したので、これもまた「振り返ればもう1つの方法のほうがよかった」と思えるケース。

FX市場──EUR/GBP（2005年6月16日）

1. これは自分のセットアップに従うことがいかに重要であるかを示す好例だ。6月16日、EUR/GBPは安値を更新。その翌日反転して安値の足の高値を上回って引けたため買いシグナルが発生（**図17.12**を参照）。
2. ここで買いを仕掛ける。同じオフィスの別のトレーダーグループもここで買いを仕掛ける。執行価格は0.6709ポンド。

図17.11

3. 反転して、2バートレーリングストップを下回って引ける。6月23日の3で0.6632ポンドで手仕舞って、77ピップスの損失。この足は安値を更新したので、このセットアップの新しいシグナルになる。

4. 6月29日の4で、再び安値の足の高値を上回って引けたので0.6680で仕掛ける。同じオフィスの別のFXトレーダーは、最初の損失がかなり応えたらしく、このセットアップは見送った。

5. その後、EUR/GBPは急上昇して、7月13日の5で2バートレーリングストップに引っかかる。0.6851ポンドで手仕舞って、171ピップスの利益を得る。この例は、自分の感覚でセットアップを選

図17.12

別してはならないことをよく示している。前のセットアップで損が出ていれば、新米トレーダーの多くは前のプレーの記憶が呼び起こされて、次のセットアップは控えようとするだろう。しかし、次のトレードがどうなるかは私たちの感情とは無関係だ。次に市場が何をしようとしているかなんて、だれにも分からないのだ。私たちにできることは、セットアップに素直に従うことだけだ。これで食べていくには、何があってもセットアップに従うという決意が必要だ。

FX市場——GBP/USD（2003年8月29日）

1. この例は、再び元のトレンドに戻るまで損切りの位置を変えないことを述べたルール5の重要性を認識させられる例だ（**図17.13**を参照）。前にも述べたように、こういったケースは頻繁には発生しないが、時折発生する。この実例で理解を深めてもらいたい。**図17.13**はGBP/USDの週足チャートを示したものだ。週足チャートを用いるのは、マクロなトレンド転換をとらえるのに便利だからであって、これがビッグプレーにつながることもある。長い時間枠では損切りの位置が遠くなるので、ポジションサイズを正確に設定することが重要だ。それではチャートを見ていくことにしよう。2003年8月29日の週に安値の足が発生している。その安値の足の安値は1.5620ドルだ。その翌週、価格がこの水準を下回り1.5612ドルまで下落し、また新たな安値の足が発生する。これは週足なので、行動を起こすのはその週の最後でなければならない。こうしたプレーはかなりの忍耐力を要する。

2. 2で安値の足（9月12日に終わる週の足）の高値を上回って引けたので、仕掛ける。執行価格は1.6037ドル。

3. 次の週から数週間にわたって、GBP/USDは急上昇。11月9日の週の3の途中で、価格は2バートレーリングストップを下回るが、その後再び上昇し安値を30ピップス上回って引ける。このとき2バートレーリングストップを次の足に移動させていたなら、価格はすでにその新しい損切りを下回っているので手仕舞いさせられていただろう。これがルール5で述べていることだ。このケースのように押しが発生した場合、私はルール5に従って、ストップをそのままの位置に維持する。3付近に引かれた水平線がその位置だ。ストップは、損切りに引っかかるか、再び元のトレンドに戻って高値を更新するまで、この位置に維持する。

図17.13

4. 再び元のトレンドに戻ったあとで高値を更新したのが4だ。ここから2バートレーリングストップを再開する。
5. その後、GBP/USDは急上昇し、2004年3月5日に終わる週の途中で2バートレーリングストップに達する。仕掛けから実に6カ月近くたっている。ここで手仕舞って、2424ピップス（1枚当たり2万4240ドル）の利益を得る。このタイプのトレードはFX市場取引の醍醐味とも言えるだろう。5万ドル口座で100万ドルの利益が得られるのだから。もちろん、口座の全資産である5万ドルを失うリスクと背中合わせであることも忘れてはならない。しか

し、何事も困難であればあるほど面白みは増すものだ。

ホープ・アンド・ロープ・プレーのまとめ

市場の高値と安値を当てる方法には2通りある。間違った方法と、唯一の正しい方法の2つだ。高すぎるという理由だけで売るのは、自殺行為に等しい。犬が襲い掛かるときには何らかのシグナルを発しているものだ。これと同じように、市場も反転する前には何らかのシグナルを発する。あなたはただ市場を注意深く監視し、仕掛けのシグナルを見落とさないようにすればよいのだ。

このプレーの最新情報と仕掛ける前に動きを確認するほかの方法をダウンロードするには、https://www.simplertrading.com/timing/ にアクセスしてもらいたい。

第**18**章

推進プレー ── 株式、SSF、株式オプ ションのスイングプレー

Propulsion Plays -- Swing Plays Using Stocks, Single-Stock Futures, and Stock Options

個別株の大きな動きに備えよ

　ウォール街最大のリスクテイカーは長期投資家だと私は思っている。３年前に買った株式を、「長期的展望」とやらに基づいて彼らは後生大事に抱え続ける。その企業が鉛のパイプで債権者をたたきのめそうが、買ったときから株価が80％以上下落しようが、CFO（最高財務責任者）がマーサ・スチュワートとの密会現場をフォーカスされようが、お構いなしだ。たとえ火のなか水のなか、長期的展望を持ってじっくり構えていれば、最後にはすべてがうまくいくことを信じて疑わないのだ。終わりよければすべてよし、というわけだ。私もそれは否定しない。だがしかし、ここはシェークスピアの世界ではなく、ウォール街なのだ。

　私がこのことをはっきりと認識したのは2000年初期のことだ。最初はスーパーボウルだった。選手の名前すら覚えていないが、各種ドットコム企業の18のコマーシャルは鮮明に覚えている。各社がまるでしのぎを削るかのように30秒のCM枠にそれこそ１年分の宣伝文句をぎっしり詰め込んで自社をアピールしていたのが印象的だった。同じ時期、カリフォルニア南部で初めての「デイトレーディングエキスポ」が開催された。そして、うちの冷蔵庫が壊れたのもちょうどどこのころ

591

だ。冷蔵庫が壊れたこと自体が問題なのではない。問題はイエローページで探して依頼した修理屋だった。彼の仕事時間はきっかり84分だった。そのうち冷蔵庫の修理に費やしたのは最初の12分だけ。残りの72分は私へのレクチャーに費やされた。ナスダックのどの株が好きだとか、シスコの株がなぜ500ドルなのかといったことを、彼は延々と話し続けた。あごにつばを垂らして。そのことを教えてあげようと途中で止めようとしたが、彼は私に付け入る隙を与えなかった。彼がインターネット株の教義を唱えている間、私は当時の市場の白熱ぶりを知ると同時に、大暴落したときの恐ろしさを考えようとする人がまるでいないことに気づいた。今や人々は完全に信者と化し、追証がかかるまで株を保有し続けるのだろう。彼が帰るころには、私はもうチャートで高値の足の安値がブレイクされていないかどうかをチェックし始めていた。その日は下にブレイクした銘柄はなかったが、1カ月後、多くの銘柄でそれは起こった。

　私は今、新製品の開発で大化けしそうな新しい銘柄を懸命に探している。候補となる企業はインベスターズ・ビジネス・デイリー紙で探す。大儲けできそうな新しい会社を探すのだ。市場には、長期トレンドフォローの機会は買いと売りの両サイドでたくさんあるが、次のマイクロソフトを探すのは難しそうだ。万が一、そういった企業が見つかればすごいことだが、当面はセットアップ探しに専念するつもりだ。株式市場における私の「長期」戦略のほとんどはスイングトレードを中心としたものだ。そのなかでも特に気に入っているセットアップの1つが、推進プレー（と私は呼んでいる）というものだ。これは、ポジションの保有期間が数日から数週間のシステマティックなアプローチである。個別株は全時間帯の70％で狭いレンジを上下動して、次の大きな動きに向けてエネルギーを蓄えている。このアプローチでは、「休眠期間」をそろそろ終えて再び急騰か、急落しそうな銘柄を探す。

　このアプローチでは、日中に追っかけをするのではなく、急騰（買

いの場合）や急落（売りの場合）する前にポジションを建てておくのがポイントだ。というのも、株価指数では日中にトレード機会が発生することはほとんどないからだ。上昇セクターと下降セクターが混在するため、市場全体で見るとほとんど動きのない横ばい状態が続く。ただし、こういった期間でも、動いている銘柄は必ずある。こういった株を買って、数日から数週間にわたってポジションを保有するのだ。こうすることで、セットアップがまったく現れないときにわざわざ株価指数先物で日中トレードを仕掛ける必要はなくなる。動きが発生する前にポジションを建て、「小さな動き」が発生したらそれをうまく利用する。それがこのプレーのやり方だ。

このセットアップを使うのはほとんどが個別株だが、それを原資産とするSSF（シングルストックフューチャーズ）やオプションが存在する場合は、SSFやオプションでのプレーも考える。SSFは近年になって取引が開始されたばかりだ。そして、オプションのプレー方法を間違えているトレーダーが多い。したがって、まずはSSFと株式オプションの説明と、これらの商品の私の利用方法について簡単に見ておくことにしよう。

SSF取引のためのトレーダーズガイド

SSFは個別株を原資産とする先物取引のことを言う。今現在、先物が取引されている個別株はグーグル（GOOGL）、アマゾン（AMZN）、ペイパル（PYPL）、コノコフィリップス（COP）、マイクロソフト（MSFT）、マスターカード（MA）などを含め、おおよそ130銘柄ある。SSFは最近開発されたばかりの商品で、まだそれほど普及していない。SSFはヨーロッパなどの地域ではすでに解禁されていたが、アメリカ議会で承認されたのは2000年後半と比較的遅い。個別株以外にも、ETF（上場投資信託）にも先物取引が可能なものが多くある。先物取

引可能商品の全リストは、https://www.onechicago.com/ で入手できる。ワンシカゴ（One Chicago）は、CBOE（シカゴ・オプション取引所）、CME（シカゴ・マーカンタイル取引所）、CBOT（シカゴ商品取引所）のシカゴの3先物取引所のジョイントベンチャーである電子取引所だ。CBOTとCMEは今ではCMEグループの傘下にある。それでは、SSFの仕組みと、その利用方法について見ていくことにしよう。

こういった新商品に対するブローカーの取り組みは遅かったが、ここにきてようやく活性化し始めた。これらの商品は先物なので、取引するには当然ながら、先物口座を開設する必要がある。その前に、すべてのブローカーがこういった商品を取り扱っているわけではないので、取り扱いのあるブローカー探しが先決だ。しかるべきブローカーを見つけて先物口座を開いたら、あとは通常の先物と同じように取引すればよい。これらの商品は、ミニ株価指数先物同様、eCBOTとグローベックス（Globex）の2カ所で売買できる。

ミニダウやEミニS&P500などのミニ株価指数先物の限月が年4回なのに対し、SSFの限月は毎月だ。月コードを知らない人は、以下のコードを書き写して壁に貼っておこう。月コードはすべての先物に共通だ。

F＝1月
G＝2月
H＝3月
J＝4月
K＝5月
M＝6月
N＝7月
Q＝8月
U＝9月

V＝10月

X＝11月

Z＝12月

　トレードステーションでイーベイ（EBAY）のSSFの気配値を取り出すには、EBAY（原資産のシンボル）、1C（ワンシカゴ）、V（月コード）、05（年）と入力する（つまり、「EBAY1CV05」と入力する）。これはイーベイの2005年10月限SSFの気配値を意味する。

　SSFには魅力的な特徴がいくつかある。まず、「２万5000ドルのデイトレードルール」が適用されないことだ。このルールが適用された場合、例えば５万ドル口座を持つアクティブトレーダーで、オプショントレードに２万6000ドル使った人は、たちまち不運に陥る。ブローカーはオプション価値をトレーダーの資産とみなさないため、新たに株式やオプションを取引することができなくなるのだ。つまり、資産として「計算される」口座残高が２万5000ドルを割り込むため、新たな取引ができなくなるわけだ。これが２万5000ドルのデイトレードルールだ。まったく、トレーダー泣かせのルールである。その点、SSFの場合、「ジャスト・イン・ザ・マネー」オプションの価値が口座資産に反映されるうえ、「パターンデイトレーダー」や口座サイズに対する制約もない。そのほかの特徴は以下のとおりである。

●株式口座の場合、オーバーナイト取引のレバレッジは２：１で、金利はクレジットカードで月並みな額の買い物をした場合とほぼ同じ。一方、SSFは５：１のレバレッジが与えられ、金利はない。

●５：１のレバレッジとは、必要な証拠金が原資産の丸代金の20％であることを意味する。したがって、例えばIBMの株をSSFで１万ドル（100ドル×100株）買いたい場合、差し入れる証拠金はわずか2000ドルでよく、IBM1Cを95ドルで10枚（IBMの株式価値で９万5000ド

第2部　先物、株式、オプション、FX、仮想通貨のためのデイトレードとスイングトレードの最高のセットアップ

ルに相当）買いたい人は、1万9000ドル（9万5000ドルの20％）を
証拠金として差し入れればよい、といった具合だ。

●株を売る場合、アップティックルール（空売りするときは、直前の
取引価格より高値でしか売ることができない。ただし、このルール
はすぐに変更になる予定）が適用されるが、SSFの売りにはアップ
ティックルールは適用されない。しかし、株の空売りでもアップ
ティックルールの適用を受けないケースが増えているため、この特徴
の魅力は薄れつつある。

●SSF1枚は、株100株に相当。

●価格が1ポイント動くと、1枚当たり100ドルの損益が発生する。

●限月は毎月で、オプション同様、納会日は各月の第3金曜日。例え
ば、納会日に2月限を所有しているトレーダーは、納会日に2月限
を手仕舞い、3月限を買わなければならない。これを次限月への「乗
り換え（ロールオーバー）」と言う。納会をまたいでポジションを保
有した場合、現物の株式が口座に「引き渡される」ことになるが、乗
り換えのし忘れを心配することはない。ブローカーはこういった処
理はやりたくないので、納会前にポジションを手仕舞うようにしつ
こく電話してくるはずだ。

SSFについてよく質問されるのは、その取引量についてだ。今のと
ころ、SSFの取引はそれほど多くなく、これがトレーダーにとって不
安材料であることは確かだ。しかし、SSFの「実際の取引量」は原資
産の取引量がベースになることに注意してもらいたい。SSFのLMM
（リードマーケットメーカー）やMM（マーケットメーカー）はSSFを
売買したら、そのポジションを直ちにその原資産である現物株でヘッ
ジしたり、アービトラージすることで生計を立てている。そのため、原
資産の取引量と同じ量のSSFの注文は必ず約定させる。原資産は何百
万株と取引されているので、SSFの執行には何ら問題はない。かつて、

596

SSFをトレードしているのが私だけという日が何日かあったが、仕掛けも手仕舞いも問題なく行うことができた。SSFの取引量は着実に増えつつあるので、今ではこういった日はめったにないが、SSFのトレードで利益を上げたのが世界中で私ただひとりだったことを知ったときにはうれしくなったものだ。

　もう1つよく聞かれるのがスプレッドに関する質問だ。注文がまったく入らなければ、LMMやMMはスプレッドを広いままにしておく。これは彼らが互いに反対売買することを防ぐためだ。しかし実際の注文が入ると、彼らはビッドアスクスプレッド（買い気配値と売り気配値の差）を原資産のビッドアスクスプレッドに合わせて狭める。だから、SSFは成り行き注文では絶対にやらない。原資産価格をチェックし、その価格をベースに指値注文する。

　SSFについてのこのほかの注意点は、今の時点ではチャートはあまり役に立たないということだ。取引量にばらつきがあるので、チャートはあまりきれいではない。今のところは、原資産である現物株のチャートを作成して、原資産に基づいてSSFの投資判断をするのが最も無難だ。私は、原資産である現物株のチャートを作成して、その現物株とSSFの両方の気配値をチャートの下に記入する。こうすれば現在の買い指値と売り指値は一目瞭然だ。ただし私の場合、SSFのほとんどはスイングトレードなので、日中はチャートを見ることすらしない。現物株のチャートをベースに前の晩に指値注文を出し、その日の終わりに注文が執行されたかどうかをチェックするという方法をとっている。

　この後、eベイとクアルコムの実例を使って実際の取引を見ていくが、その前にオプションについて簡単に説明しておこう。

第2部　先物、株式、オプション、FX、仮想通貨のためのデイトレードとスイングトレードの最高のセットアップ

個別株オプションの唯一のプレー方法

　この項目は、読者のみなさんがオプションとは何かとか、その仕組みについての基本的な知識があることを前提に話を進めていく。オプションのことを知らない人でも心配は無用だ。オプションを詳しく説明しているウエブサイトは山ほどあるので、そういったサイトを利用して知識を仕入れればよい。またオプションをやろうと思っている人には、オプションについて書かれた書籍を読むことをぜひお勧めする。ここではオプションの概要と、私がトレードプランにオプションをどう組み込んでいるかについて簡単に述べるにとどめる（この第3版ではオプションについての章［第4章］を新たに加えた）。

　オプション戦略には複雑なものがたくさんあり、トレーダーの多くは「確実に利益を得る」ための完璧な戦略探しに多くの時間を費やす。オプション戦略が最も効果的なのは市場がレンジ相場で推移しているときだ。まあ、市場はほとんどの時間帯でレンジ相場で動くのが一般的だが。しかし、急に暴騰したり暴落することも必ずあり、そんなとき人々は慌てる。1990年代中ごろの数年間、ネイキッドプットを売って大儲けしたトレーダーやファンドがたくさんいた。ネイキッドプットとは、オプションの売り手が原資産の売りポジションを保有していないプットオプションのことを言う。オプションが権利放棄されれば、プレミアム（オプション価格）がそのまま彼らの利益になる。その当時、この「素早く金持ちになれる驚くべき」トレード戦略を発見した「億万長者になったタクシードライバー」を描いた書籍が書店の棚ににわかに並び始めた。そして、その日――1997年10月27日――がやってくる。

　1997年10月の1カ月間、市場はずっと下落を続け、多くのタクシードライバーと総資産額が数億ドルの大手ファンドはネイキッドプットをせっせと売った。そのファンドと取引していたブローカーは不安にな

図18.1

った。相場がそれ以上下落すれば追証を請求しなければならないほどポジションが不利な方向に膨らんでいたからだ。ファンドが使っている戦略のことをよく理解していなかったブローカーは、ほかのトレーダーに電話をして、次の1週間かそこらで「ダウがさらに数百ポイント下落したら」どうなるのだ、と控えめに聞いてみた。彼らからはいとも簡単な答えが返ってきた——ファンドが追証を受けてポジションを手放す、すると市場全体に巨大な売り圧力が発生する。これをかぎつけたCMEのS&P500のフロアトレーダーたちは大虐殺の準備を開始する。

　1997年10月16日、ダウは直近の上昇トレンドラインを下に割り込んだ（**図18.1の1**）。その後一時上昇して、10月22日にはブレイクした

トレンドラインの少し下である２の8034.65ドルで引けた。これはどの市場でもよく見られる動きだ。つまり、市場はトレンドラインをブレイクするといったんは上昇して最後にその水準を試して、そのあとすぐに反転する。私はこれを、「トレンドラインにお別れのキスをする」と呼んでいる。そして10月24日、ダウは319.24ポイント下げて、３の7715.41ドルで引けた。市場が引けたあとから追証請求が始まった。金曜日のことだった。月曜日には追証を受けて大量の売りが始まることが予想された。そして月曜日、ダウは前日より82.27ドル下げて7633.14ドルで寄り付いた。そして予想どおり追証を受けての売りが始まった。S&P500のピットトレーダーたちは一歩退き現状を静観した。その日、市場を買い支える者はおらず、市場は瞬く間に暴落し、554.02ドルも下げて、４の7161.39ドルで引けた。月曜日のクロージングベルが鳴るころには、ネイキッドプットの売りで身を立てていた者は巨額のお金を失った。例のファンドは運用資産のすべてを失っただけでなく、ブローカーに借金まで背負うことになった。というよりも、そのファンドの投資家が文無しになったうえ、投資したお金以上の借金を背負わされた、と言ったほうがよいかもしれない。ほかにもいろいろな言い方はできるが、あまりに生々しいのでこれくらいにしておこう。彼らが市場から一掃されると市場は上昇するかに思えたが、翌日には５の6927ドルまで下落して安値を更新した。底を付けるまで、３日で1000ポイント以上下落したことになる。しかしその後上昇し、その日は336.93ドル上げて、7498.32ドルで引けた。そしてここから上昇が始まった。つまり、ネイキッドプットの売り手が市場から消えたら、あとは上昇トレンドに復帰するしかないのである。

　さて、それでは私がオプションをどう利用しているかについての話に入ろう。私のオプションの主な利用法は、株を安い価格で所有する手段としてである。プレミアムとタイムディケイとを考慮して、買うオプションは慎重に選ぶ。例えば、アウト・オブ・ザ・マネーのオプ

ションは、本質的価値を持たず時間的価値がオプション価値のすべてというオプションだ。これは愚か者の買うものだ。だから私は絶対に買わない。私が買うのは少なくともイン・ザ・マネーのオプション（「イン・ザ・マネー」とは、コールオプションの場合はオプションの権利行使価格が現在の市場価格よりも下であること、プットオプションの場合はオプションの権利行使価格が現在の市場価格よりも上であることを意味する）で、時間的価値がオプションのプレミアムの30％を下回るものだ。2005年初期、オプションのプレミアムは全体的に低かったため、ほとんどの場合１ストライク・イン・ザ・マネー（オプション表において、権利行使価格が時価から１列だけ離れたイン・ザ・マネーのオプション）でこの条件を満たすことができた。ところが、1999年と2000年はオプションのプレミアムは高騰し、私の条件を満たすオプションは５〜10ストライク・イン・ザ・マネーというケースが多かった。1999年末にクアルコムの株価がいきなり「1000ドルの大台に乗せる」前の株価が250ドルだったときのことはよく覚えている。そのときのアット・ザ・マネーのオプション価格は45ドルだった。時間的価値がオプション価格の30％未満という私の条件を満たすコールを買うためには、おおよそ15ストライク・イン・ザ・マネーのオプションを買わなければならなかった。

　図18.2はグーグルのオプションの権利行使価格と満期日を示したものだ。これが作成された2004年11月初旬のグーグルの株価は191.67ドルだった。例えば、コールオプションを買いたいと思ったら、私はこの**図18.2**の期近のイン・ザ・マネーから見る。グーグルは株価が高くボラティリティも高いので、プレミアムは高くなる。プレミアムはボラティリティが高いほど高くなるのが一般的だ。これで私が注目するのは行使価格180ドルの11月限のコールオプションだ。これは２ストライク・イン・ザ・マネーだ。プレミアムがまだ高すぎるので、私の条件（時間的価値がプレミアムの30％以下）を満たすにはもう１ストラ

第2部　先物、株式、オプション、FX、仮想通貨のためのデイトレードとスイングトレードの最高のセットアップ

図18.2

Options1 / GOOG

GOOGLE INC　191.67　CALLS　Bid: 118.39　Ask: 264.69　BSize: 1　ASize: 1　Vol: 13.9M　Volatility: 64.96　Nov03　18:40　Today's Date: 11/3/2004　PUTS

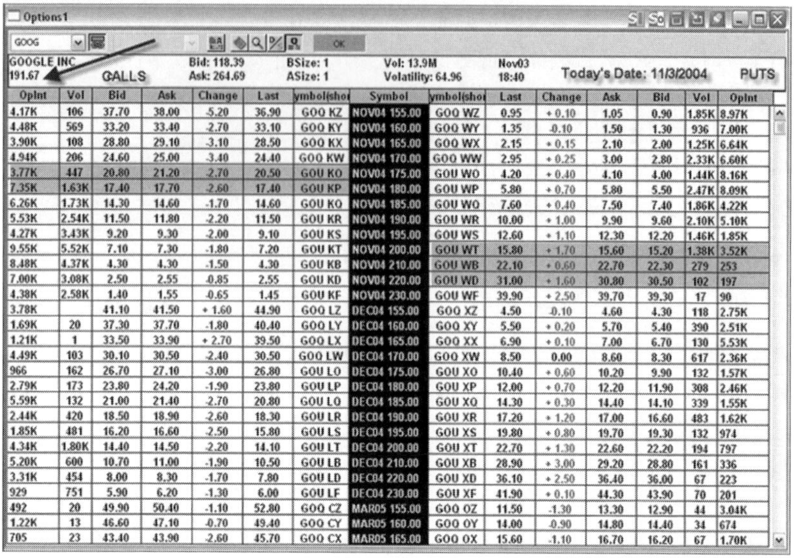

OpInt	Vol	Bid	Ask	Change	Last	Symbol	Symbol	Symbol	Last	Change	Ask	Bid	Vol	OpInt
4.17K	106	37.70	38.00	-5.20	36.90	GOO KZ	NOV04 155.00	GOO WZ	0.95	+0.10	1.05	0.90	1.85K	8.97K
4.48K	569	33.20	33.40	-2.70	33.10	GOO KY	NOV04 160.00	GOO WY	1.35	-0.10	1.50	1.30	936	7.00K
3.90K	108	28.80	29.10	-3.10	28.50	GOO KX	NOV04 165.00	GOO WX	2.15	+0.15	2.10	2.00	1.25K	6.64K
4.94K	206	24.60	25.00	-3.40	24.40	GOO KW	NOV04 170.00	GOO WW	2.95	+0.25	3.00	2.80	2.33K	6.60K
3.77K	447	20.80	21.20	-2.70	20.50	GOU KO	NOV04 175.00	GOU WO	4.20	+0.40	4.10	4.00	1.44K	8.16K
7.35K	1.63K	17.40	17.70	-2.60	17.40	GOU KP	NOV04 180.00	GOU WP	5.80	+0.70	5.80	5.50	2.47K	8.09K
6.26K	1.73K	14.30	14.60	-1.70	14.60	GOU KQ	NOV04 185.00	GOU WQ	7.60	+0.40	7.50	7.40	1.86K	4.22K
5.53K	2.54K	11.50	11.80	-2.20	11.50	GOU KR	NOV04 190.00	GOU WR	10.00	+1.00	9.90	9.60	2.10K	5.10K
4.27K	3.43K	9.20	9.30	-2.00	9.10	GOU KS	NOV04 195.00	GOU WS	12.60	+1.10	12.30	12.20	1.46K	1.85K
9.55K	5.52K	7.10	7.30	-1.80	7.20	GOU KT	NOV04 200.00	GOU WT	15.80	+1.70	15.60	15.20	1.38K	3.52K
8.48K	4.37K	4.30	4.30	-1.50	4.30	GOU KB	NOV04 205.00	GOU WB	22.10	+0.60	22.70	22.30	279	253
7.00K	3.08K	2.50	2.55	-0.85	2.55	GOU KD	NOV04 220.00	GOU WD	31.00	+1.60	30.80	30.50	102	197
4.38K	2.58K	1.40	1.55	-0.65	1.45	GOU KF	NOV04 230.00	GOU WF	39.90	+2.50	39.70	39.30	17	90
3.78K		41.10	41.50	+1.60	44.90	GOO LZ	DEC04 155.00	GOO XZ	4.50	-0.10	4.40	4.30	118	2.75K
1.69K	20	37.30	37.70	-1.80	44.00	GOO LY	DEC04 160.00	GOO XY	5.50	+0.20	5.70	5.40	390	2.51K
1.21K	1	33.50	33.90	+2.70	39.50	GOO LX	DEC04 165.00	GOO XX	6.90	+0.10	7.00	6.70	130	5.53K
4.49K	103	30.10	30.50	-2.40	30.50	GOO LW	DEC04 170.00	GOU XW	8.50	0.00	8.60	8.30	617	2.36K
966	162	26.70	27.10	-3.00	26.80	GOU LO	DEC04 175.00	GOU XO	10.40	+0.60	10.20	9.90	132	1.57K
2.79K	173	23.80	24.20	-1.90	23.80	GOU LP	DEC04 180.00	GOU XP	12.00	+0.70	12.20	11.90	308	2.46K
5.59K	132	21.00	21.40	-2.10	20.80	GOU LQ	DEC04 185.00	GOU XQ	14.30	+0.30	14.40	14.10	339	1.55K
2.44K	420	18.50	18.90	-2.60	18.30	GOU LR	DEC04 190.00	GOU XR	17.20	+1.20	17.00	16.60	483	1.62K
1.85K	481	16.20	16.60	-2.50	15.80	GOU LS	DEC04 195.00	GOU XS	19.80	+0.80	19.70	19.30	132	974
4.34K	1.80K	14.40	14.50	-2.20	14.10	GOU LT	DEC04 200.00	GOU XT	22.70	+1.30	22.60	22.20	194	797
5.20K	600	10.70	11.00	-1.90	10.50	GOU LB	DEC04 210.00	GOU XB	28.90	+3.00	29.20	28.90	161	336
3.31K	454	8.00	8.30	-1.70	7.80	GOU LD	DEC04 220.00	GOU XD	36.10	+2.50	36.40	36.00	67	223
929	751	5.30	6.30	-1.00	6.00	GOU LF	DEC04 230.00	GOU XF	41.90	+0.10	44.30	43.90	70	201
492	20	49.90	50.40	-1.10	52.80	GOO CZ	MAR05 155.00	GOO OZ	11.50	-1.30	13.30	12.90	44	3.04K
1.22K	13	46.60	47.10	-0.70	49.40	GOO CY	MAR05 160.00	GOO OY	14.00	-0.90	14.80	14.40	34	674
705	23	43.40	43.90	-2.60	45.70	GOO CX	MAR05 165.00	GOO OX	15.60	-1.10	16.70	16.20	67	1.70K

イク下げて、権利行使価格175ドルの11月限にしなければならない。アマチュアのオプショントレーダーならプレミアムが2.55ドルと非常に「安い」220ドルの11月限のコールを買うだろう。権利放棄されることなど彼らの脳裏にはまったくない。一方、プットの場合、私はまず200ドルの11月限のプットに注目するが、これは高すぎるので次に210ドルのプットを見る。プレミアムの差はほとんどない。支払うプレミアムのことを考えると、220ドルのプットのほうが良さそうだ。私がオプションを買う目的は、あくまで、安い価格で株を買う（または高い価格で売る）ことであることを今一度思い出してもらいたい。つまり、プレミアムはできるだけ安いほうがよいということだ。ここで12月限を見てみよう。同じ権利行使価格でもプレミアムはいきなり高くなる。したがって、期近の11月限を買って、満期日になったら必要に応じて12月限に乗り換えるのが得策だ。プレミアムについてはこのすぐあとで

図18.3

OpInt	Vol	Bid	Ask	Change	Last	ymbol(sho	Symbol	ymbol(sho	Last	Change	Ask	Bid	Vol	OpInt
320		16.10	16.30	+0.10	15.40	IBM KO	NOV04 75.00	IBM WO	0.05	0.00	0.05	0.00		3.32K
2.06K	107	11.10	11.30	+0.70	11.10	IBM KP	NOV04 80.00	IBM WP	0.05	0.00	0.05	0.00	5	18.5K
12.9K	906	6.10	6.40	+1.00	6.40	IBM KQ	NOV04 85.00	IBM WQ	0.10	-0.15	0.10	0.05	98	18.1K
29.5K	9.45K	1.80	1.90	+0.30	1.85	IBM KR	NOV04 90.00	IBM WR	0.80	-0.50	0.80	0.75	1.29K	6.13K
7.33K	993	0.10	0.20	+0.02	0.17	IBM KS	NOV04 95.00	IBM WS	4.00	-1.00	4.10	4.00	352	660
261		0.00	0.05	0.00	0.05	IBM KT	NOV04 100.00	IBM WT	8.80	-0.80	9.10	8.80	12	245
		0.00	0.00	0.00	0.00	IBM KA	NOV04 105.00	IBM WA	13.40	-1.00	14.10	13.80	35	120
81	10	16.10	16.40	+0.80	16.20	IBM LO	DEC04 75.00	IBM XO	0.10	0.00	0.10	0.00		517
960	14	11.20	11.40	+0.80	11.40	IBM LP	DEC04 80.00	IBM XP	0.10	-0.05	0.15	0.05	125	2.75K
5.15K	210	6.50	6.70	+0.60	6.60	IBM LQ	DEC04 85.00	IBM XQ	0.40	-0.20	0.40	0.35	192	4.55K
6.86K	1.53K	2.60	2.75	+0.50	2.75	IBM LR	DEC04 90.00	IBM XR	1.45	-0.55	1.55	1.40	271	1.67K
7.91K	2.55K	0.60	0.70	+0.06	0.61	IBM LS	DEC04 95.00	IBM XS	4.20	-1.10	4.50	4.30	39	304
1.21K	10	0.05	0.15	+0.10	0.20	IBM LT	DEC04 100.00	IBM XT	9.60	+0.40	9.10	8.90		54
4		0.00	0.05	0.00	0.05	IBM LA	DEC04 105.00	IBM XA	14.80	+0.10	14.10	13.80		50
296	42	16.40	16.60	+0.60	16.70	IBM AO	JAN05 75.00	IBM MO	0.20	0.00	0.20	0.10		5.17K
13.2K	80	11.60	11.80	+0.90	12.30	IBM AP	JAN05 80.00	IBM MP	0.30	-0.10	0.35	0.30	179	25.6K
13.2K	1.60K	7.00	7.20	+0.20	7.20	IBM AQ	JAN05 85.00	IBM MQ	0.80	-0.25	0.80	0.70	367	22.8K
39.7K	732	3.30	3.50	+0.30	3.40	IBM AR	JAN05 90.00	IBM MR	2.00	-0.55	2.10	1.95	4.50K	27.6K
26.6K	1.51K	1.15	1.25	+0.10	1.20	IBM AS	JAN05 95.00	IBM MS	4.90	-0.40	4.90	4.70	127	10.9K
36.1K	383	0.30	0.40	+0.05	0.35	IBM AT	JAN05 100.00	IBM MT	9.10	-0.70	9.20	8.90	2	9.12K
4.06K	338	0.05	0.15	-0.02	0.13	IBM AA	JAN05 105.00	IBM MA	13.90	+0.50	14.10	13.80	19	1.04K
93		16.90	17.20	+0.47	16.90	IBM DO	APR05 75.00	IBM PO	0.50	-0.05	0.55	0.45	80	2.88K
430	23	12.40	12.60	+0.40	12.40	IBM DP	APR05 80.00	IBM PP	0.85	-0.15	0.90	0.85	230	4.87K
2.30K	18	8.20	8.40	+0.20	8.50	IBM DQ	APR05 85.00	IBM PQ	1.60	-0.30	1.70	1.60	215	5.59K
19.0K	380	4.70	4.90	+0.40	4.70	IBM DR	APR05 90.00	IBM PR	3.10	-0.41	3.20	3.00	410	12.2K
5.79K	400	2.25	2.30	+0.30	2.40	IBM DS	APR05 95.00	IBM PS	5.30	-0.70	5.80	5.60	313	1.72K
3.11K	1.47K	0.95	1.00	+0.10	1.00	IBM DT	APR05 100.00	IBM PT	8.90	-1.30	9.50	9.30	80	1.44K
742		0.30	0.40	+0.05	0.40	IBM DA	APR05 105.00	IBM PA	13.40	-1.40	14.10	13.90	81	614

詳しく説明する（第4章で述べたように、もっとも簡単なのはデルタが0.70以上のオプションを買うことだ）。

　グーグルと比べると、IBMの株価は安定しており、プレミアムもそれほど高くない。株価が91.20ドルなので、まず行使価格90ドルの11月限のコールを見るが、プレミアムがかなり高い（**図18.3**を参照）。私の条件にぴったりなのが行使価格85ドルのオプションだ。一方、プットの場合、1ストライク・イン・ザ・マネーの95ドルの11月限が条件に最も近い。次の限月、つまり行使価格95ドルの12月限のプレミアムは若干高くなるだけなので、こちらを買ってもよかったのだが、支払うプレミアムをできるだけ低く抑えるために、期近を買うことにした。ただし、満期日まで2週間もない場合は、ディープ・イン・ザ・マネーにはなるが、翌月の限月を買う。オプションのこのほかの主な特徴は以下のとおりだ。

第2部　先物、株式、オプション、FX、仮想通貨のためのデイトレードとスイングトレードの最高のセットアップ

● 取引単位――オプション1枚＝100株。

● 購入価格――行使価格190ドルの11月限のグーグルのコールを12ドルで10枚購入した場合の購入価格は1万2000ドル。

● 同じ株式を1株当たり190ドルで1000株（オプションと等価の量）購入するのにかかる丸代金は19万ドル。

● グーグルの株価が10ポイント上昇したとき、オプション価格はおおよそ6ポイント変動する。この変動量はイン・ザ・マネーの度合いによって異なる。イン・ザ・マネーの度合いが大きいほど、原資産価格の動きに連動する度合い（ドルベース）は大きくなる。

● グーグルのこのコールを18ドルで10枚売る（販売価格は1万8000ドル）と、6000ドルの儲けになる。

● このトレードの最大損失はプレミアムの1万2000ドルに限定される。

　オプションではなくグーグルの株を1株190ドルで1000株買い、価格が30ポイント下落した場合、損失は3万ドルになる。このように、オプションは正しく買えばリスクを限定できるというメリットがある。SSFと株式オプションについてのおさらいが終わったところで、これより実際のプレーを見ていくことにしよう。

買いのフェードプレーのトレードルール（売りはこの逆）

　これは、数日から数週間保持するスイングポジションを対象にしたフェードプレー（逆張りプレー）だ。このプレーでは、強気で売り、弱気で買う。

1. このプレーでは日足チャートを用いる。なぜならこのプレーは数日から数週間継続することを想定しているため、5分足チャート

や15分足チャートを見ても意味がないからだ。日中足チャートの
ノイズに惑わされることなく、相場をもっと大局的に見るのがこ
のプレーのポイントだ。

2．用いるインディケーターは8日と21日のEMA（指数移動平均線）
のみ。

3．買いの場合、8日EMAが21日EMAを上に交差する箇所を見つけ
る。これが発生したら、セットアップが現れるサインだ。

4．8日EMAが21日EMAを上に交差したら、価格が8日EMAまで
押すのを待つ。これが探しているセットアップだ。

5．最初の損切りは、21日EMAか、株価の4％水準のいずれか遠い
ほうに置く。一般に、最初の損切りは株価の4％水準になる場合
が多い。この4％水準は株価をベースにしたものであり、資産を
ベースにしたものではないことに注意しよう。つまり、1トレー
ドでとるリスクは資産の4％ではなく、株価の4％ということで
ある。一度にトレードできる銘柄は10銘柄。

6．ポジションが4％上昇（私はこれをウオーターマーク水準と呼ん
でいる）したら、損切りを21日EMAの位置に引き上げ、目標値
かトレーリングストップに達するまで損切りを21日EMAに沿っ
て上げ続ける。

7．株価が仕掛け価格から8％上昇した位置が目標値だ。このプレー
は主に株式トレードに用いるが、株価指数先物トレードでも使え
る。ただし、用いるパラメーターは異なる。日足チャートでは、目
標値は8％ではなく、1％を使い、最初の損切りは0.5％の位置に
置く。例えば、ミニダウの今の水準が10604ドルだとすると、目標
値は106ポイント、最初の損切りは53ポイント下か、21日EMAの
いずれか遠いほうになる。また、60分足チャートの場合は日足チ
ャートの半分のパラメーターを用いる。つまり、目標値は1％の
半分の0.5％、損切りは0.25％か21期間EMAのいずれか遠いほう

第2部　先物、株式、オプション、FX、仮想通貨のためのデイトレードとスイングトレードの最高のセットアップ

図18.4

買い				
仕掛け値	$ 88.45			
			ポイント	価格
		目標値	7.08	95.53
		最初の損切り	3.54	84.91
		4%の上昇値	3.54	91.99
売り				
仕掛け値	$ 25.10			
			ポイント	価格
		目標値	2.01	23.09
		最初の損切り	1.00	26.10
		4%の上昇値	1.00	24.10

ということになる。簡単な計算方法としては、指数価格に0.005を掛けたものを目標値、0.0025を掛けたものを損切りの値にすればよい。

8. 目標値と損切りの計算には、エクセルのスプレッドシートを用いるのが一番簡単だ（**図18.4**を参照）。

9. 買いのセットアップでは、週足チャートで8週EMAが21週EMAを上回る銘柄だけをトレードすれば勝率は若干上昇する。週足チャートではこの状態が数カ月、あるいは数年続くこともある。週足チャートでこのセットアップが現れたら、日足チャートで仕掛けるタイミングを探す。

　図18.4は損切りと目標値の計算に用いるエクセルのスプレッドシートを示したものだ。太線で囲まれたセルに仕掛け価格を入力すれば、あとはスプレッドシートが自動的に計算してくれる。例えば、株を買っているのであれば「買い」のセルに仕掛け価格を入力し、売っているのであれば「売り」のセルに仕掛け価格を入力すればよい。用いる式は非常に簡単だ。例えば、目標値を計算する式は「仕掛け価格×0.08

（8％の場合）」で、最初の損切りを計算する式は「仕掛け価格 − 仕掛け値価格×0.04（4％の場合）」だ。また、4％ウオーターマーク水準は「仕掛け価格 + 仕掛け価格×0.04（4％の場合）」だ。私は昔これを手で計算していたが、本当に大変な作業だった。

イーベイ（EBAY）──2004年8月19日

1. 2004年8月10日、イーベイの株価は8日EMAを上に交差する（**図18.5**を参照）。しかし、8日EMAは依然として21日EMAの下側にあるので、まだ買い注文は出さない。買い注文を出すためには、8日EMAが21日EMAを上に交差しなければならない（細いラインが8日EMAで、太いラインが21日EMAを表す）。

2. 8月19日、8日EMAが21日EMAを上に交差する。これで買いの条件は整った。あとは、株価が8日EMAまで押すのを待つばかりだ。翌日、株価は8日EMAまで下落し、79.28ドルで注文が執行される。次に、損切りを置く位置を決める。21日EMAの位置は79.08ドルで、仕掛け水準からそれほど下に離れていないが、4％ストップは76.11ドルだ。この場合、4％ストップのほうが仕掛け価格から遠いので、76.11ドルに最初の損切りを置く。目標値は仕掛け水準から8％上の位置である85.62ドルに設定する。ポジションが4％上昇したら、損切りを21日EMAまで上げる。最初の損切りと目標値はチャート上に水平線で示してある。

3. 8月25日、株価が上昇して目標値に達したので手仕舞って、1株当たり6.34ドルの利益を確保。再び、株価が8日EMAまで押すのを待つ。このプレーは、SSFやイン・ザ・マネーのコールオプションでもできる。これについてはこのあとで説明する。

4. 10日後の9月9日、イーベイの株価は8日EMAまで下落。買いを仕掛け、87.95ドルで執行される。目標値と損切りを計算すると、

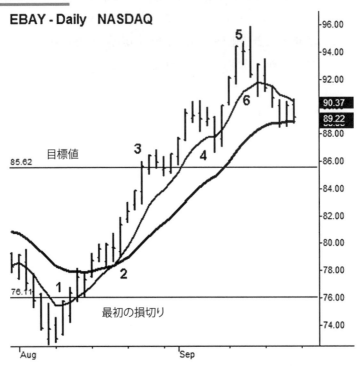

目標値は94.99ドル、損切りは84.43ドルになる。パラメーターを設定したら、あとは株価がいずれかの水準に達するのを待つだけだ。

5．4日後、目標値に達したので手仕舞う。
6．9月17日、株価が再び8日EMAまで下落したので仕掛け、91.74ドルで執行される。パラメーターを計算し、損切りを88.07ドルに置き、目標値は99.08ドルに設定。この執筆の時点ではポジションはまだ手仕舞っていないので、トレードは「アクティブ」状態にあった。

ここで少し、図18.5のプレーをさらに詳しく見ていこう。前にも述

第18章　推進プレー

べたように、このプレーは株式だけでなく、SSFやイン・ザ・マネーのコールオプションでもできる。このセットアップがなぜこういったトレードでも使えるのかを、株式トレードとの比較で見てみることにしよう。株式トレードと比較してみることで、それぞれのシナリオにおけるリスク・リワード・パラメーターについても分かってくるはずだ。まったく同じプレーでありながら、各シナリオによってリスクとリワードは違ってくる。それでは見ていくことにしよう。

●イーベイの株を1株79.28ドルで1000株買うと、トータルコストは7万9280ドル。
●EBAY1Cの9月限のSSFを79.28ドルで10枚買うと、トータルコストは1万5856ドル（7万9280ドルの20％）。
●行使価格75ドルの9月限のイーベイのコールオプションを6.10ドルで10枚買うと、トータルコストは6100ドル。

　オプションの時間的価値を知るにはデルタを見ればよいが、デルタのことを知らない人は計算機を使っても計算できる。例えば、株価が79.28ドルのとき、行使価格75ドルのコールオプションの価格が6.10ドルだとすると、時間的価値は、75.00ドル＋6.10ドル＝81.10ドル、81.10ドル－79.28ドル＝1.82ドルと算出できる。したがって、本質的価値は、6.10ドル－1.82ドル＝4.28ドルということになる。このとき、時間的価値のオプション価格に占める割合は29.84％（1.82÷6.10）。
　それぞれのシナリオにおける仕掛けのトータルコストが分かったところで、今度は得られる利益を見てみよう。

●イーベイの株を85.62ドルで1000株売ると、利益は6340ドル、つまりトータルコストの8％だ（信用取引で買った場合は16％）。
●EBAY1Cの9月限のSSFを85.62ドルで10枚売った場合、利益は6340

609

第2部　先物、株式、オプション、FX、仮想通貨のためのデイトレードとスイングトレードの最高のセットアップ

ドル、つまりトータルコストの40％。

●行使価格75ドルの９月限のイーベイのコールオプションを12.20ドル
　で売った場合、利益は6100ドル、つまりトータルコストの100％。

　まとめると、同じセットアップでも、株を買えば７万9280ドルの現
金（信用取引での買いの場合は３万9640ドル）が必要だが、SSFは１
万5856ドル、オプションは6100ドルで済む。利益はいずれの場合も6000
ドル強とほぼ同じだ。つまり、株式トレードと同じ利益を得るのに、
SSFやイン・ザ・マネーのオプションでは少ない投資額で済むという
ことになる。株式だけにするのか、SSFだけにするのか、あるいはオ
プションだけにするのか、あるいはこれら３つを組み合わせるのかは
トレーダーの自由だ。

クアルコム（QCOM）──2004年８月19日

1．８日EMAが21日EMAを上回っているので、買い注文を入れる
　　（**図18.6**を参照）。２日後の2004年８月20日、35.47ドルで執行さ
　　れる。執行と同時に、損切りを34.05ドルに置き、目標値は38.31ド
　　ルに設定。この日の取引終了時間までには、株価は仕掛け価格か
　　らすでに４％上昇していたので、損切りを21日EMAの位置、つ
　　まり35.34ドルに上げる。

2．８月23日の月曜日、クアルコムは依然として上昇を続け、目標値
　　に達する。８日EMAまで押したところですかさず買い注文を入
　　れる。

3．８月30日、価格がトレーリングストップに達し、37.51ドルで買う。
　　損切りを36.01ドルに置き、目標値は40.51ドルに設定。

4．おおよそ２週間後の９月13日、目標値に到達。株価が仕掛け価格
　　から４％上昇した９月７日に、損切りを21日EMA水準の37.42ド

610

図18.6

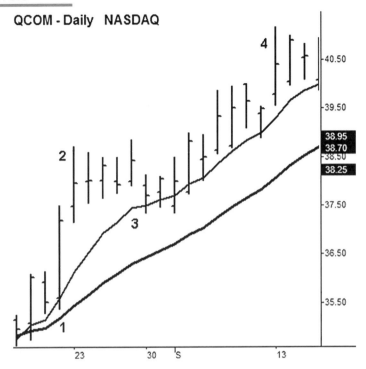

ルに上げたことに注意。損切りは株価が目標値に達するまでトレールし続ける。

イーベイでやったのと同じように、クアルコムでも３つのシナリオを比較してみよう。まずは仕掛けから。

● クアルコムの株を37.51ドルで1000株買った場合のトータルコストは３万7510ドル。
● QCOM1Cの９月限のSSFを37.51ドルで10枚買った場合のトータルコストは7502ドル（３万7510ドルの20％）。

第2部 先物、株式、オプション、FX、仮想通貨のためのデイトレードとスイングトレードの最高のセットアップ

●行使価格35ドルのクアルコムの９月限のコールオプションを3.10ド
　ルで10枚買った場合のトータルコストは3100ドル。

　このオプションの場合、本質的価値が2.51ドル（37.51ドル－35.00ド
ル）で、時間的価値は0.59ドル（3.10ドル－2.51ドル）だ。したがって、
時間的価値のオプション価格に占める割合は19.03％（0.59÷3.10）で
ある。
　各シナリオにおける仕掛けのトータルコストが分かったところで、次
は利益を比較してみよう。

●クアルコムの株を40.51ドルで1000株売ると、利益は3000ドル、つま
　りトータルコストの８％（信用取引の場合は16％）。
●QCOM1Cの９月限のSSFを40.51ドルで10枚売ると、利益は3000ド
　ル。これはトータルコストの40％。
●行使価格35ドルのクアルコムの９月限のコールオプションを5.90ド
　ルで10枚売ると、利益は2800ドル、つまりトータルコストの90.32％。

　前の例と同じように、同じセットアップを使っても、株を買えば３
万7510ドル（信用取引での買いの場合は１万8755ドル）の現金が必要
だが、SSFは7502ドル、オプションは3100ドルで済む。利益はいずれ
の場合もおおよそ3000ドルとほぼ同じだ。これらのことが理解できた
ところで、これから本章の残りを使って実際の株式プレーについて見
ていくことにしよう。当然ながら、なかにはオプションやSSFがない
銘柄があり、そういった銘柄については株式プレーしかできないこと
は言うまでもない。

612

図18.7

KLAテンコール（KLAC）──2004年7月9日

1. 8日EMAが21日EMAの下にあり、株価は2本のEMAを下回っているので、次の売り機会を待つことにする（**図18.7**を参照）。株価が8日EMAまで戻した時点で売り注文を出す。2004年7月9日、46.19ドルで執行される。執行と同時に、損切りを48.04ドルに置き、目標値は42.49ドルに設定。7月13日、ポジションが4％上昇したので、損切りを21日EMA水準の46.84ドルに引き下げる。

2. 7月14日、KLAテンコールはギャップダウンで寄り付く。私の目標値を通り越して寄り付いたので、始値の41.61ドルで執行される。

第2部　先物、株式、オプション、FX、仮想通貨のためのデイトレードとスイングトレードの最高のセットアップ

これは目標値よりも88セント良いレート。このトレードでは利益を得る。株価は依然として、2本のEMAを下回っているので、株価が次に8日EMAまで戻した時点で次の売り注文を出す。

3．7月20日、株価が8日EMAまで上昇し、41.81ドルで執行される。損切りを43.48ドルに置き、目標値は38.47ドルに設定。7月22日、株価が仕掛け価格から4％上昇したので、損切りを21日EMA水準の42.84ドルに引き下げる。

4．7月26日、目標値に達したので手仕舞って8％の利益を得る。このあと再び、株価が次に8日EMAまで戻した時点で売り注文を出す。

5．7月29日、39.33ドルで執行される。損切りを40.90ドルに置き、目標値は36.18ドルに設定。

6．翌日、良いニュースの発表を受け、KLAテンコールはギャップアップで寄り付き、損切りまで上昇したため、手仕舞って4％の損失。8日EMAは依然として21日EMAの下にある。まだ仕掛け時ではない。株価が8日EMAを下抜いて、次に8日EMAまで戻した時点で売るつもりだ。

7．数日後の8月3日、株価が8日EMAを下抜いたので、次に8日EMAまで戻した時点で売り注文を出す。8月4日、39.93ドルで執行される。執行と同時に、損切りを41.53ドルに置き、目標値は36.74ドルに設定。その後、株価は上昇し、8月5日、損切り近くまで上昇するが到達せず、高値からかなり下で引ける。

8．8月10日、ポジションに4％の含み益が出たので、損切りを21日EMA水準の40.29ドルに引き下げる。8月11日、KLAテンコールはギャップダウンで寄り付いたあと1日中下げ続け、目標値に到達する。

9．KLAテンコールは依然として下げ続けている。そこで、8日EMAまで戻した時点で売る新たな注文を入れる。8月17日、37.15ドル

614

で執行される。目標値は34.18ドル、損切りを38.64ドルに置く。

10. その後しばらく横ばいが続いたが、9月1日、損切りに引っかかり4％の損失を出す。

キューロジック（QLGC）──2004年6月14日

1. 2004年6月14日、8日EMAが21日EMAを下に交差し、プレーを開始する条件が整う（**図18.8**を参照）。翌日、株価が8日EMAまで戻した時点で売り注文を入れ、28.14ドルで執行される。損切りを29.27ドルに置き、目標値は25.89ドルに設定。

2. 6月16日、キューロジックは大幅に下落し、目標値に近づくも到達せず。ポジションに4％の含み益が出たので、損切りを21日EMA水準の28.22ドルに引き下げる。その翌日、25.89ドルで目標値に到達したので手仕舞う。マルになったので、次の仕掛け機会を探す。次の仕掛けは、言うまでもなく株価が8日EMAまで戻した時点だ。

3. 6月22日、出した注文が26.68ドルで執行される。目標値は24.55ドルに設定し、損切りを27.75ドルに置く。

4. その後、キューロジックは上昇を続け、6月25日、損切りに引っかかり4％の損失。

5. 損切りに引っかかった翌日、株価は8日EMAを下回り、8日EMAを下回る水準で引ける。これは次に仕掛けようと思っていた水準だ。新たに売り注文を出すには、株価が8日EMAのすぐ下まで戻して引けるのを待たなければならない。翌日、株価が8日EMAまで戻した時点で売り注文を出し、6月28日、26.86ドルで執行される。損切りを27.93ドルに置き、目標値は24.71ドルに設定。その後、株価は思惑どおりに動き、7月1日、ポジションに4％を上回る含み益が出たので、損切りをまず27.12ドルに引き下げ、その

図18.8

後も引き続き21日EMAに沿って移動させる。

6. キューロジックはその後も下落し続け、7月6日、目標値に到達したので手仕舞う。次に株価が8日EMAまで戻した時点で新たな売り注文を入れる。

7. 7月9日、25.85ドルで執行される。損切りを26.88ドルに置き、目標値は23.78ドルに設定。7月14日、株価が目標値に近づく。しかし「近づく」ことで目的が達せられるのは、手榴弾を投げるときだけだ。結局、目標値には達しなかったが、損切りを21日EMA水準の26.03ドルに引き下げる。

8. 翌日、株価は上昇し、損切りに引っかかり18セントの損失を出す。

こんなときに受ける質問は、「株価があんなに目標値に近づいたのに、なぜ利食いしなかったのか」ということだ。私がそうしない主な理由は、方程式に「人間の判断」を持ち込めば、2つの間違いを犯すことになるからだ。第一に、そのシステムはリラックスしてトレードできるシステムではなくなり、手仕舞い時期を決めるために1日中チャートから目を離せない緊迫したシステムになってしまう。第二に、ほとんどのトレーダーはトレードの最中に客観性を失ってしまう。自分の判断でトレードを管理すれば、動きが自分に不利な方向になった途端にポジションを手仕舞いしたり、早く利食いしすぎたりすることになる。こういったことをするくらいだったら、プランを立てずにデイトレードするほうがまだマシだ。でもこれはトレーダーが損をする最大の理由だ。セットアップを選び、パラメーターを選んだら、それらに従うことが重要だ。パラメーターに従わずに、どうしてそのシステムの効果が分かるだろうか。

9. 7月16日、キューロジックは8日EMAを下回って引けたので、別の売り注文を出す。この注文は7月20日に25.10ドルで執行される。損切りを26.10ドルに置き、目標値は23.09ドルに設定。

10. キューロジックは大きく下げ、7月28日、目標値に到達。注意してほしいのは、ポジションに4％の含み益が出たとき、ルールに従って損切りを21日EMAに沿って下げるということだ。

11. 7月29日、キューロジックは8日EMAまで戻したので、再び売り注文を出し、24.09ドルで執行される。目標値は22.16ドルに設定し、損切りを25.05ドルに置く。8月5日、ポジションに4％の含み益が出たので、損切りを21日EMA水準の24.23ドルに引き下げる。

12. 8月12日、目標値に到達したので手仕舞い、8％の利益を得る。

図18.9

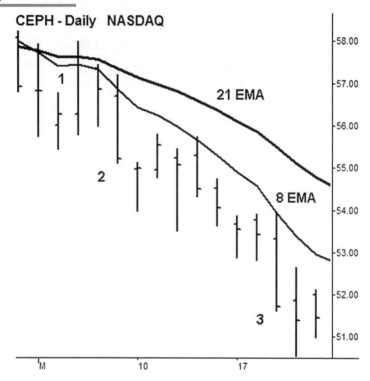

セファロン(CEPH)――2004年5月3日

1. 2004年5月3日、8日EMAが21日EMAを下に交差(**図18.9**を参照)。次に株価が8日EMAまで戻した時点で売り注文を入れる。5月5日、57.42ドルで執行される。目標値は52.83ドルに設定し、損切りを59.72ドルに置く。
2. 5月7日、私の誕生日(21歳を過ぎてからの誕生日にどんな意味があるのだろう?)を祝ってくれたのか、セファロンは4%以上下落。損切りを21日EMA水準の57.30ドルに引き下げる。これ以降、損切りは毎日のトレード終了後に21日EMA水準に沿って下

げる。

3. 5月19日、目標値に達する。これはポジション保有期間が2週間ちょっとという典型的なスイングトレードなので、日々のトレード管理は必要最小限で済む。したがって、ほかのことに集中できる。純粋なデイトレーダーであればこの期間にセファロンの売買を軽く30回は行い、莫大な手数料を支払った以外に何も残らなかったはずだ。

スターバックス（SBUX）──2004年5月24日

1. この世にデイトレーダーがいるかぎり、スターバックスはコーヒー1杯の値段をいくらでもつり上げることができるだろう。グランデ・ラテには買いの指値も売りの指値もなく、トレーダーは「市場価格」を支払うしかないからだ。2004年5月24日、8日EMAが21日EMAを上に交差する（**図18.10**を参照）。これは、次に株価が8日EMAまで押したら買い注文を出せという合図だ。5月25日、注文が通り、38.64ドルで執行される。損切りを37.09ドルに置き、目標値は41.73に設定。

2. 5月27日、株価が仕掛け価格から4％上昇したので、損切りを21日EMAに沿って引き上げていく。この日の損切りは38.71ドルまで引き上げられた。株価は依然として上昇を続け、6月3日、目標値に到達する。手仕舞ったあと、次に株価が8日EMAまで押したら買い注文を入れる。

3. 6月14日、株価が押し、41.96ドルで注文が執行される。損切りを40.28ドルに置き、目標値は45.32ドルに設定。ここから株価はさらに上昇し、6月18日、4％のウオーターマークに達したので、損切りを21日EMAに沿って移動させる。新しい損切り値は41.51ドルだ。6月25日と6月30日の両日、株価は21日EMA近くまで下げ、

図18.10

損切りにかなり近づくが到達せず。ポジションはそのまま保持。
4．7月2日、株価が上昇し、目標値に到達。3.36ドル（8％）の利益を得る。

ゴールドマン・サックス（GS）――2004年8月24日

1．2004年8月24日、8日EMAが21日EMAを上に交差する（図18.11を参照）。ここで株価が次に8日EMAまで押したら買い注文を入れる。8月25日、87.75ドルで執行される。損切りを84.24ドルに置き、目標値は94.77ドルに設定。

図18.11

2. 9月7日、ポジションが4％上昇したので、損切りを現在の21日EMA水準の89.06ドルまで引き上げる。

3. 損切りの位置はその日の終わりに21日EMA水準に沿って移動させる。その後、ゴールドマン・サックスは下落し、トレーリングストップを置いた日から21日後に21日EMAに到達。91.05ドルで手仕舞って、3.30ドル（3.76％）の利益を得る。これもまた、ほぼ1カ月にわたって続いた手間のかからないトレードの好例で、フルタイムの仕事を抱えたトレーダーに打ってつけのプレーだ。その昔、私もフルタイムの仕事を抱えながらトレードしていた時期があり、そのころやっていたのが主にこのプレーだから、パート

第2部　先物、株式、オプション、FX、仮想通貨のためのデイトレードとスイングトレードの最高のセットアップ

タイムトレーダーがやりやすいプレーであることは私が一番よく知っている。

ピープルソフト（PSFT）──2004年8月27日

1. このセットアップは、想像以上によく現れるものなので実例として取り上げた。最も最近のオーダーフローの向きに仕掛けるのがこのセットアップの特徴だ。ある銘柄に極めて有利な、あるいは極めて不利なニュースが発表されたとき、ニュースが発表される前にすでにポジションを建てている「インサイダー情報に通じた」人々が必ずいる。彼らの大量の買いや売りによってニュース発表前に株価は上昇（良いニュースの場合）したり、下落（悪いニュースの場合）したりする。そして、ニュースが発表されると同時に、彼らはポジションを手仕舞う。私もこのセットアップのおかげで、彼らと同じようにニュース発表と同時にポジションを手仕舞いすることができる。このピープルソフトのケースでは、2004年8月25日に8日EMAが21日EMAを上に交差する（**図18.12**）。すかさず、株価がこのあと初めて8日EMAまで押した時点で買い注文を入れる。8月27日、ピープルソフトの株価は8日EMAまで押し、注文は17.11ドルで執行される。損切りを16.43ドルに置き、目標値は18.48ドルに設定。9月1日、ポジションが4％上昇したので、21日EMAに沿ってトレーリングストップを開始。

2. 9月3日、目標値に到達。手仕舞いのあと、株価が8日EMAまで新たに押した時点で買い注文を入れる。

3. 押しは同日に発生し、17.62ドルで執行される。損切りを16.92ドルに置き、目標値は19.03ドルに設定。

4. 次の3日間、市場はほとんど動かなかったが、4日目、オラクル（ORCL）による買収のニュースを受けてギャップアップで寄り付

図18.12

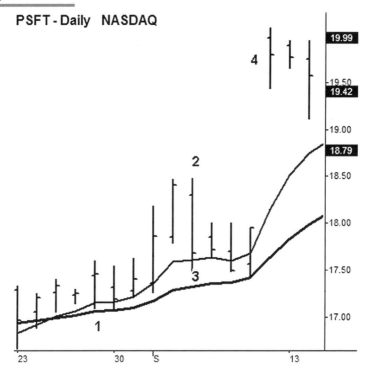

く。始値は19.97ドルで、私の目標値を94セント上回っていたので、始値の19.97ドルで執行され、13.34％の利益を得る。私はこのニュースのことはまったく知らなかったが、このセットアップを基にオーダーフローを分析した結果、オーダーフローがプラス方向に動いていることは分かっていたので、おそらく株価は上昇するだろうという読みが見事的中したわけである。

トラベルズー（TZOO）──2004年8月13日

1．トラベルズーは2004年の注目銘柄の1つだった。私はこのセット

図18.13

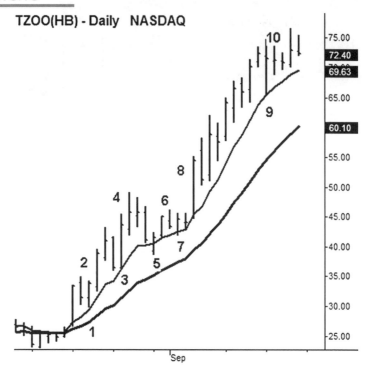

アップで動きのいくつかをとらえることに成功した。2004年8月13日、8日EMAが21日EMAを上に交差する（**図18.13**を参照）。株価が次に8日EMAまで押したら買い注文を入れる。数日後の8月18日、30.29ドルで執行される。損切りを29.08ドルに置き、目標値は32.71ドルに設定。

2．仕掛けた直後から株価が上昇し、同日に目標値に到達。手仕舞ったあと、株価が次に8日EMAまで押したら、新たな買い注文を入れる。

3．8月24日、株価が8日EMAまで押し、37.03ドルで執行される。目標値は39.99ドルに設定し、損切りを35.55ドルに置く。

624

第18章　推進プレー

4．前回のトレード同様、その後、株価は上昇し、同日に目標値に到達。私はロボットのように機械的に、株価が次に8日EMAまで押したら新たな買い注文を入れる。

5．8月30日、買いの指値は40.81ドルだったが、その日、トラベルズーはこの水準を通り越してギャップダウンで寄り付いた。始値が39.24ドルだったため、39.24ドルで執行される。これは、こういった状況での対処方法を示す良い例だ。このような場合、市場がオープンする前に指値注文を入れ、市場がオープンしてから「あれこれ悩まなくてもよい」ようにしておくのがベストだ。指値注文を出し、株価がその水準を下回って寄り付いた場合、出した注文は成り行き注文に変わる。なぜなら、指値注文は「指値よりも良い条件」で約定する注文だからだ。ただし、損切りと目標値は実際の仕掛け価格に合わせて変更する必要がある。このケースの場合、39.24ドルで約定したので、この水準より4％下の位置、つまり37.67ドルに損切りを置き、8％高い位置、つまり42.38ドルを目標値に設定する。

6．翌日の8月31日、目標値に到達。次にやるべきことは分かっている。株価が次に8日EMAまで押した時点で買い注文を入れればよい。これは、朝仕事に出掛ける前に女房に行ってきますのキスをするようなものだ。そのうちに何も考えなくてもほぼ自動的にやるようになる。

7．9月2日、買い注文が42.36ドルで執行されたので、損切りを40.67ドルに置き、目標値は45.75ドルに設定。

8．数日後、目標値に到達。そして自動的に次の押しで買い注文を入れる。

9．その後、株価は何度も押し、8日EMA近くまでは行くが到達せず。8日EMAまで押したのは9月20日になってからのこと。66.34ドルで執行される。損切りを63.69ドルに置き、目標値は71.65ドル

625

図18.14

に設定。
10. 同日、目標値に到達する。

サンディスク（SNDK）──2004年8月31日

1．2004年8月31日、株価が8日EMAまで押した時点で買い注文を入れ、23.30ドルで執行される（**図18.14**を参照）。損切りを22.37ドルに置き、目標値は25.16ドルに設定。9月8日、株価は損切り近くまで下落し、安値近くで引ける。このまま行けば、明日にも損切りに引っかかりそうだと思ったが、重要なのはパラメーター

第18章 推進プレー

図18.15

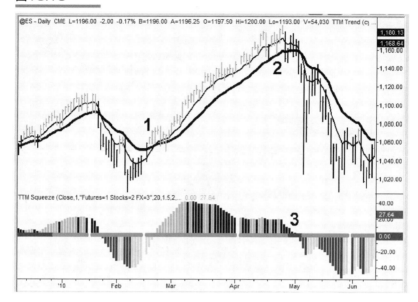

を変えないこと。自分がどう考えようと勝手だが、パラメーターだけは絶対に変えてはならない。

2. 2日後、市場は反転し、9月10日に目標値に到達。手仕舞ったあと、株価が次の8日EMAまで押した時点で新たに買い注文を入れる。

3. 株価の上昇に伴って指値を引き上げていく。9月20日と9月24日の両日に8日EMA近くまで下落するが、到達せず。このチャートの期間内には執行されずトレードはそのまま続行中。

推進プレーの最新チャート

本章は第1版からほとんど変わっていないが、本書で以前紹介したいくつかのインディケーターを含む最新チャートを紹介したいと思う。

627

図18.16

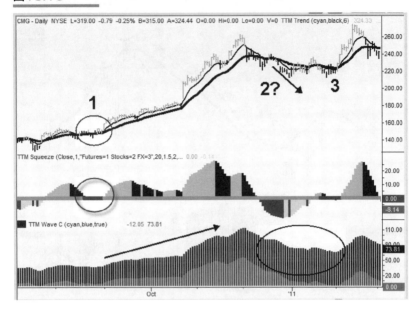

図18.15は2011年前半のＥミニS&P500のチャートを示したものだ。1で8日EMAが21日EMAを上に交差しているため、押しで買う絶好の機会が期待できる。このチャートにはTTM（Trade The Markets）トレンドもプロットされている。TTMトレンドの足がグレーのとき、それは買い圧力が存在することを示しており、黒い足が2つ連続して現れるまで手仕舞ってはならない。TTMトレンドは「トレンドが続いているかぎり」トレーダーをトレンドにとどめておくことができる素晴らしいインディケーターだ。2で8日EMAが21日EMAを下に交差すると同時に、3でスクイーズが発生。ここでトレーダーは第11章で書いた概念を使ってトレードを早めに仕掛け、爆発的な動きに乗ることができる。

　図18.16はチポトレ・メキシカン・グリル（CMG）の日足チャートだ。この銘柄は長期にわたって上昇を続けているため、売り筋には

焦りの色が見える。このチャートには第12章で紹介したCウエーブを
プロットした。1でスクイーズが発生すると同時に、8日EMAが21
日EMAを上に交差する。株価の上昇に伴って、ポジションの一部を
手仕舞い、損切りを21日EMAに沿って移動させる。トレーダーの肝
のすわり具合にもよるが、トレーダーは価格が21日EMAを下回るま
でこの上昇の動きをエンジョイできたはずだ。興味深いのは8日EMA
が21日EMAを下に交差している2である。このトレードは仕掛ける
べきなのか。Cウエーブを見るとゼロを上回っている。つまり、長期
トレンドは上昇トレンドであることを示している。移動平均線から判
断すればここは売りを仕掛けるべきところだが、Cウエーブは楽に儲
けられるのは買いトレードであることを知らせている。こんなときは
次の買いシグナルと、スクイーズが発生すると同時に8日EMAが21
日EMAを上に交差する3まで待ったほうが無難だ。

　本書に出てくる概念は個別に使うこともできるが、あなたの性格に
最も合う組み合わせで使うことでトレーダーとしてのスキルが向上す
ること請け合いだ。

推進プレーのまとめ

　推進プレーの良い点は2つある。1つは、仕掛け時を決めるのに1
日中相場を見ている必要がないことだ。前の日の夜に注文を入れたら、
翌日の終わりに注文が執行されたかどうかをチェックするだけでよい。
もう1つは、このプレーでは目標値を設定する。以前、トレーリング
ストップだけを使ってこのプレーを試みたことがあるが、うまくいか
なかった。もちろん時にはパラボリックな動きをしそうな銘柄に行き
当たることもあるが、最初に大きな含み益が出ていてもブレイクイー
ブンで終わるのがせいぜいだ。試行錯誤を続けた結果、GTC（注文を
取り消すまで有効な注文）を使って8％の目標値を設定することで収

第2部　先物、株式、オプション、FX、仮想通貨のためのデイトレードとスイングトレードの最高のセットアップ

益性が上がることが分かった（推進プレーをスクイーズおよびTTM
トレンドと組み合わせて使っても、ポジションの最初の半分には8％
の利益目標を設定することができる。そのあと、損切りをブレイクイ
ーブンに移動させて、ポジションの残りの半分はTTMトレンドを使
って管理する）。覚えておいてもらいたいのは、客をだますようなブロ
ーカーの客にはけっしてなってはならないということである。彼らは
内輪ではGTCを「注文価格に近づくまで有効な注文」と呼んでいるの
だ。なぜなら、株価が注文価格に近づくと、客は「もっと上がりそう
だから」と言って必ず注文を取り消してくるからだ。もちろん、こう
いった株のほとんどはそのあと下落するため、客は損をする。パラメ
ーターを設定したら、それを信じて任せることが大切だ。プランを立
てて、それに従うことが重要なのである。ポジションの最初の半分を
8％で手仕舞いたい？　それも結構だ。しかし、いったんプランを立
てたら変更してはならない。

　このプレーをブローカーを通して実行するときの秘訣を2つ紹介し
よう。1つは、日足のEMAを1日を通してリアルタイムで観測する
というものだ。そのためには、15分足チャート上に日足のEMAを重
ねてプロットする。トレードステーションを例に説明しよう。まず15
分足チャートを設定する。日中取引時間の6時間半の枠内には、15分
足が26本あるので、26期間×8EMA＝208、26期間×21EMA＝546。つ
まり、15分足チャート上の208期間EMAと546期間EMAは、日足チャ
ート上の8日EMAと21日EMAに匹敵し、EMAをより短い時間枠で
頻繁に観測できるというわけだ。好みに応じて時間前や時間後の取引
時間を含めてもよい。このように日中足チャート上に日足のEMAを
重ねてプロットしたものをモニタリングすれば、EMAがいつ交差す
るのかを常に監視することができるため、発注時期を誤ることはない。
もう1つは、ピボットプレーと同じように、移動平均線の「直前」で
発注するというものだ。例えば、8期間EMAが43.40ドルの位置にあ

り、価格が８期間EMAまで押したら買おうと思っている場合、８期間EMAより10〜15セント高い位置、例えば43.52ドルに指値注文を入れておけばよい。ただし、セットアップが発生している場合は、数ペニーに惑わされてドル単位の利益を取り損なうようなヘマをやらないように注意したい。

このセットアップの最新情報については、https://www.simplertrading.com/movingaveragecrossover/ を参照してもらいたい。私が今このセットアップをどのように使っているのかや、組み合わせるほかのインディケーターにはどういうものがあるのかについての情報が満載だ。

さて、第２部もいよいよ終了だ。第３部ではトレードの現実世界を見ていく。どのセットアップが最もうまくいくのか。どういったトレードプランを立てたらよいのか。トレードにはどんなコンピューターを用意すればよいのか。第３部では実際のケーススタディを考察し、トレードの実用面について考える。足を伸ばして、コーヒーでも飲みながら気楽に読んでもらいたい。

「希望こそが最悪の災厄である。なぜなら、希望は人間の苦しみを長引かせるだけだからだ」──フリードリヒ・ニーチェ

「行動の伴わないビジョンは白昼夢であり、ビジョンの伴わない行動は悪夢だ」──日本のことわざ

「スプーンで食事を与えることは長い目で見れば、スプーンの形を教える以外、何も教えない」──Ｅ・Ｍ・フォースター

第 **3** 部

実践編
トレードの現実世界

HEADING BACK INTO THE REAL WORLD OF TRADING

第**19**章

私のトレードの旅と戦略
My Trading Journey and Strategy

ヘンリー・ギャンベル

「人生を楽しむ秘訣。それはあなたがやっていることに真剣に取り組むこと。そして、それを仕事と呼ぶのではなくて、それは遊びであると認識することである」——アラン・ワッツ

「十分に発達した科学技術は、魔法と見分けがつかない」——アーサー・C・クラーク

　ジョン・カーターの言葉——ギャンベルがプロのトレーダーになるまでの旅を最前列で見られたなんて、なんて光栄なことだったんだろう。私は彼の旅から多くのことを学んだ。彼は旅を続けながら、人間としても成長した。こんな姿を見るのは実にうれしいものだ。私をアラン・ワッツに紹介してくれたのはギャンベルだった。アラン・ワッツに出会ったおかげで、私は人生においてあらゆることのバランスを取れるようになった。人生で何が起ころうと揺るぎない気持ちを持ち、健全でいられるのは彼のおかげだ。

トレーダーになりたいか

　トレーダーになろうとする人が身につけなければならないことは2つある。1つは精神・心理面の充実であり、もう1つは技術の確立だ。トレードは50〜90％は心理的なものである、という話は聞いたことがあると思う。私は90％が心理的なものだと思っている。優れたトレーダーになるには心理面も技術面も重要だが、トレーダーとして人生を

635

第3部　実践編

生きる心の準備ができていなければ、どんなに優れたセットアップが
あったとしても意味はない。

　私はテクニカル分析からトレードの世界に入った。ギーク・スクワ
ッド（パソコンサポートサービス会社）で数年働き、技術的な基礎を
身につけた私は、PER（株価収益率）なんかを勉強するよりもテクニ
カルなほうからアプローチしたほうがよっぽど楽だと思った。ファン
ダメンタルズよりもテクニカルのほうがずっと面白かった。私はまず
ジョン・カーターの『**フルタイムトレーダー完全マニュアル──戦略・
心理・マネーマネジメント**』（パンローリング）を読んで、その本に出
てくる完全にメカニカルだと思えるセットアップを使ってみた。心理
面の健全性の重要性を認識したのは、数年たってからのことで、何百
というトレードをやってようやくその重要性に気づいた。

　これほどのトレードをやっても望む結果は得られなかった。そこで
私は自分のトレードを見直して、どういうところを変える必要がある
のかを考えてみた。まず、先物トレードをやめる必要があった。誤解
のないように言っておくが、先物トレードは素晴らしいものだ。私は
トレーダーたちにあらゆる市場について学べとよく言う。これはカー
ターと初めて会ったときに私がやっていたことだ。「これぞまさにト
レード知識の中核だ。すべての市場のことを学んで、すべての市場をト
レードしよう」と思ったものだ。これまでトレードをやってきて思っ
たのは、1冊の本とじっくり向き合い、その本を何度か読み返せば早
期退職も夢ではないということだった。

　トレードのことを知るためにあらゆることを学ぶという私の探求は
そこそこうまくいった。私はその次の数年かけて3冊の本を何度も読
み返した。ジョン・F・カーターの『**フルタイムトレーダー完全マニ
ュアル**』、キャロリン・ボロディンの『**フィボナッチトレーディング
──時間と価格を味方につける方法**』（パンローリング）、ジョー・ド
ワーティの『フューチャーズ・アンド・オプションズ・フォア・ダミ

636

ーズ（Futures and Options for Dummies）』の3冊だ。これら3冊以外の本を読んでトレード知識を蓄積させていくことはトレーダーたち全員が追究すべきことだ。これら3冊の本はトレードについてすべてのことを教えてくれるわけではないが、儲かるトレードプランを立てるうえでの基本となるものだ。

私は初心者で先物やオプションをトレードする前に基礎を学ぶ必要があった。そこで最初に読んだのが『フューチャーズ・アンド・オプションズ・フォア・ダミーズ』だ。カーターと初めて会ったとき、私はすでにスコットトレード社で開いた取引口座で上昇する見込みのある会社の株を買うことに集中的に取り組んでいた。オプションのことなど聞いたこともなかった。レバレッジの世界に足を踏み込んだ私は、基本的なことを学ぶ必要があった。そこでもっとテクニカルな面を充実させようと読み始めたのがカーターとボロディンの本だった。

カーターとボロディンの本は非常に役立った。そこでここでは、トレーダーたちが私の犯した過ちを犯さなくてもよいようにすることに焦点を当てることにした。チャート上ではすべてがパーフェクトに思えたのにうまくいかなかったセットアップからのほうが学ぶことは多かったような気がする。こうしたことを学ぶことであなたの学習曲線は加速し、私がトレードを始めたときに犯した過ちを防ぐことができると思っている。

損切りを置かない

「失ってもよいお金だけでトレードする」という考え方は本書をここまで読んできた人にとってはもうお馴染みの考え方だろう。この考え方に加えて、借金まみれの人生を送るよりも、平和でシンプルな人生を送れるようにすることも重要だ。私の両親は貯金に熱心で、月賦で物を買うことはなかった（ただし、家と車は別。柔軟性が重要）。私は

第3部　実践編

こうした家庭で育ったことを幸運に思っている。こうしたライフスタイルは、トレードをするときリラックスした状態を保つうえで非常に役立った。トレードが思惑どおりに行かなくても、車のローンを払えなくなるからと言ってパニックに陥ることはない。幸い、2005年型のフォードレンジャーの「リトルレッド」にはローンはないので、市場のことだけ考えて市場にアプローチすることができる。

「失ってもよいお金だけでトレードする」という考え方は私のトレードの重要な要素の1つに気づかせてくれた。資産曲線を右肩上がりにしようと思っていて、それはそのトレードに配分したキャッシュを100％リスクにさらすことになるとき、この考え方は特に重要になる。例えば、コールを12.85ドルで買ったとすると、このトレードのリスクは1285ドルだ。またスプレッドが10ドルのプットクレジットスプレッドを3.45ドルで売ったとすると、このトレードのリスクは655ドルだ。損切りは置かない。私は損切り額が私がとってもよいと思えるリスクと同じになるように、十分小さなサイズでトレードする。以前は大きなサイズでトレードし、近くに損切りを置いていた。こんなトレードはいつも損切りに引っかかっていたように思う。私に言わせれば、損切りが役立ったことはない。それはしっかりとした信念のように経験に基づくものだ。

私はその日のことをよく覚えている。前日に私はアマゾンを買っていた。私の口座残高はおおよそ5000ドルで、1枚おおよそ1300ドルのコールを3枚買った。当時のアマゾンの株価は今に比べると非常に安く、この短期イン・ザ・マネーで数ポイントの利益を狙った。とったリスクは支払った金額と同じだった。翌日、アマゾンはおおよそ25ドルのギャップダウンで寄り付き、私の損切り（メンタルストップ）は絶体絶命状態だった。このオプション1枚でとる予定だったリスクは4ドルだったが、今や10ドルに近づきつつあった。これは私が初めて経験する「ヘッドライトを浴びた鹿」の瞬間だった。カーターから短

期間だけコーチングを受けた。彼は「調べてみよう」と言ってくれた。私は二度とこんなことが起こらないようにしようと心に決めた。それ以降、私は13ドルのオプションは1300ドルのリスクだと考えるようになった。それからは少なくともトレードに関しては、対処できない状態に遭遇することはなくなった。

オプション取引（特にスプレッド）で損切りを置かないもう１つの理由は、その価格で流動性を与える人物になるからである。市場が逆行すると、安値で損切りに引っかかり、そのあと市場はあなたを置き去りにして動き続ける。つまり、あなたは買うのに打ってつけの水準に損切りを置くことで、その動きに流動性を与えたことになる。あなたの支払う負債（スプレッドの場合はクレジットの差）の100％のリスクをとったほうが、金を儲けられる確率は高くなる。

アマゾンのギャップダウンの例は痛みを伴う教訓の１つだ。失うお金を500ドルと想定していたのに、実際には1500ドル失ってしまったのだから。自分で扱えないようなポジションを持たないようにすることはトレードのときに感情的にならないための最初のステップだ。１つのトレードでＸドル以上の損失は出さないことが分かれば、その日の損益を気にすることなくセットアップに集中することができるようになる。

損切りを置かない別の理由は、すべてをスイングセットアップに任せることができるようになるからだ。コールを買って、「このオプションの価格は16ドルだ。だから、11ドルの損切りを置こう」と考えるようになると、日中のスイングを無視することになる。価格が下がってそのオプションで設定した損切りに引っかかったあと、価格が回復し、その日の高値で終わることほどフラストレーションのたまるものはない。「その日に21EMA（指数移動平均）を下回って引ける」という概念をしっかり理解しなければならないのはこういうわけだ。その日が終わってもトレードを続けることを要求するようなプランを使ってい

るのであれば、どんな損切りも使えない。その日の終値に基づいてトレードしているのであれば、その日の15時（CST）にどこで引けるかを見るために、その日がもたらすものを受け入れざるを得ない。その日の終わりにあなたの水準を下回る終値で手仕舞いせざるを得なくなった場合でも、損切りを使っていなければノイズを無視してポジションを持ち続けることができる。

　理由はほかにもある。レシオスプレッドやカレンダースプレッドのような戦略には適用できないが、この考え方は未定義のリスクを含む戦略にとっても有効だ。

成功の探求

　次の言葉が頭にひらめいたのは突然のことだった。きちんと言葉でも表現されているので、どこかで聞いた覚えもある。これは特に金融アドバイスを人から学ぶときに理解していなければならない重要な概念だ。

**　成功に値する人間になるまで、成功することはできない。**

　カーターに初めて会ったとき、市場で成功するための聖杯を見つけたと思った。「市場のことを本当に理解している人に会えて本当にラッキーだ。私のやるべきことは彼に付いていくだけ。これで万事オーケーだ」。この考えが間違っていることを認識するまでには数年かかった。私は自分が理解していない仕事に取り組もうとしていただけではない。世界中で最もスキルを持ったプロに挑もうとしていたのだ。初心者が世界で最高の人々と戦える職業はそれほど多くはない。例えば、ポーカーはそういったものの１つだ。私がテキサス・ホールデム（ポーカーゲームの一種）が好きなのはそういったわけなのだ。初心者とプロ

の比較についてはこのあと見ていく。

うわさでは、カーターのトレードはものすごい利益を上げたものもあったが、ドローダウンも大きくて私の全口座残高に匹敵するくらいあった。それは彼の口座サイズを考えればごく普通だったのだが。私はただ単に口座サイズに対してトレードサイズが大きすぎただけだ。心の底では、私よりも市場のことをよく知っている人に付いていっているのだから、間違えるはずがない、と思っていた。カーターが25回のトレードのなかで損失を出したのは13番目のトレードの1回だけで、彼は気にもとめなかった。一方、私はこの1つのトレードに大きく左右された。

時間がたつにつれて、それぞれのトレードは多くのトレードの1つにすぎないことが分かってくる。私はだれからも甘やかされることなく自立してやっていきたかった。そこで私は次のようなことを行った。

●チャートにフィボナッチ水準を書き込んだ
●指数のなかからこれから動きそうな銘柄を探した
●連続して利益が出るようにヒストリカルデータを研究した

こうしたことをやることでようやく成功する見込みが出てきた。これは私のトレードキャリアにおける転機になった。

マインドフルネスと柔軟性

おそらくこれは多くのトレーダーが経験することで、どうすればよいのか分からなくなるときがあると思う。それはあなたの思いどおりにいかなくてがっかりするときだ。「がっかり」という言葉を使ったが、これには落ち込んだり、不安になったり、怒りが込み上げてきたり、みじめな思いをすることも含まれる。トレードの最中に感じる感情は無

641

第3部　実践編

数にあるが、重要なのはそういった感情に屈しないことだ。負のスパイラルに陥らないようにすることが重要だ。負のスパイラルはいろいろな形となって現れる。アルコールに走るのもそのひとつだ。アルコールに走るのは簡単だ。なぜなら酒は簡単に手に入り、人を癒してくれるからだ。ほかの多くのことと同じように、アルコールは節度を守れば素晴らしいものだ。しかし、アルコールは私の問題を解決してはくれなかった。何かを変える必要があった。

　私は今書いているこのパラグラフを完全に理解していると言うつもりはない。私は今でも酒を飲むが、私が自分の限界を超えようとしていたときに私の人生を変えてくれたのが瞑想だった。人生のなかでは何か別のことをやる必要があると思えるときがある。そんなときにアラン・ワッツのことを知ることができたのは幸運だった。彼の「アウト・オブ・ユア・マインド（Out of Your Mind）」講義を受けたあと、これこそが私が求めていたものだと思った。そして瞑想が役に立つかもしれないと感じた。ギーク・スクワッドで働いていたときとオプショントレードをするときのストレスレベルは比較できるようなものではないが、正気を失いそうになったときに私の目を引いたのがこの講義のタイトルだった。瞑想は本格的にやっているわけではないが、瞑想の医学的な利点は立証されている。瞑想は脳のマッサージと考えてもよいだろう。1日にわずか数分だけでも考えることをやめる（リラックスする）だけでも有益で、ストレスにさらされた状況に対する反応は変わってくるだろう。

　これも似たようなものだが、マイケル・A・シンガーの『サレンダー』（風雲舎）を読んだあと、ヨガにはまった。この本はカーターに勧められたのだが、みんなにもぜひ読んでもらいたい。オーディオブックもあるが、これは通勤途中で聞くのに最適だ。彼が本のなかで話しているストーリーを通して、ヨガが役に立つことを確信するに至った。ヨガはYouTubeの基本的なビデオから始めた。最近ではYouTubeは

642

ますます充実した内容の映像を提供するようになった。私が最高だと
思ったのはYouTubeの「サラ・ベス・ヨガ（SarahBethYoga）」だ。こ
のチャンネルはヨガの良い出発点になると思う。

　ヨガには柔軟性といった立証された利点があるが、これに加えてヨ
ガは私のトレードにも役立った。ヨガにはいろいろなポーズ（アサナ）
がある。各ポーズでは動きをとめるため、不快感を感じることがある。
トレードにもこういった瞬間がある。つまり、取っているポジション
に不快感を感じるときがあるということだ。でも、そんなときでもポ
ジションを保持することが正しいことだ。もちろん、不快感と痛みと
は違う。しかし、不快感を感じながらもプランに従うことで、成功す
る確率は高まる。ヨガはそういった不快な瞬間を我慢することを教え
てくれるものだ。痛みに対処する方法を学ぶことは成功するトレード
キャリアの一部であることに、だれも異論はないはずだ。

　ヨガがトレードに役立つもうひとつの点は柔軟性だ。肉体が柔軟に
なったからと言って心もすぐに柔軟になるとは限らないが、肉体と心
の柔軟性にはつながりがある。カーターは、あなたの生活はあなたの
トレードに反映される、と言ったが、私もこれは正しいと思っている。
トレードも柔軟性とマインドフルネスを持ってやれば、もっと良い結
果が出るだけでなく、トレードで良い結果が出た結果として生活もも
っと良くなる。

ギャンブルとしてのトレード

　私はトレードはギャンブルではないという考え方を持つ人々には興
味をそそられる。彼らはこのことを淡々とした口調で話す。まるで何
か威圧的な意見から身を守らなければならないかのように。でも、ト
レードはギャンブル以外の何物でもない。トレードがギャンブルであ
ることを認めれば、「次に何が起こるか分からない」「失ってもよい額

第3部　実践編

のリスクしかとらない」といったことは常識になるはずだ。トレードには100％コントロールできない要素があることが本当に分かってくると、確実な1つの賭けが重要なのではなくて、リスクコントロールこそが重要なことであることが分かってくる。

　リスクを完全にコントロールできるようになれば、発生回数のことを考えることができるようになる。これは次のように言い換えることができる。例えば、65％の勝率を持つ戦略を使っていたとすると、その勝率を出すにはその戦略を何回も使う必要がある。65％の勝率を持つ戦略を使っていて、その戦略でたった3回しかトレードしなければ、2回勝つことはできないかもしれないし、3回とも負けトレードになるかもしれない。しかし、それはその戦略を何回も使ったときの結果を正確に表すものではない。これは、ポーカーで手札としてポケットエースを持っていて、最終的に負かされたとしても、あなたはポケットエースでのプレーをやめようとしないのに似ている。こうした高勝率の状態には何百回もなるかもしれないが、すべてがうまくいくわけではない。どの回がうまくいき、どの回がうまくいかないかを予測することもできない。トレードを長くやればやるほど、うまくいく確率は増えていくものだ。

　トップ10ハンドもトレーダーとポーカープレーヤーに共通するものだ。テキサス・ホールデムには2枚の手札から始める手は169個ある。これは選ばなければならないセットアップが山のようにある朝に似ている。「見なければならないセットアップが169個ある。これを10個にするにはどうすればよいか」。テキサス・ホールデムでは答えは簡単だ。ポケットペア（エースとエース、キングとキングなど）から始めて、エースとキングといった具合にローハンドに下げていけばよい。しかし、トレードでは無限数の基準や変数があるためもう少し複雑だ。でもテクニカル分析のことが分かってくると、「トップ10ハンドのセットアップ」を見つけるのに私が使う基準が分かってくるし、セットアップの

644

第19章　私のトレードの旅と戦略

数をトレードしたい数にまで減らすこともできる。

テクニカル分析

　テクニカル分析の方法は星の数ほどある。1800年代から始まったものもあるし、新しい方法もあり、その数は日々増えている。チャートパターンを理解する必要はなく、必要なのはオプションズチェーン（情報欄表）だけだという人もいるし、オプションズチェーンは意思決定するうえで何ら新たな情報を提供してはくれないという人もいる。だから、ファンダメンタルズに基づいて銘柄を買い、株価の満ち引きに忍耐強く付き合うしかないというわけだ。

　私はどちらの意見も一理あると思う。オプションズチェーンだけに基づいてトレードすれば、大量の情報を無視することになる。テクニカル分析は時間をかけて学ぶだけの価値がある。一方、チャートだけに基づいてトレードすればオプションにお金を払いすぎることになり、成功の見込みは低い。チャートを使わずに儲けることはできないのだろうか。もちろんできる。でも、それでは機会は最大化されない。もしトレードに聖杯があるとするなら、機会の最大化こそが聖杯と言えるだろう。

　結局、これらの要素が集結する状態から生みだされるのがその日のあなたのベストトレードだ。分析マヒに陥る人が多いが、そういった状態に陥らないように注意することが重要だ。しかし、最高のテクニカルインディケーターと最高のファンダメンタルインディケーターを組み合わせて、規律を守ってトレードすれば、成功の見込みはあるかもしれない。

　分析を始めるときに私が見るウオッチリストは以下のとおりである。

●IBD50指数（インベスターズ・ビジネス・デイリーの指数）

645

第3部　実践編

●キャロリン・ボロディン（https://www.fibonacciqueen.com/）のサイトからダウンロードするチャートで言及されていること
●チャーキン・アナリティックスの推奨
●シンプラートレーディングのウェブ（https://www.simplertrading. com/）上のスキャナーで選択される銘柄（このスキャナーは私たちが開発したもので、改善され続けている）

　このあとのパラグラフでは私のスイングトレードチャートのレイアウトから見ていきたいと思う。これは私がこれまで行ってきた分析の集大成であり、私が意思決定する際の基本となるものだ。これは私が推奨するスイングベースのトレードの完全レイアウトだが、すべてが含まれているわけではない。チャートに少しずつ新たなインディケーターを加え、数カ月観察したあとでスイングベースの意思決定に使えるものかどうかを判断する。

時間枠

　スイングトレード分析を考えるときにまず最初に定義しなければならないのは、どういった時間枠でトレードするかである。「スイングトレード」では最低でもポジションをオーバーナイトする。だからといって、日足よりも短いチャートを使わないというわけではない。私が好きな時間枠は、ずっと前にカーターに教わった、日中取引時間を均等に日中足で分割したものだ。
　例えば、日中取引時間は390分だが、その取引時間を2で割ると195分、3で割ると130分だ。これを3分足チャートになるまで繰り返す。私のスイングベースの分析では、15分足よりも短いチャートは使わない。15分足チャートでは毎日26本の足が出現する。この考えに基づく時間枠のリストは以下のとおりである。

646

390分足＝日足が1本

195分足（3時間15分）＝日中取引時間内で2本の足

130分足（2時間10分）＝日中取引時間内で3本の足

78分足（1時間18分）＝日中取引時間内で5本の足

65分足（1時間5分）＝日中取引時間内で6本の足

39分足＝日中取引時間内で10本の足

15分足＝日中取引時間内で26本の足

10分足＝日中取引時間内で39本の足

6分足＝日中取引時間内で65本の足

3分足＝日中取引時間内で130本の足

　私が使う最初の時間枠は、できるかぎりデータを昔にさかのぼった月足チャートだ。通常は20年分のデータで十分だが、日足チャートや週足チャートでは見られないような大きなリトレースメントやエクステンションがあるかどうかを見るためにできるだけ多くのデータを使う。月足チャートにはスクイーズもプロットする。月足チャートでスクイーズの勢いが7〜10本の足で続けば、7カ月から10カ月トレードを維持せよという合図であり、これはトレンドフォローの観点からも非常に効果的なシグナルだ。本章執筆の時点では、金の月足チャートにロングスクイーズが出ている。**図19.1**を見ると分かるように、金の月足チャートでは1999年から9つのスクイーズが発生している。なかでも最も効果的なのは2005年と2009年のスクイーズだ。これらのマンスリーシグナルは非常に強力だが、うまくいかない場合もある。投資判断に補助的に使うのが週足チャートだ（**図19.2**を参照）。

週足チャート

この時間枠における私のトレンドフォローの概念は「平均回帰」、つ

647

図19.1

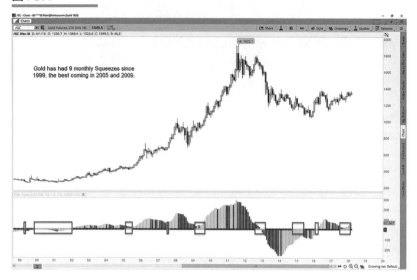

まり日々の価格は21週EMAに引き寄せられるという考え方が中心となっていることに注意してもらいたい。21週EMAは、そこまでいったん押したあとそこから再び上昇する傾向を見るのに良いインディケーターだ。しかし、21週EMAだけを使って手仕舞っていたときには問題があった。価格がこのインディケーターを下回ったときに手仕舞う（買いポジションを仮定）と、手仕舞ったあと再び価格が上昇するのである。これが最初のプランなら問題はない。

　もっと柔軟性を持ってトレードするために使い始めたのが10週SMA（単純移動平均線）と34週EMAである。図19.2を見てみよう。ヘッダーには移動平均線が表示され、価格は右側に示されている（ヘッダーにも示されている）。そして最後の取引価格はティッカーの右側に示されている。これは、どのインディケーターと価格水準が使われているのかを見るときに役立つ。まずはトレードしている方向を見る。月足チャートでは金のロングスクイーズが出ているので、週足チャート

図19.2

でもロングシグナルに注目する。週足チャートではスクイーズは発生していないので、移動平均線を見てトレンドがどうなっているかを判断する（**図19.2**を参照）。

　これら２つの移動平均線の基本的な考え方は、10週SMAが34週EMAを上回っているときは買い、下回っているときは売る。これらの移動平均線によってパターンの全体的な方向がつかめるうえ、買いと売りのどちらに注目すべきかが分かる。2017年４月に10週SMAが34週EMAを上に交差した瞬間から、ロングサイドにのみ集中すべきであることが分かる。しかし、価格はまっすぐに一直線に上昇したわけではない。上昇相場ではあるがちゃぶついているときはサイドラインから傍観し、勢いよく上昇しているときにのみ仕掛けるには、10週SMAが34週EMAを上回り、かつ価格が週足チャートで10週SMAを上回って引けているときにだけ買うのがよい。これが背中に風を受けて（トレンドの方向に）トレードするということであり、勢いがつい

第3部　実践編

てから（価格が10週SMAを上回って引ける）トレードするということなのである。

日足チャート

　月足チャートを見ているときは確認のために週足チャートを見るが、週足チャートを見ているときには確認のために日足チャートを見る。日足チャートにはいくつかのテクニカルインディケーターを加えるが、私が意思決定をするのはほとんどの場合、いくつかのシグナルが重なっているときだ。最初のシグナルがスクイーズだ。日足チャートは月足チャートと同じように動くのだろうか。日足チャートは長い間保ち合い状態が続いていたが、ついにトレンドに沿って動き出すのだろうか。金の場合、答えはイエスだ。

　図19.3は金の日足チャートのどこでスクイーズが発生しているかを示している。2組の足の関係が条件に当てはまり、それらが月足チャートと整合性があることがシグナルが出る合図だ。月足チャートと一致しているかどうかは、50日SMA、100日SMA、200日SMAの関係によって判断する。私はこれらの移動平均線は1セットで考えたいのですべて点線で示している（一番薄い点線が50日SMA、一番濃い点線が200日SMA、その中間が100日SMA）。価格が50日SMAを上回り、50日SMAが100日SMAを上回り、価格、50日SMA、100日SMAが200日SMAを上回っているときが、最高の買いシグナルだ（図19.3を参照）。

　もう1つの見方は、金を買いたくない時点を見るというものだ。最初の期間は2017年11月30日から2018年1月26日までの期間で、この間は50日SMAが100日SMAを下回っている。2番目の期間は2018年2月27日から2018年3月21日までの期間で、この間は価格が50日SMAを下回っている。私は月足チャートを見て買いたいので、日足チャート

650

図19.3

で価格が50日SMAを上回っていなければならない。買うのは次に押したときだ。

SMAを使うわけ

　ここではなぜSMA（単純移動平均線）を使うのだろうか。それはこれらのSMAがファンドの間で最もよく使われている長期移動平均線であり、指数の気配値が最もよく出る水準でもあるからだ。SMAは過去のデータを均等に重み付けし、どんなに多くのデータを使っていても、それらのデータのバランスのとれた長期的展望を提供してくれるものだ。

　SMAはボロディンが使ってきたものだし、CNBCで価格水準についてコメントするときにもよく使われる。つまり、SMAはだれもが見ている移動平均線ということである。それで私も日々の分析をするとき

にSMAを加えると役立つと思ったのだ。50日SMAの代わりに55日EMAを使ってもよいのだろうか。もちろんだ。私たちが見ているのは海の波のようなものだ。高値が切り上がるパターンと安値が切り上がるパターン（または、高値が切り下がるパターンと安値が切り下がるパターン）を見て、最も抵抗の少ない絶好のタイミングで仕掛けようとしているわけである。これらの移動平均線は波の谷間と考えることができる。あなたがどれくらいアグレッシブかは、あなたがポジションを仕掛けるのに使っている移動平均線で判断することができる。このケースの場合、最もアグレッシブなのは50日SMAで、最も保守的なのが200日SMAだ。

チャートの色

　本書で使う色を設定するとき、私は出版社の意向に合わせようと思ったのだが、それは土台無理なことだった。それで色は私の考え方に合わせて設定した。実は私は色覚障害を持っている。それは目の検査をした日に発覚した。ここでその話をしても仕方ないが、私は本書の色を、色覚障害の人が赤と緑を識別できないという問題を避けるだけでなく、この本を紙で、あるいはタブレットで読んでいる人にとっても便利なように設定したという事実は知っておいてもらいたい。ローソク足も同様の方法で色を設定した。白いローソク足は上昇を表し、黒いローソク足は下落を表す。

　スクイーズも同様の方法で色を設定した。最も重要なのがグレーのドットだ。グレーのドットは「白熱」を表しており、ボラティリティが低く、価格がこれから大きな動きをする準備段階にあることを示している。私たちがとらえようとしているのは、スクイーズがグレーのドットから黒いドット（デフォルトカラーは赤から緑）に変わるときだ。シグナルが出たときには、すでに仕掛けて大きな動きの大部分を

とらえたいからだ。シグナルが出るまでに時間がかかることもある。な
ぜなら、価格はほとんどの時間帯でレンジ相場にあり、大きな動きを
するわけではないからだ。この概念をもっと早くに確信していればよ
かったと思う。日中の大きな動きをとらえれば儲かるが、株価はほと
んどの時間帯で保ち合い状態にある。スイングベースのポートフォリ
オを管理するときはこのことに留意することが重要だ。

8日EMAと21日EMA

　日足チャート分析で次にやることはEMA（指数移動平均線）を加
えることだ。EMAは直近のデータを重視するため、SMAよりも短期
トレンドをよく把握できるという特徴がある。したがって、50日SMA
で買うのを待たなければならないわけではなく、よりアグレッシブな
トレンドに参加することができる。

　私が選んだのが8日EMAと21日EMAだ。8と21はフィボナッチ数
列に含まれる数字で、私のモメンタムをベースとするディレクショナ
ル戦略によくフィットする。またこれらのEMAは市場の波と見るこ
とができる。フィボナッチ数列は、前の2つの数値を足し合わせると
次の数値になるという数列で、0から始まり、1、2、3、5、8、13、
21、34、55、89……と無限に続いていく。私は1から5までの数値は
使わない。なぜなら今の価格に近すぎるからだ。しかし8日EMAと
21日EMAが分かれば、13日EMAがどの辺りにあるかは分かる。また、
21日を上回るEMAは使わない。21日を超えたらSMAを使う。SMA
は支持線を見つけるのに使う（50日SMA、100日SMA、200日SMA。
図19.4を参照）。

　これをファースト・ソーラー（FSLR）のトレード例で見てみよう
（図19.5を参照）。4月4日、日足チャートでスクイーズの最初の足が
形成される。市場は50日SMAまで売られる。50日SMAまで下落した

653

第3部　実践編

図19.4

ら買う注文を入れていなければ、こういった機会は二度と現れないだろう。次の数日は50日SMAをはるかに超えた水準で保ち合いになる。ここで登場するのが8日EMAと21日EMAだ。価格は次の数日間はこれらの移動平均線の間で推移しているので、全部で1000株（この種のトレードの私の最大リスク）になるまで、これらの水準の近くで100株ずつ買い増しする。4月17日、株価は3.5％上げて引けた。スクイーズは発動の準備段階に入った。スクイーズの勢いが変わる。注目すべきものは実際のシグナルがいつ出るかである。シグナルはボリンジャーバンドがケルトナーチャネルの外に出たときに出る。目標は価格が1.272エクステンションである81.45ドルになることだ。4月19日、ロングスクイーズが発生。株価は上昇しているが、その日の高値は78.95ドル止まりで、目標値を2.50ドル下回っている。ここで再び登場するのが仕掛けるときに使う平均回帰の概念だ。スクイーズが発生したあと日々の終値が8日EMAと21日EMAの間にあるかぎり、ポジションは保持

第19章　私のトレードの旅と戦略

図19.5

し、株価が1.272エクステンションの目標値に達するのを待つ。ファースト・ソーラーはいったんは21日EMAまで押すが、再び上昇し、3日後、決算発表を受けて目標値に達する。カーターとボロディンから学んだ概念をすべて使うことができる例があるとすれば、これがそれだ。

　スクイーズのことをよく知らないトレーダーがよく犯す過ちは、モメンタム（ヒストグラム）がゼロを上回る位置からゼロを下回る位置に移行する（4月4日から4月16日までの期間）と、それは弱気シグナルだと思ってしまうことだ。まず見なければならないのは市場の全体的なトレンドである。次に、モメンタムの変化を見る。実際の動きの大部分はトレンドに沿って発生しているのが分かるはずだ。ショートスクイーズが発生しないかといえば、そんなことはない。ショートスクイーズが発生したときには、ポジションをしっかり管理するか、損切りを置く。しかし、こういったセットアップでは最初にショートポ

ジションを建てることはまずない。

ここまでが私が毎日のスイングトレードで使っているものだ。スイングトレードに興味のある人はこれを出発点にするとよいだろう。まずは週足チャートと日足チャートをマスターすることだ。これが基本だ。

スイングセットアップをオプションに使う

チャートセットアップのなかで私が何を見るかが分かったところで、オプションでこのセットアップを最も効果的にトレードする方法について見ていくことにしよう。オプションはその名が示すように、物事をやるうえでの選択肢（オプション）を与えてくれる。原資産価格が上昇すると思えばコールを買うか、プットクレジットスプレッドを売るか、あるいはブリッシュバタフライを組むこともできる。何をやるかはあなたの性格とトレード目標によって違ってくるだろう。何をやるかは戦略を選ぶ前に決めることが重要だ。

日足でのスクイーズを最もアグレッシブにトレードする方法の１つは、ディレクショナルオプションをトレードすることだ。私はほとんどの時間帯でロングサイドに焦点を当てる。したがって、コールの買いは私にとってはお馴染みの戦略だ。コールの買いは通常は低勝率の戦略とみなされている。というのは、これはプレミアムディケイを考えると、タイミングと方向性が重要だからだ。しかし、会社が決算発表をする２～４週間前にこれらのトレードを行うのは極めて効果的だ。この間はセータ（タイムディケイ）はまだあなたのポジションにとって不利だが、決算発表と同じ週にコールを買えば、実際の決算発表までの間ボラティリティが着実に高まるため、オプション価格は上昇する。ベストタイミングで仕掛けることができて、方向性を正しくとらえ、インプライドボラティリティが上昇すれば、それは素晴らしいト

レードになる。

こうしたトレードを達成するにはいくつかの変数がそろわなければならないようにも思えるが、これは考えているよりもよく発生する。この点はCMLトレードマシンのオフィール・ゴットリーブに感謝しなければならない。このウェブベースのオプション分析ツールは事前にテクニカルシグナルを確認するのに特に役立った。それに私のチャートと一致する新しいアイデアも提供してくれた。例えば、昨年マイクロソフト（MSFT）は決算報告を４回行った。そのうちの３回は、事前に日足でスクイーズが発生し、2018年４月26日の決算発表の前にも日足でスクイーズが発生した。私たちはこのシグナルでマイクロソフトを買うことができたが、そのテクニカルセットアップとCMLトレードマシンからの情報（「決算発表の８日前のマイクロソフトの強気のモメンタムパターンは過去３年半にわたる北アメリカのほかのすべての銘柄をアウトパフォームしていた」）とを比べてみると、CMLトレードマシンからの情報は実に有益な情報だ。私はこういったトレードは「コアポジション」とみなす。つまり、とれるだけの目いっぱいのリスクをとって行い、最高のスイングをとらえるということだ。CMLツールについては、https://cmlviz.com/register/simpler-trading-cml-trademachine-pro/ を参照してもらいたい。このサイトではCMLツールを割引価格で提供している。

対称性

対称性もまたトレードに欠かせない概念だ。フィボナッチ分析と対称性は深いつながりがあるが、ここでは簡単にするために対称性にだけ焦点を当てる。

対称性とは、１つの軸の周りにある角度だけ回転したときにもとの図形に一致すること、また１つの直線に関して折重ねたときに一致す

図19.6

ることを言う。例えば、左右対称の蝶などがそうだ。建築物や自然のなかにも対称性を見ることができる。市場では私たちはx軸とy軸に沿ってそれぞれ別々に対称であることを求める。対称性は良いトレードを見つけるのに役立つだけでなく、市場を新しい方法で見ることで追っかけをやめるうえで役立つので、私は対称性という概念をずっと使ってきた。

　この良い例としてゴールドマン・サックス（GS）の日足チャートを見てみよう（**図19.6**を参照）。2018年5月3日の日中取引時間が始まったとき、この日足チャートは非常に弱気であるかに見える。数週間前は260ドルを上回っていた株価が230ドルを下回るまで下落している。こんなとき、私の頭の中では「ゴールドマン・サックスはゼロになりそうだ」という声が聞こえる。もちろん、これは大げさなのだが。私はゴールドマン・サックスが廃業するなんて考えたことはないが、私が売るには理由があった。時間対称という新しい概念によれば、市場を追っかけてはならないだけではなく、追っかけをしている人々にプ

図19.7

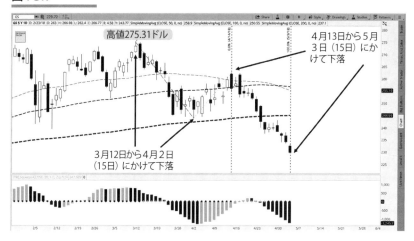

　ットを売ることができるのだ。

　2018年3月12日から2018年4月2日までの下落を見ると、この動きが完成するまでには15日かかっていることが分かる（**図19.7**を参照）。そして、次の9日間は上昇している。株価が一定の時間にわたって直線状に下落したあと、再び一定の期間にわたって直線状に上昇したのであれば、5月3日の朝にも同じようなことが起こるのではないだろうか。5月3日は4月13日に高値を付けてから15日後だ。ということは次の数日にわたって上昇すると考えるのが妥当ではないだろうか。

　もちろんこういったセットアップが発生する可能性もあるし、価格が下落し続けることもある。しかし、株価が安値を付けるのはおおよそこの日だろうと予想がつけば、その日に引き金を引くことを考えるのは理屈に合っている。この場合の引き金とは、最初のアイデアを確認する手段にすぎない。ただやみくもに買うのではなくて、買う前にそれが正しいアイデアであることを確認することは重要だ。**図19.8**を見ると、ゴールドマン・サックスは売られて株価は230ドルを下回って

第3部　実践編

図19.8

いるが、私たちは買う理由を探しているので、15分足チャートに目を転じて、買い手が買っていることを確認する必要がある。結局、227.40ドルで安値を付けたが、私たちがそれが安値だったことを知ることができるのは、その価格でトレードして30分が経過したときだ。価格がその安値の足の高値を上回ったことが分かり、私たちが買いを仕掛けるまでには、2本の15分足（30分）が必要だということである。本章を書いている2018年5月14日にゴールドマン・サックスは安値を付けた。あなたがこれを読むときにゴールドマン・サックスの株価はどれくらいになっているだろうか。結局、価格と時間の対称性は高いプレミアムを売るのに役立つだけでなく、感情的になることなく戦略的に考えながらチャートを見るうえでも役立つ。

終わりに

トレードは非常に厳しく難しいものだ。トレードは神経を逆なです

第19章　私のトレードの旅と戦略

るし、あなたの限界を試してくる。そして、あなたが何者なのかを正直に示してくる。私にはトレード以外の職業はもう考えられないし、トレードと出合えたことを一生感謝するだろう。良い時も悪い時もあるが、そのバランスを取ることが重要であり、毎晩、自分は果敢に挑戦したと思って眠りにつくことも重要だ。

「批判者なんてどうでもよい。つまり人がどうしくじったかとか、行動力のある人にやらせたらもっとうまくできただろうといった粗探しはどうでもよいのだ。名誉はすべて、実際にアリーナに立つ男にある。その顔は汗とホコリと血にまみれている。勇敢に戦い、失敗し、何度も何度もあと一歩で届かない。これの繰り返しだ。そんな男の手に名誉はある。なぜなら失敗と欠点のないところに努力はないからだ。常に完璧を目指して現場で戦う人、偉大な熱狂や献身を知る人、価値ある志のためなら自分の身を粉にしてもいとわない人。最後に勝利の高みを極めるのは彼らなのだ。最悪、失敗に終わっても少なくとも全力で挑戦しながらの敗北である。彼らの魂が眠る場所は、勝利も敗北も知らない冷たく臆病な魂が眠る場所とはけっして同じ場所ではない」──セオドア・ルーズベルト（演説「アリーナに立つ男」より）

661

第20章

私にとっての最高のセットアップ

What Setups Work Best for Me?

ダニエル・シェイ・ガム

ジョン・カーターの言葉——ダニエルは第6章で紹介したが、本章では彼女がいかに根気強い人物であるかが分かってくるはずだ。

5つ星のセットアップ

私のトレードキャリアにおける現時点での私の立場は、口座残高の急成長を目指してディレクショナルなオプショントレードを中心にトレードするテクニカルアナリストだ。また毎月発生するオプションの満期日、決算発表、ちゃぶつき相場といった状況のときに使えるセットアップも持っている。私が注視するのはディレクショナルトレード（方向性のトレード）で、私の毎日の目標は最強のチャートを選びだすことだ。そのためには、これまで教わってきたセットアップ（その多くは第2部で記述）を組み合わせ、徹底したリサーチとチャートパターン分析を行い、私が「5つ星のセットアップ」と呼ぶトレードを見つけだすための厳密なルールを作成することに尽きる。私にとってチャートパターンは解読しなければならない言語のようなものだ。すべてはここから始まる。各チャートの分析には同じ公式を使う。

第3部　実践編

あなたのセットアップのランク付け

カーターがいつも言うのは、セットアップを5段階でランク付けし、そのセットアップの強さに基づいて資産を配分せよ、ということだ。ほかのセットアップよりも優れたセットアップは必ず存在すると、彼は何度も説明した。重要なのは、なぜほかのセットアップよりも優れているセットアップがあるのかを理解し、それらを違った方法でトレードすることだと彼は言う。つまり、異なるオプション戦略と異なるリスク許容量を使うということである。あるいは、5つ星のセットアップパラメーターに合わなければ、そのセットアップは見送るということである。

彼の5つ星という考え方に納得した私は、ベストプレーを見つけるためのルールを作成した。突き詰めれば、5つ星のセットアップとはテクニカル分析の強さを意味する。私が思うに、3つ星以下のセットアップはトレードをする価値はない。5つ星セットアップが現れたときにすぐにそれをキャッチすれば、その動きを最大限に利用してポジションを建てることができる。誤解のないように言っておくが、5つ星のセットアップの基準にフィットさせるために、決算発表前のボラティリティが高まったときに1～2日のデイトレードをしたりすることはない。これはまた別のカテゴリーになる。

> 5つ星のセットアップを探すということは、アグレッシブなディレクショナルプレーができるような確かなチャートを探していることを意味する。

基準はどこからやってくるのか

私の強さの基準は、強力なトレードチームから収集した知識に基づ

くものだ。初めてシンプラートレーディング社に入門者としてやってきたとき、私はあることに気がついた。それは、カーターとギャンベルを除いて、そこのトレーダーは互いにまねし合うことがないということだった。それはなぜか。それは彼らがプロだからだ。彼らは自分自分のトレードと自らのコンテンツ作成に集中して取り組んでいた。彼らは自分自身の「高勝率のセットアップ」を持っていた。まだ駆け出しだった私は、彼らのセットアップから私の好みの部分を抜き取り、それらを組み合わせて独自の5つ星のセットアップを作成した。

私の好みのセットアップ

私はいろいろなディレクショナルセットアップをトレードするのが好きだ。そのなかには「トレンドコンティニュエーション」セットアップというものがある。これはトレンドが上昇か、下落し続けている間、トレンドに沿ってトレードするというものだ。このセットアップはゆっくりとしたトレンド相場でクレジットスプレッドを売るといった保守的なオプション戦略に打ってつけだ。また、一定のチャートで方向性バイアスや全体的な方向性を与えてくれるフィボナッチクラスターや対称的セットアップも好きだ。

しかし、私にとっての最高のディレクショナルセットアップは何と言ってもスクイーズだ。嵐の前の静けさ、または爆発の前の収縮を探すのがスクイーズだ。スクイーズの目的と良い点は、特定の方向に基づいて、段階的に上昇する動きだけではなくて、大きな動きが発生する前に仕掛けることができる点だ。最高のスクイーズプレーを見つけることが私の最高の目標だ。

スクイーズをチャートにプロットしたら、それで出来上がりと考えるトレーダーは多い。しかし、それはまるで見当違いだ。スクイーズがなくても人に先んじることはできるだろう。スクイーズをトレード

プランに正しく加える方法を学ぶのは時間も労力もかかるものだ。スクイーズに、チャートパターン、時間枠、フィボナッチ、ファンダメンタルズ、市場環境、全体的なセンチメントといったほかの分析基準を組み合わせれば、スクイーズだけのときよりも考えることははるかに増える。

　スクイーズで覚えておかなければならないことは、スクイーズはすべて平等だとは限らないということである。だから、私はスクイーズとほかのファクターを組み合わせて、高勝率なセットアップを選ぶことにしている。つまり、できるかぎり最高のエッジを手に入れるということである。もちろん、損失をゼロにすることはできないが、それはそれで構わない。それがトレードというものだから。しかし、できるかぎり損失を出さないようにはできる。

私の好みのスクイーズ

　スイングオプショントレーダーの私は、強いセクターのテクニカル的に強い銘柄の週足、日足、195分足チャートでスクイーズをトレードするのが好きだ。それは同じ銘柄をいろんな時間枠でスクイーズをトレードするということだ。また、トリプルスクイーズ、つまり、指数、セクター、個別株のスクイーズをトレードするのも好きだ。また、短期金利の高い銘柄のスクイーズをトレードするのも好きだ。空売り残高の多い銘柄のスクイーズをトレードするのも好きだ。また、スクイーズをフォボナッチクラスターや対称セットアップと組み合わせてもうまくいく。基本的には、スクイーズとほかの基準が集結するところでトレードするということである。

666

リサーチの公式──どのようにして見つけるか

「訓練とは儀式に従事することを意味する。ひたむきに努力し、毎日懸命に練習し、明確な意志を持って取り組むこと──それが訓練だ」──スティーブン・プレスフィールド（『Turning Pro』より）

私の１日（または夜）は市場の全体的な状態の分析から始まる。私が主として見るのはS&P500、ナスダック、およびダウ先物だ。まず最初に全体像を把握し、それから細部を見ていく。この公式を使って好みの指数を探し、好みの指数のなかから好みのセクターを探す。そして、そのバスケットのなかの銘柄に注目する。そして同じテクニカル分析の公式を使ってそれぞれのチャートパターンを分析し、チャートを分析したら銘柄を絞っていく。私が見つけようとしているのは高勝率で方向性のあるチャートパターンだ。

ディレクショナルトレードを選ぶうえで最も重要なのが莫大な量のリサーチだ。今日ではトレーダーはたくさんの選択肢がある。インターネットのおかげで目の前にはあらゆるチャンスが広がっている。私のリサーチには、カスタムスキャン、シンプラートレーディングスキャナー、セクターSPDR、インベスターズ・ビジネス・デイリーのトップ50リスト、ナスダック、S&P500、ダウ先物、私の同僚であるキャロリン・ボロディンのフィボナッチセットアップ、そして最も重要なのは、私たちのトレードルームのメンバーと同僚トレーダーの推奨する銘柄が含まれる。これらの情報はそれぞれにメリットがあり、質の高いトレードを見つけるのに極めて重要だ。

私はリサーチは夜やることにしている。市場が開いている間は気を散らすものが多く、感情的にもなるが、夜は市場に集中することができるからだ。

この作業には１時間ほど要するが、これは次のトレード日に向けて

準備する唯一の方法だ。何百、何千というチャートをふるいにかけて、次のトレード日に向けての短いリストを作成する。大量のチャートを短いリストに絞り込むのには私なりの基準がある。これについては次のセクションで説明する。

カーターがいつも言うのは、「過去10年分のチャートを見よ。上昇しているのか、下落しているのか、横ばいなのか。ものの3秒で答えが得られる。答えが得られなければ、そのチャートはスキップせよという合図だ」。私のトレードが進歩したことを最も強く感じたのは、チャートを見て、それをトレードすべきかどうかを直ちに判断できるようになったときだ。

例を見てみよう。市場全体を見ると、S&P500がナスダックやダウよりも強い。つまり、S&P500は大きな動きに向けての準備段階にあるということだ。次に、S&P500のセクターを見て私の好みのセクターを選ぶ。通常は買いサイドで有利だと思える3つのセクターを選ぶ。資本財セクターとヘルスケアセクターが動きそうだが、ヘルスケアセクターはすでに動き出しているため、資本財セクターのほうがエッジを持って仕掛けることができそうだ。次に、資本財セクターのなかでセットアップが発生しそうな銘柄を見る。そのセクターのトップ10の銘柄を分析したあと、ボーイング（BA）とハニーウェル（HON）がチャートも買いのセットアップも強いと判断する。1時間ほど分析を行った結果、ボーイングとハニーウェルを買うことにする。この2つの銘柄は最高のトレードになることを見込んで絞り込んできたものだ。

この特定の判断基準に合ったセットアップを5つ星のセットアップとみなす。ところで、特定の判断基準とはどういったものなのだろうか。

668

第20章 私にとっての最高のセットアップ

銘柄を絞り込むためのフィルター

次のチェックリストは銘柄を絞り込むときに使ったフィルターを順
に並べたものだ。私がトレード候補として考えている銘柄を次に示す
順序に従って分析する。

フィルターチェックリスト

1．市場環境
2．セクター分析
3．スクイーズ
4．トレンドの強さ
5．エッジのある仕掛け
6．フィボナッチ分析（①対称性、②クラスター）
7．ファンダメンタルな裏付け
8．セットアップの集結

これらのチェックリストを分析したあと、トレードするかしないか
を決める。それでは分析内容を細かく見ていくことにしよう。私がフ
ィルターチェックリストの各項目をどのように分析するのかをしっか
りと学んでほしい。

市場環境

何よりもまず知りたいのは、どの指数（あればだが）が買いモード
にあるかである。指数が買いモードにあるかどうかは何を見れば分か
るのだろうか。私が見るのは次の3つだ。

669

第3部　実践編

1. 日足チャートと195分チャート、あるいはそのいずれかでスクイーズが発生しているか。

2. トレンドが強い上昇トレンドにあるか。短期、中期、長期移動平均線が上からこの順序で並んで上昇トレンドにあり、価格が50日SMA（単純移動平均線）を上回るとき、強い上昇トレンドと定義する。

3. フィボナッチ分析でも強い上昇トレンドであることが確認できるか。

　これらの3つの条件をすべて満たすのが理想だが、すべてを満たさなくてもよしとする。例えば、S&P500先物の195分足チャートでのみトレンドの方向にスクイーズが出ていてもオーケーだ。

　重要なのは、市場全体が大きく動きそうなときがいつなのかを判断する能力だ。ディレクショナル戦略でトレードしているときにはこうした動きは必須だ。85%の銘柄は市場全体に連動して動く。したがって、市場全体が動いているときが飛び乗るチャンスだ。

　逆に、指数（あるいは市場全体）が不安定になってきたら、それに気づくことも重要だ。こんなときは傍観するのが一番良い。完璧な状態はすべての条件が満たされるときだ――その見分け方を学ぶ必要がある。完璧な状態以外にも、買うのに「良いが、最高のタイミングではない」ときや、買うのに「最悪」なタイミングのときもある。どんな商品のトレードを仕掛けるにしても、その前に全体的な市場環境を把握して、市場状態を見分けることが重要だ。何よりもまず最初に行うべきことは、全体的な市場環境を分析することである。

セクター分析

　市場分析の次に重要なのがセクター分析だ。主要な指数が買いモー

ドにあれば、主要なセクターも買いモードにある可能性が高い。その
セクターのなかでウエートが高い銘柄にそういった動きが見られれば、
残りの銘柄にも同じような動きが見られるはずだ。

そのセクターが買いモードにあるとみなすためには何を見ればよい
のだろうか。見るべきものは指数分析のときと同じだ。特定のセクタ
ーの買いモードは数週間から数カ月続くこともある。買いモードがど
れくらい続くかは問題ではない。なぜなら１つのセクターからエネル
ギーが流出すると、別のセクターにエネルギーが流入して、そのセク
ターが長期にわたって買いモードになるからだ。いずれにしてもこの
トレンドの見極め方を知る必要がある。

すでに買いモードにあるセクターに加え、新たに買いモードになっ
たセクターがあるときは、確率は高まる。エッジと高勝率の賭けを手
に入れられるのはこんなときだ。

銘柄の動きがセクター全体の動きに一致するだけよりも、指数、セ
クター、銘柄の動きがすべて一致する（買いモードにある）ほうがよ
い。これはめったにあることではないが、すべてが一致すれば最強の
セットアップになる。こんなときは動きが終わるまでアグレッシブに
その波に乗り続けるのがよい。

トレンドの強さ

私のトレードが大きく前進したのは、明確なトレンドのあるチャー
トのみをトレードすると決めてからだ。もちろん、ちゃぶついたり下
落トレンドにあるチャートでもロングスクイーズが発生することはあ
る。しかし、私が注目するのはこういったチャートではない。私が注
目するのは、私が賭けている方向に動きが継続する確率の高いことを
自ら示しているようなチャートだ。どのスクイーズをプレーするかを
決める前に、まず見なければならないのがトレンドだ。明確なトレン

第3部　実践編

ドを私は次のように定義する。

トレンドのチェックリスト（強気トレンドの場合。弱気トレンドはこの逆）

1. チャートパターン全体が階段的に高値を切り上げ、安値も切り上げている。
2. 深い押しではなくて、移動平均線までコンスタントに少しだけ押すチャートパターン（50日SMAまで押すのがよい）。
3. 今の価格と移動平均線との関係（価格が50日SMAを上回っているのは必須）。
4. 短期移動平均線が一番上にあり、中期移動平均線、長期移動平均線がこの順で短期の下に位置する。
5. 過去6カ月間（もっと長いのが理想的）、このチャートパターンが維持されている。

おまけとして、史上最高値を更新しつつあるものや、空売り残高が多いのもトレンドの条件に入る。これら2つの条件は必須というわけではないが、そろえば理想的だ。

完璧な上昇トレンドのチャートとは、移動平均線は上から短期、中期、長期の順に位置し、価格は34日EMA（指数移動平均線）を上回る。価格は移動平均線まで押すたびに、そのあと上昇する。このパターンでは良いスクイーズシグナルが発生し、コンスタントに押し、押したところで買う。

これは理想的な状態だが、私はこういった条件が完全に満たされないチャートでもトレードする。こうした条件が完全に満たされたとき、私は最大のリスクをとる。

672

図20.1

トレンドの例——マイクロソフト（MSFT）

このマイクロソフトの日足チャートには明確なトレンドが形成されている（図20.1を参照）。価格はほぼ短期移動平均線（8日EMA）に沿って動き、その下には中期、長期移動平均線がこの順で並んでいる。価格はコンスタントに浅く押しながら上昇しているが、深い押しはない。価格は押すときには50日SMAまで押すことが多いが、このチャートではそれはめったにない。過去６カ月にわたってこのパターンで推移してきた。実際には６カ月以上にわたる。

第3部　実践編

フィボナッチ分析

　私のトレードにフィボナッチを加える重要性はいくら強調してもし切れないほどだ。フィボナッチ分析だけでも高勝率のセットアップを見つけることができる。単体だけで使っても大きなエッジを手に入れることができるが、スクイーズと組み合わせれば、さらに効果的だ。

　ディレクショナルトレードでエッジを持つことができる高勝率な瞬間を見つけるのに私が使うのは、フィボナッチクラスター、対称性、タイミングセットアップだ。ほかのロングセットアップを組み合わせれば、さらに強力なテクニカルなセットアップを手に入れることができる。また、下落しているトレードを維持するのに使うのが対称性だ。さらに対称性は、保有すべき時期が過ぎてしまったことを警告してくれる。最も簡単なのはフィボナッチ・エクステンション・ターゲットで、私はこれを使って抵抗水準と利益目標を決める。

対称性

　対称性とは非常にシンプルな概念で、今のスイングがどこで終わり、どこで始まるのかを知るために、前のスイングを測定することを言う。シンプルではあるが、非常に強力なツールだ。また強力なだけでなく、論理的にも意味がある。対称性はいわばチャートの「個性」を測定するツールと言えるだろう。チャートは波で動く。そうした波を測定して、過去に同じような動きをしたものがなかったかどうかを調べる。チャートの典型的な動きを測定することで、エッジのある仕掛けや手仕舞いポイントを特定することができるというわけだ。

　どんなチャートでもよいが、チャートを見ると各銘柄は同じような動きをしていることに気づくはずだ。S&P500先物の5分足チャートもマイクロソフトの日足チャートも同じように見える。ディレクショナルトレードで理想的な仕掛けポイントを見つけるのに、私は対称性と

674

図20.2

スクイーズを組み合わせて使う。

この組み合わせは先物市場で特に役立つ。S&P500先物の日足チャートでトレードしていると、シンプルな対称性が何回も現れる。これによってトレーダーはエッジを持って買いを仕掛けることができる。特に市場が崩壊してしまうような日は、対称性が壊れるので、それを見つければ崩壊の重大な警告シグナルになる。

対称性の例――アドビシステムズ（ADBE）

アドビシステムズのこの日足チャートを見ると、価格は小さな上昇と下落を繰り返しながら全体的に上昇している。また、押すときには対称的に押している。したがって、高値を更新するたびに、安値（押

第3部　実践編

し）がどこまでいくのかを予測することができるので、再び買いを仕掛ける際のタイミングを知ることができる（**図20.2**）。

リトレースメント

　私のディレクショイナルトレードではリトレースメント（押し・戻し）がどれくらいの水準になるのかに注目するのがカギとなる。リトレースメントの水準に目配りすることで、市場がどの辺りで小休止するのかを予測することができる。ディレクショナルトレードが動き出したと思ったら、いつの間にか止まってしまうことほどフラストレーションのたまることはない。私は市場はフィボナッチリトレースメント水準で小休止することが多いことを発見した。だから、私はフィボナッチリトレースメント水準で市場が小休止しそうな水準を予測する。市場がフィボナッチリトレースメント水準で小休止するのは特に珍しいことではない。

エクステンションターゲット

　フィボナッチリトレースメント水準の次はフィボナッチ・エクステンション・ターゲットだ。利益目標は私のトレードプランのなかでは非常に重要で、スクイーズのようなディレクショナルセットアップと結び付けて考えることができる。エクステンションターゲットと全体的なセットアップとを併用して手仕舞いする時期を決める。

リトレースメントとエクステンションの例——WING（ウィングストップ）

1.　1がリトレースメントで、このケースでは0.50、0.618、0.786の3つのリトレースメント水準が示されている。これらの水準は通常は抵抗線となるが、強力な動きが発生するとこれらの水準をブレイクすることもある（**図20.3**）。

図20.3

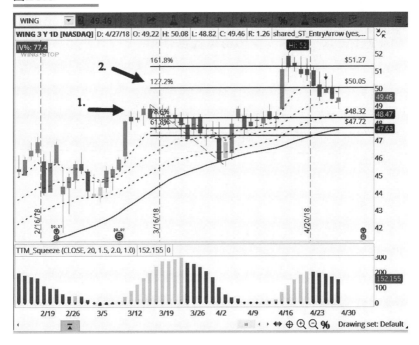

2. 2がエクステンションターゲットだ。簡単に達成できる最初のターゲットは127.2％のエクステンションで、2番目のターゲットが161.8％のエクステンションだ。私がトレードに使う2つの主要なターゲットがこれらのエクステンションだ。

クラスターゾーン

　私はフィボナッチ・クラスター・ゾーンの大ファンだ。フィボナッチ・クラスター・ゾーンとは少なくとも3つの水準が集中した支持線水準または抵抗線水準のことを言う。リトレースメント水準、エクステンション水準、対称水準のどの集中でもオーケーだ。明確なクラスターゾーンとトリガーを組み合わせることでエッジが発生する。また

第3部　実践編

同時にスクイーズが発生すればエッジはさらに強固なものになる。

スクイーズ——エッジのある仕掛け

スクイーズがなかったらどうなるのだろうか。スクイーズは市場の保ち合いの時期を見つけるためのインディケーターだ。一般に市場は静かな保ち合い状態か、垂直な価格発見状態のいずれかにある。市場が静かな時期を見つけることで、大きな動きが発生する前にトレードを仕掛けることができる。市場にスクイーズが発生すると、市場の全体的な勢いを見て市場の方向性を予測し、市場からエネルギーが解放されるのを待つ。この市場からのエネルギーの解放で私がプレーするのが好きなものがコールの買いだ。

しかし、前にも述べたように、すべてのスクイーズが平等だとは限らない。スクイーズに関する注意点は以下のとおりである。

１．モメンタム——トレンドの方向に発生しているか
２．どんな時間枠で発生しているか
３．スクイーズを使えば有利に仕掛けられるか
４．スクイーズと同時発生しているほかのセットアップはあるか

モメンタム

スクイーズインディケーターの最大の特徴はモメンタムだ。スリングショットスクイーズは上昇するモメンタムを持つスクイーズだ。一方、大きなモメンタムがなく保ち合い状態にあるフラットスクイーズは上昇するモメンタムを示すスクイーズとは異なる。私は上昇するモメンタムを持つスクイーズがこれから動こうとするときに仕掛けるのが好きだ。

678

第20章　私にとっての最高のセットアップ

スクイーズの時間枠

オプションスイングトレーダーの私が注目するのが78分足チャート、195分足チャート、日足チャート、週足チャートだ。私はこれらの時間枠のチャートを使ってセットアップを探す。スクイーズはあなたがトレードしている時間枠のチャートでは8～10本の足が続くが、トレードの長さは各チャートのセットアップによって異なる。私にとっての最適チャートは195分足チャートと日足チャートで、特に両方のチャートでスクイーズが発生しているときは最高だ。トレードの長さは数日から最大でおおよそ2週間だ。これら2つの時間枠を使うことで、このペースでトレードすることができる。

先物のデイトレードでもスクイーズを使うが、スクイーズはもっと短い時間枠で見る。例えば、S&P500の先物をトレードしているときは、5分足、15分足、30分足、78分足を使ってスクイーズを探す。これらの時間枠でのトレードの保有時間は通常20分から数時間だ。

セットアップがスイングオプションのセットアップだろうが、日中の先物のセットアップだろうが、私は1つの時間枠で1つのスクイーズではなくて、複数の時間枠で複数のスクイーズを見る。なぜならこちらのほうが強力でパワフルだからだ。1つの時間枠でスクイーズが発生したら、次の長い時間枠でもスクイーズが発生して……と続いていけば、最終的には大きな動きをとらえることができる。

複数の時間枠のスクイーズの例――ヤム・ブランズ（YUM）

ヤム・ブランズでは複数の時間枠でスクイーズが発生する。1つの時間枠のスクイーズよりも、複数の時間枠でスクイーズが出たほうがより強力だ（**図20.4**）。

1．1は195分足チャートでのスクイーズを示している。
2．2は日足チャートでのスクイーズを示している。

679

図20.4

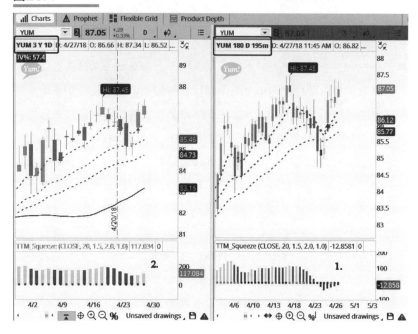

通常は短い時間枠でスクイーズが発生したら、長い時間枠でもスクイーズが発生し、長い時間枠では指数関数的な動きになる。

エッジのある仕掛け

重要なのはスクイーズが発生する前に仕掛けることだ。スクイーズが発生したあとでは、スクイーズを見つけても無意味だ。スクイーズを追っかけても仕方がない。トレードする銘柄は山ほどある。追っかけをしなくても良い銘柄はすぐに見つかるはずだ。私が知りたいのは明確な仕掛けポイントだ。

スクイーズによる最高の仕掛けは、価格と移動平均線との関係から割り出すことができる。日足チャート上でスクイーズが保ち合い状態にあり、価格が21日EMAの近くにあるのが理想的だ。仕掛けるとき

図20.5

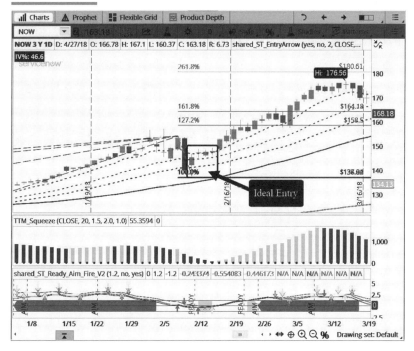

は21日EMAとフィボナッチ・エクステンション・ターゲットの距離を測定して、価格が行きすぎていないことを確認する必要がある。選択肢はたくさんあるので、1つのトレードを追いかける必要はない。通常は、8日EMAと21日EMAの間で仕掛けるのがベストだ。

エッジのある仕掛けの例――サービスナウ（NOW）

図20.5を見ると分かるように、スクイーズが保ち合い状態にあるとき価格は移動平均線まで押す。価格は支持線と50日SMA（損切りポイント）の上にあるので、これは仕掛けるうえで非常に有利になる。

第3部　実践編

インディケーターの集中箇所

もちろん１つの時間枠でスクイーズだけ使ってトレードすることも
できるが、より多くのインディケーターが集中したほうが確かなトレ
ードになる。私のフィルターチェックリストの８つのカテゴリーのな
かでなるべく多くの項目が集中したほうが確実なトレードを行うこと
ができる。要するに、最大の強さが存在する場所を見つけるというこ
とである。インディケーターが集中する場所が最大の強さが存在する
場所だ。

ファンダメンタルによるランク付け

私は基本的にテクニカルアナリストなのだが、ディレクショナルセ
ットアップにファンダメンタルによる裏付けを加えることにした。チ
ャイキン・アナリティックスを使い始めたのはそのためだ。チャイキ
ンのパワーゲージランクが強気か、非常に強気の銘柄を見つけ、それ
に私のセットアップの基準を組み合わせることで、テクニカル的に強
く、ファンダメンタルによる裏付けのある強い銘柄を選ぶことができ
る。

またインベスターズ・ビジネス・デイリーもよく使う。IBD50銘柄
リストは価格が相対的に強く、ファンダメンタルズも最高の50社をリ
ストアップしたもので、主要な成長株のスクリーンとして使うことが
できる。私はこのリストから銘柄を選び、選んだ銘柄のなかから私の
５つ星のセットアップ基準に一致するものを選ぶ。選ばれた銘柄はす
でに市場をアウトパフォームしている銘柄だ。これらの銘柄のなかか
ら強力なディレクショナルセットアップを持つものを選べば、素晴ら
しい結果を得ることができる。

これらに加え、強く成長しているセクターや銘柄にも目を配る。主
要な指数やセクターに注目し、そのなかでウエートの高い銘柄を選ぶ

682

ことで強力なセットアップを持つ銘柄を見つけるのが目的だ。

セットアップが最も集中している箇所

私のトレードプランではセットアップが最も集中している箇所を探し、そういったセットアップのみをトレードする。セットアップが集中しているものをトレードしても、すべてがうまくいくとは限らない。それもゲームの一部だから仕方ない。しかし、最も確率の高いセットアップを探して、そこから始めれば事を有利に運ぶことができる。

スクイーズは、それ自体は高勝率な方向性への賭けだ。またフィボナッチ分析はディレクショナルトレードでエッジを持つ高勝率な瞬間を見つけるためのものだ。しかし、何よりも重要なのは、トレンドに沿ってトレードすることだ。トレンドに逆らってはならない。絶対に必要というわけではないが、個別株の動きと指数や各セクターのディレクショナルな動きが一致すればなおよい。私の考えでは、最も高勝率なディレクショナルトレードは、あるセクターが上昇しているときに、そのセクター内の個別株でスクイーズや明確なフィボナッチ水準が発生しているもの、あるいはその両方が発生しているものをトレードすることだ。

TDアメリトレード（AMTD）——2018年2月

図20.6のTDアメリトレードの日足チャートでは、市場全体が2月初期の修正局面で大きく押しているときに次に述べるテクニカルな特徴が見て取れる。しかし、TDアメリトレードは依然として強いままだ。

1．明確なトレンド——TDアメリトレードは2017年9月からトレードを仕掛けた1まで、明確なトレンド相場にあった。これは移動

図20.6

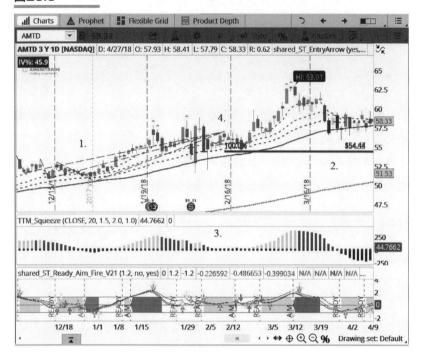

平均線が上から短期、中期、長期の順で並び、高値が切り上がり安値も切り上がる安定したパターンが見られ、深い押しがないことで確認することができる。

2．対称性――2018年2月12日ごろ発生した押しは前の3つの押しと対称関係にある。この対称関係を利用して買いを仕掛ける。

3．スクイーズ――この日足チャートでは良いスクイーズが発生。これは価格が安定して上昇しているときに正のモメンタムを示していた。

4．エッジのある仕掛け――2月12日、前の押しと対称関係にある34日EMAへの押しが発生。これは仕掛けの絶好のチャンス。

図20.7

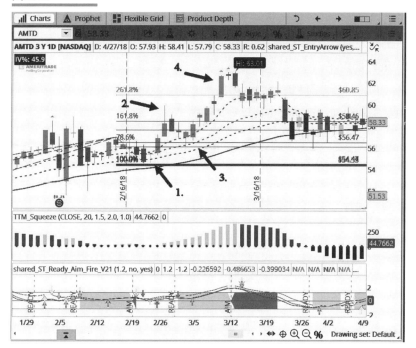

またTDアメリトレードはIBD50に入っているため、ファンダメンタルズの裏付けもある。このチャートではセットアップの集中が非常に強い。つまり、トレンド、対称性、スクイーズ、移動平均線への押しの4拍子がそろっているということである。これらから判断すると、TDアメリトレードは5つ星のセットアップということになる。

TDアメリトレード（AMTD）のトレード

各要素が完璧に集中しているため、このセットアップはアグレッシブにトレードしたい。これは、満期日までおおよそ1カ月のデルタが0.70のコールを買うことで達成する。このトレードではスケールイン（分割での仕掛け）とスケールアウト（分割での手仕舞い）を行うこと

第3部　実践編

で、リスクを限定すると同時に利益を最大化することができる（**図 20.7**を参照）。

重要なポイント
1．前の押しと対称的な押しの箇所で最初の仕掛け。
2．最初の利益目標は161.8％のエクステンション。
3．押しで2番目の仕掛け。
4．261.8％のエクステンションですべてを手仕舞う。

まとめ

　このトレードは、対称性を保ったままモメンタムが買いサイドにシフトし始めてから仕掛けた。私が仕掛けによく使うのは、30分足チャートでの8期間EMAと34期間EMAの交差と、日足チャートでの「構え、狙え、撃て」だ。損切りは仕掛け価格から近い対称的支持線の下の54.00ドル水準に置いた。この水準は50日SMAと一致する。

　このトレードは最初はフィボナッチリトレースメントを見ながら管理していたが、リトレースメントがすぐにブレイクされたため、このトレードはさらに進展することを確信した。価格が56ドル水準をブレイクしたあと、最初の127.2％のフォボナッチ・エクステンション・ターゲットの58ドルを目指した。2番目の目標値は161.8％のエクステンションターゲットの58.46ドルだ。3番目の目標値（261.8％）の60.85ドルに達する可能性は低いが、IBD50銘柄の5つ星セットアップの場合、この目標値に達することもよくあることが分かった。

　こうしたトレードの場合、最初のエクステンションターゲットで一部を手仕舞ったあと、セットアップがまだ完了していなければさらなる押しで増し玉する。このトレードの場合、最初のエクステンションターゲットの161.8％で一部利食いし、21日EMAへの押しで増し玉し

686

て再び上昇の流れに乗った。

レイセオン（RTN）

資本財セクター、なかでも特に防衛関連株が非常に強いとき、レイセオンの日足チャートでは次のようなテクニカルな特徴が見られた。

1. 明確なトレンド——レイセオンは過去2年半にわたって明確なトレンド相場だった。これは移動平均線が上から短期、中期、長期の順で並び、高値が切り上がり、安値も切り上がる安定したパターンが見られ、ほとんど深い押しがないことで確認することができる。
2. 対称性——2018年4月4日ごろ発生した押しは前の2つの押しと対称関係にある。この対称関係を利用して買いを仕掛ける。
3. スクイーズ——この日足チャートでは良いスクイーズが発生し、195分足チャートでもスクイーズが発生した。これらのスクイーズは価格が安定して上昇しているときに正のモメンタムを示していた。
4. エッジのある仕掛け——4月4日、前の押しと対称関係にある50日SMAへの押しが発生。これは仕掛けの絶好のチャンス（**図20.8**を参照）。

また防衛セクターが上昇し、それがレイセオンにとっては追い風になった。ロッキード・マーティン（LMT）やノースロップ・グラマン（NOC）などの軍需関連株も上昇。さらに、レイセオンは決算発表を控えて上昇ムードにあった。歴史的に見ると、決算発表を控えた株は買われる傾向が強い。そして、結局、予想どおりになった。このチャートを見ると、セットアップが集中している。つまり、トレンド、対

図20.8

称性、スクイーズ、素晴らしい押しの4拍子そろっているということである。これらから判断すると、レイセオンは5つ星セットアップということになる。

終わりに

「自ら進んで学ぼうとしなければ、だれもあなたを助けることはできない。でも、学ぼうと決心したのであれば、だれもあなたをとめることはできない」——作者不明

第20章　私にとっての最高のセットアップ

　トレードの旅を始めて５年になる。この５年で随分進歩したと思う
が、私はいつも自分に旅はまだ始まったばかりだと言い聞かせている。
これは一生続く旅になるだろう。長い時間をかけてじっくりとやって
いくつもりだ。私の目標はスキルを研ぎ続け、私よりも長くトレード
に携わってきた人々のやってきたことを学ぶことだ。トレードの初心
者や、いまだにもがき続けている人に覚えておいてもらいたいことが
ある。成功はときどきやることから生まれるのではなくて、一生懸命
に意志と情熱を持って繰り返しやることから生まれるということであ
る。

　トレードはビジネスだ。ほかのどのビジネスとも同じように、損を
することはある。トレードを習得するにはあなたが考えているよりも
長い時間がかかるだろう。最も重要なのはリスクであり、利益は二の
次だ。しばらくするとこのことが分かってくると思うが、これが分か
るまでにどれくらいの時間がかかるかはあなた次第だ。習うより慣れ
ろという言葉があるが、自分のやっていることを追跡することも重要
だ。うまくいくものに集中し、うまくいかないものは切り捨てよ。資
金不足にならないように注意して、明日もトレードができるようにす
ることが重要だ。助けが必要なら、助けを求めよ。私たちのコミュニ
ティが存在するのは助けを求められたときに手を差し伸べるためにあ
るのだ。これほど簡単なことはない。

第21章

私は市場をどのように見ているか、どのように考えているか、また1回のオプショントレードで140万ドル儲けたとき、私は自分の感情をどうコントロールしたか

How I Look at the Markets, Think About Them, and How I Handled My Emotions While in an Options Position Where I Made $1.4 million on a Single Trade

アーロン・フィフィールドは「チャット・ウィズ・トレーダーズ」というサイトを主宰している。本章では私が出演したポッドキャストインタビューの全文を掲載する。彼の質問は洞察に満ちていた。彼の質問に答えることで、私自身、自分が市場をどう考えているのかを見直すよい機会になった。私はかつて1回のオプショントレードで140万ドル儲けたことがある。もちろん、これは私の最大のデイトレードだ。このとき、私が自分の感情をどうコントロールしたかということも議論している。

まず最初に

フィフィールド しょっぱなから面白い話が出ましたね。市場が動き出したのに、あなたは仕掛けていなかった。そんなとき、あなたはどうするのですか? 動きに乗り遅れたことを悟り、何もしないで傍観するのですか、それとも小さなポジションサイズでその動きに飛び乗るのですか? 予期していた動きなのに、取り残されてしまえばフラストレーションはたまりますよね。こんなときのあなたの対処方法を

第3部 実践編

教えていただけますか？

カーター 私はアクティブにトレードし始めて25年になりますが、まるで昨日のことのようです。しかし、何事にも忍耐力が重要です。トレードを始めておおよそ6年たったころ、私のメンターの1人は私を座らせて言いました。「トレードで食べていけるトレーダーと、そうでないトレーダーの違いは何だと思う？　それは忍耐力だ。良い機会を待つ忍耐力、勝ちトレードの手仕舞い時を見定める忍耐力……忍耐力がなければ、ゲームオーバーだ」。私の父も似たようなことを言っていました。トレードを始めたばかりのころ、私は「何てこった、この動きを逃すなんて信じられない！」とよく言ったものです。すると父は笑って、「市場は明日も開いている。チャンスはまたあるさ」と言いました。1週間も何もしないでいればフラストレーションがたまりますよね。そうそう、ダウが1日で300ポイントも下げたときがありましたが、正しいポジションを取っていれば、大儲けできたでしょう。こんなときはイライラしますが、長くトレードしてきて分かったことは、感情的になり市場を追っかければ、今起こっていることを見逃してしまうマインドセットに自分を陥れることになるということです。そしてチャンスがやってきたとき、市場を追っかけているあなたは準備ができていない。そして、本物のセットアップではないものに感情的にトレードしてしまうことになる。そんなときは取り残されたように感じるでしょう。それは経験を通してしか分からないことです。そのうちにあなたは指をパチンと鳴らし、「もう追っかけはやめよう」と思う。でも、しばらくたつと、それには機会コストがかかることを知る。第一に、あなたはいつも最後に参入する。第二に、それは完全に感情任せのトレードなので、あなたの頭は混乱する。感情に任せたトレードには一貫性がありません。私は感情の扱い方をこうして学びました。

フィフィールド とてもためになる話ですね。あなたの家系にはマー

692

ケットの血が流れているとあなたは言いましたが、あなたがトレードを始めたいきさつについて話していただけますか？

カーター 18歳のとき私はモールのクッキー店でアルバイトしていました。何とも報われない仕事でした。時給4ドルでクッキー生地を作り、母親と一緒にやってくる子供たちにクッキーを売っていたわけです。ひと夏働いて1000ドル稼ぎました。夏も終わりに近づいたある日曜日の夜、アルバイトを終えて家に帰ると父と彼の友人がテーブルを囲んで座っていました。彼らはインベスターズ・ビジネス・デイリーを読んでいましたが、彼らのそばを通りかかるとだれかが、「そのトレードの儲けはおそらくは1000ドルくらいにはなるだろう」と言っているのが聞こえました。「私の銀行口座には今1000ドルある」と心のなかで思いました。それで聞いてみたのです。「皆さんは何の話をしているのですか？」と。彼らはその週、インテルのコールオプションを買うつもりだと説明してくれました。インテルが何なのかも、コールオプションが何なのかも分かりませんでしたが、「私は18歳だ。失うものは何もない」と思いました。「私も口座を開いて、そのトレードをやってもいいですか？」と聞くと、君には口座を開く時間も、つもり売買をやる時間もないだろうと言いましたが、よし、だったらおれたちが買ってやろう、と言ってくれました。「1000ドル出しな。コールオプションを10枚買ってやるから。損をしたらツキがなかったってことだ。利益が出たら君のものだ」。「取引成立！」。彼らが1ドルで買ってくれたオプションは1.80ドルで売れました。1日8時間、週5日で3カ月働いて1000ドルしか稼げなかったのに、わずか5日で、何にもしないで、800ドル儲けたわけです。その時点で私はトレードにはまりました。肉体労働することなく、自分のお金を自分のために働かせることの威力を知りました。肉体労働が悪いという意味ではけっしてありません。朝起きて仕事に行くのは良いことです。私が言いたいのは、私たちにはだれかが払ってくれる時給以上の価値があるということです。

第3部 実践編

フィフィールド それは多くのトレーダーたちが認識していることだと思います。彼らはそのためにトレードをするのです。あなたがトレードをやるようになったいきさつは分かりました。過去のインタビューでもトレードをやるようになったいきさつを聞きましたが、トレードでは良いときも悪いときもあったと聞きました。それはどういうものだったのですか？

カーター 私はこれまでかなりのリスクを冒してきました。理由はよく分かりませんが、まあ、元々そういう人間なのでしょう。トレードを始めた当初は、たくさん稼いだと思ったら、多くの損失も出しました。最初のころ、1万ドルが1年で10万ドルになったことが3回ありました。そのときは信じられないくらい大きなポジションサイズを取り、口座の全額を1つのトレードに投資しました。うまくいけばよいのですが、うまくいかなければ……。だいたいどうなるかと言いますと、1万ドルが2万ドルになり、そのあと1万3000ドルに減り、2万7000ドルに増え、1万8000ドルに減る……といった具合に口座は変化していきます。でも口座が11万ドルや12万ドルになると、「1万ドルが10万ドルになったぞ！ 次は10万ドルを100万ドルにしてやろう」と思ってしまいます。寝ても覚めても100万ドル、100万ドルと、100万ドル稼ぐことばかりを考えるようになります。これが間違っていることに気づくまでにはかなりかかりましたがね。それまではただトレードしているだけでした。目標もありませんでした。やるトレードがあるから、それをやるだけ。いくらかのお金が儲かればよい、という感じでした。でも100万ドル稼ぐことにこだわるようになってから、やり方が変わりました。例えば、負けトレードになったとします。でも、手仕舞う直前に、「100万ドル稼ごうってときに、こんな損失は受け入れられない。少なくともブレイクイーブンには持っていかないと」と思ってしまいます。それでバカなことをやってしまうんです。大金を稼いでは破産するといったことはこれまで3回ありました。こういったこ

とが3回あったあと、ようやく学びました。こんなことを続けたいのか、と自分に問いかけました。当時、結婚を間近に控えていました。結婚して子供ができたら、家族をこんな目に遭わせたいのだろうか。私は自分のやっていることと折り合いをつける必要がありました。そんなときです。マーク・ダグラスの『規律とトレーダー』と『ゾーン』（いずれもパンローリング）という本に出合ったのは。これらの本は本当に役立ちました。それから何人かのトレーダーに、「トレードを続けていくつもりならプロのようにやらなければならない」と私は話しました。「100万ドル稼ごう」なんて考えてはならないんだとようやく悟ったのです。すべてが変わったのはそれからです。これは負けトレードやドローダウンをけっして出さないということではありません。でも、それ以降口座が破産することはなくなりました。

トレーダーとして成功するにはどれくらいのリスクをとる必要があるのか

フィフィールド　あなたは元来がリスクテイカーのようですね。大きなリスクをとることがあなたにとっては心地良いのでしょうね。トレーダーとして成功するにはリスクテイカーでなければならないと思いますか？

カーター　リスクをとりすぎてもいけないし、保守的すぎてもいけない。両者の間にはちょうど良い中間点があると思います。私は両方のケースを見てきました。リスクをとりすぎれば、大金を儲けられるかもしれませんが、結局は破産してしまいます。しかし、恐れすぎれば、大金を失うことはないかもしれませんが、トレーダーとして生計を立てることはできません。これは人々が混同する点です。多くの人々にとって目標の1つは、すぐにトレードで生計を立てられるようになることです。これはしばらくの間は私の目標でもありました。会社で働

いているときの私の年俸はおおよそ10万ドルでした。計算してみると、「今の仕事をやめれば、トレードで1カ月に8500ドル稼がなければならない」ことになる。そういった状態でアグレッシブになりすぎれば、口座は大きく上下動して、目標すら達成できません。でも恐れすぎれば、十分なお金を稼ぐことはできず、これまた目標を達成できません。恐れすぎることの最大の問題は、確かな確信が得られるまで仕掛けられないことです。確かな確信が得られるまで仕掛けられないことの問題点は、確信が得られたときには、つまりすべてのインディケーターが買いシグナルを出してくるときには、あなたはもう利食いしなければならないときだということです。みんな同じチャートを見ています。つまり、何かが良いと思ってだれもが買うと、もう買う人はいなくなり、価格は反転してみんなが損切りに引っかかってしまいます。何かを買うと価格はすぐに下落する、というパターンにはまっていると感じるときがあるのはそういうわけです。人々が見ている27のインディケーターが最終的にはすべて一致する。だから、こういったことが起こるのです。安全を期して仕掛けるのは悪いことではありませんが、あなたが仕掛けるときにはプロはもう手仕舞っているのです。

フィフィールド　マーク・ダグラスの『ゾーン』の話が出てきましたが、この本のどういう点が、あなたが一貫して利益を出せるようになるうえで役立ったのですか？　この本であなたがピンときたのはどの部分ですか？

カーター　ダグラスの本を最初に読んだとき、私はダグラスのことを知りませんでした。最終的には知り合いになって友だちになりましたがね。彼は最近亡くなりましたが、本当に驚きました。彼の死を知って息ができなくなったほどです。彼の市場に関する知識、人間の心に関する知識、これら2つがどう相互作用するのかに関する知識はずば抜けていました。彼は市場が人々をどうやって食い物にするのか、ど

うやって間違ったときに参入させるのかを直感として知っていました
から、ダグラスの本を読まずに、トレードの意思決定をコンピュータ
ーにやらせたり、自分で判断したりする人は不利になると思います。ダ
グラスの本が言わんとしていることは、トレードを成功させるために
は、トレードしているときにあなたの心がどのように考えるかを理解
しなければならないということです。キーワードは蓋然性です。どん
なことでも起こり得ることを認めるマインドセットが必要なのです。私
が買っているからと言って価格は必ずしも上昇するわけではありませ
ん。どんなことでも起こるのです。それを認めれば、少しはリラック
スできるようになるでしょう。あなたはリスクのことをもっと考え、小
さな利益にこだわることはなくなるでしょう。どんなことでも起こる
のですから、リスクをカバーすれば、それは大きな利益につながるこ
ともあるでしょう。このことを理解するようになると、私のトレード
はガラリと変わりました。勝ちトレードはもっと大きな勝ちトレード
になり、負けトレードはもっと小さな負けトレードになりました。こ
れには心底驚きました。彼はまた、未解決の感情問題は私たちが気づ
かないうちにトレードに「隠れた意図」を生みだすとも書いています。
「私が勝者であることを彼らに示そう」といった隠れた意図はけっして
良いものではありません。

学習曲線はどんなものだったか

フィフィールド トレードを始めてから、3回の紆余曲折を経て、一
貫して利益を出せるようになるまでには、どれくらいの時間がかかり
ましたか?
カーター それは良い質問ですね。私の学習曲線はほかの人よりも長
かったのではないかと思います。行き詰まった時期が長かったですか
ら。私の知る多くの人は、例えば2年と期限を決めてトレードに取り

第3部 実践編

組み、それでうまくいかなければトレードをやめます。私が学ぶのに時間がかかったのは、3回の紆余曲折に遭遇したとき、1万ドルが13万ドルになりましたが、そのときに、「ここから100万ドルを目指すぞ！」と思ったからです。13万ドルの儲けが出たときに賢明なことを1つだけやりました。それは3万ドルを不動産に投資したことです。いくつかのメゾネットタイプのアパートの頭金を払って、それを賃貸しました。口座が3回目に破産するころには、不動産でそこそこ儲かっていました。トレードに真剣に取り組むことを決めると、不動産のいくつかを売って資金を調達しました。

フィフィールド 初めてのトレードをしてからそのときまでにどれくらいの時間がたっていましたか？

カーター マーク・ダグラスの本を読んで一貫して利益を出せるようになるまで8年かかりました。だから、フィアンセにも少し苦労させてしまいました。最後に口座が破産したときはちょうど家を買おうと思っていたときでした。この話は本書のなかで書いています。だから、もう大変でした。私たちは今でも結婚生活を続け、3人の子供がいます。これはひとえに妻のおかげだと思っています。トレードの方法を学ぶのに8年もかける必要はないと思いますが、ある程度の時間は費やすべきだと思います。1日目からすべてを学べる人なんていません。でも、もう少し短くてもよいと思います。私は8年もかかりましたがね。正しいツールを持っている平均的なトレーダーの場合は2年くらいだと思います。いろいろな市場状態を見なければなりませんし、リスクコントロールを軽んずれば、市場はあなたのお金をすべて持っていってしまうことを理解することが必要です。分からないのは、人々の反応です。お金は簡単に儲かったけれども、市場が逆行し始めたらあなたはどんな反応をするでしょうか。びびってしまうでしょうか。車のヘッドライトに照らされた鹿のように立ちすくんでしまうでしょう

698

か。あるいは冷静な行動を取ることができるでしょうか。これは人によって違うと思います。確率を重視し、結果について感情的にならないようになるのが早いほど、一貫して利益を出せるようになるのも早くなります。

今のトレード方法

フィフィールド　では、今のあなたのトレード方法についてもう少し詳しく見ていきましょう。あなたは今、どんな手法やアプローチを使っていますか？

カーター　トレーダーはスイートスポットを見つけるとよいと思います。トレードは性格に一致したものでなければなりません。トレードには4種類あります。スキャルピング、デイトレード、スイングトレード、ポジショントレード、それと投資です。私のスイートスポットはスイングトレードです。これはポジションが数日から数週間続くトレードです。私は1分足チャートのスキャルピングには興味はありません。何かを買ったら、3分後に売る。これは苦労が多い割には実入りの少ないトレードです。安全に見えるし、大量のアドレナリンが放出される、と思うかもしれませんが、人々が分かっていないのは、多額の手数料がかかるということです。そんなに手数料がかかったのでは稼げるはずがありません。例えば、あなたが2万ドルの口座を持ったデイトレーダーだとすると、おそらくは年間手数料は2万ドルほどかかるでしょう。ブローカーに手数料を支払うだけで、年間100％の利益を出さなければならないということです。人々はトレードを始めるまでそのことに気づかないのです。だから、私にとってのスイートスポットは長い時間枠です。30分足チャート以上の長い時間枠です。試しに数日から数週間続くと思うトレードを追ってみてください。トレードを見つけるのに費やした努力と、そのトレードを持ち続けた努力

に見合った利益が得られるはずです。私は日中は5分足チャートは見ません。そんなものは、もう捨ててしまいました。これは私がこれまでにやったことのなかで最高のことの1つです。私が見るのは30分足チャート、1時間足チャート、日足チャート、週足チャートです。チャートはセットアップを見つけるのに使います。大きく動きそうなものを探すのです。例えば、何かを火曜日に買ったとすると、損切りに引っかからないかぎり、売るのは最も早くて木曜日です。これが私にとってのスイートスポットです。あなたはアグレッシブになることもできますし、小さな動きをとらえることもできます。事実、市場は小さく動く傾向があります。小さく動いて保ち合いになる。私が探しているのはこういった動きです。保ち合いを探して、大きく動く前に仕掛ける。これは本当にうまくいくんです。

フィフィールド　ところで、あなたが最もアクティブにトレードする市場や商品は何ですか？

カーター　私は株価指数先物の経験が豊富なので、米国の株価指数をトレードするのが好きです。EミニS&P500（ES）先物、Eミニナスダック先物などですね。でも、個別株のオプションも大好きです。株価指数先物とオプションは連動性が非常に高いのです。例えば、EミニS&P500について私が強気だとします。最も強い銘柄と言えば、テスラ（TSLA）、グーグル（GOOGL）、アマゾン（AMZN）など、セットアップが発生しているものなら何でも。次に、これらの株式のコールオプションを買います。この2つは組み合わせれば、最強のトレードが可能です。さらに相関も大好きです。例えば円先物が上昇すると、株は弱くなります。どの株が最も影響を受けるでしょうか。プットはどこで買えばよいでしょうか。私はこういったレバレッジのかかったものが大好きです。

　豪ドルもよく見ます。そういえば、面白い話があるんです。2008年

に講演のためにオーストラリアに行きました。私はその国に行く前にその国の通貨に両替をしています。クレジットカードが使えなかったり、タクシーで現地通貨しか使えないようなときのためです。私はオーストラリアに行く１カ月前に豪ドルを買いました。そのとき、豪ドル／米ドルのレートは１：１でした。ところが、2008年10月にオーストラリアに行くころには豪ドルは半分に下落していました。これは最悪のトレードでしたね。だって、１ドルで買ったものが、オーストラリアに行くころには半分になってしまったんですから。

　世界経済は全体がつながっています。私は持っているお金の価値が暴落したのを直接経験しました。でもあなたはそんなことを知る必要はありません。円が上昇すると株価が下がるなんてことは知る必要なんてありません。あなたのやるべきことは一握りの良いセットアップを見つけることだけです。私に指導してくれた30年以上のベテラントレーダーは口をそろえて言います。「３つのセットアップを見つけた。そして４つの市場を見ている。ただそれだけだ」と。ほかの銘柄がどうなるのかやほかの市場がどうなるのかなんて、彼らは気にしません。彼らはニュースも見ませんし、最新の耳寄り情報を求めたりもしません。市場のニッチを見つけて、そこからいくばくかのお金を搾り取る。それこそがあるべき姿だと私は思っています。ニュース関連の情報を無視すれば、もっとうまくいくはずです。そんな情報があっても気が散るだけですから。テレビに出てくる連中はあなたにコマーシャルを見せるためにそこにいるということを覚えておいてください。

フィフィールド　まさにそのとおりですよね。少し前にあなたはトレーダーたちは２年間懸命に努力すれば一貫してお金を稼げるようになると言いました。その間に市場状態は変化し、体制も変わります。そういったことを経験することでトレードに一貫性が生まれるということでした。そのときの市場状態によってあなたのトレードはどんな風

第3部　実践編

に変わりましたか？

カーター　これもまた良い質問ですね。私が長い時間をかけて学んだことの１つは、トレードはいつも同じではないということです。上昇相場なのか下落相場なのかでトレードは違ってくるわけです。トレードは突き詰めればいくつかのことに集約できます。その１つは、あなたが取れるポジションは３種類あるということです。買いか、売りか、マルかです。トレードを長くやってきて分かったことは、マルのポジションがベストポジションだということです。マルのときは心はニュートラルな状態でいられますから。私の友人でロンドンでトレーダーをやっている人から聞いたことわざがあります。それは、「チップを無駄にするな」です。アメリカでは、「資本を無駄にするな」と言います。何もすることがなくて退屈なら、何かほかのことをせよ、ということですね。トレードは辛抱強く待つことが大事なのです。

　今、市場は面白くなってきました。2018年１月と２月、市場センチメントは超弱気ムードでした。私が得たシグナルはすべて買いでしたが、頭の中では「売りだ」と叫んでいました。これは面白かったですね。私は自分の意見よりもシグナルに従わなければならないことを学びました。これは強気シグナルだ、だから買え、ということです。私が学んだ最大のことは、１日として同じトレード日はないが、市場にはサイクルが存在する、ということです。それが強気のサイクルなら最高です。強気サイクルの初めに買いシグナルが出たら、増し玉して波に乗り続けよ、ということです。

　2016年２月から今の2018年４月まで、市場はずっと上昇基調にありました。今は買い増しするときではありません。売りシグナルが出ていないので、売り増しするときでもありません。私の今のポジションはマルで、ニュートラルな状態にある。チャンスが来るのを待っているわけです。今私は、準備して待つモードにあると言えるでしょう。トレードをやってきて分かったことは、１年のうちには集中して心をニ

702

ュートラルな状態に保っていると、チャンスがやってきて、そこで通常よりも大きなポジションを取り、大儲けして、またマルの状態に戻る、というときが1カ月に2〜3日あります。つまり、私が言いたいのはこういうことなのです。トレーダーはいつもトレードしていなければならないと思ってしまいますから、これはトレーダーにとっては難しいことです。退屈しのぎにトレードすれば、それは資本を無駄にすることになります。それで大きな機会がやってくると、トレードする資金がありません。待つことを学ぶことです。これはトレーダーにとっては最も難しいことの1つですが、最も重要なことの1つでもあります。市場を見ていて何もすることがないときは、何もしないこと。トレードを見直して、あのトレードはうまくいったと思えたら、それが再び起こるのを待つのです。リスクコントロールに自信があるときは、いつもより大きなポジションを取ることです。そうでなければ立ち止まって待つ。月並みなセットアップに資本を無駄に使ってはいけません。これは最初は分からないかもしれませんが、時間がたてば分かってきます。これは非常に大きな教訓です。

手仕舞いを決定するときの思考プロセス

フィフィールド まったくそのとおりですね。それでは今度は手仕舞いの話に進みましょう。いつどこで手仕舞いするかを決めるときのあなたの思考プロセスを教えてください。手仕舞いプランはどうやって立てるのですか？

カーター これも良い質問ですね。仕掛けは簡単です。良いトレーダーになるためには手仕舞いをマスターする必要があります。もちろんこれは損切りを意味するのですが、目標も重要です。これはオプションでは比較的簡単です。なぜならオプションは「予想される動き」に基づいて価格付けされるからです。スプレッドの場合、トレードのト

第3部　実践編

ータル利益は限定されていますから、目標値は簡単に導きだすことができます。ディレクショナルトレード（方向性のトレード）では私は必ず株価の予想される動きを見ます。「予想される動き」というのはこういうことです。マーケットメーカーやコンピューターは株の値動きを観察し、オプションの期間中、株価はどれくらいのレンジで動くだろうかと予測し、その予測とインプライドボラティリティとそのほかの要素に基づいてオプション価格を計算します。「株価はどれくらいのレンジで動くだろうか」というのが予想される動きです。例えば、ネットフリックス（NFLX）の株価が300ドルで、マーケットメーカーは次の2週間の間に株価は20ドル動くだろうと予測したとします。この銘柄をトレードしているとすると、株価が予想された動きの20ドルだけ上昇すれば（あるいはプットを買っている場合は下落すれば）、手仕舞え、ということになります。株価がこれ以上上昇する可能性はあまりありません。むしろ、その水準で抵抗線に出合い、仕掛け価格まで下落する可能性のほうが高い。オプションを買っている場合、こういった押しでプレミアムはすべて吸い取られてしまいます。

　もう1つ、私が好きなのはフィボナッチエクステンションです。30分足チャートでも、日足チャートでも、週足チャートでも構いませんが、株価がスイングハイを更新し、スイングローから127.2％のエクステンションに達すると、高勝率な目標値に達したことになります。価格が大きなリトレースメントを伴わずに近い将来、例えば、161.8％のエクステンションを超える確率は極めて低い。楽に儲けて、退場する。簡単に儲かる場所がどこなのかを知ることが重要です。

　素晴らしいセットアップを見て、10枚買おうと思ったとしましょう。そうですね、先物10枚にしましょう。S&P500の先物を10枚買って、スイングの127.2％のエクステンションに達したら10枚のうち7枚を売ります。これでリスクはほとんど考える必要がなくなります。そして、161.8％のエクステンションに達したら、それは素晴らしいことなので

704

すが、ここで私は残りの３枚に対する損切りをブレイクイーブンに移動させます。その時点でリスクは劇的に減少します。これで多くの利益を得たうえ、まだトレード中の残りのチップのリスクも低減することができました。でも物事が魔法のように、永遠に私の思いどおりにいくなんて私は思いません。

フィフィールド　素晴らしいですね。大した努力もしないのにこれほど高勝率なトレードができるなんて。オプションの話が出ましたが、オプションについてもう少し話をしましょう。オプションは今あなたが主にトレードしているものの１つですよね。でも、あなたの25年のトレードキャリアのなかのある時点では、ほぼすべての市場をトレードしていましたよね。オプショントレードの魅力とは何でしょうか？

カーター　金（きん）のようなものを見て、私は強気だと言ったとすると、私はどうするでしょうか。金先物を買うでしょうか、金地金を買うでしょうか、金価格に連動するGLDのようなETF（上場投資信託）のコールオプションを買うでしょうか。アセットを分散化しようと思っているのなら、金地金を買って、安全な場所にしまい込むでしょう。しかし、値動きに参加して、トレード口座を増やしたいと思っているのであれば、その動きに参加する最高の方法を決める必要があります。つまり、こういうことです。オプションを保持するよりも先物を保持するほうがはるかに難しいのです。先物は常に動いていますし、逆指値の損切り注文の狙い撃ちがあることでも知られています。それにスリッページも大きい。特に、考えられない動きがあったときの夜間取引でのスリッページは半端ではありません。満期日まで60日のGLDのコールオプションを買うという手もあります。最大リスクは分かっています。チャートをずっと見ている必要もありません。先物市場ではスパイク状の動きがあれば、損切りに引っかかってしまうでしょうが、それはETFのオプションでは問題にはなりません。私がオプ

第3部　実践編

ションで好きなところは、5000ドルのリスクをとろうと思ったらすぐ
にとれるところです。またオプションは償却資産です。だから売るこ
ともできます。例えば、米国市場で人気の株はアップル（APPL）で
す。アップルの株価が250ドルで、270ドルのアウト・オブ・ザ・マネ
ーのコールオプションを例えば1ドルで買ったとします。つまりあな
たは、アップルは素晴らしい銘柄で、290ドルまで上昇する、そしたら
大儲けできる、という賭けをするわけです。でも、おそらくはあなた
の思惑どおりにはいかないでしょう。

　しかし、そのトレードの逆サイドに立って、売ることもできます。あ
なたはそれを1ドルで売ります。そして権利放棄されれば、受け取っ
たプレミアムはあなたのものです。このようにオプションは、売るこ
とができます。売ればほかの多くのトレーダーがプレミアムディケイ
で損失を出しているときに儲かるというように、魅力的な点がたくさ
んあります。あなたは権利放棄されるようなオプションを買った人々
の逆サイドに立つわけです。オプションは多くの柔軟性を持った商品
なのです。

フィフィールド　あなたは最近、オプションアルファのポッドキャス
トでカーク・ドゥ・プレジスのインタビューを受けましたよね。あな
たは彼に、オプションは一貫した結果を出し、ドローダウンを最小化
し、口座のボラティリティを低減するのに役立ったと話していました。
これはオプションを選んだことと何か関係がありますか？

カーター　そうですね、何を選ぶかはあなたの目的によります。正気
でいられないアップダウンを繰り返す資産曲線ではなくて、より安定
した資産曲線を求めるのなら、オプションを使って資産曲線を安定さ
せるようにトレードを構築することができます。資産曲線を安定させ
るということは潜在的利益を限定するという意味もありますが、これ
はほとんどの人にとって悪いことではありません。例えば、テスラ

706

（TSLA）のコールオプションを８ドルで買えば、それは16ドルになるかゼロになるかですが、テスラのアウト・オブ・ザ・マネーのプットクレジットスプレッドを売れば、利益の出る確率は90％です。

　オプションの良いところは、とるリスクを自分で決められることです。あなたはどんな資産曲線がお望みですか？　トレーダーの仕事は、資産曲線をスクリーンの左下から右上に向けて上昇させることです。これは正しくあることについての話ではなくて、資産曲線の管理の話です。私はアグレッシブなトレーダーなので、私の資産曲線はまっすぐな右肩上がりではなくて、ジグザグ状です。でも、ジグザグの資産曲線が嫌いだと言う人もいます。彼らはまっすぐな右肩上がりの資産曲線が好きなのです。オプションの良い点は、驚くような大きな破産が起こらないようにトレードを構築することができる点です。その代わり、興奮するような大きな利益が出ることもありません。お金を次から次へと機械的に生みだすわけです。これはこれで素晴らしいことです。オプションの素晴らしい点は、自分の性格とトレード目標に合うようにトレードを構築することができる点です。ここで重要なのは、だれもが自分のトレード目標を知り、それを達成するための正しい投資物件を見つけることができるということです。

フィフィールド　ポッドキャストのインタビューでもう１つあなたが話していたことがあります。それは、「トレードの資金調達」のことです。私には今１つよく分からないのですが、興味はあります。オプションを使ってトレードの資金調達をするというのはどういう意味なんですか？

カーター　それにはいくつかの方法があります。金について話していましたので、再び金を使って説明しましょう。例えば、次の３カ月間でGLDが上昇すると思えば、私は満期日まで３カ月のコールオプションを買うでしょう。権利執行価格が120ドルだとしましょう。コールオ

707

第3部　実践編

プションは満期日まで3カ月ですが、反対売買で権利行使価格が125ドルで満期日まで30日のオプションを売ることができます。完璧な世界ではオプションは権利放棄されます。いわゆる賃貸物件を持つようなものですね。こうしたトレードは「ダイアゴナル」と呼ばれます。つまり、満期日の長いものを買って、反対売買で満期日の短いものを売るということです。株価が上昇すれば（あるいは、弱気のプレーの場合は下落すれば）、儲かるように売りを多くします。

　このシナリオでは、プレミアムを手に入れると同時に、大きな動きに対して可能性を残しておくようにトレードを構築することもできます。例えば、強気のプレーでこれをやるには、コールオプションを10枚買って、最終的に権利放棄されるプットクレジットスプレッドを30枚売れば、コールオプションの代金はそれで支払うことができますから、結局、トレード料金はただになります。オプションの良い点は、こんなことができることです。もちろんリスクはありますが、トレードの資金調達ができるのです。いったん資金調達されれば、あとは見守るだけです。

新米のオプショントレーダーへのアドバイス

フィフィールド　ちょっと高度なやり方ですが、非常に興味深いですね。オプションの話を終わる前に、新米のオプショントレーダーにとって役立つアドバイスはありますか？　あなたがオプショントレードを始めたときにあったら役立っただろうなと思うようなアドバイスはありますか？

カーター　オプショントレードを始めたばかりの初心者は、株価が上がると思えばコールを買い、下がると思えばプットを買います。これは基本です。初心者が犯しやすい過ちは、安いオプションを売買しようとすることです。例えば、アップルの場合を考えてみましょう。株

708

価が100ドルだとすると、「株価は100ドルだ。95ドルのコールが7ドルで、110ドルのコールはたったの1ドルだ。110ドルのコールのほうが安いから、こっちを買おう」と初心者は思うわけです。これが最大の過ちなのです。アウト・オブ・ザ・マネーのオプションは基本的に権利放棄されるようになっています。価格を安く設定して、それを人々に買わせようとするわけです。価格は高くなりますが、イン・ザ・マネーのオプションを買えば、アップルの株を100ドルで買うよりも、オプションを7ドルで買ったほうが安くつき、しかもアップルの値動きに参加できます。だから、イン・ザ・マネーのオプションを買うべきです。それを卒業したら、スプレッドやプットクレジットスプレッド、コールクレジットスプレッドの売りへと進んでいけばよいわけです。

　私が初めてオプションのセミナーに参加したとき、バタフライといった用語が飛び交い、私にはまったく理解できませんでした。しかし、次のステップを理解できれば、つまり株価が上昇すればプットは価値を失う、ということが分かってくると、次の支持線への押しで、コールを買うのではなくて、プットを売ればよいことが分かってきます。それをスプレッドにして、リスクを限定します。これでプロと同じ土俵に立つことができるようになったわけです。プロはプレミアムディケイを利用できるので、オプションの売りのほうを好みます。

　オプションを買えば、プレミアムディケイであなたのポケットからはお金が出ていきますが、オプションを売れば、プレミアムディケイであなたのポケットにはお金が入ってきます。私はオプションの買いも売りも行って、プレミアムディケイを手に入れるだけでなく、予想される以上の動きも狙います。強気の場合は、イン・ザ・マネーのコールを買って、アット・ザ・マネーのプットクレジットスプレッドを売り、弱気の場合は、イン・ザ・マネーのプットを買って、アット・ザ・マネーのコールクレジットスプレッドを売ります。あなたのやるべきことはそれだけです。

第3部　実践編

フィフィールド　難しいことをやる必要はないというのは、初期のころの話ですか？　あるいはそんな必要はまったくないということですか？　あなたは最近難しいことをやることに興味を持っているようですが。

カーター　その必要はまったくありません。誤解しないでくださいね、今ではバタフライの買いの良さが分かるようになりましたから。オプションでは、セータ、デルタ、ガンマ、ベガといったギリシャ文字に圧倒されがちです。でも、混乱するのであればこういったギリシャ文字のことは気にする必要はありません。重要なのは今話した基本を理解することです。ギリシャ文字に興味があって、それを取り入れたいというのならそれはそれで構いません。ギリシャ文字が重要かどうかはあなたのトレードスタイルによります。チャートを見て、売買シグナルを見つけるだけなら、ギリシャ文字なんて関係ありません。ギリシャ文字のことを軽視しているわけではありません。ギリシャ文字が必要なトレードもありますから。チャートを見て、株価が上がると思えば、正しいコール（満期日が少なくとも30日のイン・ザ・マネーのコールオプション）を買って、それと同時にプットクレジットスプレッドを売って、セータディケイを最小化し、理想的にはそのコールの買いで失うプレミアムを埋め合わせる。これだとウイン・ウインです。

あなたの好みのセットアップは？

フィフィールド　良いアドバイスをありがとうございました。次はテクニカル分析とインディケーターについて少し話をうかがいたいと思います。まずテクニカル分析ですが、あなたのトレードではテクニカル分析はどのように使っているのですか？　チャートで何か重要なものを見つけるのに使うのでしょうか。

カーター　そうですね、私の好みのセットアップはスクイーズという

710

ものです。ボリンジャーバンドがケルトナーチャネルの内側に入ったときにスクイーズが発生します。つまり、株や市場の標準偏差がATR（真の値幅の平均）の範囲内にあるという意味です。ちょっと複雑に聞こえるかもしれませんが、このように考えるとよいでしょう。例えば、オリンピック選手たちは100メートルを走った直後に、もう一度100メートルを走るようなことはしません。まず一休みして、電解質の飲み物を飲んで、それからもう一度走ります。これは株でも同じです。株は一定の動きをしたあと、小休止して、そのあと再び動き出します。

　ボリンジャーバンドがケルトナーチャネルの内側に入るところまで収縮したら、これはほとんどのプラットフォームでのデフォルト設定ですが、「要注意だ、市場は再び動き出すぞ」という合図です。ボリンジャーバンドがケルトナーチャネルの内側に入ったら、小休止はほとんど終了します。これを教えてくれるのがスクイーズという私たちが開発したインディケーターで、これはセットアップの発生を見つけるのに使います。私が興味をもった銘柄で最初に見るのがこのスクイーズです。スクイーズが発生しているかどうかを見て、もしスクイーズが発生していなければ、スクイーズが発生している銘柄を探します。スクイーズが発生したら、何らかの動きが発生する合図です。その株や市場は何かを行う準備ができたということです。今、上昇トレンドなら、そのトレンドは87％の確率で継続します。下落トレンドでも同じです。とてもシンプルです。ほかにも使っているインディケーターはありますが、まずはスクイーズから見ます。これが基本です。

フィフィールド　オプションアルファのインタビューの話はこれくらいにしたいと思いますが、あなたが言ったことで印象に残っていることが１つあります。あなたはチャートをほんの瞬間しか見ないと言いました。それはなぜですか？

カーター　これもまた苦心の末に学んだことなのですが、良いセット

第3部　実践編

アップがあなたの目の前にあるときに、チャートをほんの瞬間以上見続ければ、チャートのなかに存在しないものを無理やり見つけようとしていることになります。最高のセットアップはこうして見つけることができますが、もし見つからなければ、次のチャートに進みましょう。ある銘柄が強気であることを示すニュースを読んで、チャートを見てみると、チャートは何の変哲もない。でも心の中ではその銘柄は上昇するはずだとあなたは思うはずです。だからチャートを見続け、チャートをそのシナリオに合わせようとするわけです。過去に見たものとは関係がなくても、あなたの意見を正当化するためにチャート上に強気を示す何かを見つけようとするわけです。つまり、チャートをほんの瞬間以上見ても、何も見つからないということです。チャートを瞬間だけ見たら、すぐに次に進むことです。

フィフィールド　あなたがセットアップを素早く見つけることができるのは、25年以上の経験と長年にわたってチャートを見てきた賜物なのでしょうか。初心者トレーダーもあなたの例にならうべきだと思いますか？

カーター　それは25年以上の経験と長年チャートを見続けてきた両方のおかげだと思います。25年以上トレードをやっていると、セットアップのことがようやく分かってきます。私はこれを最高の結果をもたらす「高勝率の瞬間」と呼んでいます。セットアップを見つけたら、私は必ずポジションを建てます。初心者トレーダーの場合、聖杯を見つけようとして、インディケーターをたくさん加えてチャートをいじり続けます。これは確かに楽しいことです。初心者トレーダーはある株を買いたいと思ったら、買う理由が見つかるまでチャートを見続けます。たとえそれが世界中で一番弱気なセットアップだとしても、本当に買いたいと思ったら買う理由をでっち上げます。この話の教訓は、あなたの好きなセットアップを持つことが重要だということです。

712

第21章　私は市場をどのように見ているか、どのように考えているか

　株と結婚してはいけません。セットアップと結婚してもいけません。ネットフリックス（NTFX）でセットアップが見つからなければ、ほかの銘柄でセットアップを探してください。ネットフリックスにはセットアップが発生したら警告してくれるアラートを設定しておきましょう。ネットフリックスをトレードするのは、そのアラートが出たときだけです。ツイッターで何か読んだからではなくて、セットアップが発生したからトレードするのです。

　12歳の子供に説明できないようなセットアップは複雑すぎます。たくさんのインディケーターは必要ではありません。インディケーターは3つから5つで十分です。価格と出来高に加え、ボラティリティを測定するスクイーズのようなツール、論理的な価格目標、モメンタム、転換点を測定するようなツールで十分です。これ以上のインディケーターがあれば、多すぎです。とにかくセットアップを見つけることが最も重要です。スクイーズや移動平均線の交差のようなもの、何でも構いませんが、それらを使ってセットアップを見つけ、それをトラッキングするのです。セットアップを見つけたら、25回連続してトレードして、25回連続してトレードしたら、損益を調べます。75％の勝率のセットアップでも、勝ちトレードと負けトレードの分布はランダムです。75％の勝率だから、4回トレードすればそのうちの3回は絶対に勝ちトレードになるとは限りません。4回続けて負けトレードのときもあります。でも、25回のトレードの終わりには、良いサンプルが得られ、もしその25回のトレードで儲かれば、そのセットアップを自信を持って採用することができます。「このセットアップが現れたら、必ずトレードしよう」と思えるようになるのです。これを習慣づけるのです。そうすればセットアップを見つけた瞬間に、「これだ！　これが私が探していたセットアップだ！」と思えるようになるのです。セットアップが見つからなければ探し続けてください。退屈しのぎに月並みなトレードを1ダースやるよりも、よく考え抜かれたトレードを

713

第3部　実践編

数回やるほうがはるかにマシです。

フィフィールド　説得力のある説明でしたね。インディケーターのことを何回か言いましたが、インディケーターはどんなときに役立ち、どんなときに不必要なノイズになるのでしょうか？

カーター　値動きしか見ないトレーダーを知っていますが、値動きと出来高しか見ないことが理にかなっているときもあります。私が新米トレーダーだったとき、これにまつわるいい例がありました。市場は上昇していましたが、ストキャスティクスやRSI（相対力指数）、まあどんなものでも構いませんが、買われ過ぎでした。「これは買えないな」と思いましたが、その時点から永遠に上がり続けるのではないかと思えるくらい市場は上昇しました。私が動きはもう終わったので買えないと思った時点から急上昇を始めたわけです。重要なのは値動きであって、インディケーターは値動きの解釈から派生するものにすぎません。インディケーターは魔法でもなんでもありません。それは単なる数学です。インディケーターによってスクリーン上で実際に起こっていることが見えなくなってしまってはいけません。最も重要なのは価格です。価格を見たあとでインディケーターを見て、何が起こっているのかを見ればよいのです。市場が上昇しているのか下落しているのかが重要なときに、いろいろなインディケーターを見ると混乱してきます。最も抵抗の少ない道とは何なのか。最も重要なのは価格で、インディケーターはそれの解釈であることを忘れてはなりません。

140万ドルのテスラのオプショントレードの話

フィフィールド　まったくそのとおりですね。ところでぜひおうかがいしたいのは、1つのトレードで140万ドル稼いだときの話です。それがいつだったのかはよく知りませんが、その話をしていただけますか？

714

ステップバイステップでゆっくりと話してください。この話は聞くのが楽しみです。あなたのウェブサイトであなたがこのトレードをしているビデオを見ました。あなたは冷静を保ち、少しずつ手仕舞っていましたね。

カーター　そのトレードのことはよく覚えています。それまでにもビッグトレードはいくつかありましたが、1日でそれだけ儲けたことはありません。それは2014年の1月でした。その日、目が覚めたとき、うまくいっていないトレードが2つありました。両方とも損切りに引っかかりました。私のトレード口座の1つはおおよそ150万ドルでした。かなりの額の口座でしたね。この2つのトレードで10万ドルの損失を出して、これは私の望むことではないと思いました。でもトレード経験が長かったので、それほど慌てることはありませんでした。2つのトレードが損切りに引っかかったので、そのときはマルの状態でした。でも、その日の早い時間帯にテスラ（TSLA）が10ドル下がっていることに気づいていました。そのあと突然5ドル上昇したんです。一体、何が起こっているのだろうと思いました。テスラは10ドル下がって、今は5ドル上昇している。ツイッターをチェックすると、イーロン・マスクが弱気筋を動揺させる発表をしていました。この銘柄の空売り比率は非常に高く、45％くらいでした。したがって、弱気筋が動揺すると、間違った側で身動きできなくなる株がたくさん出ます。これは私が望んでいたことです。空売りしている人がたくさんいて、通常は20％以上ですが、上昇を匂わすようなことが突然発表されれば、彼らは買い戻しをせざるを得ません。おまけに新たな買い手も現れます。それでその日は大きな動きになったわけです。決算発表のときでも起こらないような大きな動きになったわけです。テスラは10ドル下がって5ドル上がったことを考えながらチャートを見てみました。抵抗線もなく、この時点では株価は150ドルくらいだったと思います。170ドルになっても抵抗線は現れず、出来高はこの時点で通常水準を500％上回

第3部　実践編

っていました。これは本物だと思いました。弱気筋はパニックに陥り、1日中やられっぱなしでした。そこで私はコールオプションを100枚買いました。コールオプションは6ドルで買いましたが、150万ドルの口座では小さなポジションにすぎませんでした。株価の上昇に合わせて、買い増しを続け、1000枚に達し、かなり大きなポジションになりました。また、株も買いました。その日の初めは10万ドルの損失だったのが、トレードを始めて1時間で、30万ドルの儲けになっていました。これはすごいことになるぞと思い、手仕舞いを考え始めていました。でも、まだトレードをやめろという合図は出ていませんでした。出来高も急増していました。でも、どういった株でも直線状に上昇したり下落したりする株はありません。テスラも押し始めました。10分間の下落で含み益は30万ドルから20万ドルに減少しました。

　それはだれもが負けトレードになってしまうのではないかと心配し始めた瞬間でした。でも、私は大きな潜在性を感じました。それで私はコンピューターから離れてシャワーを浴びました。物事を客観的に考えることができなくなったので、とにかくその場から離れることが必要でした。戻ってみると、テスラはまた少し下落していました。そのあと上昇して、再び30万ドルの含み益まで戻しました。その日は家でトレードしていましたが、荷造りをしてオフィスに向かいました。その間、おおよそ20分です。オフィスに着くころには、利益は60万ドルになっていました。テスラの上昇の勢いが弱まる気配はありませんでした。

　このとき私はトレードルームで質問にも答えていました。これはマルチタスクの良い練習になりました。引けまでの最後の1時間は保ち合いになりましたが、それは、①引けにかけて上昇、②翌朝はギャップアップで寄り付く——というサインでした。引けまであと10分のところで上昇し始め、私の含み益は100万ドルを上回っていました。一部はオーバーナイトしようと思いました。パニック発作を起こすかもし

716

第21章　私は市場をどのように見ているか、どのように考えているか

れないので、全ポジションをオーバーナイトすることはできません。それで、ポジションの半分を手仕舞いました。もちろん、その夜は眠ることなんてできませんでした。市場がオープンする3時間前には起きました。テスラは時間外取引で10ドル上昇していました。もちろんこれは良いことなのですが、オプションの場合、現物取引時間がオープンするまで売ることはできません。フェイスブックを見たりメールをチェックしながら時間をつぶす一方で、テスラの時間外の値動きから目を離すことはありませんでした。ギャップはそのまま現物市場の始まりに引き継がれ、おおよそ10ポイントのギャップアップで寄り付きました。私の含み益はさらに50万ドル増えました。テスラはそこから反転して売られ始めました。売り価格を下げて、ポジションの一部を手仕舞いました。そのあと、テスラは再び反転して上昇し始めたため、次の売り注文では売り価格を上げました。そのあと残りをすべて手仕舞いました。あなたが見たのはトレードルームで私がこのトレードをライブでやっていた映像だと思います。結局は驚くべきトレードになりましたが、維持するのが難しいトレードでもありました。振り返って分析すると、「なぜ10％下落したところで買わなかったのか」という反省もあります。完璧な世界ではもっとうまくやれたでしょう。しかし、重要なことは、トレードで大儲けできたとしても、完璧には足元にも及ばないということです。このトレードでは、出来高の急増と空売り残の高さが重要なシグナルでした。

　勝ちトレードをこのように持ち続けるのは非常に難しいことです。トレードをしていて感情があふれているときに、どのように振る舞うべきかを自分自身に対して訓練することでこういったことが可能になるのです。これは次第に分かるようになることです。これは動いている。出来高が上昇している。トレーダーが罠にはまっている。押すたびに買われている。最後にはどうなるのか。踏みとどまれ。トレードではあなたの訓練の成果が一気に現れるときがあります。これはそういっ

717

第3部　実践編

た瞬間の1つでした。これ以降は1日で100万ドルを稼いだトレードは
ありません。あのトレードでは若干大きなポジションを取りすぎたと
思っています。あのトレード以降、1000枚といった大きなポジション
を取ることはなく、取っても数百枚にとどめています。管理しやすい
枚数は数百枚です。これはテスラの経験から学んだことです。しかし、
そのほかのセットアップはテスラで発生したのと同じではありません
でした。空売り残高はテスラのときほど多くなく、反転も急激ではな
い。テスラのケースは、何が起こっているのかを認識し、本気で取り
組み、ポジションを持ち続けるという特殊なケースでした。

フィフィールド　あのトレードで良かったと思ったのは、強く出たこ
とだと思います。あなたはトレードがうまくいき始めたら、増し玉を
したと言いました。このトレードは強く出たほうがよいと思ったのは
どうしてですか？

カーター　「特殊な状況」を認識したからです。株価が5％下落して、
そのあと突然30％下落するということが以前ありました。そのときの
出来高を見ると尋常ではないことが分かりました。出来高はモニタリ
ングしやすいものです。出来高が1日のある時間帯で通常の数百倍に
なると、何か異常なことが起こっている証拠です。出来高は何か面白
いことが起こっていることを教えてくれます。普通ではない何かが起
こっていることを。それを最も簡単に説明するとするならば、「特殊な
状況」ということになります。株価がブレイクして、だれもが起こっ
て当然だと思うことが起こらないとき、面白いことが起こります。テ
スラは下落を続けていました。だれもがテスラは過大評価されている
と思っていました。ニュースは否定的なもので、ヘッジファンドは売
っていました。テスラはもう死んだという記事が出回りました。そし
て、突然大きく反転したのです。人々が間違っていて、間違った側で
身動きできなくなってしまったときに大きな動きが起こります。人々

718

が正しいときには大きな動きは起こりません。こういった状況では物事はゆっくり進みます。人々が間違っていて、ポジションを手仕舞いしなければならなくなると、大きな動きが起こります。テスラの場合大きな反転が起こりました。多くの人は間違っていたわけですから、ポジションの手仕舞いを余儀なくされました。これを認識すると、その状況をうまく利用することができます。人間は頑固ですから、ポジションにしがみつく。そして最後にはパニックになって、投げ出す。市場とはそんなものです。多くの人がポジションの間違った側にいて、手仕舞いしなければならないことを認識すると、そのときに大きな動きが起こるのです。これがテスラで起こったことです。あなたもそのうちにこういった機会が分かるようになると思います。

このトレードであなたはどんな風に変わったか

フィフィールド　このトレードであなたのそのあとのトレードが変わったとするなら、どのように変わりましたか？　あるいは何か再現しようと試みたものはありますか？

カーター　このトレードで大きく変わったのは、18の異なるポジションを取るということはなくなったことですね。多くのいろんなポジションを取るよりも、大きな潜在性を秘めたトレードを待つようになりました。18の小さなポジションを取るよりも、3つか4つの大きなポジションを取るようになりました。世間一般の通念によれば、18の小さなポジションを取れば分散化されます。だれが言ったのかは忘れました、ウォーレン・バフェットも確かそんなことを言っていましたね。しかし、分散化というものは自分が何をやっているのかが分からない人がやるものです。分散化しても、口座は変わらないでしょう。強気のポジションと弱気のポジションで分散化するわけですから、口座は変わりません。それよりも何か気に入ったものを見つけたら、それに

719

第3部　実践編

投資して、そのポジションを持ち続けるほうがよい。バスケットにいくつかの卵を入れて、バスケットを見張るわけです。機関銃のように多くのポジションをむやみやたらに取って、それらのすべてをトラッキングするのは気が散りますし、疲労困憊します。それよりも1つのポジションに集中したほうがよい。18人の子供の面倒を見るよりも、3人の子供の面倒を見るほうがはるかに簡単です。ポジションの数が減れば、忍耐強く待とうという気になります。月並みなものは逃しても構わない。しかし、物事がうまくいき始めたら、それに集中して推し進める。だからと言って、素晴らしいセットアップが現れるたびに1000枚買うということではありません。私はフェイスブックの300枚のトレードを手仕舞いました。それは素晴らしいトレードで、8万ドルの儲けが出ました。それはテスラのようなトレードではありませんでしたし、18の異なるポジションを取ったわけでもありません。一度には数トレードのみに集中する。焦点を絞る。これが重要なことだと私は思います。

フィフィールド　良い指摘だと思います。最後の質問になりますが、25年以上トレードを続けてきて、あなたの目標やトレードに対する考え方は初期のときに比べるとどう変わりましたか？

カーター　最初のころはビッグトレードをしなければというプレッシャーに押しつぶされそうでした。とにかく、ビッグトレードをしなければといつも思っていました。そうすれば自由になれる、仕事をやめられると。長年にわたってトレードを続けてきて思うのは、最初のころとの違いは、自分のスキルに自信がついてきたということですね。だから、「今日は稼げなかった。もうあきらめたほうがいいのか」ではなくて、それもプロセスの一部だと考えられるようになりました。市場はなくなるわけではありません。明日もそこにあるわけです。うまくいかなかったトレードのことは忘れて、次のトレードに集中すること

第21章　私は市場をどのように見ているか、どのように考えているか

です。プロのように振る舞うことです。何かを強制的に推し進めるよりも、一歩後退して何もしないときがあってもよいのです。私は自信を持ってそれができるようになりました。

　ある時点までいくと、重要なのはビッグトレードをすることではないことが分かってきました。いざとなれば夜はケイマン諸島で給仕として働き、昼1カ月に1万ドルの儲けを目指してトレードすることもできます。多いことが必ずしも良いとは限りません。私も含め、トレーダーは、お金に魅力を感じて、そして心の空白を満たしてくれるものとしてトレードをするのだと思います。トレードが自尊心とどんな関係を持つのかは分かりません。トレードは技術が命です。ゴルフと同じようにトレードは技術がモノを言うものです。ゴルフではスイングに集中しなければ、ボールはラフに飛んでいってしまいます。トレードもまったく同じです。あなたの目の前のトレードに集中することが重要です。技術を磨き、神経を集中させて、撃つ。私は生計のためにトレードをしたいと思っている人を尊敬します。なぜなら、トレードは結果が必ずしも確かではなく、悪い結果が出ることも多い状況で自信を持たなければならない職業の1つだからです。そういったことに対処できるようになり、心地良くないことに心地良さを感じるようになるまでには修練が必要です。これは人生における良い教訓でもあります。トレードは明らかにお金を目的とするものです。しかし、トレードを本当に理解するには哲学的なアプローチも必要だと思います。これは私にとってはうまくいきました。

721

第22章

トレードでは正しいテクノロジーが重要

How Important Is the Right Technology When It Comes to Trading?

ダレル・ガム

はじめに

　テクノロジーは私たちの日常生活のあらゆる場面に深く根付いている。バッテリー内蔵のスーパーコンピューターを常にポケットに入れて持ち歩き、ありとあらゆる知識をすぐに取り出すことができる。何回かキーボードをたたくだけで有名人とやり取りすることができ、遠く離れた親戚に誕生日の祝いの言葉を送ることができ、世界中の市場でトレードすることもできる。これまでの歴史のなかで私たちはこれほどつながったことはなかった。その全貌を理解するのは複雑すぎてできない。本章ではトレーダーとして知っておくべき最も重要なこと——トレードの最適化に必要なテクノロジー——について解説する。トレードに必要なコンピューター、ネットワークの構築方法、トレードプラットフォームの最適化、ますます危険が高まるオンラインの世界で安全性を確保する方法など、いろいろなことについて解説する。トレードはビジネスだ。ビジネステクノロジーのなかで見られるように、トレードはコストセンターとみなすことができる。あなたのトレードの旅においては、この基本的なコストという問題を無視することはできない。例えば、バッテリーのバックアップを使わずに電源タップを使うことで50ドルのコストが節約できたとしても、そのせいでトレー

第3部　実践編

ド口座で莫大な額の損失を被る可能性もある。テクノロジーをきちんと管理すれば、テクノロジーがあなたを守ってくれる。

デスクトップ対モバイル対ノートパソコン

トレード口座にアクセスするには主として3つの方法がある。デスクトップコンピューターから、モバイルデバイス（スマートフォンやタブレット）から、ノートパソコンからの3つだ。これら3つの方法はそれぞれ長所と短所がある。

トレーダーが好むワークステーションは依然として昔からあるデスクトップコンピューターだ。大型でパワーがあり、カスタマイズ可能なデスクトップコンピューターは出資に見合うだけの価値があり、初心者からプロまでほとんどのトレーダーの間で最も人気がある。デスクトップコンピューターは複数のモニターを備え、トレードプラットフォームのなかでは最もパワフルだ。複数のモニターを備えているので、セットアップをスキャンし、それをチャートにし、発注することがすべて同時にできてしまう。しかし、最近ではスマートフォンやタブレットを使って発注するトレーダーが増えている。

これらのデバイスでは使えるアラートの数が増え、「常にポケットに入れておける」という性質も相まって、従来にも増してみんながモバイルのトレードプラットフォームを使うようになったが、驚くには当たらないだろう。しかし、これを書いている時点では、チャートソフトはデスクトップコンピューターがモバイルプラットフォームを上回っている。モバイルデバイスでは、本書で書いたようなサードパーティのインディケーターはサポートされていないことが多く、セットアップを確認するための画面も小さい（必要な時間枠やインディケーターを見るには何度もタブを切り替えたり、何度も同じチャートを見る必要がある）。

724

第22章　トレードでは正しいテクノロジーが重要

ノートパソコンはデスクトップコンピューターとモバイルデバイス
の中間だ。リュックサックに入れて国中で持ち歩くことができるだけ
でなく、複数のモニターにつなげることもできるため、デスクトップ
のトレードプラットフォームを再現することができる。よく旅行をす
るトレーダーにはもってこいだ。しかし、トレードするのに十分なパ
ワーを持つノートパソコンは重く、デスクトップのように使いたけれ
ば、いくつかの外部モニターが必要だ。外部モニターとアクセサリー
を備えたトレード用ノートパソコンはそれだけで機内持ち込み用バッ
グがいっぱいになる。

ほとんどのトレーダーはトレードの旅の異なる時点でこれら3種類
のデバイスを使うことになるはずだ。重要なのはこれら3種類のデバ
イスでできるだけ同期させるようにすることである。人気のプラット
フォームのシェア機能や保存機能（詳しくはこのあとで）を使えば、す
べてのデバイス間でトレードプランに必要なセットアップを取得する
ことが以前よりも簡単にできるようになった。

コンピューターハードウェア

トレード用デスクトップコンピューターの場合、まずはトレードプ
ラットフォームとブローカー口座を動かすのに十分なパワーのあるコ
ンピューターである必要がある。また複数のモニター（私たちは2個
から16個まで試してみたが、これは個人の好みによって異なる）をサ
ポートできるものであることも重要だ。とにかくパワーが命だ（ここ
ではコストの削減が目標ではない）。ほとんどのコンピューターブラン
ドには「ゲーマー」モデルがあるが、これを出発点としても良いだろ
う。デスクトップモニターは解像度の高いもの（1920×1200以上を推
奨）を入手しよう。解像度が高いほど、一度に多くのチャートをモニ
ター上に出すことができる。

725

第3部　実践編

　トレード用ノートパソコンの場合、頻繁に旅行するのならポータブルなものが必要で、ときどき持ち運ぶだけならセミポータブルでも十分だ。ノートパソコンの携帯性は主として画面のサイズと質量によって決まる。トレード用ポータブルコンピューターの画面サイズとしては14インチから15インチが妥当だろう。画面サイズがもっと小さなノートパソコンもあるが、トレードでは画面サイズは非常に重要だ。ノートパソコンを主として机上で使い、必要なときだけ持ち運ぶのであれば私だったら画面サイズは17インチにする。17インチのノートパソコンは大きくて重いが、パワーがあり、同じようなスペックではもっと小さなノートパソコンよりも安いのが普通だ。外部モニターも必要かもしれない。

　ノートパソコン用の外部モニターとしては、USB3.0（最近ではUSB-C）トラベルモニターがパワーがあり、モニターからノートパソコンまで1本のケーブルでデータ送信ができる。

　もうお気づきかもしれないが、私は特にコンピューターのブランドについては話していない。選択肢はたくさんある。デル、ファルコン、EZ、アップル、HP、レノボ、エイサー、エイスース、サムソン、MSIなどなど。私の経験から言えば、ブランドは品質とサポートほど重要ではない。有名なメーカーのほとんどは品質は高く、主な違いはサポートと保証だ。オンラインレビューをチェックしてモデル同士を比較してみよう。

　以下はスペックだが、本書を読んでいる時期によっては的外れのものもあるので、一般論として読んでもらいたい。

CPU

　CPU（プロセッサー）はインテルかAMDの最新モデルがよい。これらの二大CPUメーカーのチップにはランク別に名前が付けられている（インテルの場合は、i3、i5、i7、i9、AMDの場合はRyzen 3、Ryzen

第22章　トレードでは正しいテクノロジーが重要

5、Ryzen 7など）。ランクの上2つのうちから選ぶようにしよう。コアの数は多いほど性能が高い。コアの数が多いとCPUハイウエーのレーンの数が多いので、発注やマルチタスクを実行しながら、4つのモニターで6個のチャートを開いてもフリーズすることはない。

GPUまたはグラフィックカード

GPU（画像処理装置）はあなたが必要とするモニター出力が得られるものを選ぼう。GPUの二大メーカー（AMDとエヌビディア）のGPUは2モニターのもので50ドルから、8出力をサポートしているものは600ドルからある。デスクトップと液晶モニターを接続するための映像出力端子ケーブル（HDMIやディスプレイポート）が使えるかどうかも確認し、解像度（1080p、4Kなど）も確認しよう。

記憶装置

記憶装置にはハードディスクドライブ（HDD）よりもソリッドステートドライブ（SSD。フラッシュメモリー）を選ぼう。SSDはHDDよりも高速で信頼性も高い。SSDには可動部分がないため、運輸保安局が保安検査であなたのノートパソコンを落としても壊れることはほとんどない。またSSDは消費電力も少ない。例えば、トレードの最中にコンピューターがフリーズして再起動しなければならない場合、一刻を争う。お金をケチれば再起動までに1分以上長くかかる。1分でオプションはどれだけ動くだろうか。

トレーダーが必要な記憶容量はそれほど多くはない。コンピューターをトレード以外でも使う場合でも、小さなサイズのSSD（おおよそ256ギガバイト）でもすべてのトレードプラットフォーム、インディケーター、ワークスペース、OS、アップデートを保存できるうえ、写真や音楽などの保存スペースもまだ数百GB残っている。もっと多くの記憶容量が欲しい場合、コストはそれほどかからないので、あなたが

727

第3部　実践編

必要と思う以上の記憶容量を確保することをお勧めする。

RAM

RAM（ランダムアクセスメモリー）はできるだけ記憶容量の多いものを選ぼう。私のITキャリアのなかで聞いたことのない言葉は、「メモリーが多すぎる」だ。コンピューターのなかには2つのタイプの記憶装置がある。1つはファイルなどを保存する大きな記憶装置で、もう1つはそのときどきの作業をするための高速の小さな記憶装置だ。あなたのコンピューターをオフィスと考えてみよう。RAMはあなたの作業机だ。作業中の書類やファイルはすぐに必要になるため手の届くところに置いておき、すぐに使える状態にしておかなければならない。そんな書類やファイルを置いておく場所がRAMだ。

記憶装置（HDDやSSD）はオフィスの奥の部屋にある大きなファイルキャビネットだ。ここにはデスクトップよりも大量の書類を保存することができるが、ファイルが必要なときはオフィスを横切って奥の部屋まで行き、ファイルを持って机に戻らなければならない。あなたがコンピューターにタスクを要求するたびに、コンピューターがあなたのためにやってくれている作業がこれだ。実行プログラムが多くなり、使う記憶装置の容量が多くなればコンピューターの速度は遅くなる。

バッテリーバックアップとサージ保護

バッテリーバックアップとサージ保護もトレード用コンピューターには不可欠なものだ。バッテリーバックアップにはできればモデムやルーターを接続したいはずだ。モデムやルーターはデスクトップの近くに置いたほうがよい。平均的なバッテリーバックアップは停電のときは15分から20分間稼働する。それほど長い時間ではないように思えるが、日中ポジションを手仕舞ったり、モバイルデバイスで受信する

第22章　トレードでは正しいテクノロジーが重要

アラートを設定するには十分だ。また、コンピューターをバッテリーで動かしているときにバッテリーがダメになったときには、ディスククラッシュを防ぐために、できるだけ早くコンピューターをシャットダウンしたほうがよい。こうすることでコンピューターの深刻な修理が必要になるような重大な故障を防ぐことができる。1500VA UPS（無停電電源装置）はおおよそ150ドルで買えるが、値段以上の保護を与えてくれる。

コンピューターセキュリティ

「コンピューターセキュリティとは、機器やファイルを不満を持った従業員やスパイや真夜中に不気味な音を立てるものから保護することを言う。さらに、コンピューター、ネットワーク、周辺機器に常に期待どおりの動きをさせ、またディスククラッシュや激しい雷雨によって停電が起こったときにデータを安全に保護するためのものでもある。またデータの破壊を防ぎ、データを盗み見されないようにするためのものでもある」──ブルース・シュナイアー

あなたのテクノロジーの安全を確保するには主として5つの分野での保護が必要だ。ハードウェア、ネットワーク、情報、マルウェアの発見・除去、データバックアップの5つだ。

ハードウェアの保護

コンピュータセキュリティとテクノロジーの保護でまず重要なのがハードウェアの保護だ。これは簡単で、良いパスワードを使ってコンピューターにログイン（詳しくはあとで説明）し、使わないときはログオフする。つまり、ドアに鍵をかけておくということである。正直

言って、あなたのハードウェアを他人の不正アクセスから守る良い方法はない。あなたのマシンに物理的なアクセスを持つ人は、あなたのマシンにアクセスしようと思えば簡単にできてしまう。不正アクセスを困難にする方法はある。ウィンドウズのBitlockerやマックのFile Vaultなどがそうだ。でも、こういったものをインストールすればコンピューターの速度は遅くなり、設定も面倒だ。あなたのコンピューターへの不正アクセスを防ぐのは、夜玄関に鍵をかけておくのと同じだ。玄関に鍵をかけても侵入しようと思えば侵入できてしまうが、もっと簡単なターゲットを狙ったほうがよいと思わせるには十分な効果があり、あなたは安全でいられる。

ネットワークの保護

次に必要なのがネットワークの保護だ。最近行われた調査によれば、ワイヤレスルーターの初期のユーザーネームやパスワードを変えないユーザーは60%以上に及ぶことが分かった。ユーザーネームやパスワードの変更は複雑そうに思える（暗号化キーとかIPアドレスといった聞きなれない言葉がたくさん出てくる）が、そんなことはない。インターネットで検索すればユーザーネームやパスワードを変更するためのガイドはたくさん出てくるはずだし、ほとんどのルーターには変更の仕方をステップバイステップで教えてくれるマニュアルがついている。ネットワークには信頼できるデバイスだけをつなげるようにしよう。

また、ゲストネットワークを使うのもやめよう。また、あらゆるものにパスワードを設定しておこう。面倒な手続きは嫌だという人はあなたのネットワークを守ってくれるサポートサービス会社（例えば、10年ほど前にわが社で働いていた元社員が運営しているギーク・スクワッドなど）があるので、そういった会社を利用してもよいだろう。簡

第22章　トレードでは正しいテクノロジーが重要

単な構成（ワイヤレスルーターといくつかのデバイス）だとおおよそ100ドルで、プリンターやデバイス間でのファイル共有を含む場合はさらに高くなる。

情報の保護

あなたの情報を守るにはまずは強力なパスワードを使うことである。強力なパスワードというと、大文字、小文字、数字、記号を含む10文字からなるパスワードを思い浮かべるはずだ。しかし、この方法では記憶しやすい1つか2つのパスワードをあらゆるサイトで何度も繰り返し使うようになるため、強力なパスワードの作成方法としては必ずしもベストとは言えない。

極めて強力なパスワードを素早く安全にかつ簡単に作成する方法を紹介しよう。それは文を使うことだ。「I really like blueberries」は$DqfQ4|2よりも強力なパスワードだ。大文字、小文字、数字、記号を含む8文字のパスワードは457,163,239,653,376種類の組み合わせができる。これを総当たり方式で破るには高速コンピューターを使って数日かかる。上に示した文によるパスワードは29,098,125,988,731,506,183,153,025,616,435,306,561,536種類の組み合わせができる。しかも、この組み合わせには大文字や句読点は含まれていない。量子コンピューターが近い将来普及しないかぎり、どんなコンピューターもこういったパスワードを総当たり方式で破るのは不可能に近い。

このパスワードの作成だけでも試してみる価値はある。追加的デバイスを使えば、あなただけがあなたの口座にアクセスできるようになる。2要素認証（2FA）はかなり前からあるが、普及したのは最近になってからだ。一般的な2要素認証は、コード付きのテキストメッセージを受け取り、それをログインするときに使って本人確認するというものだ。この方法も悪くはないが、もっと良い方法がある。

731

第3部　実践編

　それはFIDO 2FAデバイスというものだ。大きさはメモリースティックほどで、設定も使用方法も簡単だ。オンラインのどこかでサインインする際、このデバイスをコンピューターに接続し、パスワードを入力したらデバイスのボタンをクリックすればよい。別のハードウェアデバイスを使えば、スマートフォンへの攻撃を防ぐことができる（だれかほかの人があなたのテキストを受け取れば、それが唯一の方法ならその人はあなたの口座にアクセスできる）。今ではほとんどのサービスで2FAを提供している。2FAは設定が簡単にすぐに行えるのが特徴だ。ここで述べたコンピューターセキュリティのなかから1つだけ選ぶとするなら、断然2FAだ。

マルウェアの発見・除去

　今やマルウェアはあらゆる形態・サイズで侵入してくる。これは単なるウイルスやワームとは違う（もちろん、ウイルスやワームは今でも存在する）。マルウェアの攻撃からあなたのシステムを守り、救済してくれるプログラムはたくさんある。良いものも悪いものもあるが、循環的に変動するようだ。大昔に私が好きだったソフトウェアは今では私が嫌っていたソフトウェアよりも評価は下だ。どのソフトウェアを使えばよいかは言えない。なぜなら、ソフトウェアは本書を読む時期によって評価が変わっているものもあるからだ。評価は高くなったり、低くなったりするのだ。

　でも今現在、マルウェアからの最高の保護についてはどこを見ればよいかは教えることができる。最近はどんな疑問でもグーグルを検索するのが一番だ。「Antivirus Reviews 2018」（あるいは年号を変えて）で検索して、PC Magazine、Tech Radar、Tom's Guide、Consumer Reportsなどのレビューを見るとよい。これらのほとんどは良い点と悪い点をリストアップし、編集者のお勧めソフトを紹介している。こ

732

のあたりから始めるのがよいだろう。

データバックアップ

　最後はデータのバックアップだ。データを「クラウド」に複数のバージョンでバックアップしていなければ、バックアップしているとは言えない。1カ月に一度、外付けハードドライブにバックアップすれば十分だと思っているかもしれないが、そうではない。その理由は以下のとおりである。

1．外付けハードドライブにバックアップしても、火事、盗難、水害などあなたのコンピューターに発生する物理的な障害からデータを守ることはできない。
2．十分すぎるということはない。外付けハードドライブにバックアップしても、コピーが1つあるだけだ。最後にバックアップした日によっては必要なものがすべてバックアップされているとは限らない。
3．バックアップし忘れる。

　私たちは、すべてがうまくいっているとき、自己満足に陥ることがある。私は多層アプローチを使ってファイルを守っている。最も重要なファイルはオンラインストレージサービスのドロップボックス（個人使用については無料）に保存している。各ファイルは2つのバージョンで自動的に保存するように設定している（ランサムウェアによって暗号化されたり、間違ってワードドキュメントに上書きしたりしたときのために）。ドロップボックスはすべてのデバイス——マック、ウィンドウズ、リナックス、iOS、アンドロイド——で使うことができる。ファイルシェアも素早く簡単にできる。私はさらに、オンライン

733

第3部　実践編

バックアップも使っている。ローカルドライブにあるすべてのファイルをオンラインで保存している。最初にサインアップしたときの最初のバックアップはちょっと時間がかかる（私のように大量のデータをアップロードするときには1カ月ほどかかることもある）が、いったん保存してしまえば、あとは差分バックアップだけになるので効率的だ。こうしたバックアップはコンピューターを買い替えるときにも便利だ。新しいコンピューターに買え変えるときは、バックアップソフトをインストールして「復元」をクリックするだけでよい。そうすればデータはすべて復元されて保存される。私がこのために使っているソフトウェアはCarboniteというソフトだが、ほかにもいろいろある。グーグルで検索してどんなソフトウェアが今一番ホットなのか調べてみよう。

トレードプラットフォーム

　トレードプラットフォームもあなたのトレードテクノロジーの主要な部分だ。最新の高速プラットフォームを使えばスリッページをなくすことができるし、トレードし損なうこともなくなる。どんなソフトウェアでも最新のバグ修正やセキュリティパッチがリリースされているので、今うまくいっているからと更新しなければ新しい特徴を見逃したり、もっと重要なのは、リスクが高まる。thinkorswim やtastyworksのようなプラットフォームは自動的に更新され、最終更新されたものを使っているときだけログインできる仕組みになっている。トレードステーション、インフィニティ、ニンジャトレーダーなどのほかのプラットフォームは更新するように促してくるが、更新するには「イエス」ボタンを押すだけでよい。更新が保留されていたら、数分時間があるのであればすぐに更新するようにしよう。トレードの最中で、あるいはプラットフォームですぐに何かをする必要があるとき

734

は、終わったら更新するようにプラットフォームにポストイットメモを貼り付けておくとよいだろう。手動更新が必要なほとんどのプラットフォームはプラットフォームのメーンウィンドウの上にヘルプメニューがありオプションリストがあるのでそれを利用するとよい。

今、プラットフォームの更新について話をしているが、常に最新バージョンに更新しなければならないわけではない。トレードステーションの今のバージョンは9.1、9.5、10で、ニンジャトレーダーの今のバージョンは7と8だ。プラットフォームの最新バージョンはバグが多く、あなたのインディケーターや戦略と互換性がないこともある。私は最新バージョンがあることを認識しつつ、1つ前のバージョンを使うようにしている。

トレーディングビュー、シュワブ、フィデリティなどのオンラインプラットフォームを使っている場合、更新は自動的にやってくれる。私はオンラインプラットフォームは大好きだが、カスタマイズできないのが玉にキズだ。最も基本的なテクニカルインディケーターを含むシンプルな戦略を使っているのであればよいのだが、テクニカル分析を本格的にやろうと思ったら、もっと強力なプラットフォームにしたほうがよいだろう。

今ではほとんどのプラットフォームにはモバイルバージョンがあるため、スマートフォンやタブレットからも発注することができる。ただし、スマートフォンやタブレットはオンラインプラットフォームと同様、チャートオプションが限定されている（特に高度なインディケーターの場合はそうだ）。したがって、仕掛けを見つけるのには適しているとは言えないが、ポジションを変更したり手仕舞ったりするのには適している。スマートフォンやタブレットでフルデスクトッププラットフォームの機能が欲しいときは、一時しのぎではあるが策はある。それはTeamViewerというプログラムで、私は毎日使っている。これは個人使用は無料で、スマートフォンやタブレットからデスクトップ

第3部　実践編

コンピューターにログインして、コンピューターの前にいるかのように
にどんなプログラムでも使うことができる。

　どんなプラットフォームを使っていても、いつかは必ずトラブルが
あると思ったほうがよい。ソフトウェアのバグ、コンピューターのク
ラッシュ、インターネットの接続不良、停電、口座問題などのトラブ
ルが発生したときのために、必ずバックアップは取っておくようにし
よう。ポストイットにブローカーのトレードデスクの電話番号を書い
ておき、トレードオフィスのどこかに貼っておくとよい。ブローカー
の電話番号はスマートフォンにも登録するのを忘れないようにしよう。
これには5分もかからない。こうしておくことでテクニカルな問題が
起こってポジションを変更したり手仕舞ったりする必要があるときに
はブローカーにすぐに連絡することができる。

736

第23章

何をやってもうまくいかないときのためのテクニック
Tips and Tricks for When It's Not Working for You, No Matter What You Do

「神がトラを創り給うことを責めてはならない。トラに翼を与えなかったことを感謝せよ」——インドのことわざ

「どんなに困難なときでも機会は必ずあるものだ。しかし、それを逃せば万事休すだ」——Despair.com

腹がへったら泣け——感情を味方に付ける

　トレーダーにとって一番難しいことは感情のコントロールだ。私の周りには、感情をコントロールできなくて四苦八苦しているトレーダーが必ずいる。従うべきセットアップは分かっているのに、感情にのみ込まれ、それに従うことができないためトレードをダメにしてしまうのだ。こんなトレーダーにお勧めなのが、その過程を一歩下がって冷静に分析するという作業だ。そうすることで、感情的な反応をインディケーターとして利用できるようになる。感情インディケーターは、正しく調整しさえすれば、過ちの原因になることはなく、仕掛けと手仕舞いの引き金を引くための立派なツールになる。感情に流されてトレードをやらされてしまうのではなく、感情をうまく利用して、感情があなたにやらせようとしていることと、逆のことを行うのだ。感情を使いこなせるようになることも、アマチュアからプロに脱皮するのに不可欠な要素である。

第3部　実践編

フォーシーズンズホテル・トレード

　トレードをしていて思惑どおりにいくと、つい感情がたかぶって増し玉したくなるものだ。こんなとき私は「ダブルストップオーダー」を置け、という合図が出ていると思うことにしている。例えば、EミニS&P500を10枚買っているとしよう。市場は急上昇中だ。頭の中では、この日の利益でマウイのフォーシーズンズホテルに何日泊まれるだろうと、皮算用が始まる。そんな感情をキャッチしたら、私はすぐに「フォーシーズンズトリガー」を引く。これは、2ポイントのトレーリングストップのところに、今のポジションの2倍である20枚の売り注文を置くのだ。

　するとどうなるか。相場が上昇している間はもちろんポジションを持ち続けるが、反転したらポジションを手仕舞って大きな利益を確保するだけでなく、同時に10枚売ることになる。これは、人間の感情という市場力学をうまく利用したものだ。市場の反転は、感情に負けて天井で買うという愚を犯したトレーダーたちによるものだ。動きに乗り遅れたくないという気持ち、あるいは今の勝ちポジションに酔いしれた結果の愚行だ。そして、市場が反転すると、下落スピードを加速させるのは、それ以上の損失を出すことに耐え切れずにポジションを投げる彼ら自身だ。これは、感情を敵に回すのではなく味方につける方法を示す1つの例だ。

ありがとう、もうひとついただいてもいいですか？

　トレードをしているとき、いつも心に思い描くのは、新米トレーダーならどうするだろうか、ということだ。あるいは、自分が新人だったら、こんなときどうしただろうか、と言い換えてもよい。つまり、「ここで仕掛けたら、どこまで耐えられるだろうか」ということだ。こ

れまでの経験から言えば、S&P500の場合、順行がまったくなく6ポイント逆行したら、新米トレーダーは痛みを感じ始める。彼らが痛みに耐えられなくなるのが6ポイントだ。6ポイント逆行すると、彼らはポジションを損切りし始め、スクリーンにキャベツを投げ始めるので、その時点で私は反対サイドのポジションを建てる。だれかが損切りに引っかかったら、そこが別の人の仕掛けポイントになるのだ。

　よく起こるこの不幸な現実に対抗するためには、必ず損切りを置かなければならない。それがプロというものだ。自分の感情をセンサーとして、ほかのトレーダーの痛みを感じ取り、彼らがいつリングにタオルを投げ入れてくるかを予測するのだ。

むやみに動く前にTICKをチェックせよ

　感情を測るもっとテクニカルな方法は、TICKを見ることだ。これは第9章で書いたのと同じセットアップだが、今回はやり方が少し違う。相場があなたを置きざりにしたら、やみくもに飛びつくのではなく、TICKを見る。TICKは＋1000に近づいているだろうか。大勢のアマチュアトレーダーが成り行きで買い続け、幸運の女神を引き寄せようしているので、おそらくTICKは＋1000に近づいているだろう。TICKは感情を抑えるのに有効なツールだ。あなたを置き去りにして市場が動いているのを見ると、体中にアドレナリンが駆け巡る。こんなときはTICKを見よ。TICKを見れば興奮はすぐに収まる。

船長、潜水艦がどんどん沈んでいきます！

　私はトレーディングパートナーとインターネット上にトレードルームを開設している。私たちのトレードルームには世界中の人々がログインしてくる。このトレードルームの楽しみの1つは、市場の動きに

対する新米トレーダーの反応を見ることだ。私たちのトレードルームを訪れた人は、ルームで聞く「ノイズ」をトレードに利用することができる。最もよくあるケースは、市場がどんどん下落しているとき、ルームに無料試用で参加した1人が、これから売るつもりだと投稿してくることで発生する「潜水艦がどんどん沈んでいく！」ノイズだ。このノイズを聞くと、私はすぐに売りを手仕舞って買う。ルームの経験豊富なトレーダーたちももちろんこのことは知っている。こうして私たちはそろって仕掛けるというわけだ。すると、市場は大概の場合は瞬く間に反転する。そして、新米トレーダーたちが損切りに引っかかったと言うのを聞くと、私たちは買いを手仕舞う。これこそが究極の感情ベースのトレードだ。当然ながら、新米トレーダーたちにはあとでこのことを伝える。そして、新たな無料試用参加者の登場を待つ。

　安値で売り、高値で買う傾向があると思う人は、新米トレーダーのことを思い出してもらいたい。興奮した彼らが、今まさに「どんどん沈んでいく」ボタンを押しつつあるということを。こういったトレーダーの仲間にはなりたくないはずだ。

やった！　ハイファイブだぜ、ベイビー

　仲間のトレーダーが、もちろん私も含めて、その日の最初のトレードがうまくいって大きな利益を出したあと背中をたたきあうと、私はすぐに警戒モードに入ってポジションを手仕舞う。背中をたたきあうのは、感情が高ぶっている証拠だ。しかし、高ぶった感情は長続きするものではない。私はこれを「ハイファイブの売りシグナル」と呼んでいる。

　トレードがすこぶるうまくいったために、浮かれて大騒ぎしたり、何かをドンドンとたたいたりするときは、プロのトレーダーに戻れという警鐘とみなすべきだ。

第23章　何をやってもうまくいかないときのためのテクニック

自分の性格を見極めよ ── あなたは自分を抑えられる性格か

　本書で説いてきた重要なテーマの１つは、自分の性格に合った市場とセットアップを見つけることの重要性だ。すべての人は、全人類に共通する３つの性格型に分類される。トレーダーの行うトレードを見れば、そのトレーダーが３つの性格型のうち、どの性格型の人物であるかが分かる。トレーダーのなかには、もともとトレードに向く性格をした人もいるが、何をやってもトレードでは勝ち目のない性格の人もいる。しかし、ガッカリするのはまだ早い。こういった性格の人が勝てないのは、巨額の損失を出したり、常にフラストレーションを抱えていることが、自分の性格によるものであることに気づかないからだ。これに気づけば、トレードを好転させることはできる。

　次の20の質問は、自分がどんな性格かを知るのに役立つ。どの質問にも正しい答えは存在せず、質問のなかには正しい答えが２つあるものもある。自分に最も合っていると思える答えを１つだけ選んでもらいたい。あまり考えすぎないように、素早く答えることが肝心だ。答えるスピードが速いほど、正しいテスト結果が得られるし、自分のトレードの改善に役立つ情報も得られる。これは、私のオフィスにやってくるトレーダーたちに受けさせる性格テストの１つだ。このテストは、彼らの人物像を知り、それぞれに合った市場やセットアップを決めるのに役立っている。それではテストを始めよう。

1．これまでで最高の休暇を思い出してみよう。最も最初に頭に浮かぶのはその休暇のどの部分か。

　A．見た風景や場所

　B．聞いたいろいろな音

　C．休暇中に味わった気分

741

第3部　実践編

2．あなたが興味を持った人のことを思い出してみよう。その人のど
　　んなところに魅力を感じたか。

　　A．外見

　　B．その人が話したこと

　　C．一緒にいるときの感じ

3．ドライブでは何を頼りに運転するか。

　　A．道路標識や地図

　　B．正しい方向に導いてくれる音声ナビ

　　C．直感で現在地を知る

4．気に入っているスポーツのどこが好きか。

　　A．カッコよく見えるし、プレーしている自分の姿も好き

　　B．バットがボールをたたく音やファンの声援などの音

　　C．テニスラケットを握ったときの感触やコートを走り回ったりす
　　　　るときの爽快感などの感覚

5．意思決定が簡単だと思うのはどんなとき？

　　A．すべての選択肢を想像できるとき

　　B．脳の両側からの議論を聞くことができるとき

　　C．選んだ決定がうまくいったときに自分がどう感じるかが分かる
　　　　とき

6．次のなかから好きなものを選ぶとすると？

　　A．写真、絵画、読書、スケッチ、映画

　　B．音楽、楽器、海の音、風鈴、コンサート

　　C．球技、木工細工、マッサージ、自分の考えや感情や振る舞いに
　　　　ついて深く考えること、接触

742

第23章　何をやってもうまくいかないときのためのテクニック

7．服を買いに行ったとき、欲しい服が見つかったあとでやることは？

A．さらによくチェックしたり、それを着たときの自分を想像したりする

B．販売員の話をよく聞くと同時に、それを買うかどうか自分とよく相談する、あるいはこのいずれか

C．その服の雰囲気と感触、あるいはこのいずれかから、それが本当に着たい服かどうか再度確認する

8．前の恋人を思い出すとき、最初に頭に浮かぶのは？

A．姿

B．声

C．漠然とした感じ

9．ジムにいるとき、あるいはワークアウトしているときの満足感はどこから来るか。

A．鏡に映る自分の体形が良くなったこと

B．周りの人から体形をほめられること

C．体力がつき、調子が良くなったと感じること

10．数学の答えが正しいかどうかのチェック方法は？

A．解答を見て、数字を照らし合わせる

B．頭の中で数字を唱える

C．手と指を使って、自分が正しいかどうかを感じ取る

11．単語を書くとき、スペルが正しいかどうかはどうやってチェックする？

A．その単語を心に思い浮かべて、正しいかどうかをチェックする

B．声を出して発音するか、頭の中で発音してみる

743

第3部　実践編

C．直感で判断する

12. 人を愛したとき、すぐに経験することは？

A．愛という目を通して2人でいるときを想像する

B．「愛している」と互いに言い合う

C．相手に対する温かい思いやりの気持ち

13. 嫌な人に対して嫌悪感を感じるときは？

A．その人が自分のほうに近づいてきたとき

B．その人が自分に話しかけてきたとき

C．その人が近くにいることが分かったとき

14. ビーチで幸せを感じるのはどんな瞬間？

A．金色に輝く砂、美しい太陽、穏やかな海を見たとき

B．波のざわめき、ヒューヒューとうなる風の音、遠くのささやき
声を聞いたとき

C．砂に触れたり、潮風が唇をなでたり、静寂を感じたとき

15. 仕事がうまくいっていると思えるのはどんなとき？

A．管理職になったとき

B．社長に「君はわが社のホープの1人だ」と言われたとき

C．昇進に満足感を感じたとき

16. 夜ぐっすり睡眠をとるために重要なことは？

A．部屋の中が暗く、外からの光もほとんど入らないこと

B．部屋が静かで、気になるような音がしないこと

C．ベッドが柔らかくて心地良いこと

744

第23章　何をやってもうまくいかないときのためのテクニック

17. 不安を感じるときの最大の要因は？

A．世界がそれまでとは少し違って見える

B．いろいろな音や雑音にイライラし始める

C．安らぎと平穏を感じられなくなる

18. 集中力があってやる気満々なとき、どうなる？

A．まったく新しい前向きな姿勢で物事を見る

B．この新しい状態によって新たなドアが開かれるぞと自分に語り
かける

C．心身ともに興奮していることを感じる

19. だれかに「愛している」と言われたとき、あなたが最初に取るリ
アクションは？

A．2人が一緒にいる場面や相手に愛されている場面を想像する

B．「何と素晴らしいことだろう」と言う心の声を聞く

C．大きな満足感と充足感を感じる

20. 自分にとって「死」とは？

A．もう何も見えなくなる、あるいは物事を新たな視点で見ること
ができなくなる

B．もう何も聞こえない、あるいは物事を新たな方法で聞くことが
できなくなる

C．もう何も感じない、あるいは物事を新たな方法で感じることが
できなくなる

テストを終えたら、A、B、Cを選んだ回数を数える（A＝6回、B
＝4回、C＝10回といった具合）。選んだ回数が最も多かったアルファ
ベットがあなたの性格だ。人間は性格というこのフィルターを通して

745

第3部　実践編

世界に反応し、世界を理解する。あなたの答えがこれから読む内容に左右されないように、テスト結果が出たあとで次に進もう。あなたの性格をトレードで有効に活用するためにも、質問には正直に答えよう。

性格とトレード──あなたの知らない自分の性格がトレードの障害になる

全人口のおおよそ60％の人は「Ａ」の性格型に属する。つまり、人々の大半は世界を視覚的に見ているということだ。はっきりした理由は分からないが、専門家によれば、人間の最も強い感覚が視覚であり、生まれたときから視覚に頼って生きていくことを教えられたからではないかということだ。また、今日の世界では、情報は主としてテレビ、映画、コンピューター画面、印刷物を通して入ってくる。つまり、視覚に対する依存度が高いということだ。

視覚型の人は日光を好み、非常に活発だ。視覚表現を必要とする職業の人には、このタイプの人が多い。特に、娯楽産業にはこのタイプの人が多い。一般に、このタイプの人は「人を動かす能力」があり、動きが機敏だ。自分がだれなのかを表現する自然な手段として視覚を用いるこのタイプの人が興味を持つのが、娯楽産業とその関連分野だ。このタイプの人は絵画、写真、デザイン関連の職業に就くことが多い。射撃手、消防士、パイロットなどにも向いている

トレードに対する適応能力が最も高いのがこのタイプだ。投資判断をするのに、目の前のコンピューター画面上で起こっている目に見えることを重視するからだ。正しい判断をするかどうかは別として、とにかくトレードの世界に自然に馴染んでいく能力は最も高い。市場の仕組みを知らなければ、みんなと同じように同じ過ちを繰り返し犯すだろうが、ある程度経験を積んでくると、チャート上にセットアップが現れるまでじっくり待ってから、仕掛けることができるようになる。

746

第23章　何をやってもうまくいかないときのためのテクニック

ただし、手仕舞いをうまくやれるようになるには豊富な経験が必要だ。このタイプのトレーダーの最大の弱点は、損益から片時も目を離さずその動きに一喜一憂するという点だ。セットアップに集中するには、画面の損益の部分にテープで名刺を貼り付けて隠しておくのがよいだろう。また彼らには、価格チャートだけを重視し、ほかのものを一切無視する傾向があり、これがトレードをするうえでの障害になる。チャート上の極端な値動きに左右されないようにするためには、市場が高いTICKを付けたら警告音を出したり、背景音としてピットノイズを流すといった工夫が必要だ。

　次は「B」の性格だ。性格テストでBが一番多かった人だ。彼らは、聴覚が最も優れた人々だ。私の会計士がこのタイプだ。彼にとってはオフィス内のあらゆる音が気になるようだ。聴覚的性格の人は物が発する音で世界とつながっている。視覚的な人々が目で見えるものに対して敏感な以上に、聴覚的な人々は音に対して敏感だ。人がまったく気にならないような音も気になり、いったん音が気になり始めると、会話をしていても上の空だ。といっても、彼らの言語コミュニケーション能力が劣っているというわけではない。むしろ優れているほうだ。ただ、どんな音でも聞こえるため、それに気を取られて、時として集中力がなくなるのだ。彼らは大きな声で独り言を言うのも好きだし、他人と話すのも好きだ。考えを会話にするという生来の性格のため、専門家によれば、孤独を愛する人にはこのタイプの人が多いという。音に対して非常に敏感なので、人と比べると耳障りな音には耐えられない。消防車や救急車の音は特にダメだ。通りで救急車のサイレンの音に耳をふさいでいる人がいたら、このタイプの人だと思って間違いない。また、彼らの聴解能力は信じがたいほど高い。だから、頭の中にデータを吸収し、処理する速度は極めて速い。データをいちいち絵に置き換える必要がないからだ。こういった優れた能力を持つ聴覚型の人は、そのずば抜けた聴解能力とコミュニケーション能力を活用でき

第3部　実践編

る分野に興味を持つ傾向が高い。

　このタイプの人にはトレードで有利に働く特徴が1つある。何日も
続けて独りでコンピューターの前に座っていても苦にならないという
点だ。これはトレードでは極めて重要だ。辛抱強く待ち、孤独を感じ
ない性格はトレードには不可欠だ。一方、トレードにおける彼らの欠
点は、チャートが使えないという点だ。チャートに対する注意力が足
りないため、セットアップを見逃すことも多い。視覚型の人にとって
赤や緑のライトの点滅は魅惑的に映るため、何時間チャートを見てい
ても飽きないが、聴覚型の人にはほかの情報も必要だ。警告音やピッ
トノイズは聴覚型の人にとってはなくてはならないツールと言えるだ
ろう。私の知っている聴覚型の人のなかには、価格チャートを一切見
ずに、警告音だけでトレードを仕掛ける人もいるくらいだ。

　テスト結果で「C」が一番多かった人は、自分がどう感じるかを通
して世界とかかわる人々だ。このタイプの人は、自分が自己の感覚と
常に交信していることを理解してもらいたいと思うと同時に、そうい
った自分を尊敬してもらいたいとも思っている。ある人のことを好き
かどうかは、その人が自分の近くにいるときに自分がどう感じるかで
判断し、映画は見たときの感じ方で好きかどうかを判断する。彼らが
笑うのは、本当に面白さを感じるときだけだ。だから、話の相手は、彼
らがその面白さを理解し、本当に面白いと感じていることが分かる。こ
のタイプの人は、視覚的な映像や音響情報を自分や自分を取り巻くも
のに関連する感覚に置き換えることができる。また、人との会話も好
きだが、視覚型や聴覚型の人とは理由が異なる。彼らは会話を、言葉、
音、映像を感覚に置き換えるのに利用するのだ。視覚型や聴覚型の人
がそれぞれ絵や音と忙しくコミュニケーションを図っているのに対し、
感覚型の人は感覚がぎっしりつまった莫大な貯蔵庫を検索し、人が言
ったことに感覚的な意味を付与するというわけだ。

　Cタイプの人は鋭い感覚を持つため、内向的な人と思われがちだが、

748

実際はその逆だ。また触覚にも優れているため、アスリートに向いている。手を使う仕事もCタイプの人向きだ。一般に、彼らに向く仕事には、手を使ったり感覚を必要とするものが多い。心理学者、大工、陶工、外科医、俳優、機械工など手や感覚を使う職業に向く。

　トレーダーに最も不向きなのがこのCタイプだ。自分の性格がトレードになぜ向かないかが分かるまで、トレードで成功することはないだろう。彼らは、良いか悪いかを感じ取るまでいつまでも待つ。あるいは、自分のやっていることや、これからやろうとしていることが良いか悪いかを感じ取るまで動かない。彼らが仕掛けるのは、そうすることが良いと自分で感じたときであり、手仕舞うのはそうすることが良いと自分で感じたときだ。だから、いつも動きが終わりそうなときに仕掛け、反転しそうなときに手仕舞うことになる。Cタイプの人にとっては、市場がピボット水準まで下落したときに買うのは悪いと感じるのだ。うまくいきそうだと「感じる」ことができるように、上昇を待つのが彼らのやり方だ。当然ながら、仕掛け時ではなくて手仕舞い時に仕掛けることになる。この問題を解決するのは難しいかもしれないが、方法そのものは簡単だ。感覚と反対のことをやればよいのだ。例えば、興奮して買いが良いと感じたら売り、売りがよいと感じたら買う。Cタイプだからと言って絶望することはない。Cタイプのトレーダーはこの弱点を克服すれば、ほかのタイプのトレーダーより格段に有利なのだから。ただし、この事実に気づくまではトレードでは苦戦を強いられるだろう。

　これまで3つの性格について話をしてきたが、百パーセント、1つの性格だけに当てはまる人はいない。私自身は基本的には視覚型だが、「感覚」的要素も視覚に負けず劣らずあるし、聴覚的要素も全体的な性格特性図にほんのわずか含まれている。したがって、最も支配的な視覚的特性を最も有効に活用するためにチャートを作成し、アマチュアトレーダーが何をしているかを知り「自分の感覚を逆張り指標にする」

749

第3部　実践編

ために感覚に耳を澄ませ、目だけで投資判断をすることがないように
警告音が出るように設定する。自分の性格をよく知ることで、私のト
レーダーとしての腕は格段に向上した。

トレードはそれほど簡単なものではない——モチベーションを高めるためにやるべきこと

　トレードはだれにでも向く職業ではない。これは酷なようだが現実
だ。しかし問題は、実際にやってみなければ向くかどうかが分からな
い点だ。トレードで生計を立てられるようになるには、根性と度胸と
何年もの年月を要する。最初は小さくやれ、というのが私からのアド
バイスだ。最初の資金は授業料にすぎない。つまり、トレードを始め
ると最初は資金のすべてを失うだろうが、それはこの世界に入るため
の授業料と考えよ、ということである。セットアップが一貫してうま
くいくようになるまでは、小さくトレードすることだ。そして、数年
たってもうまくいかず潰瘍ができたら、あるいはゴルフをしていたほ
うが楽しいと思ったら、別の仕事を考えたほうがよい。

　最初に言っておくが、本を読んでトレードを学ぶことは、本を読ん
でゴルフを学ぶのと同じだ。トレードもゴルフも複雑な実践スキルが
必要だ。本を読むことは理解するには役立つだろうが、実践には役に
立たない。この例はほかにもある。

●母国語を学んだり、第二言語を学ぶ
●車の運転
●スポーツ（野球、フットボール、ホッケーなど）
●雪上スキーや水上スキー
●楽器
●数学

750

●倫理観

●コンピュータープログラミング

●ポーカーやブリッジ

●パイロットのライセンスを取る

●トレードや投資

●ピアノの調律や車のエンジンの修理

●医者や弁護士

　複雑な実践スキルを必要とするものは99％の人はまったく同じ方法で学ぶことができる。それは、少なくとも１人、別の人が彼らの横について長期にわたって手取り足取り教えることだ。

　トレードの場合これはあまり役に立たない。１人で練習するほうが効果的だ。そもそも、トレードができる人で、長期にわたってその人のそばにいさせてくれるような人を見つけるのは容易ではない。だれかを常にあなたのそばに付いてくれるようにさせるのは、なぜストックホルム症候群が発生するのかを説明するものでもある。誘拐犯と長い時間をともにすることで人質は誘拐犯の気持ちを理解するようになるため彼らの考え方は変わり、最終的には誘拐犯のルールや感情や行動などを模倣するようになる。人間はこのようにして学習し、行動するようになるのだ。人間は彼らの周りの人々を観察し、人々が何をしているのか、なぜそれをしているのか、どのようにしているのかを発見し、やがてはそれを学び模倣するようになる。誘拐犯と触れ合いのない人は、彼らがなぜ人質を取るのかを新聞などで読んで理解するかもしれないが、それは人質たちの心のなかで生じる変化に比べると弱い。

　私の場合、うまくいくようになるまでには時間がかかったし、別のトレーダーと肩を並べてトレードしなければならない時期があった。別のトレーダーと肩を並べてトレードしていると、彼らがどういった理

751

第3部　実践編

由で何をしているのかといった話が聞こえてきたが、それは私が学んだことのわずか40％程度にすぎなかった。残りは彼らが話していないこと、あるいはやっていないことにかかわることだった。動きを見逃しても動揺しない、電話が鳴っても取らないなどなど、彼らには私が指摘するまで気づきさえしない無意識にやっている習慣がたくさんあった。トレードに本当に役立ったのはこういった彼らが無意識にやっている習慣だった。つまり、プロのトレーダーを観察し、それを自分のものにするということだ。そのためには、１週間ベテラントレーダーの横に座って彼らをじっくり観察するのがよいだろう。私のトレード人生がガラリと変わったのはこれをやってからだ。最適なトレーダーが見つからない人は、私たちのオフィスで年に数回開催されるライブイベントや、オンラインセミナーに参加するとよいだろう。ライブイベントでは、参加者は私たちのチームやほかのトレーダーと一緒に過ごすことができるので、数日間実践にどっぷり浸ることができる。

　また私は自分がやっているトレードのスクリーンショットを撮るのが大好きだ。仕掛けるときに一度、手仕舞うときに一度撮る。私が使うのは、スナグイット（Snagit）のようなキャプチャーソフトやほとんどのコンピューターに備わっている無料のキャプチャーソフトだ。私は、見たセットアップや私が考えていること、そしてもちろん何が起こったかを短い文章に書いておくことにしている。つまり、トレードの意思決定に視覚を取り入れるわけである。こうして自分を牽制すると同時に前進させるのだ。また、うまくいくパターンを脳に刷り込むこともできるため、そのパターンが次に現れたときに素早く認識することができる。これはぜひともやってもらいたいことだ。こうすることで、トレードが展開するさまを「ライブ」で見直すことができる。これはクオーターバックが試合を撮影したビデオを見て、彼や仲間のプレーヤーたちがやったことを理解し、敵のチームが彼らのチームの動きをどう妨いでいたかをもっとよく理解しようとするのに似ている。こ

752

れはトレーダーにとって、過去を振り返り、自分の過ちを客観的に見つめ、改善する方法を見つけるのに重要な情報だ。忍耐強くなれ？　市場を追いかけるな？　これは次のレベルに行くための最高な方法だ。

「どんな練習でもよいわけではない。完璧な練習によって初めて完璧になるのだ」──ヴィンス・ロンバルディ

「自分が祖国のために死ぬことで勝てた戦争などない。勝てたのはほかの哀れでクソ真面目な同胞の犠牲のおかげなのだ」──ジョージ・S・パットン将軍

「1つだけ確かなことがある。お金儲けをするのに幸運を祈ることほど空しいことはない。もし幸運の女神がいたとすると、彼女は非常にへそ曲がりで、自分を必要としない人の元を訪れ、彼女の聖堂で礼拝する人は無視する。一番良いのは彼女を無視することだ。冷たく接して、彼女の気を引くのだ」──フェリックス・デニス（大富豪のメディア王）

第**24**章

トレードの達人になるためには

Mastering the Trade

アマチュアは甘い夢を見、プロは盗む

　アマチュアがプロに金を盗み取られるのは、実はアマチュア自身の甘さに原因がある。目を閉じて甘い夢を見るアマチュアは、無意識のうちにプロに自分の口座が食い潰されるのを許しているのだ。

　私のトレード経験を集約すると次のようになる――「プロであるということは、常にプロのトレーダーの心のあり方でトレードすることを意味する。トレードにおける行動や判断を支配するこの心の枠組みを身につけるまでは、コンスタントにお金を儲けることはできない」。成功しているトレーダーは、私の知っているかぎり1人の例外もなく、コンスタントに利益を上げられるようになるまでに少なくとも一度は破産を経験している。これらを踏まえたうえで、プロのトレーダーの心のあり方を維持するための40の「トレードアドバイス」リストを作成した。これらのアドバイスは、保守的になったり躊躇することを勧めるものではけっしてない。むしろ勇気を出すことを奨励するものだ。利益を追求するためには、リスクをとり、与えられた機会を逃さないことが重要だ。これらのアドバイスは、そのためのヒントを与えてくれるはずだ。利益を出すだけではなく、自分の資金を守るためにも、果敢に挑むという気持ちが大切だ。その気持ちがあれば、固まったり途

755

第3部　実践編

方に暮れることはなくなるはずだ。

　このリストは実は、私自身のために作成したものだ。リストのなか
の「あなた」という言葉は「私」を意味している。自分の性格やトレ
ードスタイルに合うように項目を付け加えたり、書き換えてもらって
も一向に構わない。

　私は家でシム（Shim）という名前のリャマを飼っている（Shimと
いう名前を付けたのは、家に来たときは毛むくじゃらでメスだかオス
だか分からなかったから。のちにシムはメスだと分かった）。私のオフ
ィスには市場というものを思い出すためにシムと一緒に写った写真を
飾っている。シムは従順で良い子だが、目をあまりにも見つめすぎた
り、突然動いたりすると、あなたの顔めがけて汚いツバを吐き出す。ツ
バは私の顔に命中する。市場では油断は禁物だ。さもなくばシム（市
場は男と女のどちらなのだろうか）に打ちのめされることになる。

プロの心のあり方を維持するための40のアドバイス

1．トレードは単純だが、簡単ではない。この世界で生き残りたいの
　　なら、甘い夢は捨て、セットアップに集中し、必ず損切りを置け。

2．デイトレードではTICKに注目せよ。TICKが仕掛けた方向とは逆
　　方向の800を示したら、あなたが間違っていたことを示すサインだ。
　　こういう場合は、損切りに引っかかる前にただちに手仕舞え。

3．トレードは工場労働と同じくらい退屈。トレードでただ1つ確か
　　なことは、スリルを求める人や衝動的トレーダーの口座にはパー
　　キングメーターのように小銭しか残らないということだ。

4．「次の偉大なテクニカル指標」探しをやめて、リスク管理を始めた

756

とき、アマチュアトレーダーからプロに脱皮する。

5. あなたがトレードしている相手は株や先物ではなく、ほかのトレーダーたちだ。あなたのトレードの逆サイドにいるのはだれか。追っかけをやっているアマチュアか、それとも仕掛けるタイミングを1日中辛抱強く待っていたプロか。トレードではトレードの両サイドの心理と感情を知ることが重要だ。

6. 自分の感情をよく知れ。理性のない行いは破滅への道だ。自分の株が思惑どおりに動くように願いながら、コンピューターに向かって怒鳴っている自分に気づいたら、「これは理性的な行いか」と自問自答してみることだ。冷静に仕掛け、冷静に手仕舞え。損切りを置け。怒鳴るな。悲鳴を上げているトレーダーがいたら、それがあなたの逆サイドにいるトレーダーだ。

7. 気持ちが高ぶってきたら、要注意！ 興奮は判断力を鈍らせ、リスクを高める。興奮がピークに達したら、市場の動きがそろそろ止まるときだ。損切りを近くに移動させて、反転に備えよ。

8. トレードのしすぎに注意せよ。良いトレードを辛抱強く待て。良いトレードは3個から5個もあれば十分だ。

9. 大儲けを狙ってトレードを始めれば、必ず絶望する。口座が破産したら、ほとんどの場合はそういった考え方が原因だ。

10. お金のことは考えるな。トレードを正しく実行することに集中せよ。理性を持って仕掛け、理性を持って手仕舞えば、お金はあとからついてくる。

第3部　実践編

11. お金に執着すれば、金銭的なニーズを満たすために自分の意思を
市場に押しつけることになる。その場合の結果はただ1つ。リス
クから身を守りながら勝ちトレードの利を伸ばすことに集中する
トレーダーに、有り金のすべてを取られてしまう。

12. リスクを最小化する最良の方法は、トレードしないことである。特
に、11時30分から14時30分の市場があまり動かない時間帯はトレ
ードするな。また、トレードしようとしている株や市場の動きが
おかしいときは、トレードは控えよ。おとなしく観察して、そこ
から何かを学べ。こうすることで、あなたは積極的にリスクを減
らし、あなたのお金を守っていることになる。負けるトレーダー
に共通する問題点は、常にトレードしていなければならないと思
うことだ。

13. 週に5日間トレードする必要はない。トレードするのは週4日で
よい。こうすることでトレードしているときの集中力はより高ま
る。

14. 自分のお金を守ることを重視せよ。つまり、損切りを動かさず、時
には市場から遠ざかることも必要。

15. リラックスせよ。仕掛けたら、損切りを置け。損切りに引っかか
っても気にするな。それは、きちんと損切りを置き、自分のお金
を積極的に守ろうとした証拠だ。プロは小さな損を進んで取る。ア
マチュアは期待し、時には祈るような気持ちで、トレードを何が
何でも維持しようとする。生きていくうえでは、期待は強力でポ
ジティブなものだが、トレードでは、期待は皮膚に酸を塗るよう
なもの。皮膚に酸を塗ったままにしておけば、事態は悪化する。

758

第24章　トレードの達人になるためには

16. デイトレードではオーバーナイトはするな。オーバーナイトしてもよいのは、事前にオーバーナイトすると決めておいたトレードだけ。

17. 勝ちトレードはできるだけ利を伸ばせ。目標値やトレーリングストップに引っかかるまで持ち続けよ。衝動的な手仕舞いは避けよ。手仕舞いは、明確に決めておいたパラメーターに従って、はっきりとした理由を持って行うこと。

18. トレードサイズは大きくしすぎるな。トレードサイズが大きくなるほど、逆方向に動いたときの「期待」は大きくなる。トレードでは期待は皮膚に酸を塗るようなものであることを忘れるな。

19. 損切りを受け入れることを躊躇するな。仕掛け直しても、たかだか1回分の手数料が余計にかかるだけだ。

20. プロのトレーダーは損を取ることを恐れない。間違っているのに損切りしないでそのまま続ければ、自分自身も自分の能力も信じられなくなる。自分は損切りを守る人間だと自分で信じられないような人を、一体だれが信じてくれるというのか。

21. 損切りしたら、そのトレードのことは忘れて先に進め。小さな損を取ることは、頭をすっきりさせる絶好のチャンスでもある。

22. 1つのポジションのリスクは、口座資産の2％以内に抑えること。ストップの幅は遠いほうがうまくいく確率は高い。例えば、Eミニ20枚を1ポイントの損切り幅でトレードするより、10枚を2ポイントの損切り幅でトレードするか、5枚を4ポイントの損切り

759

第3部　実践編

幅でトレードするほうがよい。いずれも損失額は同じだが、うまくいく確率は異なる。自分のセットアップに最適のパラメーターを見つけ、それに従ってパラメーターを調整せよ。

23. 「掘り下げていく」ことで、市場の方向性に対する感触をつかめ。例えば、市場の短期的な方向性をつかむには、月足チャートから始めて、次は週足、日足、60分足、15分足、5分足という具合にチャートを見ていく。長い時間枠から短い時間枠へと掘り下げていくことが重要。

24. 明確なシグナルが出ているにもかかわらず仕掛けることを躊躇するということは、自分を信用しきれず、内心そのトレードが失敗すると思っている証拠。明確なシグナルが出たらためらわずに仕掛け、パラメーターを設定せよ。損は毎日出るのが普通。だから、損失はなるべく小さく抑えるように努めよ。重要なのは、自分が正しいかどうかではなく、毎回プランどおりに同じ方法でセットアップを実行することである。自分の設定したパラメーターに忠実であるほど、トレーダーとしての自信がつく。

25. ナンピンは、沈みゆく船にさらに水を注ぎ入れようとするようなもの。これほど愚かなことはない。愚かな行為に走るのはやめよ。

26. トレードでは予定枚数や予定株数を一気に仕掛けること。ポジションを半分だけ建てた場合、増し玉して予定枚数や予定株数にするのは、相場が思惑どおりの方向に動いているときだけ。

27. 分割して手仕舞って、利益を確保せよ。ポジションの最初の半分に対しては控えめな目標値を機械的に設定し、残りの半分に対し

760

ては少し冒険してもよい。

28. アドレナリンの噴出を感じたら、それはエゴと感情が正しい判断を曇らせるレベルに達したことを示すサイン。今、マルの状態なら、こういった心理状態のときに新たに仕掛けるのはやめよ。ポジションが建っている状態なら、設定したパラメーターに任せ、その場から立ち去れ。損切りを通り過ぎて負けトレードになっているのなら、すぐに手仕舞い、市場から離れよ。

29. 株はブレイクアウトする前に買い、ブレイクアウトしたらモメンタムトレーダーに売れ。ブレイクアウトで買えば、トレンドの強さを試そうとするプロのトレーダーにポジションを押しつけられるだけだ。彼らはブレイクアウトポイントの下で買い直してくる。この水準はブレイクアウトで買ったあなたが損切りを置く場所だ。この事実を逆に利用して、ブレイクアウトで買うアマチュアトレーダーから金を奪い取れ。

30. 自分の意見をトレードに持ち込めば、破産する。「市場が弱い手をふるい落としているだけさ」とか、「マーケットメーカーが買値を押し下げているだけさ」と言って、市場の下落を理屈づけたり正当化している自分に気づいたら、自分の意見を持ち込んでいることになる。負けトレードは潔くあきらめよ。チャンスはいくらでもある。

31. トレード口座を破産させるまで規律は身につかない。残念だがこれが現実だ。口座が破産するまで、破産が自分にも起こるものであることを認めることができないのだ。負けトレードにしがみつき、それを正当化することでさらに悪化させるのは、まさにこう

761

第3部　実践編

いった考え方に原因がある。「エクソダス・コミュニケーションズの株を買ったのは良い投資だ」といったようなことを言っている自分に気づいたら、仕事を替えることを考えたほうがよいかもしれない。

32. トレードで得た利益は毎月トレード口座から引き出して、マネーマーケット口座に入れよ。これは、自分の考え方を意識し、トレードはスリルを求めるためのものではなく、ビジネスであることを再認識するのに役立つ。スリルを味わいたいのなら、ディズニーランドに行け。

33. プロのトレーダーは1トレード当たりのリスクを小さく設定するが、アマチュアは1トレード当たりにとるリスクが大きすぎる。とるリスクが大きいと感情に支配され、口座を破産させることになる。

34. プロのトレーダーが重視するのは、リスクを限定し、資産を守ること。アマチュアは1回のトレードでどれだけ儲けられるかだけを考える。アマチュアがプロのトレーダーにお金を奪われるのはこのためだ。

35. 金融市場では英雄はつぶされる。例えば、ナンピンはスーパーマンが死を覚悟でスプーン1杯のクリプトナイトを飲んで人間であることを証明しようとするのに似た「英雄的行為」だ。株式市場ではやみくもな勇気は必要ない。天井や底を当てたからといって、だれも褒めてはくれない。セットアップが現れるのを待て。株式市場は腕が物言う世界だ。英雄になろうとするな。

762

第24章　トレードの達人になるためには

36. トレーダーは皆、自分の口座だけは破産しないと思っている。自分のトレードルールに従わなければ、自分も例外ではないことを認識せよ。

37. 市場は悪癖を助長させるところだ。例えば、20％もの損失を出していた負けトレードをブレイクイーブンに持っていけた経験を持つ人は、要注意だ。これであなたの悪癖は助長されたことになる。なぜなら、次に株価が20％逆行したとき、辛抱強くできるだけ長く持ち続ければブレイクイーブンになることを教えられたあなたは、そのトレードをずっと持ち続けるだろうからだ。

38. 悪いトレードをしても自分を責めることはせず、責任をほかに転嫁し続ける人は、いつまでたってもこの世界で成功することはできず、アマチュアトレーダーのままだ。成功する見込みのないアマチュアトレーダーの言い訳としては次のようなものが挙げられる。
●アナリストが悪いんだ
●マーケットメーカーが損切り注文の狙い撃ちをしていたんだ
●ちょうど電話に出ているときだったんだ
●隣人が余計なことを言ったからだ
●掲示板で虚偽情報が流されて株価が変動したんだ
●スペシャリストが市場を操作しているんだ

　一方、プロの言葉は以下のとおりだ。
●口座サイズに対して大きすぎるポジションを建てた自分の責任だ
●設定したリスクパラメーターに従わなかった自分の責任だ
●感情にトレードを支配させてしまった自分の責任だ

763

第3部　実践編

●規律を守らなかった自分の責任だ
●決算発表まで持ち続けるのは危険だと分かっていながら、仕掛けるときにそれを十分に理解しなかった自分の責任だ

　両者の違いは説明責任があるかどうかであることは明らかだ。アマチュアにとっては、市場に関連することはすべて「自分のコントロールの及ばない」ものなのである。理性的な人はこんなふうには考えない。おそらくは、自分が思い描いてきた完璧な自分や理想的な自分とは違う「本当の自分」に初めて遭遇した結果、こういう考えに帰着したのだろう。つまり、「五里霧中の状態」にあるわけだ。プライベートな世界では、自分は特別な存在で、何をしても正しい。人生を生きるうえではそれでもよい。だがトレードでは、あなたの口座に起こったことについては反論のしようがない事実であるため、このマスクははがされる。つまり「現実に直面する」わけである。トレードを始めると、多くの人はいきなり人生で初めて現実を突きつけられる。世界をありのまま見ることができるようになるためには、生涯にわたる訓練が必要だ。多くの人にとって株式市場でのトレードは、この長い旅への入り口だ。トレーダーはなるものではなく、その資質を持って生まれてくるものだという人もいるが、そうではない。世界をありのまま受け入れようと決心したら、明日からのトレードはうまくいくはずだ。

39.　アマチュアトレーダーは「このトレードでどれくらい儲けられるだろうか」と考える。一方、プロのトレーダーは「このトレードではどれくらい損をするだろうか」と考える。お金は、買う予定の赤いBMWのことを考えているトレーダーから、リスクをコントロールできるトレーダーへと流れる。

764

40. 市場では、次に何が起こるかはだれにも分からないことに、そして1回のトレードでいくら儲けられるかもだれにも分からないことに、トレーダーはいつかは気づく。やるべきことはただ1つ。自分が正しいかどうかを知るために、どれくらいのリスクをとるかを決めるだけだ。トレードで成功するためのカギは、どれくらい稼げるかではなく、どれくらい損をする可能性があるかを考えることなのである。

　トレードを長くやっていると、自分のトレード資産を守ることを重視するようになり、物事がプランどおりにいったときの驚きも増す。トレードが日々面白くなるのはこのためだ。

トレーダーの長く険しい旅を生き抜くためには

　戦略が失敗に終わるのは、2～3回連続して負けるとすぐにそのシステムを投げ捨てて、自分の直感に頼るトレードに逆戻りするからだ。こうなったら、あとはもうらせん階段を真っ逆さまに転げ落ちていくだけだ。高値で買わされるのも、安値で売らされるのも人間の感情のなせる業だ。感情に負けた人々は、欲にかられて高値で買い、恐れから安値で売るといったことを繰り返す。売りの場合はこの逆で、欲にかられて安値で売り、恐れから高値で買い戻す。このサイクルは何度も繰り返され、けっして終わることはない。

　金融市場は人間の本質、特に強欲、期待、恐れを巧みに利用して、それを餌食にすることで成り立っている。市場の大きな動きは、トレーダーたちが「買いたい気持ちになった」ときに発生するのではなく、さまざまなトレーダーグループが同時に串刺しにされ、手仕舞いを余儀なくされるからであることを覚えておくことは重要だ。トレーダーがトレードしているのは株式や先物やオプションではない。彼らがトレ

ードしているのは、別のトレーダーである。儲かるトレーダーは逆サイドにいるトレーダーの心理と感情に敏感な人々だ。普通のトレーダーは自分と同じサイドにいるトレーダーの気持ちしか分からない。優れたトレーダーは両サイドで起こっていることを理解し、ほとんどのトレーダーに不利になる状況をうまく利用する方法を知っている。また、人間の弱点を利用する方法も知っている。優れたトレーダーが大部分のトレーダーをズタズタにすることができるのは、人間の弱点の利用法を知っているからだ。勝ちトレーダーが負けトレーダーからお金を盗み取るという構図はこうして生まれる。

　私とパートナーは冗談で、金融市場のことを「電子ヘロイン」と呼んでいる。私の目標はもちろん、トレーダーたちに麻薬依存症者のようにこれらの誘惑に負けないようなプロの心理状態を身につけてもらうことだ。市場の満ち引きを生みだす「要因」になってはならない。儲かるトレーダーを目指すためには、市場の満ち引きを乗りこなすことが必要だ。

　上手なスキーヤーはコースを気にすることはない。コースにどんな障害があったとしてもそれを乗り越えるだけの自信があるからだ。これはトレードでも同じだ。トレーダーは自分のテクニックに自信を持たなければならない。重要なのは、その日が始まる前に正しい心のあり方を脳裏に呼び覚ましておくことである。そうすれば、上手なスキーヤーのように、目の前にいきなり曲がり角が現れても慌てることはない。

トレードを行う前に

　トレーダーは目まぐるしい日々を送っている。毎日、外部から受ける影響にさらされて彼らの感覚は逆なでされる。こうした外部からの影響によって注意散漫になった彼らは、ナンピンしたり、損切りを取

り消すといった愚かなことをやってしまう。これは彼らを壊滅的な損失につながる死の道へと導く。人生に確実なものなど何もないが、1つだけ確実なことがあるとすれば、それは、もし外部の力に影響されて規律のレベルが下がれば、壊滅的な損失で殺されてしまうということである。それは今日ではないかもしれないし、来週でもないかもしれないが、必ず起こる。特に先物やオプションなどのレバレッジがかかったものでは今日や来週と言わず、急激に起こる。トレーダーたちがシャワーを浴びている間に被ったモンスター級の損失から利益を獲得するのが銃の名手たちだ。口座がこの災難に襲われたら、想像するのも恐ろしいほどの現実が待っている――トレードをやめて別の職探しをしなければならない。

気を散らすものを取り除け

トレーダーとして成功するためには気を散らすものをコントロールする必要がある。静けさと孤独を求めるトレーダーの要求にもかかわらず、人生はどんどん進んでいく。トレードというこの途方もない仕事で生計を立てようと思ったら、周りで何が起こっていても規律を守ることが重要だ。

あなたが絶対に知り得ないもの

トレードを長くやってきて気づいたのは、トレーダーが何をやろうと、どれくらい多くのインディケーターや時間枠を慎重に学ぼうと、市場が次に何をやるかは100％の確信を持って予測することはできないということである。

これが分かってからというもの、トレード日に私に面白いことが起こった。イライラしなくなったのだ。その日が終わると疲れがたまり

第3部　実践編

憔悴しきっていた私だが、このことが分かってから、リラックスして子供と遊んだり、外に繰り出すこともできるようになった。脇目もふらずにTICKを見続け、市場を思惑どおりに動かそうとイライラしていた日々がまるでウソのようだった。イライラした日を過ごしたあとは疲れがドッと出て、家に帰るとビールを何本か飲んで、映画を見たり、1人でシューティングゲームをやるなどして緊張をほぐさなければならなかった。

トレーダーが特定のトレードに対して抱く望みや夢などはお構いなしに、そして高勝率でうまくいくことをどれほど確認できたところで、市場はやりたいことをやるだけだ。

トレーダーにできることはただ1つ。1回1回のトレードでリスクをコントロールすることだけである。規律を持て、忍耐強くあれ。トレードを行う前に必ずこれを思い出そう。トレードの秘訣があるとするならば、お金を儲けるためではなく、トレーダーとしてのスキルを向上させるために次のトレードを行え、ということだろうか。このゲームで生計を立てるにはこれしかない。壊滅的な損失を防ぐ方法はこれしかない。

まとめと最終考

本を完成させるのは子供を大学に送り出すのに似て一抹の寂しさを覚えるものらしいが、私の場合は本が完成して世に出ていくのを見送ることに寂しさは感じない。本を書くことは素晴らしい作業で、このプロセスを通して明確化できたトレードアイデアもある。だが、それ以上にハードな作業でもあった。読者のみなさんが今よりも優れたトレーダーになることに本書が少しでも貢献するのであれば、私の費やした時間は無駄ではなかった。本書では私がこれまでに知り得たトレードの知識を余すことなく伝えたつもりだが、本書に書かれている以

768

外のことに興味を持った方は、ぜひ私たちのメーンウエブサイト（https://www.simplertrading.com/）を訪れてみていただきたい。このサイトは、株式、オプション、先物、FX、仮想通貨についてのリサーチを紹介するためのものだ。

　本書の冒頭で述べたように、中級トレーダーは次の３つのカテゴリーのいずれかに該当する。

●セットアップについては知り尽くしているが、やり方がまずいためにお金儲けができない人
●セットアップについては配偶者の悪癖以上に分かっているが、選んだ市場が間違っているためにお金儲けができない人
●セットアップについてはテレビドラマ『ゲーム・オブ・スローンズ』の筋書き以上に分かっているが、自分のルールに従うことができないためにお金儲けができない人

　ここで私が言いたいのは、トレードセットアップはさまざまな要素を考慮して設定することが重要だということである。「仕掛けはどうするか、損切りはどうするか」だけでは成功はおぼつかない。セットアップそれ自体も重要だが、正しく実行するための基本知識も重要だ。つまり、正しいセットアップを、正しい市場で、正しい時間枠で実行しなければならないということである。ここで「正しい」というのは、自分の性格に合っていることを意味する。これらはすべてトレードをどう管理するかに結び付く。では、これらの条件がすべて満たされているかどうかを知るには、どうすればよいのだろうか。これは自分がどう思うかとは無関係で、結果がうまくいけば条件がすべて満たされていたことになる。本書では私にとってうまくいくセットアップのいくつかを紹介してきた。まずはこれらのセットアップのなかから、特定の市場で特定の時間枠でフォローできるものを２つ選び、自分のルー

769

ルに基づいて、それらを自分用に改良しよう。そして自分にとって一貫してうまくいく２つのセットアップが出来上がったら、３つ目のセットアップを加えよう。急ぐ必要などまったくない。時間をかけて各セットアップをゆっくり確実に段階を追ってマスターしていけばよい。１つの市場で１つの時間枠で１つのセットアップを使って生計を立てることもできる。

　「はじめに」で述べたように、ルールを持たないトレーダーは、ライオンの群れに取り囲まれた手負いのアンテロープと同じだ。アンテロープがマフィアのなかで新たに発見されたFBI（米連邦捜査局）への密告者より早く殺される「かどうか」はもはや問題ではない。問題は、「いつ」そうなるかである。これと同じように、自分のルールに従うように自己を律することができないトレーダーにとって、破産する可能性がある「かどうか」にもはや疑問の余地はない。問題は「いつ」破産するかである。

　私の周りにはいろいろなトレーダーがいる。困難を乗り越えて、最終的にプロとして身を立てることができる人は、自分のルールに忠実に従うことを学んだ人だ。ここまでたどり着くまでの道はいばらの道だ。このビジネスでは確かなことが１つだけある。それは、自分が作ったルールを守れず、早すぎたり遅すぎる仕掛けや手仕舞いに対していつも言い訳を探している人は、トレーダーとしては絶対に成功しないということだ。

　歴史を専攻した者として言わせていただくならば、今は有史以来、最もエキサイティングな時代だ。その昔、変化は数世紀に１回の頻度でしか起こらなかった。やがて数十年サイクル、そして数年サイクルで発生するようになり、今では物事は日々変化している。私のお気に入りの小説に、ジェームズ・クラベルの『タイパン』という本がある。この本は史実に基づいたもので、1840年代、イギリスの統治下に置かれた香港を舞台に繰り広げられるダーク・ストローンとライバルの貿易

商タイラー・ブロックの物語だ。彼らは３カ月も前に印刷されたロンドンからの気配値を基に、大量のスパイス、綿、紅茶の売買判断を行わなければならなかった。３カ月も前の気配値でトレードするなんてことを、あなたは想像できるだろうか。しかし、わずか150年前にはこれが当たり前だったのだ。今はどうだろう。ビジネスで香港にいても、WhatsAppを使えば、ロンドンの取引相手にリアルタイムでタイプを打ち、リアルタイムで返事をもらえる。「昔は良かった」といったたぐいのナンセンスな感傷に浸るのはやめよう。私が今、書いているのは2018年５月27日で、ニュースは悪いものが多い。しかし、これは単なるニュースにすぎない。メディアが人々に注目させようと選んだものにほかならない。悪いニュースは売れる。恐怖も売れる。世界で起こっている良いことを語ってくれる情報源はほかにたくさんある。変化は生活そのものであり、生活は変化そのものなのだ。市場が上昇しようが、下落しようが、横ばいであろうが、あるいは経済が上向きだろうが、大恐慌の真っただ中にいようが、トレードのチャンスは常にある。

　フルタイムのプロのトレーダーを目指している読者の皆さんにとって、本書がその基礎作りの一助になることを願ってやまない。実績のあるセットアップ、そのセットアップにフィットする市場、そのセットアップに用いるルール。これらは皆、トレードという偉大なるビジネスの世界を生き抜くために必要なものばかりだ。

　本書用にまとめたリンクやビデオについては、https://www.simplertrading.com/masteringthetrade/ を参照してもらいたい。このサイトからは本書用に作成した無料ビデオにワンクリックでアクセスすることができる。

　本書があなたのトレードを次なるレベルに引き上げるのに役立ったのなら幸いだ。これから始まるトレードという長い旅の成功を祈っている。本書は臆病な人のために書かれたものではないが、臆病な人で

第3部　実践編

も本書を読めば性格が変わるはずだ。

「死の恵みとは、だれかほかの人が決めた人生を送ることで、時間を
ムダに過ごしてはならないと分かることだ」——スティーブ・ジョ
ブズ

■著者紹介
ジョン・F・カーター（John F. Carter）

シンプラートレーディング社（https://www.simplertrading.com/）の創設者。個人トレーダーに対して株式、オプション、先物、FX、仮想通貨をトレードするうえでのエッジを与えるインディケーターやソフトウェアを作り続け、毎日、市場のリアルタイム情報を伝えるコメントも提供している。2014年、シンプラートレーディング社は、トレーダーや投資家向けに最新で最良のツールや教育を提供しているとして、インク500社リストで21位に輝いた。トレードをしていないときは、妻と3人の子供たちとの時間を大切にし、テキサス州ヒルズカントリーのなかにある自身の牧場でヤギや牛たちの世話をしている。ツイッターは「@johnfcarter」で、メールアドレスは「john@simplertrading.com」。

■監修者紹介
長岡半太郎（ながおか・はんたろう）

放送大学教養学部卒。放送大学大学院文化科学研究科（情報学）修了・修士（学術）。日米の銀行、CTA、ヘッジファンドなどを経て、現在は中堅運用会社勤務。全国通訳案内士、認定心理士。訳書、監修書多数。

■訳者紹介
山下恵美子（やました・えみこ）

電気通信大学・電子工学科卒。エレクトロニクス専門商社で社内翻訳スタッフとして勤務したあと、現在はフリーランスで特許翻訳、ノンフィクションを中心に翻訳活動を展開中。主な訳書に『EXCELとVBAで学ぶ先端ファイナンスの世界』『リスクバジェッティングのためのVaR』『ロケット工学投資法』『投資家のためのマネーマネジメント』『高勝率トレード学のススメ』『勝利の売買システム』『フルタイムトレーダー完全マニュアル』『新版 魔術師たちの心理学』『資産価値測定総論1、2、3』『テイラーの場帳トレーダー入門』『ラルフ・ビンスの資金管理大全』『テクニカル分析の迷信』『タープ博士のトレード学校 ポジションサイジング入門』『アルゴリズムトレーディング入門』『クオンツトレーディング入門』『スイングトレード大学』『コナーズの短期売買実践』『ワン・グッド・トレード』『FXメタトレーダー4 MQLプログラミング』『ラリー・ウィリアムズの短期売買法【第2版】』『損切りか保有かを決める最大逆行幅入門』『株式超短期売買法』『プライスアクションとローソク足の法則』『トレードシステムはどう作ればよいのか 1 2』『トレードコーチとメンタルクリニック』『トレードシステムの法則』『トレンドフォロー白書』『スーパーストック発掘法』『出来高・価格分析の完全ガイド』『アメリカ市場創世記』『ウォール街のモメンタムウォーカー』『グレアム・バフェット流投資のスクリーニングモデル』『Rとトレード』『ザ・シンプルストラテジー』『システマティックトレード』『市場ベースの経営』『世界一簡単なアルゴリズムトレードの構築方法』『システムトレード 検証と実践』『アルゴリズムトレードの道具箱』『ウォール街のモメンタムウォーカー【個別銘柄編】』『プライスアクション短期売買法』『新訳 バブルの歴史』『トレンドフォロー大全』『アセットアロケーションの最適化』（以上、パンローリング）、『FOR BEGINNERSシリーズ90 数学』（現代書館）、『ゲーム開発のための数学・物理学入門』（ソフトバンク・パブリッシング）がある。

2019年10月3日　初版第1刷発行

ウィザードブックシリーズ ⑧⑥

フルタイムトレーダー完全マニュアル【第3版】
戦略・心理・マネーマネジメント──相場で生計を立てるための全基礎知識

著　者	ジョン・Ｆ・カーター
監修者	長岡半太郎
訳　者	山下恵美子
発行者	後藤康徳
発行所	パンローリング株式会社
	〒160-0023　東京都新宿区西新宿7-9-18　6階
	TEL 03-5386-7391　FAX 03-5386-7393
	http://www.panrolling.com/
	E-mail　info@panrolling.com
編　集	エフ・ジー・アイ（Factory of Gnomic Three Monkeys Investment）合資会社
装　丁	パンローリング装丁室
組　版	パンローリング制作室
印刷・製本	株式会社シナノ

ISBN978-4-7759-7255-7

落丁・乱丁本はお取り替えします。
また、本書の全部、または一部を複写・複製・転訳載、および磁気・光記録媒体に
入力することなどは、著作権法上の例外を除き禁じられています。

本文　©Emiko Yamashita／図表　©Pan Rolling　2019 Printed in Japan

マーク・ダグラス

シカゴのトレーダー育成機関であるトレーディング・ビヘイビアー・ダイナミクス社の社長を務める。商品取引のブローカーでもあったダグラスは、自らの苦いトレード経験と多数のトレーダーの間接的な経験を踏まえて、トレードで成功できない原因とその克服策を提示している。最近では大手商品取引会社やブローカー向けに、本書で分析されたテーマやトレード手法に関するセミナーや勉強会を数多く主催している。

ウィザードブックシリーズ 252
ゾーン 最終章
トレーダーで成功するためのマーク・ダグラスからの最後のアドバイス

定価 本体2,800円+税　ISBN:9784775972168

トレード心理学の大家の集大成！

1980年代、トレード心理学は未知の分野であった。創始者の一人であるマーク・ダグラスは当時から、この分野に多くのトレーダーを導いてきた。本書を読めば、着実に利益を増やしていくために何をすべきか、どういう考え方をすべきかについて、すべての人の迷いを消し去ってくれるだろう。

ウィザードブックシリーズ 32
ゾーン 勝つ相場心理学入門

定価 本体2,800円+税　ISBN:9784939103575

「ゾーン」に達した者が勝つ投資家になる！
恐怖心ゼロ、悩みゼロで、結果は気にせず、淡々と直感的に行動し、反応し、ただその瞬間に「するだけ」の境地…すなわちそれが「ゾーン」である。
「ゾーン」へたどり着く方法とは？
約20年間にわたって、多くのトレーダーたちが自信、規律、そして一貫性を習得するために、必要で、勝つ姿勢を教授し、育成支援してきた著者が究極の相場心理を伝授する！

ウィザードブックシリーズ 114
規律とトレーダー
定価 本体2,800円+税　ISBN:9784775970805

トレーディングは心の問題であると悟った投資家・トレーダーたち、必携の書籍！

バン・K・タープ博士

コンサルタントやトレーディングコーチとして国際的に知られ、バン・タープ・インスティチュートの創始者兼社長でもある。これまでトレーディングや投資関連の数々のベストセラーを世に送り出してきた。講演者としても引っ張りだこで、トレーディング会社や個人を対象にしたワークショップを世界中で開催している。またフォーブス、バロンズ、マーケットウイーク、インベスターズ・ビジネス・デイリーなどに多くの記事を寄稿している。

ウィザードブックシリーズ 134

新版 魔術師たちの心理学

定価 本体2,800円+税　ISBN:9784775971000

秘密を公開しすぎた

ロングセラーの大幅改訂版が（全面新訳!!）新登場。
儲かる手法（聖杯）はあなたの中にあった!!あなただけの戦術・戦略の編み出し方がわかるプロの教科書!

ウィザードブックシリーズ 160

タープ博士のトレード学校
ポジションサイジング入門

定価 本体2,800円+税　ISBN:9784775971277

スーパートレーダーになるための自己改造計画

『新版 魔術師たちの心理学』入門編。
タープが投げかけるさまざまな質問に答えることで、トレーダーとして成功することについて、あなたには真剣に考える機会が与えられるだろう。

ウィザードブックシリーズ215

トレードコーチとメンタルクリニック

定価 本体2,800円+税　ISBN:9784775971819

あなたを 自己発見の旅へといざなう

己の内面を見つめることで、あなたの意思決定に大きな影響を及ぼしている心に染み付いた考えや信念や認識から解き放たれる。成績を向上させ、スーパートレーダーへの第一歩となるヒントが満載。

アレキサンダー・エルダー

ウィザードブックシリーズ 9
投資苑
心理・戦略・資金管理

定価 本体5,800円+税　ISBN:9784939103285

世界12カ国語に翻訳され、各国で超ロングセラー!
精神分析医がプロのトレーダーになって書いた心理学的アプローチ相場本の決定版!成功するトレーディングには3つのM(マインド、メソッド、マネー)が肝心。投資苑シリーズ第一弾。サーカスの綱渡りに安全網が不可欠なように、トレーダーにとってはリスクをあらかじめ限定するルール作りがその生存に何よりも肝心なことを説きます。本書によって、あなたは、株、先物、通貨、オプションのトレーディングの新手法をマスターできます。アレキサンダー・エルダー博士が、あなたを充実した人生の追求、すなわち、トレーディングで生活する方法(Trading for a Living=原書名)へと誘います。

ウィザードブックシリーズ 50
投資苑がわかる203問
定価 本体2,800円+税　ISBN:9784775970119

ウィザードブックシリーズ 194
利食いと損切りのテクニック
トレード心理学とリスク管理を融合した実践的手法

定価 本体3,800円+税　ISBN:9784775971628

自分の「売り時」を知る、それが本当のプロだ!
「売り」を熟知することがトレード上達の秘訣。
出口戦術と空売りを極めよう!
『投資苑』シリーズでも紹介されている要素をピンポイントに解説。多くの事例が掲載されており、視点を変え、あまり一般的に語られることのないテーマに焦点を当てている。

ラリー・R・ウィリアムズ

10000%の男

ウィザードブックシリーズ196

ラリー・ウィリアムズの短期売買法【第2版】
投資で生き残るための普遍の真理

定価 本体7,800円+税　ISBN:9784775971611

短期システムトレーディングのバイブル！
読者からの要望の多かった改訂「第2版」が10数年の時を経て、全面新訳。直近10年のマーケットの変化をすべて織り込んだ増補版。日本のトレーディング業界に革命をもたらし、多くの日本人ウィザードを生み出した教科書！

ウィザードブックシリーズ97　ラリー・ウィリアムズの
「インサイダー情報」で儲ける方法
定価 本体5,800円+税　ISBN:9784775970614

"常勝大手投資家"コマーシャルズについて行け！ラリー・ウィリアムズが、「インサイダー」である「コマーシャルズ」と呼ばれる人たちの秘密を、初めて明かした画期的なものである。

ウィザードブックシリーズ 65
ラリー・ウィリアムズの株式必勝法
定価 本体7,800円+税　ISBN:9784775970287

正しい時期に正しい株を買う。話題沸騰！
ラリー・ウィリアムズが初めて株投資の奥義を披露！
弱気禁物！上昇トレンドを逃すな！

ラルフ・ビンス

オプティマルfの生みの親

ウィザードブックシリーズ151

ラルフ・ビンスの資金管理大全
定価 本体12,800円+税　ISBN:9784775971185

最適なポジションサイズとリスクでリターンを最大化する方法
リスクとリターンの絶妙なさじ加減で、トントンの手法を儲かる戦略に変身させる!!!資金管理のすべてを網羅した画期的なバイブル！

ウィザードブックシリーズ248

システムトレード 検証と実践
自動売買の再現性と許容リスク

ケビン・J・ダービー【著】

定価 本体7,800円+税　ISBN:9784775972199

プロを目指す個人トレーダーの宝物！

本書は、ワールドカップ・チャンピオンシップ・オブ・フューチャーズ・トレーディングで3年にわたって1位と2位に輝いたケビン・ダービーが3桁のリターンをたたき出すトレードシステム開発の秘訣を伝授したものである。データマイニング、モンテカルロシミュレーション、リアルタイムトレードと、トピックは多岐にわたる。詳細な説明と例証によって、彼はアイデアの考案・立証、仕掛けポイントと手仕舞いポイントの設定、システムの検証、これらをライブトレードで実行する方法の全プロセスをステップバイステップで指導してくれる。システムへの資産配分を増やしたり減らしたりする具体的なルールや、システムをあきらめるべきときも分かってくる。

ウィザードブックシリーズ183

システムトレード基本と原則
トレーディングで勝者と敗者を分けるもの

ブレント・ペンフォールド【著】

定価 本体4,800円+税　ISBN:9784775971505

あなたは勝者になるか敗者になるか？

勝者と敗者を分かつトレーディング原則を明確に述べる。トレーディングは異なるマーケット、異なる時間枠、異なるテクニックに基づく異なる銘柄で行われることがある。だが、成功しているすべてのトレーダーをつなぐ共通項がある。トレーディングで成功するための普遍的な原則だ。マーケットや時間枠、テクニックにかかわりなく、一貫して利益を生み出すトレーダーはすべて、それらの原則を固く守っている。彼らは目標に向かうのに役立つ強力な一言アドバイスを気前よく提供することに賛成してくれた。それぞれのアドバイスは普遍的な原則の重要な要素を強調している。

ローレンス・A・コナーズ

TradingMarkets.com の創設者兼CEO（最高経営責任者）。1982年、メリル・リンチからウォール街での経歴をスタートさせた。著書には、リンダ・ブラッドフォード・ラシュキとの共著『魔術師リンダ・ラリーの短期売買入門（ラリーはローレンスの愛称）』（パンローリング）などがある。

ウィザードブックシリーズ284
「恐怖で買って、強欲で売る」短期売買法

定価 本体2,800円+税　ISBN:9784775972533

エッジは恐怖と強欲から生まれる！　高勝率短期売買法。バフェットの手法の短期売買版！

本書では、幅広い検証や実例を通して、恐怖が高まったときに買い、強欲が増したときに売ることが最も高勝率なトレード法だということを検証してきた。この手法のエッジは21世紀になってからの激動を潜り抜けてきたことでも分かるように、今後も長く残り続けるだろう。

ウィザードブックシリーズ169
コナーズの短期売買入門
定価 本体4,800円+税　ISBN:9784775971369

時の変化に耐えうる短期売買手法の構築法。さまざまな市場・銘柄を例に世界で通用する内容を市場哲学や市場心理や市場戦略を交えて展開。

ウィザードブックシリーズ180
コナーズの短期売買実践
定価 本体7,800円+税　ISBN:9784775971475

短期売買とシステムトレーダーのバイブル！　自分だけの戦略や戦術を考えるうえでも、本書を読まないということは許されない。

ウィザードブックシリーズ216
高勝率システムの考え方と作り方と検証
定価 本体7,800円+税　ISBN:9784775971833

コナーズがPDFで発売している7戦略を1冊に。初心者のホームトレーダーにも理解しやすい戦略が満載されている。

ウィザードブックシリーズ1
魔術師リンダ・ラリーの短期売買入門
定価 本体28,000円+税　ISBN:9784939103032

裁量で売買する時代に終わりを告げ、システムトレードという概念を日本にもたらしたのは、この本とこの著者2人による大きな功績だった。

DVD
スイングトレードを成功させる重要なポイント
定価 本体4,800円+税　ISBN:9784775963463

勝率87%の普遍的なストラテジー大公開！　短期売買トレーダーのための定量化された売買戦略。コナーズ本人が解説。

デーブ・ランドリー

TradingMaekets.com の共同設立者兼定期寄稿者。ルイジアナ大学でコンピューターサイエンスの理学士、南ミシシッピ大学で MBA を修得。コナーズに才能を見出され、独自に考案したトレーディング法で成功を収める。公認CTAのセンシティブ・トレーディングやヘッジファンドのハーベスト・キャピタル・マネジメントの代表で、2/20EMAブレイクアウトシステムなど多くのトレーディングシステムを開発。

コナーズの部下

ウィザードブックシリーズ 190

裁量トレーダーの心得 初心者編
システムトレードを捨てた コンピューター博士の株式順張り戦略

定価 本体4,800円+税　ISBN:9784775971574

PC全盛時代に勝つ方法!
PCの魔術師だからこそ分かった
「裁量トレード時代の到来」!
相場が本当はどのように動いているのか、そして、思いもよらないほど冷酷なマーケットで成功するために何が必要か。

ウィザードブックシリーズ 193

裁量トレーダーの心得
スイングトレード編
押しや戻りで仕掛ける高勝率戦略の奥義

定価 本体4,800円+税　ISBN:9784775971611

高勝率パターン満載!
思いがけないことはトレンドの方向に起こる!
トレンドの確定方法を伝授し、正しい銘柄選択と資金管理を実行すれば、スイングトレードの神様が降臨してくれる!?

ジャック・D・シュワッガー

現在、マサチューセッツ州にあるマーケット・ウィザーズ・ファンドとLLCの代表を務める。著書にはベストセラーとなった『マーケットの魔術師』『新マーケットの魔術師』『マーケットの魔術師[株式編]』(パンローリング)がある。
また、セミナーでの講演も精力的にこなしている。

ウィザードブックシリーズ19
マーケットの魔術師
米トップトレーダーが語る成功の秘訣

定価 本体2,800円+税　ISBN:9784939103407

トレード界の「ドリームチーム」が勢ぞろい
世界中から絶賛されたあの名著が新装版で復刻!
投資を極めたウィザードたちの珠玉のインタビュー集!
今や伝説となった、リチャード・デニス、トム・ボールドウィン、マイケル・マーカス、ブルース・コフナー、ウィリアム・オニール、ポール・チューダー・ジョーンズ、エド・スィコータ、ジム・ロジャーズ、マーティン・シュワルツなど。

ウィザードブックシリーズ13
新マーケットの魔術師
定価 本体2,800円+税　ISBN:9784939103346

知られざる"ソロス級トレーダー"たちが、率直に公開する成功へのノウハウとその秘訣。高実績を残した者だけが持つ圧倒的な説得力と初級者から上級者までが必要とするヒントの宝

ウィザードブックシリーズ14
マーケットの魔術師 株式編 増補版
定価 本体2,800円+税　ISBN:9784775970232

今でも本当のウィザードはだれだったのか?
だれもが知りたかった「その後のウィザードたちのホントはどうなの?」に、すべて答えた!

ウィザードブックシリーズ201
続マーケットの魔術師
定価 本体2,800円+税　ISBN:9784775971680

『マーケットの魔術師』シリーズ　10年ぶりの第4弾!先端トレーディング技術と箴言が満載。「驚異の一貫性を誇る」これから伝説になる人、伝説になっている人のインタビュー集。

ウィザードブックシリーズ66
シュワッガーのテクニカル分析
定価 本体2,900円+税　ISBN:9784775970270

シュワッガーが、これから投資を始める人や投資手法を立て直したい人のために書き下ろした実践チャート入門。

ウィザードブックシリーズ208
シュワッガーのマーケット教室
定価 本体2,800円+税　ISBN:9784775971758

本書はあらゆるレベルの投資家やトレーダーにとって、現実の市場で欠かせない知恵や投資手法の貴重な情報源となるであろう。